U0643071

Head First PMP

（第四版）

不是在做梦吧？一本书能帮我准备PMP考试，而且比看牙医更有意思？可能只是异想天开吧……

[美] 詹尼弗·格林（Jennifer Greene, PMP）
[美] 安德鲁·施特尔曼（Andrew Stellman, PMP） 著
谢连宝 乔莹 等译

Beijing • Boston • Farnham • Sebastopol • Tokyo

图书在版编目（CIP）数据

Head First PMP / (美) 詹尼弗·格林（Jennifer Greene），（美) 安德鲁·施特尔曼（Andrew Stellman）著；谢连宝等译. -- 4版. -- 北京：中国电力出版社, 2020.9

书名原文：Head First PMP, Fourth Edition

ISBN 978-7-5198-4821-7

I.①H… II.①詹… ②安… ③谢… III.①项目管理 IV.①F224.5

中国版本图书馆CIP数据核字(2020)第134129号

北京市版权局著作权合同登记 图字：01-2019-1158号

出版发行：中国电力出版社
地　　址：北京市东城区北京站西街19号（邮政编码100005）
网　　址：http://www.cepp.sgcc.com.cn
责任编辑：刘 炽（liuchi1030@163.com）
责任校对：王小鹏
装帧设计：Karen Montgomery, Louise Barr, 张 健
责任印制：杨晓东

印　刷：三河市航远印刷有限公司
版　次：2020年9月第一版
印　次：2020年9月北京第一次印刷
开　本：850毫米 × 980毫米 16开本
印　张：58
字　数：1182千字
印　数：0001—3000册
定　价：198.00元

"我做项目管理已经有30多年，并被认为是《PMBOK指南（第3版）》的主题专家，这主要是因为我是领导团队完成这个版本的项目经理……我由衷地认为，《Head First PMP》是目前为止我深入审阅过的所有PMP备考书中最棒的一本。在我读过的所有书中，这本书出色地提供了基本知识和技能培训，充分展示了管理项目的各个过程，这不仅可以作为初学者项目管理基础课程的一个绝好资源，另外对于想要通过PMP考试的从业人员，这也是一个很好的工具。不同于平常的项目管理书，这本书采用了独一无二的绘图叙事风格，对于刚刚起步和想要参加考试的读者来说，在深入掌握必要的基础知识的同时，这本书还会让人倍感轻松而且充满乐趣。"

—— **Dennis Bolles, PMP**
《PMBOK指南（第3版）》领导小组项目经理，
DLB Associates, LLC，《The Power of Enterprise-Wide Project Management》的合著者

"看起来实在太有趣了，简直不像一本PMP学习指南！在诙谐幽默和漂亮的图片背后，它对项目管理过程作出了充分透彻的解释。这本书不仅使考试变得更加容易，你还会学到在工作中具体应用的很多好经验。"

—— **Carol Steuer, PMP**
《PMBOK指南（第3版）》领导小组

"这是有史以来对PMP最好的一件事。你不仅会笑着、学着，还能顺利地通过考试，与此同时，你还将渐渐成为一个更优秀的项目经理。"

—— **Scott Berkun,**
《The Art of Project Management and The Myths of Innovation》的作者

"我深深喜爱Head First系列这种以大脑为先的著书风格。你最后一次听说有一本PMP备考书读起来很有意思是什么时候？这本书真是有意思！"

—— **Andy Kaufman,**
iTunes"The People and Projects"播客播主

"《Head First PMP》是面向我们所有人的PMP备考书。作为以项目经理为职业的人，想要得到的正是这样一本备考书，它像我们的工作一样有意思，可以帮助我们准备参加考试，而且帮助我们成为更优秀的项目经理。在我讲授的很多备考课程上，我曾把这本书的第一版作为参考书带到课堂。学生们拿起书，翻看几页或几个专题后就迫不及待地问我，'我就是想要这样学。能借我看看吗？'这本书的影响和作用简直立竿见影。"

—— **Ken Jones, PMP，项目经理**

"在当今的商业世界中，重要的不只是你做了什么，而是你会怎样做。对于这一点，《Head First PMP》恰好在睿智和风趣之间找到了最佳的平衡点，让学习项目管理知识体系的过程如此有趣，如此引人入胜。"

—— **Jen Poisson,** **Disney Online制作总监**

对本书的赞誉

"太棒了。3月初我刚参加并通过了一个历时4个小时的"艰辛之旅"，也就是PMP考试。坦率地讲，尽管我用过一些学习指导书，不过如果没有《Head First PMP》的帮助，我真不知道如何通过这个考试。Jenny和Andrew的这本书是我所见过最"重视大脑"的培训材料之一。不得不承认，我是他们的忠实粉丝，而且我还会买他们新出的Beautiful Teams书。只要我见到的人提到想要参加PMP考试，我都会建议他们去访问https://github.com/head-first-pmp/4th-edition，先读一读样章，做一做免费测试。百闻不如一见。感谢Andrew和Jenny为我们提供这样一个绝无仅有的优秀学习指南。继续加油！"

——Joe Pighetti Jr., PMP, 工程师

"我想，在诙谐风趣的文字之下，这本书还有一颗"真诚的心"（以一种诚实的方式涵盖基本原则，而不只是帮助你通过考试）。《Head First PMP》旨在培养有潜力的项目经理，而不只是作为一本纯粹介绍'如何通过PMP考试'而塞满各种考试技巧的书。正是这一点使它从众多其他PMP认证考试书中脱颖而出。"

——Jack Dahlgren, 项目管理顾问

"我太喜欢这种风格了！《Head First PMP》涵盖了通过PMP考试需要了解的所有知识。它以明快的风格，结合个性鲜明的图片，将干巴巴的内容学习变成妙趣横生的娱乐。全书的组织首先从基础知识入手，逐步深入细节。对一些复杂主题（比如挣值和质量控制）展开全面深入的介绍时，采用了一种易于理解的方式，充分结合了文字描述、图片和示例。这本书不仅能帮助你通过PMP[考试]，还可以作为项目经理的一本日常参考书。真希望我当初准备考试时能有这样一本书。"

—— Mike Jenkins, PMP, MBA

"这就像书里有一位教师站在黑板前，还有一些小恶魔和小天使站在你的肩头告诉你哪些是对的，哪些是错的。从前五章我就得出结论，对于所有刚接触或者对项目管理方法还有些不熟悉的人来说，这将是一个绝妙的指南/培训工具。"

—— BJ Moore, PMP
Nashville, TN, Amazon.com评论员

"在为PMP考试做准备吗？你希望做准备时把老师以及整个教室都装在你的行李箱里吗？那就买下这本书！这些漂亮的图片就像是你最喜欢的老师在用白板循序渐进地介绍要点。作者利用了冗余手法，用多种不同方式来表述同一个要点，并结合"没有傻问题"部分，让人感觉就像身处在一个教室里，你身边是一些雄心勃勃同样在为PMP努力的人们。有些时候，看到别人问到一个好问题，确实让我感觉如释重负。这本书不仅充满乐趣，可以轻松上手，最重要的是，它可以消除我们对这个严肃主题的恐惧。如果你想在PMP领域小试身手，这本书会给你足够的自信继续深入。"

—— Steven D. Sewell, PMP

"通过《Head First C#》，Andrew和Jenny为我们奉上了一本优秀的C#学习教程。不仅叙述简单易懂，同时还以一种独特的方式涵盖了大量细节。如果你原先看过一些更传统的C#书，肯定会爱上这本书。"

——**Jay Hilyard，软件开发人员，《C# 3.0 Cookbook》合著者**

"我从未静下心来逐页翻看一本计算机类的书，却被这本书深深吸引，一口气从头读到尾。如果你想深入地学习C#，尽享其中的快乐，不要迟疑，这本书正是你需要的。"

——**Andy Parker，C#编程新手**

"阅读这本《Head First C#》真是一种绝妙的享受。我从来没有见过哪一系列书能教得这么好……我肯定要向希望学习C#的每一个人推荐这本书。"

——**Krishna Pala，MCP**

"《Head First Web设计》确实揭开了Web设计的神秘面纱，让所有Web程序员都能一试身手。对于一个没有参加过任何Web设计课程的Web开发人员来说，《Head First Web设计》确认并阐明了这个行业很多看似不确定的理论和最佳实践。"

——**Ashley Doughty，高级Web开发人员**

"建网站绝对不仅仅需要写代码。《Head First Web设计》展示了需要知道哪些方面才能为你的用户提供一个吸引人、让他们满意的体验。这又是一本绝妙的Head First好书！"

——**Sarah Collings，用户体验软件工程师**

"《Head First Networking》将那些甚至有时对高级技术人员都显得相当神秘和抽象的网络概念变得清晰易懂，理解起来毫不费力，让它们非常具体，不再拒人于千里之外。真不错！"

——**Jonathan Moore，Forerunner Design负责人**

"介绍信息技术方法的书往往会以偏概全，忽视全局。《Head First Networking》一直将重点放在真实世界，根据实际经验提炼知识，并以简明的方式提供给IT初学者。通过结合真实世界实际问题的解释，这让它成了一个一流的学习工具。"

——**Rohn Wood，高级研究系统分析师，Montana大学**

O'Reilly的其他相关图书

Applied Software Project Management

Making Things Happen

Practical Development Environments

Process Improvement Essentials

Time Management for System Administrators

How to Keep Your Boss from Sinking Your Project (Digital Short Cut)

O'Reilly Head First系列的其他图书

Head First C#

Head First Java

Head First Object-Oriented Analysis and Design (OOA&D)

Head First HTML with CSS and XHTML

Head First Design Patterns

Head First Servlets and JSP

Head First EJB

Head First SQL

Head First Software Development

Head First JavaScript

Head First Physics

Head First Statistics

Head First Ajax

Head First Rails

Head First Algebra

Head First PHP & MySQL

Head First Web Design

Head First Networking

献给我们的家人和朋友，还有让我们快乐常在的人们

（没错，就是你们）

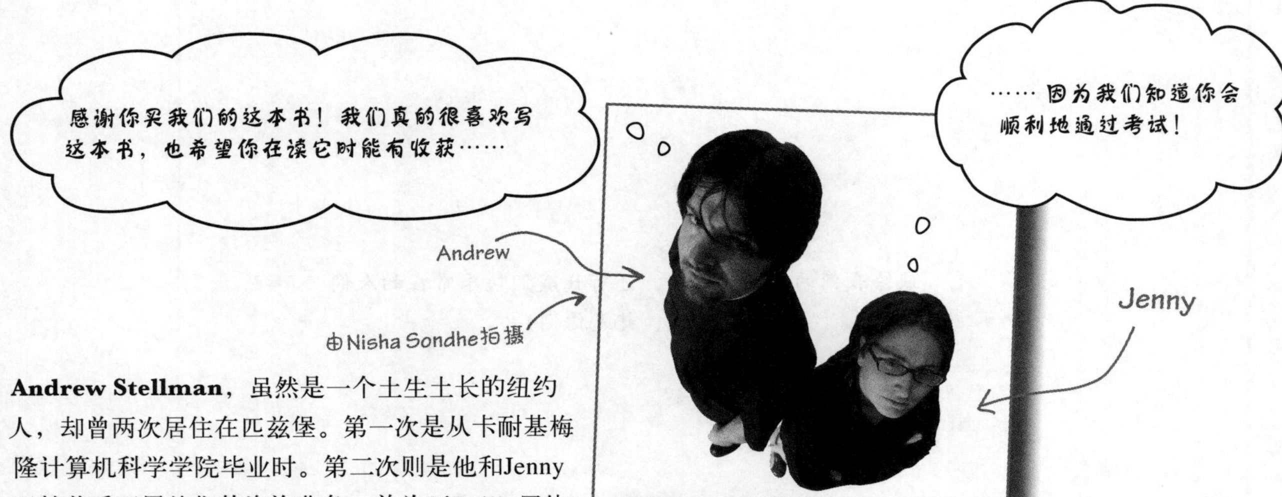
感谢你买我们的这本书！我们真的很喜欢写这本书，也希望你在读它时能有收获……
……因为我们知道你会顺利地通过考试！
Andrew
由Nisha Sondhe拍摄
Jenny

Andrew Stellman，虽然是一个土生土长的纽约人，却曾两次居住在匹兹堡。第一次是从卡耐基梅隆计算机科学学院毕业时。第二次则是他和Jenny开始着手开展他们的咨询业务，并为O'Reilly写他们的第一本书。

搬回故乡后，他在大学毕业后的第一份工作是在百代唱片公司EMI-Capitol Records做一名程序员，这不无道理，因为他曾在LaGuardia音乐艺术和表演艺术学校学习大提琴和爵士乐吉他。他和Jenny的第一次共事是在一家财务软件公司，在那里他管理着一个程序员团队。多年来他有机会与一些很棒的程序员共事，并从他们那里学到了很多东西。

如果不在写书，Andrew总是在写一些有趣的程序，研究武术（最近着迷于近身格斗和拳击），或者组团打电子游戏，他最喜欢的是帮助人们推动他们的技术职业发展。他有一只很闹腾的波美拉尼亚小狗，名叫Samosa。

Jennifer Greene 在大学里学的是哲学，不过，她很快发现构建软件才是她真正所爱。幸运的是，她是一位优秀的软件测试人员，所以开始在一家在线服务公司从事相关工作，这也是她第一次切实体会到优秀的软件开发的意义。

她于1998年搬到纽约，在一家财务软件公司做软件质量方面的工作。在那之后，她在媒体和财务领域的很多软件项目中管理过由开发人员、测试人员和项目经理组成的团队。

她游历过世界很多国家，与很多不同的软件团队合作过，并构建了各种各样很酷的项目。

她喜欢旅游、看好莱坞电影，偶尔翻翻漫画书、玩PS4游戏，还喜欢和她的大西伯利亚猫 Sascha一起溜达。

我们从1998年第一次遇见以来一直在一起构建软件和撰写有关软件工程方面的书。我们的第一本书《Applied Software Project Management》由O'Reilly在2005年出版。2009年我们出版了Head First系列的第二本书《Head First C#》，然后第三本书《Head First Agile》于2017年出版。

我们在2003年成立了Stellman & Greene Consulting咨询公司，为研究越南退伍老兵除草剂暴露危害的科学家构建一个非常棒的软件。在构建软件或写书以外的时间里，我们经常在软件工程师、架构师和项目经理的大小会议上发表演讲。

可以访问我们的网站https://www.stellman-greene.com。另外可以关注我们的Twitter: @AndrewStellman和 @JennyGreene。

目录（概览）

详细目录

前言

让你的大脑学习PMP。你想坐下来学点东西，可是你的大脑却总在帮倒忙，一直在告诉你学这些不重要。你的大脑在想，“还是把空间留给更重要的事情吧，比方说要躲开哪些野兽，还有光着身子滑雪不太好吧。”那么你该如何骗过大脑，让它认为如果不通过PMP考试你就无法生活？

1 入门

为什么要认证？

是不是已经厌倦了总是遇到同样的老问题？如果你做过很多项目，就会知道我们总是要反复面对同样的一些问题。该学习针对这些问题的一些通用解决方案了。经过多年的实践，项目经理们已经有了很多经验教训，通过PMP考试正是将这些智慧结晶付诸实践的“入场券”。做好准备，让我们就此彻底改变管理项目的方式。

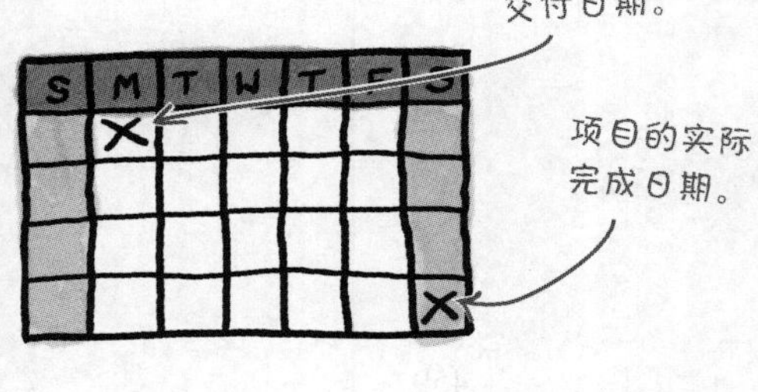
老板承诺的
交付日期。
S M T W T F S
项目的实际
完成日期。

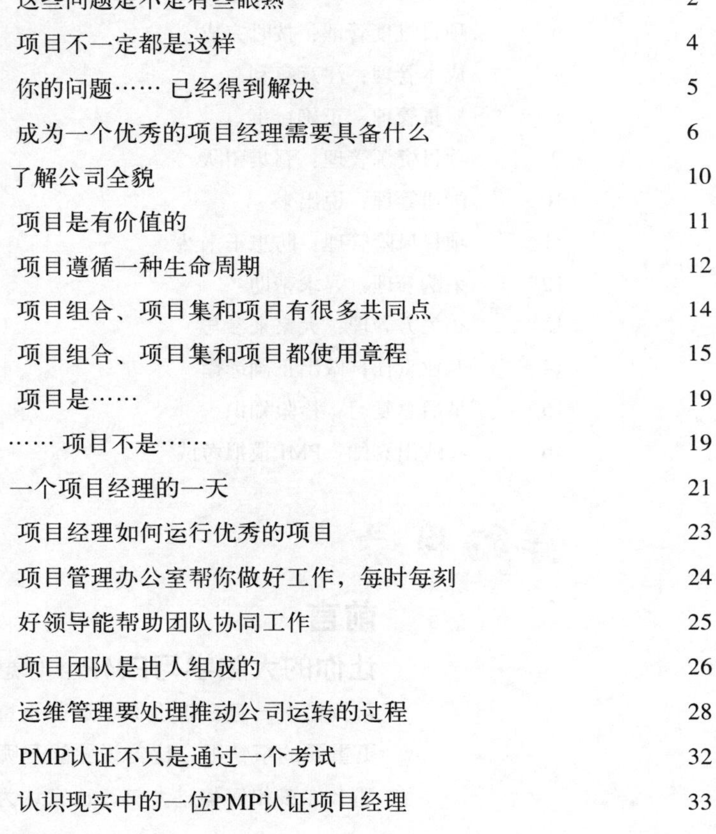

The
PMBOK
Guide
also known as...
A Guide to the
Project Management
Body Of Knowledge

2 组织环境

好公司的那些事

如果你想把事情做好…… 最好先有一个好组织。所有项目都需要团队合作，不过团队的工作表现很大程度上取决于你在一个什么类型的组织中。在这一章中，你将了解有哪些不同类型的组织—还会了解到下一次找工作时应该寻找哪种类型的组织。

时间
成本
范围
资源
质量
风险

3 过程框架和项目经理的角色

结合在一起

项目中的所有工作都由过程构成。一旦了解项目中的所有过程如何结合在一起，就很容易记住PMP考试要求记住的全部内容。项目中完成的所有工作都有**一个模式**。先计划，再去做。工作时，总是要将项目与原来的计划做比较。如果开始偏离计划，你就要做出修正，让一切重新回到正轨上。**过程框架**—**过程组**和**知识领域**—正是让这一切平稳进行的关键。

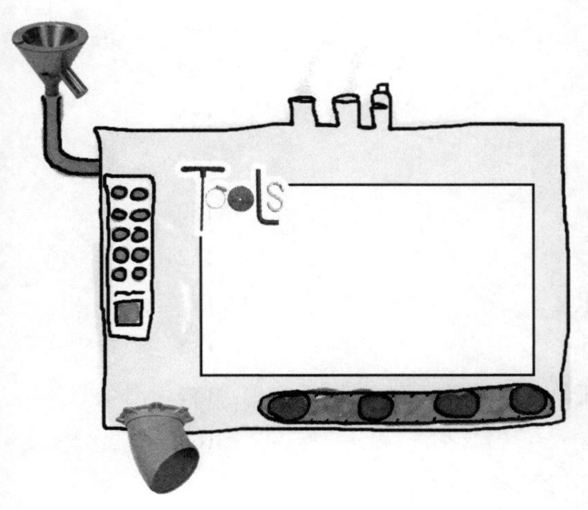

Tools

4 项目整合管理

完成工作

想让成功来得容易些吗？这并不像你想象中那么难。这一章，你会学习项目中每天都使用的**一些过程**。适当运用这些过程，你的**发起人**和**相关方**会比以前更满意。准备好，下面进入**整合管理**。

事业环境因素

组织过程资产

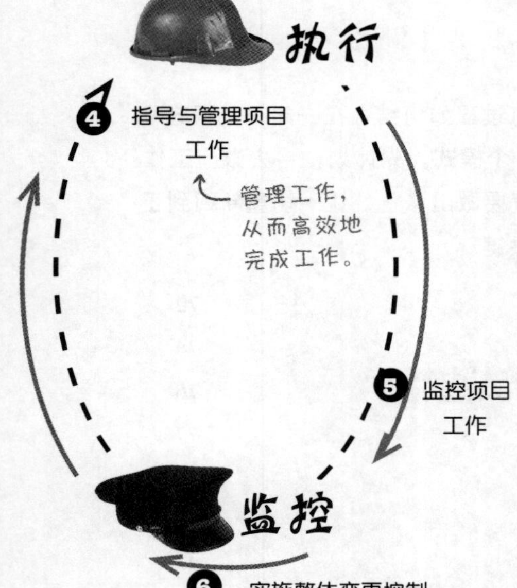
执行
4 指导与管理项目工作
管理工作，从而高效地完成工作。
5 监控项目工作
监控
6 实施整体变更控制

5 范围管理

做正确的事情

是不是困惑该做些什么？

一旦清楚了需要做什么，还要在完成项目工作时跟踪项目的**范围**。完成每个目标时，要确认所有工作都已经完成，并确保**结果**能令提出请求的人满意。这一章中，你将学习一些工具，这些工具可以帮助你的项目团队**设定目标**，并保证每一个人都在正轨上。

HayStation Moo
COWS GONE
WILD II
Armageddon

HayStation Moo
COWS GONE
WILD III
The Milkening

Work Breakdown Structure
Scope Management Plan
The Scope Baseline

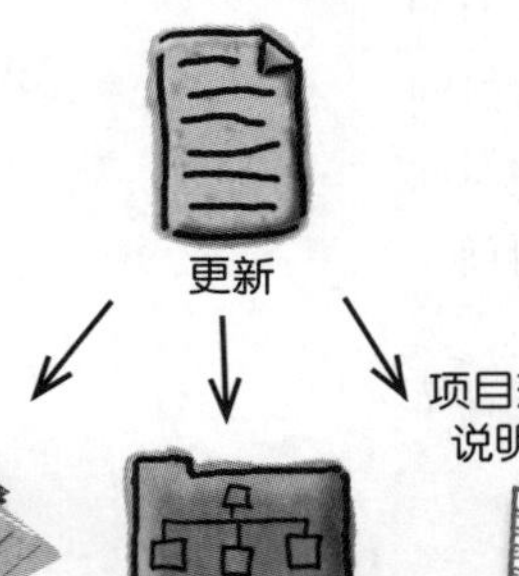
更新
项目范围说明书
项目管理计划
工作分解结构

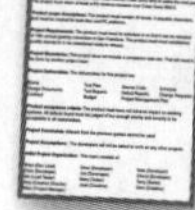

6 项目进度管理

按时完成

大多数人想到项目经理时就会想到项目进度管理。进度管理要考虑设定和满足最后期限。首先明确需要完成什么**工作**、如何完成、要使用哪些**资源**，另外要花费多长时间。然后就是要制订和控制**进度**。

资源日历

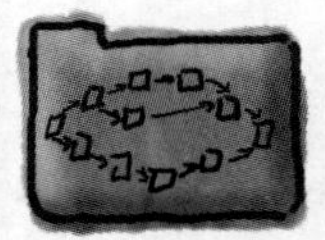
网络图

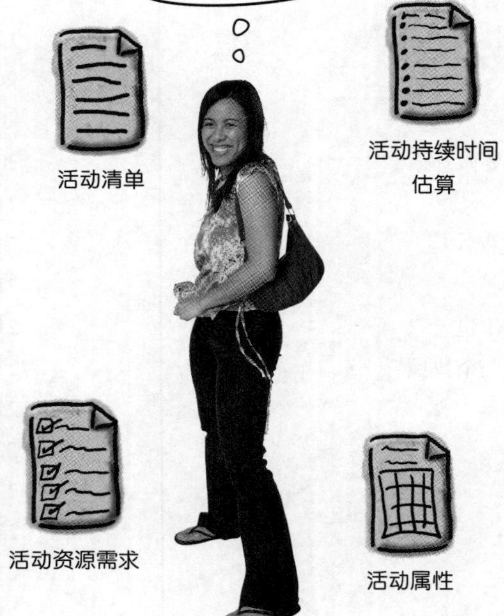
如果承办人食物提供得太早，
食物就会放得太久！但是如果他来
得太晚，乐队就没有时间演奏了。
我真不知道该怎么办。
活动清单
活动持续时间
估算
活动资源需求
活动属性

7 成本管理

注意赢利

所有项目归根结底都是为了钱。如果你的**预算**比较多，可以有更多的人力，不仅能更快地完成项目，还能交付更多的成果。正因如此，如果没有给出预算，就不会是完整的项目计划。不过不论你的项目是大还是小，也不论其中有多少**资源**和**活动**，实现赢利的过程都是一样的！

成本基准

8 质量管理

正确行事

只是保证按时按预算完成工作还不够。你还要确保生产出正确的产品，真正满足你的相关方的需求。质量意味着确保你生产的确实是你承诺的东西，另外要尽可能高效。这说明尽量不要犯太多错误，另外要保证项目一直朝着创建正确产品的目标前进！

黑盒3000™。

设计黑盒时，Lisa还检查了黑盒的设计蓝图。

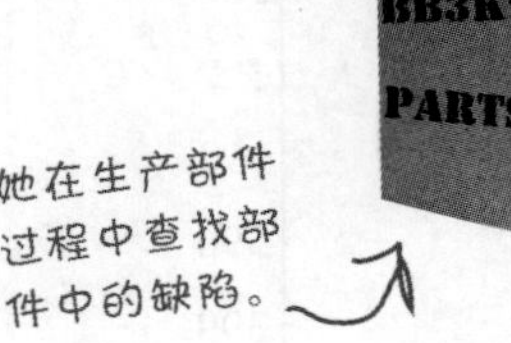
BB3K™
PARTS

她在生产部件过程中查找部件中的缺陷。

9 项目资源管理

召集团队

每一个成功的项目背后都有一个强大的团队。如何确保为你的项目找到并保持最好的团队？你要**精心规划**，建立一个好的**工作环境**，还要谈判找到**最佳人选**。不过只是召集一个好的团队还不够……如果希望项目进展顺利，就要不断激励你的团队，并处理随时发生的所有冲突。**项目资源管理**会提供你需要的工具来找到最好的团队，并领导他们成功地完成项目。

HayStation by Moo
COWS GONE WILD IV
The Milk Man Cometh

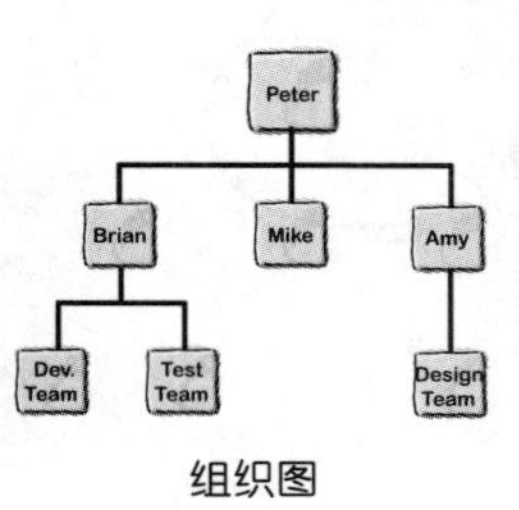
Peter
Brian
Mike
Amy
Dev. Team
Test Team
Design Team

组织图

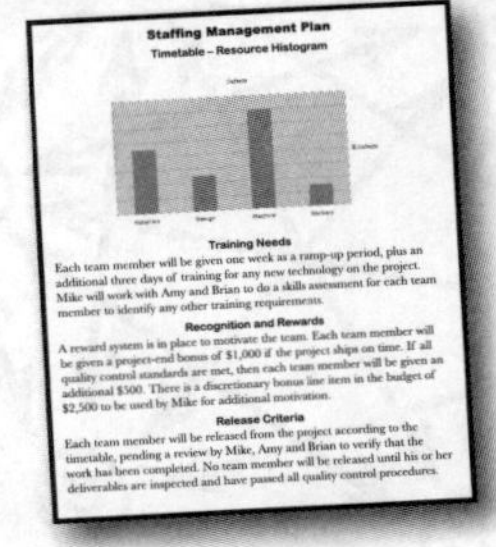
Staffing Management Plan
Timetable – Resource Histogram
Training Needs
Recognition and Rewards
Release Criteria

人员配备管理计划

RACI Matrix		Role			
		Mike	Amy	Brian	Peter
Work Package	Project Management	R	I	I	I
	Design	C	R	C	I
	Construction	C	C	R	I
	Testing	C	C	R	I
R = Responsible A = Accountable C = Consult I = Inform					

角色与职责

10 沟通管理

说出来

沟通管理就是让所有人都了解当前状况。你有没有尝试过在一个又吵又挤的房间里与人交谈？如果没有很好地处理沟通，运行项目时就是这种感觉。幸运的是，我们有**沟通管理**，这个知识领域就是让所有人沟通他们做的工作，使大家的**认识一致**。这样一来，每一个人都能得到**处理问题**所需的信息，保证项目**向前推进**。

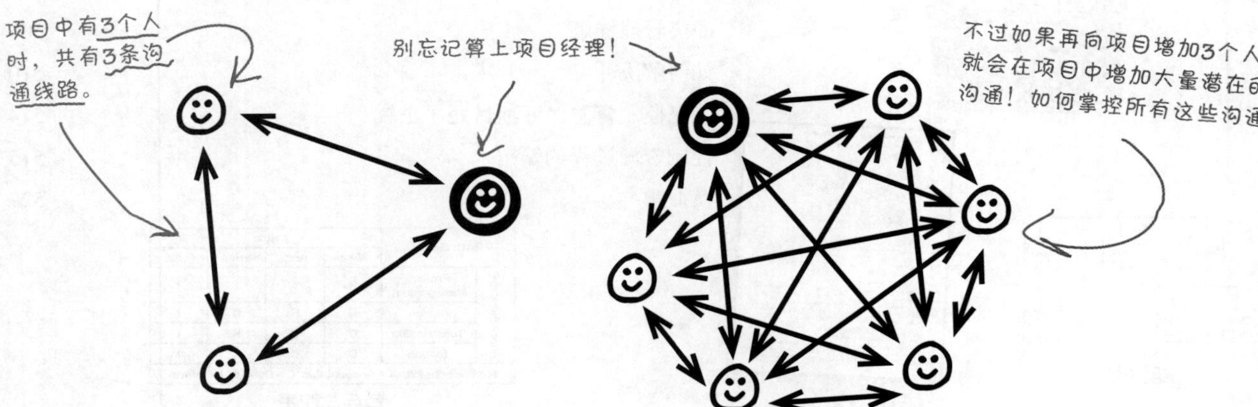

项目中有3个人时，共有3条沟通线路。
别忘记算上项目经理！
不过如果再向项目增加3个人，就会在项目中增加大量潜在的沟通！如何掌控所有这些沟通？

11 项目风险管理

防患于未然

即使计划最周全的项目也可能遇到麻烦。不论你计划得多周全，项目也会遇到**预料之外的问题**。团队成员可能会生病或退出，你依赖的一些资源最后却发现不可用，甚至天气也会捣乱。这是不是意味着对于这些未知数你完全无能为力呢？并不是这样！你可以使用**风险规划**来识别可能对项目带来麻烦的潜在问题，**分析**它们发生的可能性，采取措施**预防**可以避免的风险，如果实在无法避免，也要**尽可能减少**风险。

12 采购管理

寻求帮助

有些任务过于艰巨，你的公司无法独自完成。即使任务本身并不艰巨，也有可能因为缺少专门的技术或设备而无法完成。如果出现这种情况，就需要使用**采购管理**寻找另外一家公司来**为你完成工作**。如果你找到了**合适的卖方**，选择了**适当的关系**，并确保**满足合同的目标**，就能完成任务，你的项目也将获得成功。

合同

结束的采购

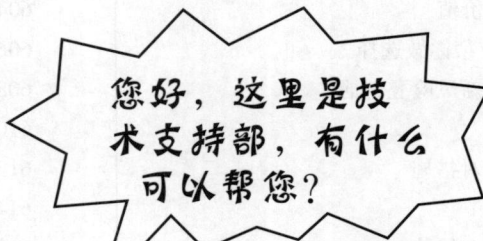

您好，这里是技术支持部，有什么可以帮您？

13 相关方管理

大家来参与

项目管理就是要了解你的受众。如果你不了解哪些人会受项目影响，可能会发现他们的一些需求没有得到满足。要想让项目取得成功，就必须让你的相关方满意。幸运的是，有一个**相关方管理**知识领域，可以用来了解你的相关方，明确他们需要些什么。一旦明白这些需要对于你的项目的重要性，就能更容易地让**每一个人都满意**。

Head First
Lounge Two:
Underground

高
权力
低
低
利益
高
Tom，DJ
Jeff和
Charles，
HF酒廊
Adam，邻居
Mike，专栏作家
Mark和Laura，派对客人

14 专业责任
做出正确选择

只知道专业知识还不够。你还要做出正确的选择才能做好工作。每一个通过PMP认证的人还要同意遵守**项目管理协会**（PMI）**的道德与专业行为准则**。这个准则可以帮助你正确地做出道德判断（知识体系中未涵盖这方面内容），这是PMP考试中很重要的一部分。你需要知道的大部分知识都**非常简单**，只需要稍做复习，你就能做得很好。

太棒了。我早就想去买东西了。度假怎么样？就去阿卡普尔科吧！

我不能收那些礼物。做好工作就是最好的奖励。

抱歉，我不能接受这个礼物。不过，非常感谢你的这片心意。

15 最后总复习

检验知识

哇，你已经学完了前面的14章！现在该回过头来，重点回顾学过的最重要的一些概念。这样能温故知新，让大脑做最后的考前训练，为考试那一天做好准备！

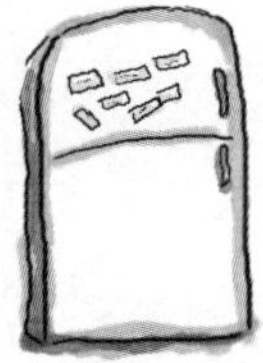

Exercise

Sharpen your pencil

很快，你就会成为他们！

16 实践出真知

PMP模拟考试

你肯定想不到自己这么棒！真是漫长的旅程，不过终于走到这里了，现在来复习你学到的知识，为考试做好准备。你已经在大脑里灌入了一大堆关于项目管理的新信息，现在该看看到底记住了多少。正因如此，我们为你准备了这个包含200道题的PMP模拟考试，已经针对2018年的考试做了全面更新。这就像你参加真正的PMP考试时一样。现在就开动脑筋。深呼吸，做好准备，开始吧！

如何使用这本书

前言

真是无法相信，这样一些东西也能放在一本PMP备考书里！
Is this book for you?
This book is for anyone with the money to pay for it. And it makes a great gift for that special someone.
Head First
PMP

有一个问题真是听得我们耳朵都磨出茧了，这就是："你们到底为什么要把这样一些东西放在一本PMP备考书里呢？"这一部分就是要回答这个问题。

谁适合看这本书？

如果对下面的所有问题都能肯定地回答“是”：

1. 你是个**项目经理**吗？

2. 你是不是想**学习**、**理解**、**记住**并**应用**重要的项目管理概念来准备**PMP考试**，并在这个过程中学习做一个更棒的项目经理？

3. 你是不是更喜欢**一种轻松的氛围**，就像**在晚餐餐桌上交谈**一样，而不愿意被动地听枯燥乏味的技术报告？

我们会帮助你准备PMP考试，而且我们采用的方式会让你更容易地通过考试。

你还可以利用这本书准备CAPM考试，这两个考试中很多概念都很相似。

那么，这本书正是你需要的。

谁可能不适合看这本书？

如果满足下面任何一种情况：

1. 你是不是对项目管理**一无所知**？

   (要获得参加PMP考试的资格，你要展示作为职业项目经理的工作经验（达到一定的小时数。）

不过，即使你的小时数还不够，这本书也能帮助你从现在开始学起，这样等到你积累了足够的小时数时，就可以做好准备！另外，书中的想法对你的工作会有立竿见影的帮助……

2. 你是不是已经通过了PMP认证，正在找一本关于项目管理的**参考书**？

3. 你是不是**对新鲜事物都畏首畏尾**？只喜欢简单的样式，而不敢尝试把条纹和格子混在一起看看？你是不是觉得，如果把项目管理概念都拟人化了，这样的一本书肯定不是一本正儿八经的技术书？

那么，这本书将不适合你。

[来自市场的声音：只要有信用卡，就都可以拥有这本书。]

我们知道你在想什么。

“这算一本正经八百的项目管理书吗？”

“这些图是做什么的？”

“我真能这样学吗？”

你的大脑想着，这真的很重要。

我们也知道你的大脑正在想什么。

你的大脑总是渴求一些新奇的东西。它一直在搜寻、审视、期待着不寻常的事情发生。大脑的构造就是如此，正是这一点才让我们不至于墨守成规，能够与时俱进。

我们每天都会遇到许多按部就班的事情，这些事情很普通，对于这样一些例行的事情或者平常的东西，你的大脑又是怎么处理的呢？它的做法很简单，就是不让这些平常的东西妨碍大脑真正的工作。那么什么是大脑真正的工作呢？这就是记住那些确实重要的事情。它不会费心地去记乏味的东西，就好像大脑里有一个筛子，这个筛子会筛掉“明显不重要”的东西，如果遇到的事情枯燥乏味，这些东西就无法通过这个筛子。

那么你的大脑怎么知道到底哪些东西重要呢？打个比方，假如你某一天外出旅行，突然一只大老虎跳到你面前，此时此刻，你的大脑还有身体会做何反应？

神经元会“点火”，情绪爆发，释放出一些化学物质。

好了，这样你的大脑就会知道……

这肯定很重要！可不能忘记了！

唉，又是800多页干巴巴的文字，枯燥又乏味。

你的大脑认为，这些根本不值得去记。

不过，假如你正待在家里或者坐在图书馆里，这里安全、舒适，肯定没有老虎。你正在刻苦学习，准备应付考试。也可能想学一些比较难的技术，你的老板认为掌握这种技术需要一周时间，最多不超过十天。

这就存在一个问题。你的大脑很想给你帮忙。它会努力地把这些显然不太重要的内容赶走，保证这些东西不去侵占本不算充足的脑力资源。这些资源最好还是用来记住那些确实重要的事情，比如大老虎，再比如遭遇火灾险情等。就像你的大脑会让你记住绝对不能再穿着短裤去滑雪。

没有一种简单的办法来告诉大脑：“嘿，大脑，真是谢谢你了，不过不管这本书多没意思，也不管现在我对它多么无动于衷，但我确实希望你能把这些东西记下来。”

我们认为“Head First”的读者就是要学习的人。

那么，怎么学习呢？首先必须获得知识，然后保证自己确实不会忘记。这可不是填鸭式的硬塞。根据认知科学、神经生物学和教育心理学的最新研究结果，学习的途径相当丰富，绝非只是通过书本上的文字。我们很清楚怎么让你的大脑兴奋起来。

下面是一些Head First学习原则：

可以用螺丝刀敲钉子，不过用锤子更适合。

看得到。与单纯的文字相比，图片更能让人记得住，通过图片，学习效率会更高（对于记忆和传递型的学习，甚至能有多达89%的效率提升）。而且图片更能让人看懂。以往总是把图片放在一页的最下面，甚至放在另外的一页上，与此不同，如果把文字放在与之相关的图片内部，或者在图片的周围写上相关文字，学习者的能力就能提高2倍，从而能更好地解决有关的问题。

最近有报告称附近有熊攻击人。要当心。

采用一种针对个人的交谈式风格。最新的研究表明，如果学习过程中采用一种第一人称的交谈方式直接向读者讲述有关内容，而不是用一种干巴巴的语调介绍，学生在学习之后的考试中成绩会提高40%。正确的做法是讲故事，而不是做报告。要用通俗的语言。另外不要太严肃。如果你面对着这样两个人，一个是你在餐会上结识的很有意思的朋友，另一个人学究气十足，喋喋不休地对你说教，在这两个人中，你会更注意哪一个呢？

让学习的人想得更深。换句话说，除非你很积极地让神经元活动起来，否则你的头脑里什么也不会发生。必须引起读者的好奇，促进、要求并鼓励读者去解决问题、得出结论、产生新的知识。为此，需要发出挑战，留下练习题和拓宽思路的问题，并要求读者完成一些实践活动，让左右脑都开动起来，而且要利用到多种思维。

引起读者的注意，而且要让他一直保持注意。我们可能都有过这样的体验，“我真的想把这个学会，不过看过一页后实在是让我昏昏欲睡”。你的大脑注意的是那些不一般、有意思、有些奇怪、抢眼的、意料之外的东西。学习一项有难度的新技术并不一定枯燥。如果学习过程不乏味，你的大脑很快就能学会。

Frank的行李丢了，我的钱包也被偷了！

影响读者的情绪。现在我们知道了，记忆能力很大程度上取决于所记的内容对我们的情绪有怎样的影响。如果是你关心的东西，就肯定记得住。如果让你感受到了什么，这些东西就会留在你的脑海中。不过，我们所说的可不是什么关于男孩与狗的伤心故事。这里所说的情绪是惊讶、好奇、有趣、想知道“什么……”还有就是一种自豪感，如果你解决了一个难题，学会了所有人都觉得很难的东西，或者发现你了解的一些知识竟是那些自以为无所不能的傲慢家伙所不知道的，此时就会有一种自豪感油然而生。

元认知：有关思考的思考

我想知道怎么
才能骗过我的大
脑，让它记住这些
东西……

如果你真的想学，而且想学得更快、更深，就应该注意你怎样才会专注起来，考虑自己是怎样思考的，并了解你的学习方法。

我们中间大多数人长这么大可能都没有上过有关元认知或学习理论的课程。我们想学习，但是很少有人教我们怎么来学习。

不过,这里可以做一个假设，如果你手上有这本书，你想学习项目管理，而且可能不想花太多时间。如果你想把这本书中读到的知识真正用起来，就需要记住你读到的所有内容。为此，必须理解这些内容。要想最大限度地利用这本书或其他任何一本书，或者掌握学习经验，就要让你的大脑负起责来，要求它记住这些内容。

怎么做到呢？技巧就在于要让你的大脑认为你学习的新东西确实很重要，对你的生活有很大影响。就像老虎出现在面前一样。如若不然，你将陷入旷日持久的拉锯战中，虽然你很想记住所学的新内容，但是你的大脑却竭尽全力地把它们拒之门外。

那么究竟怎样才能让你的大脑把PMP考试的内容看作是一只饥饿的老虎呢？

这有两条路，一条比较慢，很乏味；另一条路不仅快，还更有效。慢方法就是大量地重复。你肯定知道，如果反反复复地看到同一个东西，即便再没有意思，你也能学会并记住。如果做了足够的重复，你的大脑就会说，“尽管看上去这对他来说好像不重要，不过，既然他这样一而再、再而三地看同一个东西，所以我假定这应该是重要的。”

更快的方法是**尽一切可能让大脑活动起来**，特别是开动大脑来完成不同类型的活动。如何做到这一点呢？上一页列出的学习原则正是一些主要的可取做法，而且经证实，它们确实有助于让你的大脑全力以赴。例如，研究表明，把文字放在所描述图片的中间（而不是放在这一页的别处，比如作为标题，或者放在正文中），这样会让你的大脑更多地考虑这些文字与图片之间有什么关系，而这就会让更多的神经元点火。让更多的神经元点火 = 你的大脑更有可能认为这些内容值得关注，而且很可能需要记下来。

交谈式风格也很有帮助，当人们意识到自己在与“别人”交谈时，往往会更专心，这是因为他们总想跟上谈话的思路，并能做出适当的发言。令人惊奇的是，大脑并不关心“交谈”的对象究竟是谁，即使你只是与一本书“交谈”，它也不会在乎！另一方面，如果写作风格很正统、干巴巴的，你的大脑就会觉得，这就像坐在一群人当中被动地听人做报告一样，很没意思，所以不必在意对方说的是什么，甚至可以打瞌睡。

不过，图片和交谈风格还只是开始而已，能做的还有很多。

我们是这么做的：

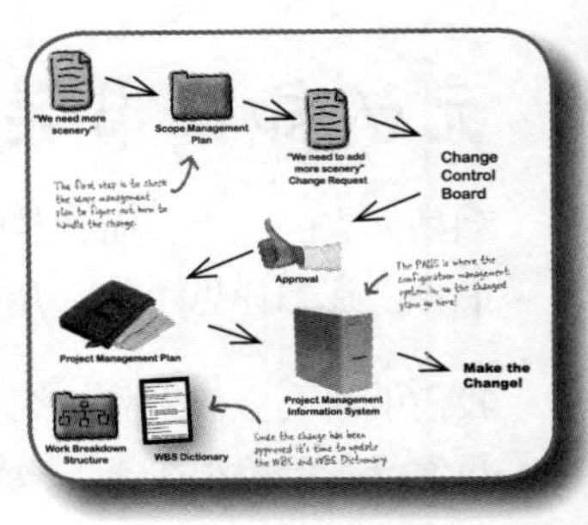
"We need more scenery"
Scope Management Plan
"We need to add more scenery" Change Request
Change Control Board
Approval
Project Management Plan
Make the Change!
Project Management Information System
Work Breakdown Structure
WBS Dictionary

我们用了很多**图**，因为你的大脑更能接受看得见的东西，而不是纯文字。对大脑来说，一图胜千言。如果既有文字又有图片，我们会把文字放在图片当中，因为文字处在所描述的图片中间时，大脑的工作效率更高，倘若把这些描述文字作为标题，或者“淹没”在别处的大段文字中，就达不到这种效果了。

我们采用了**重复手法**，用不同方式，不同类型的媒体和多种思维手段来介绍同一个东西，目的是让有关内容更有可能储存在你的大脑中，而且在大脑中多个区域都有容身之地。

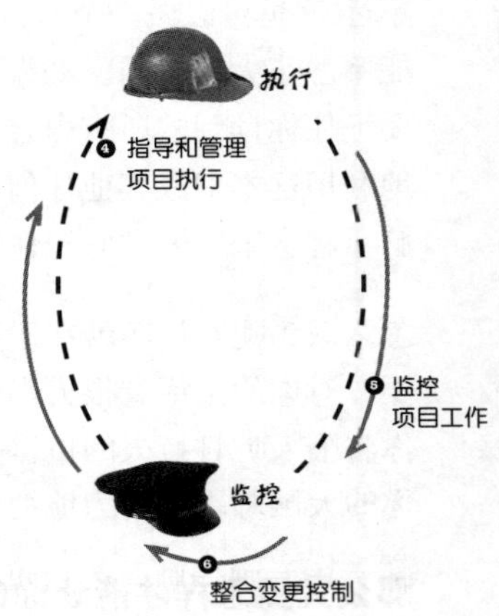
执行
4 指导和管理项目执行
5 监控项目工作
监控
6 整合变更控制

我们会用你**想不到**的方式运用概念和图片，因为你的大脑喜欢新鲜事物。在提供图和思想时，至少会含着一些**情绪**因素，因为如果能产生情绪反应，你的大脑就会投入更大的注意。而这会让你感觉到这些东西更有可能要被记住，其实这种感觉可能只是一点**幽默**，让人**奇怪**或者比较**感兴趣**而已。

我们采用了一种针对个人的**交谈式风格**，因为当你的大脑认为你在参与一个会谈，而不是被动地听一场演示汇报时，它就会更加关注。即使你实际上在读一本书，也就是说在与书“交谈”，而不是真正与人交谈，但这对你的大脑来说并没有什么分别。

在这本书里，我们加入了80多个**实践活动**，因为与单纯的阅读相比，如果能实际**做**点什么，你的大脑会更乐于学习，更愿意去记。这些练习都是我们精心设计的，有一定的难度，但是确实能做出来，因为这是大多数人所希望的。

我们采用了**多种学习模式**，因为尽管你可能想循序渐进地学习，但是其他人可能希望先对整体有一个全面的认识，另外可能还有人只是想看一个例子。不过，不管你想怎么学，要是同样的内容能以多种方式来表述，这对每一个人都会有好处。

要点
专门针对考试

这里的内容不只是单单涉及左脑，也不只是让右脑有所动作，我们会让你的**左右脑**都开动起来，因为你的大脑参与得越多，你就越有可能学会并记住，而且能更长时间地保持注意力。如果只有一半大脑在工作，通常意味着另一半有机会休息，这样你就能更有效率地学习更长时间。

Fireside Chats

我们会讲**故事**，留练习，从**多种不同的角度**来看同一个问题，这是因为，如果要求大脑做一些评价和判断，它就能更深入地学习。

我们会给出一些**练习**，还会问一些问题，这些**问题**往往没有直截了当的答案，通过克服这些挑战，你就能学得更好，因为让大脑真正做点什么的话，它就更能学会并记住。想想吧，如果只是在体育馆里看着别人流汗，这对于保持你自己的体形肯定不会有什么帮助，正所谓临渊羡鱼，不如退而结网。不过另一方面，我们会竭尽所能不让你钻牛角尖，而是能把功夫用在点子上。也就是说，你不会为弄明白一个难懂的例子而耽搁，也不会花太多时间去弄明白一段艰涩难懂而且通篇行话的文字，我们的描述也不会太过简洁而让人无从下手。

我们用了**拟人手法**。在故事中、例子、图片中，你都会看到人的出现，这是因为你本身是一个人，不错，这就是原因。如果和人打交道，相对于某件东西而言，你的大脑会更为关注。

可以用下面的方法让你的大脑就范

好了，我们该做的已经做了，剩下的就要看你自己的了。以下提示可以作为一个起点：听一听你的大脑是怎么说的，弄清楚对你来说哪些做法可行，哪些做法不能奏效。要尝试新鲜事物。

把这一页撕下来，贴到你的冰箱上。

1. **慢一点。你理解的越多，需要记的就越少。**

   不要光看看就行了。停下来，好好想一想。书中提出问题的时候，你不要直接去翻答案。可以假想真的有人在问你这个问题。你让大脑想得越深入，就越有可能学会并记住它。

2. **做练习，自己记笔记。**

   我们留了练习，但是如果这些练习的解答也由我们一手包办，那和有人替你参加考试有什么分别？不要只是坐在那里看着练习发呆。拿出笔来，写一写画一画。大量研究都证实，学习过程中如果能实际动动手，这将改善你的学习。

3. **阅读“没有傻问题”（“There are No Dumb Questions”）部分。**

   顾名思义。这些问题不是可有可无的旁注，它们绝对是核心内容的一部分！千万不要跳过去不看。

4. **上床睡觉之前不要再看别的书，至少不要看其他有难度的东西。**

   学习中有一部分是在你合上书之后完成的（特别是要把学到的知识长久地记住，这往往无法在看书的过程中做到）。你的大脑也需要有自己的时间，这样才能再做一些处理。如果在这段处理时间内你又往大脑里灌输了新的知识，那么你刚才学的一些东西就会丢掉。

5. **要喝水，而且要多喝点水。**

   能提供充足的液体，你的大脑才能有最佳表现。如果缺水（可能在你感觉到口渴之前就已经缺水了），学习能力就会下降。

6. **讲出来，而且要大声讲出来。**

   说话可以刺激大脑的另一部分。如果你想看懂什么，或者想更牢地记住它，就要大声地说出来。更好的办法是，大声地解释给别人听。这样你会学得更快，而且可能会有以前光看不说时不曾有的新发现。

7. **听听你的大脑怎么说。**

   注意一下你的大脑是不是负荷太重了。如果发现自己开始浮光掠影地翻看，或者刚看的东西就忘记了，这说明你该休息一会了。达到某个临界点时，如果还是一味地向大脑里塞，这对于加快学习速度根本没有帮助，甚至还可能影响正常的学习进程。

8. **要有点感觉。**

   你的大脑需要知道这是很重要的东西。要真正融入书中的故事里。为书里的照片加上你自己的图题。你可能觉得一个笑话很蹩脚，不太让人满意，但这总比根本无动于衷要好。

9. **真正做些工作！**

   把这些知识应用到你的日常工作中去；利用你所学的想法完成项目决策。具体做些工作，你会得到书中练习和活动以外的经验。所需要的只是一支笔和一个要解决的问题……通过使用针对考试所学的工具和技术可以更好地解决这个问题。

重要说明

要把这看作是一个学习过程，而不要简单地把它看成是一本参考书。我们在安排内容的时候有意做了一些删减，只要是对学习的内容有妨碍，我们都毫不留情地删掉，不过我们不会删去PMP考试中可能出现的内容。另外，第一次看这本书的时候，要从第一页从头看起，因为书中后面的部分会假定你已经看过而且学会了前面的内容。

章节按《PMBOK指南》的顺序组织。

我们这样做是有道理的……。PMP考试的重点是你要理解指南和它引用的输入、输出、工具和技术。按考试的组织方式来学习理解相关材料是一个好主意。如果你交叉参考这本书和《PMBOK指南》，这个结构也会对你很有帮助。

建议结合这本书使用《PMBOK指南》。

这本书讨论了《PMBOK指南》中很多概念的实际应用，不过你还应当了解指南中是如何介绍这些内容的。考试中有些问题在指南中并没有提到，所以我们不是把这本书限定为《PMBOK指南》的忠实复述。不过这是一个很不错的参考书，在学习过程中应当交叉参考这两本书。这会帮助你更好地理解所有术语，并确保考试当天不会意外地看到从来没有见过的内容。

书里的实践活动不是可有可无的。

这里的练习和实践活动不是可有可无的装饰和摆设，它们也是这本书核心内容的一部分。其中有些练习和活动有助于记忆，有些则能够帮助你理解，还有一些对于如何应用所学的知识很有帮助。千万不要把这些练习跳过不做。甚至填字游戏也很重要，它们可以帮助你采用PMP考试中出现的方式将有关概念植入你的大脑。不过更重要的是，它们可以让你的大脑有机会从不同的上下文考虑这些词汇和概念。

我们有意安排了许多重复，这些重复非常重要。

Head First系列图书有一个与众不同的地方，这就是，我们希望你确确实实地掌握这些知识，另外希望在学完这本书之后你能记住学过了什么。大多数参考书都不太重视重复和回顾，但是由于这是一本有关学习的书，你会看到一些概念一而再、再而三地出现。

"Brain Power（头脑风暴）"练习没有答案。

有一些头脑风暴练习根本没有正确的答案，对于另外一些练习，头脑风暴实践活动中有一部分学习过程就是让你确定你的答案是否正确以及在什么情况下正确。在其中一些头脑风暴练习中，你会得到一些提示，为你指明正确的方向。

致谢

Lisa Kellner

Kevin Kovalic

致技术审校：

在第四版中，我们拥有了一批新的高水平技术审校。他们的工作非常出色，非常感谢大家做出的卓越贡献。

Kevin Kovalic是Springhouse的一位认证的项目管理培训师。目前他教授所有项目管理课程和一些定制课程。Kevin有超过20年的项目管理经验，另外在IT行业也已经工作了超过25年。所以，他能够在课程中娴熟地应用他的实际经验来提升学生体验，并让学生不断获得高分。他还通过多项认证在这个行业不断成长。

另外与往常一样，我们真的很幸运**Lisa Kellner**重返我们的技术审校团队。Lisa总是全面地审阅我们的书，坦率地讲，我们可能觉得这是理所当然的。我们还要感谢前几版的技术审校人员：**Jennifer Poisson**和**Joe Pighetti**（第3版）**Andy Kaufman**和**Ken Jones**（第2版），以及**Carol Steuer**和**Dennis Bolles**（第1版）。非常感谢大家的努力，没有大家做出的重要贡献，这本书是无法完成的！

致我们的编辑：

首先要感谢我们的编辑**Jeff Bleiel**能编辑这本书，谢谢你！

Jeff Bleiel

致 O'Reilly团队：

作为读者，你可能想不到出版一本书需要做多少工作。Melanie绝对是个高手，她把工作安排得井井有条！

Melanie Yarbrough

O'Reilly有太多的人需要感谢，希望我们没有遗漏任何人。要特别感谢我们的产品编辑**Melanie Yarbrough**（很高兴能再与你合作！）和索引编辑**Angela Howard**，还要感谢**Rachel Head**精细地校对。一如往常，感谢我们大爱的Mary Treseler，感谢她为我们做的一切！另外要向我们的其他朋友、编辑和这些年来帮助我们的所有人大声说声感谢：**Mike Hendrickson**，**Tim O'Reilly**，**Laurel Ruma**，**Andy Oram**，**Lindsay Ventimiglia**，**Ron Bilodeau**，**Lucie Haskins**和**Jasmine Kwityn**。如果你们现在在读这本书，那么还要感谢这个行业最有效率的制作团队：**Marsee Henon**、**Kathryn Barret**，还有Sebastopol的所有其他人。

O'Reilly在线学习平台（O'Reilly Online Learning）

O'REILLY®

近40年来，O'Reilly Media致力于提供技术和商业培训、知识和卓越见解，来帮助众多公司取得成功。

我们拥有独一无二的专家和革新者组成的庞大网络，他们通过图书、文章、会议和我们的在线学习平台分享他们的知识和经验。O'Reilly的在线学习平台允许你按需访问现场培训课程、深入的学习路径、交互式编程环境，以及O'Reilly和200多家其他出版商提供的大量文本和视频资源。有关的更多信息，请访问*http://oreilly.com*。

1 入门

为什么要认证？

等我通过PMP认证，哈！

是不是已经厌倦了总是遇到同样的老问题？如果你做过很多项目，就会知道我们总是要反复面对同样的一些问题。该学习针对这些问题的一些通用解决方案了。经过多年的实践，项目经理们已经有了很多经验教训，通过PMP考试正是将这些智慧结晶付诸实践的“入场券”。做好准备，让我们就此彻底改变管理项目的方式。

这些问题是不是有些眼熟？

Kate的老板承诺了一个交付日期，但Kate根本无法满足。

老板承诺的交付日期。

S M T W T F S

项目的实际完成日期。

Kate

项目进行到一半的时候，客户又要求做一个重大变更。

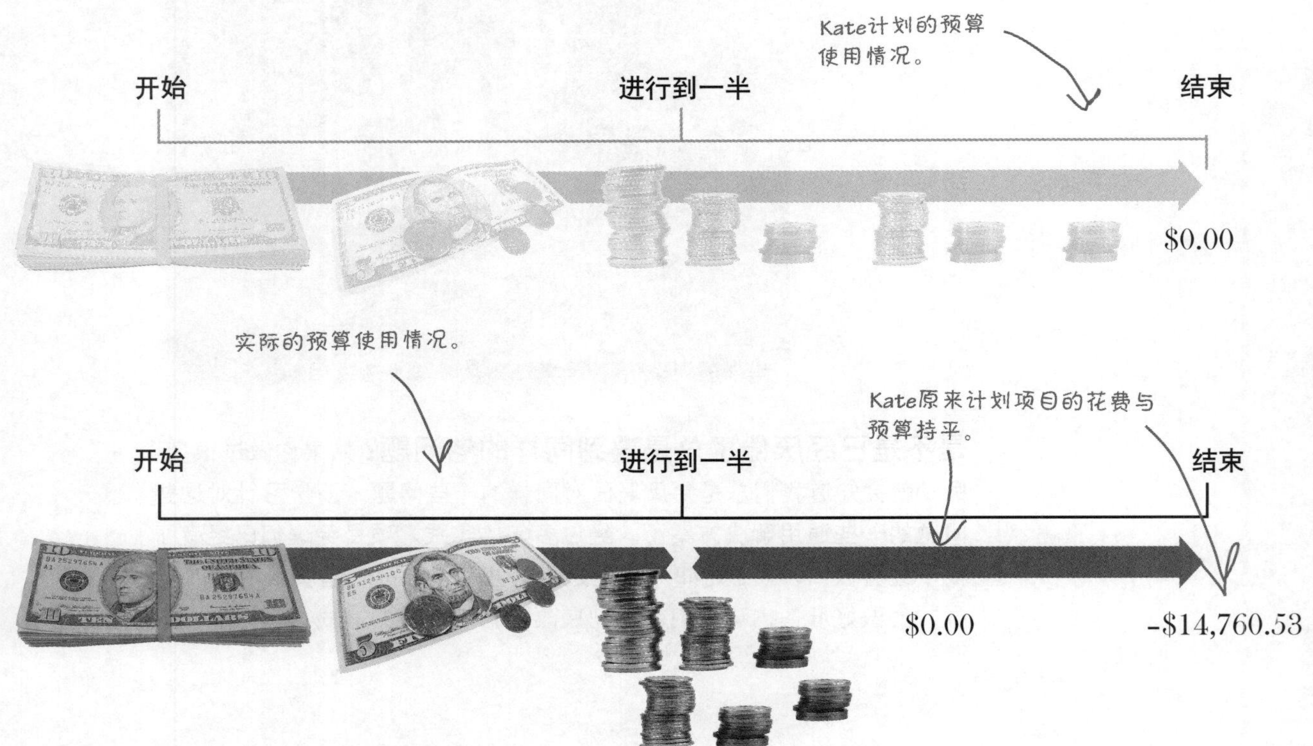
Kate计划的预算使用情况。
开始
进行到一半
结束
$0.00
实际的预算使用情况。
Kate原来计划项目的花费与预算持平。
开始
进行到一半
结束
$0.00
-$14,760.53

然后，项目即将完成之际，有人注意到一个印刷错误，导致10000份广告单都得重印。

只是一个小小的印刷错误，但现在项目已经超预算，客户很不满意。

Jsut catalgo it!
Jsut catalgo it!
Jsut catalgo it!
Our new cataloging software will help you create and maintain a database of your stock, or your clients, or even your stamp collection!

接下来，正打算修改这些印刷错误的时候，Kate突然意识到打印机已经被另一个项目预订了。

时间太紧了，Kate没有足够的时间规划风险应对。

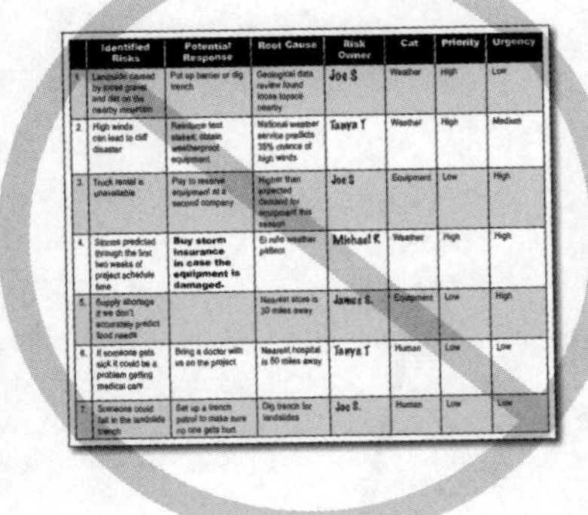

	Identified Risks	Potential Response	Root Cause	Risk Owner	Cat	Priority	Urgency
1.	Landslide caused by loose gravel and dirt on the nearby mountain	Put up barrier or dig trench	Geological data review found loose topsoil nearby	Joe S	Weather	High	Low
2.	High winds can lead to cliff disaster	Reinforce tent stakes; obtain weatherproof equipment	National weather service predicts 35% chance of high winds	Tanya T	Weather	High	Medium
3.	Truck rental is unavailable	Pay to reserve equipment at a second company	Higher than expected demand for equipment this season	Joe S	Equipment	Low	High
4.	Storms predicted through the first two weeks of project schedule time	**Buy storm insurance in case the equipment is damaged.**	El niño weather pattern	Michael R	Weather	High	High
5.	Supply shortage if we don't accurately predict food needs		Nearest store is 30 miles away	James S.	Equipment	Low	High
6.	If someone gets sick it could be a problem getting medical care	Bring a doctor with us on the project	Nearest hospital is 60 miles away	Tanya T	Human	Low	Low
7.	Someone could fall in the landslide trench	Set up a trench patrol to make sure no one gets hurt	Dig trench for landslides	Joe S.	Human	Low	Low

尽管她知道别人很有可能需要这台打印机，但她没有时间提前做出备用计划。

现在这个项目可能要推迟，而且预算也超了，客户非常不满意。

项目不一定都是这样

似乎所有项目都存在诸如此类的问题，不过这些问题中的一些经过实际检验的解决方案…… 有人已经为你做了大量工作！人们意识到所有项目都存在共同的问题，而那些问题已经有一些解决方案，所以一个专家团队精心汇集整理了《PMBOK®指南》，为你提供这些解决方案。

《PMBOK®指南》由一个专家团队精心打造，凝结了……
……全世界众多项目经理的集体智慧。
输入
针对几乎每个项目中都可能出现的问题，《PMBOK®指南》包含处理这些问题的最佳实践。
《PMBOK®指南》是项目经理必须知道的一个标准。它能帮助你避免那些熟悉的问题。
任何一本书都不可能涵盖项目管理的全部知识，因为它总在变化……正因如此这只是一个“指南”。
The PMBOK Guide
also known as... A Guide to the Project Management Body Of Knowledge
Develop Project Charter
Preliminary Scope Statement
Develop Project Management Plan
Direct and Manage Project Execution
Monitor and Control Project Work
Integrated Change Control
Close Project

你的问题…… 已经得到解决

每个项目最后都可能遭遇相同类型的问题。不过训练有素的项目经理应该能尽早发现问题，并很快找出最佳的解决方案。《PMBOK®指南》会帮你：

✓ 从以前遇到类似问题的项目中学习如何避免重蹈覆辙。

✓ 学习全世界项目经理都在使用的项目管理常用术语。

✓ 规划和执行项目以避免常见陷阱。

常见陷阱：最好避开这些陷阱。

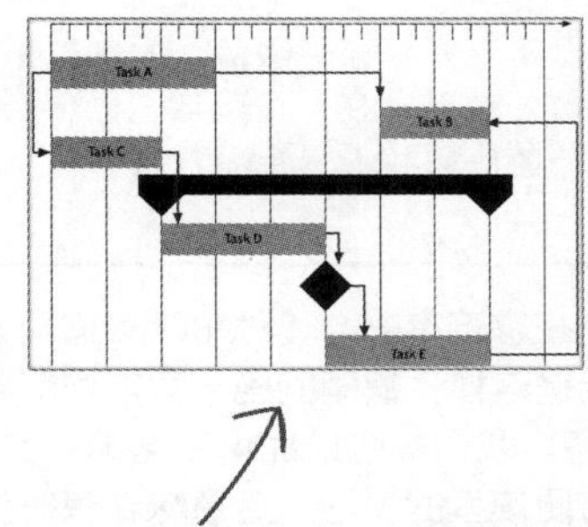
Task A
Task B
Task C
Task D
Task E

《PMBOK®指南》对于如何估计任务并合理地安排任务顺序提出了一些很好的想法，以保证项目能尽快并且尽可能高效地完成。

它概要描述了规划和跟踪成本的有关技术。

它会帮助你了解如何针对项目中的缺陷做出规划并加以防范。

成为一个优秀的项目经理需要具备什么

《PMBOK®指南》提供了丰富的实用工具，可以帮助你更好地管理项目。不过，如果你不具备一个成功的项目经理应有的3个核心素质，那些工具就没有太大的意义。如果你确实希望项目取得成功，必须注意这3个方面。要想担负起项目经理的重任，需要具备以下几点：

1

知识

如果你关注项目管理领域的发展动态，能够从每个人的成功与失误中学习经验教训，就能更好地完成你的工作。

这说明需要了解大量项目管理工具和技术，而且要知道何时使用以及如何使用。

2

绩效

只是知道需要做什么还不够，还必须交付结果。这一点要求你认真而有效地工作。

你和你的团队还必须努力工作来交付成功的项目。

3

人际关系技能

既然你要管理别人，就必须注意哪些方面能激励他们，而哪些方面会对他们造成阻碍。作为一个项目经理，你的任务就是与团队建立良好的人际关系，让所有人都在正轨上。

作为一个项目经理，你必须在整个项目生命周期中领导你的团队，所以如果你想成功，就必须在人员管理方面很有一套，即使他们并不直接向你报告。

你是不是在拿这本书与《PMBOK®指南》做比较？如果是这样，指南的第一章中可能看不到这些内容。我们精心地优化了这本书的内容，尽可能方便读者的学习。这意味着有时我们介绍某些内容的顺序会与《PMBOK®指南》中有所不同。你会发现这里有一些重复，甚至还有《PMBOK®指南》中没有的一些额外的背景资料来帮助你学习。所有这些安排都是为了让你能更快地把这些内容牢牢记在大脑里！

Exercise

如果不注意这些素质，项目肯定会出现问题。下面列出了一些失败的项目，它们分别忽视了成功的项目经理的哪些素质？有些项目可能同时忽视了多个方面，可以只选出你认为影响最大的一个素质。

项目交付得很早，不过并没有提供客户要求的所有特性。副总裁曾建议采用一个新的需求收集技术，不过项目经理拒绝了这一建议，因为他从来没有听说过这种技术。

忽视的素质：

....

项目团队对这个项目有太多冲突，以致于无法一起合作。他们做出的决策总是相互抵触，导致最后根本无法交付任何产品。

忽视的素质：

....

项目推迟了，因为项目团队不满足公司的工作效率标准。他们总是迟到早退，而且午餐时间总是太长。看来项目经理并不认为这个项目很重要。

忽视的素质：

....

项目推迟了，因为项目团队想投机取巧，导致工作难以顺利进行，最后不得不返工来修正之前的所有错误。

忽视的素质：

....

项目经理认为他的任务就是要满足最后期限，其他的都不重要。所以他要求产品必须按预期的时间交付，而不论质量好坏。但项目团队希望创造一个高质量的产品，整个项目期间他们都在与项目经理做斗争，希望他改变想法。最终，产品发布后，整个团队撒手不干了，他们拒绝再为这个产品提供支持。

忽视的素质：

....

项目经理拒绝学习使用公司为项目团队购买的进度计划软件和模板。实际上，他只是在自己的脑海里和白板上跟踪进度。邻近项目尾声时，他意识到忘记了一些重要的任务，而交付日期已经过了2个月。

忽视的素质：

....

Exercise
答案

如果不注意这些素质，项目肯定会出现问题。下面列出了一些失败的项目，它们分别忽视了成功的项目经理的哪些素质？有些项目可能同时忽视了多个方面，可以只选出你认为影响最大的一个素质。

项目交付得很早，不过并没有提供客户要求的所有特性。副总裁曾建议采用一个新的需求收集技术，不过项目经理拒绝了这一建议，因为他从来没有听说过这种技术。

忽视的素质：

知识

项目团队对这个项目有太多冲突，以至于无法一起合作。他们做出的决策总是相互抵触，导致最后根本无法交付任何产品。

忽视的素质：

人际关系技能

项目推迟了，因为项目团队不满足公司的工作效率标准。他们总是迟到早退，而且午餐时间总是太长。看来项目经理并不认为这个项目很重要。

忽视的素质：

绩效

项目推迟了，因为项目团队想投机取巧，导致工作难以顺利进行，最后不得不返工来修正之前的所有错误。

忽视的素质：

绩效

项目经理认为他的任务就是要满足最后期限，其他的都不重要。所以他要求产品必须按预期的时间交付，而不论质量好坏。但项目团队希望创造一个高质量的产品，整个项目期间他们都在与项目经理做斗争，希望他改变想法。最终，产品发布后，整个团队撒手不干了，他们拒绝再为这个产品提供支持。

这可能也是知识方面的一个问题，因为经理没有充分地了解项目相关方的期望。

忽视的素质：

人际关系技能

项目经理拒绝学习使用公司为项目团队购买的进度计划软件和模板。实际上，他只是在自己的脑海里和白板上跟踪进度。临近项目尾声时，他意识到忘记了一些重要的任务，而交付日期已经过了2个月。

这可能也属于忽视知识导致的问题，因为经理没有学习进度计划软件或模板。这二者之间的界限并不是很分明。

忽视的素质：

绩效

there are no Dumb Questions

问：《PMBOK®指南》怎么能声称涵盖项目管理的整个知识体系呢？

答： 事实上，它从来没有这样说过。正是因为这个原因，《PMBOK®指南》被称为是“项目管理知识体系（Project Management Body of Knowledge，PMBOK）的一个指南”。这是一本参考书，它整理了关于项目经理如何完成工作的大量信息，但并没有声称它本身涵盖全部信息。实际上，它只是提供了一个管理项目的框架，告诉你需要知道哪些信息。

很多人惊讶地发现，PMP考试中出现的很多内容在《PMBOK®指南》中并没有明确提到（不用担心，那些内容在这本书中都会谈到）。作为现代的项目经理，需要了解关于风险管理、时间管理以及成本或质量等大量信息，而且随着你的事业越来越成功，你还要对这些知识领域有更多的了解。正因如此，千万不要仅限于学习《PMBOK®指南》中的内容。它只是作为一个指南，可以引导项目经理了解工作中可能用到的各个知识领域。

问：如果我在工作中不遵循所有这些要求会怎么样呢？

答：《PMBOK®指南》并不要求每一个项目都像照菜谱做菜一样严格遵循其中的内容。指南中汇集了项目管理行业常用的大量工具和过程，另外，关于如何运行项目，项目经理也有很多自己的判断。所以没有必要完全摒弃你目前所做的工作，而统统替换为这本书里的各个工具。不过以后你会注意到，你在这里学习的一些工具确实能解决工作中的一些问题。如果你发现有些场合下这些工具确实有帮助，就应该着手使用。说实在的，这也是最好的学习方法。你可能会发现，运用你在研究过程中学习的新概念之后，你的项目会运行得更好。

问：我听说参加PMP考试必须记一大堆的公式。必须这样吗？

答： 是的，不过没有你想的那么糟糕。这些公式真的很有用。它们会帮助你了解项目的进展情况，使你能更好地做出决策。在本书后面看到这些公式时，你要特别注意如何使用以及为什么要使用这些公式。一旦了解这些内容，就不再需要硬记那一大堆好像没用的“垃圾”了。这些公式确实很有意义，你会发现它们很直观，在日常工作中很有帮助。

问：这些认证考试是不是只是顾问向客户多收费的一个借口？

答： 有些顾问确实因为通过了认证所以收费更高，不过这并不是认证的唯一原因。获得PMP认证最好的理由是，这会帮助你理解所有项目管理概念，帮你更好地完成工作。如果你学习了这些工具，并很好地应用于你的工作，你会成为一个更棒的项目经理。嗯，如果还能让你多挣钱，那当然很好。

另外，还要记住，对于一个项目经理来说，通过PMP认证是很多承包项目的一个必要条件，特别是政府部门的项目，而且在各种职位招聘广告中这个要求也越来越常见。如果项目经理没有PMP证书，有些雇主甚至连面试机会都不给！

问：完成《PMBOK®指南》里谈到的所有工作看起来需要花很长时间。这对我到底适不适用？

答： 这个问题问得好。你可能会发现《PMBOK®指南》中提到了一些文件，而你在项目中可能并不习惯编写或创建这些文件，另外有些规划步骤在你看来也是额外的，你之前从来没有那样做过。这是因为，《PMBOK®指南》只是一个框架，而不是成功项目必须严格遵循的“菜谱”。

如果你获得了认证，这意味着你对项目经理在规划项目、跟踪项目和处理项目过程中通常使用的各种工具和技术有深入的了解。这并不是说每次领导一个项目时都必须完全遵循同样的“菜谱”才能让项目成功。

问：不过在我工作的公司里，项目的最后期限总是很紧。说实在的，你不会要求我为项目写一大堆的项目文件，还要使用所有这些公式吧？

答： 你会在这本书第8章中学到很多有用的东西，其中很重要的一点就是：有时前期的很多工作看起来很费功夫，但实际上最终它会为你节省大量时间。

你可能在一个计划会议中发现一个问题，这个计划会议要花费2个小时，但是如果没能发现这个问题，那么后期可能需要用两个星期的时间才能修正，这么说来，计划所用的两个小时实际上为你的项目节省了2个星期的时间。尽管你要检查大量计划和文件，但实际上这会帮助你尽早避免一些问题，否则那些问题就有可能导致项目失败。总之，要提前做所有这些工作，把它们写下来，相对而言，这样实际上会让你的项目进展更快，成本更低！

《PMBOK®指南》只是一个指南，不过如果你理解其中的所有内容，最后肯定会成为一个更优秀的项目经理。

了解公司全貌

你的项目是公司工作中很重要的一部分，另外还要了解它在公司当前的高层战略中处于什么位置。这里就要引入项目集和项目组合。

项目组合可以包括项目集和项目。
项目集是应当一起管理的一组项目。
项目有起点和终点，会产生特定的结果。
新建
改造
新建筑：住宅

项目组合

项目组合（portfolio）是由商业目标维系在一起的一组项目或项目集。如果一家建筑公司投资已有大楼的改造重建以及建造新建筑，他们可能会把公司的工作划分为新建（New Construction）和改造（Remodelling）这两个项目组合，因为这二者的目标有很大不同。

项目集

项目集（program）是紧密关联的一组项目，在某种程度上，这组项目一起管理可以提供某种好处。根据经验，这个公司知道，新建摩天大楼与建造住宅是截然不同的，所以住宅的建造应当有单独的项目集。

项目集中的项目通常相互依赖。项目集管理的重点就是这种相互依赖性。

项目

项目（project）是产生某个特定结果的工作，这是临时性的。项目总有一个起点和一个终点。建造房屋就是项目的一个典型例子。项目可以是项目集或项目组合的一部分，不过项目组合和项目集不能作为项目的一部分。

项目是有价值的

仔细想想你的职业生涯中完成的那些项目。每个项目都会对你的公司做一些有益的事情。你可能创建了一个产品，把它卖给客户直接挣钱。也可能通过工作自动化让其他人能更轻松地完成任务，否则他们就要为此耗费大量的时间和精力。不论项目完成时如何计算你创造的效益，总之这个效益正是公司决定做这个项目的根本原因。这个效益会影响公司的总体商业价值。有时往往会花过多的时间处理项目本身的问题，而偏离了原先设定的真正目标。每次做决策时都应当考虑项目的价值，这一点很重要。

商业价值（Business value）是公司所有事物的总和，从桌椅板凳到公司人员，以及他们产生的知识产权。

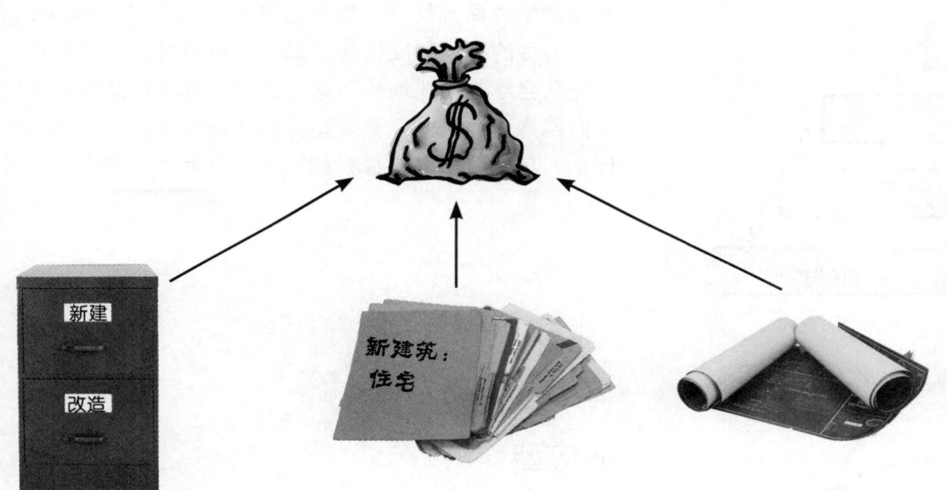

新建
改造
新建筑：住宅

项目组合

项目组合经理要划分公司完成的项目、项目集和运营工作，保证与商业目标一致，确保项目最有效地管理进度、预算和资源，从而满足公司的目标。

项目集

项目集经理主要关注项目相互依赖的方面，并协调相关活动，确保以最直接的方式完成工作。

项目

项目经理保证团队始终关注项目提供的商业价值。项目经理会帮助各个团队成员了解他（她）的工作将如何影响项目价值，确保团队中的每一个人都能做出最适当的决策，以保证项目处于正轨。

项目遵循一个生命周期

《PMBOK®指南》定义了项目遵循的几个工作模式。这些模式均称为生命周期（lifecycle）。需要考虑你的项目将遵循的生命周期，这很有意义，在很大程度上这会确定将采用什么方法交付你创建的产品。

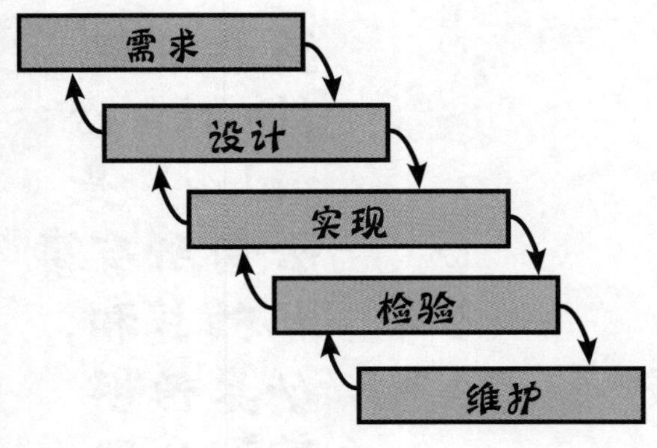
需求
设计
实现
检验
维护

预测型

在预测型生命周期中，项目的进度、范围和成本都提前定义。项目的早期阶段会确定如何执行项目的其余阶段，项目团队会尽其所能地执行这个计划，并尽可能减少出现变更时所产生的影响。预测型生命周期就是要预测将要发生什么，尽可能地准备最好的计划，然后努力遵循这个计划。

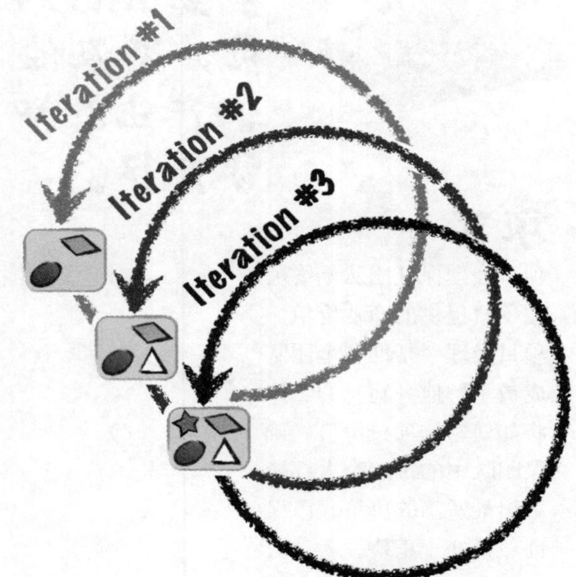
Iteration #1
Iteration #2
Iteration #3

适应型

适应型生命周期则旨在应对变更。不再是规划工作而是遵循计划，团队将采用一种适应性的方式逐步完成工作，他们会反复完成所有项目活动，交付对相关方有价值的一些小的项目部分。这些小部分称为增量（increments），大多数敏捷生命周期就是要尽可能快地向客户交付有价值的增量。由于这个生命周期会频繁反复地执行，所以出现变更时可以不中断工作。每个迭代都会交付一个产品，可以利用这个机会得到反馈，而且还可以利用每次迭代修改所要完成的工作范围。

迭代型

迭代型生命周期更接近预测型生命周期而不是适应型生命周期。使用迭代方法时，团队仍然尝试提前规划大部分工作，但是在项目生命周期中，会使用重复的循环来识别范围、进度和成本基准可能的变更。这些变更可以通过项目的反馈循环来完成。

增量型

使用增量型生命周期的团队通过一系列迭代向相关方交付小的、可用的项目部分，来得到反馈。增量型开发生命周期更接近适应型生命周期，不过区别在于，这里生成的增量不能认为是最终产品，必须在最后一个迭代中组合起来，才能认为是完成的产品。

混合型

"混合"是指预测型和适应型方法的任意组合。项目经理通常有一个很重要的角色，要帮助团队决定采用哪种方法。你可以遵循这里定义的某个生命周期，也可以建立预测和适应性实践的一种新的组合，来更好地满足组织的需要。

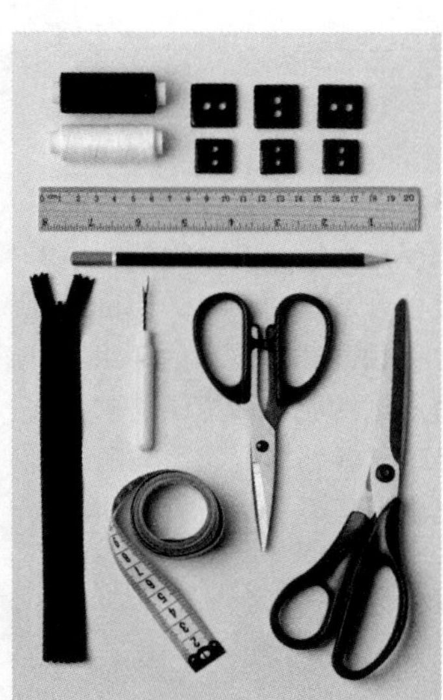

裁剪

在这本书中，你会看到有关裁剪生命周期的建议。每个组织都有自己特有的文化，也有一组特定的注意事项，这些会影响到项目和执行的方方面面。在这本书的每一章中，我们会尽量指出考虑项目使用何种方法时可能会问到自己各种类型的问题。

项目组合、项目集和项目有很多共同点

我们讨论了项目组合管理、项目集管理和项目管理之间的区别，不过除了这些差别，它们也有很多共同点。

The
PMBOK
Guide
also known as...
A Guide to the
Project Management
Body Of Knowledge

已验证的过程

项目组合经理和项目集经理有一组已验证的过程、工具和技术，这些过程、工具和技术曾用来管理过很多成功的项目集和项目组合。类似于PMP, 项目管理协会还提供了项目组合管理（PfMP）和项目集管理（PgMP）的认证。

商业价值

项目组合经理要对工作优先排序，以满足公司的战略目标。管理项目集是要跟踪资源以及影响各组项目的其他制约因素，使所有这些项目能实现某个共同利益。另一方面，项目是要管理为实现某个结果所完成的工作。项目组合的战略目标、项目集的共同利益，以及项目的结果都会为你的公司增加商业价值。

处理制约因素

项目组合经理需要在一定的环境下对工作进行优先排序，需要考虑到有限的资源、预算、风险承受能力以及其他很多制约因素，这些制约因素构成了促使项目组合成功的环境。项目集经理需要管理由相同资源池生成或者有相同预算要求的各组项目。项目经理通常要管理预定进度、资源制约因素和范围需求。项目组合经理、项目集经理和项目经理三者都需要使用其他经理使用的过程、工具和技术，来平衡企业环境中的所有制约因素。

项目组合、项目集和项目都使用章程

你在启动、规划、执行、控制和结束项目时所做的工作有助于你的项目集和项目组合经理了解项目的进展，并确保你的项目处于正轨。遵循《PMBOK®指南》中的所有过程可以确保项目所属的项目集和项目组合总能知道你的工作情况，并了解你将要完成哪些工作。尽管项目组合和项目集管理中使用的文档有很多不同的地方，不过有一点可以明确：项目组合、项目集和项目都使用章程来定义目标。

章程

项目组合、项目集和项目都使用章程来定义目标和启动工作。章程列出了已知的制约因素和目标，并授权经理开始工作。

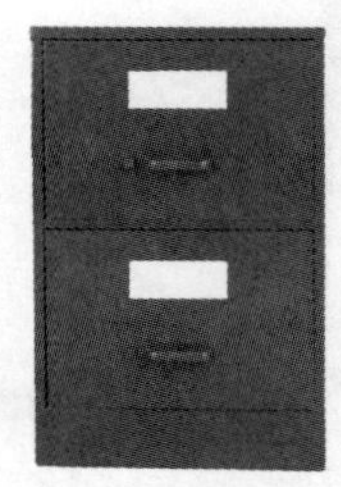

项目组合章程

项目组合章程明确项目组合要实现的战略利益。它会列出项目组合中包括的所有项目集和项目。

项目集章程

项目集章程定义了这个项目集要实现的共同利益，以及其中包括的项目。

项目章程

项目章程提供一个项目描述、概括性进度和商业论证，并指派一名项目经理。

Relax

我们将在第4章深入讨论项目章程。

尽管项目、项目集和项目组合中都要用到章程，不过考试中你只需要关注项目章程。这本书后面还会用很大篇幅专门介绍项目章程。

项目、项目集和项目组合详解

下面来看一家Ranch Hand Games软件公司的一个项目组合、一个项目集和一个项目的章程，以便你更好地区分这些概念。

Ranch Hand Games: 项目组合章程

项目描述：在线游戏项目组合

市场研究表明，未来的财政年度中，控制台游戏和PC游戏的增长速度将不及在线游戏市场。Ranch Hand启动了多个面向在线游戏市场的项目集，目标是在接下来15个月将我们的市场份额增加10%。

在线游戏项目组合包括以下项目集和项目：

项目集：

- 在线街机游戏项目集
- 在线游戏销售与市场活动
- 服务器升级项目集
- 在线商店项目集

项目：

- Cows Gone Wild II
- Zarthak和Flugelhorn

项目组合经理要监控所有项目集以及项目的综合绩效来确定项目组合的绩效。

Ranch Hand Games: 项目集章程

项目描述：在线街机游戏项目集

这个项目集的目标是面向在线游戏市场重写从20世纪80年代末到90年代初我们开发的所有早期游戏。所有这些产品将在一次重要的内部预演中同时发布。由于其中很多游戏使用共享代码创建，它们需要一起管理，以便于配置管理，并有利于协调开发活动。

项目：

项目组合包含项目集以及项目，还包括其他内容，如子项目组合和运营！

Ranch Hand Games: 项目章程

项目描述：Cows Gone Wild II

这个项目是已获得极大成功的旗舰产品Cows Gone Wild的延续。其中包含一个在线游戏组件，这是在线游戏项目组合的一部分。

项目需求：

- 每组必须支持至多8个在线玩家
- 能与玩家实现实时的文本和语音通信
- 更快、更有真实感的图形渲染
- 新角色和场景

总体里程碑进度

需求完成	3月4日
代码完成	6月1日
发布Alpha版本完成内部测试	6月20日
发布Beta版本完成外部测试	8月31日
全面发布	11月15日

可以根据是否满足需求以及是否有高质量的产品确定项目是否成功。

由项目发起人提供这个章程。我们将在第4章更多地了解发起人和章程。

这个项目集需要一起管理，因为其中的所有项目会共享代码。如果这些项目都独立管理，各个项目团队就会因为相互协调而浪费时间和精力。

Exercise

考试时你要知道项目组合、项目集和项目之间的区别。下面的各个故事分别描述了项目组合、项目集还是项目？

一家顾问公司希望增加每位顾问的计酬时间，所以他们在全公司范围内启动了多个项目集，帮助顾问提高年生产力。

……………………………………

一家公司希望人力资源组从基于纸张的方式转变为基于软件。他们花了一些时间来考察能够完成这项任务的最好的软件包，并决定所有人力资源功能都一起管理，因为他们需要同样的一些人来帮助完成这些工作。

……………………………………

一家软件游戏公司希望推出其在线产品。它启动了多个市场和销售预案，创建了一些新游戏，并且重写了原来的一些游戏，希望能得到更多在线玩家。

……………………………………

一所大学希望为所有部系建立招生网站。他们意识到所有网站应当有相同的注册界面，所以为了节省时间，他们决定将这些网站一起管理。

……………………………………

一家公司希望建立一个更好的报告界面，从而可以得到关于年终目标更准确的数据。

……………………………………

一家建筑公司同时向多个车库项目投标。其中一个项目中标，他们比进度提前了一个月完成这个车库的建造，而且比预算节省$5000。

……………………………………

Exercise 答案

考试时你要知道项目组合、项目集和项目之间的区别。下面的各个故事分别描述了项目组合、项目集还是项目？

一家顾问公司希望增加每位顾问的计酬时间，所以他们在全公司范围内启动了多个项目集，帮助顾问提高年生产力。

项目组合

一家公司希望人力资源组从基于纸张的方式转变为基于软件。他们花了一些时间来考察能够完成这项任务的最好的软件包，并决定所有人力资源功能都一起管理，因为他们需要同样的一些人来帮助完成这些工作。

项目集

一家软件游戏公司希望推出其在线产品。它启动了多个市场和销售预案，创建了一些新游戏，并且重写了原来的一些游戏，希望能得到更多在线玩家。

项目组合

一所大学希望为所有部系建立招生网站。他们意识到所有网站应当有相同的注册界面，所以为了节省时间，他们决定将这些网站一起管理。

项目集

一家公司希望建立一个更好的报告界面，从而可以得到关于年终目标更准确的数据。

项目

一家建筑公司同时向多个车库项目投标。其中一个项目中标，他们比进度提前了一个月完成这个车库的建造，而且比预算节省$5000。

项目

项目是……

临时的

项目总有一个起点（start）和一个终点（finish）。你在决定要做什么的时候，项目就开始了；你计划创建的产品或服务确实已经创建时，项目结束。有时项目结束可能是因为你决定中止项目。不过项目绝对不会一直持续下去。

运营（Operation）会一直进行。如果你在利用一条组装生产线生产汽车，这就是一个运营。如果你在设计和建立一个特定汽车型号的原型，这就是一个项目。

你可能还会看到把这个词写作“过程”（process）而不是“运营”（operation）。一个团队可以运行一个项目来构建软件，不过公司可能有一个一直持续的过程，保证运行软件的服务器不关机。实际上，保证服务器一直运行的小组通常就称为“IT运营”。明白了吗？

创建唯一的结果

创建项目的产品时，这是可测量的（measurable）。如果启动一个项目来创建一个软件或者建造一座大楼，这个软件或大楼能够与已生产或建造的其他产品区分开。

渐进明细

在项目进行过程中，你了解的信息会越来越多。开始时，你只有目标和一个计划，不过随着项目的进行，总会有需要处理的新信息，而且你总要做出决策来保证不偏离正轨。尽管你会竭尽所能对可能发生的一切做出计划，但你知道，在项目进行过程中肯定会不断对项目有更多的了解。

……项目不是……

项目不是：总有重大意义或重要影响

项目不是：一直进行的运营（或过程）

项目不是：总会成功

Sharpen your pencil

以下哪些场景是运营，哪些是项目？

1. 扩建一个房屋

☐ 运营 ☐ 项目

2. 在图书馆书架上摆放图书

☐ 运营 ☐ 项目

3. 烘烤一个婚礼蛋糕

☐ 运营 ☐ 项目

4. 对演出节目分类

☐ 运营 ☐ 项目

5. 每周为植物浇两次水

☐ 运营 ☐ 项目

6. 每天遛狗

☐ 运营 ☐ 项目

7. 织一件围巾

☐ 运营 ☐ 项目

8. 做一个鸟舍

☐ 运营 ☐ 项目

9. 每6个月换一次空气过滤器

☐ 运营 ☐ 项目

10. 一家玩具厂运转一条组装生产线

☐ 运营 ☐ 项目

11. 组织一个大型会议

☐ 运营 ☐ 项目

12. 每周去3次体育馆

☐ 运营 ☐ 项目

→ 答案见22页。

BULLET POINTS: AIMING FOR THE EXAM

- 项目经理要更好地完成工作，需要关注的3个方面分别是**知识**（knowledge）、**绩效**（performance）和**人际关系技能**（personal skill）。
- **项目章程**是一个文档，会描述项目的需求和高层概括性进度，指派一名项目经理，并确定项目工作的优先顺序。
- **项目集**（program）是为了达到公司某个特定目标或利益而应当一起管理的一组项目。
- **项目组合**（portfolio）是一组项目或项目集。
- **项目**（project）会召集一个团队来完成临时性的工作，创建唯一的结果，而且是渐进明细的。
- **运营**（operation）或**过程**（process）是以一种可重复、持续进行的方式完成的工作，但不是一个项目。

一个项目经理的一天

你可能已经很清楚项目经理要做些什么，他的工作就是将一个项目从概念转变为最终完成的产品。一般地，项目经理会与一个团队协作来完成工作。他们刚开始工作时，项目经理通常对项目了解得并不多。想想看，项目经理每天所做的工作可以划分为以下3类。

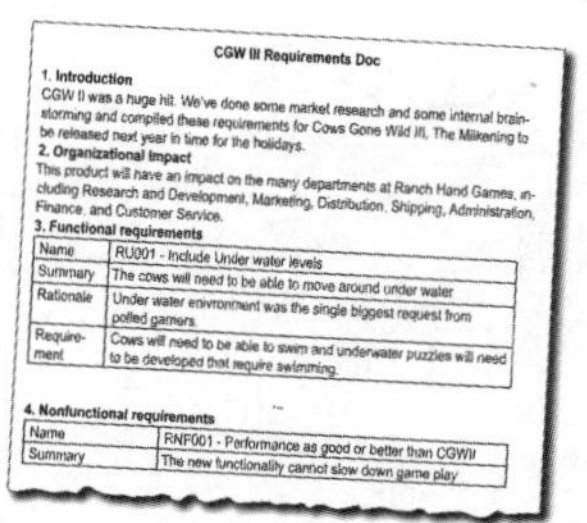

CGW III Requirements Doc

1. Introduction

CGW II was a huge hit. We've done some market research and some internal brainstorming and compiled these requirements for Cows Gone Wild III, The Milkening to be released next year in time for the holidays.

2. Organizational Impact

This product will have an impact on the many departments at Ranch Hand Games, including Research and Development, Marketing, Distribution, Shipping, Administration, Finance, and Customer Service.

3. Functional requirements

Name	RU001 - Include Under water levels
Summary	The cows will need to be able to move around under water
Rationale	Under water environment was the single biggest request from polled gamers.
Requirement	Cows will need to be able to swim and underwater puzzles will need to be developed that require swimming.

4. Nonfunctional requirements

Name	RNF001 - Performance as good or better than CGWII
Summary	The new functionality cannot slow down game play

收集产品需求

作为一个项目经理，这往往意味着你要明确要构建什么产品。这也是开始规划项目时首先要做的工作之一！不过随着项目的进行，你对项目的了解通常会越来越多。有时这可能意味着需要对产品做出变更，有时可能只是在你已经了解的信息基础上补充更多细节。

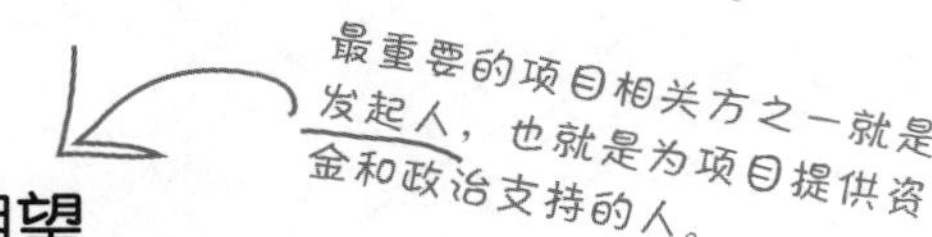
最重要的项目相关方之一就是发起人，也就是为项目提供资金和政治支持的人。

管理项目相关方期望

大多数项目都涉及很多人：包括具体完成工作的团队，提供资金的人，项目完成时每一个使用这个产品的人，以及每一个可能受项目影响的人。这些人都称为项目相关方（stakeholder）。项目经理很大一部分工作就是与每一个项目相关方沟通，确保他们的需求得到满足。

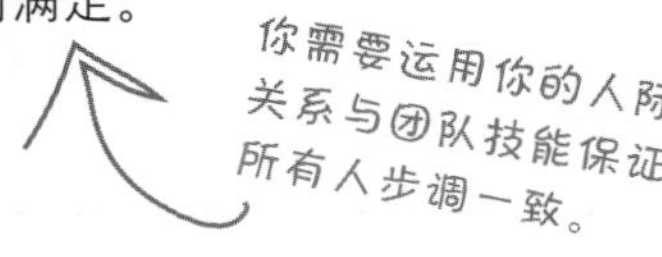
你需要运用你的人际关系与团队技能保证所有人步调一致。

处理项目制约因素

有时项目还有一些需要你处理的制约因素。启动一个项目时，可能有人告诉你这个项目的成本不能超过$200000。或者它必须在5个月的内部预演之前完成。也有可能只有找到某一个特定的程序员加入团队你才能开展工作。或者如果你没有很好地规划，很有可能会让一个竞争者捷足先登。这些就是制约因素，它们会让你的工作更有难度，不过这正是项目经理每天要做的工作。

即便你在一直收集需求、管理项目相关方并努力满足有关制约因素，但是不同情况下可能还要求使用不同的工具来处理所有这些难题。仔细想想，《PMBOK®指南》中讨论的所有工具和技术就是为了帮助你在项目生命周期的不同阶段完成这三件事。也正是因为这个原因，《PMBOK®指南》将一个项目中完成的工作划分为5个过程组（Process Groups）。这些过程组可以帮助你在项目过程中合理地组织所有工作，并保证你在项目中发挥正确的作用。

过程组的有关内容将在第3章介绍！

Sharpen your pencil Solution

以下哪些场景是运营，哪些是项目？

1. 扩建一个房屋
- [ ] 运营
- [x] 项目

2. 在图书馆书架上摆放图书
- [x] 运营
- [ ] 项目

3. 烘烤一个婚礼蛋糕
- [ ] 运营
- [x] 项目

4. 对演出节目分类
- [ ] 运营
- [x] 项目

5. 每周为植物浇两次水
- [x] 运营
- [ ] 项目

6. 每天遛狗
- [x] 运营
- [ ] 项目

7. 织一件围巾
- [ ] 运营
- [x] 项目

8. 做一个鸟舍
- [ ] 运营
- [x] 项目

9. 每6个月换一次空气过滤器
- [x] 运营
- [ ] 项目

10. 一家玩具厂运转一条组装生产线
- [x] 运营
- [ ] 项目

11. 组织一个大型会议
- [ ] 运营
- [x] 项目

12. 每周去3次体育馆
- [x] 运营
- [ ] 项目

there are no Dumb Questions

问：项目制约因素只是表示对时间和成本的限制吗？

答： 并不是这样。项目制约因素可以是开始工作之前对项目设置的任何限制。项目经理确实很熟悉时间和成本制约因素，这一点不假，因为这些限制相当常见。不过除此以外还有很多其他类型的制约因素。

下面举一个例子。假设你的一些团队成员有3个星期不能参加工作，因为他们必须参加一个强制性的培训。这就称为一种资源制约因素（resource constraint），因为你的部分项目资源（你需要的人）是受限的。

另外还有很多其他类型的制约因素，包括：风险制约因素、范围制约因素和质量制约因素。

问：等一下，你说什么？质量制约因素？我的项目不就是为了构建高质量的产品吗？

答： 当然。对于某些项目来说，质量确实非常重要，不过，在另外一些项目中，质量可能没有那么重要，作为一个项目经理，你需要认识到这一点。

如果你正在运行一个项目来建造一个活动场，质量当然很重要。你不希望安放不安全的活动设施，否则孩子们可能会因此受伤。这是不是意味着你要尽可能把所有预算都用来保证质量呢？先想一想，看看这个项目需要达到怎样的质量（比如说，与为医疗设备公司生产心脏监视器的项目相比）。对心脏监视器来说，质量制约因素的重要性可能就远远超过了运动场。

项目经理如何运行优秀的项目

运行项目的方式有很多种：自从有了人类文明，人们就一直在运行着各种项目。不过，有些项目经理能很有效地运行他们的项目，而另外一些却总是滞后、超出预算，而且质量低下。那么到底是什么造成了优秀项目与拙劣项目之间的这种差别呢？

这正是项目管理协会（Project Management Institute）大量开始整理项目管理知识体系指南（PMBOK®指南）时所提出的问题。他们调查了大量的项目经理，并分析了数以万计成功和不成功的项目，提出了一种考虑如何有效运行项目的结构化方法。

《PMBOK®指南》的一个目标是为你提供一种可重复的方法来运行项目。它将工作分解为49个过程（process），每个过程描述了项目经理要做的不同种类的工作。为了帮助你理解这些过程如何结合在一起，他们提出了两种不同的思路。每个过程都可以划归到5个过程组（process group），过程组指出了这些过程在项目中以什么顺序完成。另外《PMBOK®指南》也是一个组织项目管理知识的工具，所以每个过程还可以划分到10个知识领域（knowledge area）。《PMBOK®指南》就是按这些知识领域组织的……这本书也是如此！

《PMBOK®指南》描述了项目从开始到结束所经过的49个过程。
还有10个知识领域来帮助组织这些过程，以便于学习和理解。
The PMBOK Guide
also known as...
A Guide to the Project Management Body Of Knowledge
与《PMBOK®指南》一样……《Head First PMP》中对应每个知识领域分别有一章。
它包含5个过程组，展示了一个项目的过程顺序，以及过程相互之间如何交互。

每个过程属于一个过程组，另外还包含在一个知识领域中。

项目管理办公室每次都会帮你做好工作

公司完成的每个项目都会教你很多东西，让你充分了解在你的公司文化中哪些是可行的，而哪些不可行。项目管理办公室（Project management offices，PMO）会帮你从以往完成的所有工作中吸取经验教训。他们会提供你需要的模板和指导，确保你的项目采用了正确的方法，并确保与你共事的每一个人都理解这个项目。你的职业生涯中可能会遇到3种不同的PMO。

支持型（Supportive）

支持型的PMO会提供你需要的所有模板，在项目运行过程中你要填写这些模板。支持型PMO会制订一些标准，明确从项目启动阶段到项目交付和收尾的整个发展过程中，你要如何描述范围、资源、进度和状态。

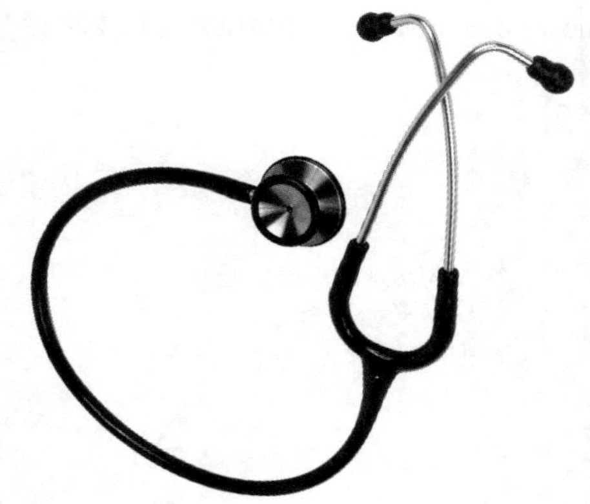

控制型（Controlling）

控制型PMO会控制公司以什么方式完成项目管理，他们会检查你的工作是否遵循他们指定的过程。与支持型PMO类似，他们会告诉你要填写哪些模板，并指定一个框架来完成公司的项目管理。他们还会定期地审查你的项目工作，确保你遵循他们的指导原则。

指令型（Directive）

采用指令型方法的PMO会直接为项目团队指定项目经理。在一个指令型PMO中，项目经理通常直接向PMO报告。这种报告结构可以确保项目经理遵循PMO指定的框架和模板，因为他们的工作绩效就依赖于这些框架和模板。

指令型PMO可以对项目的工作方式施加很多控制。

还记得我们说过这本书里会有很多重复吗？这一页就是一个很好的例子！下一章我们还会更深入地介绍这个内容。这对应《PMBOK®指南》第2章的内容……不过重申一次，不要期待这本书的每一章与《PMBOK®指南》完全一致。这样组织只是为了能帮助你更快地学习！

甚至《PMBOK®指南》第1章中的一些内容在这本书后面的章节才会出现，因为有了上下文，解释起来才更有意义。

好领导能帮助团队协同工作

只有一个好计划和需要的所有资源还不足以保证项目成功。如果希望项目处于正轨，还需要考虑你的人际关系与团队技能。下面给出几个例子：

领导力

一个好的领导人会让团队看到最终目标，并专注于这个最终目标。有了正确的领导，团队成员会感觉他们能控制自己做的工作，并做出正确的决策，帮助团队尽可能直接达到其目标。

团队建设和建立信任

如果你做的事情会帮助团队成员感觉他们可以彼此依赖，所有这些就是团队建设的一部分。如果一个团队感觉他们在齐心协力地实现项目的目标，他们能做的将比每个成员单独做到的多得多。建立信任是指与项目的所有相关方共享信息，让他们知道他们可以相互信任。

激励

有些人对自己做的工作充满热情，工作本身就让他们动力十足，有些人则是为了增加一些工作经验来充实他们的简历，还有一些人希望得到提升或者希望涨工资。要了解什么能激励你的团队成员，并帮助他们实现个人目标，这对你的项目也会有帮助。

有些团队会受项目价值的激励，相对于保证项目的成功，他们的个人目标是次要的。如果是这样，这会是一个非常有成效的团队。

项目团队是由人组成的

保持团队有动力，让他们有参与感，这只是促使项目成功的两项人际关系与团队技能。除此以外，你还需要帮助团队成员解决问题，维护一个让所有人都能轻松相处的环境。好的项目经理还需要运用另外一些人际关系与团队技能以保证团队不脱离正轨。

影响（Influencing）

有时候你需要与其他人协作来完成工作。你在影响别人时，要关注与他们合作的共同利益，另外要分享权力来实现共同的目标。可以利用你的影响完成每天的工作。

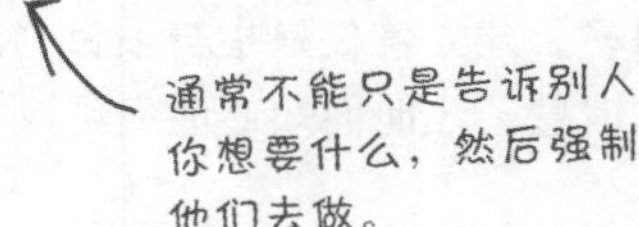
通常不能只是告诉别人
你想要什么，然后强制
他们去做。

冲突管理（Conflict management）

人们在一起工作时，总会有分歧。出现冲突时，好的项目经理会努力寻求积极的解决方案。

我们将在第13章更详细地讨论冲突管理。

《PMBOK®指南》中还介绍了另外一些人际关系与团队技能，我们会在后面逐一讨论：

* 沟通（第10章将专门介绍沟通）。
* 谈判和决策（第9章会介绍更多有关内容）。

指导（Coaching）

随着团队成员的不断增加并承担新的职责，他们可能希望能有一些帮助来培养新的技能。这里就要加入指导或教练技能。你在指导别人时，就是帮助他们培养技能，并更好地完成他们的工作。有时这意味着帮助他们寻找培训机会，有时可能只是扮演一个参谋，帮助团队成员整理他们遇到的问题。

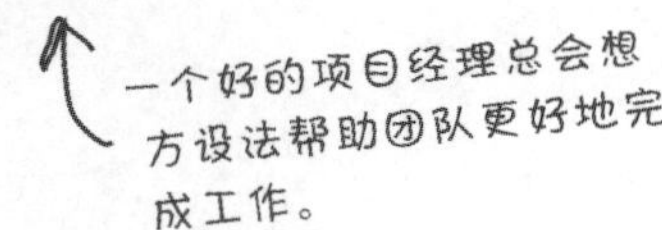
一个好的项目经理总会想
方设法帮助团队更好地完
成工作。

政治和文化意识（Political and cultural awareness）

确保团队中的每一个人都有参与感，这很重要。你要知道哪些话题可能让人们疏远，或者让他们感觉不舒服，从而能够为团队维护一个开放而包容的环境。

BRAIN
POWER

如果在你以前的项目中运用了以上的某个技能，可能就能帮助团队取得成功，你能想出这样的例子吗？

there are no Dumb Questions

问：在我看来，指令型和控制型PMO很相似。再问一次，他们有什么区别？

答：这个问题问得好。这两种PMO在管理他们的项目方面都很积极，不过确实还是有一些区别的。

控制型PMO一般会在项目的不同时间点审查项目团队完成的工作，确保他们确实遵循公司一致认可的过程。控制型PMO的人员就像是审计员，他们会检查项目团队的工作成果，确保与公司的项目管理规则一致。

实际上指令型PMO会自己直接管理项目。对于指令型PMO负责的所有项目，将由PMO中的人员作为这些项目的项目经理。

问：我的公司根本没有PMO。这49个过程是不是只适用于那些有PMO的公司？《PMBOK®指南》中哪些内容适用于那些不属于PMO的普通项目经理？

答：当然都适用！《PMBOK®指南》讨论的是项目管理，之所以要在项目中使用这个指南里介绍的各个过程，就是为了帮助项目取得成功。如果你的公司有一个PMO，遵循这49个过程会帮助你与PMO协同工作。不过，如果你所在的公司没有PMO，遵循所有这49个过程对项目同样很有好处。

问：PMP考试会检查人际关系与团队技能吗？

答：是的。你要知道有哪些人际关系与团队技能，以及在管理项目中什么时候使用这些技能。人际关系与团队技能是管理团队的一个重要部分。如果你的团队成员感觉他们的观点受到重视，而且动力十足，希望更好地完成工作，你就更有可能获得成功。

问：等一下，团队建设和指导有什么不同呢？

答：这也是一个很好的问题。团队建设通常是指出去聚餐，组织一些团队活动，一般来讲，就是增加团队的社交活动，让团队成员彼此更熟悉，能有更好的内部关系。而指导是明确团队成员的才能，帮助他们进一步培养技能。

假设你的一个团队成员很擅长向别人解释技术概念。你可能就希望指导这个人编写项目文档，帮助整个团队更好地了解他们所做的工作。这样会让这个团队成员更好地运用他的才能，同时也有助于团队沟通。

运营管理要处理推动公司运转的过程

要考虑公司每天要完成的所有过程，保证一切平稳运行。你可能在很多项目中都与运营团队一起工作过，这包括会计部门、支持团队，以及维护软件环境的基础设施团队。每个运营团队都是由公司里某个特定方面的专家组成。有时，你可能要与他们一起构建项目的某些部分，还有在一些情况下，可能要依赖于他们的工作，然后才能开展你的项目工作。运营团队几乎都是项目的相关方。

第13章介绍相关方管理时还会更多地了解相关方。

运营管理要指导、监督和控制你在项目中每天使用的业务过程。

Sharpen your pencil

以下描述的是哪一类项目管理办公室？

1. 为项目提供过程文档和模板。

☐ 支持型 ☐ 控制型 ☐ 指令型

2. 你每月与他们会面一次，他们会检查项目文件，确保你遵循正确的过程。

☐ 支持型 ☐ 控制型 ☐ 指令型

3. 为你提供常见项目问题以及经验教训的一个知识库，以便你使用。

☐ 支持型 ☐ 控制型 ☐ 指令型

4. 一个集中的项目经理小组，这些项目经理被指派来管理项目。

☐ 支持型 ☐ 控制型 ☐ 指令型

5. 项目开始时，这个小组要确保团队遵循所有启动过程，并得到授权可以开始工作。

☐ 支持型 ☐ 控制型 ☐ 指令型

6. 你在做项目的风险计划时，请他们帮你找一个在其他项目中有用的风险计划的例子。

☐ 支持型 ☐ 控制型 ☐ 指令型

7. 这个团队会定期审计你的项目工作，确认你提交的状态报告，并在你遇到困难时提供指导。

☐ 支持型 ☐ 控制型 ☐ 指令型

答案见30页。

我是谁？

一群人际关系与团队技能乔装出席一个名叫“我是谁？”的化装舞会。他们会给你一个线索，你要根据他们所说的话尽量猜出他们是谁。这里假设他们讲的都是真话。请在右边填空，确认他们的身份。

目前为止你见过的所有优秀技能都已经登场！

	名字
我让团队中的所有人都了解项目的目标，使他们能支持这些目标。	________
我会关注团队成员的敏感话题，努力维持一个开放而包容的环境。	________
我会努力找出每个团队成员希望从项目得到什么，然后帮助他（她）实现这个目标。	________
我与其他人分享权力，来得到其种共同利益。	________
我帮助团队成员更好地完成项目工作。	________
存在争论或分歧时，我会尽量以一种有利于团队的方式解决这些问题。	________
我会帮助团队中的每一个人感觉他们可以相互依赖。	________
我对项目中的所有相关方都是透明的，使所有人都能得到他们需要的全部信息来做出正确的决策。	________

答案见31页。

Sharpen your pencil Solution

以下描述的是哪一类项目管理办公室？

1. 为项目提供过程文档和模板。

☒ 支持型 ☐ 控制型 ☐ 指令型

2. 你每月与他们会面一次，他们会检查项目文档，确保你遵循正确的过程。

☐ 支持型 ☒ 控制型 ☐ 指令型

3. 为你提供常见项目问题以及经验教训的一个知识库，以便你使用。

☒ 支持型 ☐ 控制型 ☐ 指令型

4. 一个集中的项目经理小组，这些项目经理被指派来管理项目。

☐ 支持型 ☐ 控制型 ☒ 指令型

5. 项目开始时，这个小组要确保团队遵循所有启动过程，并得到授权可以开始工作。

☐ 支持型 ☒ 控制型 ☐ 指令型

6. 你在做项目的风险计划时，请他们帮你找一个在其他项目中有用的风险计划的例子。

☒ 支持型 ☐ 控制型 ☐ 指令型

7. 这个团队会定期审计你的项目工作，确认你提交的状态报告，并在你遇到困难时提供指导。

☐ 支持型 ☒ 控制型 ☐ 指令型

所有这些PMO都会提供过程文档，这一点没错，不过只有支持型PMO把提供过程文档作为其主要职能。

我是谁？

一群人际关系与团队技能乔装出席一个名叫“我是谁？”的化装舞会。他们会给你一个线索，你要根据他们所说的话尽量猜出他们是谁。这里假设他们讲的都是真话。请在右边填空，确认他们的身份。

目前为止你见过的所有优秀技能都已经登场！

	名字
我让团队中的所有人都了解项目的目标，使他们能支持这些目标。	领导力
我会关注团队成员的敏感话题，努力维持一个开放而包容的环境。	政治和文化意识
我会努力找出每个团队成员希望从项目得到什么，然后帮助他（她）实现这个目标。	激励
我与其他人分享权力，来得到其种共同利益。	影响
我帮助团队成员更好地完成项目工作。	指导
存在争论或分歧时，我会尽量以一种有利于团队的方式解决这些问题。	冲突解决
我会帮助团队中的每一个人感觉他们可以相互依赖。	团队建设
我对项目中的所有相关方都是透明的，使所有人都能得到他们需要的全部信息来做出正确的决策。	建立信任

PMP认证不只是通过一个考试

PMP认证意味着你具备必要的知识来解决最常见的项目问题。

这证明你了解你的专业。

一旦你取得认证，你的项目更有可能成功，因为：

你具备促使项目成功的技能和知识。

认识现实中的一位PMP认证项目经理

项目经理展示出他们了解成功领导项目所需要的工具。他们知道调整项目的优先顺序以及让项目最终获得成功是什么意思。取得认证并不是说你的项目不再有任何问题，而是说在你决定如何解决这些问题时，将得到很多经验丰富、聪明睿智的项目经理的帮助，他们的智慧将为你提供强大后盾。

挣更多钱
运行成功的项目
拥有很多公司和合同所要求的重要资质
受到同行的尊敬
总是乐于教导别人
享受PMI的一些福利，比如可以参加培训、研讨会和专业社交网络。
是项目管理社区重要的一部分
不过要记住，加入项目管理协会（Project Management Institute）并不要求你已经获得PMP认证！如果你打算参加PMP考试，最好今天就加入，充分享用这些福利。

这可能就是你！

模拟题

1. 以下哪一个不是项目管理办公室类型?

A. 指令型。

B. 价值驱动型。

C. 支持型。

D. 控制型。

2. 以下哪一个不是项目的明显特征?

A. 临时性。

B. 战略性。

C. 特定结果。

D. 渐进明细。

3. 一家能源公司正在投资一系列计划，希望寻找一些替代能源使公司在10年后仍保持竞争力。这些计划要一起跟踪和管理，因为这个目标对于公司的成功至关重要。这是什么例子?

A. 项目组合。

B. 项目集。

C. 项目。

D. 事业环境因素。

4. 以下哪一个不是项目经理的职责?

A. 管理项目相关方期望。

B. 管理项目制约因素。

C. 收集产品需求。

D. 为项目提供资助。

5. 以下哪一个不是人际关系技能?

A. 激励。

B. 头脑风暴。

C. 团队建设。

D. 指导。

模拟题

6. 以下哪一个关于人际关系与团队技能的描述不正确？

A. 指导是指帮助团队做更多练习。

B. 激励是指帮助团队成员从项目中得到他们想要的东西。

C. 影响是指与人们分享权力来达到某个目标。

D. 冲突管理是指在项目中为冲突寻找积极的解决方案。

7. 关于项目组合管理以下哪一个说法不正确？

A. 项目组合经理通过结合所有项目集和项目的数据来评判项目组合是否成功。

B. 项目组合可以包含项目和项目集。

C. 项目组合围绕着商业目标来组织。

D. 项目组合总是一组项目集。

8. 你要管理一个改造厨房的项目。你利用挣值计算得出：如果项目继续保持当前的费用水平，最后将超出预算$500。你使用项目经理的以下哪一个核心素质发现了这个问题？

A. 知识。

B. 绩效。

C. 人际关系技能。

D. 以上都不是。

9. 项目开始时，一个软件团队项目经理得到一个日程安排，其中给出了每个人的度假计划。她发现，由于这个软件会交付给QA团队，如果恰好在QA团队成员假期重叠时交付软件（也就是多个QA团队成员同时都在度假），就很有可能存在严重的质量问题风险，因为软件进入生产阶段之前没有人对软件进行测试。以下哪一项可以准确地描述这里对项目的制约因素？

A. 质量制约因素。

B. 时间制约因素。

C. 资源制约因素。

D. 风险制约因素。

10. 一个项目经理管理的项目遇到麻烦，因为他的一个团队成员绩效很差，致使他错过了向一个项目相关方承诺的重要日期。他发现这个成员很清楚这个项目问题，但是没有告诉他，因为大家都很害怕他的坏脾气。以下哪一项可以最准确地描述这个项目经理将来要如何避免这些情况？

A. 补充《PMBOK®指南》中的知识。

B. 评测个人绩效。

C. 改善人际关系技能。

D. 管理项目相关方期望。

模拟~~题~~答案

1. 答案：B

尽管PMO通常是价值驱动的，但这并不是一个正确的PMO类型。PMO的三种类型分别是支持型、控制型和指令型。支持型PMO会提供运行项目的模板和指导原则，控制型PMO会审计项目，确保遵循过程和标准，指令型PMO会指定项目经理来管理项目。

2. 答案：B

项目不一定是战略性或至关重要的。它只是临时的，有一个特定结果，而且是渐进明细的。

考试时要注意类似这样的问题。根据常识，你可能会认为，对于要完成一个项目的公司来说，这个项目应该很重要，但这并不是这个问题真正要问的。

3. 答案：A

由于有一个战略商业目标，这些计划要一起管理，所以可以看出这是一个项目组合。

项目组合围绕着商业目标来组织，而项目集根据一起管理获得的共同利益来组织。

4. 答案：D

发起人就是为项目提供资金的人。项目经理通常不承担这个角色。

实际上，后面几章就会更多地了解头脑风暴在定义项目需求中的作用。

5. 答案：B

头脑风暴是你与其他人一起完成的一个活动，不过，这不是帮助管理项目相关方所需要的一种人际关系技能。

6. 答案：A

指导实际上是帮助你的团队成员更好地完成他们的工作。你所做的所有促进他们培养技能的事情都是指导。

7. 答案：D

项目组合可以是一组项目集和项目，所以选项D不正确。它可以是一组项目集，但并不一定如此。

~~模拟题~~ 答案

8. 答案：A

你利用了挣值管理（Earned Value Management）技术预测出这个项目将超出预算。了解这一点可以帮你提前规划以避免将来出现成本超支。最起码，这可以帮助你与项目相关方重新确定期望，让他们更好地了解将来可能发生的情况。

9. 答案：C

这是一个资源制约因素，因为项目经理需要资源时，这些资源（在这里就是测试软件的人）不在位。没错，这可能导致质量问题、引发风险，而且可能产生进度问题。但这并不是进度、时间或风险制约因素，因为这里对于项目质量、进度或风险没有施加外在限制。唯一的外在限制就是资源可用性。如果拥有这些资源，就不会有任何问题！

10. 答案：C

项目经理与团队成员的交流方式阻碍了他的工作顺利进行。这是一个缺乏人际关系技能的很好的例子，如果缺乏人际关系技能，可能直接导致严重的项目问题，正因如此，这个项目经理需要改善他的人际关系技能。

项目经理的坏脾气导致一个项目相关方很失望，但这并不是说项目相关方的期望很出格。这是一个可以避免的项目问题，只要具备更好的人际关系技能就可以解决这个问题。
你已经读完了第一章而且做了模拟题！感觉怎么样？

2 组织环境

好公司的那些事

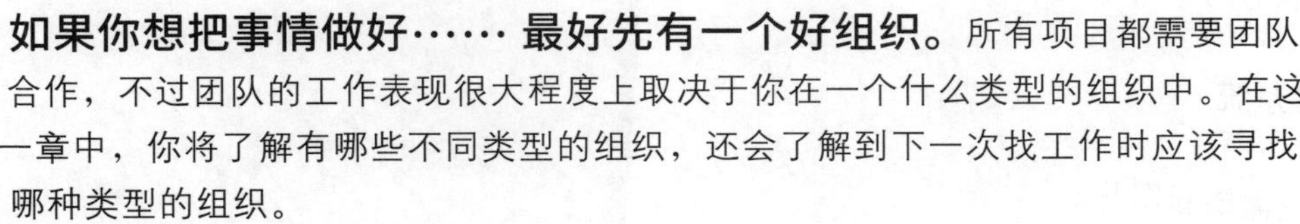

好消息，Johnson先生！我们公司已经完全项目化了。再也不用周末在办公室加班了！
太棒了。不过现在我用什么借口逃避带孩子去踢足球呢？

如果你想把事情做好…… 最好先有一个好组织。所有项目都需要团队合作，不过团队的工作表现很大程度上取决于你在一个什么类型的组织中。在这一章中，你将了解有哪些不同类型的组织，还会了解到下一次找工作时应该寻找哪种类型的组织。

Kate的一天

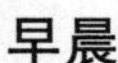

早晨

我们刚刚完成测试，产品应该可以按进度进行测试。

午餐时间

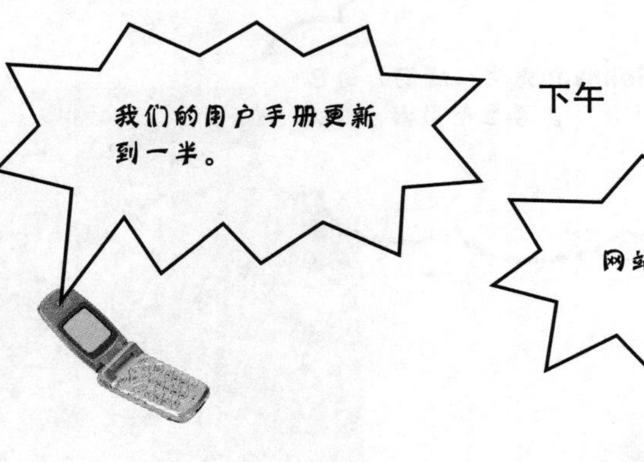
我们的用户手册更新到一半。

下午

网站需要新图片。

这是Kate的工作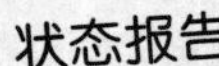写状态报告。

状态报告

编程

“我们刚刚完成测试，产品应该可以按进度进行测试。”

技术文档编写

“我们的用户手册更新到一半。”

信息系统

“网站需要新图片。”

Kate整天要做的就是把人们在状态会议上讲的话记录下来。

Kate想找份新工作

Kate正在努力获得PMP认证，她在学习很多新技能，甚至开始找一份新工作，她想真正做些什么，而不是整天只记录别人说些什么……

我整天只是收集状态，尽管我对如何改善这个项目很有想法，但是看起来我根本没有权力真正做任何改变。

Kate并不对项目的成败负责。她只是让每个人都了解进展情况。

Kate目前是一位项目联络人。

Kate的职位可能是“项目经理”，不过尽管她的名片上是这样写的，但这并不是她的实际工作。Kate的工作只是记录项目的进展情况，她没有权力对项目做任何决策。她可以参与项目，但是并不管理任何事务。

BRAIN
POWER

你认为Kate查看求职APP时应该寻找新组织中的哪些信息？

Exercise

Kate不小心把一杯星巴克半糖无脂拿铁洒在她的求职清单上了。你能把她在这一页下面草草写下的词对应到有咖啡污渍的地方吗？

求职清单
• 我应该　　　项目。
• 我能向项目团队人
工作。
• 我能控制项目的　　。
• 我的重点　　　项目，而
不是　　　务。
• 我不应整天只做
• 我可以向
作而不必与他们　　　。
资料工作
预算
项目团队
管理
无关
确认
工作
有权管理
分配工作

答案见64页。

BRAIN POWER

你要找的理想工作是怎样的?是不是和Kate的愿望很相似?

组织磁贴

在一个职能型组织中，也就是Kate目前所在的这种组织，项目经理没有权力对项目做重大决策。项目型组织则不同，会把所有权力都交给项目经理。

你能确定哪个描述对应哪个组织类型吗？

在这种公司中，团队要向项目经理报告，项目经理有更多权力。

职能型组织

在一个职能型组织中，完成项目的团队并不直接向项目经理报告。相反，团队属于部门，项目经理需要为项目从各个部门“借”人。

1. ....

2. ....

3. ....

项目型组织

1. ....

2. ....

3. ....

团队按项目组织。

项目经理估计并跟踪预算和进度。

项目经理不建立预算。

项目经理选择团队成员，并在项目结束时解散团队。

项目经理的一半时间都用来完成管理任务。

项目经理需要部门经理确认重大决策。

答案见65页。

不同类型的组织结构

Kate找新工作时，发现有很多不同类型的组织可以选择。首先是**系统型组织**（organic organization），在这种组织中,人们有不同的角色，这使得项目管理成为一种兼职角色（取决于当前需要什么）。然后是**职能型组织**（functional organization），它会把权力交给职能经理。**多部门组织**（Multidivisional organization）将各个部门作为单独的公司来运营，每个部门都有自己的治理框架和管理角色。**项目导向的组织**（Project-oriented organization）将权力交给项目经理，**矩阵型组织**（matrix organization）则由职能经理和项目经理共同分担职责和职权。

系统型

你可能会在很小的公司看到这种结构。

- 项目管理作为项目团队中某个人的兼职职责。
- 项目经理通常是项目的参与人（contributor），还承担帮助相关方理解项目状态的额外职责。
- 在系统型组织中，项目经理很少负责预算决策。这种决策通常由公司负责人做出。

职能型

在这种组织中，项目团队成员总是向职能经理报告，所有事务都由职能经理全权负责。

- 项目管理决策需要得到职能经理的确认。
- 项目经理是完成工作的职能经理。
- 项目经理的大量时间都用于完成管理任务，通常只有部分时间作为项目经理工作。
- 职能型组织中往往会有项目联络人。

多部门

- 不同部门的项目运营方式可能完全不同。
- 项目经理通常是项目协调人或兼职项目联络人，他们实际上在项目团队中作为全职的参与人工作，不过同时还承担沟通项目状态的额外职责。
- 关于预算或资源分配的决策要由职能经理做出。

弱矩阵型

- 项目经理有一些权力，但是不负责项目的资源。
- 重大决策仍需要在职能经理的合作或批准下做出。
- 弱矩阵型组织中也可能有项目联络人（如Kate）和项目协调人。

在项目导向的组织中，项目经理有最大的权力。

均衡矩阵型　　强矩阵型　　项目导向型

矩阵型组织

- 项目经理与职能经理分享权力。
- 项目经理执行职能经理的人员管理决策，职能经理则执行项目经理的项目决策。

均衡矩阵型组织中的人员要同等地向项目经理以及职能经理报告。

- 项目经理比职能经理的权力更大，不过团队仍要向这两个经理报告。
- 可以根据团队在项目中的绩效和专业技能对团队做出评判。在一个强矩阵型组织中，项目的交付最为重要。

在PMP考试中，除非特别说明，大多数问题都假设你在一个矩阵型组织中。

- 团队围绕项目组织。项目完成时，团队会解散，团队成员将转入另一个项目。
- 项目经理会做一个项目的预算、进度、质量和资源的所有决策。
- 项目经理对项目的成败负责。

这还不是全部！

翻到下一页，了解更多组织类型！

更多组织类型

还有一些结构建立在其他一些组织结构之上。除了我们前面讨论的基本职能型、矩阵型和项目导向的结构，还有以下3种组织类型。

虚拟型

虚拟团队把组织中不同部门的人召集在一起，他们可能有不同的工作方式。

- 虚拟团队可能由组织中很多不同部门的人组成，他们可能有不同的报告结构，而且可能在不同的办公室工作。
- 在虚拟团队中，项目经理经常承担引导团队沟通的角色。
- 这种组织结构中的项目经理有时有权力做预算和资源分配的决策。

混合型

- 混合型组织会组合使用预测型和适应型生命周期的工作实践。
- 预测型生命周期往往依赖管理来了解范围和状态，适应型生命周期则确保数据透明，并强调每个团队的自我管理。
- 由于团队使用不同实践的组合，所以不同团队中项目经理的工作方法会有所不同。

项目管理办公室

- 项目管理办公室（PMO）几乎对组织中完成的所有项目都拥有全部权力。
- 项目的资金和工作流由PMO管理，用于做出项目决策的所有数据由项目经理准备。
- 项目经理要对如何为项目分配资源做决策。

在所有组织类型中，PMO会为项目经理指定最大的权力。

PMO可以是支持型、控制型和指令型

一个组织建立PMO时，可以有多种运营方式。PMO可以是支持型的，通过使用相同的文档模板和实践来估计和报告团队的进度，帮助团队标准化他们的项目方法。有些PMO是控制型的，他们通过对项目文件和实践进行审计、访谈和观察来定义过程，确保团队遵循他们定义的所有过程。还有一些PMO是指令型的，他们会为每个项目指派一名PMO成员来管理各个项目。

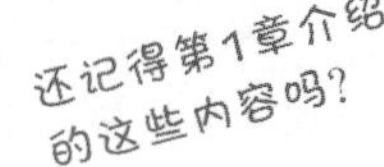
还记得第1章介绍的这些内容吗?

支持型

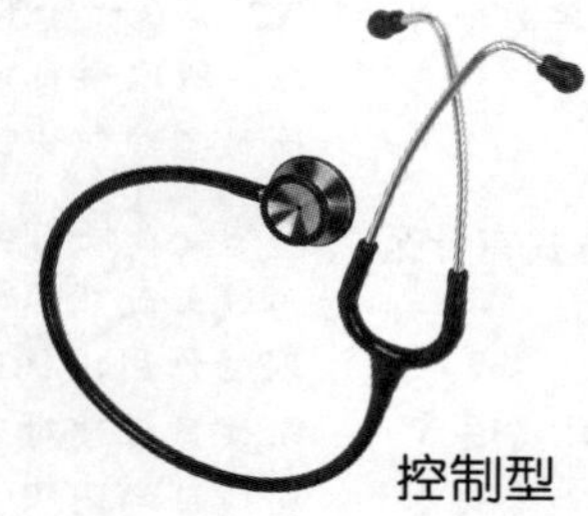
控制型

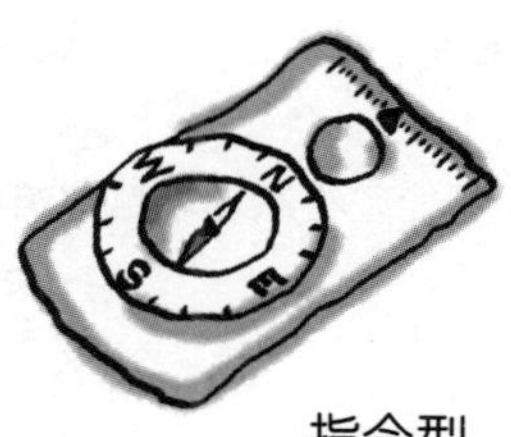
N
S
E
指令型

Exercise

以下给出两个场景，在这里一个PMO正在对一个项目采取行动。请说明这种PMO方法是支持型、控制型还是指令型的。

场景1： 每个项目启动时，团队的成员与一个PMO成员坐在一起讨论他们将采用什么方法完成工作。这个PMO成员给他们提供了一些项目进度和范围文档的好例子，然后带着他们建立了一些空模板，使他们知道完成规划活动后要如何填写这些模板。

☐ 支持型 ☐ 控制型 ☐ 指令型

场景2： 每个项目启动时，会指派一个PMO成员领导项目，确保团队采用PMO希望的方式完成工作。这个PMO成员要确保使用正确的模板，另外在项目过程中需要做出决策时要咨询PMO。

☐ 支持型 ☐ 控制型 ☐ 指令型

答案见58页。

there are no Dumb Questions

问： 我还是不太清楚项目协调人和项目联络人之间有什么区别？

答： 实际上他们确实很相似。项目联络人就是跟踪状态的人员，但是对项目完全没有任何决策权。项目协调人做的工作基本相同，不过对项目稍稍有一些决策权，而不必都由职能经理决策。协调人通常向组织中的高层管理人员报告，而联络人更像是职能经理的助手。通常弱矩阵型或职能型组织中会有协调人和联络人。

问： 职能型组织和项目型组织中的团队运行方式有什么么不同？

答： 可以考虑一个管理部门运行的大型会计项目。通常管理部门的领导要对项目的所有一切最终负责。如果要求一个项目经理提供帮助，她的作用只是为管理部门经理处理相关事务。团队由原本就向管理部门经理报告的人员组成，所以没有人会质疑他的权力。这就是一个职能型组织的例子。

不同于这个会计项目的运行方式，如果一家专门从事会计业务的咨询公司承包了这个项目，就会有完全不同的运行方式。他们会组建一个会计人员团队，并指派一个项目经理领导这些人员。项目结束时，这个团队会解散，团队成员将加入到其他团队为其他项目经理工作。这就是一个项目型组织的工作方式。团队按项目组织，而不是按工作职能来组织。

问： 我在一个职能型组织中，能成为一个有成效的项目经理吗？

答： 在一个职能型组织中，项目经理通常并没有太多权力，所以项目经理在职能型组织中很难像在一个矩阵型或项目型组织中那样有影响力。

当然，在任何类型的组织中你都可以很好地完成你的工作。不过，既然你的公司设置了项目经理，要充分发挥项目经理的作用，就很有必要研究如何调整均衡权力的方式。如果项目经理对项目的成败负责，他们也应该有机会影响这些项目的团队、预算和进度。

问： PMP考试会倾向于某一种组织类型吗？

答： 参加PMP考试时，倘若看到一个问题提到项目经理，如果没有提前申明所描述的是什么类型的组织，就应该假设这个问题是针对一个矩阵型组织提出的。职能型组织通常有一点负面色彩，因为这种组织给项目经理的权力往往很小。

BULLET POINTS: AIMING FOR THE EXAM

- 在一个职能型组织中，职能经理拥有全部权力，而在项目型组织中项目经理拥有最大的权力。
- 如果考试中的问题没有特别指出组织类型，就要假设这是指一个矩阵型组织。也就是说，项目经理要负责做预算、为任务分配资源，以及解决冲突。
- 项目型组织中不存在项目协调人和联络人。
- 项目联络人只跟踪项目状态。项目协调人有一定权力，通常要向公司更高层主管报告。这两个角色都没有实际项目经理的权力或权威，尽管联络人或协调人的名片上可能印着“项目经理”。

Exercise

下面是从Kate求职面试记录中摘取的几段。你能看出每个面试官代表的组织是什么类型吗？

面试官1： 我们想找人与我们的开发经理合作，保证按时交付产品。我们有一个很不错的编程团队，他们只需要一点鼓励就能满足他们的最后期限。你的工作是做好状态会议的记录。如果与团队发生任何问题，只需要反馈给开发经理，她会解决问题。

- ☐ 系统型 ☐ 职能型 ☐ 多部门 ☐ 矩阵型
- ☐ 项目型 ☐ 虚拟型 ☐ 混合型 ☐ PMO

面试官2： 我们需要有一个人能从头到尾管理所有事务。你要与客户合作来建立目标，选择团队，估计时间和成本，管理和跟踪所有决策，还要确保所有相关人员都及时了解项目情况。我们希望这个项目持续6个月。

- ☐ 系统型 ☐ 职能型 ☐ 多部门 ☐ 矩阵型
- ☐ 项目型 ☐ 虚拟型 ☐ 混合型 ☐ PMO

面试官3： 我们应客户服务团队的需要建立了一个项目。这个项目对我们来说在技术上极具挑战性，所以我们已经组建了一个由顶尖程序员构成的团队来提出好的解决方案。我们需要一个项目经理与这个团队的编程经理合作。你要负责进度和预算并管理可交付产品。编程经理会负责人员管理。

- ☐ 系统型 ☐ 职能型 ☐ 多部门 ☐ 矩阵型
- ☐ 项目型 ☐ 虚拟型 ☐ 混合型 ☐ PMO

面试官4： 你要做的大部分工作都是承包工作。你要把3个不同的软件工程师团队召集在一起，而且要确保他们会构建客户需要的所有产品。另外不要忘记：你要保证不能超预算，而且要按时交付！这个任务很艰巨，如果出了问题后果很严重。你能胜任吗？

- ☐ 系统型 ☐ 职能型 ☐ 多部门 ☐ 矩阵型
- ☐ 项目型 ☐ 虚拟型 ☐ 混合型 ☐ PMO

Exercise Solution

下面是从Kate求职面试记录中摘取的几段。你能看出每个面试官代表的组织是什么类型吗？

面试官1： 我们想找人与我们的开发经理合作，保证按时交付产品。我们有一个很不错的编程团队；他们只需要一点鼓励就能满足他们的最后期限。你的工作是做好状态会议的记录。如果与团队发生任何问题，只需要反馈给开发经理，她会解决问题。

这与Kate想辞掉的职位差不多。只是收集状态，听上去很无聊。

- [ ] 系统型
- [x] 职能型
- [ ] 多部门
- [ ] 矩阵型
- [ ] 项目型
- [ ] 虚拟型
- [ ] 混合型
- [ ] PMO

面试官2： 我们需要有一个人能从头到尾管理所有事务。你要与客户合作来建立目标，选择团队，估计时间和成本，管理和跟踪所有决策，还要确保所有相关人员都及时了解项目情况。我们希望这个项目持续6个月。

在这个组织中，项目管理不是一个正式角色。

- [ ] 系统型
- [ ] 职能型
- [ ] 多部门
- [ ] 矩阵型
- [x] 项目型
- [ ] 虚拟型
- [ ] 混合型
- [ ] PMO

面试官3： 我们应客户服务团队的需要建立了一个项目。这个项目对我们来说在技术上极具挑战性，所以我们已经组建了一个由顶尖程序员构成的团队来提出好的解决方案。我们需要一个项目经理与这个团队的编程经理合作。你要负责进度和预算并管理可交付产品。编程经理会负责人员管理。

项目经理与职能经理分享权力。

- [ ] 系统型
- [ ] 职能型
- [ ] 多部门
- [x] 矩阵型
- [ ] 项目型
- [ ] 虚拟型
- [ ] 混合型
- [ ] PMO

面试官4： 你要做的大部分工作都是承包工作。你要把3个不同的软件工程师团队召集在一起，而且要确保他们会构建客户需要的所有产品。另外不要忘记：你要保证不能超预算，而且要按时交付！这个任务很艰巨，如果出了问题后果很严重。你能胜任吗？

大多数承包商都是项目型组织：项目经理建立团队，并确保完成工作。

- [ ] 系统型
- [ ] 职能型
- [ ] 多部门
- [ ] 矩阵型
- [x] 项目型
- [ ] 虚拟型
- [ ] 混合型
- [ ] PMO

Kate找到了新工作

欢迎加入，Kate！我是
职能经理Ben。
Ben

Kate: 嗨，Ben。很高兴加入你们。我一直都希望能成为一个项目经理，而不只是一个项目联络人。

Ben: 我们也很高兴，因为你将负责我们的主要软件开发项目。现在这个项目正处在维护阶段。

Kate: 听起来不错。目前是怎么做的？

Ben: 嗯，我们经常从现场得到业务报告，人们有新想法时，我们就把这些想法加入到项目中。

Kate: 嗯…… 那你们怎么知道项目什么时候完成呢？具体由谁为项目增加那些想法？怎么知道我们承担的工作是不是超出了承受能力呢？

Ben: 我们永远也不会真正完成，另外团队中每一个人都可以为项目增加工作。我们会努力尽可能经常地发布新版本。如果承担的工作过多，我们会告诉CEO，他会帮我们解决。

Kate将在一个系统型组织工作

看起来她承担的这个项目没有任何规范定义。团队似乎对项目经理的角色也没有明确的定义。

再来看Kate的维护梦魇

下面来看Kate的新组织是如何工作的……并考虑如何加以改进。

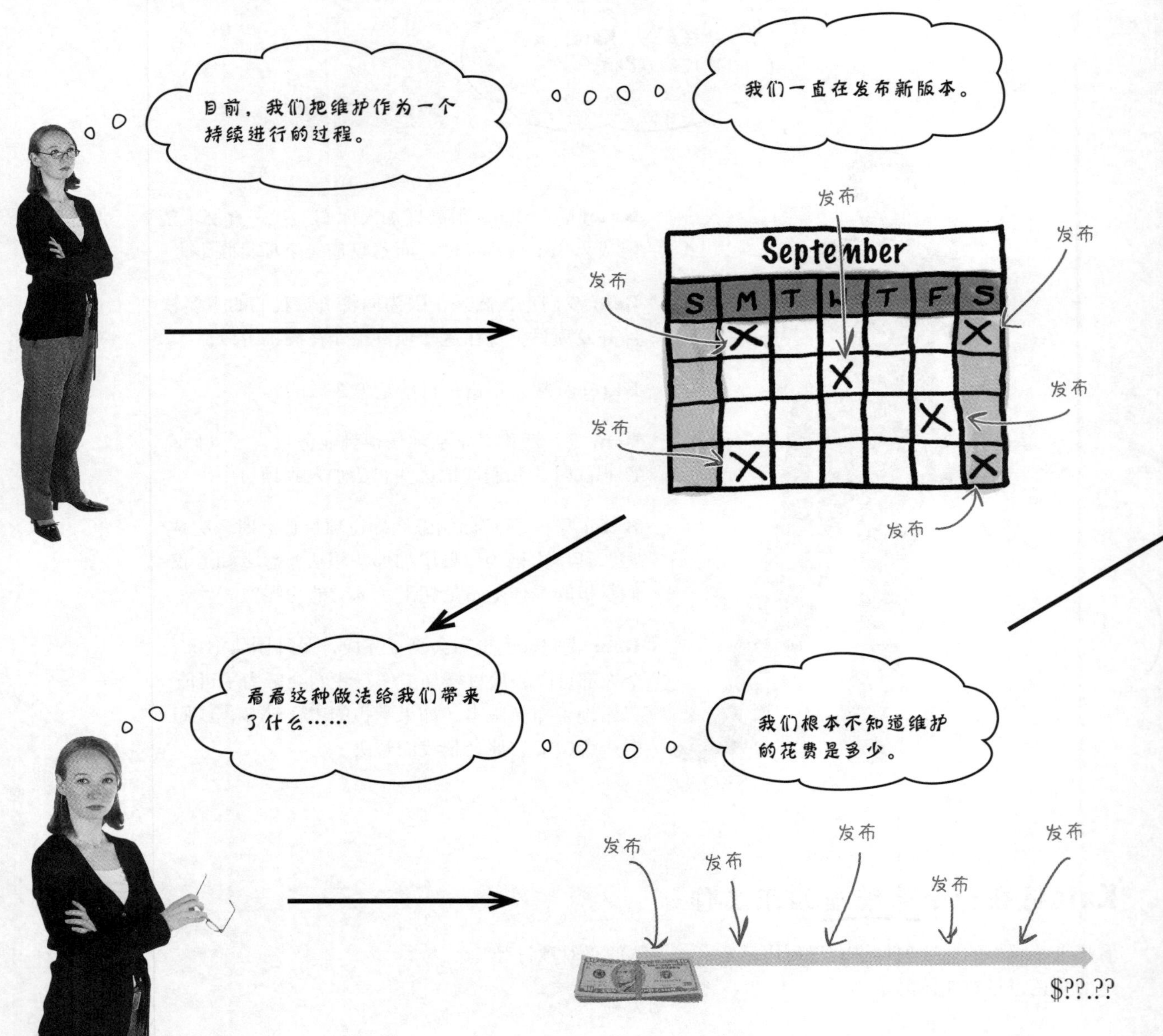

目前，我们把维护作为一个持续进行的过程。
我们一直在发布新版本。
September
S M T W T F S
发布
发布
发布
发布
发布
发布
看看这种做法给我们带来了什么……
我们根本不知道维护的花费是多少。
发布
发布
发布
发布
发布
$??.??

我们永远也没有产品的"最终"版本……
……而且因为存在这些bug，另外不能确定版本的稳定性，看起来我们的用户很不满意。
July
August
September
S M T W T F S
客户服务部门根据用户反馈做的报告。
我们的软件开发维护过程一直都是这样做的。你的意思是说我们还有办法做得更好吗？
没错！我们确实可以比现在做得更好！
BRAIN POWER

你会如何修正这些问题？

管理项目制约因素

Kate考虑解决方案时，打算处理项目的制约因素。每个项目，无论它要生产什么产品，无论是由谁来完成工作，都会受到时间、范围、成本、质量、资源和风险等制约因素（constraint）的影响。这些制约因素相互之间有一种特殊的关系，因为如果处理其中某一个制约因素，往往会对其他制约因素产生影响。

项目需要按进度完成。
项目必须保证不超出预算。
需要管理项目工作的范围。
必须要有人和工料才能完成工作。
如果产品没有达到原先的预期，就不算成功。
如果没有处理这一点，预料之外的障碍会导致项目失败。
时间
成本
范围
资源
质量
风险
如果不同时管理这6个制约因素，可能只会侧重于其中的某一个制约因素。

Kate的项目要想成功，她就需要考虑所有这些项目制约因素。如果没有同时管理这6个制约因素，就会发现项目可能滞后、超出预算，或者客户无法接受。

只要项目改变，需要知道这些改变对所有这些制约因素有什么影响。

Exercise

对于下面的各种场景，你能看出哪个制约因素最让项目经理头疼？

项目进度落后了，所以项目经理决定按时发布，尽管还缺少一些特性。

受影响的制约因素：

....

公司没有足够的资金投入这个项目，所以必须从其他部门抽调人员兼职来完成工作。

受影响的制约因素：

....

项目团队希望增加更多测试人员来查找缺陷，不过项目经理拒绝了这个要求。

受影响的制约因素：

....

项目进行到大约一半时，项目经理意识到钱花的比预期快。她审查进度计划，希望能想办法让最后期限提前。

受影响的制约因素：

....

一位建筑项目经理认为天气会配合计划顺利完成任务，但是暴风雨却使项目停顿下来。

受影响的制约因素：

....

项目经理没有考虑到软件许可费用，导致预算大大超出控制。

受影响的制约因素：

....

Exercise
Solution

对于下面的各种场景，你能看出哪个制约因素最让项目经理头疼？

项目进度落后了，所以项目经理决定按时发布，尽管还缺少一些特性。

受影响的制约因素：

范围

项目经理坚持原来的预算和进度，但是发布了一个未完成的产品。这意味着范围受到影响。

公司没有足够的资金投入这个项目，所以必须从其他部门抽调人员兼职来完成工作。

受影响的制约因素：

资源

资源是项目需要的人员和工料，如果走捷径，会导致这些方面很紧张。

项目团队希望增加更多测试人员来查找缺陷，不过项目经理拒绝了这个要求。

受影响的制约因素：

质量

只要谈到测试和缺陷，就是在讲质量。

项目进行到大约一半时，项目经理意识到钱花的比预期快。她审查进度计划，希望能想办法让最后期限提前。

受影响的制约因素：

时间

改变完成项目花费的时间有很多办法，不过有时候确实没有足够的时间。

一位建筑项目经理认为天气会配合计划顺利完成任务，但是暴风雨却使项目停顿下来。

受影响的制约因素：

风险

只要对项目做出假设，就会引入风险。

项目经理没有考虑到软件许可费用，这导致预算大大超出控制。

受影响的制约因素：

成本

保证成本赢利是项目经理的工作。

这些是我们认为最好的答案！

你的答案是不是与我们的不一样？没关系！对于这个练习，一个好例子可能涵盖几乎所有制约因素。现在先不要考虑哪个答案“正确”，更重要的是要多做一些练习，从制约因素的角度考虑项目。遇到真正的考题时，往往只有一个明确、正确的最佳答案。

there are no Dumb Questions

问：我听说项目制约因素称为三重制约因素。不过这里有6个制约因素，这是怎么回事？

答： 有些项目经理强调成本、范围和时间，并把它们作为项目的主要制约因素。不过如果只考虑这3个制约因素，就无法对规划项目时需要考虑的所有制约因素建立一个清晰的认识。这里的重点是，要理解成本、时间、范围、质量、风险和资源彼此是相关的。需要注意所有这些制约因素，如果管理项目时倾向于其中某一个制约因素，它肯定会影响其他制约因素。

问：我听过一句老话："更快、更便宜，更好！三者取其二"，难道这不就意味着只能同时管理两个制约因素吗？

答： 并不是这样，这个关于项目管理的说法太古老了（而且有些可笑）。如果一个项目经理对顾客或相关方这样讲，他的意思是没有办法同时减少成本、缩短进度和提高质量。至少必须放弃其中一项……不过这种说法有点不准确！我们已经知道这6个制约因素彼此相关，几乎没有一种简单而明显的折中方法能够牺牲某一项来改善其他方面。

问：如果我知道某个变更只会影响范围，而不会影响进度、成本或任何其他制约因素呢？我可以继续做这个变更吗？

答： 如果要做出一个影响项目制约因素的变更，首先需要确保这个变更对你的相关方来说是可以接受的。相关方就是受项目影响的人。这包括你的团队、你的顾客、你的项目发起人，以及所有其他受这个变更影响的人。

很多项目管理都需要评估一个变更对项目制约因素会有什么影响，并利用这个影响分析来帮助相关方在出现变更时对下一步工作做出选择。有时一个影响产品质量的变更对相关方来说是完全不可接受的，他们宁可延长项目也不愿意牺牲产品的质量。

问：在我的组织中，有一些项目听起来是职能型的，有些则完全是项目型的。这种组织算是什么类型呢？

答： 对于主要采用职能型方式运行项目的公司，有时会创建一个特殊的团队，给项目经理赋予更大的权力。如果一个公司使用多种不同类型的组织结构来管理，这称为一个复合型组织（composite organization）。

问：等一下，这就让人有些糊涂了。复合型组织和混合型组织有什么区别呢？

答： 复合型组织（composite organization）由多种组织结构组成。混合型组织（hybrid organization）则是基于多种不同类型生命周期的实践，并创建自己的方法来完成工作。来看复合型组织的一个例子：一个组织主要是职能型组织，不过可能创建了一个项目团队，项目经理有适当的权力能实现一个临时结果。另一方面，混合型组织中，团队可能使用预测型过程，即提前识别项目的范围和最后期限，不过之后又在过程中加入了增量的交付目标，从而能得到客户对未完成的产品的快速反馈。可以认为混合型组织混合使用了传统和敏捷开发技术，而复合型组织是职能型和跨职能型项目团队的混合产物。

混合型组织混合使用了传统和敏捷开发实践。

Exercise

以下给出两个场景，在这里一个PMO正在对一个项目采取行动。请说明这种PMO方法是支持型、控制型还是指令型的。

场景1: 每个项目启动时，团队的成员与一个PMO成员坐在一起讨论他们将采用什么方法完成工作。这个PMO成员给他们提供了一些项目进度和范围文档的好例子，然后带着他们建立了一些空模板，使他们知道完成规划活动后如何填写这些模板。

PMO的作用是为团队提供他们需要的帮助，不过他们并不告诉他们具体要做什么。

☒ 支持型　☐ 控制型　☐ 指令型

场景2: 每个项目启动时，会指派一个PMO成员领导项目，确保团队采用PMO希望的方式完成工作。这个PMO成员确保使用正确的模板，并在项目过程中需要做出决策时咨询PMO。

在这里实际上是PMO在运营项目，而不只是为团队提供指导。

☐ 支持型　☐ 控制型　☒ 指令型

BRAIN POWER

你能想出控制型PMO帮助组织更好地交付产品的例子吗?

轮子理论（不要重复发明轮子）

你的组织会不断从每个项目中学习。团队学习新的经验教训时，都会记录在组织过程资产中，以便由大家共享，并帮助将来的团队避免过去犯过的错误。如果所有项目团队都考虑最好的工作方法，并记录那些帮助他们交付产品的好实践以及妨碍他们交付产品的不好的实践，就能帮助将来的团队不断改善新项目使用的过程。

组织过程资产

过程（Process）

组织完成工作的方式。

政策（Policies）

组织完成项目工作所遵循的规则。

程序（Procedures）

这些实用指南描述了每个团队完成工作时要遵循的步骤。包括：

- 模板。
- 开发商/供应商列表。
- 变更控制指导。
- 财务控制指导。
- 估算方法。

知识库（Knowledge repositories）

组织完成的以往项目的记录。在这里可以找到以前团队的所有经验教训。团队会在这里记录他们的项目指标、以往进度、重要收获、财务数据、配置管理描述以及可供组织中其他团队使用的其他文档。

你无法在真空中管理项目

即便是最好的项目经理也不可能完全控制影响项目的所有方面。公司的建立方式、人员管理方式、团队完成任务所需遵循的过程……这些都会对如何管理项目产生很大影响。在考试中，所有这些都称为事业环境因素（Enterpise Environmental Factors）。

很容易掉入这样一个陷阱，认为这些要素只适用于大型公司。实际上，它们适用于任何规模、任何类型的组织……如果你希望你的项目获得成功，就要了解公司的所有这些要素！公司文化是最重要的事业环境因素之一。

事业环境因素

人员

你所在公司的技能和组织文化。

风险承受度

有些公司的风险承受度很高，有些风险承受能力则很差。

市场

公司的市场运营方式会影响你如何管理项目。

标准

有些公司的业务运行依赖于政府标准，如果标准有变化，会产生巨大影响。

数据库

公司在哪里存储数据会对你的项目决策带来很大影响。

项目通常还会面对外部事业环境因素，如政府法规的合规性。这在政府监管行业（如银行和医疗）的项目中尤其常见。

Kate的项目需要遵循公司过程

这是我们以往项目的项目管理文档。可能对你做计划有帮助。
项目管理文档都放在这个公文包里。

Kate: 真是太有用了。这里有一个组织图，描述了依赖于这个项目的所有团队和人员。哇，还有一个完整的升级过程来解决可能出现的问题。

Ben: 我希望为这个开发项目制订计划时不要一切都从头开始。

Kate: 这让我轻松多了。不过还有一个问题：我没有看到任何项目验收原则。我们怎么知道项目是否成功呢？

Ben: 通常我们的销售团队会把新特性投放到市场上，然后告诉我们反响如何。如果客户喜欢我们所做的，项目就算成功。如果不喜欢，嗯……你懂的。

Kate: 哦……这听起来有点难管理。

Kate的项目需要明确的验收标准

如果团队没有一个明确的目标，想让项目成功会非常困难。Kate的项目需要遵循公司的所有治理原则，不过她还需要明确团队努力的目标。这样项目完成时就能清楚地知道是否达到其目标。大多数项目都着力在前面讨论的制约因素（时间、成本、资源、质量、风险和范围）的前提下完成。可以提前针对这些制约因素写出具体的目标，把它们作为验收标准，这会很有帮助。如果做到这一点，项目结束时就不会出现意外了。

Kate做了一些改变……

❶ 她把维护划分为多个发布，每个发布都有一个明确的起点和终点。

……一旦Ben看到Kate的精心计划会让他的项目更快完成，而不是减慢速度，他就不再是一个负面相关方，而会转变成为一个项目拥护者！

August
S M T W T F S

一个重要发布。

❷ 她遵循公司的项目治理原则，并与相关方一起制订每个发布必须满足的范围目标。

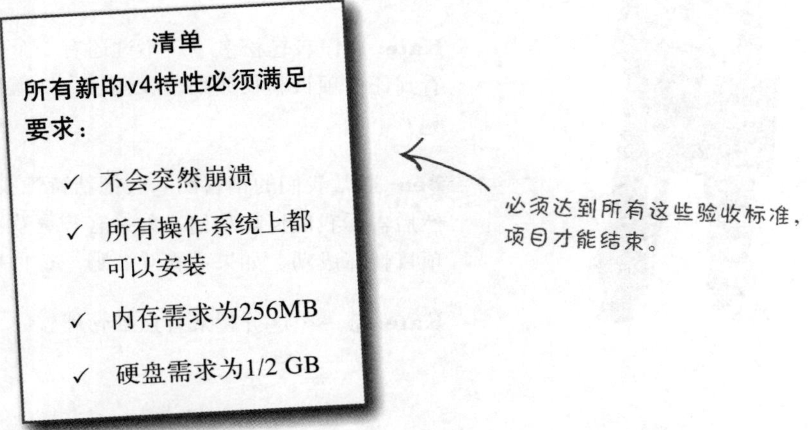

清单

所有新的v4特性必须满足要求：

✓ 不会突然崩溃

✓ 所有操作系统上都可以安装

✓ 内存需求为256MB

✓ 硬盘需求为1/2 GB

必须达到所有这些验收标准，项目才能结束。

❸ 她会管理每个发布的预算并控制成本。

你是不是希望这是0？实际的项目很少做到成本刚好等于预算。

开始 **进行到一半** **结束**

$3.68

……她的项目大获成功！

现在公司能知道产品什么时候完成，需要多少成本，而且知道他们的产品会让顾客满意……

谢谢你，Kate!
不客气！

……这也让Kate和Ben得到一大笔奖金！

Exercise
Solution

Kate不小心把一杯星巴克半糖无脂拿铁洒在她的求职清单上了。你能把她在这一页下面草草写下的词对应到有咖啡污渍的地方吗？

求职清单

- 我应该有权管理项目。
- 我能向项目团队人员分配工作。
- 我能控制项目的预算。
- 我的重点是管理项目，而不是无关事务。
- 我不应整天只做资料工作。
- 我可以向项目团队分配工作而不必让他们的上司确认。

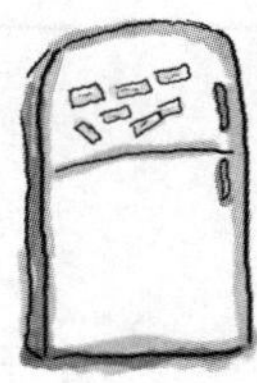

组织磁贴答案

在一个职能型组织中，也就是Kate目前所在的这种组织，项目经理没有权力对项目做重大决策。项目型组织则不同，会把所有权力都交给项目经理。

你能确定哪个描述对应哪个组织类型吗？

职能型组织

在一个职能型组织中，完成项目的团队并不直接向项目经理报告。相反，团队属于部门，项目经理需要为项目从各个部门“借”人。

1. 项目经理需要部门经理确认重大决策。
2. 项目经理不建立预算。
3. 项目经理的一半时间都用来完成管理任务。

项目型组织

在这种公司中，团队要向项目经理报告，项目经理有更大的权力。

1. 团队按项目组织。
2. 项目经理选择团队成员，并在项目结束时解散团队。
3. 项目经理估计并跟踪预算和进度。

模拟题

1. 以下哪一个不是项目制约因素？

A. 质量。

B. 规模。

C. 时间。

D. 成本。

2. 一个项目经理在管理一个数据中心安装项目。他发现相关方很恼火，因为他的预算超支了，原因是人员费用比原先的计划要高。另外项目结束时，服务器未能提供相关方需要的磁盘空间，这也让相关方很不满意。以下哪个制约因素不受这个问题影响？

A. 质量 。

B. 资源。

C. 时间。

D. 成本。

3. 以下哪一个不是运营工作的例子？

A. 为支付账户构建一个订单系统。

B. 每周通过一个订单系统提交订单。

C. 每周部署防病毒软件更新。

D. 每年的员工绩效评估。

4. 你在管理一个项目来构建一个新的会计系统。另一个部门的一位会计很喜欢当前的系统，拒绝接受这个新系统培训。处理这种情况的最佳方法是什么？

A. 拒绝与他合作，因为他太难共事。

B. 诉诸这个会计的部门经理，让他要求这个会计接受培训。

C. 得到一个特许，允许这个会计不必接受培训。

D. 与他合作，了解他担心的问题，并尽可能采取措施缓解这些问题而不影响你的项目。

5. 以下哪一项可以用来识别受项目影响的人？

A. 资源表。

B. 相关方登记册。

C. 事业环境因素。

D. 项目计划。

模拟题

6. 你的经理询问你在哪里可以找到一组应当一起管理的项目。查找这个信息的最佳位置是哪里？

   A. 项目计划。

   B. 项目章程。

   C. 项目组合章程。

   D. 项目集章程。

7. 你想明确一组项目和项目集要实现什么商业目标。查找这个信息的最佳位置是哪里？

   A. 项目计划。

   B. 项目章程。

   C. 项目组合章程。

   D. 项目集章程。

8. 一个项目协调人在为项目争取程序员时遇到麻烦。每次她请老板为这个项目提供资源时老板总是说程序员们太忙，无法帮助她的项目。这个项目协调人所在的组织是什么类型？

   A. 职能型。

   B. 弱矩阵型。

   C. 强矩阵型。

   D. 项目型。

9. 一个项目经理在获得客户对项目的反馈时遇到麻烦。尽管她知道这个产品几个月内都无法完成，但公司规定要求她应当发布一个早期版本并从最终用户得到反馈。她所在的组织是什么类型？

   A. 职能型。

   B. 虚拟型。

   C. 混合型。

   D. 项目型。

10. 一个建筑项目的项目经理发现，他管理的项目所在小区正在修建一条新的水管。公司规定要求，他的团队继续完成这个项目之前，需要先填写一系列关于城市环境变更的表格。这是哪方面的一个例子：

   A. 项目组合。

   B. 项目集。

   C. 事业环境因素。

   D. 项目。

模拟题 答案

1. 答案：B

规模不是项目制约因素。制约因素包括范围、时间、成本、质量、资源和风险。

2. 答案：C

这个例子中没有提到项目拖延或延误最后期限。项目超出了预算，这会影响项目的成本。项目没有满足相关方的需求，这是一个质量问题。另外人员的费用高于原计划，这也是一个成本问题。

3. 答案：A

为支付账户构建一个订单系统是一个项目。这是一个临时性工作，有唯一的结果。

4. 答案：D

相关方受到项目负面影响时，需要管理他的期望，帮助他接受你的项目。

5. 答案：B

要利用相关方登记册识别所有可能受项目影响的人。

6. 答案：D

项目集是由于相互依赖性而应当一起管理的一组项目。项目集章程可以满足这个问题中的描述。

通常公司将一组项目一起管理会有某种好处。

7. 答案：C

项目组合章程会给出项目组合中的一组项目和项目集所要完成的商业目标。

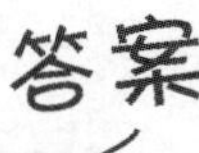

模拟题答案

8. 答案：A

由于项目经理必须请求职能经理的许可，而且无法反驳，所以她所在的组织是一个职能型组织。

9. 答案：C

这种情况下，项目经理在为一个混合型组织工作。她使用预测型方法了解到她的项目在几个月内都无法完成，另外使用适应型方法得到对未完成产品的尽早反馈。

10. 答案：C

项目经理由于公司法规的原因要填写这些表格，所以这是事业环境因素的一个很好的例子。确切地讲，这是一个外部事业环境因素。

3 过程框架和项目经理的角色

结合在一起

这些飞机零部件都装配到一起了……就像知识领域和过程组一样！

项目中的所有工作都由过程构成。一旦了解项目中的所有过程如何结合在一起，就很容易记住PMP考试要求记住的全部内容。项目中完成的所有工作都有**一个模式**。先计划，再去做。工作时，总是要将项目与原来的计划做比较。如果开始偏离计划，你就要做出修正，让一切重新回到正轨上。**过程框架**—**过程组**和**知识领域**—正是让这一切平稳进行的关键。

完成一个饼干项目

第一次按食谱做菜时，总要遵循一些步骤：

1. 首先，搞清楚你要做什么。

女朋友要来我家，我
要烤一些饼干给她作生
日礼物！

2. 然后制订完整的计划。

做一个购物清单，列出需要
的所有东西。

Shopping List
Butter
Sugar
Eggs
Milk
Vanilla
Flour
Baking powder

❸ 接下来，开始动手做！

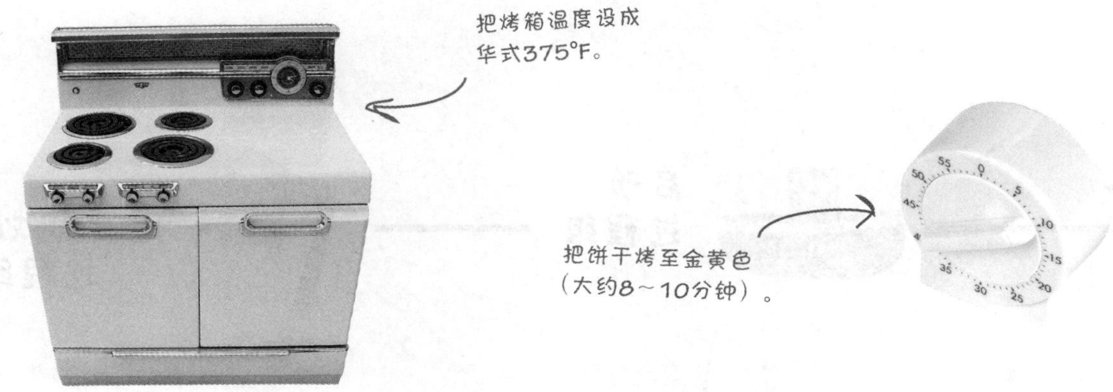
把烤箱温度设成
华式375°F。
把饼干烤至金黄色
（大约8～10分钟）。

❹ 最后，把这些饼干献给你的爱人。

她会喜欢这些饼干的。今天晚上，
我会沉醉在她柔柔的爱意中（还会
获得一个成功项目的知识）。

项目就像食谱

所有项目，不论大小，都可以分解为过程组。过程组类似按食谱做菜时使用的步骤。

需求

启动过程组

规划过程组

在这里要明确你需要什么：可能是一个大型产品，或者也可能只是一些自己烤的饼干。

然后启动项目，研究并决定要构建什么来满足项目的需求。

接下来，确定你已经有哪些“配料”，另外还需要些什么。要明确从哪里得到缺少的这些资源，并考虑它们的成本。

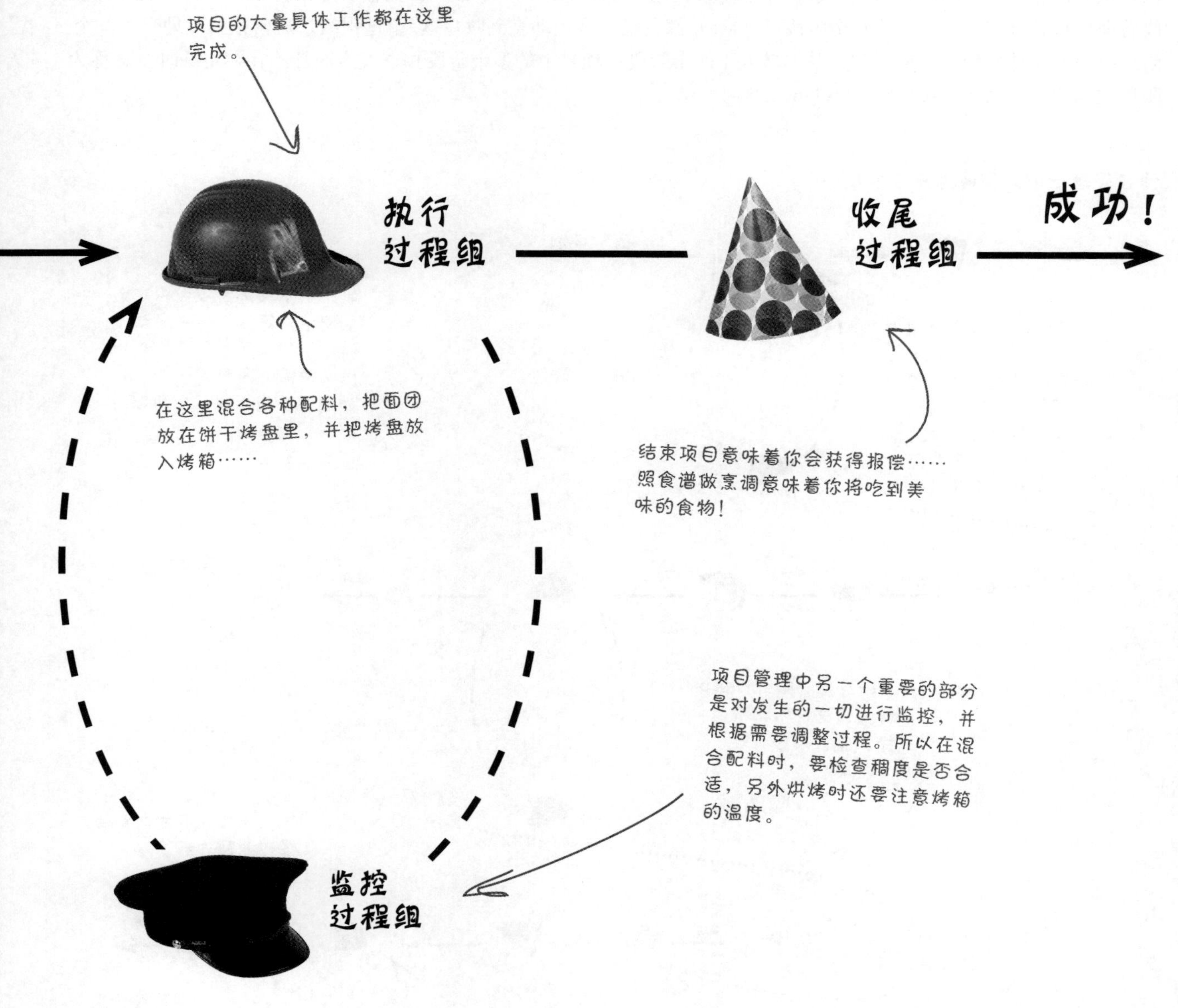
项目的大量具体工作都在这里完成。
执行过程组
收尾过程组
成功！
在这里混合各种配料，把面团放在饼干烤盘里，并把烤盘放入烤箱……
结束项目意味着你会获得报偿……照食谱做烹调意味着你将吃到美味的食物！
项目管理中另一个重要的部分是对发生的一切进行监控，并根据需要调整过程。所以在混合配料时，要检查稠度是否合适，另外烘烤时还要注意烤箱的温度。
监控过程组

如果你的项目规模很大，可以分阶段管理

很多项目经理管理的项目相当大，或者非常复杂，也可能由于存在外部制约因素需要分段完成，这种情况下分阶段管理项目就很有用。项目的每个阶段（phase）都会经过从启动直到收尾这5个过程组。通常很自然地会在一个阶段结束时评估已经完成的工作，从而转入下一个阶段。项目中的多个阶段相继发生而且不存在重叠时，这称为阶段之间的顺序关系（sequential relationship）。

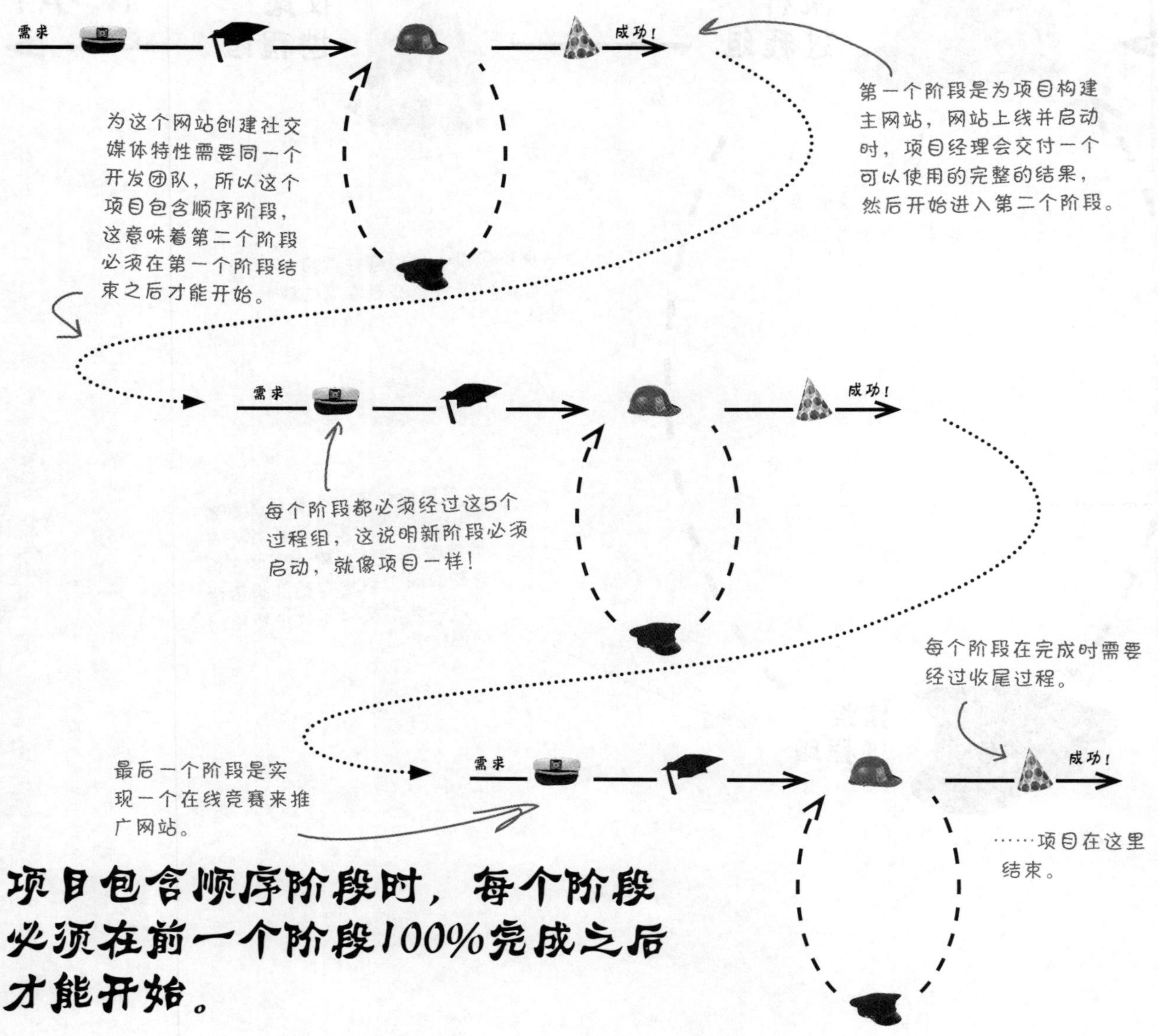
你在管理一个大型Web开发项目……
需求
成功！
第一个阶段是为项目构建主网站，网站上线并启动时，项目经理会交付一个可以使用的完整的结果，然后开始进入第二个阶段。
为这个网站创建社交媒体特性需要同一个开发团队，所以这个项目包含顺序阶段，这意味着第二个阶段必须在第一个阶段结束之后才能开始。
需求
成功！
每个阶段都必须经过这5个过程组，这说明新阶段必须启动，就像项目一样！
每个阶段在完成时需要经过收尾过程。
最后一个阶段是实现一个在线竞赛来推广网站。
需求
成功！
……项目在这里结束。

项目包含顺序阶段时，每个阶段必须在前一个阶段100%完成之后才能开始。

阶段还可以重叠

有时需要团队独立地完成项目的不同部分，这样一个团队交付他们的结果时，另一个团队仍在工作。这种情况下需要确保阶段有一种重叠关系（overlapping relationship）。不过，即使阶段重叠，甚至可能不是同时开始，它们仍然都需要经过这5个过程组。

这个项目的第一个阶段准备交付而第二个阶段仍在执行……不过对于有些项目，重叠阶段甚至可能比前一个阶段更早结束。因此，重叠阶段管理起来可能相当复杂！正是出于这个原因，重叠阶段会增加风险，因为团队可能必须完成大量返工。

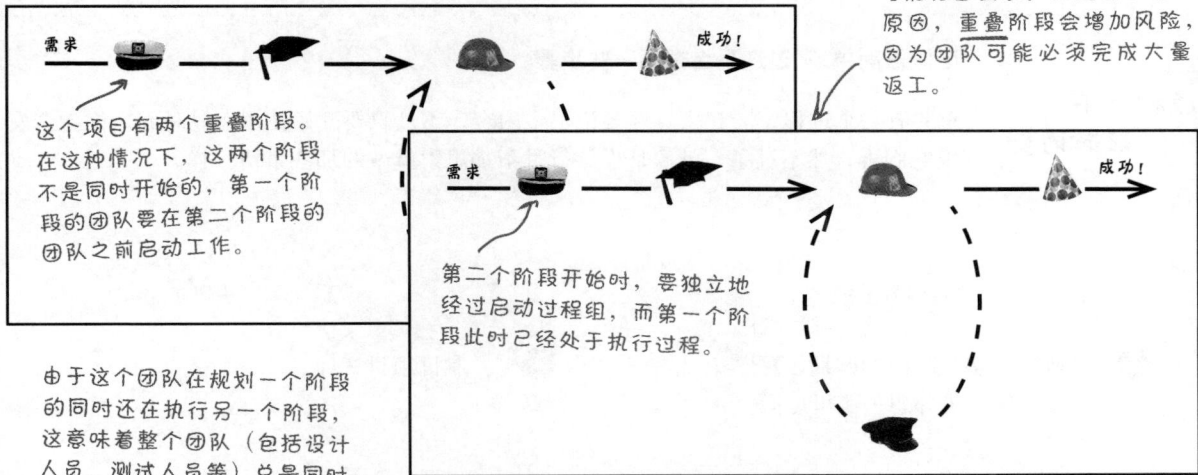

需求

成功！

这个项目有两个重叠阶段。在这种情况下，这两个阶段不是同时开始的，第一个阶段的团队要在第二个阶段的团队之前启动工作。

需求

成功！

第二个阶段开始时，要独立地经过启动过程组，而第一个阶段此时已经处于执行过程。

由于这个团队在规划一个阶段的同时还在执行另一个阶段，这意味着整个团队（包括设计人员、测试人员等）总是同时在工作。

迭代意味着执行一个阶段的同时还在规划下一个阶段

如果要处理很不确定的环境，也就是说环境中存在大量快速变更，这确实是一种很好的方法。听上去是不是很像你做过的项目？

对项目分阶段还有第三种方法，它介于顺序阶段和重叠阶段之间。阶段有一种迭代关系（iterative relationship）时，意味着一个团队在完成项目中一个阶段的启动和规划过程，同时这个团队还在完成前一个阶段的执行过程。这样一来，执行和收尾过程组中的过程完成时，这个团队就可以直接转到下一个阶段的执行过程。

迭代是运行某些软件项目的一种相当有效的方法。敏捷软件开发（agile software development）就是基于迭代阶段思想管理和运行软件项目的一种方法。

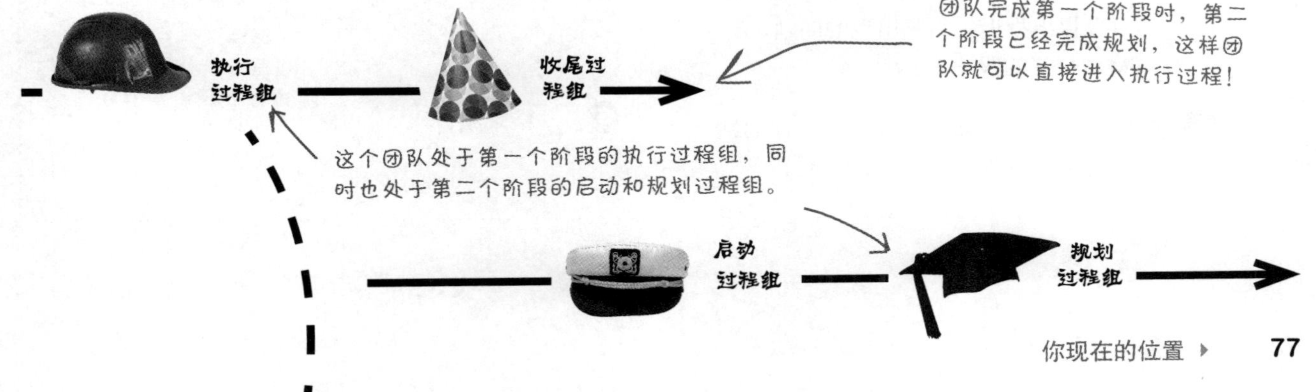
执行
过程组
收尾过
程组
团队完成第一个阶段时，第二个阶段已经完成规划，这样团队就可以直接进入执行过程！
这个团队处于第一个阶段的执行过程组，同时也处于第二个阶段的启动和规划过程组。
启动
过程组
规划
过程组

分解

每个过程组中包括很多单个的过程，项目的具体工作就是在这些过程中完成。《PMBOK®指南》将每个项目分解为49个过程，听上去需要了解很多知识，不过不要慌！实际上在你的日常工作中已经用过其中的绝大部分过程…… 等你读完这本书，你就会了解所有这些过程。

放松一下 轻松时刻

度假很简单，不过还是会遵循一些步骤。

总共有49个过程，看起来好像要记很多内容，不过只要开始使用一段时间，你就会发现它们再自然不过了—就像是你旅行时不加思索就做的那些事情一样。

度假时要做的事情。

这些步骤对应的《PMBOK®指南》过程

1. 确定有多长时间的假期，可以花多少钱，另外想去哪里度假。 — 1. 制订项目章程。
2. 查找航班和酒店信息，并使用一个旅游网站确定行程。 — 2. 制订项目管理计划。

同时进行

3. 订机票、登机、住酒店、看风景。享受旅行的快乐。 — 3. 指导与管理项目工作。
4. 确保飞机上的座位是你想要的位置，另外酒店的房间是整洁的，而且观光旅行团物有所值。如果这些方面不能满足，可以提出投诉，纠正出现的问题，努力得到更好的服务。 — 4. 监控项目工作。

不用担心现在就记住所有这些过程名……这些过程还会在这本书中出现很多次。

5. 回家，付所有账单，在酒店反馈网站上填写旅客评价。 — 5. 结束项目。

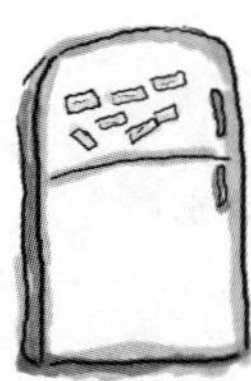

过程磁贴

以下是49个过程中的一部分。仅从名字来猜各个过程分别属于哪个过程组。我们已经为你完成了前两个。

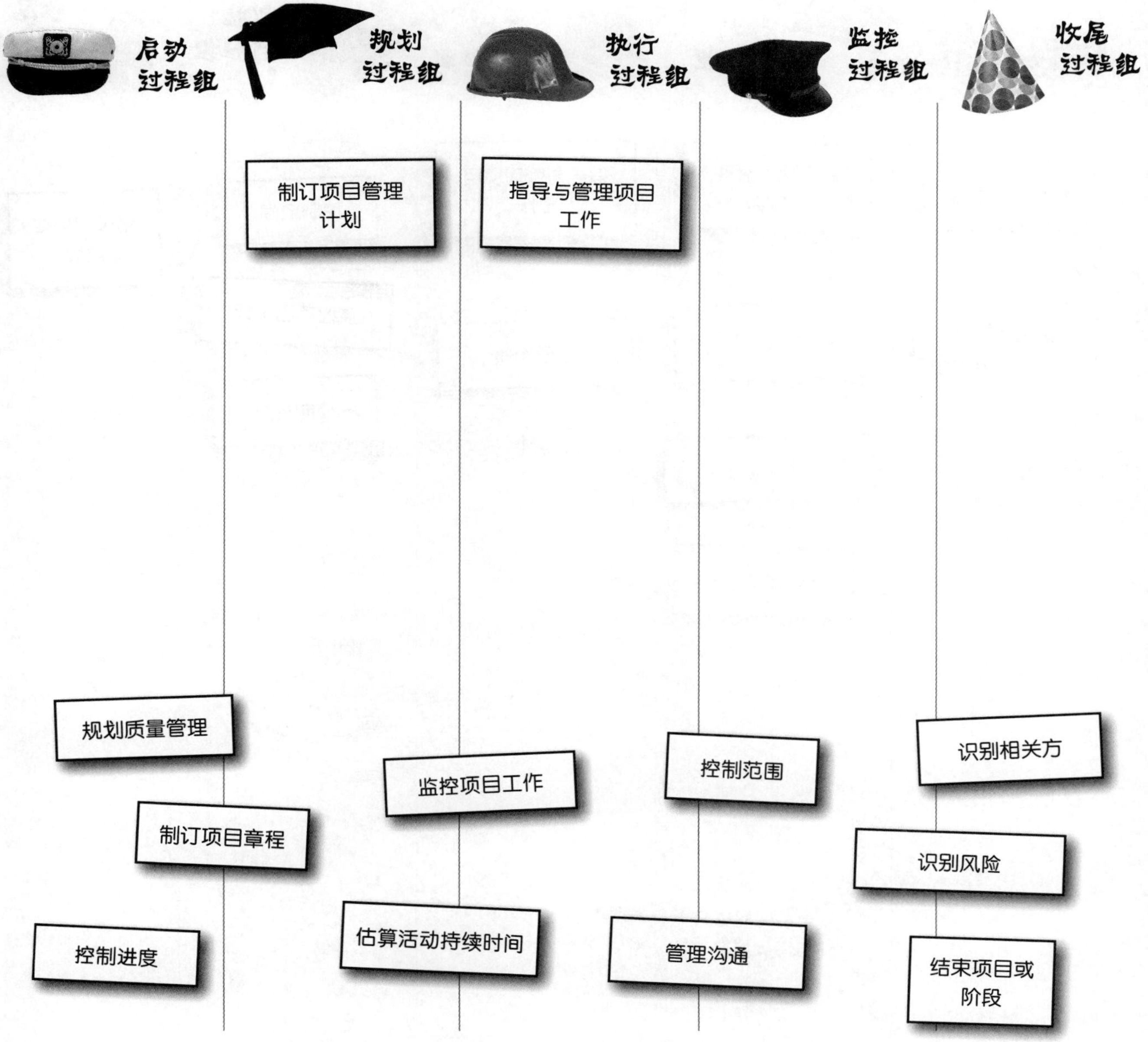

启动过程组	规划过程组	执行过程组	监控过程组	收尾过程组
	制订项目管理计划	指导与管理项目工作		

规划质量管理

监控项目工作

控制范围

识别相关方

制订项目章程

识别风险

控制进度

估算活动持续时间

管理沟通

结束项目或阶段

过程磁贴

以下是49个过程中的一部分。仅从名字来猜猜看各个过程分别属于哪个过程组。

启动过程组	规划过程组	执行过程组	监控过程组	收尾过程组
制订项目章程	制订项目管理计划	指导与管理项目工作	控制范围	结束项目或阶段
识别相关方	估算活动持续时间	管理沟通	监控项目工作	
	识别风险		控制进度	
	规划质量管理			

整个启动过程组中只有两个过程！

这个答案有点难度，不过如果记住具体工作都要在执行过程中完成，就比较好理解了。

如果过程名以“控制”（或“监控”）开头，就说明它属于监控过程组。

这里的一些练习很有难度，所以即使你的答案不对也没有关系！犯错误实际上更能帮助你记住。

过程剖析

可以把各个过程想成是一个小机器。它有输入（input），也就是项目中使用的信息，并把这些输入转换为输出（output）：文件、可交付成果和决策。这些输出可以帮助你按时、高质量地完成项目，并且不超出预算。每个过程都包括输入、用来完成工作的工具和技术以及输出。

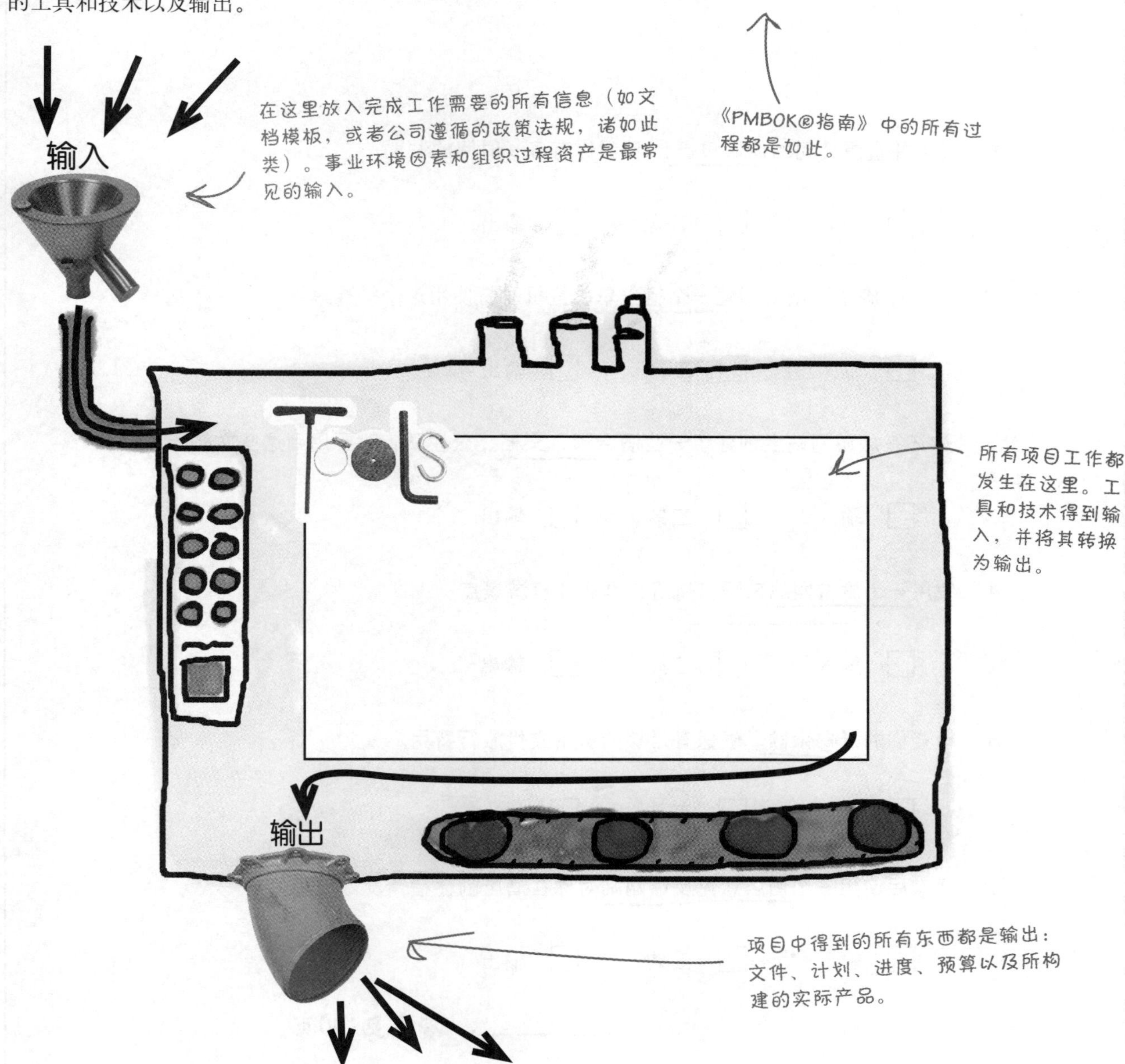
在这里放入完成工作需要的所有信息（如文档模板，或者公司遵循的政策法规，诸如此类）。事业环境因素和组织过程资产是最常见的输入。
《PMBOK®指南》中的所有过程都是如此。
输入
Tools
所有项目工作都发生在这里。工具和技术得到输入，并将其转换为输出。
输出
项目中得到的所有东西都是输出：文件、计划、进度、预算以及所构建的实际产品。

Sharpen your pencil

如果把78页上讨论的度假认为是一个项目，每个步骤都作为一个过程。以下是各个度假步骤中可能使用的一些输入、工具和输出。查看每个加下划线的词，能不能看出这些词表示一个输入、工具还是输出（提示：其中有些是一个过程的输出，同时还是另一个过程的输入）？

注意这些加下划线的词，确定这是一个输入、工具还是输出？

1. 登录并查看公司的休假日历，看看你有多长时间的假期。

   ☐ 输入　☐ 工具　☐ 输出

2. 在一个旅游网站上创建一个行程单。登机时将使用这个行程单。

   ☐ 输入　☐ 工具　☐ 输出

3. 你还在旅游网站上创建了一些酒店预订文档。入住酒店时要用到这些文档。

   ☐ 输入　☐ 工具　☐ 输出

4. 使用一个旅游网站来预订航班、酒店和旅游景点。

   ☐ 输入　☐ 工具　☐ 输出

5. 检查你的账户余额，确保有足够的资金支付旅行费用。

   ☐ 输入　☐ 工具　☐ 输出

6. 回家后使用一个酒店意见反馈网站对你在酒店的住宿情况做出评价。

   ☐ 输入　☐ 工具　☐ 输出

答案见100页。

嗯，我已经了解了度假和做饼干的过程，不过每个项目都有49个过程？别开玩笑了……

这些过程适用于任何类型的项目。

过程就是为了帮助你合理组织工作。不过它们必须对小型、中型以及大型项目都适用。有时这意味着会有大量过程—不过这也能确保你在这里学到的知识适用于所有项目。

注意这本书后面关于“裁剪”的讨论，那时我们会更详细地介绍这个内容。

there are no Dumb Questions

问：一个过程可以属于多个过程组吗？

答： 不可以，每个过程只能属于一个过程组。要确定一个过程属于哪个过程组，最好的方法就是记住这个过程做什么。如果过程与定义项目的高层目标有关，就属于启动过程组。如果它有关于工作规划，则属于规划过程组。如果是具体完成工作，那么它属于执行过程组。如果你在跟踪工作和查找问题，这就属于监控过程组。如果在做交付产品后的收尾工作，则属于收尾过程组。

问：每一个项目中都要完成所有这些过程吗？

答： 不一定。有些过程只适用于项目型组织或分包合同工作，所以如果你的公司不做这些工作，就不需要这些过程。不过，如果你希望项目成功，使用这些过程确实有好处。假如能花些时间规划如何处理所有知识领域，即使一个很小的项目也能从中受益。如果做了充分的准备，并注意了所有这些过程，就能避免大多数导致项目陷入困境的问题！

问：可以在多个过程中使用相同的输入吗？

答： 这是可以的。很多输入会出现在多个过程中。例如，可以考虑你为项目制订的一个进度。你需要使用这个进度建立预算，另外还要用它来完成工作！所以这个进度至少是两个过程的输入。正是因为这个原因，必须准确地写下你将如何使用各个过程，这非常重要，以便知道它的输入和输出是什么。

你的公司有所有这些过程文档的记录，另外还会有项目经理从他们的项目中学到的经验教训。我们把这些内容称为“组织过程资产”，下一章会看到很多有关的内容。

组合过程来完成项目

有时一个过程的输出会成为下一个过程的输入。在饼干项目中，从商店买来的原料是规划过程的输出，但它们又会成为执行过程的输入，你要在这个过程中将原料混合在一起烘烤成饼干。

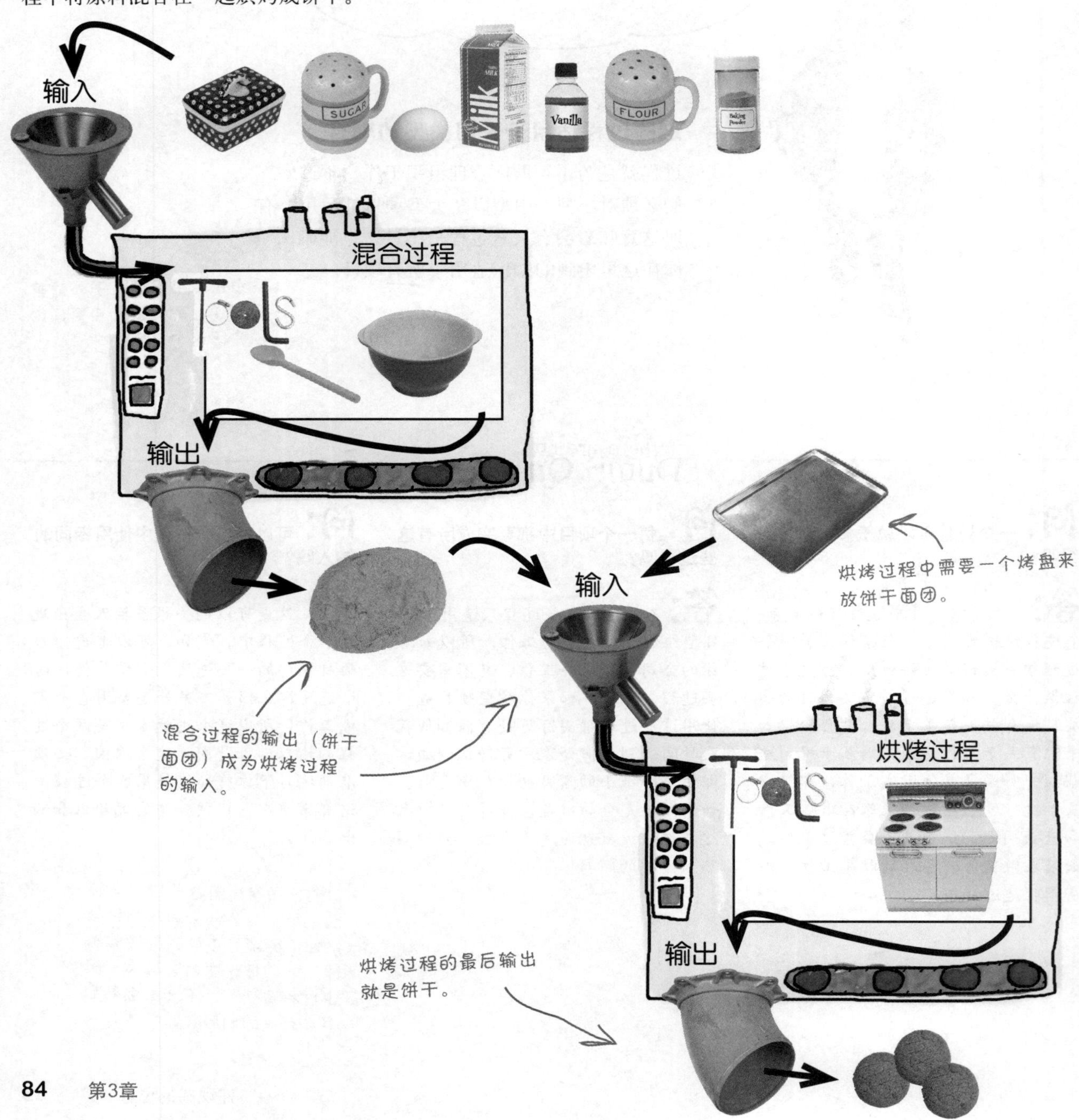
输入
SUGAR
Milk
Vanilla
FLOUR
Baking Powder
混合过程
Tools
输出
输入
烘烤过程中需要一个烤盘来放饼干面团。
混合过程的输出（饼干面团）成为烘烤过程的输入。
烘烤过程
Tools
输出
烘烤过程的最后输出就是饼干。

按知识领域组织过程

过程组可以帮助你按工作的类型来组织过程。知识领域则帮助你按所处理的主题组织过程。烘烤饼干过程的以下10个要素正好对应《PMBOK®指南》的10大知识领域。

过程可以采用两种方式组织：过程组和知识领域。过程组按如何完成工作来组织过程，知识领域则帮助你对过程分类，并且有助于你学习。

整合

确保项目中所有正确的部分以正确的顺序、在正确的时间整合在一起。

范围

项目中包含的所有内容都属于范围，项目中不包含的内容则不在范围中。

成本

为饼干项目建立预算。

进度

准备和烘烤时间。

项目资源

确保日程安排很清楚，而且你的烤箱已经准备好。

质量

检查饼干的外观和口味都正常。

风险

你会不会把饼干烤煳或者烫到自己？另外鸡蛋新鲜吗？

沟通

确保没有弄混公制和英制单位。

相关方

你的女朋友喜欢巧克力夹心饼干、花生酱夹心饼干还是燕麦饼干？

采购

选择合适的商店供应原料。

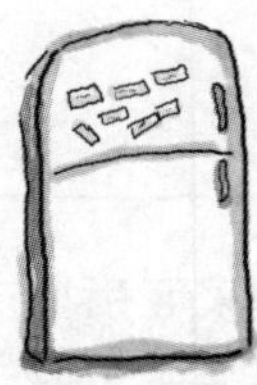

知识领域磁贴

将10个知识领域磁贴分别与各个描述配对。我们已经为你填入了其中的两个（在这本书的纸质版中，这个练习以及很多其他练习都会跨两页）。

进度管理

________	________	________	________	________
协调所有工作，使它们正确地发生。确保在变更发生之前先得到批准。	明确你的项目需要完成哪些工作。确保最终产品具有承诺的所有特性。	明确完成工作要花费的时间，以及需要按什么顺序完成。跟踪你的进度，并确保所有工作按时完成。	了解能够为项目投入多少资金，并确保花销合理。	确保工作尽可能高效地完成，而且不会为产品增加缺陷。

风险管理

采购管理

资源管理

质量管理

沟通管理

______

让人们进行团队合作，并提供激励。对好的工作表现给予奖励，并解决出现的冲突。

______

确保每个人都知道要做好工作需要了解哪些信息。跟踪人们相互之间如何交流，并处理可能发生的误解和沟通障碍。

______

明确如何防止项目遭遇可能发生的问题。确实出现意外情况时要加以处理。

______

寻找承包商帮助你完成工作。为承包商和公司设定基本原则。

______

识别可能对项目有影响或者会受项目影响的群体。了解他们需要什么，并确保项目能交付他们需要的东西。

范围管理

整合管理

相关方管理

成本管理

知识领域磁贴答案

将知识领域与各个描述配对。

这个知识领域包含指导与管理项目工作以及监控项目工作的过程。

质量是指避免缺陷并高效地工作。

整合管理

协调所有工作，使它们正确地发生。确保在变更发生之前先得到批准。

范围管理

明确你的项目需要完成哪些工作。确保最终产品具有承诺的所有特性。

进度管理

明确完成工作要花费的时间，以及需要按什么顺序完成。跟踪你的进度，并确保所有工作按时完成。

成本管理

了解能够为项目投入多少资金，并确保花销合理。

质量管理

确保工作尽可能高效地完成，而且不会为产品增加缺陷。

如果从一开始就明确范围，项目最后就更有可能成功。

管理成本是每个项目中很重要的一部分。

很多人认为这就是项目经理的全部工作，但实际上这只是10个知识领域之一！

由于《PMBOK®指南》涵盖项目型组织，它把组建团队也作为一个过程。不过，大多数组织中人们都没有机会完成这个过程。指派你做项目经理时往往已经确定了。

这也是项目经理没有太多经验的一个知识领域。这包括选择供应商、承包商和开发商，并与他们签订合同。

资源管理

让人们进行团队合作，并提供激励。对好的工作表现给予奖励，并解决出现的冲突。

沟通管理

确保每个人都知道要做好工作需要了解哪些信息。跟踪人们相互之间如何交流，并处理可能发生的误解和沟通障碍。

风险管理

明确如何防止项目遭遇可能发生的问题。确实出现意外情况时要加以处理。

采购管理

寻找承包商帮助你完成工作。为承包商和公司设定基本原则。

相关方管理

识别可能对项目有影响或者会受项目影响的群体。了解他们需要什么，并确保项目能交付他们需要的东西。

沟通是项目经理工作中很重要的一部分。

风险管理还包括确保你以正确的态度充分利用可能出现的机会。

一旦知道相关方是谁，就能经常检查你的项目是否满足他们的期望。

BANG!

Watch it!

尽管所有这些知识领域在你的项目中都很重要，不过《PMBOK®指南》会按照以上顺序来介绍。

每个项目中都会使用所有这些知识领域来保证项目正常进行。

项目经理的角色

就像厨师使用菜谱一样，项目经理必须对项目有整体认识，并使用所有过程和知识领域来实现目标。不过只了解促进项目成功的这个过程框架还不够。所有项目经理角色都有3个重要的技能，这些方面对于成功的项目同等重要。这3个要素就构成了PMI人才三角（PMI Talent Triangle®）。

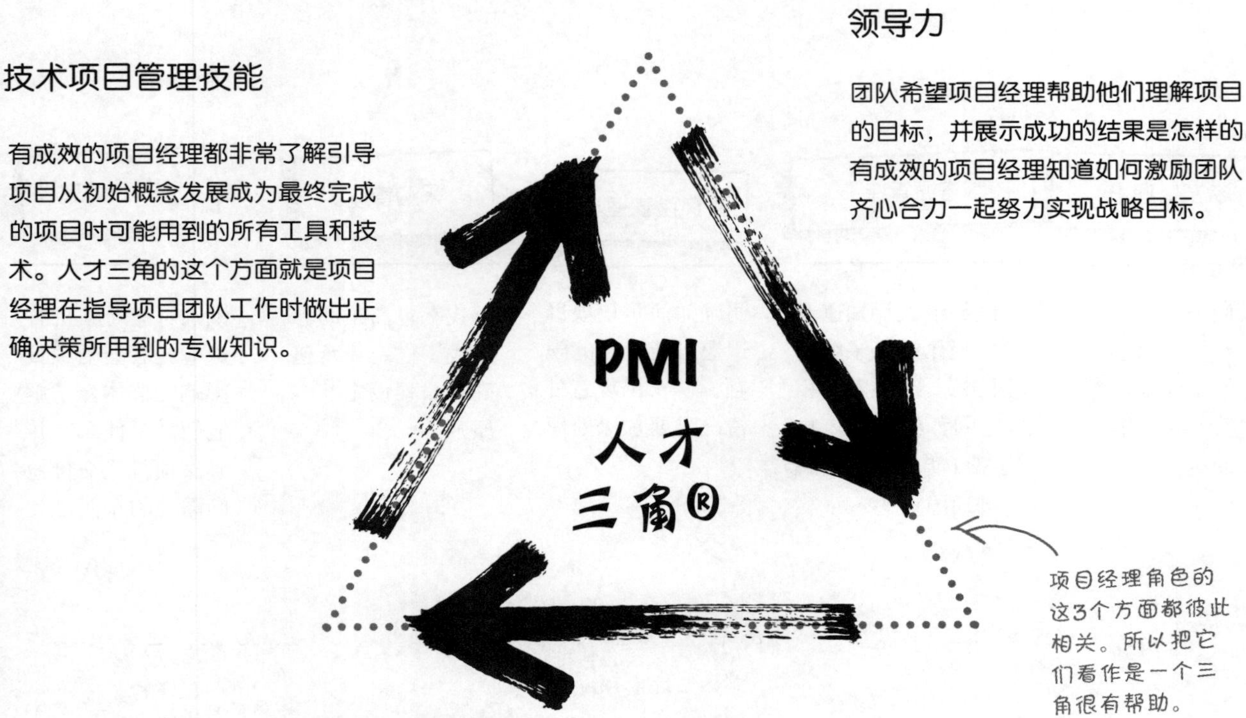
PMI
人才
三角®

技术项目管理技能

有成效的项目经理都非常了解引导项目从初始概念发展成为最终完成的项目时可能用到的所有工具和技术。人才三角的这个方面就是项目经理在指导项目团队工作时做出正确决策所用到的专业知识。

领导力

团队希望项目经理帮助他们理解项目的目标，并展示成功的结果是怎样的。有成效的项目经理知道如何激励团队齐心合力一起努力实现战略目标。

战略和商务管理技能

保持项目正常进行意味着要理解项目的战略目标。成功的项目经理知道如何解释所在组织的环境，以及如何驾驭这个组织并对项目准确定位从而实现成功。他们会持续关注项目的方向，确保为发起项目的组织交付尽可能多的价值。

项目经理角色的这3个方面都彼此相关。所以把它们看作是一个三角很有帮助。

这还涉及继续教育……在你通过PMP认证考试之后，继续教育仍然很重要！

为了通过PMP考试，我们会学习项目管理中的各个过程，不过只知道这些过程还不够，还需要关注领导力和战略一致性，才能真正成为一个优秀的项目经理！

你的专业技能有助于项目成功

简单地翻阅《PMBOK®指南》也能清楚地看到，项目管理领域有很多东西需要学习，来帮助不断提高你的技能。提升这些技能会帮助你以及和你一起工作的项目团队取得更大成功。不过，作为一个全面的项目经理，专业能力只是必备工具集的一部分。越是学习和改进你的技能，你就越能清楚地认识你的领导风格，并了解你的项目如何在战略上帮助组织交付价值。

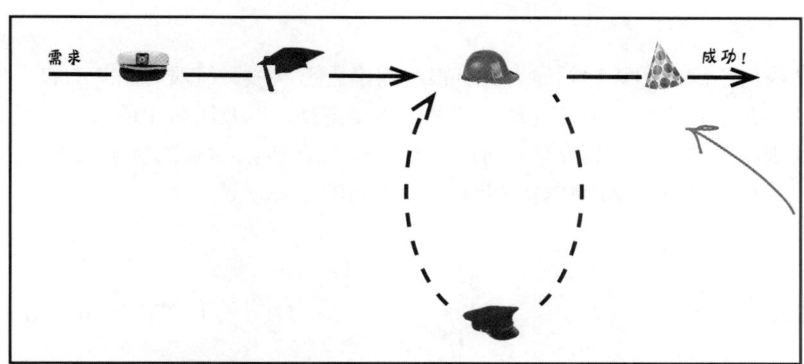
需求
成功！

了解《PMBOK®指南》的过程组、过程和知识领域可以帮助你培养技术项目管理技能。

你的项目如何发挥作用？

优秀的项目经理了解他们的项目所努力的战略目标，而且会适当地做出决策，保证他们的项目与战略目标是一致的。对发起项目的组织了解越多，就能更好地帮助组织实现这些目标。很多情况下，项目团队会与组织中的很多其他团队一起合作来完成他们的工作，好的项目经理会对所有这些团队如何配合和协作来交付产品有一个高层次的认识。要对发起组织及其战略目标有一个整体认识，这就是PMI人力三角®中所说的战略和商务管理能力。

项目经理具备的专业技能越多，他或她就能使用更多的知识保证当前项目实现战略目标。类似地，一个项目经理对组织的工作方式及其战略目标了解得越多，他或她就能更好地使用专业技能完成工作。

领导不同于管理

领导人会激励一起工作的团队做一些创新。他们与这些团队一起找出问题的解决方案，并支持团队创造性地思考问题。领导人会向团队沟通最后目标，并鼓励团队寻求实现这个目标的最佳方法。与领导人不同，经理则努力控制可能导致团队出问题的可变因素。经理的决策是为了保持团队的工作路线，并指导他们按既定的方式工作。

领导风格

不同的领导风格会吸引不同的团队和领导人。有很多因素会影响项目经理与团队一起工作时所采用的领导风格，如组织文化、团队处理的问题的不确定性，以及团队中的人际关系。有关领导力的研究发现了很多不同的领导风格可以选择。这里给出6种常见的领导风格，由于它们与项目管理的相关性，这也是《PMBOK®指南》中提到的几种领导风格。

放任型（Laissez faire）

这些领导人是“放任型的”，将团队的大部分目标设定和日常领导都交给团队自己完成。他们只在万不得已时才介入和做出决策。

交易型（Transactional）

交易型领导人会明确目标，然后跟踪完成这些目标的进展。团队的实际进展偏离领导人的计划时，他或她会提供路线修正。

魅力型（Charismatic）

魅力型领导人很鼓舞人心，因为他们有很强的信念，而且有吸引人的个性。他们利用这种激励作用创建一种鼓励创新的团队文化，使团队与那些有坚强信念和坚定目标的人保持一致。

变革型（Transformational）

类似于魅力型领导人，变革型领导人专注于用理想化的目标激励他们的团队。不过变革型领导人会鼓励团队改变他们周围的环境。变革型领导人会努力激励每一个团队成员更有创造性，来改变现状。

交互型（Interactional）

这种领导力取决于具体情形会有变化。交互型领导人会采用给定情况下最合适的方法。

服务型（Servant leader）

这种领导力通常与敏捷思维和方法一起讨论。在这里，领导人专注于为团队中的人们服务。通过扫清障碍并帮助团队成员得到他们实现团队目标所需的东西，服务型领导人会促进团队建立更好的关系，并创建一种协作的团队文化。

项目经理要了解权力机制如何影响团队

你工作的组织有很多不同的目标。要成为一个好的项目经理，你需要了解工作中涉及的所有相关方的目标和动机。要了解这个政治竞争环境，以及在你周围人们的决策将受到怎样的影响，一个很有用的工具就是对相关方使用的权力类型进行分类。

权力类型

很显然，公司的CEO由于他（或她）扮演的角色会比大多数员工都更有权力。组织中还可能建立很多不那么容易明确的更微妙的权力关系。在做出项目决策时，人们可能会运用以下权力类型：

- **地位(Positional)**：这就是CEO所拥有的那种权力；这种权力的存在是因为这个人的地位或者他扮演的角色。
- **信息(Informational)**：某个人知道其他人需要的重要信息。
- **参考(Referent)**：根据过往经验信任或判断某个人是可信的。
- **情境(Situational)**：某个人具有你所在情境下的特定技能，而你需要他的帮助。
- **个性或魅力(Personal or charismatic)**：某个人之所以能够影响你，是因为你喜欢她的个性。
- **关系(Relational)**：某个人之所以有影响力，是因为他与另一个有影响力的人有同盟关系。
- **专家(Expert)**：某个人之所以有影响力，是因为她展示了你需要的某些知识。
- **奖励导向(Reward-oriented)**：某个人之所以有影响力，是因为他能让你得到你想要或需要的某个东西。
- **处罚或强制力(Punitive or coercive)**：某个人之所以能影响你，是因为如果你没有做她希望的事情，就会让你有麻烦。
- **迎合(Ingratiating)**：某个人之所以能影响你，是因为他对你说你是最优秀的。
- **施加压力(Pressure-based)**：如果你不遵循某个人的要求，她能创建一种使你与组织中其他人格格不入的环境。
- **出于愧疚(Guilt-based)**：某个人通过唤起你的荣誉感或责任感来让你做他希望的事情。
- **说服力(Persuasive)**：一个人有理有据地与你争论，让你改变想法，从而影响你。
- **回避(Avoiding)**：一个人在出现争执时通过回避来得到所期望的行为。

我是谁？

一群领导风格和权力类型在一起玩一个聚会游戏“我是谁？”。他们会给你一个线索，你要根据他们说的试着猜出他们是谁。写下他们的名字以及他们的类型（比如是领导风格还是权力类型）。

	名字	类型
我能让你做事情是因为奉承你。我提到过吧？你的工作真是太出色了。		
我根据具体发生的情况改变我的方法。我会从很多不同的做法中选择采用哪种方法。		
我有影响力是因为如果你做了我要求的事情，我就能给你好处。你一直想要的里维埃拉之旅怎么样？听我的，你就能得到。		
来设定一个目标，在接下来15分钟内完成这个练习。做完后，让我知道你实际花了多长时间。		
看看你周围。所有人都在准备PMP考试，看起来这是应该做的正确的事情。		
我通过关心人们来促成任务完成。我总是在帮助人们得到他们需要的东西，使他们能成功。		
我会激励人们。这就是我做的事情。没错，你可能会说我努力工作是为了得到我需要的，但这是因为我对我的工作很有信心。		
我有所有这些问题的答案。我知道你需要这些答案，所以如果你做了我要你做的事情，我就告诉你。		

个性找词游戏

完成这个找词游戏，把优秀领导人应具备的这些个性特点牢牢记在大脑里！这些都是常用的词！根据线索你能找出几个？

V	A	U	L	A	R	U	T	L	U	C	O	U	R	T	E	O	U	S	V
Z	Y	B	J	O	W	H	B	A	P	K	J	Y	M	M	L	A	Y	Q	M
R	R	C	U	B	U	Z	Z	K	S	Y	S	T	E	M	I	C	Y	A	S
H	G	S	E	R	V	I	C	E	O	R	I	E	N	T	E	D	N	O	V
J	V	S	Z	V	J	L	Z	C	X	L	H	R	P	G	L	A	C	Y	D
S	H	Z	N	L	H	C	Z	I	Z	A	M	W	O	J	G	I	Q	P	L
C	R	E	A	T	I	V	E	T	M	C	D	X	Y	E	A	S	E	A	V
B	X	Z	P	U	Q	G	H	N	E	I	B	I	R	L	G	C	N	E	I
C	Q	I	L	T	B	L	F	E	U	T	M	I	S	B	I	O	U	O	Q
B	Y	Z	N	M	B	R	J	H	Y	I	A	M	D	O	I	W	U	F	T
V	R	A	P	W	U	J	N	T	T	L	C	S	T	T	F	O	I	J	W
D	B	W	X	D	U	O	N	U	H	O	L	I	O	P	I	C	K	H	Z
C	W	I	U	D	Y	N	E	A	C	P	T	M	C	Q	O	F	D	V	B
M	H	I	Z	I	K	L	A	U	T	C	E	L	L	E	T	N	I	D	E

线索：

1. 支持其他人，并开放地明确他或她自己的目标和动机。
2. 举止得体。
3. 提出新想法和方法。
4. 总是尊重他人的背景和信仰。
5. 注意人们的情绪。
6. 聪明。
7. 对影响项目成功的可变因素保持控制。
8. 了解与一个团队交互的所有其他团队的动机和目标，帮助这个团队驾驭那些团队。
9. 希望帮助团队实现他们的目标。
10. 擅长人际交往。
11. 了解团队所处的整个过程组并影响团队。

怎样才能成为一个好的项目经理？个性有很大影响！我们在这个找词游戏里藏了优秀项目经理的一些个性特点。你能用这些线索把它们找出来吗？

我是谁？答案

一群领导风格和权力类型在一起玩一个聚会游戏“我是谁？”。他们会给你一个线索，你要根据他们说的试着猜出他们是谁。写下他们的名字以及他们的类型（比如是领导风格还是权力类型）。

线索	名字	类型
我能让你做事情是因为奉承你。我提到过吧？你的工作真是太出色了。	迎合	权力类型
我根据具体发生的情况改变我的方法。我会从很多不同的做法中选择采用哪种方法。	交互型	领导风格
我有影响力是因为如果你做了我要求的事情，我就能给你好处。你一直想要的里维埃拉之旅怎么样？听我的，你就能得到。	奖励导向	权力类型
来设定一个目标，在接下来15分钟内完成这个练习。做完后，让我知道你实际花了多长时间。	交易型	领导风格
看看你周围。所有人都在准备PMP考试，看起来这是应该做的正确的事情。	施加压力	权力类型
我通过关心人们来促成任务完成。我总是在帮助人们得到他们需要的东西，使他们能成功。	服务型	领导风格
我会激励人们。这就是我做的事情。没错，你可能会说我努力工作是为了得到我需要的，但这是因为我对我的工作很有信心。	魅力型	领导风格
我有所有这些问题的答案。我知道你需要这些答案，所以如果你做了我要你做的事情，我就告诉你。	信息	权力类型

个性找词游戏

答案

V	A	U	L	A	R	U	T	L	U	C	O	U	R	T	E	O	U	S	V
Z	Y	B	J	O	W	H	B	A	P	K	J	Y	M	M	L	A	Y	Q	M
R	R	C	U	B	U	Z	Z	K	S	Y	S	T	E	M	I	C	Y	A	S
H	G	S	E	R	V	I	C	E	O	R	I	E	N	T	E	D	N	O	V
J	V	S	Z	V	J	L	Z	C	X	L	H	R	P	G	L	A	C	Y	D
S	H	Z	N	L	H	C	Z	I	Z	A	M	W	O	J	G	I	Q	P	L
C	R	E	A	T	I	V	E	T	M	C	D	X	Y	E	A	S	E	A	V
B	X	Z	P	U	Q	G	H	N	E	I	B	I	R	L	G	C	N	E	I
C	Q	I	L	T	B	L	F	E	U	T	M	I	S	B	I	O	U	O	Q
B	Y	Z	N	M	B	R	J	H	Y	I	A	M	D	O	I	W	U	F	T
V	R	A	P	W	U	J	N	T	T	L	C	S	T	T	F	O	I	J	W
D	B	W	X	D	U	O	N	U	H	O	L	I	O	P	I	C	K	H	Z
C	W	I	U	D	Y	N	E	A	C	P	T	M	C	Q	O	F	D	V	B
M	H	I	Z	I	K	L	A	U	T	C	E	L	L	E	T	N	I	D	E

答案：

1. 支持其他人，并开放地明确他或她自己的目标和动机：真诚（Authentic）。
2. 举止得体：谦恭（Courteous）。
3. 提出新想法和方法：创造力（Creative）。
4. 总是尊重他人的背景和信仰：文化（Cultural）。
5. 注意人们的情绪：情绪（Emotional）。
6. 聪明：智力（Intellectual）。
7. 对影响项目成功的可变因素保持控制：管理（Managerial）。
8. 了解与一个团队交互的所有其他团队的动机和目标，帮助这个团队驾驭那些团队：政治（Political）。
9. 希望帮助团队实现他们的目标：以服务为导向（Service-Oriented）。
10. 擅长人际交往：社会（Social）。
11. 了解团队所处的整个过程组并影响团队：系统化（Systemic）。

there are no Dumb Questions

问： 那么过程组与知识领域有什么区别呢？

答： 过程组是按职能划分过程。知识领域则按主题来划分同样的过程。可以认为过程组与项目中采取的行动有关，而知识领域是你需要了解的内容。

换句话说，知识领域更多的是帮助你理解《PMBOK®指南》的内容，而不是关于如何运行你的项目。不过，这并不表示每个知识领域在每个过程组中都包含相应的过程！例如，启动过程组就只有两个过程。风险管理知识领域只有规划和监控过程。所以过程组和知识领域是考虑所有这些过程的两种不同途径，但它们并不重叠。

问： 每个知识领域都只在一个过程组中吗？

答： 每个过程只属于一个过程组，而且每个过程也只在一个知识领域中。但是知识领域中可能包含很多过程，它们可能跨多个甚至全部过程组。可以把过程看作是《PMBOK®指南》中的核心信息，而过程组和知识领域是组织这些过程的两种不同方法。

问： 看上去启动和规划过程组是一样的，它们有什么区别吗？

答： 启动过程组是指第一次启动一个项目（或项目阶段）所做的全部工作。启动时，要写出（在一个很高的层次）这个项目将生产什么，由谁来负责，以及完成工作需要哪些工具……很多项目从来没有得到批准，也没有建立章程（这正是启动项目的一个重要目标）。在很多公司里，项目经理并不参与太多这些工作。规划过程组则意味着随着了解到更多有关内容，对所有这些方面更为深入，并具体写出打算如何完成工作。项目经理会在规划过程直接控制，并完成大部分工作。

问： 下面再来看人才三角。我可能更看重人才三角中的某一点（相对于其中的另外两个方面）。这对我来说意味着什么？

答： PMI人才三角®是一个很有价值的工具，可以帮助你平衡地培养技能，并管理你的职业发展。曾经有一段时间，项目管理主要就是指技术技能：管理进度、计算成本、规划资源、管理变更等。不过PMI在这个领域做了大量研究，经过多年研究（特别是最近十年），他们发现，在现代企业中，只拥有技术技能还不能成为一个真正有成效的项目经理。他们认识到，最有成效的项目经理具有均衡的技术技能、领导力和战略技能。不过，除了研究，PMI也致力于具体帮助每一个项目经理。他们建立了PMI人才三角®保证你的职业也能均衡发展。

过程组和知识领域是组织过程的两种不同方式……不过它们彼此并不重叠！不要试图把它们硬凑在一起。

成功项目管理带来的效益

哦，亲爱的，谢谢你的饼干！你是怎么把这些饼干做出来的？
别谢我，要感谢《PMBOK®指南》的49个过程！
HAPPY BIRTHDAY

再花点时间好好消化这些新知识，因为第4章介绍项目整合管理时就要把这些知识付诸实践了。

Sharpen your pencil

答案

如果把78页上讨论的度假认为是一个项目，每个步骤都作为一个过程。以下是各个度假步骤中可能使用的一些输入、工具和输出。查看每个加下划线的词，能不能看出这些词表示一个输入、工具还是输出（提示：其中有些是一个过程的输出，同时还是另一个过程的输入）？

1. 登录并查看公司的休假日历，看看你有多长时间的假期。

   ☒ 输入 ☐ 工具 ☐ 输出

2. 在一个旅游网站上创建一个行程单。登机时将使用这个行程单。

   ☒ 输入 ☐ 工具 ☒ 输出

   行程单是制订项目管理计划过程的输出，不过也是指导与管理项目工作过程的一个输入。

3. 你还在旅游网站上创建了一些酒店预订文档。入住酒店时要用到这些文档。

   ☒ 输入 ☐ 工具 ☒ 输出

4. 使用一个旅游网站来预订航班、酒店和旅游景点。

   ☐ 输入 ☒ 工具 ☐ 输出

   这是用来预订门票和酒店的工具。

5. 检查你的账户余额，确保有足够的资金支付旅行费用。

   ☒ 输入 ☐ 工具 ☐ 输出

   必须知道这一点才能知道旅行可以花多少钱。这是一个输入。

6. 回家后使用一个酒店意见反馈网站对你在酒店的住宿情况做出评价。

   ☐ 输入 ☒ 工具 ☐ 输出

   这是结束项目过程中提供酒店反馈所使用的工具。

模拟题

1. 你是一个项目经理，正在完成一个软件工程项目。你的经理让你写出今年的绩效目标，并在下一次绩效评估时考核是否达到了这些目标。你的经理使用了哪种领导风格？

A. 魅力型。

B. 交互型。

C. 交易型。

D. 绩效型。

2. 以下哪一个不是项目相关方？

A. 负责构建项目的项目经理。

B. 完成项目工作的项目团队成员。

C. 使用最终产品的客户。

D. 由于这个产品丢掉生意的竞争对手。

3. 一个项目经理与她的项目承包商发生了一个问题，她不确定承包商是否遵循合同条款。最好使用哪个知识领域中的过程帮助她处理这个问题？

A. 成本管理。

B. 风险管理。

C. 采购管理。

D. 沟通管理。

4. 如果你是一个建筑项目的项目经理，你刚刚建立了一个人员名单，其中包括将受到这个项目直接影响的所有人。你现在处于哪一个过程组？

A. 启动。

B. 规划。

C. 执行。

D. 监控。

5. 你是一个弱矩阵型组织中的项目经理。以下哪一个说法不正确？

A. 你的团队成员向职能经理报告。

B. 你不直接负责资源。

C. 职能经理做出的决策可能影响你的项目。

D. 你要对项目的成败全权负责。

模拟题

6. 下面哪一个不是项目？

A. 修理汽车。

B. 建造高架桥。

C. 运行一个IT支持部门。

D. 拍摄一部动作片。

7. 一个项目经理在运行一个软件项目，这个项目准备分阶段交付。她计划将资源划分到两个不同的团队从而能同时完成两个阶段的工作，不过她的一位高级开发人员建议应当使用一种敏捷方法，她接受了这个建议。以下哪种关系可以最准确地描述这个项目各个阶段之间的关系？

A. 顺序关系。

B. 迭代关系。

C. 制约因素关系。

D. 重叠关系。

8. 关于重叠阶段，以下哪一种说法不正确？

A. 每个阶段通常由一个单独的团队完成。

B. 如果前一个阶段结束之前，后一个阶段不能开始，这会增加延迟的风险。

C. 由于有可能返工，这会增加项目的风险。

D. 每个阶段都必须经过所有5个过程组。

9. 你是一个工业设计项目的项目经理。你的团队成员向你报告，而你负责建立预算、制订进度以及分派任务。这个项目完成时，你要解散团队，使他们能够参加公司的另一个项目。你所在的公司是哪种类型的组织？

A. 职能型。

B. 弱矩阵型。

C. 强矩阵型。

D. 项目型。

10. 哪个过程组包含制订项目章程过程和识别相关方过程？

A. 启动。

B. 执行。

C. 监控。

D. 收尾。

模拟题
答案

1. 答案：C

交易型领导人会提前设定目标，然后考核团队完成这些目标的进展。可以把团队完成的每个活动想成是领导人与团队之间的一个交易，这是帮助记住这个概念的一个好办法。

2. 答案：D

项目经理在项目中最困难的工作之一就是明确项目的所有相关方。项目经理、团队、发起人（或客户）、顾客和将使用软件的人员、公司的高级经理，这些都是项目相关方。竞争对手不是相关方，因为尽管他们会受这个项目影响，但是他们对项目没有直接影响。

3. 答案：C

采购管理知识领域处理的是合同、承包人、买方和卖方。如果你遇到的题目有关于某种合同类型或者如何处理合同问题，这就是在问采购管理过程。

4. 答案：A

受到项目直接影响的人都是相关方，创建这些人的一个名单时就是在完成识别相关方过程。这是启动过程组中的两个过程之一。

5. 答案：D

在一个弱矩阵型组织中，项目经理的权力很有限。他们必须与职能经理分担很多职责，而这些职能经理对于如何管理团队成员有很大的决策空间。在类似这样的组织中，并没有为项目经理赋予太多责任。

正是因为这个原因，你可能会在弱矩阵型组织中找到一个项目联络人。

~~模拟题~~ 答案

6. 答案：C

IT支持部门的工作没有一个结束日期，这不是临时性的。正因如此，这不是一个项目。假设现在这个支持团队必须周末加班将数据中心转移到一个新位置，那么这就是一个项目了！

我明白了……这么说，即使是一个过程而不是项目，也可能存在与之相关的项目。

7. 答案：B

敏捷开发实际上是项目阶段迭代关系的一个很好的例子。在一个敏捷项目中，团队一般会把项目分解为阶段，在执行当前阶段的同时规划下一个阶段。

~~模拟题~~ 答案

8. 答案： B

如果因为前一个阶段结束之前后一个阶段不能开始而导致项目的风险增加，这就意味着你的项目阶段不是重叠的。如果有重叠的阶段，说明一般有多个团队可以相互独立地开始他们的阶段。

另外，再来看答案C，因为这是有关重叠阶段的一个要点。阶段存在重叠关系时，会增加返工的风险。如果一个团队要交付项目或阶段的结果，但是在他们的阶段中对另一个团队的工作做了假设，通常就会出现这个问题。那个团队交付他们的工作时，可能发现这两个团队生成的结果相互并不完全兼容，现在两个团队都必须返工，改造他们的设计。阶段重叠时这种情况经常出现，正是因为这个原因，重叠阶段会增加返工的风险。

9. 答案： D

在一个项目型组织中，项目经理有权分派任务、管理预算和解散团队。

10. 答案： A

项目中首先创建的就是章程（在制订项目章程过程中创建）和相关方登记册（这在识别相关方过程中创建）。这些工作在启动项目时完成。

4 项目整合管理

完成工作

那时候我转向六点钟方向，燃油几乎用完了，刹那间我意识到需要填一个变更请求申请更多弹药。

你老是讲这个故事，不过我们都知道你根本不是个飞行员。

想让成功来得容易些吗？这并不像你想象中那么难。这一章，你会学习项目中每天都使用的**一些过程**。适当运用这些过程，你的**发起人**和**相关方**会比以前更满意。准备好，下面进入**整合管理**。

预订一次旅行

中西部教师协会（Midwestern Teachers' Association）的所有人员在一起计划了一次旅行，这是一次横跨欧亚大陆的旅行，从印度的孟买出发，最后到达法国的巴黎。

Acme
Travel
Agency
Larry，教师们的旅行代理人。

我们想二月出发，而且要保证不超预算。你能便宜些吗？我得走了，5点我们还有课。
好的，知道了，你希望座位靠窗户，不要挨着过道……
Joanne和Frank“自愿”组织这次旅行，整个旅行团里还包括另外8名教师。

Larry想走捷径

Larry想努力做好这个项目，让客户们满意。他尽可能找机会为他们省钱！不过有时最便宜的办法最后并不能让所有人都满意。

嗯…… 如果我订6月而不是2月的票，票价会低一些。我肯定能说服他们改变计划。谁不想省钱呢？

教师们很高兴……起码现在是这样

Larry说服教师们改在6月旅行，因为他可以拿到很便宜的票价。不过他没有具体为这个决策的结果做任何计划，教师们也是一样。

项目管理的一个关键就是要在开始工作前全面考虑项目，从而能提前预计到中途可能出现的问题。正是出于这个原因，项目管理会在规划上花费很多时间。

Larry可能认为这个行程单就是一个计划，但它并没有详细描述教师们旅程中可能遇到的问题。

Acme Travel

TRAVEL ITINERARY FOR
MIDWESTERN TEACHERS ASSN.

Record Locator	HF184-Z	**Agent ID**	Larry Acme Travel
Trip ID	189435163		
Travel Details			

Flight Information

Leg 1			
Airline	Econo Airlines	Departing	1:45PM
Flight	8614	Arriving	1:00AM
Origin	St. Paul, MN	Terminal	1
Destination	Mumbai, INDIA	Arriving	June 13
Est Time	17 hours 45 Minutes	Distance	7942mi

Larry把日期改到6月，现在这个项目肯定不会超预算。

这些客户非常不满意！

客户们到达孟买时，才明白为什么票价这么便宜：印度的6月正值雨季！也许Larry确实为客户们省了一笔，但是也让他们遇到了麻烦。

Larry从来没有提到票价便宜是因为现在是雨季！
要是稍稍提醒一下也能好一些，起码我们可以带上雨衣！
尽管这个行程确实能让客户按Larry所说的时间到达目的地，但是他们没有任何计划来应对这瓢泼大雨。

Larry被炒了鱿鱼

从下飞机的那一刻起，客户们就极为不满。Acme Travel的高级经理不希望丢掉教师的这单生意…… 所以他们委派你担任新的旅行代理人。

要由你完成这次旅行的规划，确保教师们能有一个满意的假期。

项目经理的日常工作

项目经理要确保项目顺利进行。他们要对项目中将发生的情况做出计划。这个任务中很重要的一部分是要密切监督来确保一切按计划进行，如果出现问题，就要确保问题得到修正。有时候计划本身并不完善！项目经理要查找存在哪些问题并加以修正。项目经理的日常工作正是整合管理过程要做的事情。

项目全景图

每个项目都遵循同样的模式。首先是启动，然后规划，接下来执行（和监控），最后收尾。正因如此，过程组非常有用，这是考虑如何完成工作的一种很好的方法。

对于一个大型项目，通常会看到这种模式反复很多次。每一组重要的可交付成果都可以分别看作是子项目，这些子项目本身同样要经过所有过程组和过程。

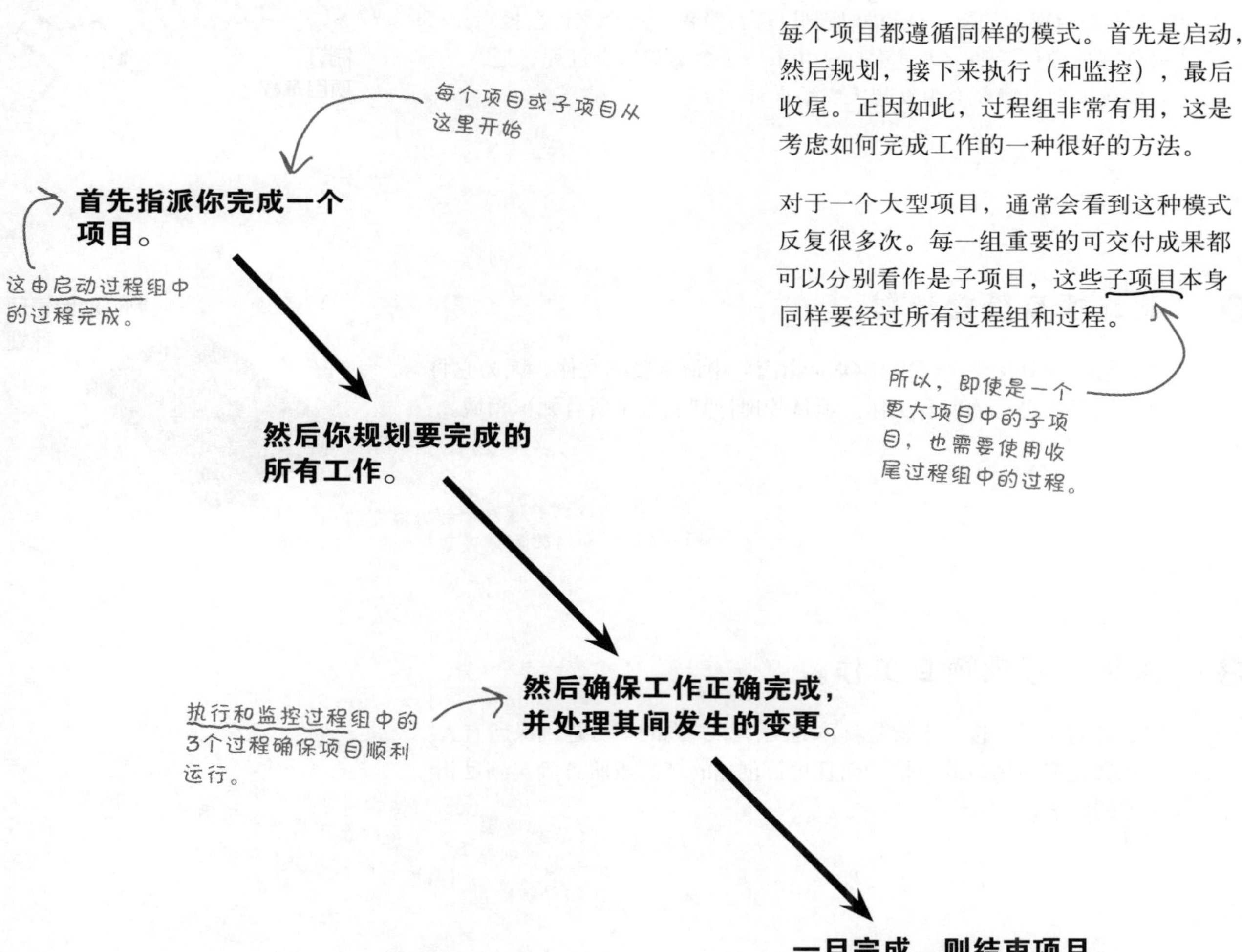
每个项目或子项目从这里开始
首先指派你完成一个项目。
这由启动过程组中的过程完成。
然后你规划要完成的所有工作。
然后确保工作正确完成，并处理其间发生的变更。
执行和监控过程组中的3个过程确保项目顺利运行。
一旦完成，则结束项目。
所以，即使是一个更大项目中的子项目，也需要使用收尾过程组中的过程。

7个整合管理过程

《PMBOK®指南》将整合管理划分为7个过程，考试时要求必须掌握这7个过程。这正是人们通常认为的项目经理的“核心”职责。

如果没有项目章程，你就没有权力告诉你的团队要做什么以及什么时候做。

❶ 制订项目章程。

一个新项目要做的第一件事就是制订项目章程。这个文件会授权你开展项目活动。不过你自己并不一定会参与这个过程，通常情况下项目章程会由发起人交给你。

发起人就是为项目出资的人。

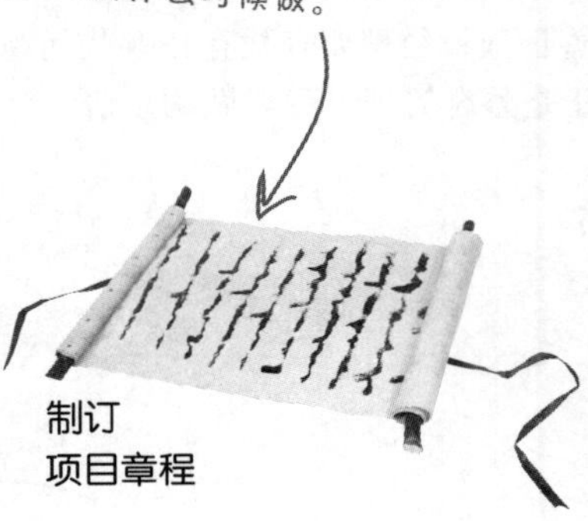

制订
项目章程

❷ 制订项目管理计划。

制订项目管理计划

项目管理计划是整个《PMBOK®指南》中最重要的文件，因为它将指导项目中进行的所有工作。项目管理计划涵盖了所有知识领域。

项目管理计划的很大一部分就是告诉你出现问题时如何处理变更。

❸ 指导与管理项目工作。

完成计划之后，接下来就是具体的工作了。你的任务是确保所有人都在做他们应该做的事情，而且项目创建的产品或服务确实满足相关方的需要。

具体工作在这里完成。所有其他知识领域中要做的规划都会汇集到这里，使你能真正开展项目活动。这就是你帮助团队做（并确保团队完成）的日常工作。

❹ 管理项目知识。

这个过程要基于团队已经了解的项目知识，利用这些知识解决可能出现的问题。有时你的团队会发现组织以前从来没有掌握的新信息。管理项目的知识时，你要帮助确保整个组织都了解这些新发现。

看起来这个过程可能似乎专注于文件，不过并不总是通过文件来共享信息。

❺ 监控项目工作。

要尽早发现问题，让每一个人都满意。

好的项目经理会持续监督项目发生的每一件事。要记住，越晚发现问题，修正这个问题的难度就越大，代价也越高。

一旦发现问题，要在这里明确如何修正这些问题，或者是否应当修正这些问题。

❻ 实施整体变更控制。

一旦发现项目中的问题，必须与你的相关方和发起人一起确定如何处理这些问题。还要更新项目管理计划，以反映还需要增加哪些额外步骤来完成项目。更新项目管理计划还可以确保项目中的所有人都保持一致。

注意潜在的变更。你的一部分任务就是帮助周围的人预计到变更，甚至可能还要考虑如何避免变更。

❼ 结束项目或阶段。

项目中最后一件事就是结束项目。确保对所有工作都建立了文档……特别是你和团队在项目中学到的经验教训。这些经验教训很可能在下一个项目中会对你有帮助。

Sharpen your pencil

以下是教师度假旅行项目中可能要处理的一些事情。确定每种情况下会使用7个整合管理过程中的哪一个过程，并把过程名写在空格上。

1. 有一位教师是素食主义者，所以需要取消预订的一些餐厅，新预订的餐厅应当能满足他的素食要求。
____

2. 为了让教师们能够游览他们想去的地方，你要对计划的每一件事都提供一个详尽的描述。
____

3. Acme Travel的CEO给你发了一份文件，指派你管理这个项目。
____

4. 你记了一些笔记，记录所有教师分别有哪些需要，以及你要如何处理这些需求。
____

5. 教师们返回时，将管理这次旅行中学到的所有经验教训写下来，以便其他旅行代理人学习你的经验。
____

6. 订票以及订酒店。
____

7. 你在每个目的地让教师们登记，确保一切都按计划进行。
____

制订项目章程

制订项目管理计划

指导与管理项目工作

监控项目工作

实施整体变更控制

结束项目或阶段

管理项目知识

答案见161页。

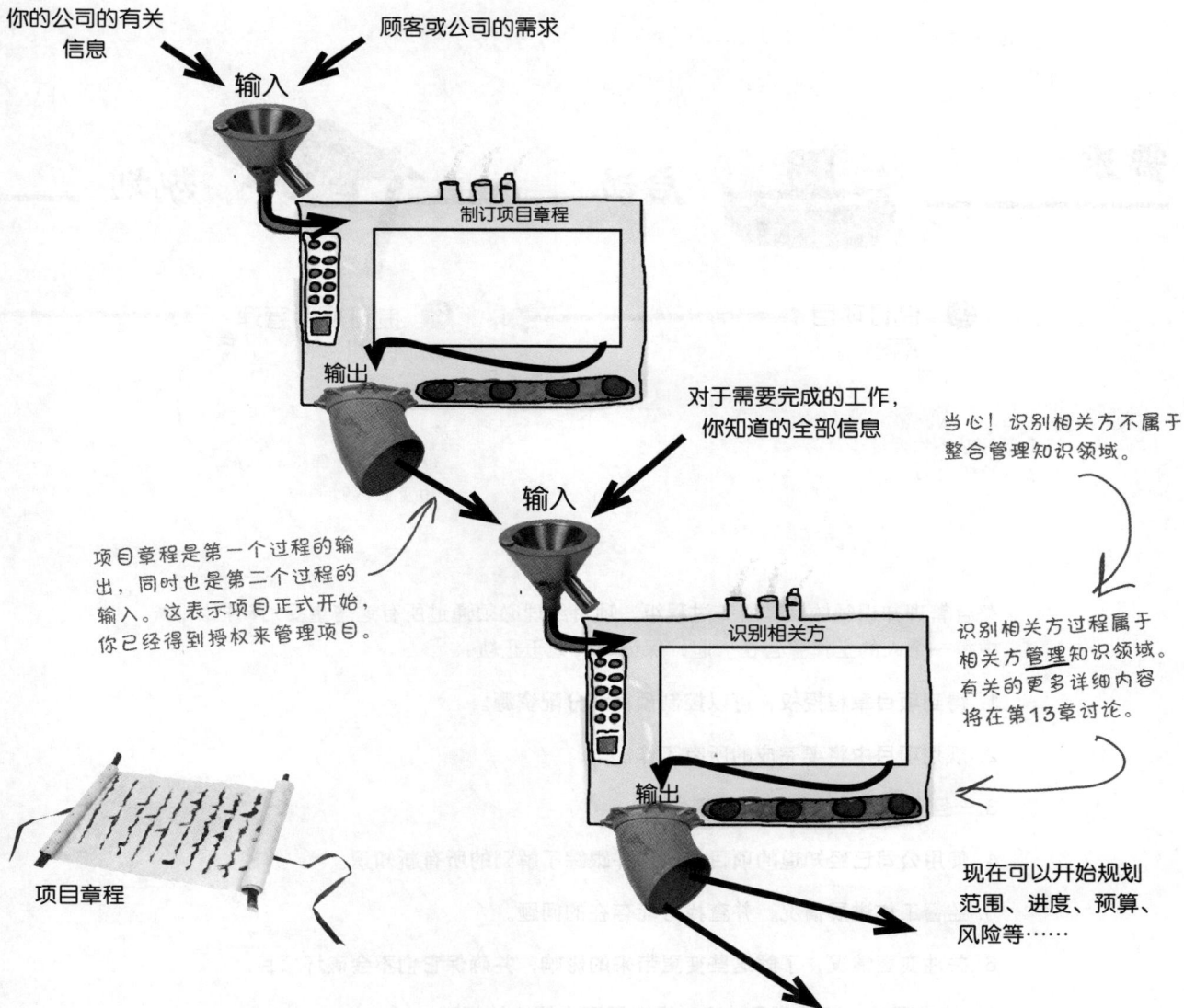

利用启动过程开始你的项目

启动过程组中只有两个过程，启动项目时只需要这两个过程。首先，制订项目章程过程告诉公司里的每一个人为什么需要这个项目，并赋予你必要的权力来启动项目。然后使用识别相关方过程明确哪些人会受这个项目影响，以及如何与他们沟通。

这是启动过程组中仅有的两个过程。我们在这里介绍其中的一个过程，另一个过程将在第13章介绍。

启动过程组

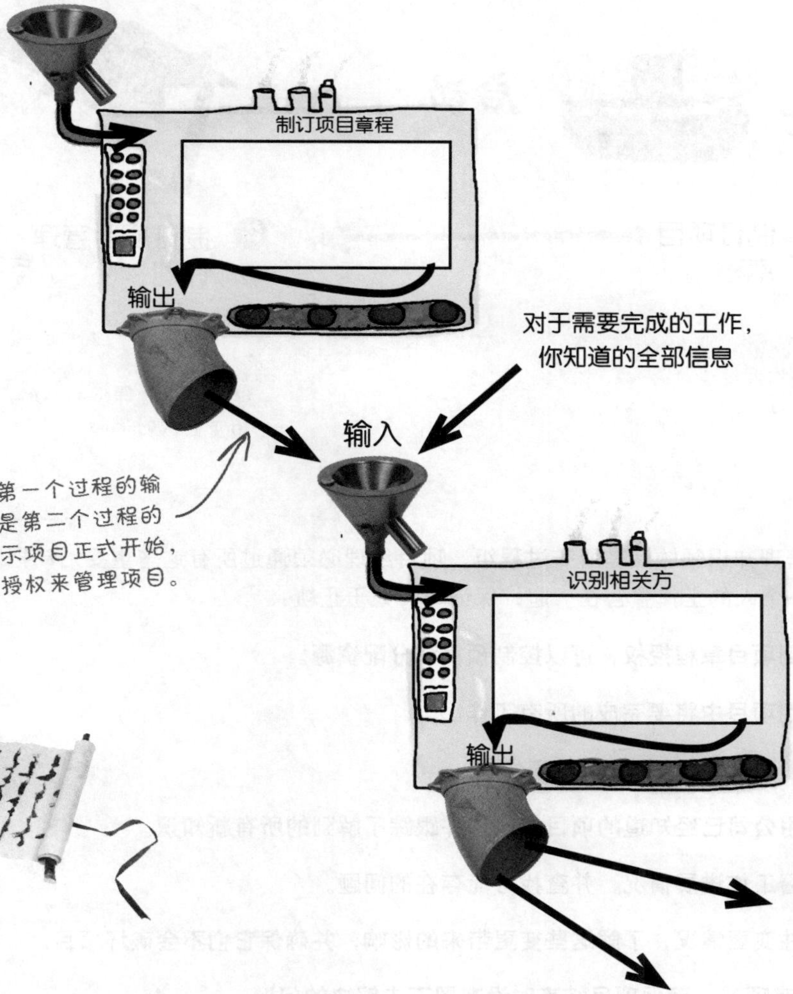

你的公司的有关信息

顾客或公司的需求

输入

制订项目章程

输出

对于需要完成的工作，你知道的全部信息

输入

项目章程是第一个过程的输出，同时也是第二个过程的输入。这表示项目正式开始，你已经得到授权来管理项目。

当心！识别相关方不属于整合管理知识领域。

识别相关方

输出

识别相关方过程属于相关方管理知识领域。有关的更多详细内容将在第13章讨论。

项目章程

现在可以开始规划范围、进度、预算、风险等……

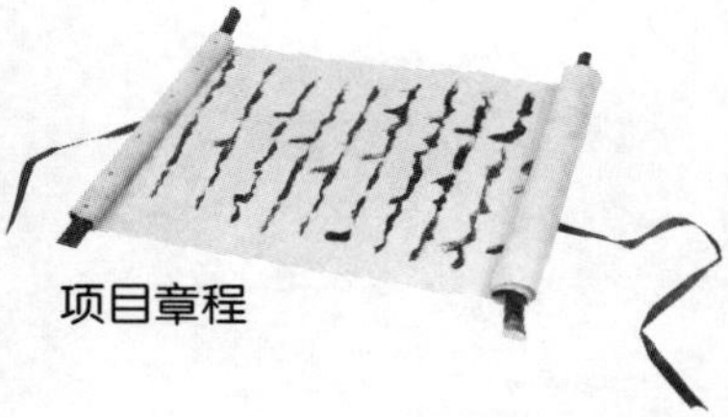

整合管理和过程组

下面展示了各个过程组在整个整合管理中的工作。这些过程组显示了过程发生的顺序，以及过程之间如何交互。

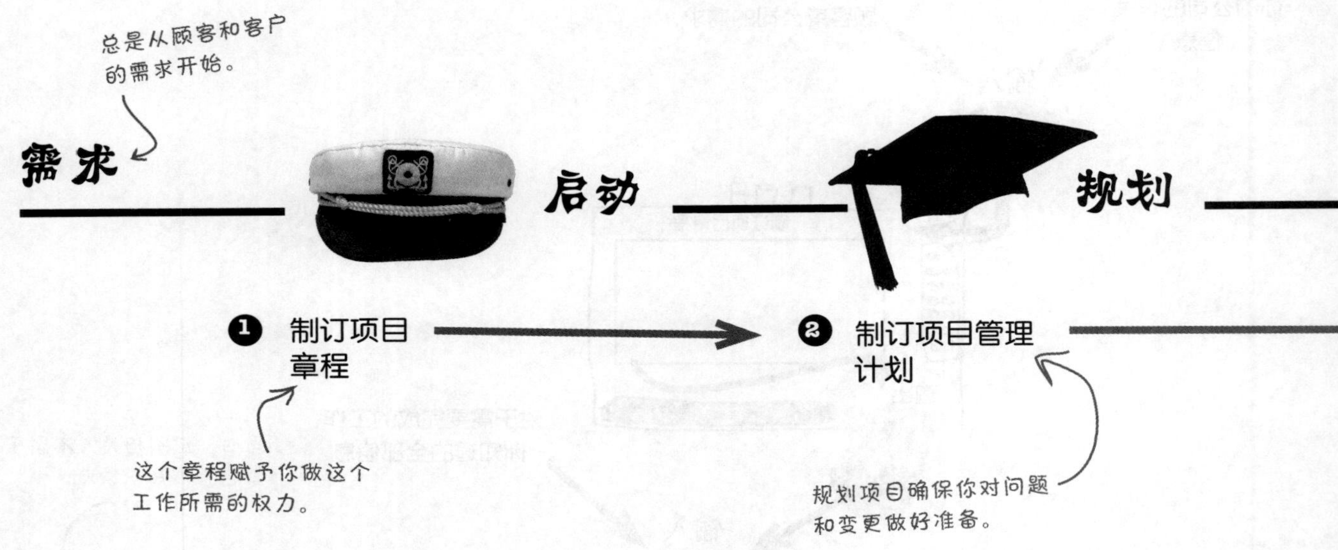
总是从顾客和客户的需求开始。
需求
启动
规划
❶ 制订项目章程
❷ 制订项目管理计划
这个章程赋予你做这个工作所需的权力。
规划项目确保你对问题和变更做好准备。

整合管理知识领域涵盖所有过程组。项目经理必须通过所有这些重要活动把团队中每一个人的工作整合在一起，保证项目处于正轨：

1. **得到项目章程授权，可以控制预算和分配资源。**

2. **规划项目中将要完成的所有工作。**

3. **一旦项目启动，指导开展工作。**

4. **使用公司已经知道的项目信息，并跟踪了解到的所有新知识。**

5. **监督工作进展情况，并查找可能存在的问题。**

6. **关注变更情况，了解这些变更带来的影响，并确保它们不会破坏项目。**

7. **结束项目，确保项目结束时没有留下未解决的问题。**

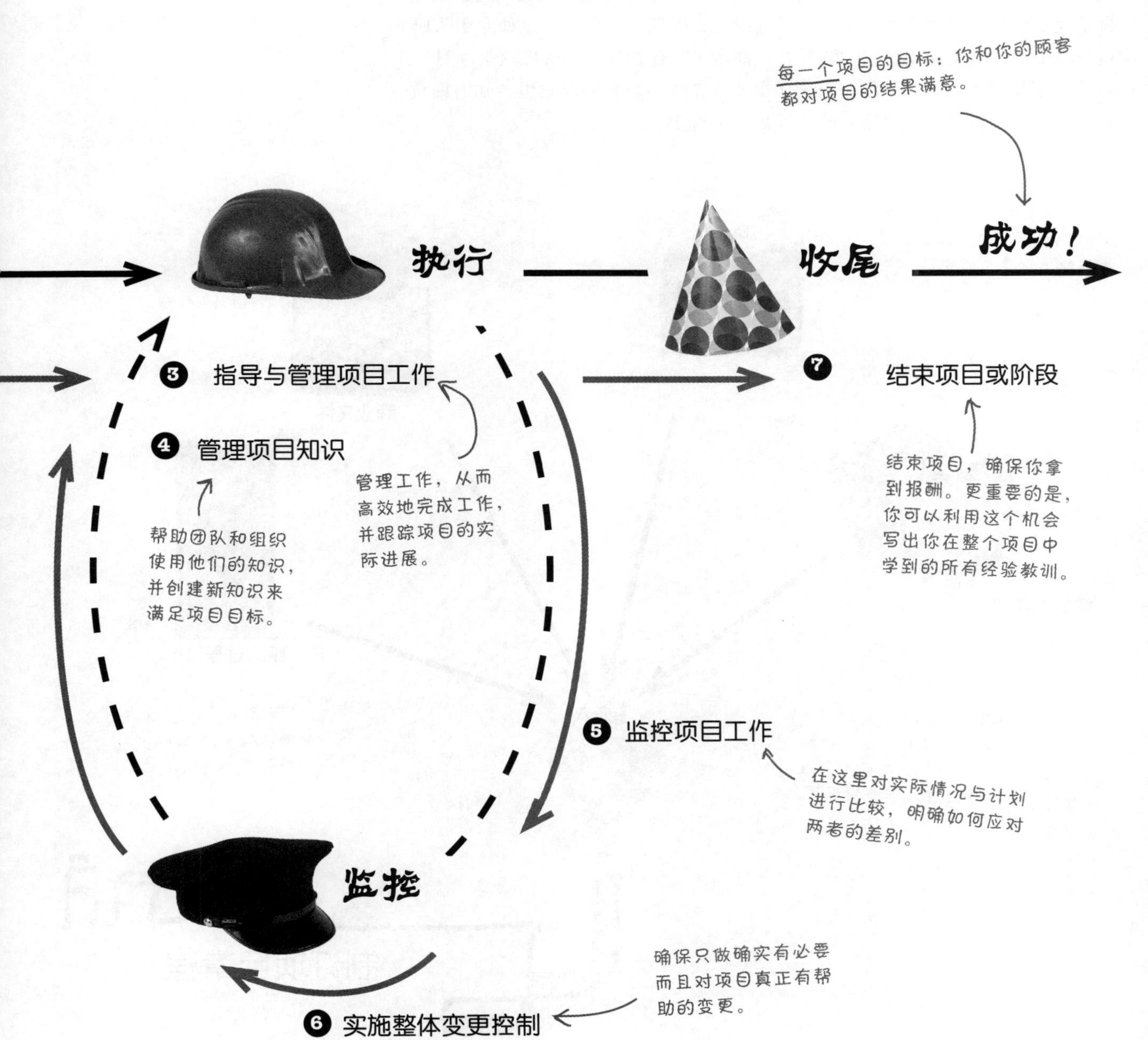
每一个项目的目标：你和你的顾客都对项目的结果满意。
执行
收尾
成功！
3 指导与管理项目工作
7 结束项目或阶段
4 管理项目知识
管理工作，从而高效地完成工作，并跟踪项目的实际进展。
帮助团队和组织使用他们的知识，并创建新知识来满足项目目标。
结束项目，确保你拿到报酬。更重要的是，你可以利用这个机会写出你在整个项目中学到的所有经验教训。
5 监控项目工作
在这里对实际情况与计划进行比较，明确如何应对两者的差别。
监控
确保只做确实有必要而且对项目真正有帮助的变更。
6 实施整体变更控制

制订项目章程过程

启动
过程组

如果你在一个矩阵型组织中工作，你的团队不会向你报告。他们会向职能经理报告，而且可能还有其他工作要做。不过，如果他们参加了你的项目，你实际上是他们的老板。怎么做到这一点呢？嗯，你需要某种职权，这正是项目章程要做的。它明确地指出，你得到授权来管理这个项目（比如向团队成员分派工作，以及使用公司的资源），并指出为什么任命你管理这个项目。不过这个章程并不只是对矩阵型公司才重要，在任何类型的公司里，知道谁负责以及管理项目时可以使用哪些资源都非常重要。

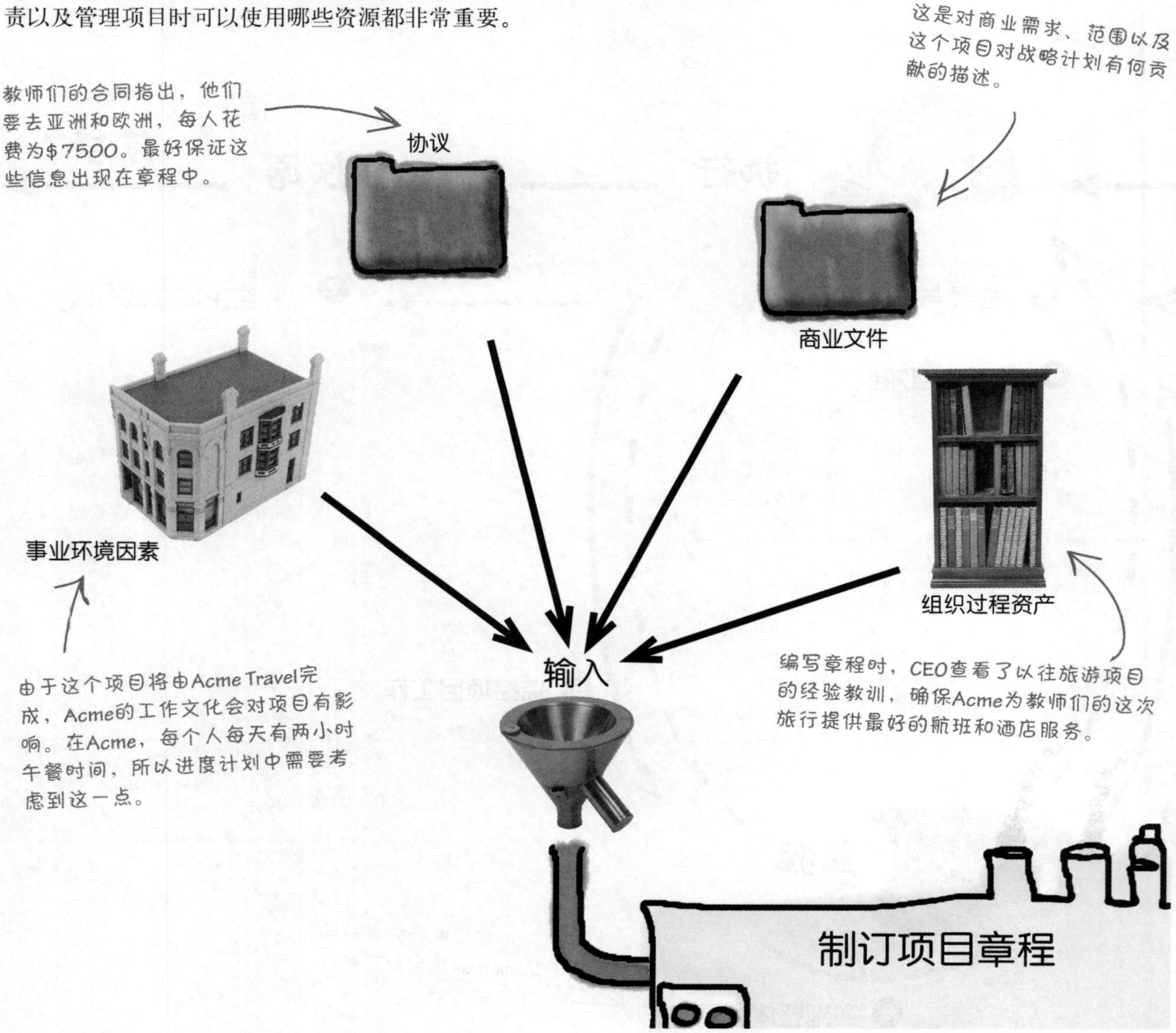

教师们的合同指出，他们要去亚洲和欧洲，每人花费为$7500。最好保证这些信息出现在章程中。

协议

这是对商业需求、范围以及这个项目对战略计划有何贡献的描述。

商业文件

事业环境因素

组织过程资产

输入

由于这个项目将由Acme Travel完成，Acme的工作文化会对项目有影响。在Acme，每个人每天有两小时午餐时间，所以进度计划中需要考虑到这一点。

编写章程时，CEO查看了以往旅游项目的经验教训，确保Acme为教师们的这次旅行提供最好的航班和酒店服务。

制订项目章程

项目论证

中西部教师协会的合同并不是Acme唯一的合同。公司承接的工作太多了，已经超出了现有的处理能力，有时候他们还不得不拒绝一些客户。对于这种情况，商业论证和效益管理计划就很有用。如果一个项目风险太大，盈利不多，不具有战略意义，或者不太可能成功，那么Acme的高级经理完全可以选择不做这个项目。

不过要确定这一点，需要先考虑从哪些方面来看承接这个项目会对Acme Travel有好处。准备商业文件就是考虑这个项目对企业的价值。如果做这个项目，Acme是不是可以借此跻身于全球组团旅游的大市场？是否只是因为客户有需求才做这个项目？它对公司的其他方面有帮助吗？

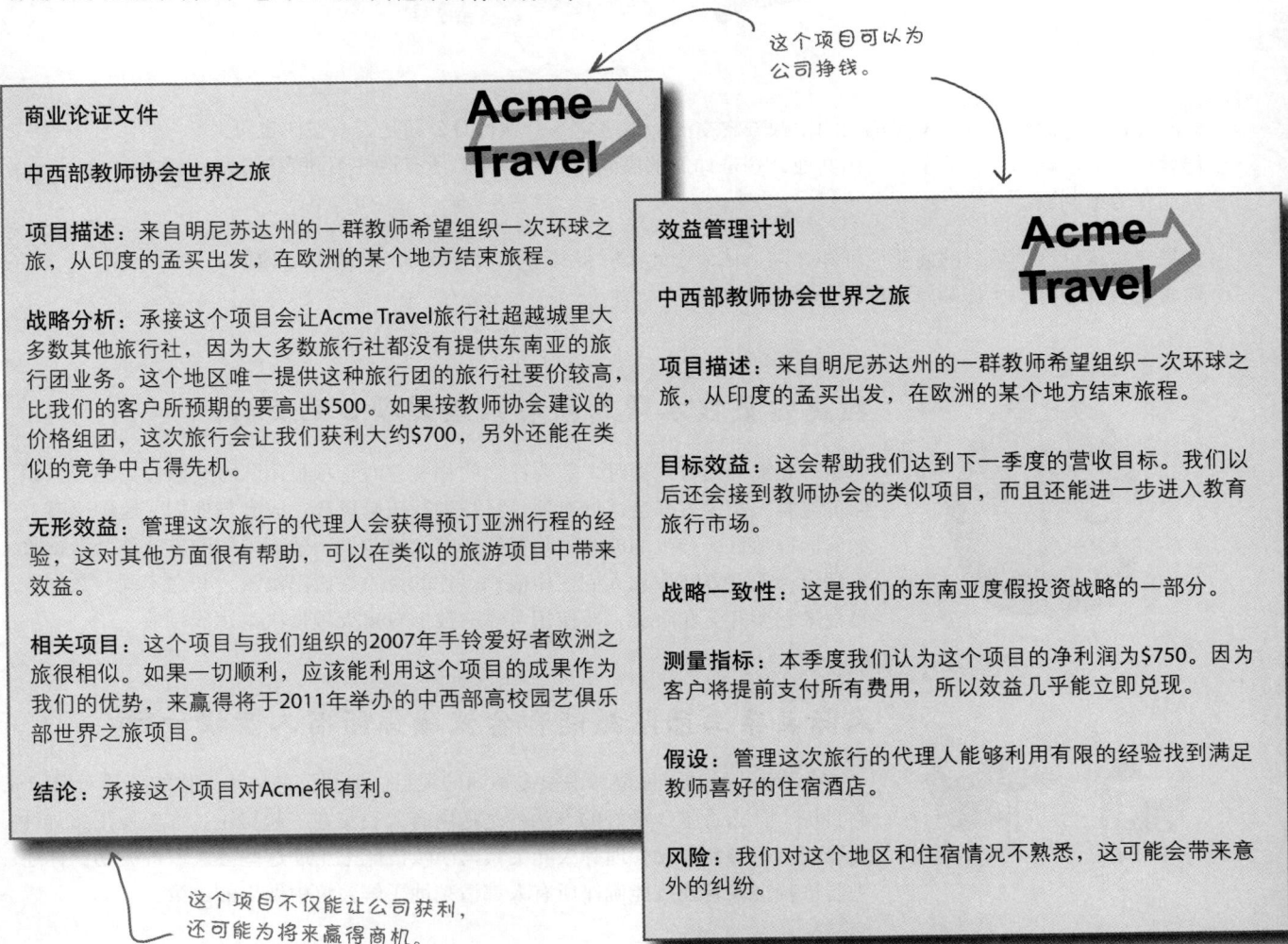

这个项目可以为公司挣钱。

商业论证文件

Acme Travel

中西部教师协会世界之旅

项目描述：来自明尼苏达州的一群教师希望组织一次环球之旅，从印度的孟买出发，在欧洲的某个地方结束旅程。

战略分析：承接这个项目会让Acme Travel旅行社超越城里大多数其他旅行社，因为大多数旅行社都没有提供东南亚的旅行团业务。这个地区唯一提供这种旅行团的旅行社要价较高，比我们的客户所预期的要高出$500。如果按教师协会建议的价格组团，这次旅行会让我们获利大约$700，另外还能在类似的竞争中占得先机。

无形效益：管理这次旅行的代理人会获得预订亚洲行程的经验，这对其他方面很有帮助，可以在类似的旅游项目中带来效益。

相关项目：这个项目与我们组织的2007年手铃爱好者欧洲之旅很相似。如果一切顺利，应该能利用这个项目的成果作为我们的优势，来赢得将于2011年举办的中西部高校园艺俱乐部世界之旅项目。

结论：承接这个项目对Acme很有利。

这个项目不仅能让公司获利，还可能为将来赢得商机。

效益管理计划

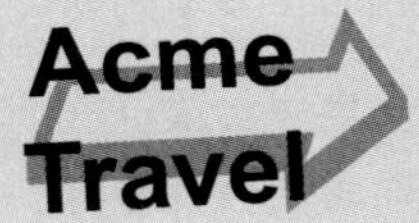
Acme
Travel

中西部教师协会世界之旅

项目描述：来自明尼苏达州的一群教师希望组织一次环球之旅，从印度的孟买出发，在欧洲的某个地方结束旅程。

目标效益：这会帮助我们达到下一季度的营收目标。我们以后还会接到教师协会的类似项目，而且还能进一步进入教育旅行市场。

战略一致性：这是我们的东南亚度假投资战略的一部分。

测量指标：本季度我们认为这个项目的净利润为$750。因为客户将提前支付所有费用，所以效益几乎能立即兑现。

假设：管理这次旅行的代理人能够利用有限的经验找到满足教师喜好的住宿酒店。

风险：我们对这个地区和住宿情况不熟悉，这可能会带来意外的纠纷。

使用专家判断和数据收集技术写项目章程

Tools

可以想想看，如果很多不同的人提出不同的观点，这会帮助你的公司做出正确的决策，决定是否启动一个项目。有时项目发起人会召集专家帮助他们决定要做哪些项目。在Acme Travel公司，CEO与Asia Travel副总裁召开了一个会议，确保这个教师旅行项目确实值得一做。Asia Travel副总裁以前曾经组织过类似的旅行，他知道规划时哪些方面可能出问题。他们一起查看了所有项目文件，确保这个项目看起来确实能让Acme盈利，值得去做。

只要引入项目以外的专家来提供建议或者传授专业知识，这就是在使用专家判断。

你的公司可能需要与多个不同部门的主题专家交流，来决定一个项目对公司是否有益。也可能要依靠外部顾问或行业组织指出其他公司是如何解决同样的问题的。所有这些不同的观点就叫作**专家判断**。

如果专家认可这个项目的商业论证和合同，认为由此可以得到对公司有益的一个产品，他们通常就会开绿灯，允许编写章程。

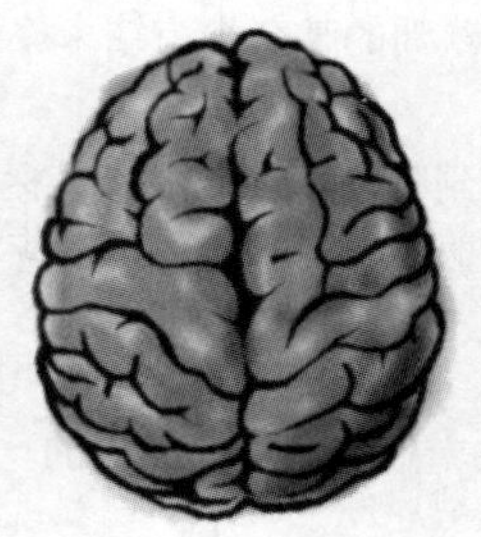

数据收集技术帮助所有人理解项目的目标

你坐下来编写项目章程时，需要让你的相关方对于项目团队将要做什么达成共识。你可能要与相关方开会，针对项目目标进行头脑风暴，或者与他们一起解决有关如何运行项目所产生的冲突。为了让所有人都步调一致而采取的方法称为数据收集技术。专家判断依靠人们使用他们以往的经验来做出决策，与之不同，数据收集技术需要开会和研讨，要使用可靠的数据对重大项目决策达成一致。

人际关系与团队技能和会议确保所有人步调一致

一个项目刚开始时，你要考虑很多不同的观点。要想清楚地认识你的项目对组织战略目标有什么贡献，最好的方法就是把所有人召集在一起讨论。你要使用诸如冲突管理、引导和会议管理等人际关系与团队技能来帮助这些会谈取得成功。你还需要依赖会议管理技能确保所有人都清楚地了解会议中做出的决策。

Exercise

以下是Acme为制订项目章程过程估算输入时采用的一组办法。试着判断哪些方法是专家判断，哪些是数据收集技术。

1. Acme Travel成立了一个委员会，审查候选项目提交的所有商业论证文件，并对它们进行比较，以确定下一季度要为哪些项目投资。

A. 专家判断　　B. 数据收集技术

2. Acme聘请了一位外部顾问帮助他们确定目前的战略目标是否适合公司。

A. 专家判断　　B. 数据收集技术

3. Acme请Asia Travel副总裁审查中西部教师协会旅行项目的商业论证，确定预计成本和进度是否合适。

A. 专家判断　　B. 数据收集技术

4. Acme成立了一个焦点小组（其中包括可能对这个旅行感兴趣的所有潜在客户），来帮助他们评估所有项目建议书，并确定哪些最有可能为公司带来效益。

A. 专家判断　　B. 数据收集技术

5. 被任命管理这个项目的旅行代理人与所有其他旅行代理人召开了一个头脑风暴会议，为这个项目提出一个新目标。

A. 专家判断　　B. 数据收集技术

答案见124页。

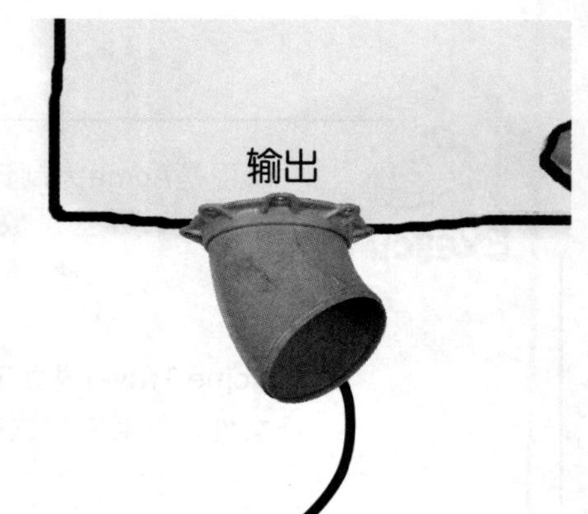
输出

项目章程详解

章程是制订项目章程过程的最重要的输出。我们知道，项目章程会明确完成这个项目的意义，这正是商业论证要做的事情。另外我们知道章程会授权你开展项目活动。不过除此以外，章程中还包含什么呢？

另外一个输出是假设日志。在制订项目章程过程中，要跟踪你在定义这个项目时做出的假设。这些假设会帮助项目团队理解批准这个项目时考虑了哪些方面。

项目章程

Acme Travel

项目描述：4周的世界之旅

来自明尼苏达州的一群教师希望组织一次环球之旅，从印度的孟买出发，在欧洲的某个地方结束旅程。他们已经与Acme Travel旅游公司签订合同，使他们的梦想成真。

项目需求：

- 应该配合好天气来规划旅行。
- 在每个目的地要参观著名历史古迹。
- 推荐好的餐厅，并根据要求提供夜生活信息。
- 要为耽误航班、丢失行李和其他交通问题提供帮助。

委派的项目经理及其职权：

你有权使用专用资金和资源来实现这个目标。

总体里程碑进度

6月13日–20日	—孟买	6月20日–23日	—香港
6月24日–29日	—上海	6月30日–7月4日	—罗马
7月5日–8日	—巴塞罗那	7月9日–14日	—巴黎

商业论证：

这个项目对于Acme来说是一个可靠的投资。如果适当地规划和执行，应该能得到大约每人$700的利润。

签名，

____

CEO, Acme Travel

章程会授权你使用资源，如团队中的人员、计算机、办公室设备、会议室等完成任务需要的所有东西。

Larry本来应该注意这个信息。

由于项目章程会正式地任命项目经理，所以甚至可以在项目经理加入之前就把这一条写入章程。

这是商业论证要点的一个总结，用来决定是否可以承接这个项目。

这个项目有一个发起人，不过一个项目有多个发起人也是可以的。

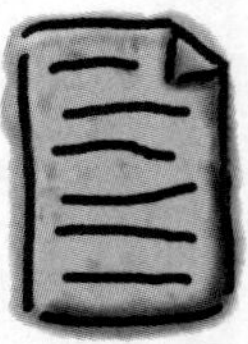

假设日志

假设是决策的基础。可以写出你预计可能有10个教师参加这次旅行，这可以帮助解释你为什么要租用载客量10人以上的面包车。

Sharpen your pencil

仔细查看教师之旅的项目章程，你认为一个典型项目章程的各个部分分别用来做什么，请写在下面。

项目描述：

项目需求：

委派的项目经理及其职权：

总体里程碑进度：

商业论证：

Sharpen your pencil Solution

仔细查看教师之旅的项目章程，你认为一个典型项目章程的各个部分分别用来做什么，请写在下面。

项目描述：

项目目的

这是项目目标的一个高层描述。通常用几句话描述项目的主要目的。

项目需求：

描述你的项目要生成的产品

顾客、相关方或发起人希望从这个项目得到什么？你了解的有关信息都要写在这里。

委派的项目经理及其职权：

项目经理是谁，他要做什么

要在这里为项目任命项目经理。如果已经知道谁将是项目经理，需要写出这个人的名字。否则，如果你知道项目经理来自某个部门，可以只列出这个部门。还要在这里描述你需要的具体决策权力。

总体里程碑进度：

项目要满足的一个日程表

商业论证：

为什么公司决定做这个项目

这一部分列出企业做这个项目的原因。你可以提到投资回报（return on investment）、建立基础设施、客户利益或者可以帮助人们了解到这个项目很重要的其他原因。

Exercise

以下是Acme为制订项目章程过程估算输入时采用的一组办法。试着确定哪些方法是专家判断，哪些是数据收集技术。

1. (A. 专家判断) B. 数据收集技术
2. (A. 专家判断) B. 数据收集技术
3. (A. 专家判断) B. 数据收集技术
4. A. 专家判断 (B. 数据收集技术)
5. A. 专家判断 (B. 数据收集技术)

专家判断通常是指人们使用他们的经验对项目做出决策。

数据收集技术通常是一些会议和研讨，使所有人对重大的项目决策达成一致。

将反复看到的两个输入……

你会在本书后面的很多不同过程中反复看到两个输入。一个是事业环境因素，这是关于你的公司如何开展业务需要知道的所有信息。另一个是组织过程资产，这包含项目的有关信息：公司里的人们要如何完成这些项目，以及以往的项目是如何完成的。

事业环境因素

事业环境因素指出你的公司如何开展业务。

规划项目时，公司的很多信息会对你很有用。你需要知道各个不同部门如何运营、市场状况、公司的总体战略、要遵循的所有政策、公司文化以及在公司工作的人员情况。

整合管理过程中使用的事业环境因素之一是项目管理信息系统，它确定了你的公司如何分配工作，并确保任务按正确的顺序很好地完成。

项目管理计划
模板也是一个
组织过程资产。

组织过程资产

组织过程资产指出你的公司通常如何运行项目。

每个公司对于如何运行项目都有相应的标准。会有一些有关管理项目的指导原则和说明、需要遵循的程序、需要跟踪的各类事项，以及需要建立的所有文件模板。这些内容通常存放在某种库中。

最重要的组织过程资产之一称为经验教训（lessons learned），公司借此跟踪关于项目的有价值的历史信息。在每个项目结束时，要与项目团队坐下来，写出你们从这个项目中学到的东西。这包括正面的经验以及负面的教训。这样一来，你或者公司的另一个项目经理规划下一个项目时，就可以利用你从这个项目中学到的经验教训。

BRAIN
POWER

想想看，这两方面对于启动和规划你的项目有什么帮助？

there are no Dumb Questions

问： **我从来没有使用过项目章程。确实需要章程吗？**

答： 当然，绝对需要。你有没有过这种经历：做一个项目时感觉你没有足够的权力开展工作？项目章程会赋予你管理项目的权力。每个项目都应当有一个章程，写章程是所有项目要做的第一件事。

问： **等一等！我怎么可能写章程呢？要知道我的所有权力都来自章程，写章程之前还没有任命我管理这个项目呢！**

答： 没错，通常不是由你来写章程。章程一般是别人交给你的。项目经理或项目发起人都可以写这个章程，不过只能由项目发起人批准。一般很容易分辨谁是项目的发起人：发起人就是为项目出资并提出项目总体目标的人。

问： **我还是不太清楚商业论证文件的含义。它与项目章程有什么区别？**

答： 商业论证描述了你的公司想要从这个项目得到些什么，比如说你计划从这个项目赚多少钱，它会对组织的各个部分带来什么效益，以及可能从这个项目得到哪些未来的商机。

项目章程则是你的项目的一个高层描述。它会告诉你（以及需要了解这个项目的任何人）将交付什么成果，包括要建立的产品的一个高层描述。

这二者之间的一个很重要的区别在于，项目章程会授权项目经理开展项目活动，而商业论证只是帮助判断这个项目是否有意义。可以认为商业论证是为了确保这个项目确实值得一做而完成的背景研究，项目章程则正式宣布决定要做这个项目。

问： **我还是不清楚发起人是什么人。这与客户有什么区别？**

答： 发起人是为项目出资的人。客户是使用项目产品的人。有时，客户与发起人是同一个人。咨询公司中就往往如此。对于这个教师项目，发起人是Acme Travel CEO，客户是教师。不过在另一个旅行社里有可能教师本身就是发起人。这种情况在承包工程中很常见。

考试中要当心这一点。有时你会在有关发起人（sponsor）的问题中看到顾客（customer）这个词。甚至可能会看到问题中出现“客户”（client），它在《PMBOK®指南》中只出现了4次！（通常是在讨论采购时用到这个词）。看到这个词时，可以假设这个问题在问有关咨询的情况，在这种情况下，发起人、顾客（customer）或客户（client）是同一个人。

CEO和Asia Travel副总裁要为旅行社的项目团队提供资金，要开支票来支付航班、酒店、旅游团等费用，从这个意义上讲，他们要为这个项目出资。客户确实要向Acme Travel支付费用，不过他们并不支付完成项目所需特定工作的预算。

问： **等一下。我的项目发起人是我们公司的大人物。我实在无法想象他们会自己动手敲项目章程。**

答： 问得好。正是因为这个原因，项目发起人通常会把写章程的具体工作委托给项目经理。不过，在考试中，一定要记住项目章程最终是由发起人负责的。

项目的发起人负责创建项目章程。

项目的发起人为项目出资。项目经理管理项目。

BULLET POINTS: AIMING FOR THE EXAM

- 项目章程正式批准项目。如果没有章程，项目就不能开始。
- 发起人是负责为项目出资的人，同时也是所有重要项目决策的一部分。
- 制订项目章程是项目完成的第一个过程。
- 项目章程会授权项目经理开展项目活动，可以分配工作或在项目期间控制项目资源。另外还赋予项目经理使用资金和公司其他资源的权力。
- 数据收集技术（如头脑风暴）就是让所有相关方对项目目标达成共识，另外对达到这些目标所采用的方法没有分歧。
- 商业论证告诉所有人公司为什么要做这个项目。这是制订项目章程的一个输入，项目章程会告诉所有人这个项目已经真正启动，解释这个项目将交付什么成果，同时授权项目经理开始工作。
- 项目章程不包括将生产什么或如何生产的有关细节。实际上，项目章程只包含总体里程碑进度。
- 制订项目章程的另外两个输入是协议和效益管理计划。协议是你同意做的事情，不过并不是所有项目都有协议。效益管理计划告诉所有人这个项目什么时候交付效益以及如何交付。
- 事业环境因素指出你的公司如何开展业务，这可以是内部要素，也可能是外部要素。项目管理信息系统是一个重要的事业环境因素，它确定如何分配工作，并确保任务按正确的顺序完成。
- 组织过程资产指出你的公司通常如何运行项目。其中最重要的资产之一是经验教训，要在这里写出你在这个项目中学到的所有有价值的历史信息，以便以后利用。

在矩阵型组织中，你的团队不会向你报告，所以章程会赋予你权力来要求他们工作。

项目章程不用太过详细。不必为了保证完全正确而在每次项目有修改时都更新章程。

协议（Agreements）在考试中有时也称为合同（contracts）。

在Acme，CEO和Asia Travel副总裁是发起人。不过对于另一家旅行社，Frank和Joanne是项目发起人，因为他们是客户。

BANG!

Watch it!

参加PMP考试时，如果看到有关顾客（customer）或客户（client）的问题时要当心。

这个问题很有可能在问你关于咨询或采购的情况，在这种情况下，顾客（customer）或客户（client）同时也是发起人。

规划你的项目！

规划项目是你真正掌控项目的时候。你要写出一个计划，明确指出将如何处理项目中发生的每个情况。要在制订项目管理计划过程中将有关项目的所有信息组织到一个地方，使每一个人都很清楚他们完成项目工作时要得到什么结果（不论具体工作是什么）。

规划
过程组

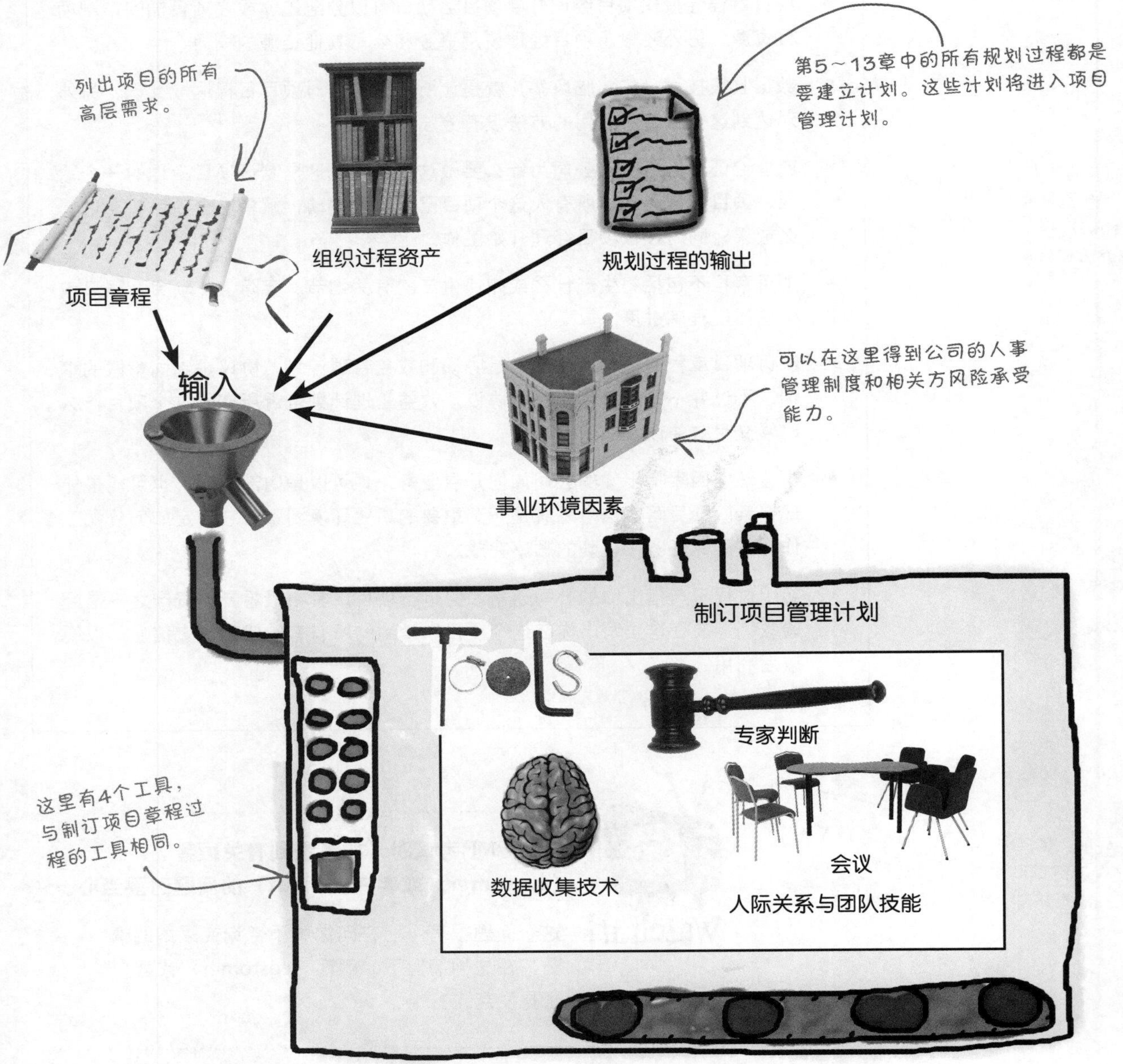

列出项目的所有高层需求。

项目章程

组织过程资产

规划过程的输出

第5～13章中的所有规划过程都是要建立计划。这些计划将进入项目管理计划。

输入

可以在这里得到公司的人事管理制度和相关方风险承受能力。

事业环境因素

制订项目管理计划

Tools

专家判断

数据收集技术

会议

人际关系与团队技能

这里有4个工具，与制订项目章程过程的工具相同。

项目管理计划让你提前规划

要在规划过程组中明确如何完成项目，在带领团队开展项目活动之前，你需要先提出一个计划。要在这里考虑项目中将要发生的所有情况，并努力规划合适的路线来完成项目，尽可能减少错误。

在这里你还要确定如何处理变更，因为每个项目都会出现大量问题，不过并不是所有这些问题都意味着需要改变路线。如果规划得当，你的项目只会做适当的变更。

输出

项目管理计划是制订项目管理计划过程的唯一输出。

项目管理计划是包含其他计划的一个集合

项目管理计划是一个文件，不过它分解为多个部分，这些部分称为子计划（subsidiary plans）。对应各个知识领域（范围管理、进度管理、成本管理、质量管理、资源管理、沟通管理、风险管理、采购管理和相关方管理)分别有一个子计划。

项目管理计划就是要对问题做出规划，并在问题真正出现时提供所需的信息来纠正这些问题。

项目管理计划实际上是一组称为“子计划”的文件，每个子计划分别对应一个知识领域以及有关该领域规划的特定方法。

沟通管理也是一个知识领域。在这个计划中，我们会得到这次旅行的一些重要数字。

项目管理计划

如果你接手一个已经开始的项目，但是它还没有项目管理计划，或者项目管理计划已经过时，那么首先要做的事情就是写一个最新的、准确的计划。

对应风险管理也有一个子计划。我们为这次教师旅行办理旅游保险时就会用到这个计划。这说明，如果行李或现金失窃，我们有相应的应对计划。

项目管理计划还有基准。基准是范围、进度或预算的一个快照，可以用来建立计划。接下来的3章中你会了解有关基准的所有内容。

项目计划不就是从Microsoft Project得到的输出吗？

这可不对。项目管理计划与项目进度不是一回事。

当你在进行进度管理时要建立项目进度，可以使用类似Microsoft Project的工具（Microsoft Project对于其他知识领域也很有用）。不过项目管理计划可以作为指南来帮助你建立这个进度。它会告诉你建立进度时使用哪些工具，以及如何处理变更。

放松一下 **轻松时刻**

不用担心要记住所有子计划。

这本书会介绍所有知识领域，所以不用担心现在就记住所有这些子计划。只要知道项目管理计划本身包含一些计划，它们分别对应到各个知识领域，这就足够了。

子计划速览

你将通过这本书学习每一个知识领域，并了解对应各个知识领域的子计划。不过，先来快速浏览一下各个子计划关注哪些内容。

项目管理计划——子计划和基准

范围管理计划描述如何处理范围变更，比如有人要求项目生成的服务或产品增加或删除一个特性时要做些什么。

需求管理计划描述如何收集、记录和管理相关方的需求，以及如何通过项目可交付成果满足这些需求。

这个计划会在范围管理中使用，下一章就会介绍范围管理。

进度管理计划展示如何处理进度变更，如更新的最后期限或里程碑。

成本管理计划指出如何制订预算，以及项目遇到资金问题时该做些什么。

质量管理计划处理产品未达到客户的标准时可能产生的问题。

可以使用**资源管理计划**来处理人员变化，识别和处理特定项目中可能有的所有额外人员需求和制约因素。

沟通管理计划列出与项目团队、相关方、发起人和项目相关重要联系人的所有沟通方式。

风险管理计划会详细列出可能发生的所有不好的情况，并提出一个计划，在风险确实出现时能妥善处理。

采购管理计划强调如何应对公司之外的供应商。

相关方管理计划的重点是管理受项目影响的所有相关方的期望。

项目管理计划中有三个**基准**。**范围基准**是范围的快照，帮助你跟踪所做工作变更和计划交付的成果。**进度基准**与范围基准类似，不过对应的是项目进度，而**成本基准**针对的是预算。

项目管理计划是整合管理的核心。这是运营项目的主要工具。

Exercise

以下是项目团队成员执行项目时发现的一堆问题。写出你希望从哪个子计划寻求帮助。如果你不确定，可以再读读上一页关于各个子计划的简要描述，尽量猜猜看。

1. 教师们想去巴厘岛，不过Acme Travel没有预订去那里的航班，所以你需要把一段航程分包给另一个旅行社。

   ____

2. 看过网上的评论后，教师们想住更好的酒店。他们告诉你为此愿意增加15%的预算。

   ____

3. 你正要给教师们寄去机票时，注意到机票打印有误。

   ____

4. 教师们可能遭遇坏天气，你必须清楚发生这种情况时可以采取什么应对措施。

   ____

5. 教师们担心他们离开后无法与你联系。

   ____

6. 其中一位教师发现他需要提前回来，你希望确保预算能反映出他减少的花费。

   ____

7. 你发现需要比预期提前拿到机票，因为教师们的合同要求所有旅程都必须预先经过学区主管的批准。

   ____

答案见163页。

there are no Dumb Questions

问： **如果想预计到每一个可能出现的问题并写在项目管理计划中，我要做到什么程度？**

答： 要考虑到项目中哪些方面可能会有变化，这很重要，这样你就能对预料之外的情况做出计划。有时一个意外的变更可能会破坏整个项目，而提前规划可以减少这种情况。规划可以帮助你第一时间避免问题的发生，对所有人来说，这比事到临头再做出反应要强得多。所以尽可能考虑到每一种情况，“磨刀不误砍柴工”，你在规划上额外花费的时间可能正是保证项目成功的关键。

问： **项目管理计划完全由项目经理自己建立吗？**

答： 不是的，这应该由项目经理与相关方共同努力来完成。项目团队中的每一个人以及所有相关方都需要认可这个计划。

问： **要是有些问题我没有想到呢？在项目真正开始之前我并不确定会有哪些问题。有时候存在着不确定性，这么说来，我们的计划要建立在假设基础上……是吗？**

答： 你永远也不可能考虑到每一件事。要保证你的计划是灵活的，应该在计划里增加一个未定事项（Open Issues）部分。要在这一部分里写出所有未定事项或问题，并在问题确实出现时妥善应对。不过，启动项目之前一定要保证所有项目需求是完整的，“未定事项”部分中不应出现任何需求。

问： **我还是不太清楚事业环境因素是什么。**

答： 你的公司的事业环境因素是关于公司政策、流程、部门和人员的所有信息。你要知道你的公司如何开展业务来管理项目。例如，如果你在管理一个将由公司不同部门使用的项目，就要了解公司里的不同部门。另外要记住，事业环境因素还可以是外部要素，如法规。关键是你无法控制这些外部要素，但是要考虑到这些因素。

BULLET POINTS: AIMING FOR THE EXAM

- 要记住项目管理计划是正式的，这意味着要把它写下来并分发给你的团队。项目章程也是如此。
- 考试时你可能会看到这样的题目：问你在遇到一个变更时该做些什么。处理变更时，总是先从查阅项目管理计划开始。
- 项目管理信息系统是公司事业环境因素的一部分，通常也是所有变更控制系统的一部分。它定义了如何向人们分配工作。
- 项目管理计划包括一些基准：这是范围、进度和预算的快照，可以用来跟踪它们的变更。

问题诊所："事实信息"问题

准备考试时，可以先了解有哪些不同类型的题目，然后试着自己出题，这是一种很好的做法。我们会给出一些问题诊所，每一个问题诊所会介绍一种不同的题型，还会让你自己练习出题。

先暂停这一章的学习，来看看这个问题诊所。这一部分会让你的大脑稍事休息，换个角度考虑问题。

考试中很多问题很直接，不过这些问题的答案可能让你有些举棋不定。下面来看这样一个问题：

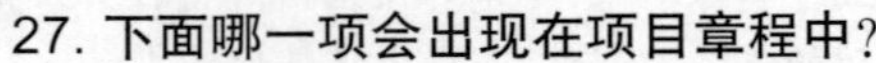

27. 下面哪一项会出现在项目章程中？

A. 商业论证文件

有些答案显然是错误的。商业论证文件是制订项目章程过程的一个输入。

B. 专家判断

有些答案会有一点误导！这是制订项目章程过程的一部分，不过这属于工具和技术，并不会出现在项目章程当中。

C. 项目经理职权

这是正确答案！项目经理的职权要包括在项目章程里。

D. 项目管理信息系统

你还没见过这一项，这是事业环境因素的一部分，它是制订项目章程过程的一个输入，而不包含在章程当中。

看到一个"事实信息"问题时，一定要非常仔细地读题！否则，很容易选择一个看似正确的错误答案。

HEAD 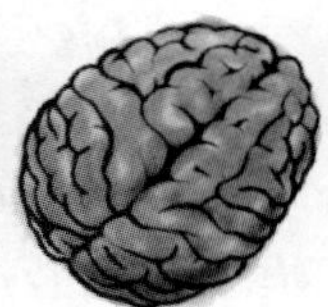 LIBS

填空，提出一个你自己的“事实信息”问题。

你在管理一个 ______________ 项目，要使用
(一个行业)

______________ 和 ______________
(一个输入)　(一个输入)

来创建一个 ______________ 。你在完成什么过程？
(一个输出)

A. ______________
(错误的过程名)

B. ______________
(正确的过程名)

C. ______________
(一个看上去像是真实过程的虚构过程)

D. ______________
(正确过程中的一个工具和技术名)

女士们，
先生们，
现在请再回到第4章。

指导与管理项目工作过程

执行
过程组

一旦有了项目管理计划，你的项目就可以开始了。随着项目的展开，你的任务就是指导与管理项目中每一步的各项活动。这些正是指导与管理项目工作过程中要做的事情：要遵循之前提出的计划，并处理出现的问题。

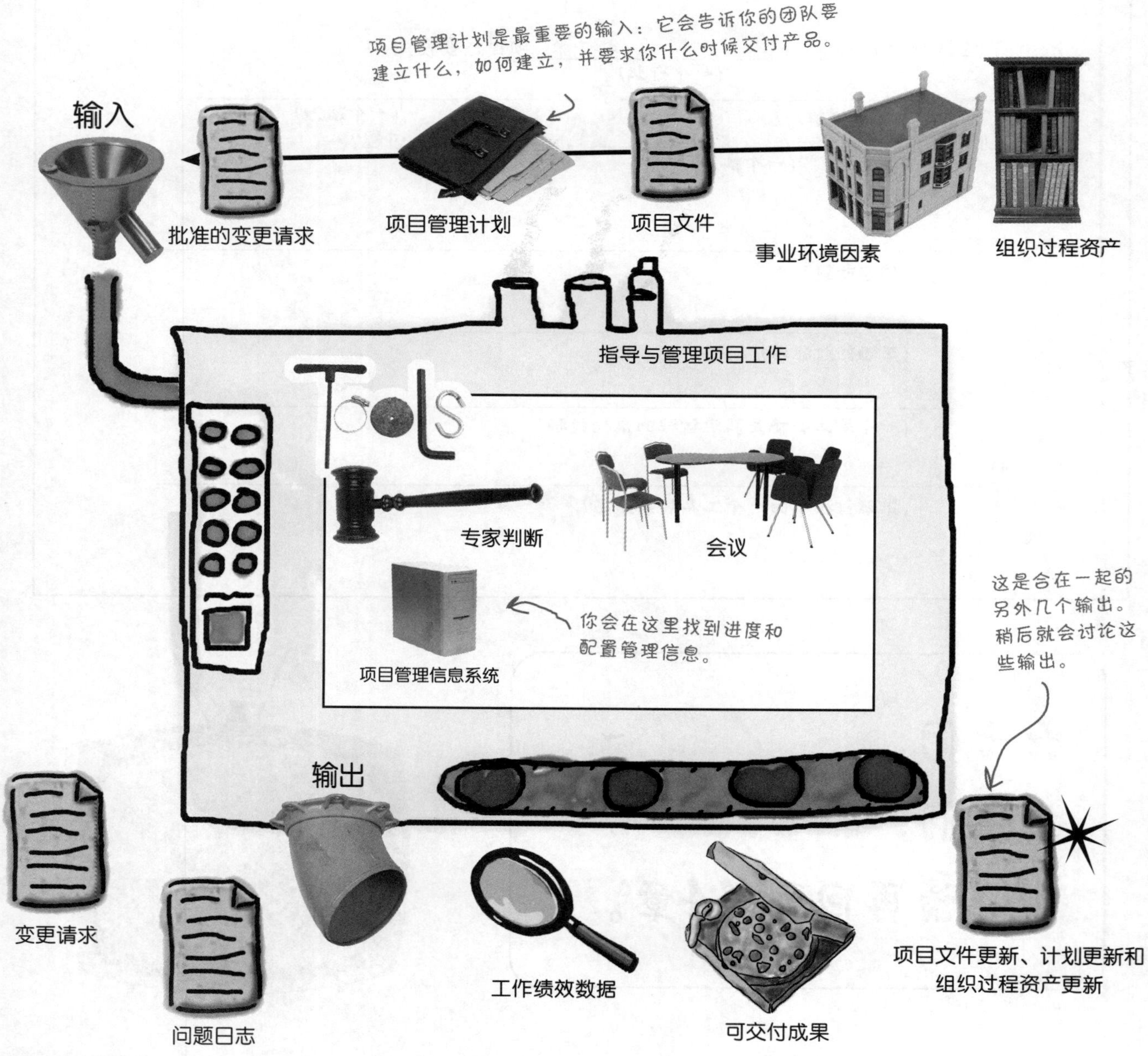

项目管理计划是最重要的输入：它会告诉你的团队要建立什么，如何建立，并要求你什么时候交付产品。
输入
批准的变更请求
项目管理计划
项目文件
事业环境因素
组织过程资产
指导与管理项目工作
Tools
专家判断
会议
项目管理信息系统
你会在这里找到进度和配置管理信息。
这是合在一起的另外几个输出。稍后就会讨论这些输出。
输出
变更请求
问题日志
工作绩效数据
可交付成果
项目文件更新、计划更新和组织过程资产更新

项目团队创建可交付成果

你在这个教师项目中做的工作会创建很多成果：航班预订、酒店预订、发票、缺陷报告和客户意见（以及其他）。这些都是你的可交付成果，它们也是指导与管理项目工作过程的输出之一。

另一个输出是工作绩效数据，也就是Acme项目进展报告。这些报告记录了客户对这个项目有多少负面和正面的意见建议，以及项目在满足成本估算方面的表现。实际上，项目经理要确定一种方法，使用指导和管理工作过程中各个知识领域生成的工作绩效数据来了解这些过程的完成情况。

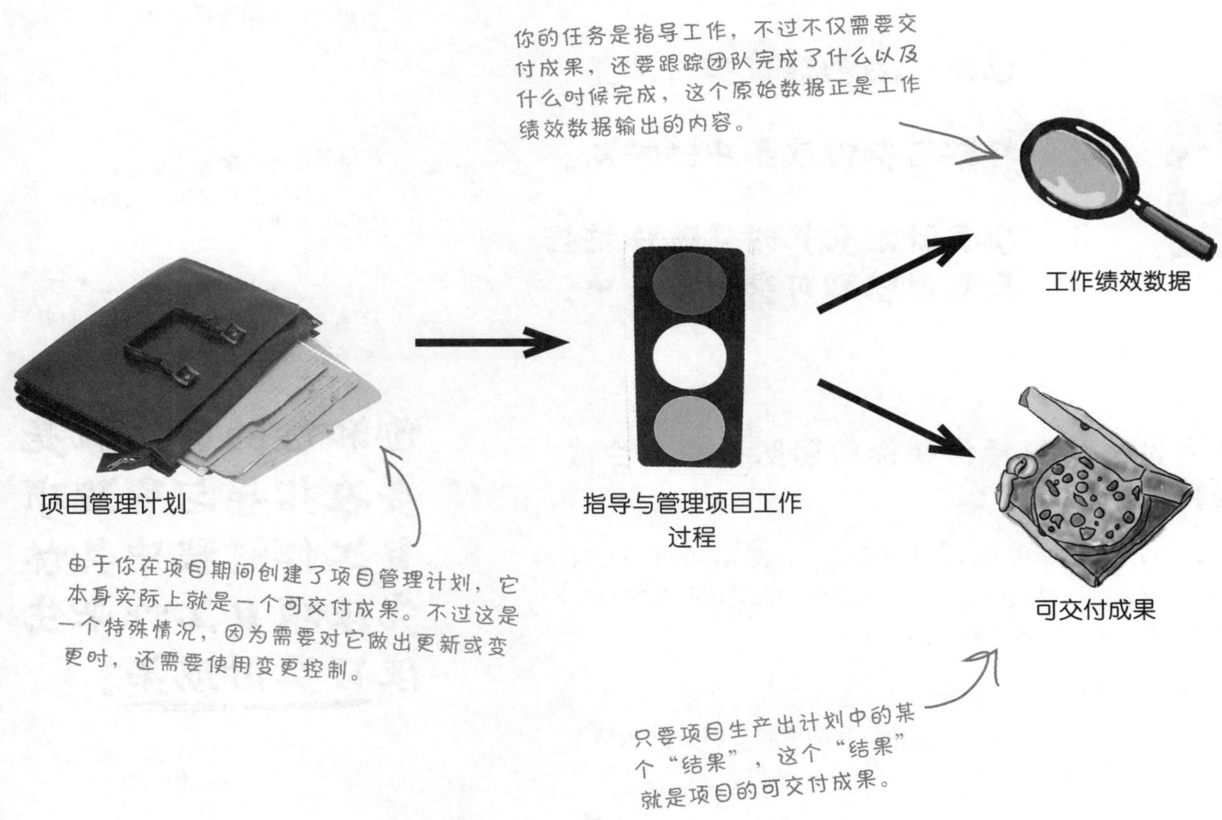

你的任务是指导工作，不过不仅需要交付成果，还要跟踪团队完成了什么以及什么时候完成，这个原始数据正是工作绩效数据输出的内容。
工作绩效数据
项目管理计划
指导与管理项目工作过程
可交付成果
由于你在项目期间创建了项目管理计划，它本身实际上就是一个可交付成果。不过这是一个特殊情况，因为需要对它做出更新或变更时，还需要使用变更控制。
只要项目生产出计划中的某个“结果”，这个“结果”就是项目的可交付成果。

通过测量各个知识领域相应过程的完成情况来创建工作绩效数据。

执行项目包括补救缺陷

指导与管理项目工作过程有大量输入和输出—不过其中大多数都与实现更正、补救和纠正措施有关。如果已经批准一个缺陷补救，就要在这里完成补救。一旦补救了一个缺陷，其结果就是一个已实现的缺陷补救。变更和纠正措施也是如此；一旦被批准，它们就变成这个过程的输入，然后实现并成为过程的输出。

只要需要纠正一个错误，或者要对一个可交付成果做出补救，就是在修正缺陷。

指导与管理项目工作过程的3个部分包括：

可交付成果是完成项目活动过程中产生的所有结果。

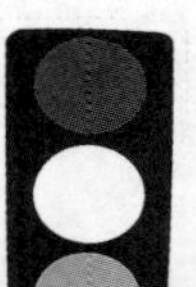

1. **使用计划创建可交付成果。**
2. **补救可交付成果中的缺陷。**
3. **项目计划变更时，确保这些变更反映到可交付成果中。**

质量管理计划的重点就是随着项目的进行发现缺陷，从而尽快地加以补救。

这与修正缺陷有所不同。缺陷意味着计划是正确的，但可交付成果有问题。

可交付成果包括你和你的团队为项目生成的所有结果。

“可交付成果”这个词的含义不言而喻。它表示你的项目交付的所有成果。项目的可交付成果包括你和你的团队为客户、顾客或发起人生成的所有产品或服务。

不过可交付成果还不仅如此，它还包括每一个文件、计划、进度、预算、蓝图以及项目过程中得到的所有一切…… 包括你汇总的所有项目管理文件。

你和你的团队就是要在指导与管理项目工作过程中具体完成项目工作来生成可交付成果。

可交付成果可以在公司内部使用，也可以是交付给客户的产品。

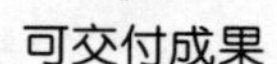

可交付成果

Sharpen your pencil

以下是一些典型项目生成的结果。其中一些是可交付成果，另外一些是项目进展报告生成的工作绩效数据。这里还有一组变更，其中一些会影响项目管理计划，有些则影响项目的可交付成果。你要确定它们分别是什么。

1. 软件项目团队建立软件。

☐ 可交付成果　　☐ 工作绩效数据

2. 建筑工人安装大门。

☐ 可交付成果　　☐ 工作绩效数据

3. 婚纱摄影师把照片小样发送给客户。

☐ 可交付成果　　☐ 工作绩效数据

4. 电缆维修技术人员平均每个作业花费4个小时。

☐ 可交付成果　　☐ 工作绩效数据

5. 建筑工人3月份加班46小时。

☐ 可交付成果　　☐ 工作绩效数据

6. 建筑工人按计划要求建造6幢房子。

☐ 可交付成果　　☐ 工作绩效数据

有时有些东西看上去像是可交付成果中的缺陷，但实际上是对计划做出的变更。

7. 软件测试团队发现软件中的bug。

☐ 可交付成果中的缺陷　　☐ 项目管理计划变更

8. 新娘要求婚纱摄影师做修改时不要再请求她妈妈的许可。

☐ 可交付成果中的缺陷　　☐ 项目管理计划变更

9.建筑工人盖房子时使用的木料不对。

☐ 可交付成果中的缺陷　　☐ 项目管理计划变更

10. 摄影师冲洗出的照片不清楚。

☐ 可交付成果中的缺陷　　☐ 项目管理计划变更

答案见164页。

管理项目知识过程

在整个项目过程中，你的团队一直在解决问题和学习。管理项目知识过程就是使用公司在以往项目中遇到过的知识，并在团队遇到新情况时生成新的知识。

执行
过程组

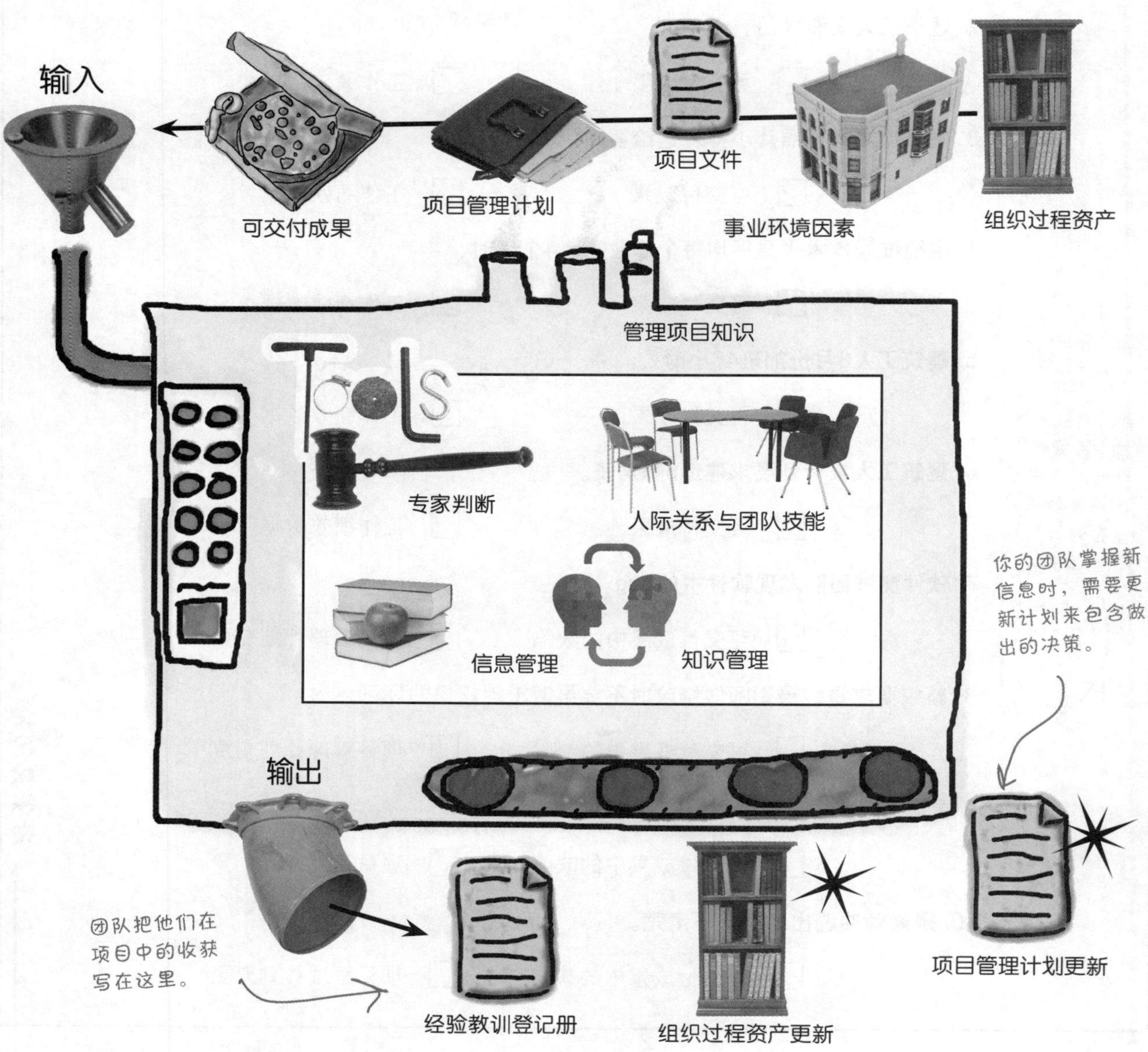

输入
可交付成果
项目管理计划
项目文件
事业环境因素
组织过程资产
管理项目知识
Tools
专家判断
人际关系与团队技能
信息管理
知识管理
你的团队掌握新信息时，需要更新计划来包含做出的决策。
输出
团队把他们在项目中的收获写在这里。
经验教训登记册
组织过程资产更新
项目管理计划更新

知识是所有项目的命脉

你更愿意让谁来管理你的项目：是一个只有几个月项目管理经验的新手，还是有十多年丰富经验的资深专家？他们之间最根本的区别就是知识的多少：有经验的项目经理在他的职业生涯中已经积累了大量经验教训，他知道如何在日常工作中应用这些经验教训，使他的项目能平稳运行。不过，并不仅限于项目经理拥有重要的知识，知识应该在整个团队、整个组织中传播，甚至要向组织之外的人传播。有些知识是显性的，书面地记录在文档、文件、数据等中，但还有大量知识是隐性的，它们存在于人们的头脑中，或者融入公司的文化当中。对于组织来说，掌握这些知识可能是一个很大的挑战。

这里就引入了知识管理。你的团队每天一起工作，他们不断对项目中出现的问题重新形成新的认识。知识管理就是为他们创造机会，使他们相互分享学到的知识，并共同考虑新的解决方案。团队会使用诸如实践社区、留言板、邮件发布列表、研讨会、结对编程和工作跟随以及团队会议等方法帮助所有人步调一致。

不过，团队对项目有共同的认识还不够，他们还要与组织中的其他人分享这种认识。一旦团队发现他们的项目信息可能对组织中的其他人有帮助，就要把这些信息写下来并与大家分享。**信息管理**就是要创建信息库，这样不论项目内还是项目外的人员，只要遇到类似的问题，都能使用这个信息库。团队描述在项目中学到的知识时，生成的主要文件是**经验教训登记册**。

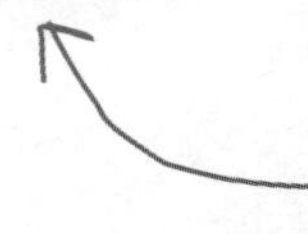

有经验的项目经理会使用他的知识来更好地管理项目，同样的，团队会使用经验教训。

这一章后面会更深入地介绍经验教训。

BANG!
Watch it!

知识管理不"只是"信息管理。

人们有时会交替地使用"知识"（knowledge）和"信息"（information）这两个词，不过它们并不是同一回事。可以这样考虑：你要处理数据，将它转变为信息，但是只有当你分析这个信息时，它才会变成知识。知识管理不只是信息管理，也不只是使用IT（信息技术）系统来捕获、存储和组织信息，它还包括建立一种协作和知识共享的文化。

最后总是会出问题……

尽管你已经完成了目前为止看到的所有过程，但项目还是有可能出问题。实际上，教师们已经在抱怨他们遇到的种种问题。

真糟糕…… 他们把Frank的行李丢了，我的钱包也被偷了！

我找不到我的护照。我该怎么办？

……不过如果你注意这些问题，就能妥善应对！

你最好一直监督项目，否则，可能无法及时发现他们的问题来提供帮助。
你的电话来得正是时候！我们刚好遇到一些严重的问题。你能帮助我们，对不对？

有时需要变更计划

花一点时间再翻回到117页。注意到了吗？执行和监控过程组之间有一个循环。这是因为，你的团队在执行计划并生成可交付成果时，你需要一直注意所有潜在的问题。这正是监控项目工作过程要做的。发现一个问题时，不能只是直接执行变更…… 毕竟，如果这个变更成本太高或者花费时间太长怎么办？你要查看它对项目制约因素有什么影响，包括时间制约因素、成本制约因素、范围制约因素、资源制约因素、风险制约因素以及质量制约因素，并确定这个变更是否值得。这就是实施整体变更控制过程中要做的工作。

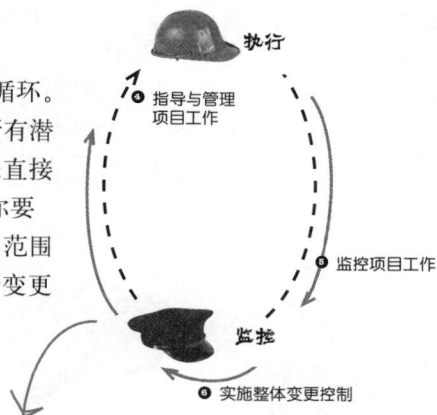

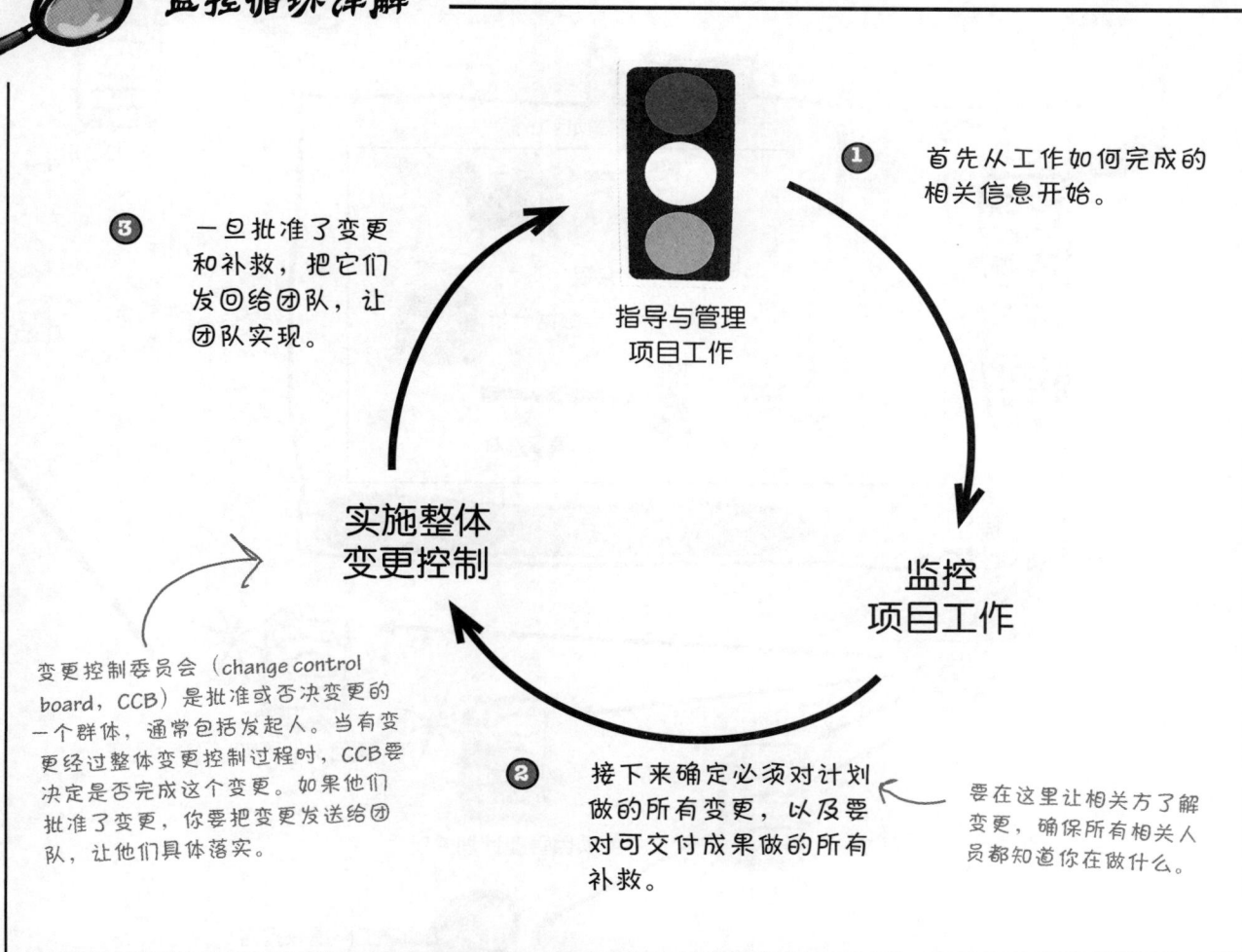

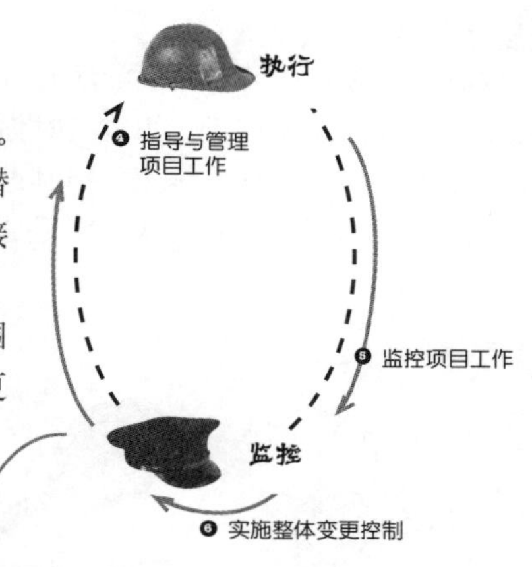
执行
④ 指导与管理项目工作
⑤ 监控项目工作
监控
⑥ 实施整体变更控制

监控循环详解

指导与管理项目工作

监控项目工作

实施整体变更控制

❶ 首先从工作如何完成的相关信息开始。

❷ 接下来确定必须对计划做的所有变更，以及要对可交付成果做的所有补救。

要在这里让相关方了解变更，确保所有相关人员都知道你在做什么。

❸ 一旦批准了变更和补救，把它们发回给团队，让团队实现。

变更控制委员会（change control board，CCB）是批准或否决变更的一个群体，通常包括发起人。当有变更经过整体变更控制过程时，CCB要决定是否完成这个变更。如果他们批准了变更，你要把变更发送给团队，让他们具体落实。

查找和处理变更

要妥善处理项目中可能发生的所有变更，这正是监控项目工作过程要做的事情。通常工作都能正常进行。不过有时你可能发现需要对某个方面做出变更，这种情况下就要使用实施整体变更控制过程，查看变更可能对项目带来的影响，确定与这些影响相比，完成这个变更是否值得。

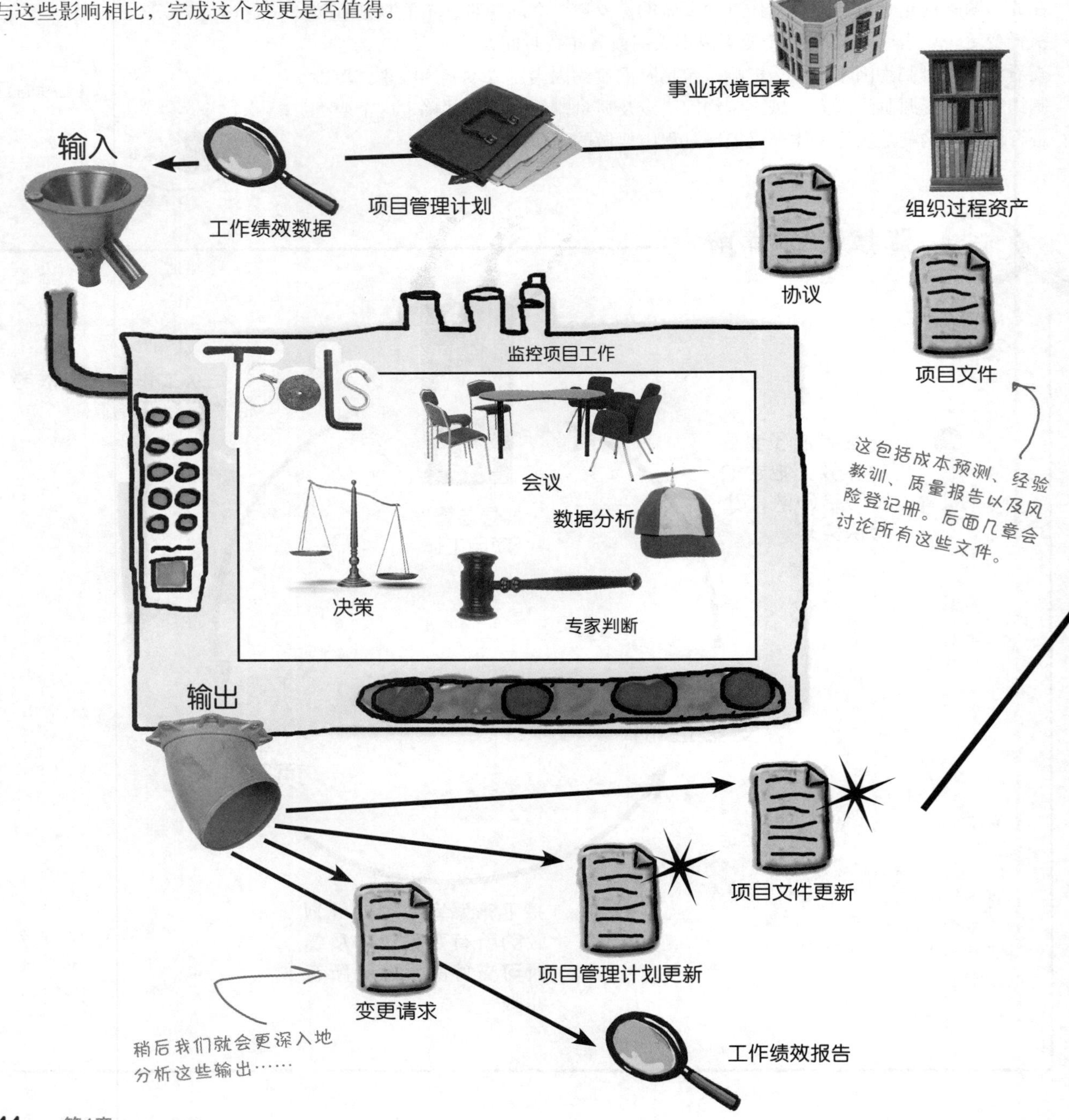
监控过程组
事业环境因素
输入
工作绩效数据
项目管理计划
组织过程资产
协议
项目文件
监控项目工作
Tools
会议
数据分析
决策
专家判断
这包括成本预测、经验教训、质量报告以及风险登记册。后面几章会讨论所有这些文件。
输出
项目文件更新
项目管理计划更新
变更请求
工作绩效报告
稍后我们就会更深入地分析这些输出……

只完成对项目有好处的变更

监控项目工作过程中要查找可能希望做哪些变更。实施整体变更控制过程中要决定是否做这些变更。不过，并不是由你具体做这个决策，实施整体变更控制的很大一部分就是要让你的变更得到变更控制委员会（Change Control Board）的批准。

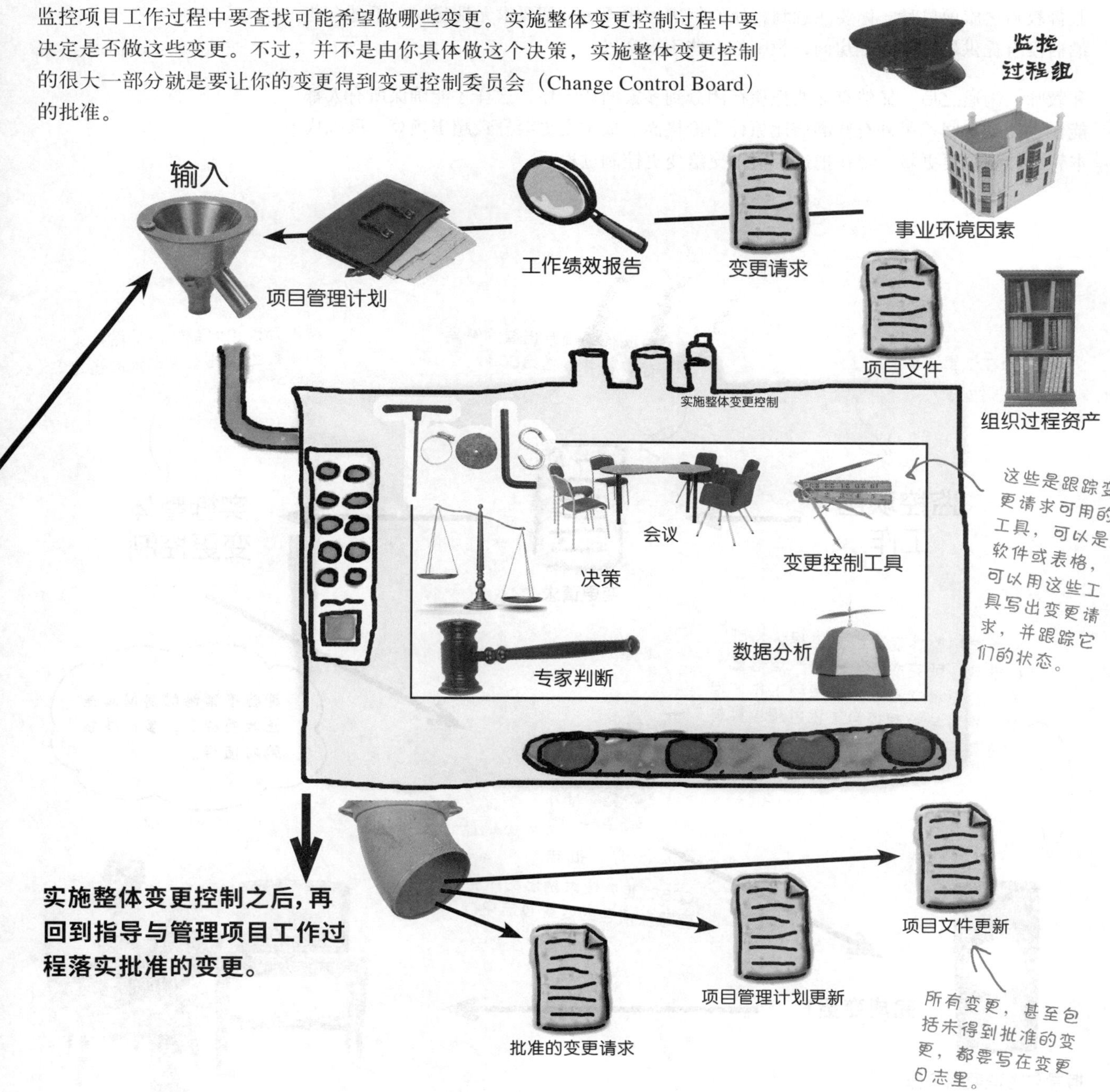
监控
过程组
输入
项目管理计划
工作绩效报告
变更请求
事业环境因素
项目文件
组织过程资产
实施整体变更控制
Tools
会议
决策
变更控制工具
专家判断
数据分析
这些是跟踪变更请求可用的工具，可以是软件或表格，可以用这些工具写出变更请求，并跟踪它们的状态。
实施整体变更控制之后，再回到指导与管理项目工作过程落实批准的变更。
批准的变更请求
项目管理计划更新
项目文件更新
所有变更，甚至包括未得到批准的变更，都要写在变更日志里。

过程之间如何交互

监督教师之旅项目时，你要注意到，他们每次入住酒店时都要求无烟房间。不过有些酒店没有提供足够的无烟房间，教师们有些不太高兴。

和教师们沟通之后，显然有必要把旅行团分到多家酒店入住，这样才能确保所有人都能住进无烟房间，另外有些酒店比原计划价格高。成本变更会导致超出预算，所以成本管理计划需要更新。现在把这个请求交给变更控制过程。

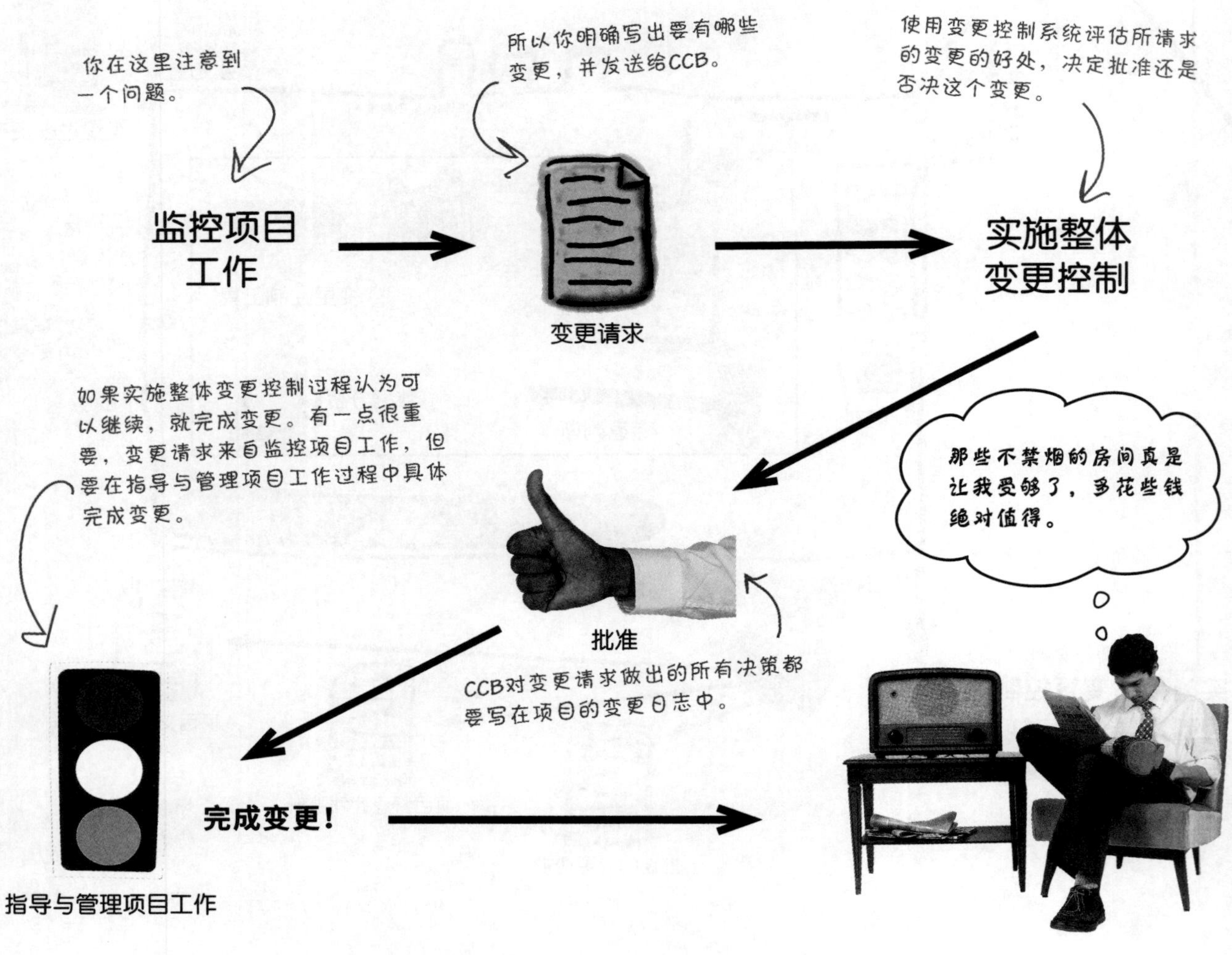
你在这里注意到一个问题。
所以你明确写出要有哪些变更，并发送给CCB。
使用变更控制系统评估所请求的变更的好处，决定批准还是否决这个变更。
监控项目工作
变更请求
实施整体变更控制
如果实施整体变更控制过程认为可以继续，就完成变更。有一点很重要，变更请求来自监控项目工作，但要在指导与管理项目工作过程中具体完成变更。
那些不禁烟的房间真是让我受够了，多花些钱绝对值得。
批准
CCB对变更请求做出的所有决策都要写在项目的变更日志中。
完成变更！
指导与管理项目工作

变更、缺陷和纠正

你已经看到了项目过程中会有变更。教师要求升级酒店时，你要通过Acme的实施整体变更控制过程处理这个请求，变更控制委员会批准这项变更时，你再要求旅行代理相应地为旅行团预订酒店。

不过，有些时候情况与你原先预想的有出入。质量部门告诉你，为教师预订的飞往罗马的航班有问题，他们的座位不在同一排，你很快修正了这个预订问题。不过由于你本来就计划让教师们坐在一起的，所以这不是一个变更，而是一个缺陷。

在这个过程中，你意识到团队没有仔细阅读你的文件，由于这个原因，他们没能处理好航班预订。为了修正团队的工作方法，你需要采取纠正措施。这种时候就需要改变项目的工作方式。明白了吗？

团队补救可交付成果的缺陷时，<u>仍然</u>需要经过变更控制。

通过变更控制会议决定变更

Tools

有时你做出的变更会对其他团队和项目有直接的影响，所以在真正做变更之前，最好先确保所有会受到影响的人都知道将有这个变更，而且认为这个变更是值得的。你并不总能知道变更可能带来的所有结果，所以在具体完成变更之前，最好先得到公司关键人物的认可。这正是变更控制会议要做的事情！

通常，变更控制会议要定期召开，将代表公司受影响的各个领域的人员集中在一起审查所提出的变更，并决定是否实施变更。变更控制委员会绝不能只由你的团队中的人员组成。变更控制会议就是要把有不同观点的人召集在一起讨论变更的利与弊，之后再决定批准还是否决。

作为项目经理，你的任务是了解所请求的变更对项目产生的影响，并向变更控制委员会明确它们的优先次序。一旦做到了这一点，变更控制委员会就能对是否批准变更做出有根据的决策。

控制你的变更：使用变更控制

街对面有一家漂亮的酒店，我们想换那家酒店。可以把预算增加15%，帮我们订那家酒店吧。

项目管理计划

你的项目管理计划要详细说明如何处理项目中发生的变更。

每次需要对计划做变更时，都需要先从一个变更请求开始。要由你（或者完成变更的人）创建这样一个文件。对项目做的所有变更都要记录下来，从而能确定需要做哪些事情。一旦有了变更请求，这会启动项目的一组变更控制程序。

这说明你需要明确地写出要做哪些变更，并填入一个变更请求。这是一个表格，你要填写这个表格来发出一个变更，交给变更控制过程。

这里的关键是程序（PROCEDURE），变更控制是要考虑你的公司如何处理变更。可以使用计算机系统监督和记录变更，不过这只是变更控制系统的一部分。

变更控制是指如何处理对项目管理计划的变更。

变更控制系统是一组程序，使你能以一种有组织的方式完成这些变更。

下面是Acme的变更控制系统，尽管这特定于这个公司，不过其中包含了一般变更控制系统中通常都有的全部步骤。

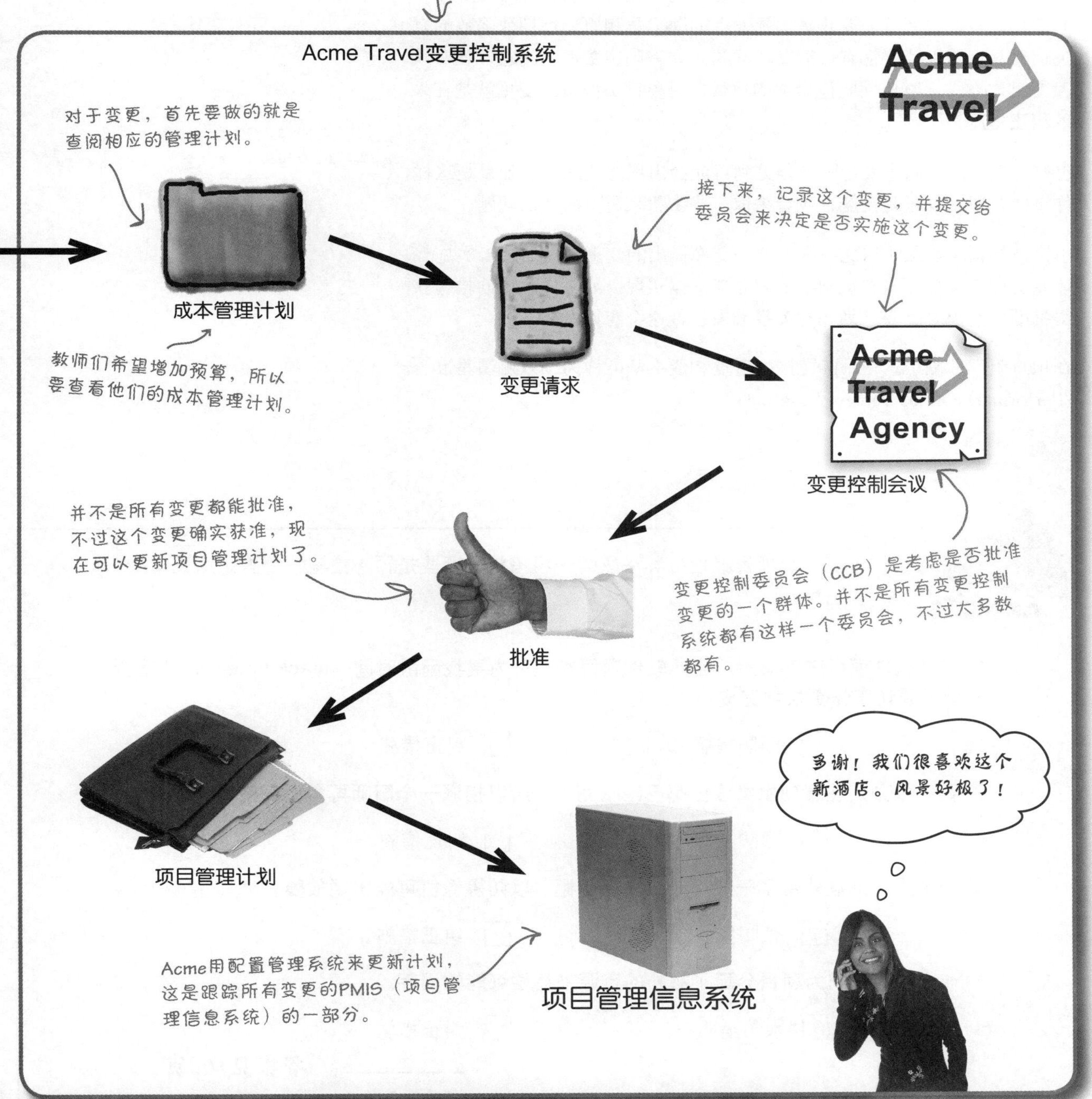
Acme Travel变更控制系统
Acme Travel
对于变更，首先要做的就是查阅相应的管理计划。
成本管理计划
教师们希望增加预算，所以要查看他们的成本管理计划。
变更请求
接下来，记录这个变更，并提交给委员会来决定是否实施这个变更。
Acme Travel Agency
变更控制会议
变更控制委员会（CCB）是考虑是否批准变更的一个群体。并不是所有变更控制系统都有这样一个委员会，不过大多数都有。
并不是所有变更都能批准，不过这个变更确实获准，现在可以更新项目管理计划了。
批准
项目管理计划
多谢！我们很喜欢这个新酒店。风景好极了！
Acme用配置管理系统来更新计划，这是跟踪所有变更的PMIS（项目管理信息系统）的一部分。
项目管理信息系统

预防还是纠正问题

监督项目时，可能要检查完成预定工作花费的实际时间，并与原计划时间进行比较，或者可能要收集实际发现的缺陷数和原先预期缺陷数的有关信息。这两种情况都有可能发现问题。如果确实发现了问题，就必须改变工作方式，避免因此拖累你的项目。对项目工作做出变更就是在采取**纠正措施**。

也有可能在问题尚未发生时就预见到可能会出现这些问题。如果是这样，你可能希望采取**预防措施**，或者采取一些步骤来避免潜在的问题。

人们在问题真正发生前预计到项目中可能存在问题，这称为预测（forecast）。预测也可能是做出变更的很好的理由！

不论是纠正还是预防措施，都需要提交你提出的变更，然后进入实施整体变更控制过程，只有得到批准时才能具体实现。如果你建议的措施获得批准，就需要改变计划和有关**基准**来包含这个变更。

在项目管理计划中，记录的范围、进度和成本基准称为**绩效测量基准**（Performance Measurement Baseline）。

在后面几章中还会学习有关绩效测量基准的更多内容。

Exercise

以下是一个项目经理推荐采取的一组措施。哪些是预防措施？哪些是纠正措施？

1. 一个软件项目进度滞后，因此软件项目经理努力寻找闲散时间（slack time），并重新分配资源让工作更快地完成。

   ☐ 预防措施　　☐ 纠正措施

2. 宴会承办人注意到生菜沙拉都已经吃完了，所以指派一个厨师再多做一些。

   ☐ 预防措施　　☐ 纠正措施

3. 一个摄影师额外带了一架摄像机去摄影棚，以防摄像机可能出现故障。

   ☐ 预防措施　　☐ 纠正措施

4. 一个顾问公司为项目分配了额外的资源来补偿可能的损耗。

   ☐ 预防措施　　☐ 纠正措施

答案见162页。

there are no Dumb Questions

问：有时候我的团队成员来找我，告诉我项目以后可能会有问题。我该怎么做呢？

答： 对于有些项目经理，似乎很自然的就是把这些“负面看问题的家伙”打发走，他们总是担心将来会出问题。不过更好的做法是与他们一起找问题，这是让相关方满意的一种最好的方法。如果有人估计或预计将来某种情况可能会有麻烦，这称为一个预测(forecast)，这是很有价值的信息。这个预测要随工作绩效数据一起分发，并想办法避免这个问题，这就是预防措施所要做的。

作为项目经理，很大一部分任务就是要明确如何避免变更。这看起来可能有些怪异——如何在实现项目之前避免变更呢？一种办法就是尽可能地做好规划，因为大量变更都是因为缺乏规划导致的。不过这也意味着整个项目过程中都要与相关方交流，并留心潜在的问题。参加PMP考试时，如果你看到“导致变更的影响因素”，指的就是这个方面。

问：谁来批准变更？

答： 通常会有一个变更控制委员会(CCB)来批准变更。组成CCB的这群人中，包括相关方和发起人，他们要审查一个变更可能的效益，并确定相对于成本而言这是否值得。如果确实有CCB，你的变更控制系统会涉及一个CCB的程序。不过并不是每一个公司都有CCB，而且《PMBOK®指南》中也没有要求必须有这样一个CCB。

问：如果项目外部存在一个问题，我不确定这会不会影响到我，我该怎么做呢？

答： 监督项目工作时，还要考虑它潜在的影响。一定要留心潜在的问题，这非常重要。如果你不确定某个方面是否会影响到你的项目，作为项目经理，你就要负责让相关方注意到这一点。如果你能自己做一个变更，而且不会影响项目制约因素（范围、成本、时间、质量、风险或资源），那么作为项目经理你完全有权力这么做。

问：一旦变更得到批准，我该怎么做？

答： 你要改变项目管理计划来包含这个变更。这可能意味着你要用新的项目管理计划创建一个新的基准。例如，假设你忘记把一个相关方加入到变更控制委员会，以至于现在项目计划里包含完成变更的错误过程。你要修正这个问题，而且需要通过变更控制来处理。

每次变更控制委员会审查一个变更时，要把它记录在你的变更日志里。所以，不论这个变更得到批准还是被否决，变更请求以及CCB关于这个变更请求做出的决策都要记录下来。

问：那些不影响项目制约因素的变更呢？

答： 估算一个变更的影响时，如果发现它对项目制约因素不会有任何影响，那么你可以直接完成变更而不必通过变更控制。有时你可能需要改变资源，或者需要调整任务，而且完成这些变更并不影响基准或最终产品。对于这些情况，变更控制只会浪费时间和资源，而不会对项目有任何帮助。

问：再问一次，绩效基准是什么？怎么处理？

答： 绩效基准是项目范围、进度和成本的一个快照。规划项目中有要完成的工作时，你需要写出需要完成的所有活动，并把这些认识保存为范围基准。同样地保存有关项目进度和成本的认识，作为进度基准和成本基准。这样就总能将实际绩效与计划进行比较。

每次批准一个变更时，就意味着计划已经改变。所以必须更新基准来包含新的工作（或者成本或进度）。

如果有些变更不影响成本、进度或范围，你完全有权力直接对项目完成这些变更。

完成工作，结束项目

结束项目
或阶段

你拿到报酬之前不能结束项目！大多数项目都从合同开始，项目完成时你要确保满足所有合同条款。这个项目启动时，Acme与中西部教师协会签订了一个合同，现在来确保合同的所有内容都已经满足。这是结束项目或阶段过程要做的一部分工作。不过这个过程中还有一个更重要的部分，就是要建立经验教训，并把这些经验教训增加到公司的组织过程资产（Organizational Process Assets）中。这样一来，你和其他项目经理将来就可以学习这个历史信息。结束项目或阶段过程的输入包括项目管理计划、组织过程资产以及验收的可交付成果。这里仍然使用这一章中反复出现的那些熟悉的工具和技术。

结束项目或阶段过程最重要的输出是你交付给客户的最终产品！

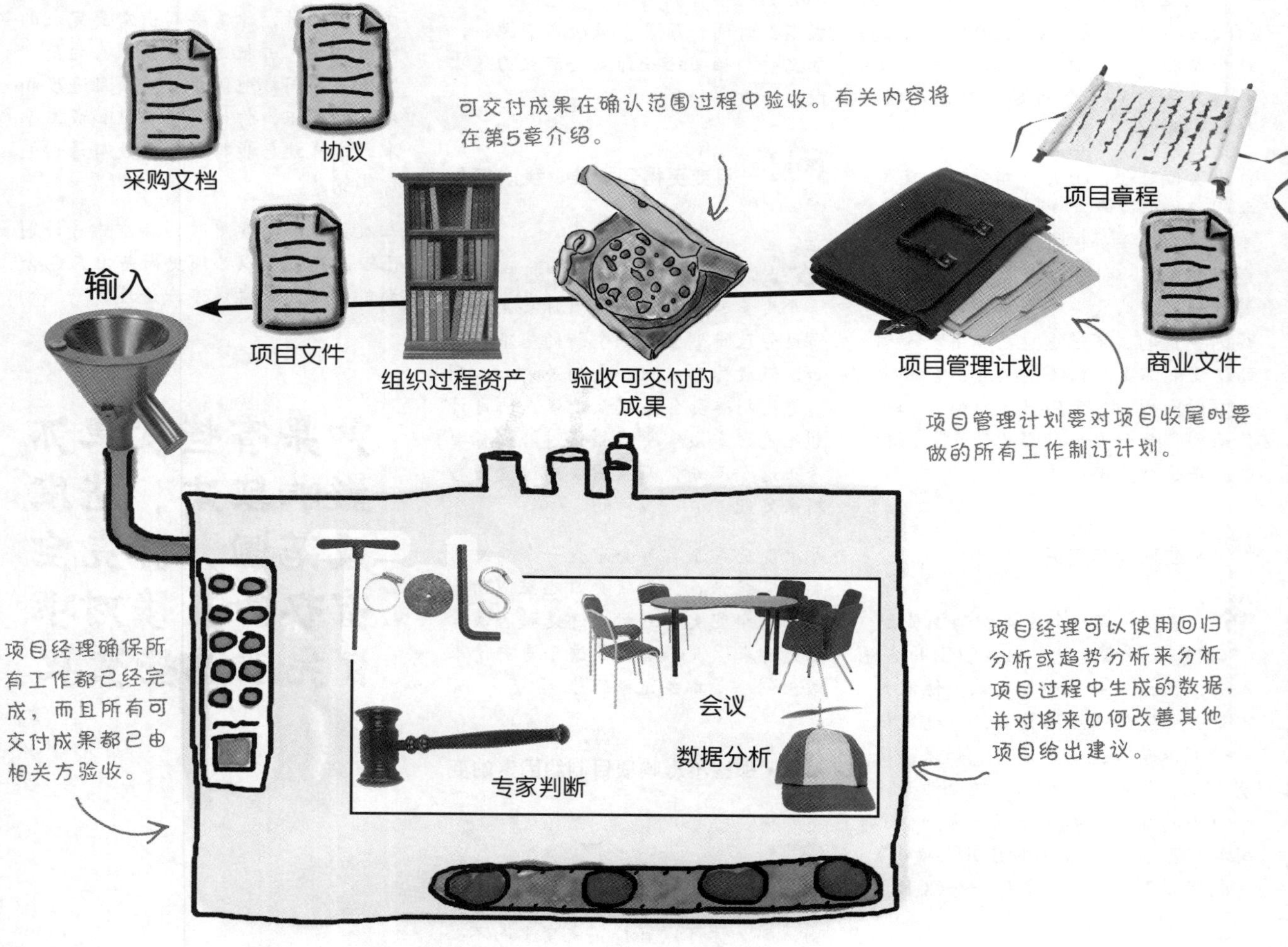

采购文档

协议

可交付成果在确认范围过程中验收。有关内容将在第5章介绍。

项目章程

输入

项目文件

组织过程资产

验收可交付的成果

项目管理计划

商业文件

项目管理计划要对项目收尾时要做的所有工作制订计划。

Tools

会议

数据分析

专家判断

项目经理确保所有工作都已经完成，而且所有可交付成果都已由相关方验收。

项目经理可以使用回归分析或趋势分析来分析项目过程中生成的数据，并对将来如何改善其他项目给出建议。

收尾
过程组

你不必回家，不过不能待在这里

教师们结束了他们的全部旅程。现在正在去巴黎的路上，这是旅行路线中的最后一站。他们玩得很愉快，现在这个项目要结束了。

每个项目都要有终点，这正是结束项目或阶段过程要做的。你希望Acme的其他代理人能够从你的发现中学到一些新知识。还记得你被无烟房间需求搞得焦头烂额吧？也许你的其他Acme同事可以从中吸取教训，提前先问问新客户他们想要什么！正是因为这个原因，很有必要把你的经验教训写下来，这是结束项目时很重要的一部分。

即使你的项目提前结束，仍然需要完成结束项目或阶段过程。

输出

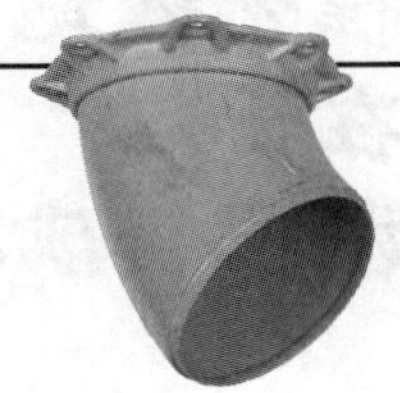

你已经看到组织过程资产输入出现了很多次。不过它们究竟来自哪里？实际上这些资产就来自其他像你一样的项目经理。每次结束一个项目时，你要更新这些资产以便以后使用。新的项目经理就能从你的项目发生的种种情况中学习经验教训。

组织过程资产更新

项目的最终产品最能让顾客记住。

最终产品、服务或成果移交

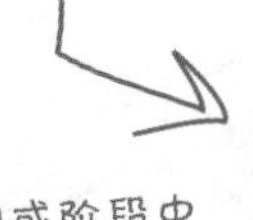

项目文件更新

经验教训在结束项目或阶段中完成，不过整个项目过程中都可以写经验教训。并不只是由项目经理来写，整个团队都可以写经验教训。

最终报告总结项目绩效，包括满足预期效益的有关细节。

最终报告

BRAIN
POWER

想一想你听说过的一个没有很好结束的大项目，比如还没有完成就提前终止了。从那个项目能学到哪些经验教训？

项目经理如何使用结束项目或阶段过程来确保提前终止产生好的结果？

为什么要进行整合管理？

整合管理（Integration Management）知识领域包含你（作为一个项目经理）在日常工作中完成的所有过程。那为什么把它们叫作“整合管理”过程呢？是这样的，想一想运营一个项目需要什么：你需要人员和整个公司的其他资源；你的公司如何开展业务的有关知识；标准、模板和你从其他项目收集的其他资产；而且要能够把所有这些整合在一起，这就是项目经理要做的。“整合”也正是由此得来。

需要与顾问合作时，整合管理尤其重要，因为你的任务是为项目采购服务。而且你要从一开始就为所有方面做好规划，也就是把这些整合在一个计划中。你要确保《PMBOK®指南》的49个过程在这个计划中都有所考虑，即使你可能并不打算用到所有过程（例如，如果你不需要承包人或顾问，就不需要采购过程）。

整合管理是指确保所有过程无缝地整合在一起，以保证项目成功。

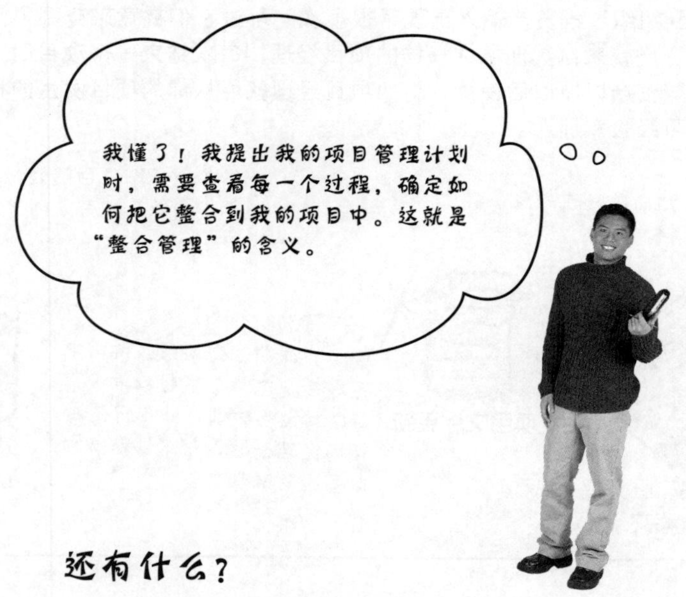
我懂了！我提出我的项目管理计划时，需要查看每一个过程，确定如何把它整合到我的项目中。这就是“整合管理”的含义。

还有什么？

嗯…… 看起来我们已经涵盖了整个项目，对不对？你已经得到授权来开展工作，对项目做了规划，然后执行项目，纠正了项目过程中出现的问题，最后结束项目。这不就是全部吗？

当然不是！还有很多其他计划要做，另外你还需要掌握很多技能。幸运的是，我们有《PMBOK®指南》，它可以帮助我们清楚地了解还要知道些什么才能有效地管理项目。

这正是本书后面要讲的内容。

项目整合管理磁贴

贴在冰箱上的这些输入、输出和过程都被弄乱了。请重新摆放这些磁贴，把过程放在正确的过程组中，另外输入、输出和工具也要正确归类。你能做到吗？

启动	规划	执行	监控	收尾

输入/输出	工具

工作绩效数据

指导与管理项目工作

专家判断

可交付成果

制订项目章程

结束项目或阶段

制订项目管理计划

组织过程资产更新

项目文件更新

变更控制工具

监控项目工作

数据分析

管理项目知识

实施整体变更控制

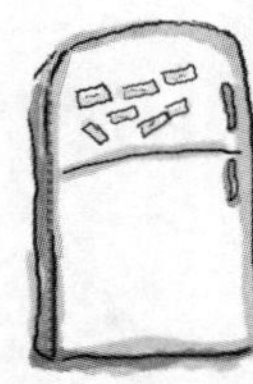

项目整合管理磁贴答案

贴在冰箱上的这些输入、输出和过程都被弄乱了。请重新摆放这些磁贴，把过程放在正确的过程组中，另外输入、输出和工具也要正确归类。你能做到吗？

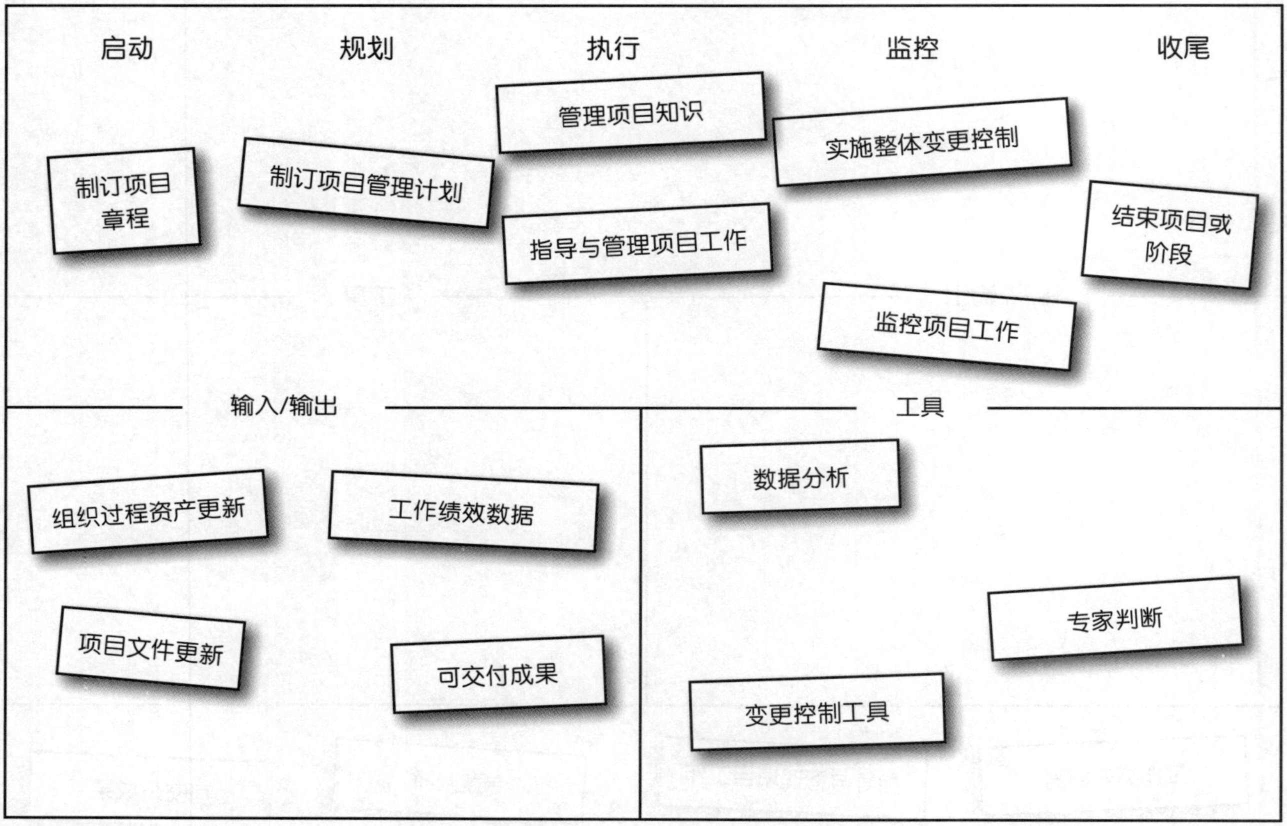

启动	规划	执行	监控	收尾
制订项目章程	制订项目管理计划	管理项目知识 指导与管理项目工作	实施整体变更控制 监控项目工作	结束项目或阶段

输入/输出	工具
组织过程资产更新 工作绩效数据 项目文件更新 可交付成果	数据分析 专家判断 变更控制工具

整合管理让你的项目一直处于正轨，也让教师们很满意

通过使用所有整合管理过程，可以让项目一直处于正轨。你处理了出现的所有问题，在这个过程中做了一些重要的变更，教师们如期去了他们想去的所有目的地，而且没有超预算。

太感谢了！真是一次绝妙的旅行，明年我们肯定还要找Acme组织我们的旅行。
噢，这个项目太棒了！Joanne说的没错……Acme在这次旅行中确实帮了我们大忙。

核心概念
回顾

对于项目经理，奇迹就发生在整合管理中。尽管你的团队里可能有一些专家负责范围、成本或质量方面的决策，不过整合管理是你作为项目经理的核心职责。既然你有这样一个机会考虑这个知识领域中的所有过程如何整合在一起，可以利用这个好机会，想想平常在项目中具体要如何使用。

核心概念

我们已经介绍了各个过程是怎么做的，不过还需要多花一点时间考虑它们为什么要整合在一起，这很重要。你觉得我们完成一个项目时为什么要整合所有这些过程和知识领域呢？

- 完成项目整合的一个很重要的原因是为了确保项目始终与它的预期效益保持一致。项目经理要在整个项目过程中不断修正方向，保证项目能交付效益管理计划中定义的效益。
- 项目经理要制订计划，保证项目中的每一个人对于如何工作以及目标是什么保持一致。
- 项目经理要确保团队能学习组织以往的经验，另外通过记录他们得到的新知识来充实组织的经验。
- 项目经理会看到，团队决定做一些与原计划不同的事情时，要更新计划来增加这些批准的变更，而且要跟踪和了解变更的结果。
- 要求团队做出有关如何应对的决策时，项目经理要帮助团队从整个项目来考虑。
- 项目完成时，项目经理要结束项目，而且在各个阶段完成时要处理阶段之间的转换。

项目经理使用所有这些过程和知识领域来保证项目与其预期效益保持一致。

核心概念回顾

发展趋势

项目管理是一个不断发展和演进的领域。团队总能发现新的工具，项目经理的工作方式也不断在改进。下面是整合管理的一些发展趋势，可以帮助你改善和更有效地完成整合管理。

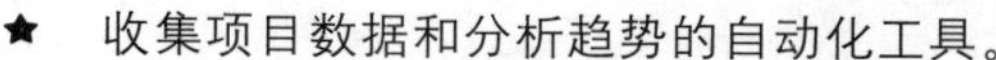

- 收集项目数据和分析趋势的自动化工具。
- 更便于分析和解释项目数据的可视化工具。
- 帮助团队收集和相互分享项目数据的知识工具。
- 项目经理提前介入识别项目的潜在效益以及引导业务相关方参与。
- 采用混合型方法，将敏捷和其他迭代型项目管理方法融入整个知识领域和过程的框架。

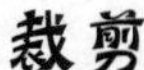

裁剪

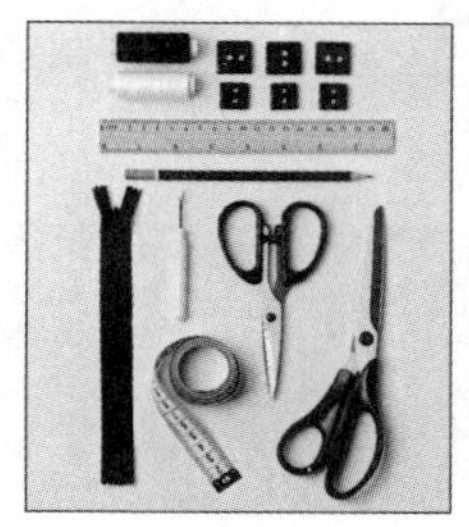

在项目中对你的团队使用的过程做出变更时，有一些因素可能会影响你的决策：

- 你的项目遵循什么生命周期?
- 是采用预测型方法开发项目（因为你能提前了解所有需求）？还是需要采用适应型方法（因为你认为会在项目过程中了解新的需求）？
- 你的组织中是如何完成管理工作的？你的项目如何适应组织的整体文化?
- 你的项目如何处理变更?
- 你的组织如何监督你的项目？如何让他们始终了解你的项目进展?
- 项目进行过程中要保存哪些信息?
- 如何知道项目是否成功?

敏捷考虑因素

敏捷团队重视自组织和协作更胜于遵循计划。如果项目使用敏捷方法，项目经理的角色会改变，不再是制订计划和帮助团队实现计划，而是为团队提供一种方法，让他们协作地决定如何工作以及如何处理变更。

整合管理填字游戏

花点时间坐下来放松一下，开动你的右脑。这是一个标准的填字游戏，所有答案都来自这一章。

1 2 3 4 5 6 7 8 9 10 11

横向

4. 修正已经发生的问题称为 ______________ 措施。
7. 这是可交付成果中的一个问题，说明未达到你的预期。
9. 项目管理计划是一个 ____________计划集合。
10. 监督项目进展来查找变更、纠正和预防措施时，说明你处在___________ 和控制项目工作过程中。
11. __________ 信息是一个重要的组织过程资产，来自于记录的经验教训。

纵向

1. 请求有经验的人帮你确定某个问题时，说明你在使用__________ 判断工具和技术。
2. ______________ 过程组包含帮助你启动项目的过程。
3. 项目产生的结果。
5. 工作文化和公司政策称为事业 ______________ 因素。
6. 结束项目时把做出的决策以及这些决策的结果记录下来，这称为经验___________ 。
8. 项目 __________ 是授权项目经理管理团队的一个文件。

答案见165页。

Sharpen your pencil
Solution

以下是教师度假旅行项目中可能要处理的一些事情。确定每种情况下会使用7个整合管理过程中的哪一个过程，并把过程名写在空格上。

1. 有一位教师是素食主义者，所以需要取消预订的一些餐厅，新预订的餐厅应当能满足他的素食要求。

   实施整体变更控制

2. 为了让教师们能够游览他们想去的地方，你要对计划的每一件事都提供一个详尽的描述。

   制订项目管理计划

3. Acme Travel的CEO给你发了一份文件，指派你管理这个项目。

   制订项目章程

4. 你记了一些笔记，记录所有教师分别有哪些需要，以及你要如何处理这些需求。

   管理项目知识

5. 教师们返回时，将管理这次旅行中学到的所有经验教训写下来，以便其他旅行代理人学习你的经验。

   结束项目或阶段

6. 订票以及订酒店。

   指导与管理项目工作

7. 你在每个目的地让教师们登记，确保一切都按计划进行。

   监控项目工作

制订项目章程

制订项目管理计划

指导与管理项目工作

监控项目工作

实施整体变更控制

结束项目或阶段

管理项目知识

Exercise
Solution

以下是一个项目经理推荐采取的一组措施。哪些是预防措施？哪些是纠正措施？

1. 一个软件项目进度滞后，所以软件项目经理努力寻找闲散时间（slack time），并重新分配资源让工作更快地完成。

- [ ] 预防措施
- [x] 纠正措施

2. 宴会承办人注意到生菜沙拉都已经吃完了，所以指派一个厨师再多做一些。

- [ ] 预防措施
- [x] 纠正措施

3. 一个摄影师额外多带一架摄像机去摄影棚，以防摄像机可能出现故障。

- [x] 预防措施
- [ ] 纠正措施

4. 一个顾问公司为项目分配了额外的资源来补偿可能的损耗。

- [x] 预防措施
- [ ] 纠正措施

Exercise

以下是项目团队成员执行项目时发现的一堆问题。写出你希望从哪个子计划寻求帮助。如果你不确定，可以再读读上一页关于各个子计划的简要描述，尽量猜猜看。

1. 教师们想去巴厘岛，不过Acme Travel没有预订去那里的航班，所以你需要把一段航程分包给另一个旅行社。

采购管理计划

2. 看过网上的评论后，教师们想住更好的酒店。他们告诉你为此愿意增加15%的预算。

成本管理计划

3. 你正要给教师们寄去机票时，注意到机票打印有误。

质量管理计划

4. 教师们可能遭遇坏天气，你必须清楚发生这种情况时可以采取什么应对措施。

风险管理计划

5. 教师们担心他们离开后无法与你联系。

沟通管理计划

6. 其中一位教师需要提前回来，你希望确保预算能反映出他减少的花费。

成本管理计划

7. 你发现需要比预期提前拿到机票，因为教师们的合同要求所有旅程都必须预先经过学区主管的批准。

进度管理计划

Sharpen your pencil Solution

以下是一些典型项目生成的结果。其中一些是可交付成果，另外一些是项目进展报告生成的工作绩效数据。这里还有一组变更，其中一些会影响项目管理计划，有些则影响项目的可交付成果。你要确定它们分别是什么。

1. 软件项目团队建立软件。

- [x] 可交付成果
- [ ] 工作绩效数据

2. 建筑工人安装大门。

- [x] 可交付成果
- [ ] 工作绩效数据

3. 婚纱摄影师把照片小样发送给客户。

- [x] 可交付成果
- [ ] 工作绩效数据

4. 电缆维修技术人员平均每个作业花费4个小时。

- [ ] 可交付成果
- [x] 工作绩效数据

5. 建筑工人3月份加班46小时。

- [ ] 可交付成果
- [x] 工作绩效数据

6. 建筑工人按计划要求建造6幢房子。

- [x] 可交付成果
- [ ] 工作绩效数据

7. 软件测试团队发现软件中的bug。

- [x] 可交付成果中的缺陷
- [ ] 项目管理计划变更

8. 新娘要求婚纱摄影师做修改时不要再请求她妈妈的许可。

- [ ] 可交付成果中的缺陷
- [x] 项目管理计划变更

9.建筑工人盖房子时使用的木料不对。

- [x] 可交付成果中的缺陷
- [ ] 项目管理计划变更

10. 摄影师冲洗出的照片不清楚。

- [x] 可交付成果中的缺陷
- [ ] 项目管理计划变更

整合管理填字游戏答案

花点时间坐下来放松一下，开动你的右脑。这是一个标准的填字游戏，所有答案都来自这一章。

1 EXPERT
2 INITIATING
3 DELIVERABLE
4 CORRECTIVE
5 ENVIRONMENTAL
6 LESSON
7 DEFECT
8 CHARTER
9 SUBSIDIARY
10 MONITOR
11 HISTORICAL

模拟题

1. 你刚收到一个变更请求，这说明：

A. 项目章程是完备的，不过工作还不能开始，因为你需要对范围基准做一个变更。

B. 你正处在指导与管理项目工作过程中，现在可以实现变更。

C. 这个变更在实现前需要得到批准。

D. 可交付成果中存在一个缺陷，必须补救。

2. 以下哪一个不是制订项目章程的输入？

A. 事业环境因素。

B. 项目管理计划。

C. 协议。

D. 商业文件。

3. 哪一个是指导与管理项目工作过程的输出？

A. 批准的变更请求。

B. 项目管理过程。

C. 可交付成果。

D. 预测。

4. 你在管理一个图形设计项目。你的一个团队成员报告称存在一个严重的问题，你意识到这会导致延迟，可能会影响相关方的利益。更糟糕的是，你要另外花两天时间才能充分评估这些影响，在此之前无法了解全貌。处理这种情况的最佳方法是什么？

A. 创建一个变更请求文件，把它提交到变更控制会议。

B. 拿出项目章程，让他们知道你有权做决策。

C. 与相关方会面，告诉他们存在一个问题，而且你还需要两天时间来提供他们需要的信息。

D. 更新经验教训，把它增加到你的组织过程资产中。

5. 你是一个建筑项目的项目经理。电工已经开始铺设线路，这个时候客户带着一个变更请求来找你。他需要增加插座，你认为这会增加电力工作的成本。你首先要做的是什么？

A. 拒绝做变更，因为这会增加项目的成本而超出预算。

B. 参考项目管理计划，查看如何处理这个变更。

C. 查阅合同，查看是否有相关条款。

D. 做变更，因为客户提出了这个请求。

模拟题

6. 工作授权系统：

A. 确保每个工作包在适当的时间按正确的顺序完成。

B. 授权项目经理为工作花钱。

C. 是一组过程和工具，辅助项目经理有效地指导完成项目。

D. 是一个正式的书面描述，说明如何完成一个活动。

7. 你是一家电信公司的项目经理。最近相关方向你提出一些变更。你认为这些变更会额外耗费时间和资金。相关方同意这一点，提供了额外的时间和预算，变更得到批准。现在你必须把这些变更加入到项目中。接下来要做什么？

A. 修改项目章程来包含这些变更。

B. 使用项目管理信息系统确保完成工作。

C. 确保记录你的变更，与项目基准对照，从而了解这些变更最终的花费。

D. 将这些变更加入到基准中，从而能正确地跟踪项目。

8. 你是一个软件项目的项目经理。规划这个项目时，你的事业环境因素包括一个政策，要求所有开销超出预算2%的变更都需要得到CFO的批准，不过比较小的变更可以由一个管理应急资金出资。一个相关方提交了一个要求预算提高3%的变更请求。你的公司有一种外包方法，你认为只需稍稍改变请求变更的方式，就能利用这种外包方法将成本减半。处理这种情况的最佳方法是什么？

A. 与相关方合作来确定如何将变更成本减少三分之一。

B. 请求CFO的批准。

C. 拒绝变更，因为它超出预算的2%。

D. 记录这个变更请求，因为所有变更都必须记录。

9. 你是项目选择委员会的成员，正在审阅一个文件，这个文件描述了一个潜在项目的战略意义以及对公司的好处。这个文件叫什么？

A. 项目章程。

B. 商业论证。

C. 效益测量方法。

D. 合同。

模拟题

10. 一位团队成员发现可交付成果中的一个缺陷，建议补救。以下哪一项不正确：

A. 项目章程已经授权你完成这个工作。

B. 你的项目正处于监控项目工作过程。

C. 补救可交付成果之前必须先批准缺陷补救。

D. 必须更新项目管理计划，记录这个缺陷。

11. 你手上有一份正式的批准的文件，定义了项目如何执行和监控。你手上的文件是：

A. 项目管理计划。

B. 绩效测量基准。

C. 项目章程。

D. 工作分解结构。

12. 你是一个软件项目的项目经理，发起人终止并取消项目时，你该怎么做？

A. 让团队放假一天，尽快从这个坏消息恢复士气。

B. 对剩余的预算建立一个预算总结。

C. 遵循项目收尾流程结束项目，并更新经验教训。

D. 为之前分配到这个项目的人员寻找新工作。

13. 你在管理一个软件项目，你发现本来有权使用的一个编程团队被重新分派到另一个项目。你首先要做的是什么？

A. 明确这对于你的项目有什么影响。

B. 把你的项目章程的一个副本交给那位经理，向他解释你需要这个团队来完成你的项目。

C. 去找发起人，要回这个团队。

D. 想办法压缩项目进度，等这个团队有时间时再让他们完成你的项目。

14. 你是一个软件项目的项目经理，需要做很多变更，你要决定如何使用项目资源来实现这些变更。你要怎么做？

A. 决定变更的优先级，并向团队宣布。

B. 召开一个团队会议，并邀请相关方参加，这样所有人都能对优先级达成共识。

C. 拒绝变更，因为这会使项目拖延。

D. 参阅变更优先级计划来指导确定新变更的优先级。

模拟题

15. 你是一个软件项目的项目经理，你的团队正忙于执行项目并创建可交付成果，不过在过去几周中相关方提出了很多变更请求。每次收到这些变更时，你都召集团队和相关方开会讨论。你为什么要这么做？

A. 每个变更都需要由一个变更控制委员会评估。

B. 你要分配评估变更工作。

C. 你没有一个好的变更控制系统。

D. 你在使用一个项目管理信息系统分配工作。

16. 你是一个建筑项目的项目经理，刚收到一个变更请求。你查阅了项目管理计划，并遵循变更控制系统中制订的程序。你正在审查变更并记录它的影响。你的经理问你为什么这么做。审查变更并记录影响是哪个过程的工作？

A. 实施整体变更控制。

B. 监控项目工作。

C. 管理变更请求。

D. 指导与管理项目工作。

17. 关于项目章程以下哪一项不正确？

A. 项目章程定义了满足客户需要的需求。

B. 项目章程定义了工作授权系统。

C. 项目章程建立了证明项目有意义的商业论证。

D. 项目章程包括里程碑进度。

18. 你已经确认项目的所有工作都已经完成。下面哪项不是结束过程的一部分？

A. 记录经验教训来更新历史信息。

B. 记录工作绩效数据，展示已经完成的可交付成果，并记录经验教训。

C. 确认所有可交付成果已由相关方验收。

D. 遵循项目收尾程序。

19. 关于项目管理计划以下哪一项是不正确的？

A. 项目管理计划包含范围管理计划。

B. 项目管理计划为项目经理授权。

C. 项目管理计划包含进度基准。

D. 项目管理计划包含绩效基准。

模拟题

20. 以下哪一个不是指导与管理项目工作过程的输出？

A. 工作绩效数据。

B. 可交付成果。

C. 项目文件更新。

D. 预测。

21. 你是一个项目经理，正在启动一个新项目。你的经理警告你之前的项目都遇到了麻烦。你最需要依赖以下哪一项来帮助你规划项目：

A. 我们的项目管理经验。

B. 历史信息。

C. 变更控制系统。

D. 预测。

22. 关于项目章程以下哪一项不正确：

A. 项目章程定稿前必须咨询项目经理。

B. 项目章程由项目发起人给出。

C. 这个章程赋予项目经理管理项目的权力。

D. 这个章程会给出一个总体里程碑进度。

23. 以下哪一个不是制订项目管理计划过程的输入？

A. 规划过程的输出。

B. 项目章程。

C. 专家判断。

D. 事业环境因素。

24. 你是一个网络工程项目的项目经理。两周前，你的团队开始执行这个项目。工作进展顺利，你现在比进度提前一天。两个相关方来找你，告诉你他们需要做一个重要的变更。这个变更会让你的进度拖延。你该怎么做？

A. 实现这个变更，因为你现在比进度提前。

B. 拒绝做这个变更，因为相关方没有把这个变更提交给变更控制委员会。

C. 拒绝做这个变更，直到相关方把它记入变更请求。

D. 确保相关方知道你是同意变更的，并让他们与项目发起人讨论。

模拟题

25. Diane是一家软件公司的项目经理。她从一个相关方那里得到一个变更请求，不过她很担心这会导致进度出现严重问题。她召集项目团队召开了一个会议，决定需要做这个变更，现在他们需要启动变更控制。下面哪一项不是实施整体变更控制过程的输出？

A. 项目文件更新。

B. 批准的变更请求。

C. 项目管理计划更新。

D. 变更请求。

想想你看到的题目类型。有些会有多余的细节，我们把它们称为“烟雾弹”。还有一些题目与输入和输出有关。了解这些题型后，会使你的考试更加得心应手。

哦，我懂了。有时题目的细节并不重要。它们只是为了阻碍你思考。

确实，要当心这些烟雾弹。

花些时间来检查这些问题的答案，如果题目确实阻碍了你的正常思考，再好好读一读题目，想想看为什么。

要记住…… 如果你现在答错了某个问题，这意味着实际上你能记得更牢，考试时更不会忘记！正是因为这个原因，这些模拟题很有用。

答案

模拟题

1. 答案：C

这实际上是一个关于输入和输出的问题。只有一个过程以“变更请求”作为输入，这就是实施整体变更控制。要在这里批准变更。其他答案都对应其他过程：A有关于建立一个基准（这是制订项目管理计划的一部分），B和D都与指导与管理项目工作有关。

这是一个“哪一个不是”问题。如果一个问题让你选择哪个输入或输出与某个过程没有关联，一种策略是好好想想这个过程做些什么。

2. 答案：B

项目管理计划在制订项目管理计划过程中创建，这发生在制订项目章程过程之后。制订项目章程是所有项目的第一个过程，答案A项、C项和D项中的输入都在项目启动之前就存在。项目管理计划是在项目期间创建的。

3. 答案：C

指导与管理项目工作过程的目的就是具体完成项目工作，可交付成果是项目创建的产品或服务。不要被答案D所迷惑，尽管工作在“指导与管理项目工作”过程中完成，但是关于如何完成这个工作的信息会在“监控项目工作”过程中转变为预测。

这是有道理的。你需要监督工作来确定它完成的情况。

4. 答案：C

看到一个关于沟通的问题时，要找的答案应该提供最完整、最真实、最直接的信息，尽管这个信息并不一定能解决问题或者让每一个人都满意。

5. 答案：B

所有变更都必须使用变更控制系统来处理，这是项目管理计划中包含的一组程序。从这个问题无法看出这个变更控制系统有哪些具体的步骤，根据具体情况，答案A、C和D都可以作为处理变更的可取办法，但唯一可以确定的是要遵循项目管理计划中的变更控制程序。

~~模拟题~~ 答案

6. 答案：A

这是一个“事实信息”问题，答案A是工作授权系统的实际定义（《PMBOK®指南》中使用了这个词，理论上讲，指南中并没有给出定义，不过考试时可能会遇到）。

7. 答案：D

批准一个变更后你要做的第一件事就是更新基准。如果你选择了答案C，不要灰心，关于基准要用来做什么很容易混淆。基准的根本目的就是确定你的项目是否偏离了计划。不过变更并不是对计划的偏离！偏离是意外的，而变更是有意而为。正是因为这个原因，要求变更得到批准非常重要：这样每个人都知道有这个变更，这说明你可以相应地为它做出计划。更新基准就是在做这个计划。

使用基准可以避免意外……经过批准的变更不是意外。

8. 答案：B

如果你的公司有一个政策，你就要遵守这个政策，不能绕开它。另外，不要被答案D所迷惑，这个问题指出提交了一个变更请求，所以已经记录了变更请求。考试中很可能包含类似这样的陷阱！

这个问题中的重点都在第二句和第三句话里。有关外包的细节只是迷惑你的烟雾弹。

9. 答案：B

这是一个商业论证，它描述了完成一个项目会得到什么效益，可以用来决定公司是否值得去做这个项目。有时效益可能是能力提升，而不只是指收入。

考试中会有一些问题有两个正确的答案，不过只有一个最佳答案。

10. 答案：D

缺陷不需要记录在项目管理计划中。来看看其他答案，你知道为什么这些是正确的吗？答案A正是项目章程的定义。它与缺陷没有关系，不过这句话本身是对的。完成监控项目工作过程时，需要确保变更可交付成果之前缺陷补救得到批准，所以答案B也是正确的。至于答案C，这正是实施整体变更控制过程的目的：批准缺陷补救、变更以及预防和纠正措施！

答案

模拟题

11. 答案：A

这正是项目管理计划的定义！

12. 答案：C

即使项目终止了，仍然需要完成收尾。

类似这样的问题要求你好好想一想你要做什么，不要只是生硬地使用学到的规则。

13. 答案：A

如果某个资源无法得到，这与项目章程里有些什么或者你的发起人和相关方希望怎样并没有关系。你要明确如何向前推进，首先要做的第一步就是评估这个新问题会对你的项目带来什么影响。

根本没有“变更优先级计划”之类的东西！要当心这些虚构的文件和过程。

14. 答案：A

项目经理必须确定变更的优先级。如果需要做变更，这意味着它们已经得到批准。所以不能简单地拒绝变更。而且不能召集团队来开会，因为他们有自己的工作要做。有些人可能认为相关方需要介入，不过由于这些变更已经得到批准，所以你已经得到了他们的认可。现在要由你来决定按什么顺序实现变更。

这不是一个好的变更控制委员会，因为变更控制会议通常不包括整个团队！

15. 答案：C

得到一个变更请求时，需要查阅项目管理计划，并遵循变更控制系统中定义的程序。如果让整个团队都介入来评估每一个变更请求，这通常不是一个好主意，可能会有很多变更，如果每一个变更都牵扯整个团队的工作，那么他们的工作永远也做不完！

C看上去是不是很像正确答案？很可惜它并不是一个真实的过程！

16. 答案：A

一旦请求一个变更，处理这个变更的所有工作都属于实施整体变更控制，直到变更得到批准，可以实现。

答案

模拟题

17. 答案：B

工作授权系统由公司定义，这是项目之外的。可以认为它是一些规则，在公司里分配工作时必须遵循这些规则。这是事业环境因素的一部分，是制订项目章程过程的一个输入。

要记住整个项目过程中都要记录经验教训，而不只是在最后！正是因为这个原因，这是工作绩效数据的一部分。

结束一个过程或阶段时，需要确保每个可交付成果已由相关方验收。

18. 答案：B

记录工作绩效数据属于指导与管理项目工作过程。项目结束时再使用工作绩效数据就太晚了！正因如此，这是监控项目工作的一个输入，利用这个输入，如果工作完成得不好，你就可以采取纠正措施。

19. 答案：B

我们将在下一章学习范围管理。

为项目经理授权的是项目章程。

20. 答案：D

第7章会学习预测，它用来帮助预测一个项目是否能够在预算内按时完成。如果不能，就需要采取预防或纠正措施！不过这道题并不需要知道这一点，在这里你首先要知道预测不是指导与管理项目工作的输出。

看起来历史信息是一个重要的概念。我打赌考试里肯定会有一两个关于历史信息的问题。

21. 答案：B

历史信息是制订项目章程的一个重要输入，这是启动一个新项目时要完成的第一个过程。历史信息非常重要，因为你要由此了解以往项目的成败。历史信息并没有具体列为这个过程的输入。它是组织过程资产的一部分，这确实是所有组织的一个重大资产！

向组织过程资产增加经验教训时，就是在记录重要的历史信息，可供其他项目经理以后使用。

~~模拟题~~ 答案

22. 答案：A

创建项目章程时可以咨询项目经理，不过并不一定要这样做。创建项目章程时，甚至有可能还不知道这个项目的项目经理！

23. 答案：C

尽管制订项目管理计划时可能要有合理的判断，不过专家判断并不是一个输入。这是在很多过程中使用的一种工具/技术。

D是不是像个不错的答案？

24. 答案：C

处理任何变更的第一步就是记录这个变更。正是因为这个原因，变更请求是实施整体变更控制的一个输入！如果还没有写出变更，变更控制过程就不能开始！

25. 答案：D

如果你记不住监控项目工作和实施整体变更控制的输入和输出，一种办法是可以认为变更控制就是决定是否做某件事。你要在监控项目工作过程中查找问题，所以请求的所有变更是这个过程的输出，同时也是实施整体变更控制的输入。

实施整体变更控制过程中，会对这些建议进行评估，变成批准的措施和变更。未批准的变更请求则被拒绝。再回到指导与管理项目工作过程，在这里实现批准的变更，因为这是项目工作，而所有项目工作都发生在指导与管理项目工作过程中。

拒绝变更意味着有时候为了做到最后皆大欢喜，你需要对某些人说“不”。他们可能不喜欢被拒绝，但是项目顺利进行时，他们最后还是会满意的。

要记住，你要这样处理变更：查找……评估……修正。

你做得怎么样？

5 范围管理

做正确的事情

嘿，Billy，妈妈不是说我们不能在这里乱跑嘛？是不是该回去做作业了？

是不是困惑该做些什么？

一旦清楚了需要做什么，还要在完成项目工作时跟踪项目的**范围**。完成每个目标时，要确认所有工作都已经完成，并确保**结果**能令提出请求的人**满意**。这一章中，你将学习一些工具，这些工具可以帮助你的项目团队**设定目标**，并保证每一个人都在正轨上。

才告一段落……

Ranch Hand Games的人们一年多以来一直在努力工作，为他们最成功的游戏“狂野奶牛”（Cows Gone Wild，CGW）开发续集。看起来这个项目永远也没有终点……

HayStation Moo
COWS GONE WILD II
Armoogeddon
Ranch Hand Games
Head First Rules!

我真的需要休息！每次我觉得已经完成时，总有人提出还要增加些什么。

Amy是创意总监。她负责游戏的故事和美术设计。

我已经两个星期没见到我女朋友了…… 现在这个游戏实在太庞大了。

Brian是开发经理。他的任务是管理负责构建和测试这个软件的团队。

……又重新开始

由于这个版本的推出耗时过长，现在已经该开发下一个版本了。不过没有人希望这个项目像上一次一样失控。

这一次我们不能再让项目失控了。能不能请人来帮我们保证CGW III不再脱离正轨？
他们在考虑怎样做才能让这个新项目迈出正确的第一步。

BRAIN POWER

Cows Gone Wild II团队在项目中遭遇大量变更。
他们能不能做些什么来避免这个问题？

小组交谈

推出Cows Gone Wild II花的时间太长了。

Brian: 这个项目刚开始时好像还不错。我们引入了一些有才干的程序员，来处理可能出现的所有技术难题。我们还花了大量时间进行白板讨论，想办法解决设计中的技术问题。本来看起来实现这个游戏应该很顺利，也会很有趣。不过，到底哪里出了问题呢？

Amy: 我们总在不断地转移目标。还记得网站的事情吗？我们花了好几个月建网站，让它看上去和游戏一样。实际上，它看起来甚至比游戏还要好得多。

Brian: 对，你说的没错。总是有这样一些变更，故事几乎更新了上千次。真让人快要发疯了。

Amy: 确实，记忆犹新。真是一团糟。

Brian: 是啊。对了，还记得那一次吗？我们发现必须重做Haymaker那一关的所有美术设计。我们几乎整个星期都睡在办公室里！

Amy: 没错…… 嗯，那么这一次怎么避免这一切重演呢？

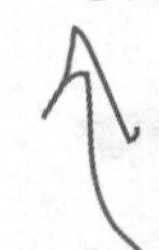

如果能有一个项目经理负责，也许Cows Gone Wild II项目会好一些……

Exercise

你会如何解决Cows Gone Wild II中发生的这些问题，使CGW III中不会有同样的麻烦？

对每个问题，只需要简单地写一句话。

1. 网站越来越庞大，构建网站花费的时间几乎与构建游戏本身的时间差不多。

....

由于游戏的故事改变，团队必须重做大量美术设计。

2. 很多时候都是最后一刻故事有变化。..

....

3.美术设计的改变又导致要在最后一刻重写游戏。...

....

4. 游戏推迟一年才完工。...

....

Exercise
Solution

以下是处理这些情况的一些做法。

1. 网站越来越庞大，构建网站花费的时间几乎与构建游戏本身的时间差不多。

避免团队做不必要的工作。

你不能依赖团队在工作中才确定要做些什么。要从一开始就明确工作范围。

幸运的话，如果你提前确定了项目范围，你的团队以后就不会浪费时间去做那些不必要的工作。

2. 很多时候都是最后一刻故事有变化。 提前规划，避免最后一刻的变更。

写出所有工作以及完成这些工作需要的工作量，这会帮助每一个人了解变更可能带来的影响。

3.美术设计的改变又导致要在最后一刻重写游戏。

尽早开始修改美术设计。

如果创意团队更早发现需要做变更，程序员就可以先处理不会改变的部分。这样效率会高得多。

如果所有人都对范围认识一致，就能更容易地确定哪些需要改变。

听上去这个游戏推迟是因为范围不断在改变。更完善的规划可以解决这个问题。

4. 游戏推迟一年才完工。 尽早开始规划。在团队开始工作之前就确定他们要做什么。

在项目开始时多做一些规划，这会帮助你确定工作的优先顺序，最重要的工作能高效地完成。

在构建产品之前先要了解要构建的是什么，这样你就能更好地预测项目可能需要多长时间。

看起来存在范围问题

Cows Gone Wild II的所有主要问题都是范围问题。网站中充斥大量项目后期才增加的特性，变得越来越臃肿。创意团队不断发现还有更多工作要做。这些都是典型的范围问题。

产品范围有关于最终产品，包括产品的特性、组件和组成部分。

人们谈到确定产品的范围时，大多是指确定产品的特性，而不是构建产品时完成的工作。

产品范围表示你和你的团队正在构建的产品或服务的特性和功能。

谈论确定一个项目的范围时，是指确定构建产品需要完成的所有工作。

项目范围是构建产品需要完成的所有工作。

这是项目经理关心的一个重要部分……也就是团队需要完成的工作。

这表示一些临时发生的变更，没有人来明确这些变更会对项目的时间、成本、范围、质量、风险或资源有什么影响。

范围蔓延是指导致团队做额外工作的未经控制的变更。

参加考试时，产品范围和项目范围都要了解。

Sharpen your pencil

下面是Cows Gone Wild III的一些属性，哪些是项目范围，哪些是产品范围？

1. 编程

☐ 项目范围 ☐ 产品范围

2. 游戏的34个等级

☐ 项目范围 ☐ 产品范围

3. 图形设计

☐ 项目范围 ☐ 产品范围

4. 4个玩家角色

☐ 项目范围 ☐ 产品范围

5. 漂亮图片

☐ 项目范围 ☐ 产品范围

6. 测试

☐ 项目范围 ☐ 产品范围

7. Mac和PC兼容

☐ 项目范围 ☐ 产品范围

8. 最后的“boss battle”牛奶大战关卡

☐ 项目范围 ☐ 产品范围

答案见244页。

there are no Dumb Questions

问：范围是不是包括我建立的所有东西，比如说项目进度或预算？不过还有一些东西会用来建立产品，但是并不交付给使用产品的用户，那些东西也包括在范围里吗？

答：对，项目范围包括你和团队建立的每一个东西，这包括项目计划和其他项目管理文件。项目中有很多东西尽管是可交付成果，不过使用产品的人永远也不会看到它们…… 比如项目进度、规范、蓝图和预算。虽然其中一些是项目经理建立的，但还有很多并非出自项目经理之手，你不需要明确其中的内容，只需要确保它们已经完成。

问：团队可能更关心他们要做什么而不是怎么做，难道不是吗？

答：没错，确实如此。作为项目经理，你的任务就是考虑团队建立产品需要做的所有工作，使团队能够重点关注如何具体构建产品。不过，这并不意味着你不需要他们的合作，你仍然需要他们协作，确保已经清楚所有工作，而不会做多余的事情。

问：这是不是说项目经理根本不关心产品范围，而只关心项目范围？

答：不是这样的，你还是需要考虑你的项目的最终产品。绝对不能忽视产品范围，因为大多数项目在进行过程中都会对产品范围做变更。相应的，必须变更你的项目范围，加入因为产品范围变更而新增的工作。类似这样的变更可能还会对时间和成本带来影响。

下面举一个例子：如果有人请求在Cows Gone Wild III中增加一个新特性，团队首先要做的就是要了解增加这个新特性需要多少工作，另外这个范围变更会对成本和进度带来什么影响。

作为一个项目经理，你关心的主要问题是要了解这个影响，并在具体做变更之前确保所有人都认可这个变更。你的任务不是决定产品的最佳特性是什么，而是帮助与项目相关的每一个人了解工作的优先顺序，做对项目最有利的事情。

构建产品之前你必须知道要构建什么（以及如何构建）

你总是希望启动项目之前就很明确完成这个项目必须做哪些工作。你有一个团队，需要准确地知道这些团队成员要做什么来构建你的产品。那么如何确定范围呢？

这正是**6个范围管理过程**的目标。这些过程就是要确定如何识别团队在项目中要完成的所有工作，要提出一种方法来确保已经确定了要做的全部工作（而且没有任何多余工作！），另外确保项目、出现变更时，能保证范围保持更新，使团队总是在构建正确的产品。

范围管理表示要明确哪些超出了范围，而不只是明确包含哪些部分。

范围管理计划

你要在范围管理计划中明确地写出你打算如何完成所有这些工作。

难道不能让团队花一天时间进行头脑风暴，列出他们可能要做的所有事情吗？

这是一个好主意。不过如果他们有遗漏怎么办？

通常看来，项目开始时你可以让所有人聚集在一个房间里，共同推敲所有可能要做的事情。不过这样很容易遗漏些什么，甚至更容易让团队偏离目标。

这种方法太容易让人们偏离正轨，很有可能会去做一些对项目没有任何贡献的事情—比如为一个视频游戏建立网站而不是开发游戏本身。

正因如此，范围管理计划需要指出你打算如何避免在项目中做不必要的工作。

范围管理计划描述了你要如何明确范围，确保范围是正确的，并保证范围保持更新。

范围管理的威力

控制项目的范围时，你所做的不只是规划。可以看到，项目存在范围问题时，实际上结果是完全可以预料的。来看看Ranch Hand团队遇到的这些问题。这些问题你听起来是不是也很熟悉？很多项目经理在自己的项目中都遇到过类似的问题。

1. **团队无法启动项目。**团队中的每个人都很擅长各自的工作，不过看起来没有人知道如何启动项目。

他们坐在一起讨论想构建什么，不过看起来还需要好几个星期才能真正开始工作。

2. **有太多不成功的开始。**正当他们认为项目可以开始时，看起来又要做某个改变，他们不得不又回到原点。

3. **发起人和相关方总是变化莫测。**有3次Amy和Brian认为工作已经完成了。可是每一次都有一个相关方发现问题，让他们重新规划。

这里最糟糕的是，如果不征求发起人的意见，就没有办法知道项目何时完成……但是看起来发起人的看法总在变。

4. **有大量变更。**他们总在手忙脚乱地应付不断变化的优先顺序和想法，永远都不能清楚地知道每个星期要做些什么。

团队很希望立下规矩，禁止所有变更……不过很多变更是必要的，而且确实是好主意。

6个范围管理过程

设计各个范围管理过程是为了帮助你避免各种范围问题，否则这些问题会导致很多项目偏离正轨。参加考试时，要想记住这些过程，最好的办法就是理解为什么这些过程很有用，以及它们如何解决你在自己的项目中遇到的各种问题。

项目管理计划

规划范围管理

在这个过程中，要写出上一章讨论过的项目管理计划的子计划。你要规划要做的所有工作，定义你的范围，确保团队计划做的是正确的工作，并加以控制。

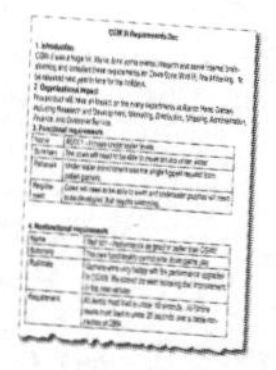

需求文件

收集需求

在这个过程中，要找出所有相关方需求，并把这些需求写下来，从而知道要构建什么，并保证这些需求能够测量和跟踪。

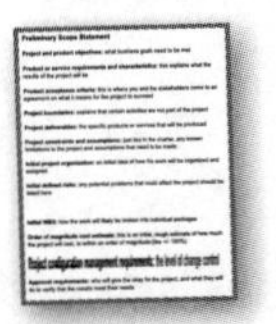

项目范围说明书

定义范围

要在这里写出你要做的工作以及所生产产品的一个详细描述。

如果正确地完成这个过程，相关方就不再会变化莫测，因为你已经了解了他们的需求。

工作分解结构

创建WBS

工作分解结构（WBS）将团队的工作组织为工作包（work packages）—也就是团队成员完成的各部分分解的工作—从而能从一开始就保证项目前进的动力。

注意WBS—考试中会有大量与WBS有关的问题。

变更请求

控制范围

我们已经知道控制项目中的变更是何等重要。如果范围变更未经控制，会带来最棘手的项目问题。幸运的是，你已经了解变更控制，现在可以利用它来管理项目的范围。

还记得4章中的实施整体变更控制吗？现在可以看到它的具体使用。

验收的可交付成果

确认范围

一旦完成工作，需要确保你交付的结果与你在项目范围说明书中所写的是一致的。这样一来，团队永远也不会向顾客交付错误的产品。

考试中，“顾客”可能与“客户”和“发起人”是同样的意思。

规划范围过程

规划
过程组

要在这个过程中确定如何定义和确认项目的范围。在规划范围管理过程中，要建立方法来明确你要做什么，另外哪些工作超出了范围，就是要确定范围管理计划。范围管理知识领域中的所有其他过程都在这个文件中定义和描述。这是一个蓝图，你将在整个项目中使用这个蓝图完成管理范围的所有其他工作。

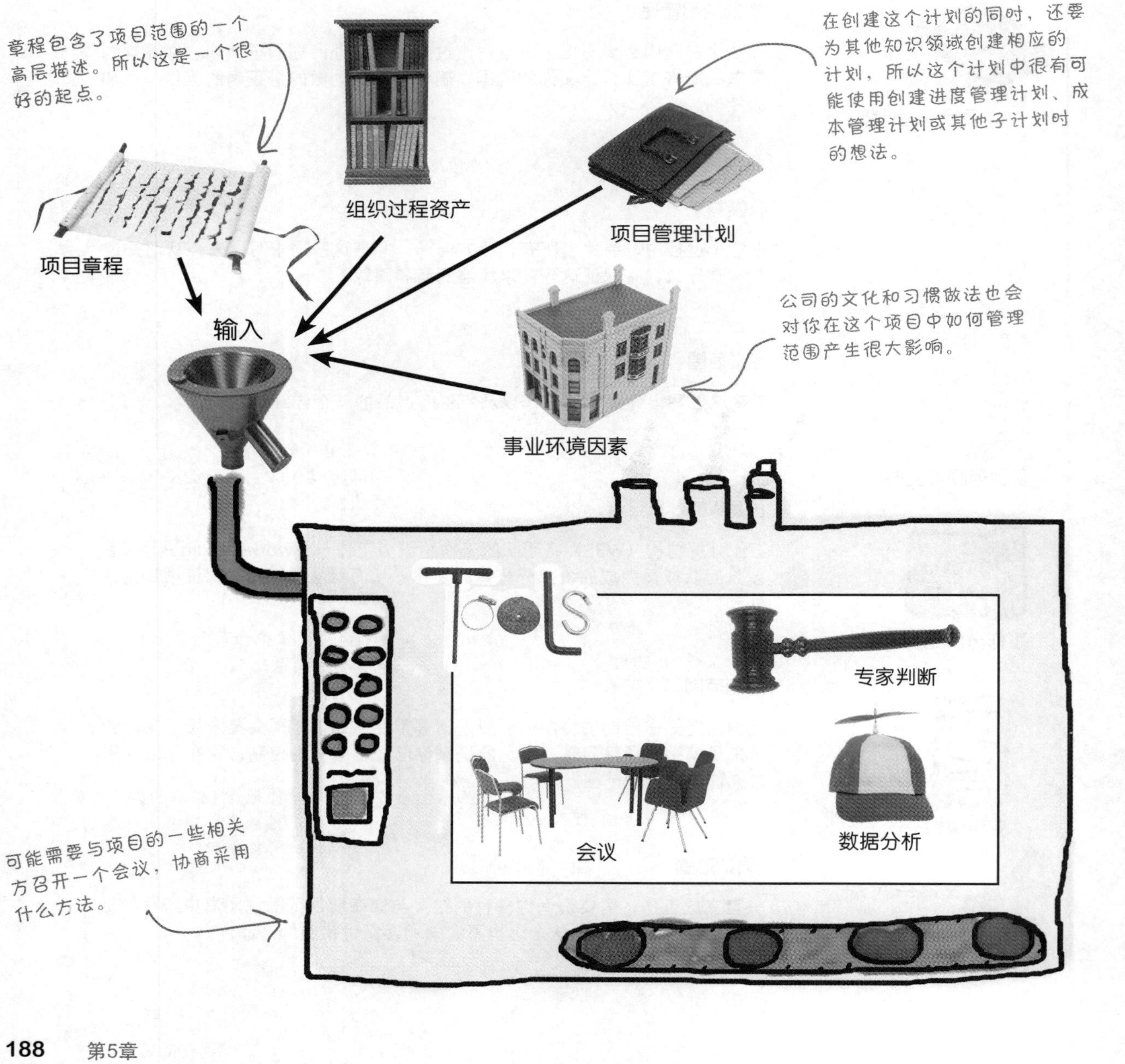

章程包含了项目范围的一个高层描述。所以这是一个很好的起点。

组织过程资产

在创建这个计划的同时，还要为其他知识领域创建相应的计划，所以这个计划中很有可能使用创建进度管理计划、成本管理计划或其他子计划时的想法。

项目章程

项目管理计划

输入

公司的文化和习惯做法也会对你在这个项目中如何管理范围产生很大影响。

事业环境因素

Tools

专家判断

会议

数据分析

可能需要与项目的一些相关方召开一个会议，协商采用什么方法。

现在有了管理范围的一个路线图

输出

规划范围管理过程有两个输出：范围管理计划和需求管理计划。这两个计划都用来帮助你定义项目的范围，并确保你和你的团队只关注有助于满足顾客需求的工作。范围管理计划详细列出你和你的团队要遵循的过程，包括记录范围、确定工作分解结构，以及在余下的项目中确认和控制范围，从而保证你和你的团队始终处于正轨。需求管理计划则详细描述用来收集需求的过程，并说明确定需求后将如何管理需求。

需求管理计划描述了团队记录需求并在整个项目中维护这个文件所用的所有过程。

范围管理计划并不只是要写一个范围文件，它还会详细描述提出工作分解结构所用的过程。

需求管理计划

这个计划中会描述一种方法，团队将使用这个方法规划、跟踪和报告需求。你将使用这个文件描述需求优先级排序过程，以及如何建立一个需求跟踪矩阵。

范围管理计划

这里要写出第4章讨论过的项目管理计划的子计划。你要规划要完成的所有工作来定义范围，另外要为团队规划正确的工作并加以控制。

规划范围管理过程帮助你全面考虑需要做的工作，使项目自始至终关注正确的工作。

小组交谈

下面来认识一下Mike，他是Ranch Hand Games的新项目经理。

看起来我来得正是时候。

Brian: 我们终于请到了一位项目经理。欢迎加入！

Amy: 我很高兴他们请你来帮忙处理这一团乱麻。

Brian: 你要怎么帮我们呢？因为我看不出你能改变什么。

Mike: 谢谢你们这么信任我。要知道，我可能做不到解决所有的问题，不过起码应该能让范围得到控制。

Brian: 当然，你说得没错。不过，我们都以为上一个项目能顺利进行，不过那个项目实在是让人头疼！

Mike: 嗯，你们收集上一个项目的需求了吗？

Amy: 没有，不过我们以前做过视频游戏，我们大体知道开始时需要做什么。

Mike: 听上去这还不够。

BRAIN POWER

Mike首先要做什么才能确保Cows Gone Wild III进展顺利？

收集项目需求

规划
过程组

收集需求就是与项目的所有相关方坐在一起，确定他们的需求是什么，这就是收集需求过程要做的事情。要想让你的项目成功，就必须知道如何让所有相关方认可你的项目已经满足目标。你要提前了解你的项目需求，否则在项目中你将很难知道你的工作做得好还是不好。正是因为这个原因，你要把所有项目需求和产品需求写下来，而且要足够详细，以便测量你的团队的进展。

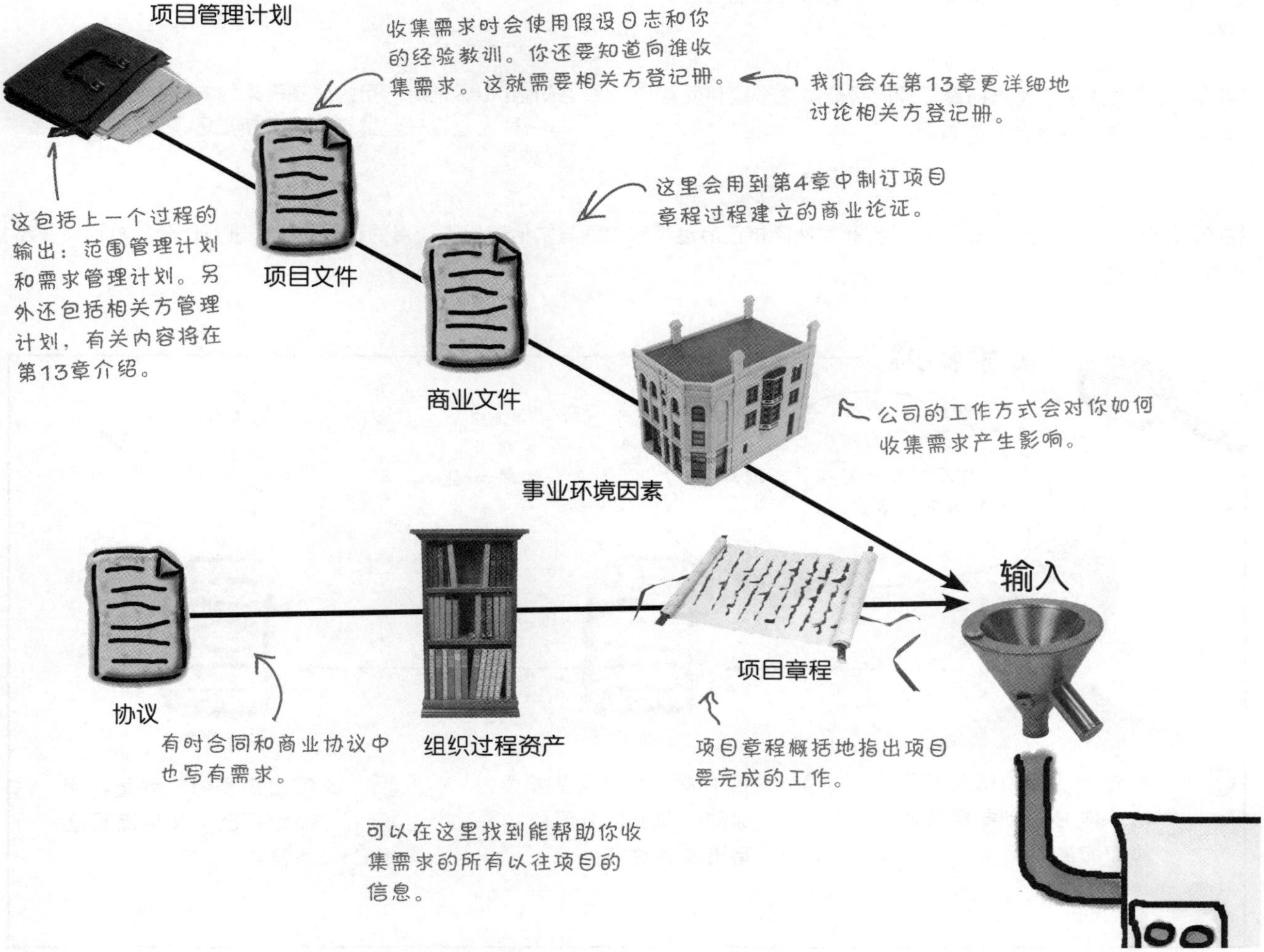

项目管理计划

收集需求时会使用假设日志和你的经验教训。你还要知道向谁收集需求。这就需要相关方登记册。

我们会在第13章更详细地讨论相关方登记册。

这包括上一个过程的输出：范围管理计划和需求管理计划。另外还包括相关方管理计划，有关内容将在第13章介绍。

项目文件

这里会用到第4章中制订项目章程过程建立的商业论证。

商业文件

公司的工作方式会对你如何收集需求产生影响。

事业环境因素

输入

协议

有时合同和商业协议中也写有需求。

组织过程资产

项目章程

项目章程概括地指出项目要完成的工作。

可以在这里找到能帮助你收集需求的所有以往项目的信息。

与相关方交流

收集需求过程包括与可能受项目影响的人交流，找出他们需要些什么。这个过程中使用的所有工具重点就是要让相关方告诉你项目将要解决哪些问题。有时这意味着要与他们一对一地交谈，有时可能要进行小组讨论。关于需求要了解的最重要的一点是，每个需求都要满足一个特定的相关方需要。幸运的是，相关方的很多需要都已经写在你的商业论证文件中了。

不过并不是只能从商业论证中寻找需求，下面还有几个很有用的数据收集工具和技术，可以帮助你收集需求：

访谈是很重要的方法，可以让相关方解释他们将如何使用项目创建的产品或服务。通过与人们一对一地交谈，可以让他们清楚地解释他们需要什么，以确保项目能够达到目标。

焦点小组是另一种与一群人讨论需求的方法。让人们一起讨论最终产品，他们会告诉你原先他们自己都没有想到的需求。

问卷调查方法是要写出问题，询问可能从这个软件受益的人，再一起审查所有人的回答。

头脑风暴是最常用的收集需求的方法之一。只要是与一群人坐在一起群策群力想新点子，就是在进行头脑风暴。

标杆对照 是一种比较方法，将你构建软件时使用的过程和实践与其他组织中使用的过程和实践进行比较，从而能找出最好的改进方法。

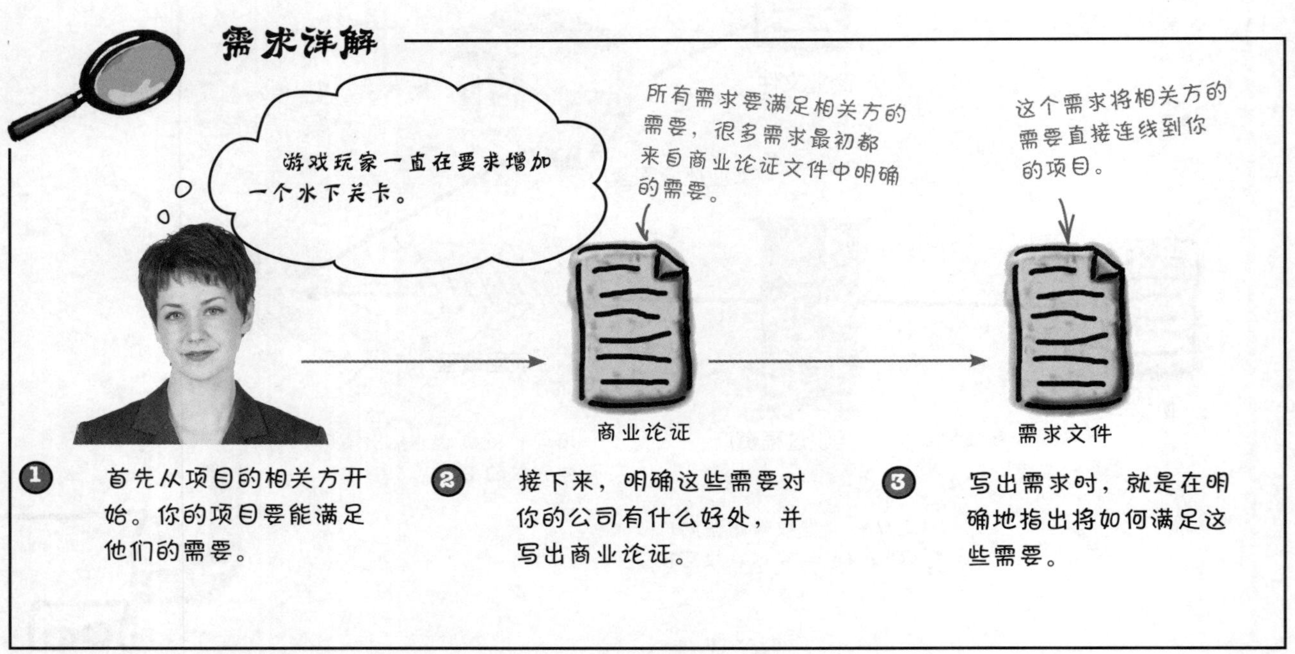
需求详解
游戏玩家一直在要求增加一个水下关卡。
所有需求要满足相关方的需要，很多需求最初都来自商业论证文件中明确的需要。
这个需求将相关方的需要直接连线到你的项目。
商业论证
需求文件
1 首先从项目的相关方开始。你的项目要能满足他们的需要。
2 接下来，明确这些需要对你的公司有什么好处，并写出商业论证。
3 写出需求时，就是在明确地指出将如何满足这些需要。

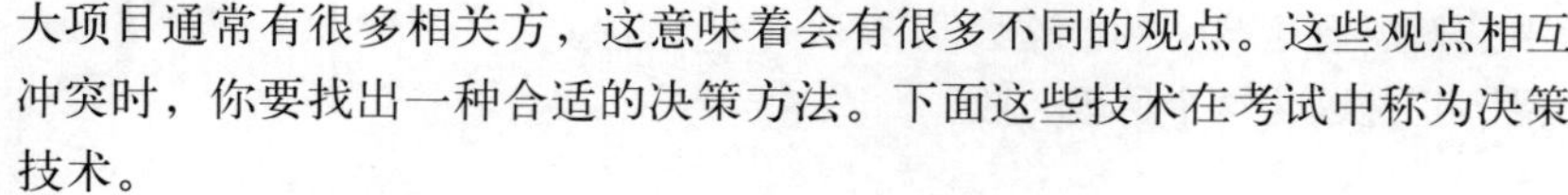
关于需求的决策

TOOLS

大项目通常有很多相关方，这意味着会有很多不同的观点。这些观点相互冲突时，你要找出一种合适的决策方法。下面这些技术在考试中称为决策技术。

一致同意 是指每一个人都同意这个决策。

大多数同意 表示群体中超过半数的人同意这个决策。

相对多数同意 表示根据多数人投票的想法做出决策。

独裁型决策 是由一个人为整个群体做出决策。

多标准决策分析 是指团队使用数据来帮助他们做出决策。团队可能根据给定的不确定性、风险、商业价值、时间紧迫度或其他重要因素数据比较各个可选的决策。

Exercise

考试时，你要知道这些不同决策技术之间的区别。以下是CGW团队与所有相关方召开的引导式研讨会的一些会议记录。指出每种情况下分别使用了哪种决策技术。

1. 这个群体关于CCG（反刍动物枪，cud-chewer gun）进行了5次投票，不过最后还是决定不增加这个特性，因为它没有获得所有人的同意。

☐ 一致同意　☐ 相对多数同意

☐ 大多数同意　☐ 独裁型

2. 工程部副总裁告诉所有人要为Team Guernsey设计一个新角色。因为他是这个房间里职位最高的人，所以没有人提出异议。

☐ 一致同意　☐ 相对多数同意

☐ 大多数同意　☐ 独裁型

3. 共有10个新的场景建议希望获得批准，不过只有5个可以加入到游戏中。团队选择了公开投票时票数排前5的5个建议。

☐ 一致同意　☐ 相对多数同意

☐ 大多数同意　☐ 独裁型

4. 小组中超过一半的人都希望看到一个关于农夫Ted的新故事。所以这个需求被记为绝对必要的需求。

☐ 一致同意　☐ 相对多数同意

☐ 大多数同意　☐ 独裁型

答案：1.一致同意 2.独裁型 3.相对多数同意 4.大多数同意

理解需求

最初关于项目的讨论中会产生一些文件，要理解所有这些文件，这会帮助你更好地把握这个项目将创建什么产品。正是因为这个原因，收集需求过程包括一个数据分析工具。

数据分析工具/技术包括文件分析。以下是收集需求时分析的一些文件的例子。

文件分析 是一种通过查阅现有的所有项目文件来收集需求的方法。下面是收集需求时可能查看的一些文件：

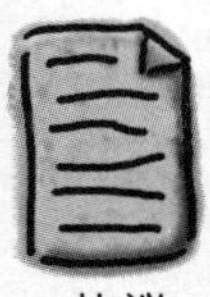

协议

商业计划

现行流程

市场文献

用例

相关方已经很了解项目

需求就是人们想要什么，所以毫不奇怪，你要运用你的人际关系与团队技能让所有人对项目要达到的目标意见一致。

名义小组技术 这是头脑风暴的一种形式，发现新创意时把它们写下来，然后群体投票看哪些创意最受欢迎。再利用投票结果对所有创意排序，区分不重要的创意和你希望进一步深入的创意。

引导 需求讨论是指使用协作技术召集所有人在一起讨论他们认为项目需要达到什么目标，以及如何达到这个目标。下面是用来收集项目需求的几种群体需求讨论方法。

- ★ **联合应用设计** 是一种引导研讨会，在这里，用户和开发团队一起定义需求。有时这也称为JAD会议。
- ★ **质量功能展开** 是制造业项目中常用的一种研讨会，在这些研讨会上，团队将识别客户需求，完成优先级排序，为了实现这些需求，还会为团队设定目标。
- ★ **用户故事** 是对最终用户所需功能的一个简短描述。通常团队会协作编写用户故事，并用他们写的具体故事作为讨论时的提示。用户故事通常采用以下格式：

作为<用户类型>，我希望 <采取的具体措施> 从而得到 <所采取措施的效益>。

更好地查看创意

Tools

要让你的团队更有创意，这可以帮助你从一开始就创建一个更好的产品。数据表现就是要用可视化的方式显示你的创意，使每一个人都能看到创意相互之间的关系。

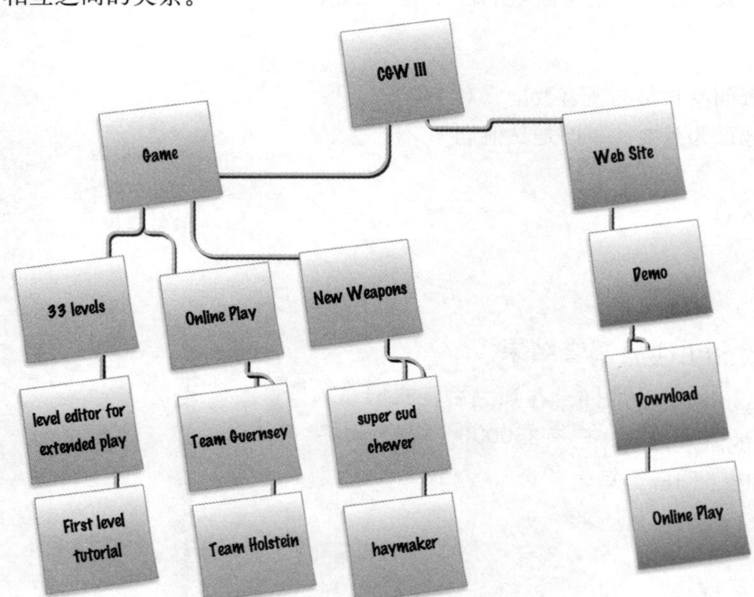
CGW III
Game
Web Site
33 levels
Online Play
New Weapons
Demo
level editor for extended play
Team Guernsey
super cud chewer
Download
First level tutorial
Team Holstein
haymaker
Online Play

亲和图 如果你有很多创意，需要分组来对它们做些处理，亲和图就很适用。很多人会在墙上用便利贴做亲和图。这样一来，你就可以来回移动这些创意，想到要探索的新领域时还可以改变分组。有时对需求分类就能帮助你发现新需求。

创意/思维导图 是用可视化的方式表示创意相互关系的一种好办法。有了一个创意时，可以创建一个导图来说明你是如何得到这个创意的，并显示哪些创意可以分组在一起，有时这会很有帮助。

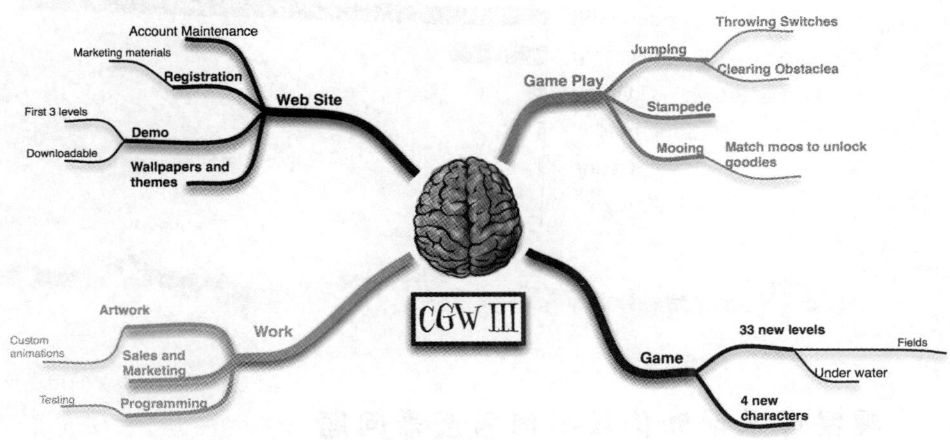
Account Maintenance
Marketing materials
Registration
Web Site
First 3 levels
Demo
Downloadable
Wallpapers and themes
Game Play
Jumping
Throwing Switches
Clearing Obstaclea
Stampede
Mooing
Match moos to unlock goodies
CGW III
Artwork
Work
Custom animations
Sales and Marketing
Testing
Programming
Game
33 new levels
Fields
Under water
4 new characters

系统交互图 会帮助你的团队显示产品范围中所有过程和特性相互之间的关系。这是产品范围的一个图解，显示了用户如何与产品交互。

使用问卷得到更多人的需求

Cows Gone Wild开发团队需要和玩游戏的人交流，确定下一个版本中哪些特性会受到玩家欢迎。显然他们不能逐门逐户地到所有顾客家里问问题，所以他们写了一个关于游戏新特性的调查问卷，发送给注册这个游戏的玩家。

收集新版本的需求时，团队首先考虑从这些调查问卷收集的所有数据，对这些数据做一些分析，确定哪些特性对游戏社区最为重要。下面是从他们的调查结果中摘取的一个片段：

考试时，问卷调查被认为是一种数据收集技术。

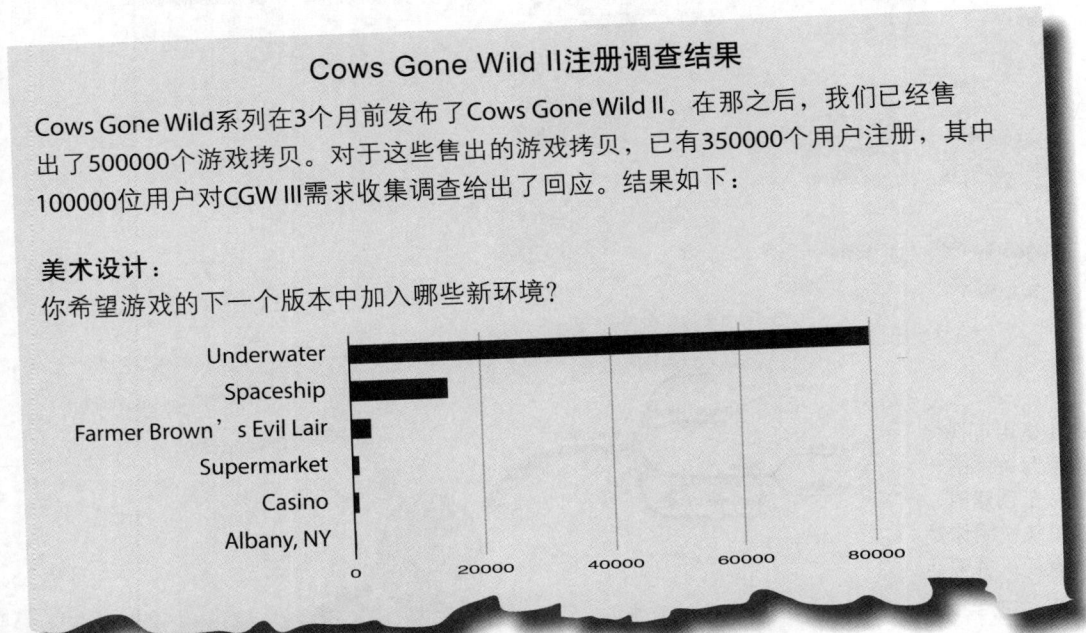

Cows Gone Wild II注册调查结果

Cows Gone Wild系列在3个月前发布了Cows Gone Wild II。在那之后，我们已经售出了500000个游戏拷贝。对于这些售出的游戏拷贝，已有350000个用户注册，其中100000位用户对CGW III需求收集调查给出了回应。结果如下：

美术设计：

你希望游戏的下一个版本中加入哪些新环境？

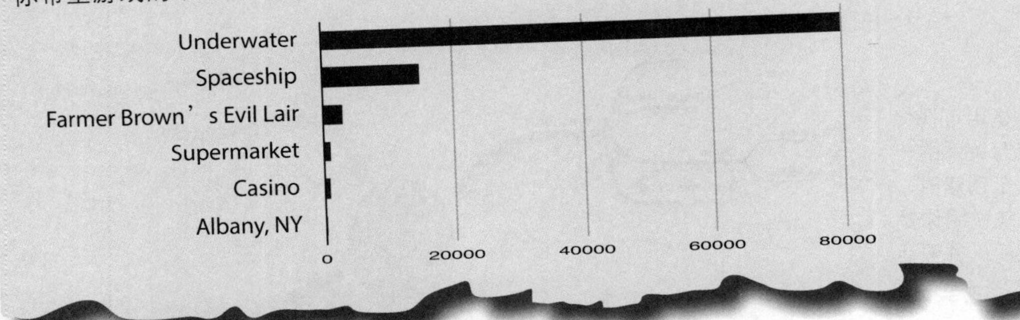
Underwater
Spaceship
Farmer Brown’s Evil Lair
Supermarket
Casino
Albany, NY
0
20000
40000
60000
80000

观察可以帮助你从不同角度看问题

观察是我们用来收集需求的一种人际关系与团队技能。

有时要观察使用产品的人，特别是在他们使用产品时，这会让你更好地了解如何解决他们的问题。当人们被问到有什么需求时，他们往往并不知道要说些什么，所以可以观察他们如何处理你的产品所要解决的问题，这会帮助你找出他们自己都不明确的需求。

专家判断是收集需求时使用的另一个工具。

用原型向用户显示产品的样子

Tools

有时要想让相关方对你的产品提出看法，最好的办法就是通过一个原型向他们展示你的产品。原型是你要构建的产品的模型，可以让相关方更好地了解你的团队是怎么想的。有时尝试过原型的用户会提出他们此前从未想到过的全新的需求。如果能让相关方在原型里找到新的需求，与等到项目结束再向他们展示产品相比，肯定容易得多。构建一个相当复杂的产品时，作为需求收集过程的一部分可以先建立原型，这很有意义，这样你就可以较早地发现用户可能要求的变更。

如果使用迭代技术开发你的项目，原型是一个非常棒的工具。如果你使用敏捷软件开发过程或者分阶段定义需求，原型将是一种很好的方法，可以促进你的相关方参与项目，并得到他们的反馈，了解可能需要哪些变更。

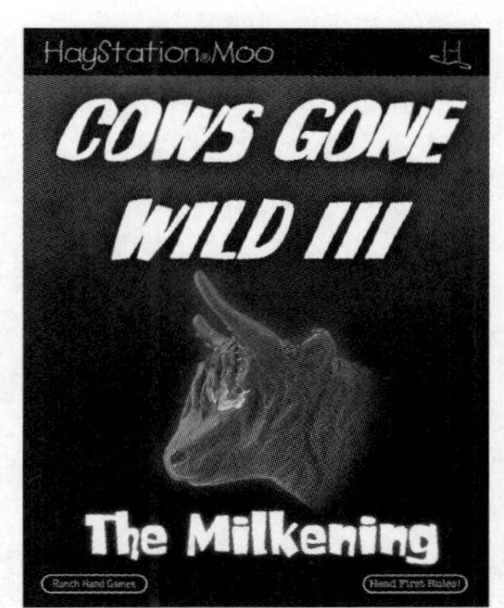
HayStation Moo
COWS GONE WILD III
The Milkening

there are no Dumb Questions

问：在我的公司里，由商业分析人员收集需求，而不是项目经理。既然如此，我又何必要了解这些内容呢？

答： 问得好。很多项目团队都有一个商业分析人员（Business Analyst）专门收集项目的需求，并编写相应的规范。不过，作为一个项目经理，你要负责确保所有相关方的需求都得到满足。所以你最好充分了解需求收集过程，并积极参与其中。

有些组织甚至把需求收集活动划分为项目需求（Project Requirements）和产品需求（Product Requirements）。项目需求包括保证项目不超预算、满足指定的最后期限，以及使用某些资源等方面。而产品需求则有关于产品的特性。即使你很幸运，项目里确实有一个商业分析人员帮你收集需求，但如果你希望项目始终处于正轨，那么项目需求和产品需求最好都要了解。

问：我能跳过这些需求收集工具直接进入代码吗？我工作的公司采用迭代式开发。这意味着我在工作中可以直接做计划，是这样吗？

答： 回答很简单：不可以。你提前知道的东西越多，规划项目就越容易。即使是迭代式项目，也必须提前规划每个阶段的需求。对目前来说，如果你只是为项目的一个小阶段收集需求，应该能更快地完成收集需求过程，这一点不假，但是这并不意味着你可以完全跳过需求收集。

问：我怎么知道什么时候完成需求的收集呢？

答： 这个问题很好。你的需求必须是可测量的，这样才是完整的。所以只是写出你希望产品有好的性能还不够。你必须能够告诉人们，对你来说怎样才算是好的性能。你必须在结束项目时确认所有需求都得到满足，所以需求不能只是简单的描述，而应当可以测量。

一旦建立需求，如果你有办法分别进行确认，就说明你的需求是完整的。

现在准备编写需求文件

收集需求过程的输出是需求文件和一个需求跟踪矩阵，从而可以从需求文件到实现和确认需求的过程中一直跟踪需求。

输出

CGW III需求文件

1. 介绍

CGW II是一个重大失败。我们做了一些市场研究，并在内部进行头脑风暴，整理出对Cows Gone Wild III的以下需求：这个游戏将于明年假期应时发布。

2. 组织影响

这个产品会对Ranch Hand Games的很多部门带来影响，包括研发部门、营销部门、发行部门、货运部门、管理部门、财务部门，以及客户服务部门。

3. 功能需求

这个需求是可测量的。如果最终产品包含涉及游泳的挑战，这个需求将通过测试。否则就不能通过。

名称	RU001——包含水下关卡
概要描述	奶牛要能够在水下移动
理由	水下环境是被调查的游戏玩家需求最强烈的特性
需求	奶牛要能游泳，另外要开发要求游泳的水下挑战

……

4. 非功能需求

在这里，可以加载各个关卡，并测量相应的时间来确定产品是否满足需求。

名称	RNF001——性能要与CGWII相当或者更好
概要描述	新功能不能让游戏速度减慢
理由	游戏玩家对CGWII中的性能提升很满意。下一版不能缺少这一改进
需求	所有关卡都必须在15s以内加载完成。所有在线关卡必须在25s内完成加载（网络连接速度为256KB时）

需求文件需要列出产品的所有功能和非功能需求。功能需求（Functional requirements）主要是你马上想到的那些东西：新特性、bug修正、新行为或不同的行为。非功能需求（Non-functional requirements）有时称为“质量属性”，因为这是你对可交付成果的期望，但并不是具体的特性。非功能需求的一些例子包括：性能、可靠性、错误处理和易用性。

CGW III需求跟踪矩阵

来源代码：商业论证 - BC, 调查-S1, 内部- I
需求号：交叉参考需求文件
工作模块：在哪里实现，交叉参考WBS
测试：在哪里验证，交叉参考试验设计

水下关卡需求

来源	需求	模块	测试
S1	RU001	3.3.1	TC01–TC57
BC1	RU002	3.4.1	TC101–TC350
S3	RU003	3.6.2, 3.7.1	TC2

这个文件显示了需求来自哪里，在哪里实现，以及如何得到确认。这是一种很好的方法，可以概要地快速查看所有需求，并确保需求映射到具体的测试用例。

我们后面就会更详细地讨论什么是WBS，以及如何建立一个WBS。

CGW III 需求管理

需求收集过程：
将使用以下技术启发需求：

1. 问卷调查
2. 引导式研讨会
3. 德尔菲法
4. 焦点小组
5. 访谈
6. 观察

要根据与CGW III商业论证文件一致的策略决定优先顺序。

需求一旦得到批准，将作为实施整体变更控制的一部分进行管理。

需求管理计划指出如何收集和分析需求。

一旦相关方批准了需求文件，对需求的所有变更都需要使用实施整体变更控制来批准。

BULLET POINTS AIMING FOR THE EXAM

- **产品范围**表示所构建产品或服务的特性和功能。项目范围表示构建产品需要做的工作。
- **功能需求**是产品的行为。非功能需求是关于产品的隐含期望。
- **范围管理**就是要确定完成项目需要做的所有工作，并确保只完成这些工作，而不做任何多余的事情。
- **范围管理计划**作为项目管理计划的一部分创建。它定义了定义范围和管理范围变更所用的过程。
- 考试时，需要知道这些**过程的顺序**。要想记住这个顺序有一个好办法：就是要理解一个过程的输出如何用作为另一个过程的输入。

写出以下各个场景中使用的收集需求的工具或技术。

1. 团队在一起想游戏的新创意。他们考虑这些创意的时候，把它们分组写在不同颜色的索引卡片上，并在公告板上用图钉将它们分类摆放。

2. Ranch Hand Games为访问网站的人列出了一组问题，回答问题的人可以换得一张游戏优惠券。

3. 团队在一起进行头脑风暴，并定期投票对需求排序，区分最不重要和最重要的需求。

答案：1. 亲和图 2. 问卷调查 3. 名义小组技术

现在Mike已经收集了需求，你认为他该如何处理这些需求？如何确保游戏能实现这些需求？

定义项目范围

规划
过程组

既然Ranch Hand团队有一个项目经理，一切都会顺利的，是吗？嗯，那可不一定。只是指派一个项目经理并不足以保证范围能得到控制。正是因为这个原因，你需要一个定义范围过程。即使是最好的项目经理，也需要依靠公司的某些方面以及周围的人。正因如此，定义范围过程的输入非常重要。其中包含分解项目工作之前你需要知道的所有信息（分解项目工作就是将项目分解为团队成员要完成的具体工作）。

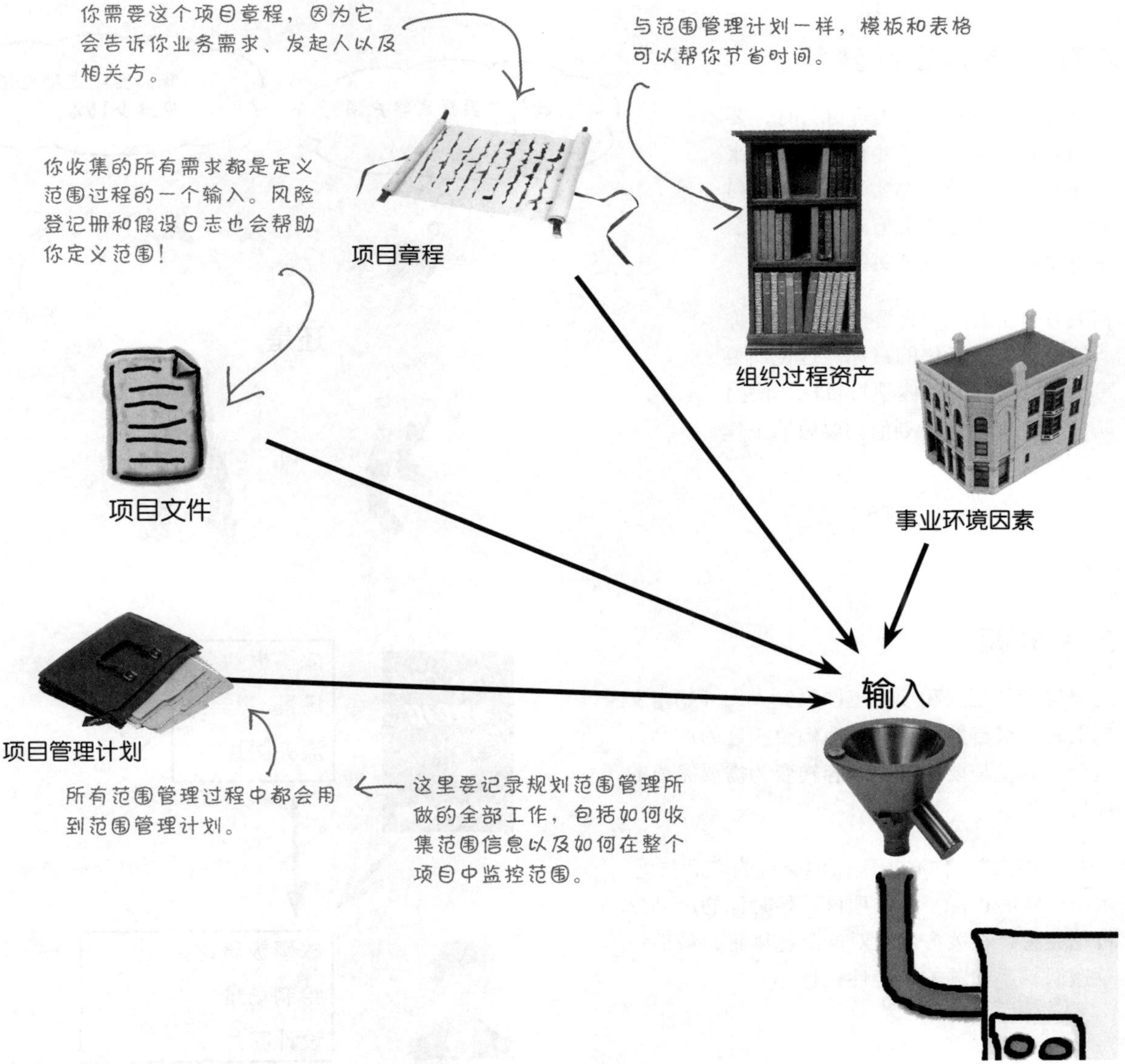

你需要这个项目章程，因为它会告诉你业务需求、发起人以及相关方。

与范围管理计划一样，模板和表格可以帮你节省时间。

你收集的所有需求都是定义范围过程的一个输入。风险登记册和假设日志也会帮助你定义范围！

项目章程

组织过程资产

项目文件

事业环境因素

输入

项目管理计划

所有范围管理过程中都会用到范围管理计划。

这里要记录规划范围管理所做的全部工作，包括如何收集范围信息以及如何在整个项目中监控范围。

如何定义范围？

下面是定义范围过程的5个工具和技术。

TOOLS

写需求时就已经开始定义项目范围了。不过现在你需要更进一步，写出你和你的团队在项目过程中要做的所有工作。幸运的是，已经有一些定义范围过程的工具和技术，可以指导你建立项目范围说明书（稍后就会介绍有关内容）。

需要确定相关方需要些什么，以便向他们交付产品。

人际关系与团队技能

与相关方一起开引导式研讨会时，要明确他们需要什么，并且全部写下来。这样做的原因是，你要确保最后交付的产品确实满足相关方的需要。这会避免团队交付质量低劣的产品。

相关方分析的一个重要部分就是尽你所能地设定可量化的目标。这说明要写出可以测量的具体项目目标，使团队能够更容易地规划他们要做的工作。

我们需要提高客户满意度。
我们要把支持电话量减少15%。
这是一个很好的目标，不过不是可量化的。
还是
每个人都可以争取做到这一点。

产品分析

还记得产品范围和项目范围吗？人们开始定义范围时，很自然地会想到他们要构建的产品。这个工具就是要把这些内容转变为需要完成的项目工作。

一旦工作完成，你必须确保你交付的产品与需求中设定的目标一致。项目开始时你的产品分析越完善，相关方就会对产品越满意，最后一刻遭遇棘手问题的可能性也越小。

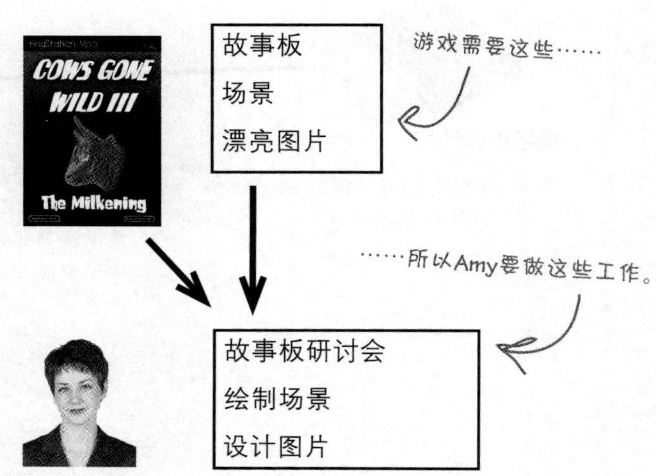
COWS GONE WILD III
The Milkening
故事板
场景
漂亮图片
游戏需要这些……
……所以Amy要做这些工作。
故事板研讨会
绘制场景
设计图片

数据分析

考虑还可以采用哪些方法来完成工作。研究不同的工作方法有助于你找出完成项目最高效的方法。有时很可能会发现一个更好的做法，而需要改变你原先的计划。团队总会花一些时间完成备选方案分析，这是他们定义项目范围时所做的数据分析工作的一部分。

设计图片：备选方案

A.

聘请一位图形设计师

B.

将设计工作交给一个外部工作室

C.

得到已有的美术作品的授权许可

专家判断

前面已经见过这个工具！引入一个专家来帮你确定需要做哪些工作。

专家判断

决策

决策技术会确定一些标准，这些标准可以帮助你做出合理的决策，决定项目范围包括什么以及不包括什么，并且会为这些决策指定相应的数值，使你能根据对相关方的商业价值来确定哪些需求是最重要的。

there are no Dumb Questions

问：产品分析与需求收集一样吗？

答：不完全一样。人们收集需求时，他们要努力了解产品要满足什么需要。需求是产品的内容。使用产品分析来定义要完成的工作范围时，则是要明确团队需要开发哪些可交付成果来建立项目范围说明书。所以产品分析关心的是如何完成工作，而不是产品的具体内容。

问：如果完成一个工作只有一种方法呢？我还需要做备选方案分析吗？

答：只有一种方案的情况并不多，不过如果你恰好遇到这种情况，就不必在备选方案分析上花费太多时间，因为并没有备选方案可以识别。

问：如果一个相关方无法告诉我如何测量他的需求，会怎么样？

答：这可能有些麻烦。有时相关方知道他们希望某件事能做得更好，但是他们不知道如何确定何时成功。你要与他们一起，在他们的想法中找出关于项目成功的某个可以测量的方面。如果没有办法测量是否成功，就无法知道是否已经实现目标。

项目范围说明书告诉你要做什么

如果规划了范围，使用相关方分析和产品分析尽可能明确了情况，并且识别出所有可取的工作方法，然后就可以把新发现增加到项目范围说明书中了。

输出

Cows Gone Wild III: 牛奶大战
项目范围说明书

产品范围描述：这个产品必须包含34个等级，4个角色，而且必须支持Mac和PC平台。

项目的除外责任：这个项目不包括配套网站。网站将由另一个项目团队完成。

这表示要找出所有不包括在项目内的工作。

项目可交付成果：这个项目的可交付成果包括：

游戏
设计文件
合同
测试计划
测试报告
预算
源代码
缺陷报告
项目管理计划
进度
变更请求

这是这个过程的另一个输出，它与变更控制有关。我们讨论控制范围过程时还会介绍这个内容。

项目验收标准：产品不能对现有系统产生不利影响。发现的所有缺陷优先级要足够低，而且不能太过严重，才能被所有相关方所接受。

这是这个过程的另一个输出，它与变更控制有关。我们讨论控制范围过程时还会介绍这个内容。

项目文件更新

WHAT'S MY PURPOSE

下面是CGW III项目范围说明书中Mike遗漏的一些内容。你能确定它们应该放在哪里吗？

1. 游戏必须保证每10000行代码不超过15个缺陷。

2. 会有4个图形设计师向艺术总监报告，另外有6个程序员和4个测试人员向开发经理报告。

3. 任何时候能分配参与这个游戏工作的人数不超过15人。

4. 场景美术设计。

5. 这个产品不包括修正上一个版本的bug。

6. 这个游戏需要能够在有内存不超过1GB的机器上运行。

A. 项目的除外责任

B. 项目可交付成果

C. 项目制约因素

D. 项目假设条件

E. 项目需求

F. 验收标准

答案见245页。

项目范围说明书指出你在项目中将要做和不应做的工作。

Fireside Chats

今晚话题：**需求文件和项目范围说明书在激烈地争论谁在范围管理中更重要。**

需求文件：

我很高兴终于有机会和你面对面聊聊。

项目范围说明书：

真的吗？我可从没觉得你这么高看我。

需求文件：

我可没那么讲！嗯，我想，其实不难看出为什么我在范围管理中如此至关重要。

项目范围说明书：

当然，所有一切都是关于你。

需求文件：

对，本该如此。我的意思是说，如果不是为了我，根本不会有你。

项目范围说明书：

你是什么意思？

需求文件：

如果没有产品，没有我，就没有工作要做，没有人知道要构建什么。所以没有我的话，说实在的，谁会需要你呢？

项目范围说明书：

这可不公平。你认为只是因为人们聚在一起在焦点小组和头脑风暴研讨会上讨论你，你就与众不同吗？如果没有我，人们就会对你的需求一直争论下去，永无止境。要知道，为这些施加限制的人是我。

需求文件：

不过他们还是需要我来告诉他们要构建什么。我要告诉每一个人产品应当是怎样的。

项目范围说明书：

也许是这样，不过再想想看。你的需求从启动项目直到结束总在改变。你太需要维护了。很少听说有团队能够从一开始就保证所有需求都是正确的。你一旦改变，我也必须改变。实在太烦人了。

需求文件：

这倒是真的。难怪那么多项目存在问题。不过你提前知道的越多，就越容易对可能发生的情况做出规划。

需求文件：

既然提到了，我想这说明提前了解项目范围也很重要。

项目范围说明书：

这正是我要说的。我们都很有用，不过所有人考虑管理范围时首先想到的是我。

需求文件：

不过你太宽泛了。我是说，如果确实想了解一个项目做些什么，你就必须找我。我表示了项目要满足的需要，如果没有我，根本就不会有项目。

项目范围说明书：

我们又想到一起去了。相信我，如果没有我，没有人知道如何满足这些需要。我和你同样重要。

需求文件：

在我看来这确实与我的工作同样重要。

项目范围说明书：

我想我们再也不会为这个问题争执不休了。

Exercise

考试时，你需要知道定义范围和收集项目需求之间的区别。以下哪些属于项目范围说明书，哪些是需求文件的一部分？

1. 创建图片所需的工作

   ☐ 需求文件 ☐ 项目范围说明书

2. 游戏中的新角色

   ☐ 需求文件 ☐ 项目范围说明书

3. 33个新等级

   ☐ 需求文件 ☐ 项目范围说明书

4. 产品的性能需求

   ☐ 需求文件 ☐ 项目范围说明书

5. 如何创建WBS的有关描述

   ☐ 需求文件 ☐ 项目范围说明书

6. 如何测试软件

   ☐ 需求文件 ☐ 项目范围说明书

7. 相关方如何确认可交付成果

   ☐ 需求文件 ☐ 项目范围说明书

8. 要创建的所有美术设计清单

   ☐ 需求文件 ☐ 项目范围说明书

答案：需求文件：2，3，4，8 项目范围说明书：1，5，6，7

问题诊所："最佳答案"问题

不论参加什么类型的考试，你对考试越熟悉，考试时就会越放松。要熟悉PMP考试，一种办法就是了解你将看到的各种不同题型。"最佳答案"问题就是一种很重要的题型。

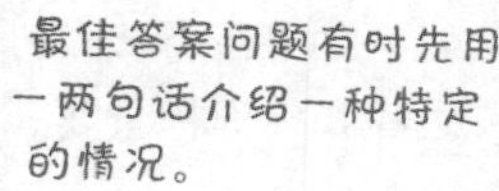

最佳答案问题有时先用一两句话介绍一种特定的情况。

这种问题中可能会说"顾客"而不是"发起人"。

好了，现在你已经有了足够的信息来回答这个问题。发现某些可交付成果需要变更时你该怎么做？

36. 你是一个建筑项目的项目经理。你安排了一个会议，让顾客和相关方了解最新的项目进展。在会上，他们告诉你有些可交付成果需要修改，否则不能验收。以下哪一个是最佳做法？

A. 告诉相关方他们没有权力决定哪些可交付成果可以验收。

B. 查阅项目章程，用它向相关方表示你是得到授权的项目经理。

C. 明确需要修正哪些需求，来告诉团队如何使可交付成果通过验收。

D. 记录请求的变更，交由变更控制处理。

有些答案显然是错的。你应该能排除掉第一个。

这个答案好像不错……这正是项目章程的作用，不是吗？不过等一等！章程与工作范围有什么关系？

对，这确实像是正确的答案，你需要做这个工作。不过这真的是最佳答案吗？

最佳答案问题可能会有不止一个正确答案，不过只会有一个最佳答案。

哈！这才是最佳答案！尽管从理论上讲答案C也是正确的，不过D更好地描述了变更控制是如何工作的。

最佳答案

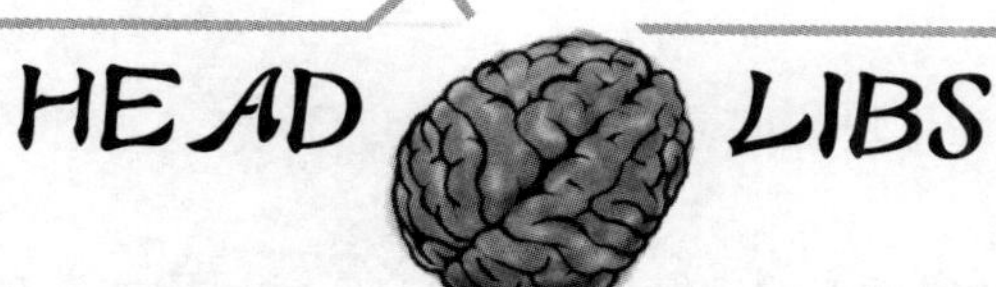
HEAD LIBS

填空，出一道你自己的“最佳答案”问题。

你是 ______________________ 的项目经理。在 ____________
（一个行业或者项目名）

______________________ 的最后，你遇到一个问题。
（一个范围管理过程）

你发现 ______________________ 未能正确使用
（使用这个工具或技术的人或团队成员）

______________________。最佳做法是什么？
（该过程的一个工具或技术）

A. ______________________
（一个显然有误的答案，人们或项目经理不正确地使用这个工具或技术）

B. ______________________
（一个看上去正确的答案，不过并不是最佳答案）

C. ______________________
（最佳答案，准确地描述了如何正确地使用这个过程）

D. ______________________
（这个答案谈论的是一个无关过程的情况，比如第4章中讨论的过程）

创建工作分解结构

规划
过程组

创建WBS过程是范围管理知识领域中最重要的过程，因为你要在这里明确要做的全部工作。就是要在这里创建工作分解结构（或WBS），这是范围管理的主要输出。项目团队中的任何人（包括你）要做的每一件事都要写在WBS中。

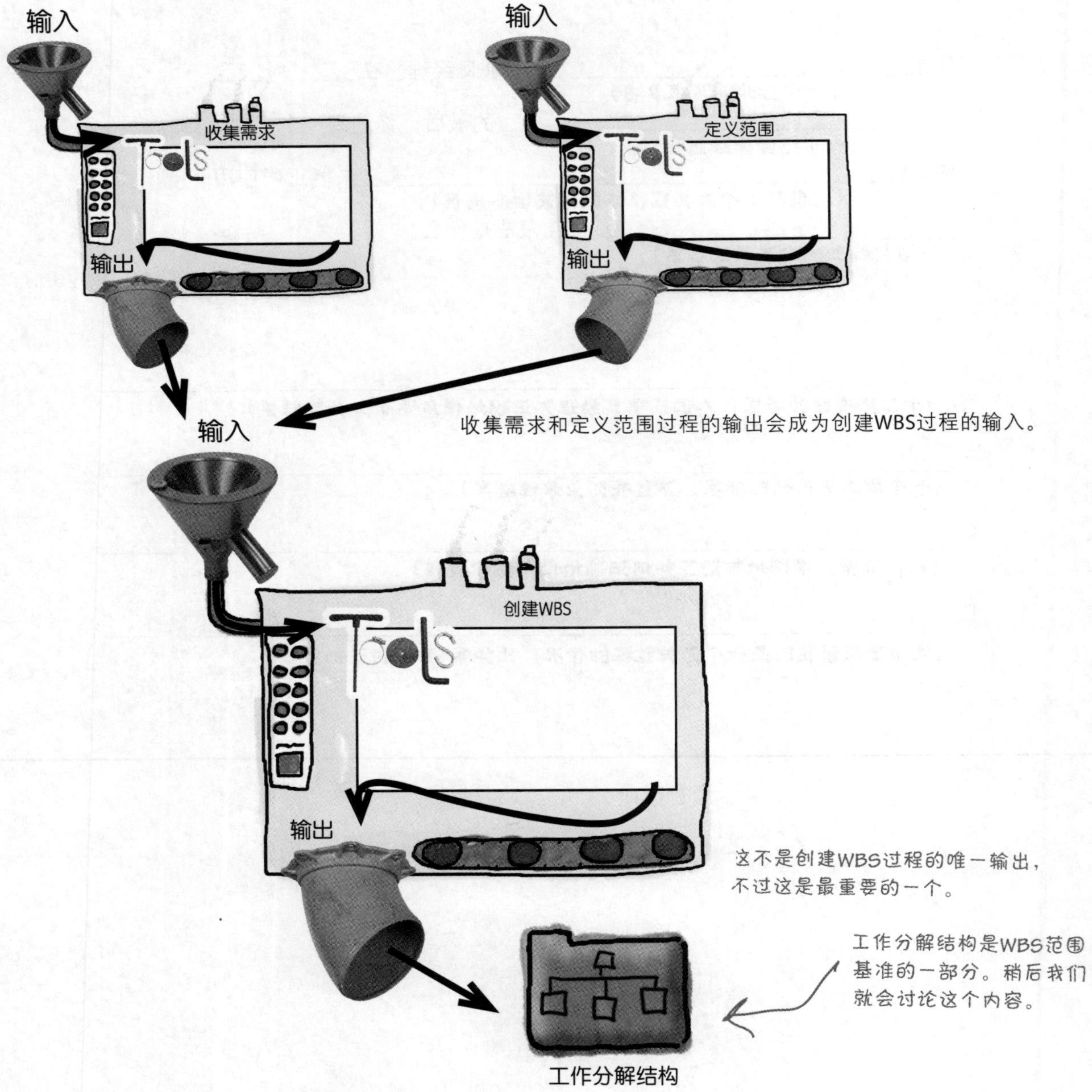

输入

收集需求

输出

输入

定义范围

输出

输入

收集需求和定义范围过程的输出会成为创建WBS过程的输入。

创建WBS

输出

这不是创建WBS过程的唯一输出，不过这是最重要的一个。

工作分解结构是WBS范围基准的一部分。稍后我们就会讨论这个内容。

工作分解结构

WBS的输入来自其他过程

你已经看到了创建WBS需要的所有输入。毫不奇怪，创建WBS之前，需要有需求文件、项目范围说明书和组织过程资产。制订这些内容时，就是在了解分解项目工作时需要知道的信息。

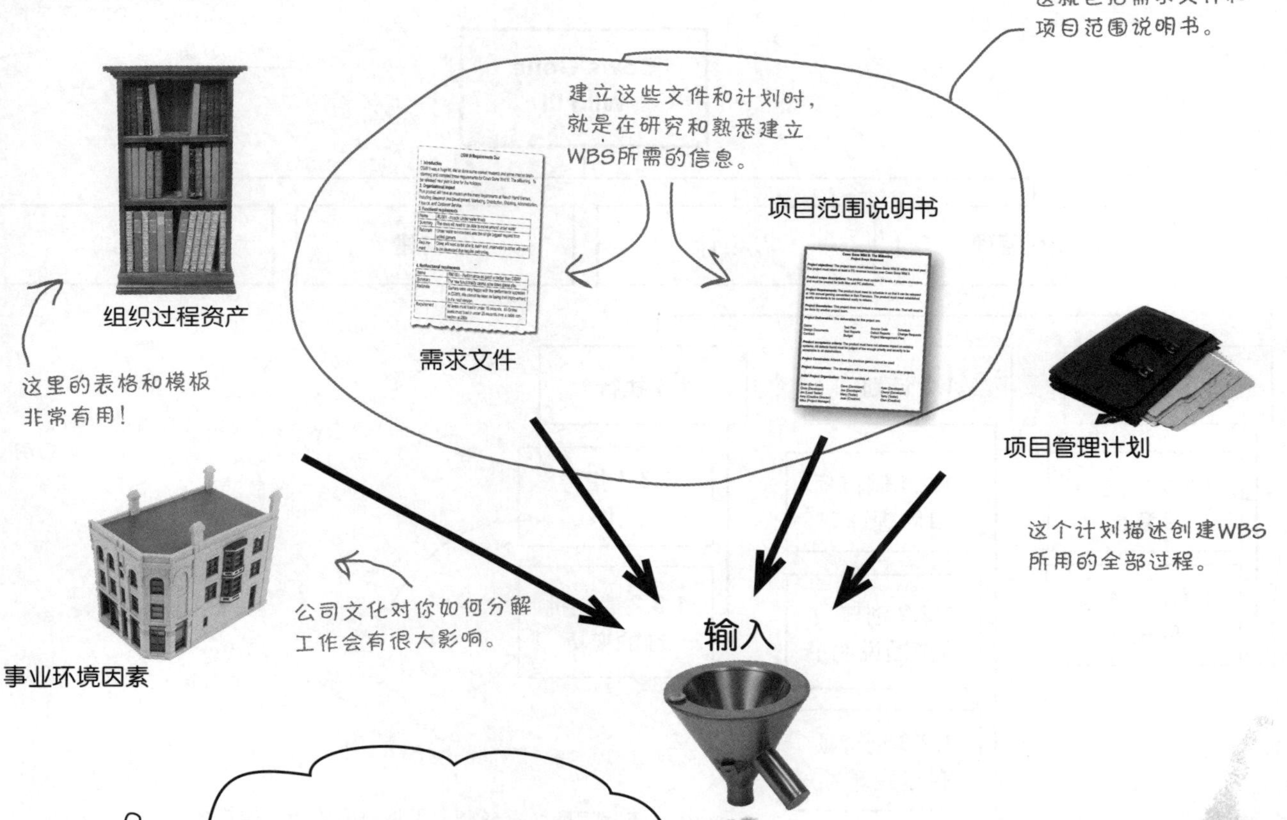

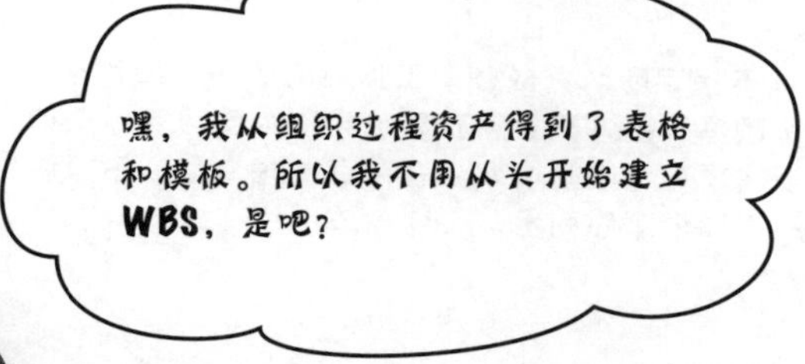

看到"项目文件"时，这就包括需求文件和项目范围说明书。

建立这些文件和计划时，就是在研究和熟悉建立WBS所需的信息。

项目范围说明书

需求文件

组织过程资产

这里的表格和模板非常有用！

项目管理计划

这个计划描述创建WBS所用的全部过程。

公司文化对你如何分解工作会有很大影响。

事业环境因素

输入

嘿，我从组织过程资产得到了表格和模板。所以我不用从头开始建立WBS，是吧？

这正是组织过程资产的用途！

下一页上，你会看到WBS是什么样。你自己为下一个项目建立WBS时，并不需要从零开始，通常可以从组织过程资产库中的一个模板开始。

分解工作

要想清楚地知道一个项目中需要完成的全部工作，一种方法就是创建一个工作分解结构（WBS）。WBS并不显示工作包的顺序，也不会显示工作包之间的依赖关系。它的目标只是要显示创建产品所涉及的工作。

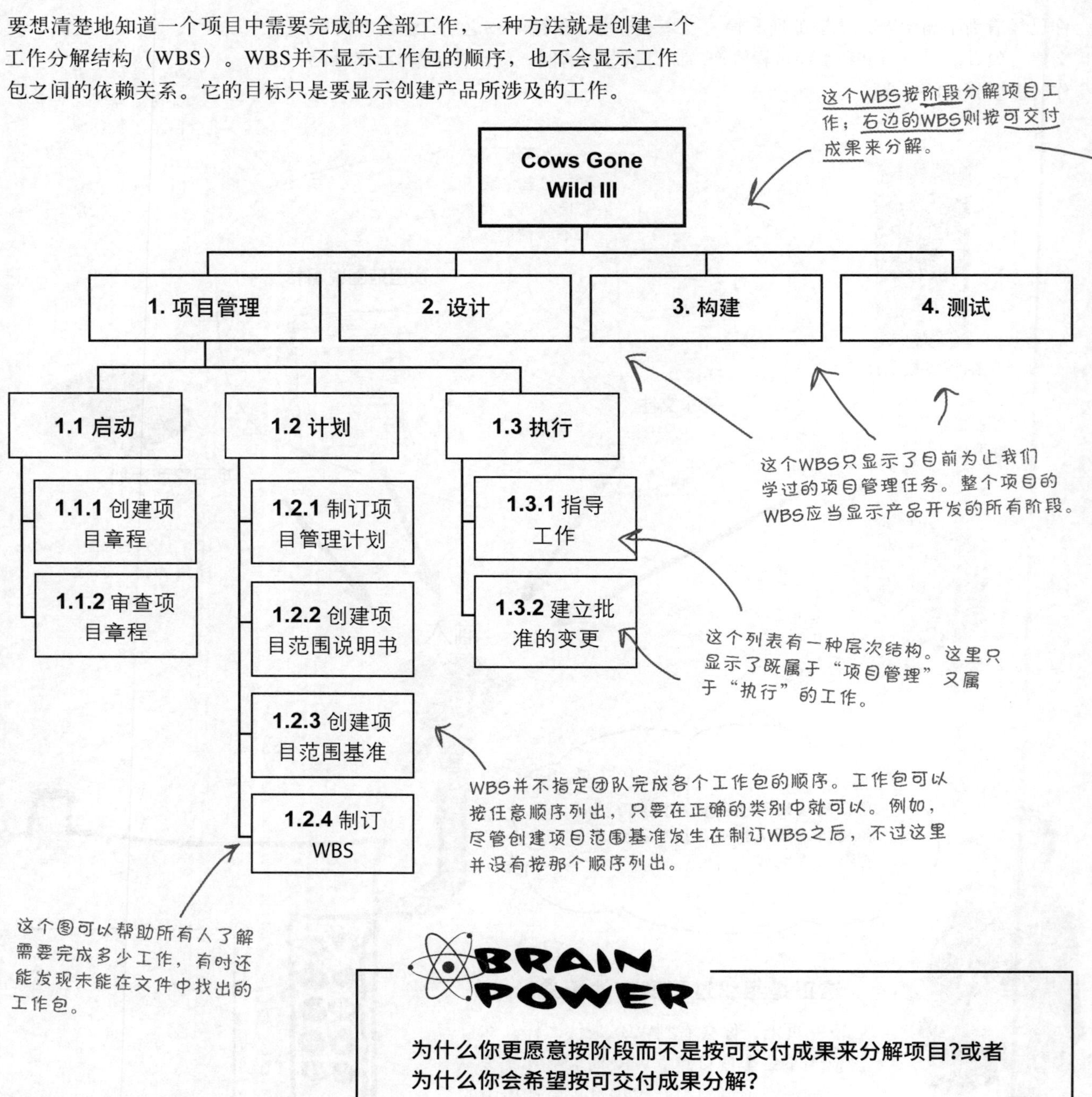
这个WBS按阶段分解项目工作；右边的WBS则按可交付成果来分解。
Cows Gone Wild III
1. 项目管理
2. 设计
3. 构建
4. 测试
1.1 启动
1.2 计划
1.3 执行
1.1.1 创建项目章程
1.1.2 审查项目章程
1.2.1 制订项目管理计划
1.2.2 创建项目范围说明书
1.2.3 创建项目范围基准
1.2.4 制订WBS
1.3.1 指导工作
1.3.2 建立批准的变更
这个WBS只显示了目前为止我们学过的项目管理任务。整个项目的WBS应当显示产品开发的所有阶段。
这个列表有一种层次结构。这里只显示了既属于“项目管理”又属于“执行”的工作。
WBS并不指定团队完成各个工作包的顺序。工作包可以按任意顺序列出，只要在正确的类别中就可以。例如，尽管创建项目范围基准发生在制订WBS之后，不过这里并没有按那个顺序列出。
这个图可以帮助所有人了解需要完成多少工作，有时还能发现未能在文件中找出的工作包。

BRAIN POWER

为什么你更愿意按阶段而不是按可交付成果来分解项目?或者为什么你会希望按可交付成果分解?

按可交付成果分解

可以采用对你和你的项目团队最有意义的方式组织WBS。可视化显示所有工作的两种最常见的方式分别是按可交付成果分解和按阶段分解。通过分解工作，可以更容易地管理项目，因为这意味着不太可能忘记应当完成的工作包。这与左边的项目是一样的，不过这一次项目按可交付成果来分解。

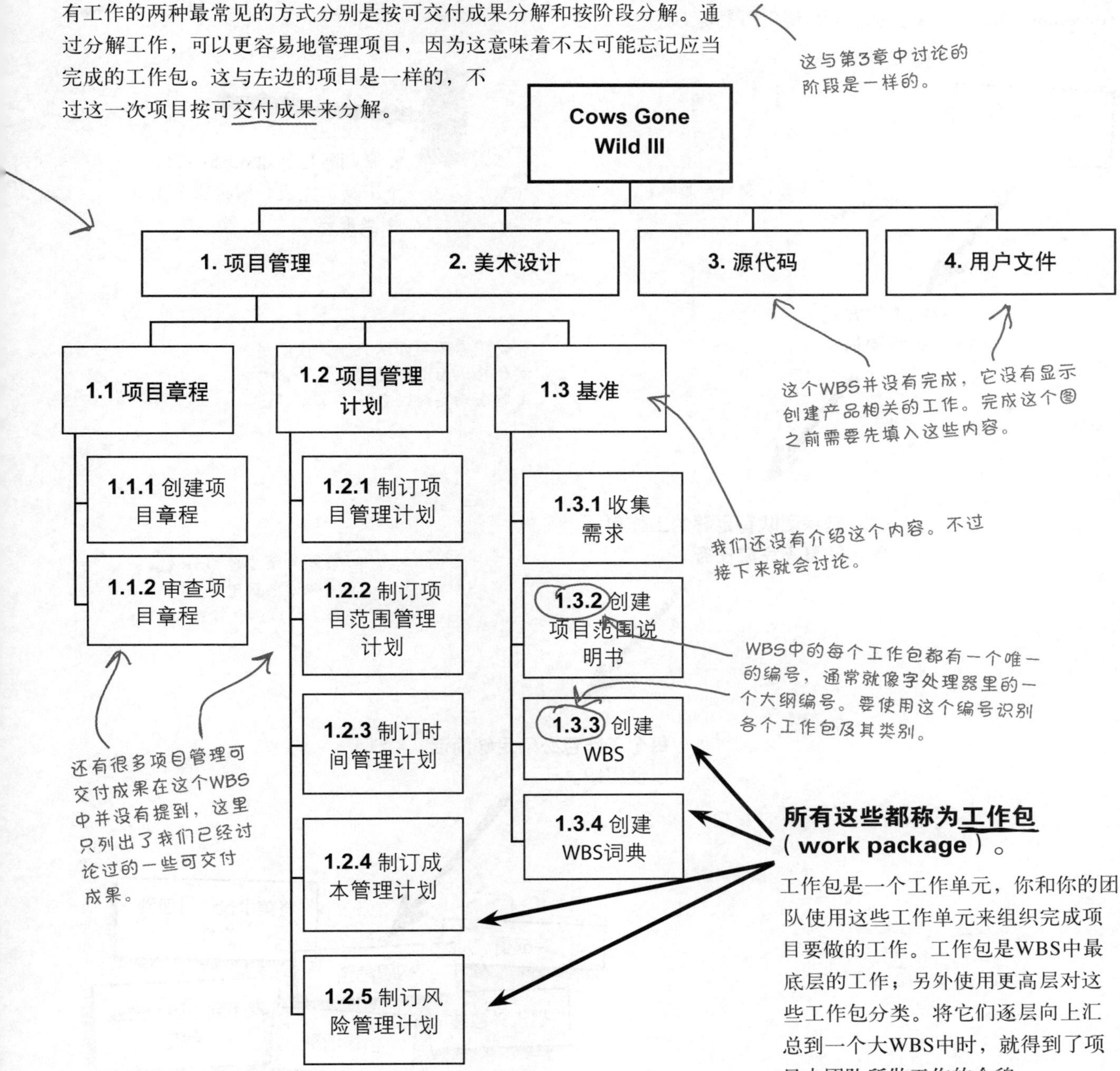

这与第3章中讨论的阶段是一样的。

Cows Gone Wild III

1. 项目管理
2. 美术设计
3. 源代码
4. 用户文件

1.1 项目章程
1.1.1 创建项目章程
1.1.2 审查项目章程

1.2 项目管理计划
1.2.1 制订项目管理计划
1.2.2 制订项目范围管理计划
1.2.3 制订时间管理计划
1.2.4 制订成本管理计划
1.2.5 制订风险管理计划

1.3 基准
1.3.1 收集需求
1.3.2 创建项目范围说明书
1.3.3 创建WBS
1.3.4 创建WBS词典

这个WBS并没有完成，它没有显示创建产品相关的工作。完成这个图之前需要先填入这些内容。

我们还没有介绍这个内容。不过接下来就会讨论。

WBS中的每个工作包都有一个唯一的编号，通常就像字处理器里的一个大纲编号。要使用这个编号识别各个工作包及其类别。

还有很多项目管理可交付成果在这个WBS中并没有提到，这里只列出了我们已经讨论过的一些可交付成果。

所有这些都称为工作包（work package）。

工作包是一个工作单元，你和你的团队使用这些工作单元来组织完成项目要做的工作。工作包是WBS中最底层的工作；另外使用更高层对这些工作包分类。将它们逐层向上汇总到一个大WBS中时，就得到了项目中团队所做工作的全貌。

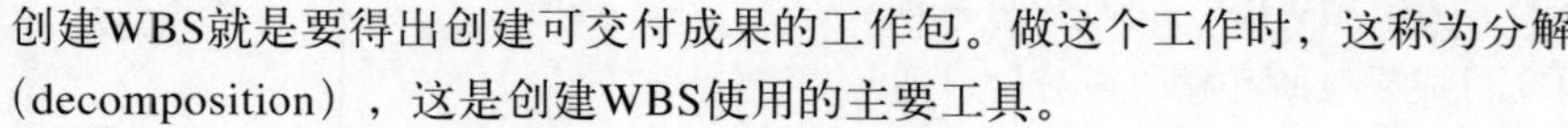

将可交付成果分解为工作包

创建WBS就是要得出创建可交付成果的工作包。做这个工作时，这称为分解（decomposition），这是创建WBS使用的主要工具。

专家判断是创建WBS中的另一个工具，完成分解时这个工具相当重要。

美术设计和包装

从一个主要可交付成果开始。

根据工作方式组织项目

然后开始把项目分解为越来越小的部分。

确保团队有足够的工作包信息来完成任务。

所以你需要与团队交流。他们是否满意并认为你已经提供了足够的详细信息来完成任务？

每个工作包必须足够简洁，以便组织。

这说明分解工作包时你要开始考虑如何估算工作包。我们会在下一章详细讨论这个问题。

分解完成时，你最后会得到一组工作包，它们共同构成主要可交付成果。

写故事

将美术设计打包到文件

构思角色

检查外包装

创建场景

发布到应用和游戏商店

你找不到这个问题的答案，因为根本没有正确或错误的答案！你可以借这个机会花点时间好好想一想，这会让你牢牢记住有关内容。

Sharpen your pencil

参加考试时，需要掌握分解。下面是Cows Gone Wild III的一些可交付成果。根据你目前为止了解的内容，将它们分解为工作包。这里并没有正确或错误的答案，这只是一个帮助你理解分解的练习。

软件 ....

....

....

....

美术设计 ....

....

....

....

营销材料 ....

....

....

....

团队聚会 ....

....

....

....

在线促销活动 ....

....

....

....

游戏周边 ....

....

....

....

支持论坛和留言板 ....

....

....

....

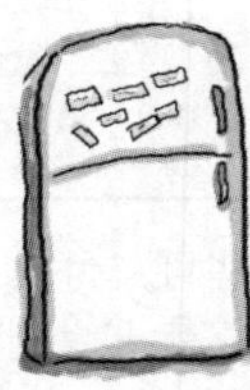

项目范围管理磁贴

在考试中，了解如何建立工作分解结构非常重要——这是范围管理知识领域中最重要的部分之一。你可以利用下面的机会为Cows Gone Wild III：牛奶大战创建一个WBS。可以采用两种方法来分解工作。看看你能不能使用分解工具完成这个任务！

在这一页上，创建一个按项目阶段分解的工作分解结构。

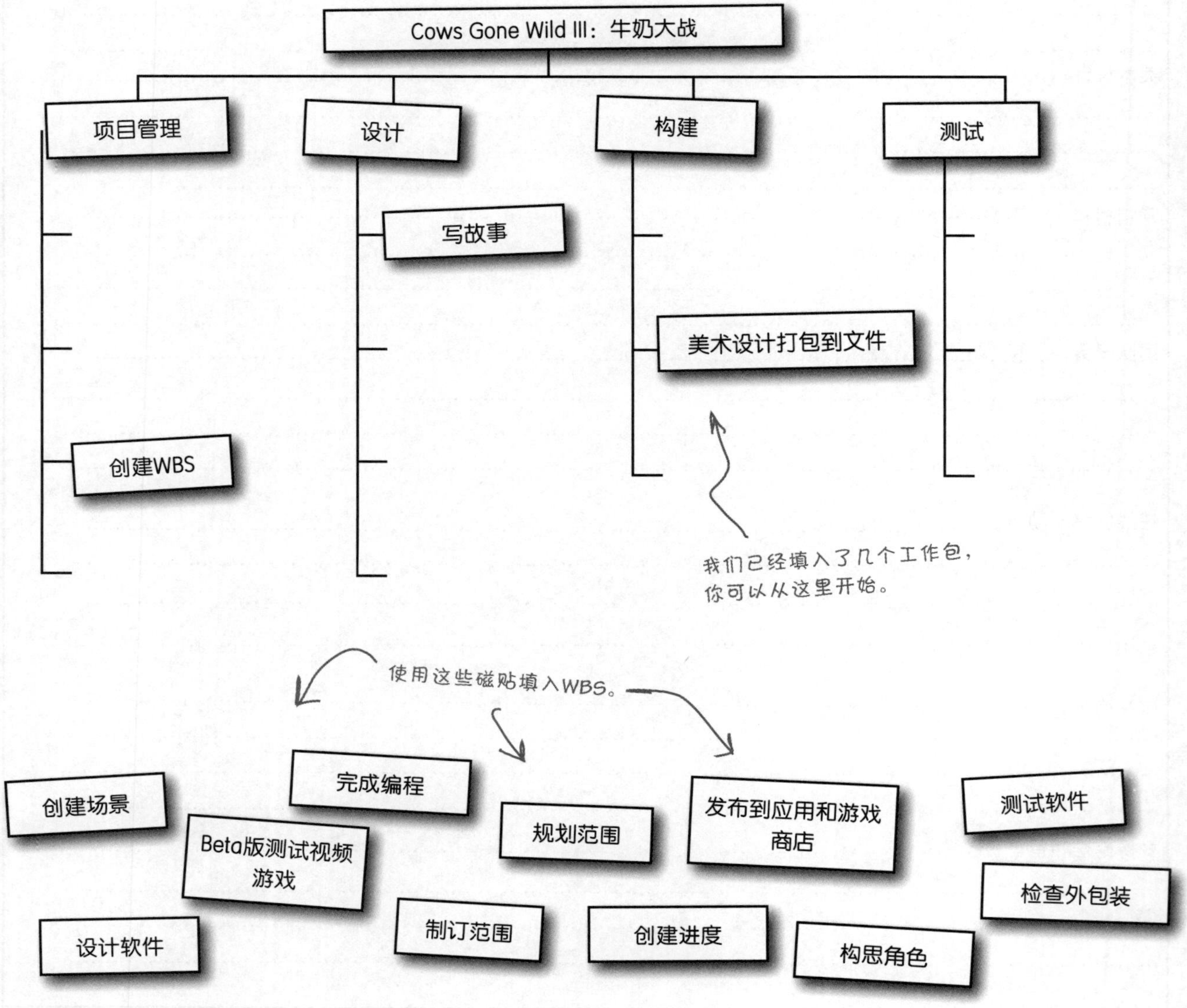

Cows Gone Wild III：牛奶大战

项目管理

设计

构建

测试

写故事

美术设计打包到文件

创建WBS

我们已经填入了几个工作包，你可以从这里开始。

使用这些磁贴填入WBS。

创建场景

完成编程

规划范围

发布到应用和游戏商店

测试软件

Beta版测试视频游戏

检查外包装

设计软件

制订范围

创建进度

构思角色

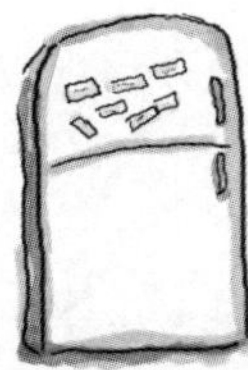

更多磁帖

哎呀！看起来磁帖都从冰箱上掉下去了。你可以借这个机会练习分解工作，用前面同样的磁贴创建一个不同的WBS。不过这一次不是将项目阶段分解为工作包，现在要按可交付成果分解项目。

在这一页上，创建一个按可交付成果分解的工作分解结构。

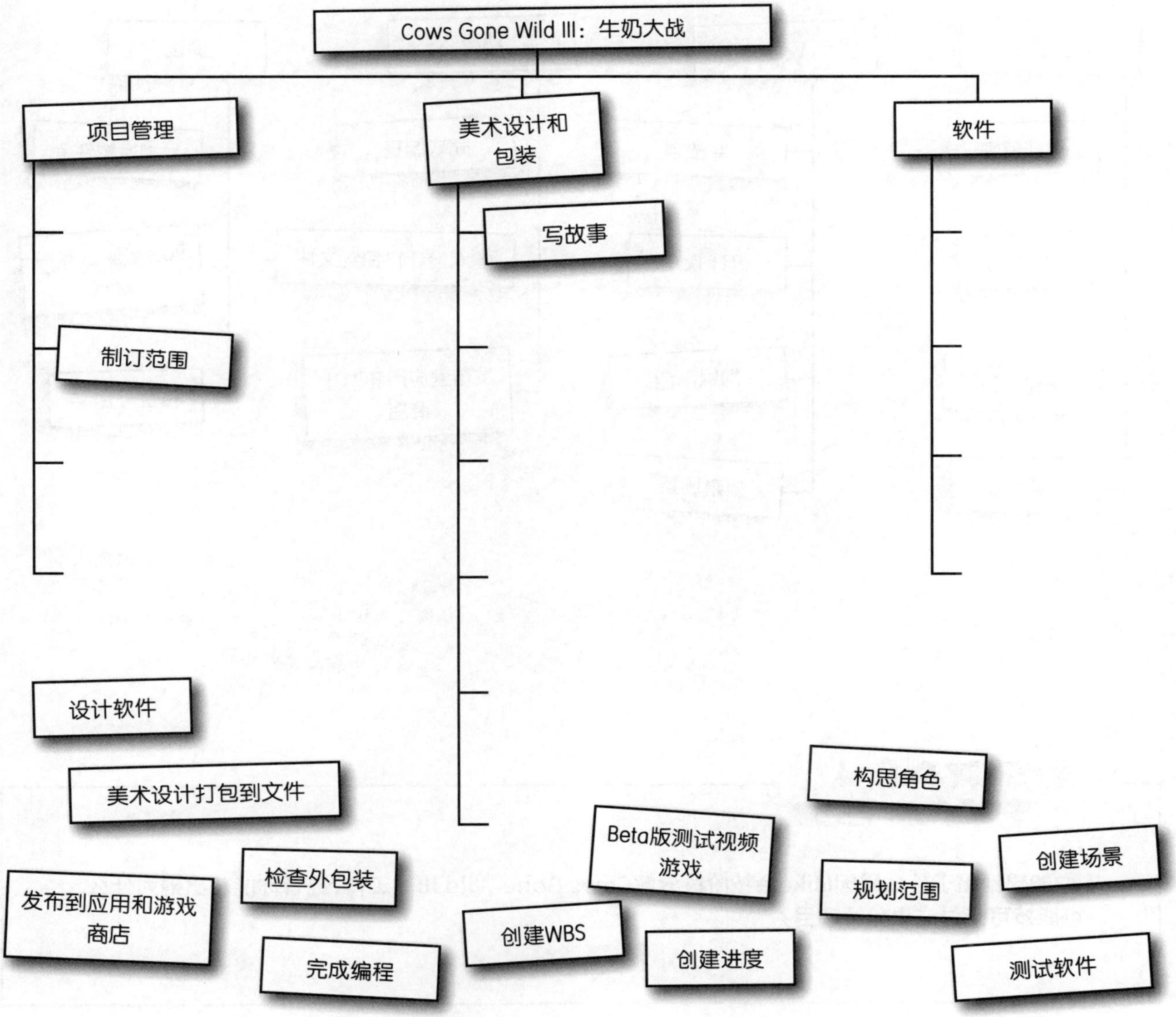

Cows Gone Wild III：牛奶大战

项目管理

美术设计和包装

软件

写故事

制订范围

设计软件

美术设计打包到文件

构思角色

Beta版测试视频游戏

创建场景

检查外包装

发布到应用和游戏商店

规划范围

创建WBS

创建进度

完成编程

测试软件

项目范围管理磁贴答案

可以用多种方法分解一个项目的工作。

- Cows Gone Wild III：牛奶大战
  - 项目管理
    - 规划范围
    - 制订范围
    - 创建WBS
    - 创建进度
  - 设计
    - 写故事
    - 设计软件
    - 构思角色
    - 创建场景
  - 构建
    - 完成编程
    - 美术设计打包到文件
    - 发布到应用和游戏商店
  - 测试
    - 测试软件
    - Beta版测试视频游戏
    - 检查外包装

如果你有其他想法，比如说，认为创建场景是构建类别下的一个工作包，而不属于设计，这也是可以的。这里的重点是学习WBS，而不是要学习视频游戏设计。

BRAIN
POWER

你能想到出于什么原因Mike会按阶段分解Cows Gone Wild III的工作?或者你能想出他为什么可能按可交付成果分解项目?

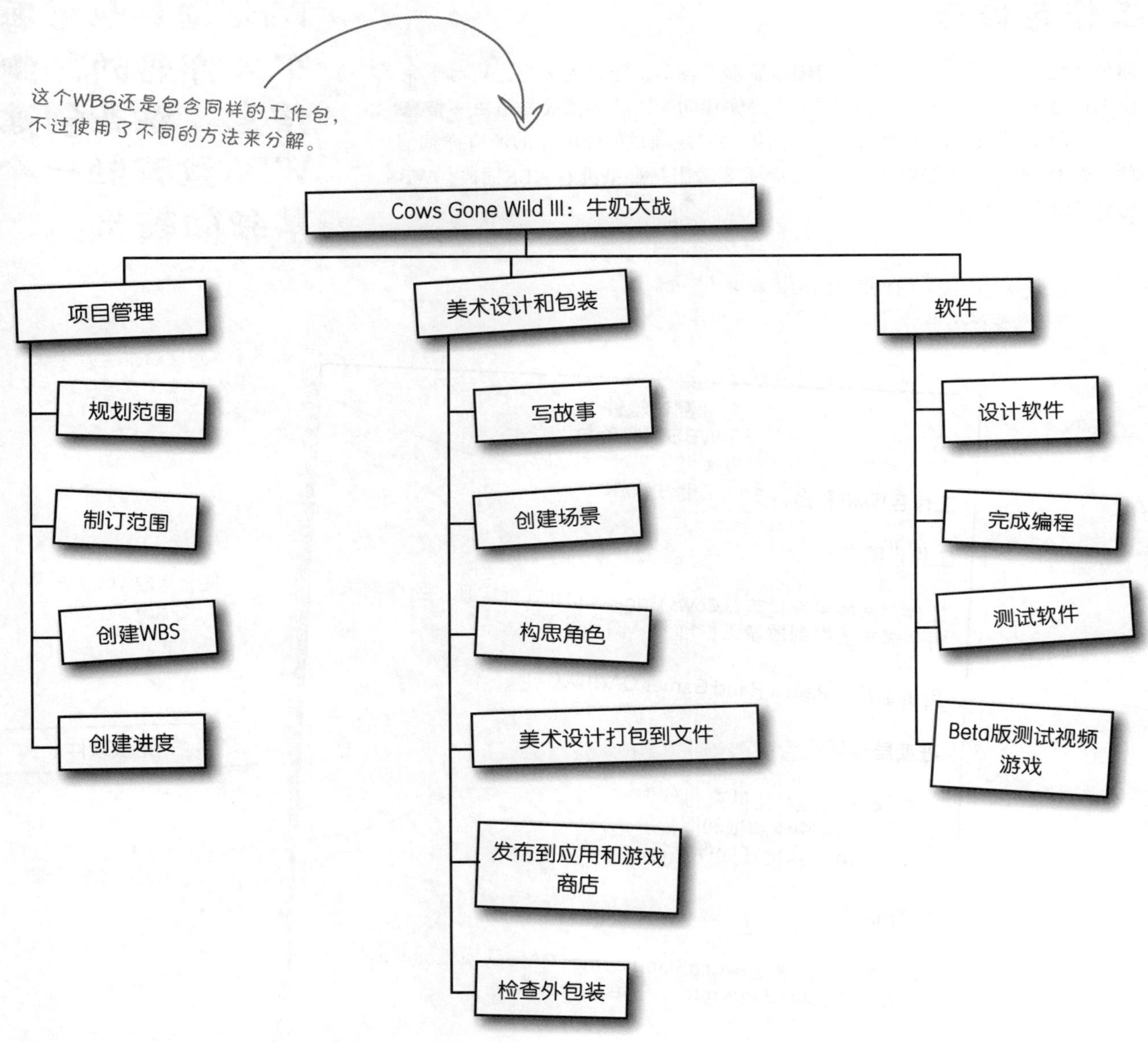
这个WBS还是包含同样的工作包，
不过使用了不同的方法来分解。
Cows Gone Wild III：牛奶大战
项目管理
规划范围
制订范围
创建WBS
创建进度
美术设计和包装
写故事
创建场景
构思角色
美术设计打包到文件
发布到应用和游戏商店
检查外包装
软件
设计软件
完成编程
测试软件
Beta版测试视频游戏

注意到了吗？这两个WBS中的项目管理工作包都是一样的。可以把它们进一步分解为更详细的项目管理可交付成果，然后就能看出差别了。

工作包内部

你可能已经注意到，工作分解结构只显示了各个工作包的名字。这对于完成工作是不够的！关于要完成的工作，你和你的团队还需要知道更多信息。这里WBS词典就要派上用场了。它会提供完成项目工作所需的所有详细信息。WBS词典是创建WBS过程的一个重要输出—如果没有WBS词典，WBS几乎就没有什么用。

WBS词典包含每个工作包的详细信息。这是创建WBS过程的一个单独的输出。

这是Cows Gone Wild III项目WBS词典中的一个条目，对应WBS中的“测试软件”工作包。

测试软件
WBS词典条目

工作包ID和名称： 3.2.4 – 测试软件

工作说明书：

软件测试的目标是确认Cows Gone Wild III软件实现了所有需求。每个需求要得到质量工程师团队的充分测试。

负责组织： Ranch Hand Games QA团队

进度里程碑：

- 4/26 – 编程团队交付软件
- 6/18 – 功能测试和图形测试完成
- 8/10 – QA批准软件进行beta测试

质量需求：

这个软件必须满足Ranch Hand Games QA团队质量标准文件（“RHG QA Standards.doc”）中定义的需求。

账户编码标识： RHG-236

所需资源和成本估算：

- 测试计划– 一个QA组长和两个QA分析人员($8500)
- 功能测试 – 2个组长，3个分析人员，11个测试人员($36000)
- 监督beta测试 – 2个组长，1个分析人员($6000)

每个工作包都有一个名字，很多WBS中工作包还有一个ID号。

这是所要完成的工作的一个描述。

有ID号的WBS条目看上去是这样的。

3.2.4 – 测试软件

每个工作包应当足够小，以便做成本和资源估算。

*这个账户标识很重要，要通过它将你的WBS关联到公司的账户系统。这样就可以确保所有工作都会得到报酬。

不要忘记WBS并不显示工作包之间的依赖关系。

再利用这个机会好好想一想。把想法写在纸上对认知很有帮助。

Sharpen your pencil

要知道为什么所有这些输出很重要，还要知道WBS是最重要的输出之一，这在考试时会很有帮助。尽量写出你能想到的所有使用WBS的原因。

....

....

....

....

....

....

there are no Dumb Questions

问：工作分解结构必须是图形化的吗？看起来很费功夫。我能只写一个任务列表吗？

答： 是的，WBS必须有层次结构：它要显示所有工作包，以及如何分解为阶段或者可交付成果。图形化WBS恰好能很好地显示层次结构。查看一个简单的WBS时，看起来好像使用一个简单的列表也可以同样高效地管理工作包。不过，如果你有一个很大的团队，涉及几十个、几百个甚至上千个工作包呢？那时你就会庆幸你知道如何将可交付成果分解组织为一个层次结构。

问：如果一个工作包依赖于另一个工作包呢？

答： 工作包之间确实存在依赖关系。例如，在编程团队完成软件构建之前，Ranch Hand QA团队不能开始测试软件。不过，尽管这个信息很重要，但是并不能在WBS中得出这种依赖关系。

原因在于，在确定工作包相互之间有什么依赖关系之前，你首先需要明确要做哪些工作。

问：如果我知道的信息不足以估算工作包的成本该怎么办？要向WBS词典增加什么？

答： WBS词典应当只包含创建它时所能填入的信息。很多情况下，你能知道要放入WBS词典的全部信息。如果做了估算，并且知道要使用的资源，这就要加入到WBS词典中。不过，如果你能得到的只有一个工作说明书和一个账户编码，那么这就是加入到WBS词典条目中的全部信息。

项目范围基准是计划的一个快照

随着项目的进行，你希望把你做的工作与你原先计划的工作做个比较。比较的依据正是项目范围基准（scope baseline）。项目范围基准由项目范围说明书、WBS和WBS词典组成。当一个工作通过变更控制加入到范围中时，就需要变更基准，加入这个工作对应的新工作包，从而保证总能根据计划跟踪你的工作。

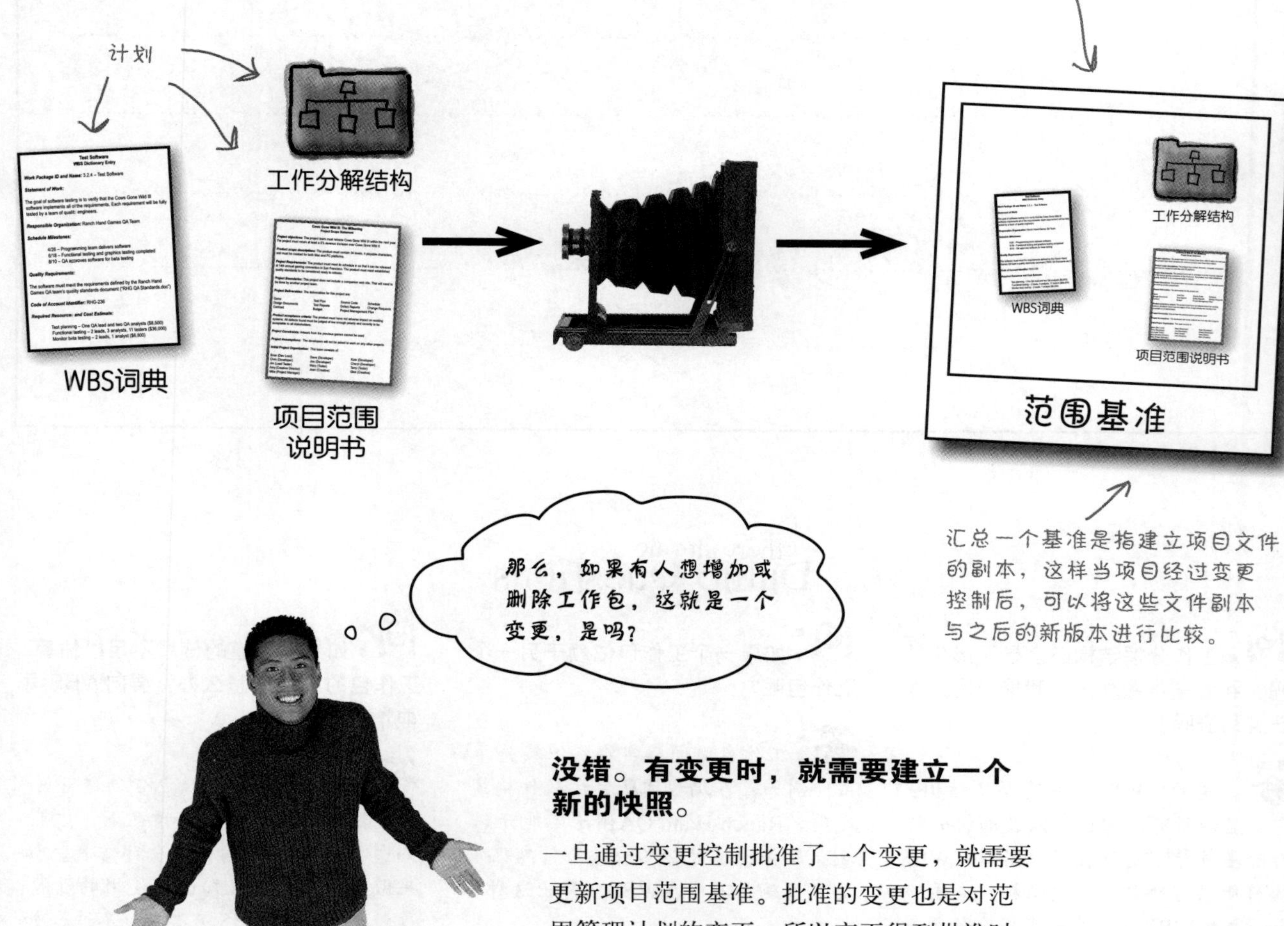

计划
工作分解结构
WBS词典
项目范围
说明书
项目范围基准是计划
的一个快照，这是创建
WBS的一个重要输出。
工作分解结构
WBS词典
项目范围说明书
范围基准
汇总一个基准是指建立项目文件
的副本，这样当项目经过变更
控制后，可以将这些文件副本
与之后的新版本进行比较。
那么，如果有人想增加或
删除工作包，这就是一个
变更，是吗？

没错。有变更时，就需要建立一个新的快照。

一旦通过变更控制批准了一个变更，就需要更新项目范围基准。批准的变更也是对范围管理计划的变更，所以变更得到批准时要调整项目的基准，这很重要。这样一来，你就总能根据最新的计划比较你的绩效。

there are no Dumb Questions

问：如果我需要在创建基准之后变更范围，会发生什么呢？

答： 要让这个变更通过变更控制，就像产品范围的变更一样。构建产品时，总是会在意外的地方出现一些新的工作。

可能是开始时的技术设计不够完善或者存在缺陷。或者也许是你刚想到一个更好的办法来完成你正在做的工作。不论是哪一种情况，你都必须确定这个变更对进度、预算、范围和产品质量的影响，并把提出的这个变更交由变更控制处理。每次有变更时都要查看项目制约因素，所指的就是这个意思。

一旦所有人都了解了变更可能带来的影响，并批准了变更，你要再回过来调整你的项目范围基准，加入这个新工作。如果你的预算或进度受到影响，那么还需要调整这些基准，并把所有这些整合到项目管理计划中。不过这个内容在后面几章再做讨论。

问：我真的需要创建一个项目范围基准吗？

答： 对。刚开始可能看起来只是一种形式，不过基准确实是一个非常有用的工具。建立你的项目时，如果想知道你的工作是否与相关方的期望一致，就需要返回来参考基准。

假设你曾说过构建Cows Gone Wild III需要12个月，但由于一个错误的技术决策导致推迟两周。你可以使用项目范围基准来确定这个变更对之前做出的所有不同计划的影响，然后向每一个人解释这个变更的影响。

可以把基准认为是一种跟踪方法，用来跟踪项目团队对其目标的理解以及他们如何满足目标。如果目标发生改变，那么他们对目标的理解也需要改变。把这个改变告诉所有需要批准推迟两周的人，可以确保团队的目标也会调整。然后要改变基准，从而能根据新的最后期限（12个半月）测量团队的绩效。

问：等一下。这是不是说，我写文件时，每次对文件做了改变都需要通过变更控制并且更新基准，是这样吗？如果是这样，不论是什么文件，第一个版本都很难写啊！

答： 别担心，在基准得到批准之前，你不用经过变更控制。而且这适用于任何文件或可交付成果。只有被所有相关方接受和批准后，变更才需要经过变更控制。在变更得到批准之前，你可以做你想做的任何变更。这正是完成变更控制的原因，就是要确保一旦可交付成果得到批准，要由一个变更控制委员会考察所有变更，保证它们不会对进度、范围、成本或质量造成让人无法接受的影响。

问：怎么能提前知道所有这些变更呢？

答： 这是做不到的。即使是计划最周全的项目也会发生一些意外的情况。正因如此，范围规划循环会反复。发现工作范围的新变化时，要让这个新变化经过变更控制。得到批准时，需要把它增加到你的范围管理计划、项目范围说明书、WBS以及WBS词典中。

还有可能出现这样一种情况，你在建立WBS或项目范围说明书时，可能会发现团队应该做的一些新的工作。所以所有范围计划文件都是紧密关联的，相互之间需要保持同步。

问：如果我后来为团队提出了新工作呢？

答： 要使用变更控制来更新基准。你的项目在任何时间都可以有变更，不过在做出变更之前，需要确定它对项目制约因素有什么影响，并确保你的发起人和相关方接受这种影响。这正是变更控制所做的工作。

一旦创建了基准，只要做出变更，首先要让变更得到批准，然后再更新基准。

创建WBS过程的输出

创建WBS过程有3个主要输出：工作分解结构、WBS词典和基准。另外还有一些其他输出。创建WBS时，通常会发现遗漏了范围中的某些部分，而且可能会意识到需要变更计划。这正是项目文件更新要记录的内容。

输出

我们已经了解这些最重要的输出。

工作分解结构
WBS词典
项目范围
范围基准

基准

这是指对项目管理计划以及其他项目文件的变更。

项目文件更新

创建WBS时，通常会发现范围中遗漏的部分。需要返回来重新规划。这会再次启动规划循环。

确保结束WBS

WBS完成之前，需要结束WBS。为此，要为工作包建立一组控制账户。控制账户是公司管理者和会计人员跟踪各个工作包所使用的一个工具。例如，Mike从Ranch Hand Games的会计部门得到一个控制账户清单，这样他就能知道如何针对交税对工作分类。

考试要点

- 创建WBS过程在PMP考试中是一个非常重要的过程。
- 将大的工作产品分解为工作包来创建WBS。
- 为了结束WBS，要为工作包建立控制账户。
- WBS词典是WBS中所列各个工作包的一个描述。
- WBS创建过程的输入是定义范围和收集需求过程的输出：包括需求文件和项目范围说明书。
- 分解工作时，会发现需要增加到需求文件和项目范围说明书的新信息。这个信息要作为一个变更，需要经过变更控制。一旦得到批准，可以增加到文件中，这会再次启动规划循环。

there are no Dumb Questions

问：我怎么知道该用阶段还是可交付成果创建WBS呢？

答：这取决于具体的项目。你想提供这些信息，使组织的管理者能查看和控制你的项目。所以，如果你的组织中大多数人都是按阶段来分解工作，那么你也应该按阶段来分解。

如果你的组织对于不同项目会按不同的方式分解工作，你就要根据人们如何考虑你要做的工作来决定如何分解。

WBS的重点在于帮助其他人了解要完成项目有哪些必要的工作，所以如果管理者按阶段来考虑项目，而且这样才能更好地理解，那么最好也按这种方式分解你的项目工作。

有可能很多人都对你做的工作翘首企盼，他们会查看WBS来了解这个项目，在这种情况下，可能按可交付成果分解你的工作更为合适。

我们已经规划了范围，并且对Cows Gone Wild III的工作做了分解。现在已经做好准备可以启动项目了！

问：我怎么知道什么时候才算把工作分解为足够小的工作包呢？

答：简单地说，应该一直分解工作，直到达到可管理的程度。

为WBS提出工作包时要当心。如果分解到最小粒度的层次，最后可能因为要明确每一项工作而浪费所有人的时间，比如说，为项目中的每一个会议写会议记录。
所以，应该把工作分解为足够小的工作包，使每个人都能了解在做什么，并在词典中描述…… 但不要矫枉过正。

问：我已经知道了规划过程中如何做范围变更。如果在执行中遇到范围变更该怎么办呢？

答：一旦遇到范围变更，不论在哪个阶段，都要把它交给变更控制。只有在检查了影响并批准变更之后才能加入这个变更。

问：可不可以再花点时间复习一下范围管理计划和项目管理计划的区别？

答：还记得项目管理计划要划分为子计划吧？项目管理计划指出如何管理所有不同的知识领域，它包含范围、进度和预算基准。

范围管理计划就是这些子计划之一。它包含管理范围的具体程序。例如Mike的范围管理计划告诉他收集需求时要与哪些相关方交流，其中列出了他使用范围定义过程定义范围时打算使用的工具和技术（例如，范围管理计划中指出，他在做备选方案分析时需要咨询某些专家）。另外，如果存在一个不可避免的变更（即使是最好的项目经理也不可能完全避免变更），范围管理计划会提供完成范围管理的程序。所以尽管范围管理计划在制订项目管理计划过程中创建，但是所有范围管理过程中都会使用这个计划。考试中肯定会有这方面的问题！

小组交谈

一切都很好。项目进展顺利，范围也没有问题……直到遇到一个麻烦。

美术设计有些不对劲……

Brian: 刚开始我以为可以反复使用这5个背景，不过现在看起来确实很乏味。

Amy: 嗯，我想你是对的。看来我们需要创建更多的场景。

Mike: 为什么开始时要限制背景呢？

Amy: 我想他们可能是担心磁盘空间不够。

Brian: 对，不过现在来看这根本不是问题。

Amy: 太好了！下面就来修改美术设计吧。

这是以前没有计划的工作，不在WBS中。这说明这是一个范围变更。

Mike: 别那么着急，Amy。先要做几件事……

BRAIN
POWER

对范围做变更来增加或删除项目工作之前，先要做哪些准备工作？为什么？

为什么有范围变更

有时会发生完全出乎意料的事情。比如说，一个非常重要的顾客要求增加一个从来没有人见过的新特性，而且要得很急。或者，某个特性的设计根本行不通，需要重新考虑。再或者，有新的相关方加入，并要求做一些变更。

工作过程中可能范围会改变，这有很多原因。有些变更对你的项目有好处，但有些变更反而会降低你成功的几率。变更控制就是要帮助你区分哪些是好的变更，哪些是不好的变更。

好的变更

很少有这种好的变更，几乎每一个变更都会产生某些影响，在做变更之前需要充分研究。

好的变更会让产品更棒，而几乎没有坏处。在进度方面，这些变更不会占用更多时间，在预算方面也不会耗费更多资金，另外也不会让产品变得不稳定或者威胁到产品的质量。

不好的变更

不好的变更是指表面看来像是一个好主意，但最后会影响项目的制约因素。下面给出几个例子：

范围蔓延

你自以为知道一个变更的影响，这时就可能发生这种情况，由于你自以为了解影响，所以着手完成变更，不过结果是这个变更又导致了另一个变更，而且由于你已经做出了第一个变更，所以只得做下一个变更。然后又有另一个变更，接下来又有一个，就这样一个接一个，直到最后很难区分这个项目的范围。

避免范围蔓延的方法就是完善地规划变更。

考试时，要特别当心范围蔓延和镀金的例子。这两种情况都是不好的，要绝对避免。

镀金

有时人们想到一个对产品很好的改进，就贸然做出变更，根本没有检查可能带来的影响。在软件中，这种情况很容易发生。例如，程序员想到一种方法能够让一个特性更棒，就直接实现这个方法，而没有与任何人讨论。这听上去似乎不错，不过其实不然—因为现在你必须为没有人要求的这些特性下功夫。

Exercise

以下是为Cows Gone Wild III项目创建的WBS，后面是工作开始后团队要求Mike做的一些变更。所有这些都是不好的变更。查看每个变更是“范围蔓延”还是“镀金”。

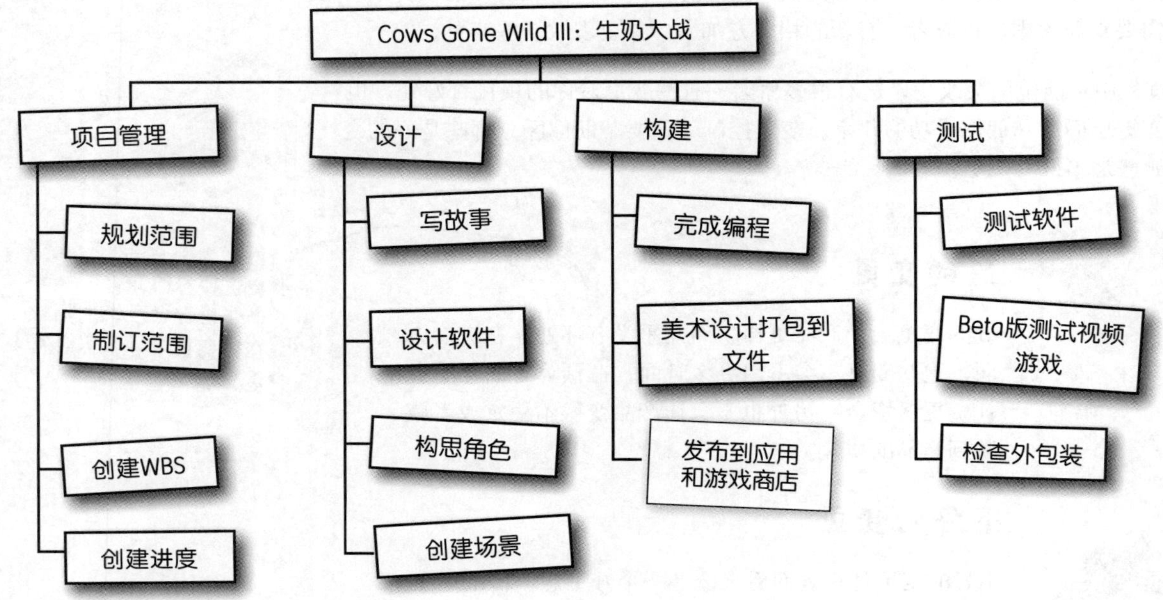
Cows Gone Wild III：牛奶大战
项目管理
规划范围
制订范围
创建WBS
创建进度
设计
写故事
设计软件
构思角色
创建场景
构建
完成编程
美术设计打包到文件
发布到应用和游戏商店
测试
测试软件
Beta版测试视频游戏
检查外包装

1. 我们需要创建一个屏幕保护程序来推销这个游戏。我们可以一石二鸟，顺便利用它测试一个全新的图形引擎。哦，对了，我们要为这个屏幕保护程序准备一个故事，所以还要写出这个故事。当然，我们还要找几个大明星为这个屏幕保护程序配音。名气越大，游戏的销量就越好。

   ☐ 范围蔓延 ☐ 镀金

2. 测试最新的构建版本时，我刚注意到如果玩家按顺序按下 x–x–z–a–Shift–Shift–空格，Bessie居然会跳查尔斯顿舞—这是开发人员随机增加的一个有趣的“彩蛋”。

   ☐ 范围蔓延 ☐ 镀金

3. 我们应该增加一个计算器来跟踪游戏中收集了多少加仑的牛奶。这非常容易。我们甚至可以把这个计算器发布为一个单独的插件，可能还可以让它的功能足够完备，使其他开发游戏的人也能使用。

   ☐ 范围蔓延 ☐ 镀金

4. 印刷商刚刚告诉我们她还可以为所有人订做丝网印花T恤衫作为礼物。下面让我们的设计团队为他们做一些特殊的美术设计。我们可以把每个人的名字写在这些奶牛身上！然后可以在办公室里挂的海报上使用同样的图片。哦，对了，还可以印在发给新人的咖啡杯上。

   ☐ 范围蔓延 ☐ 镀金

答案：1，3，和4 是范围蔓延，2 是镀金

控制范围过程

监控
过程组

没有办法预测你和你的团队在项目中要做的每一个工作。在这个过程中，你或者其他人可能突然意识到需要做一个变更，而且这个变更会影响基准。正是因为这个原因需要一个控制范围过程。利用控制范围过程，可以确保只对范围做必要的变更，而且所有人都很清楚这些变更会有什么后果。

这里也要使用组织过程资产作为输入。

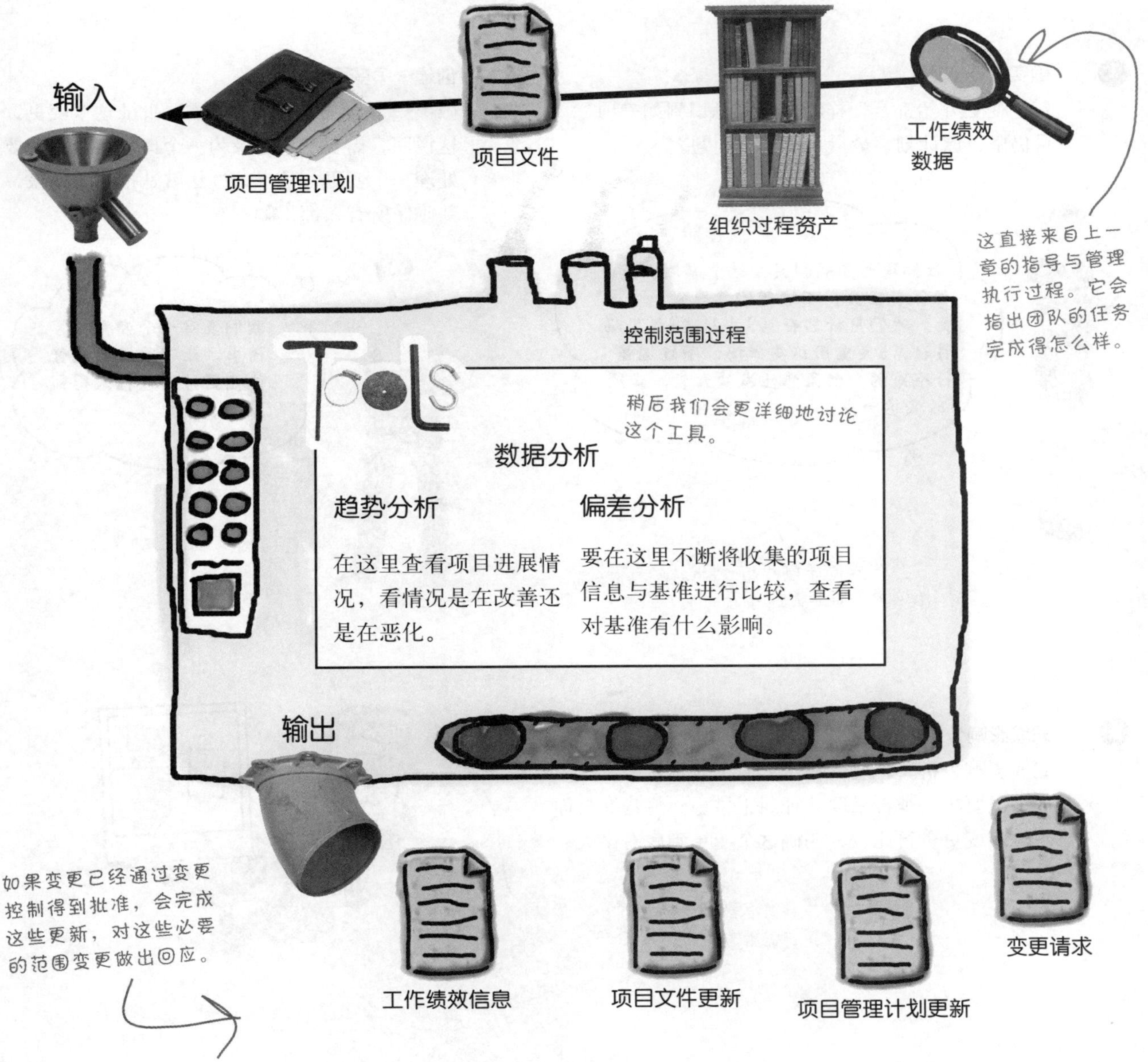

输入

项目管理计划

项目文件

组织过程资产

工作绩效数据

这直接来自上一章的指导与管理执行过程。它会指出团队的任务完成得怎么样。

控制范围过程

Tools

稍后我们会更详细地讨论这个工具。

数据分析

趋势分析

在这里查看项目进展情况，看情况是在改善还是在恶化。

偏差分析

要在这里不断将收集的项目信息与基准进行比较，查看对基准有什么影响。

输出

如果变更已经通过变更控制得到批准，会完成这些更新，对这些必要的范围变更做出回应。

工作绩效信息

项目文件更新

项目管理计划更新

变更请求

变更剖析

下面来更深入地分析需要做一个变更时会发生什么。不能你想什么时候变更就直接对项目做出变更，之所以有一个基准就是为了保证你总能知道团队要做什么。如果做了变更，那么还需要变更基准…… 这意味着你要确保变更确实是必要的。幸运的是，有一些很强大的工具可以帮助你管理变更：

❶ **确实需要变更。**

每个变更开始都是一样的。有人意识到如果项目仍坚持原计划，最后可能会有问题。

我知道为了顺利发布这个游戏大家都很有压力，不过我们需要做一个变更。我们只计划在第3关创建4块草场，并在第6关重用这些草场，不过这是行不通的。如果想让游戏大卖，必须改变这一点。
变更可能来自任何方面，可能是项目经理、团队成员，甚至是一个相关方！

❷ **创建一个变更请求。**

做出一个变更之前，首先需要批准这个变更。这说明，需要把它记录为一个请求的变更。要处理一个变更，唯一的办法就是把它写下来，并确保所有人都了解。

我们要写一个变更请求，让它经过实施整体变更控制过程来得到批准。

❸ **完成影响分析。**

完成影响分析时，要估算这个变更对项目的影响。在这里要决定是否采取某种纠正措施。将基准与你想做的变更进行比较，明确这个变更到底有多大。

工作分解结构
WBS词典
项目范围
范围基准
根据基准权衡变更，看是否需要对计划做很大的改变。

❹ **批准变更。**

还记得第4章的实施整体变更控制吗？在这个过程中，项目经理接收一个请求的变更，与发起人和相关方一起合作，使变更得到批准并生效。

❺ **重新规划工作。**

现在再回到范围文件，更新范围文件来反映这个变更。

❻ **创建一个新基准。**

既然已经明确了需要改变范围，现在就该更新基准了。再来看项目范围说明书、WBS和WBS词典，对它们进行更新，以反映要完成的变更。

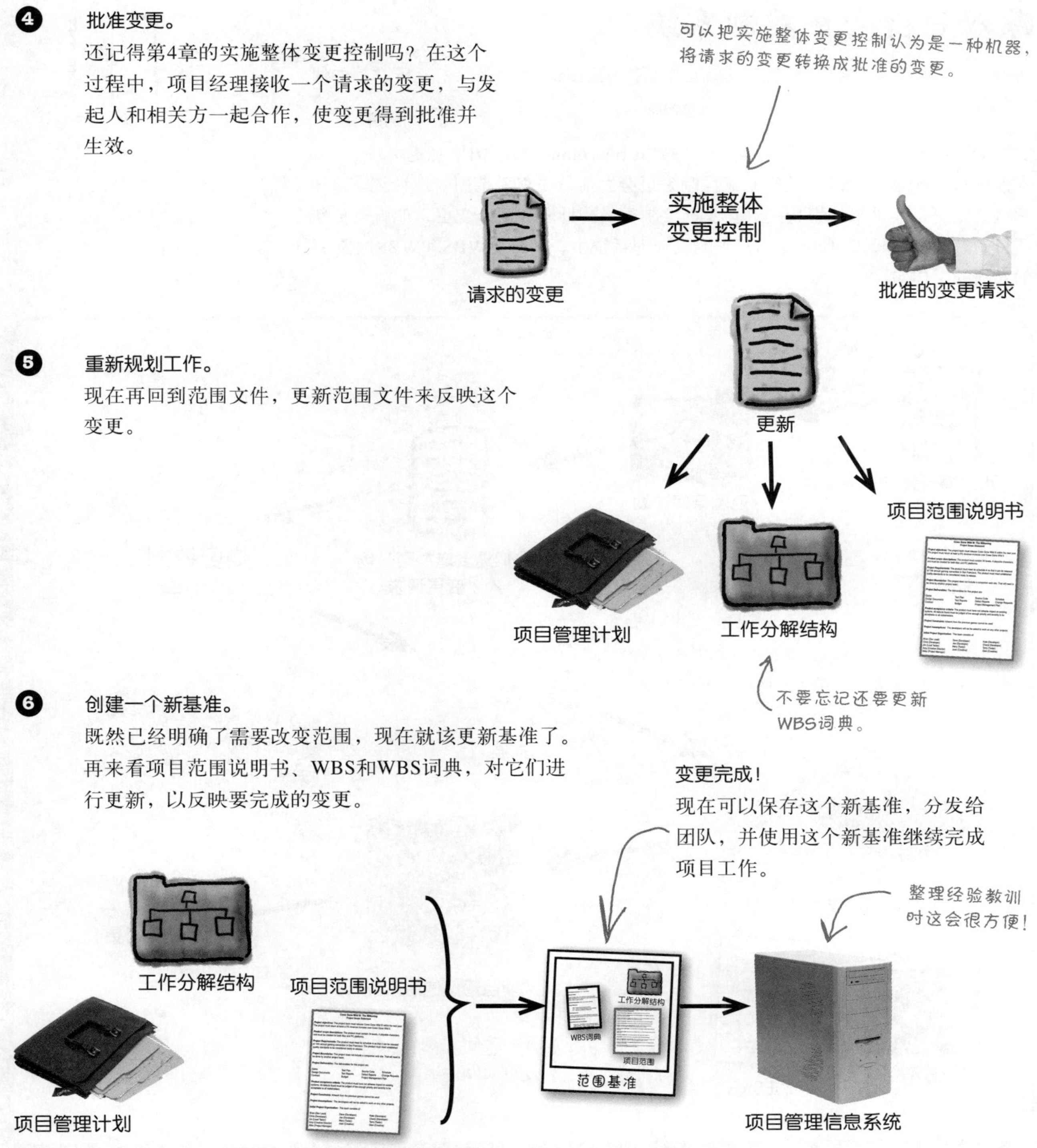
可以把实施整体变更控制认为是一种机器，将请求的变更转换成批准的变更。
实施整体变更控制
请求的变更
批准的变更请求
更新
项目管理计划
工作分解结构
项目范围说明书
不要忘记还要更新WBS词典。
变更完成！
现在可以保存这个新基准，分发给团队，并使用这个新基准继续完成项目工作。
整理经验教训时这会很方便！
工作分解结构
项目范围说明书
项目管理计划
WBS词典
项目范围
范围基准
项目管理信息系统

深入分析变更控制系统

所有监控过程中最重要的一个工具就是变更控制系统。下面来深入分析它是如何工作的。

由于Ranch Hand的人们需要一个变更，要为Cows Gone Wild III增加更多场景，Mike在把这个请求转发给变更控制委员会之前，先查看范围管理计划，来了解这个变更可能带来的影响。一旦变更控制委员会批准了这个变更，他就会更新项目管理计划，检入（check in）到配置管理系统中，并改变WBS和WBS词典来加入新的工作包。

还记得第4章中的这个工具吗？这就是我们刚学习的变更控制系统工具。

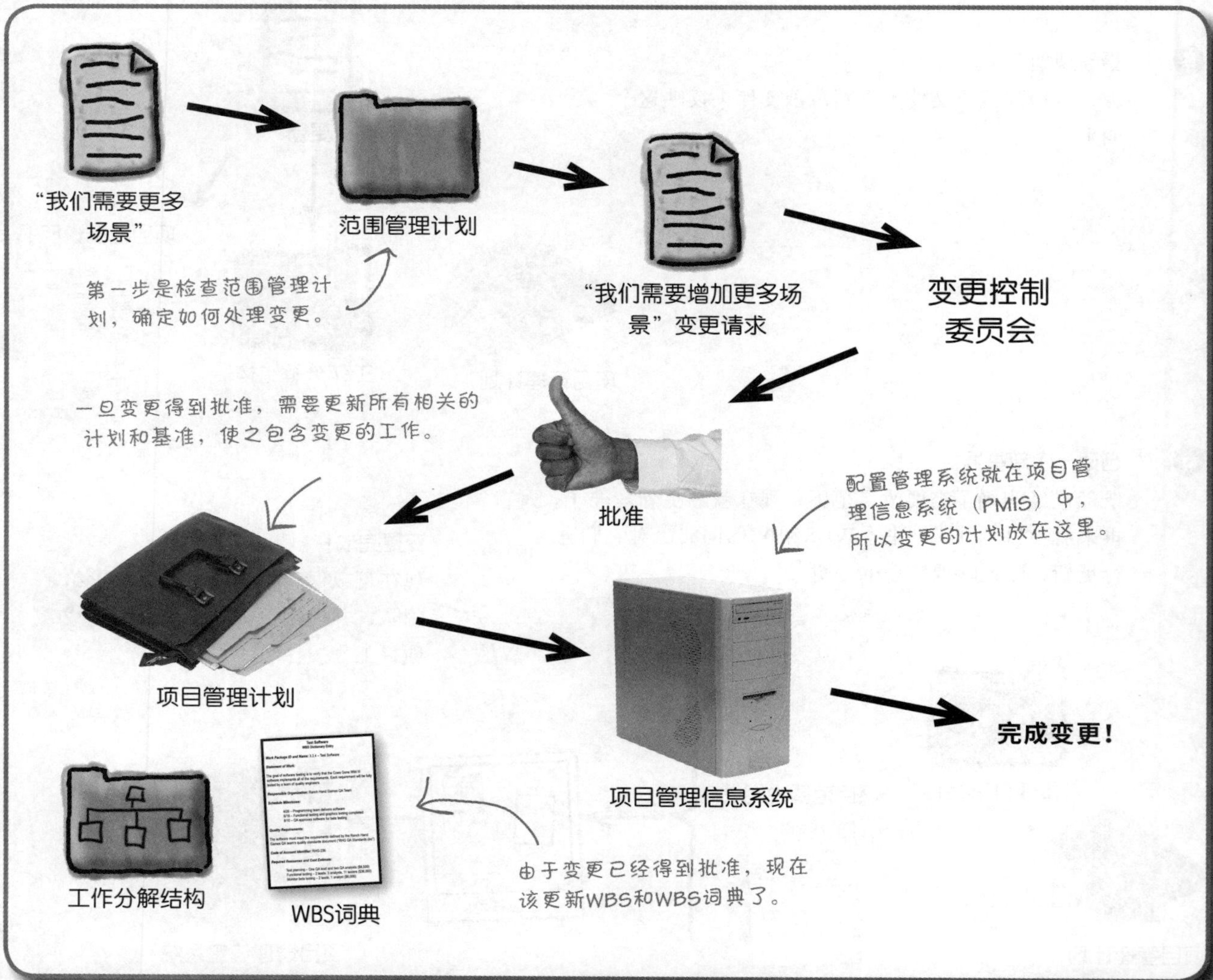

“我们需要更多场景”

范围管理计划

第一步是检查范围管理计划，确定如何处理变更。

“我们需要增加更多场景”变更请求

变更控制委员会

一旦变更得到批准，需要更新所有相关的计划和基准，使之包含变更的工作。

批准

配置管理系统就在项目管理信息系统（PMIS）中，所以变更的计划放在这里。

项目管理计划

项目管理信息系统

完成变更！

工作分解结构

WBS词典

由于变更已经得到批准，现在该更新WBS和WBS词典了。

只有两个控制范围工具和技术

控制范围过程中只有两个工具/技术。它们都很直观：稍稍考虑一下，想想看如果要对项目的范围做一个变更，你需要做什么。你要明确这个变更有多大，另外哪些需要变更。做这个工作时，这就称为偏差分析。考虑变更有多大时，可能会关注目前为止项目的进展情况，明确项目与计划相比是在改善还是正在恶化。这里就要进行趋势分析。

偏差分析

这是指将收集到的关于所做工作的数据与基准进行比较。二者之间存在差异时，这就是一个偏差（variance）。

控制范围过程的这个工具就是要分析基准与实际工作之间的差异，得出是否需要对计划进行纠正。如果是，你要提供一个纠正措施建议，并把它交由变更控制进行处理。

控制范围的目标是更新范围、计划、基准和WBS信息。

控制范围和确认范围过程并没有所谓“正确的先后顺序”

如果你手边有一本《PMBOK®指南》，可以看一看它是如何介绍范围管理过程的。注意到了吗？有关确认范围过程的一节在控制范围的前面。这本书中，我们采用了一种不同的顺序来介绍这两个过程（不过不用担心，我们不会经常这么做，只是在第8章还会出现这种情况）。这并不是因为《PMBOK®指南》是错的，实际上它并没有错！我们之所以可以这样做，是因为并不存在“正确的先后顺序”：控制范围过程可以在任何时间发生，因为项目变更就可能在任何时间发生。确认范围（我们要学习的下一个过程）总是项目中的最后一个范围管理过程。难点在于，有时你会在确认范围时发现一个范围问题，所以需要完成控制范围过程，然后再回来收集新的需求，重建WBS等等。所以控制范围过程可以在确认范围之前发生，也可以在确认范围之后发生。

那么为什么我们要改变这个顺序呢？因为考虑这两个过程的相互关系可以帮助你在考试时更好地记住这一点！

BRAIN
POWER

项目中会发生很多事情，特别是有很多变更时。如果你和你的团队构建的可交付成果与相关方的期望并不完全一致，会怎么样呢？

there are no Dumb Questions

问：控制范围总是关于工作和项目范围吗？与可交付成果和产品范围有关吗？

答： 没有。作为一个项目经理，你要管理团队做的工作，而不是他们构建的产品。目前来讲，这并不是说你永远不关心可交付成果。你还是需要关注产品的范围，因为这二者是紧密相关的。例如，在CGW III项目中，只要有人想向游戏增加一个新特性，程序员就需要编程，美工就需要做新的美术设计，测试人员则必须进行测试。只要对项目范围做出变更，它就会影响到产品范围，反之亦然。

问：如果一个变更确实很小呢？还需要经过所有这些过程吗？

答： 是的。有时一个范围变更看上去很小（比如说增加一个很小的工作包），但如果仔细分析，你会发现它实际上相当复杂。它可能有大量依赖关系，或者会对其他工作包带来很多麻烦。如果没有经过深思熟虑，你会发现自己只能看着范围蔓延到完全失控。需要估算每一个变更的影响。如果对项目制约因素（时间、成本、范围、质量、资源或风险）存在任何影响，就必须经过变更控制。

问：既然不知道将要发生的所有变更，怎么做偏差分析呢？

答： 偏差分析是一个持续性的工作。收到一个有关你的项目的信息时，要不断与你原先的计划进行比较。如果你的项目滞后了1个月，这就是一个很好的提示，说明有些工作包耗费的时间比团队原先估算的时间要长，或者说明你可能漏掉了一些工作包。不论哪一种情况，如果想满足项目的目标，就需要采取纠正措施。如果等到所有可能的变更都已经知道，再想满足目标就太晚了。所以需要不断地根据基准检查你的实际工作，并在必要时进行纠正（当然你建议的纠正措施要先经过变更控制处理）。

问：根据第4章所说的，我认为配置管理系统是项目管理信息系统的一部分。这与变更控制有什么关系？

答： 在项目中编写和修改文件时，需要确保所有人在处理同一个版本。所以要把这些文件检入到一个配置管理系统，这样一来，所有人都知道到哪里找最新的版本。

由于你要检查所有文件，所以还要在这里维护你的工作绩效信息。最新版本的进度、你收集的所有关于缺陷的报告，另外个人工作绩效数据也应该放在这里。所以，如果想知道项目的进展情况，首先就要看这里。

接下来，变更得到批准后，要修改你的文件，再将它们再次检入到CMS。

每个范围变更都要经过控制范围过程。

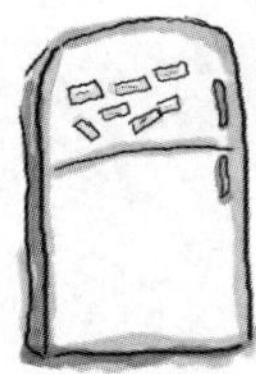

控制范围过程磁贴

完成一个范围变更时，需要经过变更控制的所有步骤。这些步骤是什么？请摆放这些磁贴，指出你会采用什么顺序处理范围变更。

1. ______________________ 5. ______________________

2. ______________________ 6. ______________________

3. ______________________ 7. ______________________

4. ______________________ 8. ______________________

根据基准比较变更

将更新的基准存储在配置管理系统中

建立一个变更请求

更新基准

确定必须做一个变更

现在团队可以改变他们的工作方式

批准可以做出变更

再回过来规划新工作

我们对美术设计做了最后完善……

……而且构建和测试都已经完成。

干得不错！

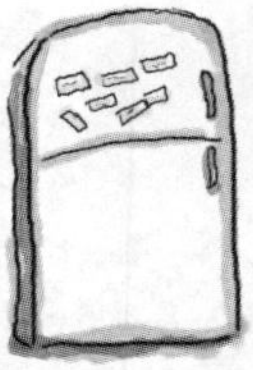

控制范围过程磁贴答案

按正确的顺序摆放控制范围的所有活动。

1. 确定必须做一个变更
2. 建立一个变更请求
3. 得到批准可以做出变更
4. 根据基准比较变更
5. 再回过来规划新工作
6. 更新基准
7. 将更新的基准存储在配置管理系统中
8. 现在团队可以改变他们的工作方式

变更控制的根本思想是首先明确需要做的变更，确保做这个变更确实值得，然后更新基准以便跟踪。

要记住，控制范围就是有关于对基准的变更。

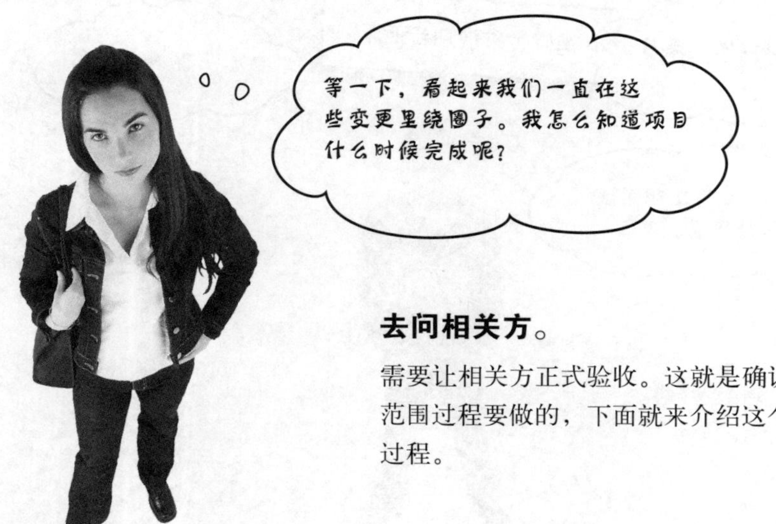
等一下，看起来我们一直在这些变更里绕圈子。我怎么知道项目什么时候完成呢？

去问相关方。

需要让相关方正式验收。这就是确认范围过程要做的，下面就来介绍这个过程。

确保团队交付了正确的产品

监控过程组

团队的工作完成时会发生什么？在宣告胜利之前你还有一件事情要做。需要召集所有的相关方，让他们确保所有工作确实已经完成。我们把这个过程称为确认范围过程。

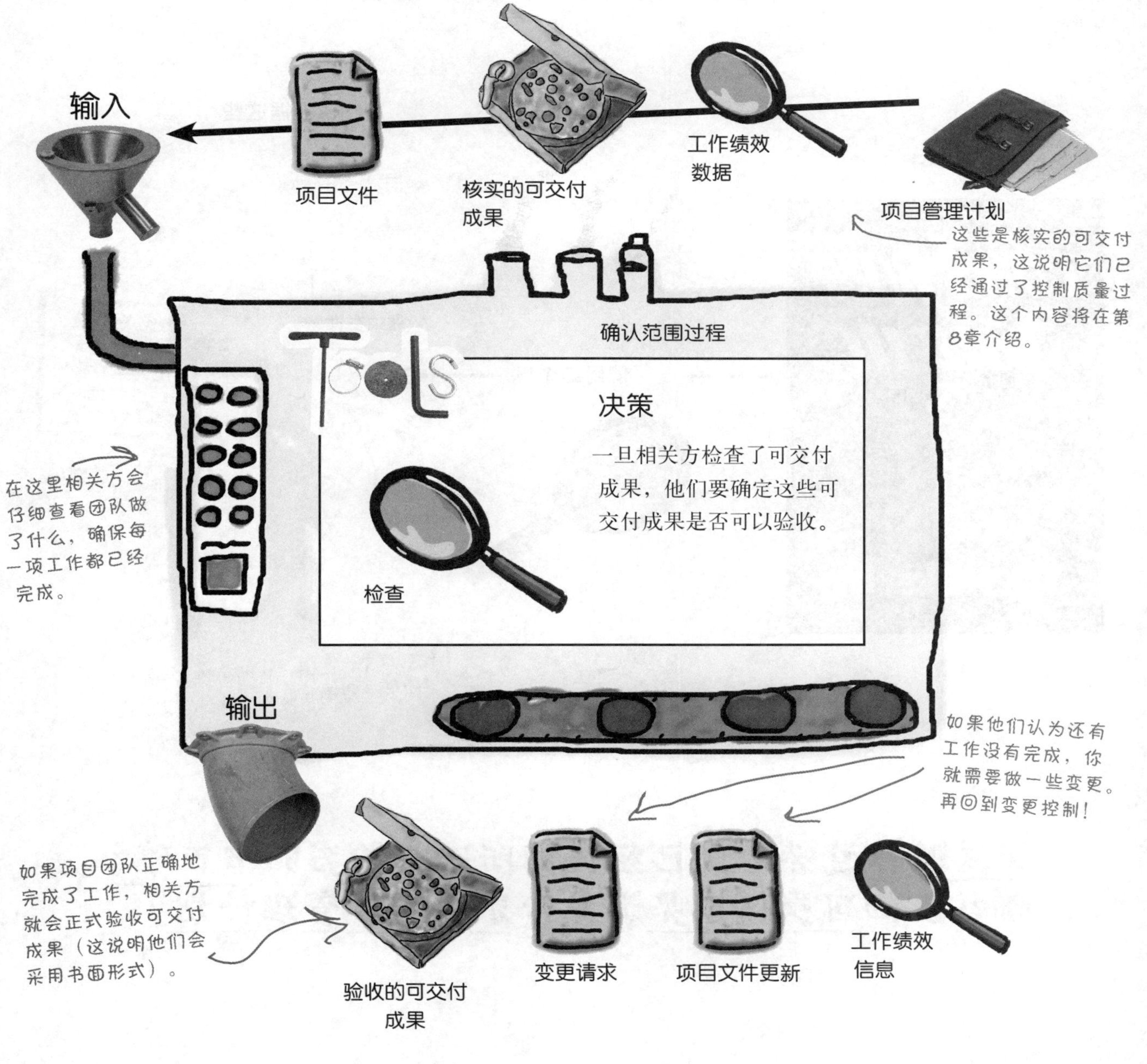

输入

项目文件

核实的可交付成果

工作绩效数据

项目管理计划

这些是核实的可交付成果，这说明它们已经通过了控制质量过程。这个内容将在第8章介绍。

确认范围过程

Tools

决策

一旦相关方检查了可交付成果，他们要确定这些可交付成果是否可以验收。

检查

在这里相关方会仔细查看团队做了什么，确保每一项工作都已经完成。

输出

如果他们认为还有工作没有完成，你就需要做一些变更。再回到变更控制！

如果项目团队正确地完成了工作，相关方就会正式验收可交付成果（这说明他们会采用书面形式）。

验收的可交付成果

变更请求

项目文件更新

工作绩效信息

相关方给出决定项目何时完成的标准

交付项目范围说明书中描述的特性时，要确保每个可交付成果都已经包含项目范围说明书中列出的全部内容。要根据项目范围说明书、WBS和范围管理计划检查所有可交付成果。如果你的可交付成果包含了这些文件中描述的所有内容，就可以由相关方验收。范围中的所有可交付成果都已经完成并令相关方满意时，项目就完成了。

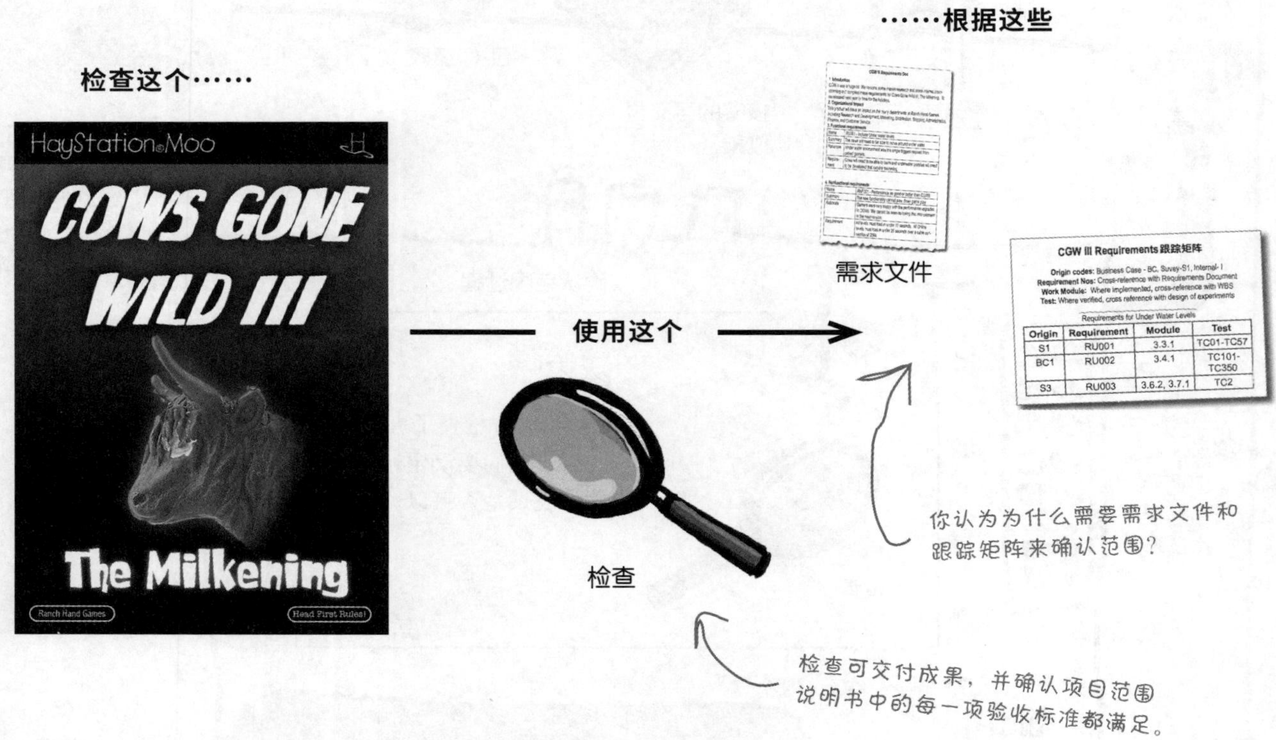
……根据这些
检查这个……
HayStation®Moo
COWS GONE WILD III
The Milkening
Ranch Hand Games
Head First Rules!
需求文件
CGW III Requirements跟踪矩阵
Origin codes: Business Case - BC, Suvey-S1, Internal- I
Requirement Nos: Cross-reference with Requirements Document
Work Module: Where implemented, cross-reference with WBS
Test: Where verified, cross reference with design of experiments
Requirements for Under Water Levels
Origin | Requirement | Module | Test
S1 | RU001 | 3.3.1 | TC01-TC57
BC1 | RU002 | 3.4.1 | TC101-TC350
S3 | RU003 | 3.6.2, 3.7.1 | TC2
使用这个
检查
你认为为什么需要需求文件和跟踪矩阵来确认范围？
检查可交付成果，并确认项目范围说明书中的每一项验收标准都满足。

正式验收意味着你已经得到所有相关方的书面确认，确认你的可交付成果满足需求和项目管理计划。

产品完成了吗？

一旦可交付成果准备就绪，等待着最后的重要时刻，你要与相关方一起检查这些可交付成果，确保它们满足验收标准。确认范围的目的就是得到对工作产品的正式书面验收。如果发现产品不尽如人意，要把相关方提出的具体变更请求发送到变更控制，从而能做出正确的变更。

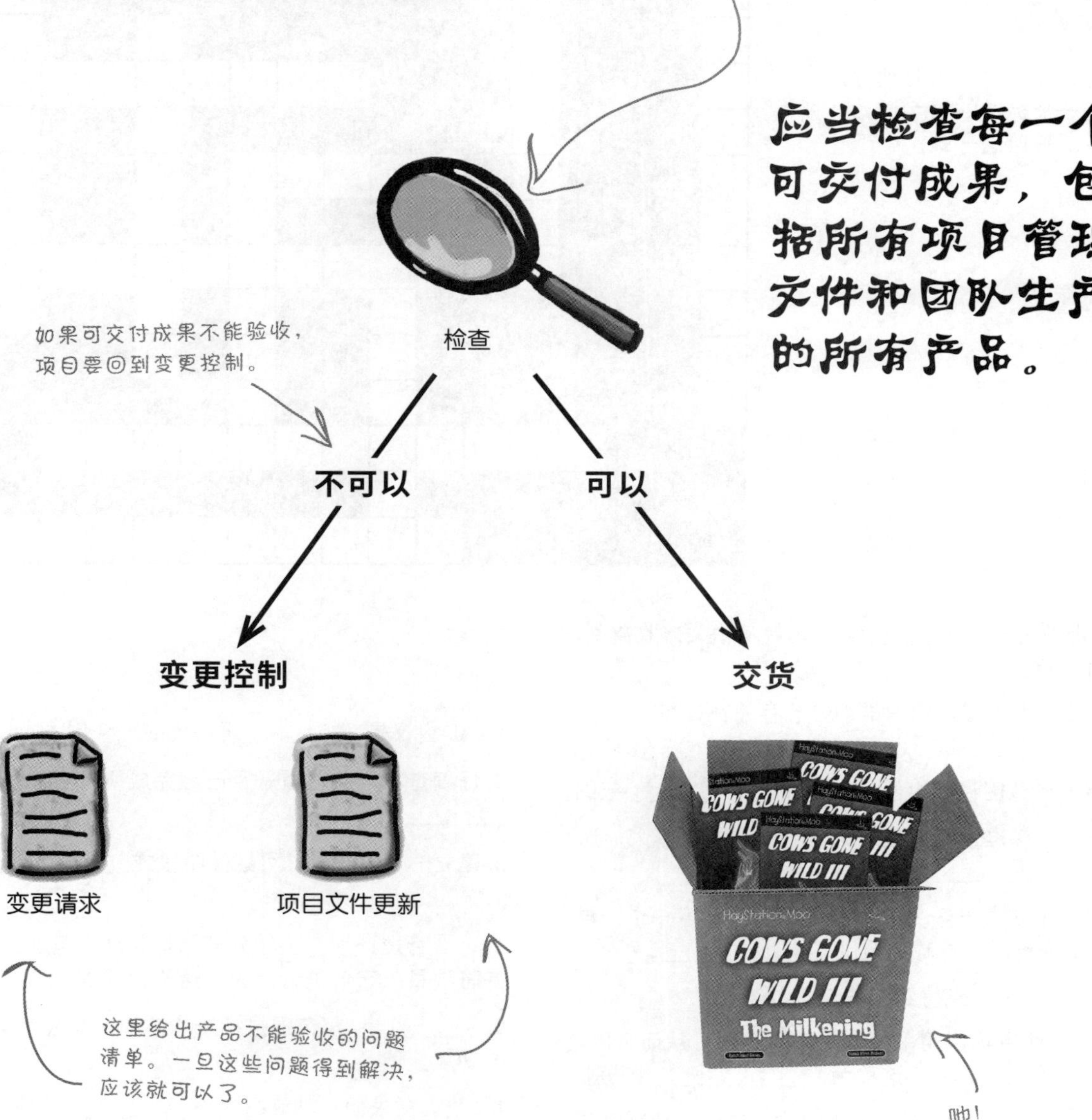
检查是指与相关方坐下来一起查看每一个可交付成果，看是否可以验收。
检查
如果可交付成果不能验收，项目要回到变更控制。
不可以
可以
变更控制
交货
变更请求
项目文件更新
这里给出产品不能验收的问题清单。一旦这些问题得到解决，应该就可以了。
COWS GONE WILD III
The Milkening
吔！

应当检查每一个可交付成果，包括所有项目管理文件和团队生产的所有产品。

范围填字游戏

花些时间，坐下来开动你的右脑。这是一个标准的填字游戏，所有答案都来自这一章。

横向

2. Bob使用一个 ________ 图来掌握从相关方收集到的所有创意。

4. WBS中每个工作包的详细信息存储在WBS ______________中。

5. 写项目范围说明书的过程叫作 ___________ 范围。

7. 通过与基准进行比较来确定一个变更有多大，这称为 _____________ 分析。

8. 当一个变更导致另一个变更，又引发下一个、再下一个变更时，这称为范围 _____________。

10. 由可交付成果得到工作包。

12. 研究所有可以用来完成工作的方法，从而可以找出最佳的工作方法，这称为 ______________ 识别。

13. 这是发起人、顾客或其他相关方的一个量化和书面的需要或期望。

纵向

1. JAD会议是_________ 研讨会的一个例子。

3. 仔细查看产品，看是否已经完成所有工作，这称为 _____________。

4. 建立一个WBS时，可以按阶段或 _____________分解工作。

6. 范围管理计划、工作分解结构和产品范围的一个版本，要将项目与它们进行比较，这称为范围 _____________。

9. _____________ 范围是指所构建的产品或服务的特性或功能。

11. 收集需求的一种好方法是 _________ 将使用你的可交付成果的人如何完成他们的任务。

答案见246页。

项目准备交工！

过程中范围有一些意料之外的变更。不过，总的说来，一切都按计划进行。相关方和CEO与团队在一起审查了他们完成的所有工作，已经准备就绪。伙计们，干得不错！

我们确认了范围，已经准备好了。
这一路上有一些沟沟坎坎，不过比上一次可好得多了。
哇！真不敢相信这么快就完成了。
团队最终完成了Cows Gone Wild III。这是CEO请大家享用的比萨，接下来就要进军CGW IV了！
FRESH FROM OUR OVEN

核心概念
回顾

从你的团队如何定义工作范围来看，可以很好地了解到他们会如何运行这个项目。不论是所创建产品的范围，还是所管理项目的范围，团队采用什么方法识别范围和跟踪范围变更会带来很大差别，可能会决定最终产品是否能获得预期想要达到的效益。

核心概念

我们已经讨论了你和你的团队识别和管理范围时使用的过程，不过很有必要再花点时间来考虑范围管理对你的项目整体会有什么影响。

- ★ 你要考虑团队创建的产品的整个范围，这里就要引入产品需求。在收集需求过程中，你和团队要定义这个项目生产的产品的全部需求。
- ★ 了解产品范围还不是全部。范围管理知识领域中的大部分过程都需要确定你和你的团队所做工作的范围。项目范围就是创建产品时完成的所有工作（以这个产品要满足所收集的全部需求）。
- ★ 在预测型项目中，团队会在项目一开始就努力确定产品的范围。他们会保存对范围的初始认识，作为范围基准，然后根据这个基准管理变更，这将作为一个持续的确认和控制过程。
- ★ 适应型或敏捷过程会把产品和项目范围都当作变量，更关注所做工作的优先顺序，而不是控制对范围基准的变更。

范围管理就是要掌握团队要做什么以及如何做。

核心概念回顾

发展趋势

下面是范围管理的一些发展趋势，可以帮助你更有效地改进和管理项目工作的范围。

- ★ 与相关方合作来收集和记录他们的需求，在商业分析专业人士定义产品范围时与他们协作。
- ★ 帮助团队了解项目的商业需要。
- ★ 了解项目所有相关方提出的需要。
- ★ 尽早开始需求分析。

裁剪

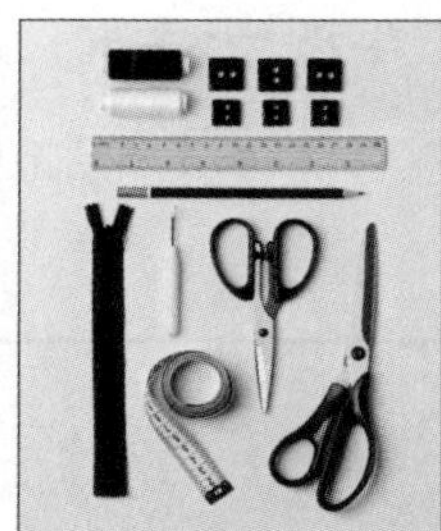

对团队在项目期间使用的过程做出变更时，会有一些可能影响你决策的考虑因素：

- ★ 你的项目遵循怎样的开发生命周期？你强调提前了解需求还是会考虑到项目过程中将出现新的需求？
- ★ 你的团队是否需要管理项目需求（作为公司更大的知识管理策略的一部分）？
- ★ 一旦识别了需求，这些需求是否保持不变？
- ★ 你的组织是否会因为管理或治理因素要求提供产品或项目范围的文档？

敏捷考虑因素

敏捷团队重视协作和反馈来了解项目的需求。敏捷团队不是先投入时间提前了解所有项目范围，他们会识别项目的高层目标，再把这些目标分解为可以按小增量交付的较小部分。创建各个增量时，整个团队会协作，共同审查这些增量。通过这种反馈循环可以识别新的需求，而且团队共同迭代开发增量式可交付成果时也会出现新的项目需求。

Sharpen your pencil Solution

下面是Cows Gone Wild III的一些属性，哪些是项目范围，哪些是产品范围？

1. 编程

- [x] 项目范围
- [ ] 产品范围

2. 游戏的34个等级

- [ ] 项目范围
- [x] 产品范围

3. 图形设计

- [x] 项目范围
- [ ] 产品范围

4. 4个玩家角色

- [ ] 项目范围
- [x] 产品范围

5. 漂亮图片

- [ ] 项目范围
- [x] 产品范围

6. 测试

- [x] 项目范围
- [ ] 产品范围

7. Mac和PC兼容

- [ ] 项目范围
- [x] 产品范围

8. 最后的“boss battle”牛奶大战关卡

- [ ] 项目范围
- [x] 产品范围

WHAT'S MY PURPOSE

下面是CGW III项目范围说明书中Mike遗漏的一些内容。你能确定它们分别应该放在哪里吗？

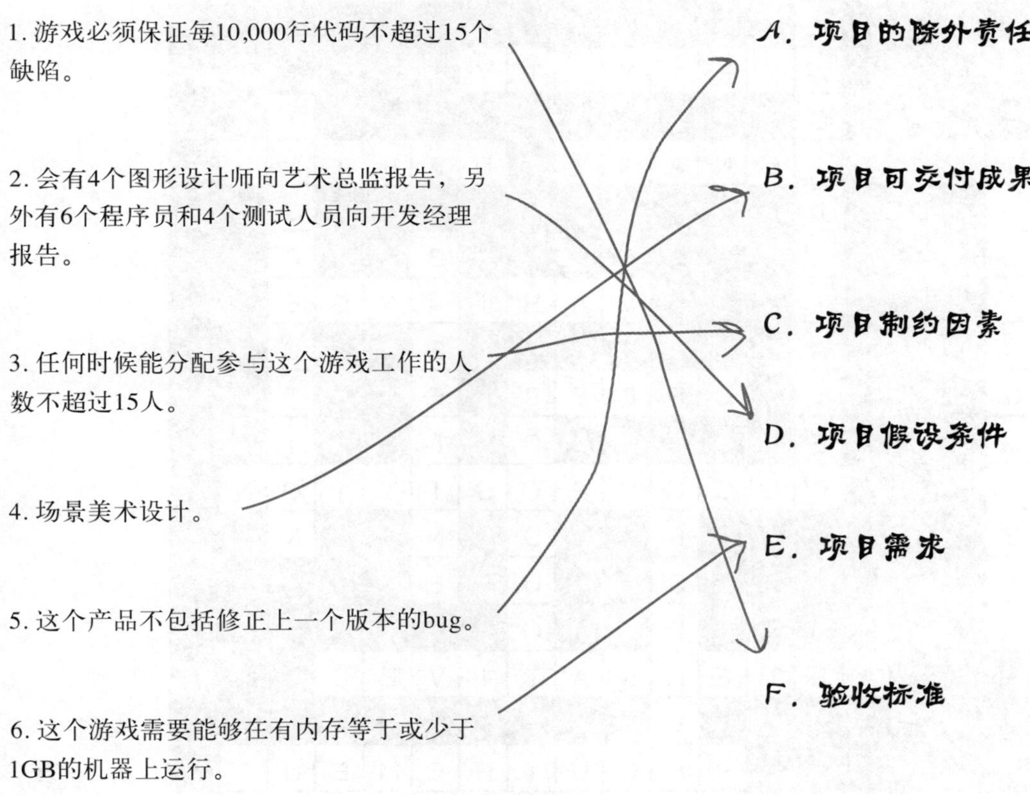

1. 游戏必须保证每10,000行代码不超过15个缺陷。

2. 会有4个图形设计师向艺术总监报告，另外有6个程序员和4个测试人员向开发经理报告。

3. 任何时候能分配参与这个游戏工作的人数不超过15人。

4. 场景美术设计。

5. 这个产品不包括修正上一个版本的bug。

6. 这个游戏需要能够在有内存等于或少于1GB的机器上运行。

A. 项目的除外责任

B. 项目可交付成果

C. 项目制约因素

D. 项目假设条件

E. 项目需求

F. 验收标准

范围填字游戏答案

花些时间，坐下来开动你的右脑。这是一个标准的填字游戏，所有答案都来自这一章。

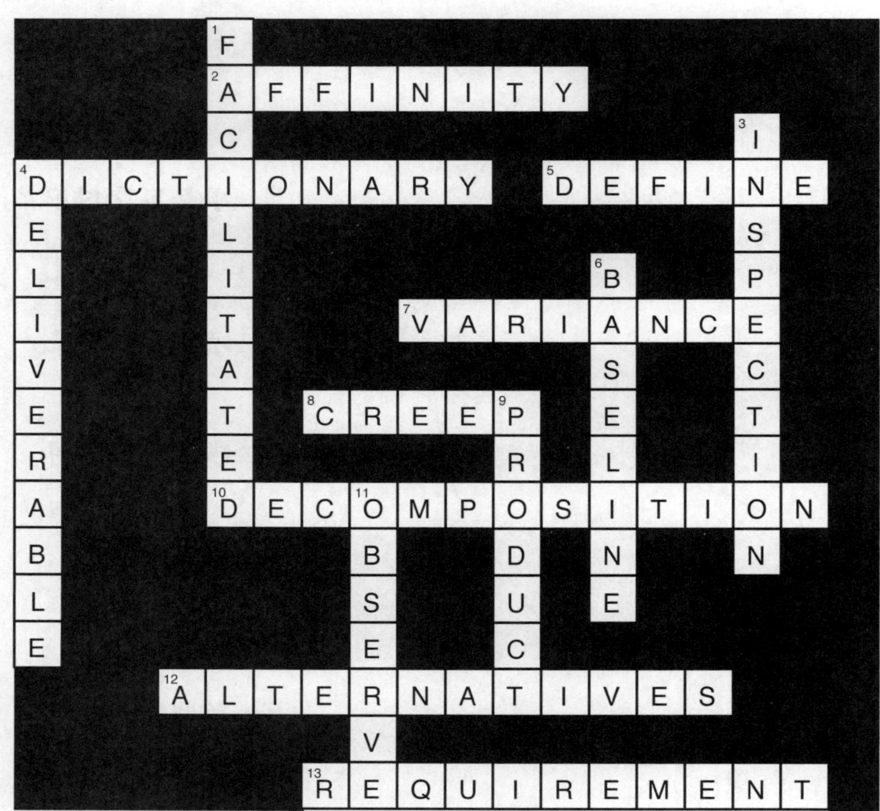
1 FACILITATE
2 AFFINITY
3 INSPECTION
4 DICTIONARY
4 DELIVERABLE
5 DEFINE
6 BASELINE
7 VARIANCE
8 CREEP
9 PRODUCE
10 DECOMPOSITION
11 OBSERV
12 ALTERNATIVES
13 REQUIREMENT

模拟题

1. 关于工作分解结构，以下哪一项是正确的？

A. 它包含工作包，这些工作包用一个线性的非结构化列表描述。

B. WBS中的每一项表示产品范围中的一个特性。

C. WBS表示项目中必须完成的所有工作。

D. WBS由产品发起人和相关方创建。

2. 以下哪一个不是范围管理过程的输出？

A. 商业论证。

B. WBS词典。

C. 变更请求。

D. 验收的可交付成果。

3. 对于工作分解结构，以下哪一项不正确？

A. 它描述了定义范围、确认工作和管理范围变更的程序。

B. 它包含一个图形化的层次列表，其中包括所要完成的全部工作。

C. 可以按项目阶段或可交付成果分解。

D. 这是基准的一个重要因素。

4. 范围管理过程的正确顺序是什么？

A. 规划范围管理，定义范围, 创建WBS, 收集需求, 确认范围，控制范围。

B. 规划范围管理，收集需求, 控制范围, 创建WBS, 确认范围。

C. 规划范围管理，收集需求, 定义范围, 创建WBS, 确认范围，控制范围。

D. 规划范围管理，收集需求, 基准, 定义范围, 控制范围，确认范围。

5. 你在管理一个软件项目。你的团队已经工作了8个星期，到目前为止项目都一切正常。首席程序员来找你，指出一个问题：有一个工作包有麻烦。看起来没有人知道谁对这个工作包负责，会计部门不知道费用该由哪个成本中心接收，甚至不清楚应该做什么工作。以下哪一项是帮助解决这种情况的最佳方法？

A. 备选方案分析。

B. WBS词典。

C. 范围管理计划。

D. 范围确认。

模拟题

6. 确认范围的目标是：

A. 检查项目范围说明书，查看是否有缺陷，从而得到纠正。
B. 使项目可交付成果得到发起人和相关方的正式验收。
C. 让项目中的所有人朝着一个共同目标努力。
D. 确认符合《PMBOK®指南》的所有过程。

7. 历史信息和经验教训是什么的一部分：

A. 组织过程资产。
B. 事业环境因素。
C. 项目管理信息系统 (PMIS)。
D. 工作绩效信息。

8. 作为一个项目经理，你接管了一个高速公路建设项目，这个项目已经在执行。你的发起人告诉你以后的所有沥青铺面厚度都是12英寸。项目范围说明书和WBS要求的厚度都是9英寸。最好的做法是什么？

A. 找一家要价更低的供货商，使成本影响最小。
B. 告诉发起人工作已经在进行，所以你无法满足他的请求。
C. 使用变更控制系统之前拒绝改变计划。
D. 让团队立即满足这个需求。

9. 以下哪一项最准确地描述了需求跟踪矩阵的作用？

A. 描述了WBS词典条目如何对应工作包，以及如何从可交付成果分解工作包。
B. 用来确保项目管理计划的所有子计划都已经创建。
C. 可以帮助了解每个需求的来源，以及如何在以后的一个可交付成果中确认这个需求。
D. 用来跟踪每个变更的来源，从而可以在整个控制范围过程中跟踪这些变更，并确认变更已经正确地实现。

10. 已经到了一个大型高速公路建设项目执行阶段的最后。工作已经完成，工人们已经准备打包设备。项目经理和项目发起人带着一些专家来检查是否满足每一项需求，并确保WBS中的所有工作都已经完成。现在在完成什么过程？

A. 控制范围。
B. 确认范围。
C. 范围测试。
D. 定义范围。

模拟题

11. 现在要求你负责一个已经在执行的项目。查看项目文件时，你发现根本没有WBS。你检查了范围管理计划，发现这个项目应该有一个WBS。最好的处理方法是：

A. 立即提醒发起人，并确保项目工作不停止。

B. 停止项目工作，创建WBS，在WBS创建之前不允许继续工作。

C. 确保仔细管理沟通，保证团队不会遗漏未记录的工作。

D. 将这个问题记录在经验教训中，避免在将来的项目中发生同样的问题。

12. 一个工业设计项目的项目经理发现发起人希望在范围加入基准之后再对范围做一个变更，而且需要知道管理变更的程序。最好在哪里查找这个信息？

A. WBS。

B. 范围管理计划。

C. 变更请求表格模板。

D. 商业论证。

13. 你刚开始建立项目范围说明书，正在分析期望的可交付成果，此时发现某个成果可以采用3种不同的方式交付。你选择了创建这个可交付成果的最佳方法。以下哪一项能最准确地描述你正在做的工作？

A. 备选方案分析。

B. 分解。

C. 定义范围过程。

D. 相关方分析。

14. 你是一个软件项目的项目经理。你的团队刚完成了一半的工作，此时发起人通知你这个项目已经终止。你要采取的最佳措施是什么？

A. 按照范围确认团队生成的可交付成果，并记录所有不一致的地方。

B. 召开一个团队会议，确定如何支出剩余的预算。

C. 与发起人一起查看是否有办法恢复这个项目。

D. 告诉团队立即停止工作。

15. 你在管理一个工业设计项目。你的一个团队成员来找你，提出一个建议，这个建议可以让你做更多工作，同时还能节省项目15%的预算。最好的做法是什么？

A. 告诉团队完成这个变更，因为这样既省钱，还可以交付更多工作。

B. 拒绝做出变更，直到已经记录变更请求，并完成了变更控制。

C. 拒绝考虑这个变更，因为它会影响基准。

D. 完成一个成本收益分析，然后确保通知发起人项目范围已经变更。

模拟题

16. 你是一个电信项目的项目经理。你在建立项目范围说明书。以下哪一项不包含在这个文件中？

    A. 授权项目经理管理这个项目。
    B. 可交付成果必须满足的需求。
    C. 项目目标的描述。
    D. 必须创建的可交付成果列表。

17. 以下哪一个不是控制范围的输入？

    A. 工作绩效数据。
    B. 项目管理计划。
    C. 请求的变更。
    D. 组织过程资产。

18. 以下哪个过程不属于范围管理？

    A. 范围识别。
    B. 收集需求。
    C. 控制范围。
    D. 确认范围。

19. 你是一个新项目的项目经理，你希望节省创建WBS的时间。为了做到这一点，最好的做法是什么？

    A. 通过减少可交付成果，更快地完成分解。
    B. 使用以前某个项目的WBS作为模板。
    C. 不创建WBS词典。
    D. 要求发起人提供每个可交付成果的工作包。

20. 一个设计项目的项目经理正在使用定义范围过程。以下哪一项最准确地描述了这个过程？

    A. 创建一个文件，其中列出产品的所有特性。
    B. 为管理基准变更创建一个计划。
    C. 创建一个文件，描述团队建立可交付成果需要做的所有工作。
    D. 创建一个图形化表示，显示如何将阶段或可交付成果分解为工作包。

21. 你是一个建筑项目的项目经理。你已经完成项目的启动活动，现在正在创建一个文件，其中要描述记录范围、将可交付成果分解为工作包、确认所有工作都已经完成，以及管理基准变更等过程。你在完成什么过程？

    A. 制订项目管理计划。
    B. 定义范围。
    C. 创建WBS。
    D. 制订项目章程。

模拟题

22. 你是一个项目经理，正在管理一个项目。你的发起人想知道一个特定的工作包分配给了谁，费用要交给哪个控制账户，另外包括哪些工作。他指的是以下哪一个文件？

A. 范围管理计划。

B. WBS。

C. WBS词典。

D. 范围说明书。

23. 你是一个软件项目的项目经理。团队中的一个成员发现，如果偏离计划，实际上可以跳过一个可交付成果，因为已经不再需要这个可交付成果。他们做了计算，发现可以为顾客节省10%的项目成本，而且不会影响产品的特性。他们采用了这种方法，并在下星期召开状态会议时告诉你他们做了什么。以下哪一项最好地描述了这种情况？

A. 项目团队发挥主动性，为顾客省钱。

B. 从顾客角度解决了一个争执。

C. 团队通知项目经理做出了变更，不过他们还应该通知顾客。

D. 团队没有遵循控制范围过程。

24. 以下哪一项能最准确地描述项目范围说明书的用途？

A. 描述了项目产品的特性。

B. 在范围管理计划之前创建。

C. 将可交付成果分解为工作包。

D. 描述了项目的目标、需求和可交付成果，以及创建这些可交付成果所需的工作。

25. 一家电缆网络公司的项目经理在收集一个项目的需求，这个项目要建立一个新版本的电信设备。她不会使用以下哪一项？

A. 要开发的工作包的具体描述。

B. 与团队需要这个新设备的高级主管一对一会谈。

C. 这个电信设备的早期工作模型，以便于得到相关方的反馈。

D. 从启动项目时成立的焦点小组得到的结果。

26. 以下哪一项不是收集需求过程的输出？

A. 需求观察。

B. 需求跟踪矩阵。

C. 需求文件。

D. 需求管理计划。

~~模拟题~~答案

1. 答案：C

工作分解结构就是要分解你的团队需要做的工作。WBS是层次结构的，而不是线性、非结构化的。注意到了吗？答案B说的是产品范围而不是项目范围。

2. 答案：A

对于这个问题，有两种方法可以得到正确答案。可以看出WBS词典、变更请求和验收的可交付成果都是范围管理过程的输出（每个知识领域中都会看到变更请求），另外也可以识别出商业论证是由制订项目章程过程创建的，它属于启动过程组。

3. 答案：A

你能看出答案A描述的是范围管理计划吗？一旦知道WBS用来做什么以及如何建立WBS，这种问题就很清楚了。

4. 答案：C

你要知道过程发生的顺序，要了解这一点，一种好办法就是考虑如何将一些过程的输出作为另外一些过程的输入。例如，在定义范围之前无法创建WBS，正因如此，A是不对的。而且直到有了一个基准WBS时才能完成变更控制，出于这个原因，B也是错误的。

花点时间来考虑为什么确认范围和控制范围没有“正确的先后顺序”。变更可能在项目最开始就有一个范围变更，所以控制范围会在前。不过变更也可能发生在项目后期！如果在确认范围之后项目又出现一个重大变更，就需要重来一次。

5. 答案：B

回答很多模拟题时有一个重要策略，就是要能够从一个描述中找出特定的工具、技术、输入或输出。你觉得什么会指出谁对一个工作包负责，指出哪个控制账户与工作包关联，并描述与它相关的工作？这正是对WBS词典的一个很好的描述。

检查并不只是在项目结束时才使用。要为你和你的团队建立的每一个可交付成果完成确认范围过程。

6. 答案：B

很多问题要求你必须知道某个过程是关于什么的，这就是这样一个问题。所以要知道确认范围在项目中对你很有帮助，了解这一点非常有用。要使用确认范围过程检查所有工作包是否已经完成，并让发起人和相关方正式验收可交付成果。

答案

模拟题

7. 答案：A

很容易忘记组织过程资产不只是一个输入。这是一个真实的东西，是公司的一部分。花点时间来考虑你的组织中哪些资产可以帮助你完成各个过程。知道了吧？很好！那么到底什么是历史信息呢？就像是你或另一个经理在以前的一个项目中写出的报告和数据，并且存放在文件柜里或者存储在数据库中。这就是你现在可以使用的资产！什么是经验教训呢？这是你在以前的一个项目结束时写下的教训，同样放在一个文件柜里或者存储在数据库中。现在这些经验教训就是你可以使用的另一个资产。

《PMBOK®指南》称这个内容存储在一个“企业知识库”中，这可能简单地就是文件柜或者网络上的一个文件夹。

我考虑如何在项目中使用这些输入和输出时，它们会很有意义。组织过程资产就是组织跟踪维护的信息，比如从原先的项目和程序得到的信息，可以帮助我完成任务。

不过PMO越来越依赖高级的知识管理工具、实践和程序。

8. 答案：C

关于变更控制要记住一点，如果你希望发起人和相关方最后对你的项目满意，有时你必须立即对他们说“不”。完成控制范围过程时，使用的最重要的工具就是变更控制系统。它会告诉你如何在项目中实施一个批准的变更，要对基准中的任何部分做变更时，除此以外别无其他方法。这说明，一旦所有人都批准了项目范围说明书和WBS，如果你想对它们做变更，首先需要让这个变更得到批准，让它经过变更控制系统处理。

9. 答案：C

需求跟踪矩阵是一个工具，用来将各个需求向后关联到具体的商业论证，然后向前关联到其余的范围可交付成果（如特定WBS工作包）以及项目的其他部分：产品设计（如Cows Gone Wild中的特定等级）或测试策略（如Ranch Hand Games测试人员用来确保游戏正常运行的测试计划）。

这里的想法是，从项目可交付成果的初始描述一直跟踪到测试，从而确保每一个可交付成果都满足它的所有需求。

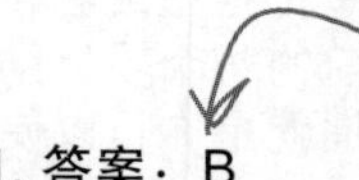
答案
模拟题

10. 答案：B

让发起人和相关方正式验收项目的结果时，就是在完成确认范围过程。这个过程只有一个工具：检查。这说明要仔细地检查可交付成果（在这里，就是工人们建造的高速公路），要确保与WBS一致。

答案D是一个好主意，不过不如创建一个新WBS重要。

11. 答案：B

这个问题有点难度。关于WBS最重要的一点是，如果范围管理计划指出应该有一个WBS，那么没有WBS的话，你的项目就绝对无法完成。一般规律是，如果你发现没有WBS，就要检查范围管理计划来找出原因。

12. 答案：B

这个问题也是要检查你是否了解某个特定文件的定义，在这里要考查范围管理计划，这是项目管理计划的子计划之一。想想看你使用范围管理计划的目的是什么。它会指出定义范围、分解工作、确认可交付成果以及管理范围变更的具体程序—这正是这个问题要问的。所有其他答案都与管理变更没有什么关系。

13. 答案：A

有些问题有两个正确答案，但只有一个最佳答案，这道题就是这种问题。答案C本身是正确的，你确实在完成范围定义。但是这确实是这种情况的最佳描述吗？备选方案分析是范围定义的一部分，它能更准确地描述目前在做些什么。

这样一来，如果我以后需要重新启动项目或者重用它的一些可交付成果，就能清楚地知道项目结束时团队正处于哪个阶段。

如果查看创建一个可交付成果的多种方法，然后确定最佳方法，这就是备选方案分析。

14. 答案：A

要想通过PMP考试，不能只靠一般常识，这个问题就是这样一个例子。所有这4个答案都可以作为处理已终止项目的好方法，不过其中只有一个答案与《PMBOK®指南》的内容对应。项目终止时，仍然需要完成确认范围过程。这样你就可以把所有已经完成的工作以及尚未完成的工作记录下来。

答案

模拟题

15. 答案：B

你是不是对变更控制如何工作有些熟悉了？基准可不是刻在石头上一成不变，你要能改变基准，不过不能贸然行事，想要变更就立即变更是不行的。你要把变更请求记录下来，然后将这个请求交由变更控制处理。如果得到批准，就可以更新基准，在基准中加入这个变更。

绝对不能直接做变更，以后再通知发起人。所有变更都需要得到批准。

16. 答案：A

如果一个问题问你某个特定文件、输入或输出包含的内容，一定要当心有些答案谈论的是另一个文件。你应该知道授权项目经理开展工作的文件是什么，那是项目章程所要做的。

17. 答案：C

有时可以把控制范围过程想成是一种机器，它会把批准的变更变成更新，如果这样来考虑，控制范围过程最容易理解。它"吸入"批准的变更和所有其他范围管理文件（范围管理计划、需求管理计划和范围基准），完成更新这些文件所需的所有工作，然后"吐出"更新。有时它还会"吐出"新的变更请求，因为对WBS或项目范围说明书做变更时，你可能会意识到还需要做更多其他变更。

18. 答案：A

范围识别是一个虚构的过程。它在这一章中并没有出现，尽管听起来好像是真的，但并没有这样一个过程，这是错的。

我把实施整体变更控制当成一个机器，它把变更请求转换成批准的变更，而把控制范围过程想成是另外一个机器，它把批准的变更变成对基准的更新。

19. 答案：B

WBS模板是加快创建WBS的好方法，创建模板最容易的方法就是使用先前项目的一个模板。减少可交付成果、跳过重要的输出（如WBS词典）或者让发起人为你完成工作，这些都不是好主意。

还可以对范围管理计划使用模板。

答案

模拟题

20. 答案：C

这个问题问的是定义范围过程，不过这里的答案描述了不同的输出。其中哪个输出对应定义范围过程？嗯，定义范围的主要输出是项目范围说明书，答案C是项目范围说明书的一个很好的描述。

因为它是一个范围管理过程，而且这个问题提到将可交付成果分解为工作包，所以你是不是猜答案是“创建WBS”？

21. 答案：A

这个问题在问你在哪里定义完成所有范围管理过程的程序。你在哪里找这些程序？就是在项目管理计划里，具体来讲，是范围管理子计划。这要在制订项目管理计划过程中建立。

22. 答案：C

你见过的文件中，只有一个文件显示各个工作包的详细信息，并包含一个控制账户、一个工作说明书和一个资源分配，这就是WBS词典。

注意到了吗？这个问题故意让你感觉团队忽略控制范围过程并完成未批准的变更好像是在做好事。

23. 答案：D

读这个问题时，看起来好像团队在帮忙，是吗？不过再想想看发生了什么：团队抛开了计划，然后对项目做了一个变更，根本没有得到发起人或相关方的批准。可能他们发现了一个有用的捷径。不过，对于团队发现的这个捷径，很有可能发起人之前已经发现而且已经否决。正是因为这个原因，变更控制很重要。

嘿，我发现准备考试的一个好方法，比如查看第23题的答案A、B和C，明确它们分别在说什么。这样可以练习如何从一个描述找到输出！

答案

模拟~~题~~

24. 答案：D

有些问题只是定义性问题。定义是一种“最佳答案”问题，可能有一个答案有些道理，你可能就此停步而选择这个答案。在这里，答案A看上去好像是对的，不过如果再读到答案D，这个答案更为准确。

25. 答案：A

这个问题问的是收集需求的工具和技术，答案A是唯一与创建WBS过程有关的答案。其余的答案都是收集需求工具和技术的描述：包括访谈(答案 B)，原型 (答案 C)和观察(答案 D)。

26. 答案：A

收集需求过程的输出是需求文件和需求跟踪矩阵。“需求观察”并不是一个真正的输出。

要确定你这种题目是否做对了，最容易的方法就是考虑各个输出以后在项目中具体如何使用。

要当心描述一个输入或输出然后要求你给出名字的题目。要查看每一个答案，想想你自己会如何描述，其中会有一个与问题对应。

6 项目进度管理

按时完成

我们使用项目进度管理来确保去游乐场玩过之后还能有充足的时间做作业！

大多数人想到项目经理时就会想到项目进度管理。进度管理要考虑设定和满足最后期限。首先明确需要**完成什么工作**、如何完成、要使用哪些**资源**，另外要花费多长时间。然后就是要制订和控制**进度**。

幸福的新人要面对的现实

Rob和Rebecca决定喜结连理，不过他们没有太多时间来规划这个婚礼。他们希望这个重大的日子永生难忘，想邀请很多亲朋好友共度美好时光。

不过，想到婚礼的种种细节就让人头昏脑胀。还得找地方去挑选喜帖纸，这对新人发现他们确实需要帮助……

他们一直在憧憬着六月的婚礼，不过现在已经一月了。

一切都必须完美无缺！不过看起来工程太浩大了。我不知道从哪里开始。

Rebecca从12岁起就一直在憧憬这个重要的日子，不过看起来好像没有太多时间准备了。她需要一些帮助。

别担心。我姐姐的婚礼策划师非常不错。我可以给她打个电话。

来认识一下婚礼策划师

不用担心。我会把一切
都安排好的。

Kathleen，婚礼策划师

Rob: 我们希望一切都完美无缺。

Rebecca: 要做的事情太多了！喜帖、食物、客人、音乐……

Rob: 哦，糟糕，我们还没有预订婚礼场地呢。

Rebecca: 所有这些都必须万无一失。定好菜单以后才能印喜帖。另外收到喜帖回复之后我们才能安排座位。我们不确定哪一类乐队适合我们的婚宴，或者是不是应该请一位DJ？真是让人焦头烂额。

Rob: 我姐姐说你把她的婚礼办得棒极了。不过我知道她给了你一年多的时间来策划。

Rebecca: 但我一直梦想着六月举办婚礼，我可不想放弃。我知道现在有些迟了，不过你能帮我们吗？

BRAIN POWER

Kathleen首先要做什么来确保他们有时间安排好所有这些事情?

进度管理帮助应对紧迫的时间表

婚礼要顺利举办，这会涉及太多形形色色的人，所以要做大量规划来确保一切工作都按正确的顺序进行，要由正确的人完成，而且不会耗费太长时间。这就是项目进度管理知识领域所要考虑的。

开始时，Kathleen担心她没有足够的时间确保一切都妥善完成。不过她知道，接手这个任务时她可以使用一些功能强大的进度管理工具，这些工具会帮助她顺利完成每一项工作。

我们要掌控很多人和活动。你们俩真该6个月前就给我打电话，不过我们还是能让婚礼如期举行的。
待办列表
喜帖
鲜花
结婚蛋糕
婚宴菜单
乐队
六月之前有很多事情要办……Kathleen需要明确哪些工作要先做，之后才能做其他工作。

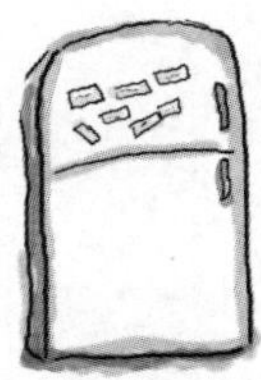

项目进度管理磁贴

考试时你要知道项目进度管理过程的顺序。好在它们都很直观。你能确定它们的顺序吗？

1

2

3

4

5

6

控制进度

估算活动持续时间

制订进度计划

排列活动顺序

定义活动

规划进度管理

项目进度管理磁贴答案

下面给出正确的顺序以及各个项目进度管理过程的主要输出。

❶ 规划进度管理

进度管理计划

首先定义用来规划和控制进度的过程。

❷ 定义活动

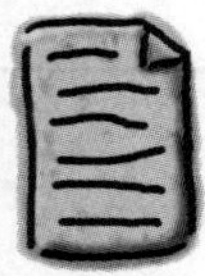
活动清单

接下来提出需要完成的所有活动的一个清单。

活动清单是下一个过程创建网络图的基础。

❸ 排列活动顺序

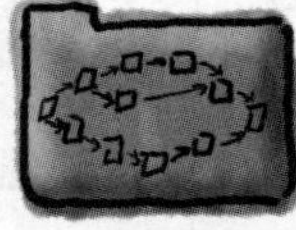
项目进度网络图

接下来，确定哪些活动需要先于其他活动完成，并安排正确的顺序。这里的主要输出是一个项目进度网络图，这个网络图会显示活动之间的相关关系。

知道了要做哪些活动以及活动的顺序还不够，这只是做到了一半。现在还需要确定谁来完成工作。

❹ 估算活动持续时间

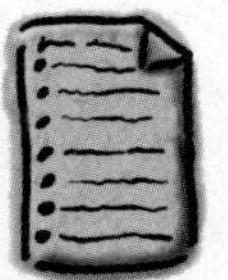
活动持续时间估算

然后估算各个活动花费的时间。

可以使用很多不同的估算技术来确定项目花费的时间。

最后一个过程“控制进度”在监控过程组中。

监控过程组

5 制订进度计划

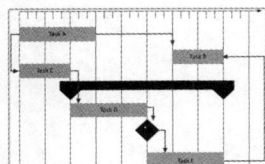

然后根据你创建的所有这些估算、资源和活动信息建立一个进度计划。

进度计划将所有信息汇总在一起，来预测项目结束日期。

6 控制进度

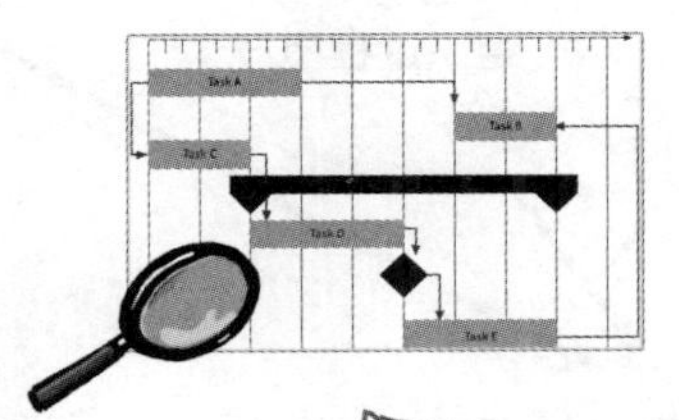

最后，监控对进度的变更，确保它是最新的。

跟踪引起进度变更的问题，与范围管理中一样，在进度管理中处理这些问题也非常重要。

规划过程组

前面5个项目进度管理过程都在规划过程组中，因为它们都与提出进度有关，这些要在开始执行项目之前完成。

BRAIN
POWER

项目进度管理就是将工作分解为活动,从而能按顺序完成,并对各个活动做出估算。

确定一个项目需要哪些活动之前你要知道些什么?

规划进度管理过程

规划过程组

规划进度管理过程与你目前为止见过的所有其他规划过程很类似。实际上，在前面的过程中你已经见过建立这个过程要用到的所有输入和工具。类似于第5章中的规划范围管理过程，你的目标是由其他项目管理计划、公司的文化和现有文件以及项目章程来建立一个进度管理计划。

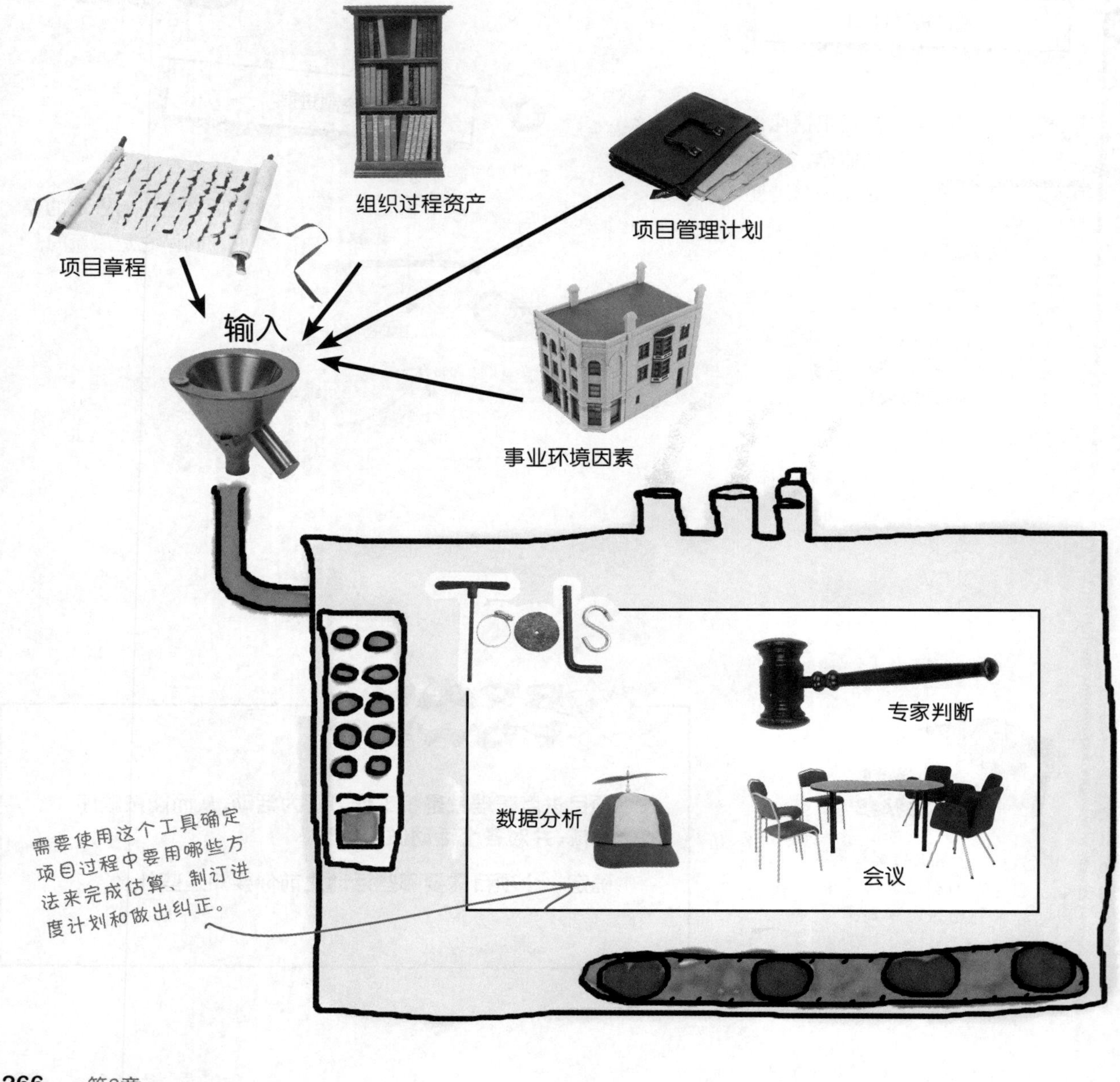

组织过程资产

项目管理计划

项目章程

输入

事业环境因素

Tools

专家判断

数据分析

会议

需要使用这个工具确定项目过程中要用哪些方法来完成估算、制订进度计划和做出纠正。

现在你知道如何跟踪进度

输出

规划进度管理过程只有一个输出，这就是进度管理计划。它描述了你用什么方法来估算工作、跟踪工作进展并提供报告。

Rob和Rebecca的婚礼
进度管理计划

项目进度模型制订：Kathleen将使用Microsoft Project为这个婚礼创建一个进度模型。这个模型会存储在一个开放的文件知识库中，每周更新一次。最初的进度基于高层估算得出，随着项目的需求逐渐明确，会定期对进度进行细化。只要批准了一个变更请求，以及达到以下里程碑时，都会建立新的进度基准：

范围说明书完成

婚礼场地已经预订

请帖已经发出

已经收到邀请回复（RSVP）

已经找好伴娘

准确度：初始的进度模型准确度在+/–10%之间。每过去一个星期，进度更新都会提高进度模型的准确度，这是因为团队对项目的了解越来越多。收到RSVP时，进度模型的准确度将达到+/–3%。团队的总估算中将包含额外的15%，作为应急储备来帮助减轻风险。

计量单位：所有估算都按日历天数提供。

组织程序链接：项目进度模型将遵循WBS提供的组织大纲。所有进度状态报告也将采用WBS中提供的格式。

项目进度模型维护：每周Kathleen都会更新项目进度模型，并提供各个任务的完成率，保证进度是最新的。

报告格式：每个星期四Kathleen会召开一个每周状态会议，与Rob和Rebecca讨论项目与估算是否一致。这个会议的状态报告将采用标准的婚礼策划状态报告模板。

使用定义活动过程分解工作

定义活动过程使用我们知道的所有项目信息将工作划分为可以估算的活动。这个过程的输入都来自整合管理知识领域中的过程。项目进度管理的第一步是确定项目工作如何分解为活动，这正是定义活动过程所要做的。

规划
过程组

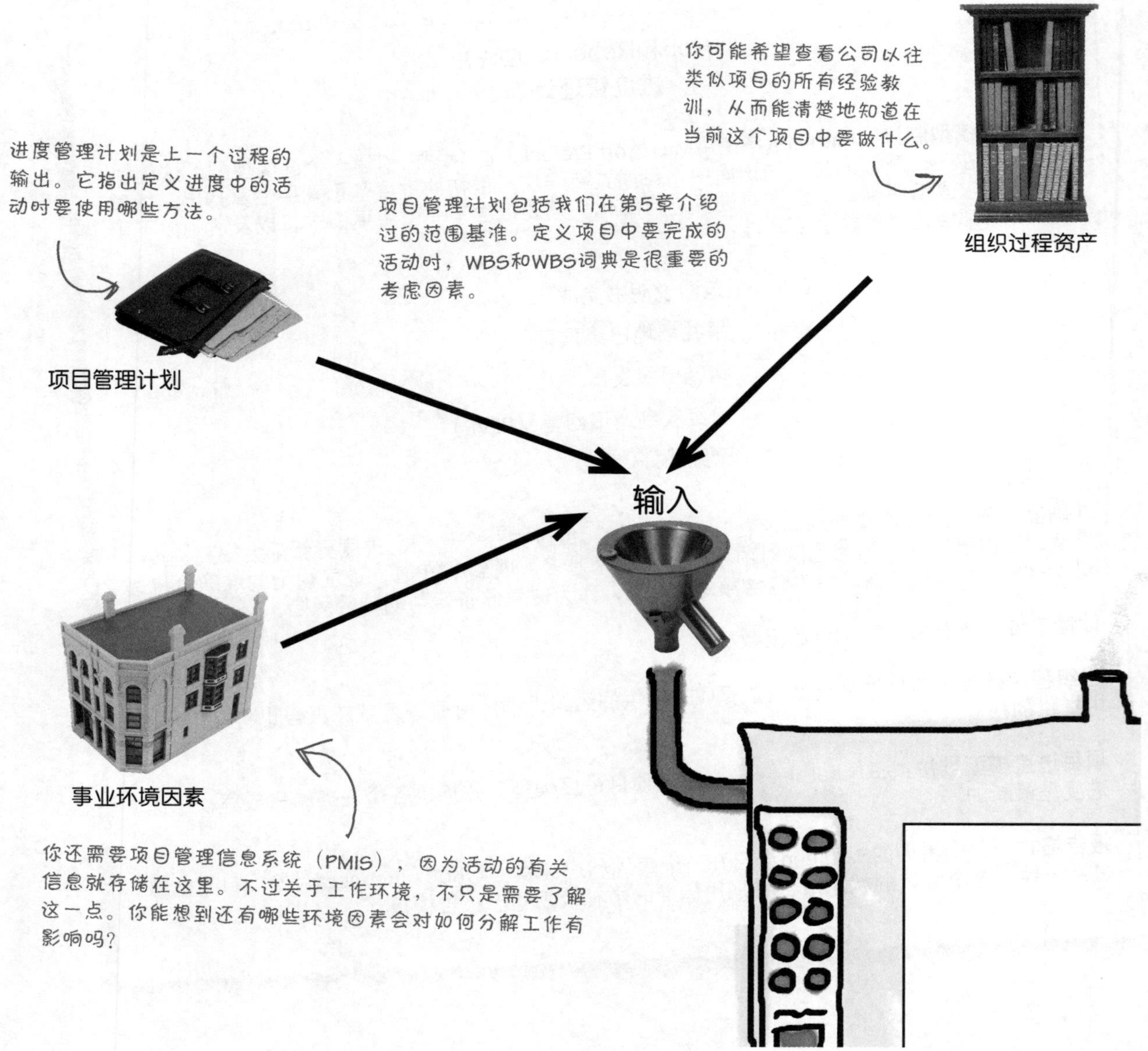

你可能希望查看公司以往类似项目的所有经验教训，从而能清楚地知道在当前这个项目中要做什么。

组织过程资产

进度管理计划是上一个过程的输出。它指出定义进度中的活动时要使用哪些方法。

项目管理计划包括我们在第5章介绍过的范围基准。定义项目中要完成的活动时，WBS和WBS词典是很重要的考虑因素。

项目管理计划

输入

事业环境因素

你还需要项目管理信息系统（PMIS），因为活动的有关信息就存储在这里。不过关于工作环境，不只是需要了解这一点。你能想到还有哪些环境因素会对如何分解工作有影响吗？

定义活动过程的工具和技术

Kathleen写下她关于这个项目了解到的所有信息。她用上一个婚礼的活动清单作为指导，然后考虑Rob和Rebecca希望的哪些方面与她以前的项目有所不同。她把这些工作分解为活动，并把所有活动汇总在一起构成一个活动清单。

Tools

这个"Tools"图标表示我们在向你展示这个过程的工具和技术。知道了吧?

分解

这表示将范围管理过程中定义的工作包进一步分解为可以估算的活动。

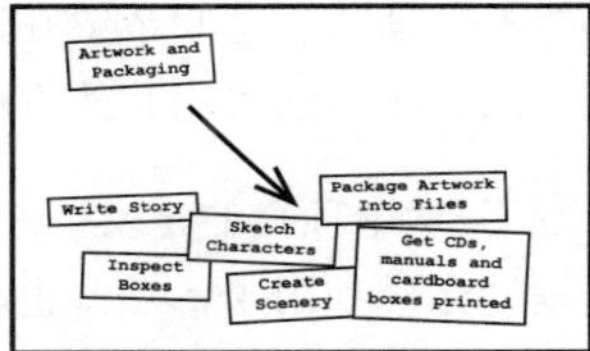
Artwork and Packaging
Write Story
Sketch Characters
Package Artwork Into Files
Inspect Boxes
Create Scenery
Get CDs, manuals and cardboard boxes printed

专家判断

询问以前有过相关经验的人，了解他们对完成这个任务所需的活动有什么看法。

滚动式规划

采用这种方式规划时，只分解需要规划的活动，因为这些活动很快就会发生。所有其他活动仍按里程碑层次规划，直到快要完成这个活动时再做分解。

翻到下一页来看这个工具的一个例子！

会议

你要与团队交流，明确他们认为需要做什么才能实现你的项目目标。定义进度中的活动时，召集团队一起讨论计划是一个很有用的工具。

滚动式规划允许你边做边规划

有时你启动项目时对之后要做的工作并没有太多了解。滚动式规划允许你只对已经有足够的了解而且可以做出规划的那一部分制订计划和进度。

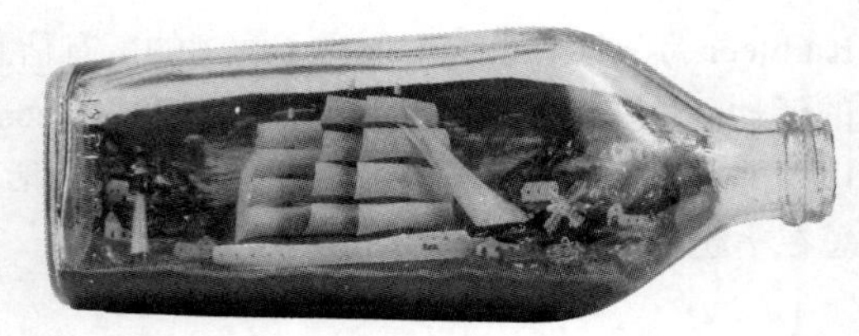

如果Kathleen使用滚动式规划，她可能只为有关喜帖的任务制订进度计划，而把菜单和座位安排的规划先放在一边，直到知道谁回复了喜帖时再来考虑菜单和座位。

不过，如果Rob和Rebecca听到Kathleen只打算规划发出喜帖，他们可能不会满意。他们希望知道婚礼会如期举行。正是因为这个原因，只有在无法采用其他方法规划时才会使用滚动式规划。

再来看第2章中项目的定义。还记得吗？项目是渐进明细的。滚动式规划就充分利用了一点，也就是说，你在做越来越准确的规划时，对项目的了解也越来越多。

there are no Dumb Questions

问： 如何利用专家来帮助你定义任务？

答： 婚礼对很多人来说都不陌生，不过有些项目可没有这么容易掌握。如果要求你管理一个新领域的项目，你可能想向这个领域的一个专家请教，帮助你了解会涉及哪些活动。

即使是Kathleen的这个项目，咨询一个宴会专家也会很有帮助，可能会帮助她想到自己原先根本未做规划的一些活动。

可以由你来创建一个活动清单，然后让专家审查，建议你做一些变更。或者，也可以从一开始就让专家介入，在建立第一稿的活动清单之前，先与专家做一次关于定义活动的访谈。

问： 我还是不明白滚动式规划是什么。

答： 开发项目的一种方法是把它划分成工作阶段，在前一个阶段完成时收集下一个阶段的需求。有时项目是迭代完成的，你会把工作划分为阶段，在具体执行各个阶段之前先规划这个阶段。滚动式规划就是先对所做工作的一部分做出规划，然后执行，接下来转向下一部分。

使用敏捷方法的软件项目就采用了一种滚动式规划，确保协商的所有工作确实能完成。他们可能提前为软件的一个版本写用户故事，然后构建软件并交付使用，再根据用户使用这个版本之后的想法收集更多需求。

活动磁贴

这是WBS的一部分。在这个WBS下面摆放适当的活动，显示各个工作如何分解为活动。

这是Kathleen为这个婚礼项目建立的WBS的一部分。

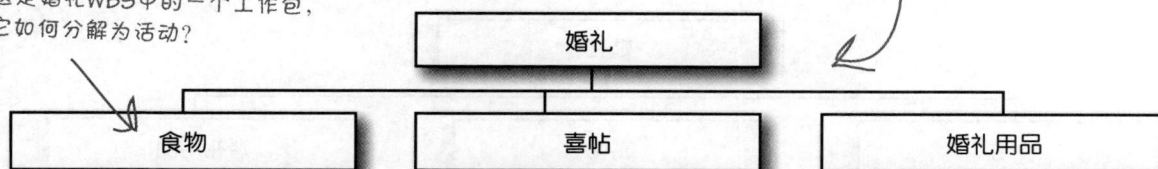

这是婚礼WBS中的一个工作包，它如何分解为活动？

婚礼

食物	喜帖	婚礼用品
1.	1.	1. ....
2.	2.	2. ....
3.	3.	3. ....
	4.	4. ....

买鞋子

买服装

寄喜帖

最终确定菜单

建立宾客名单

找宴会承办人

印喜帖

订制和试穿礼服

承办婚宴

选鲜花

等待宾客回复

活动磁贴答案

这是WBS的一部分。在这个WBS下面摆放适当的活动，显示各个工作如何分解为活动。

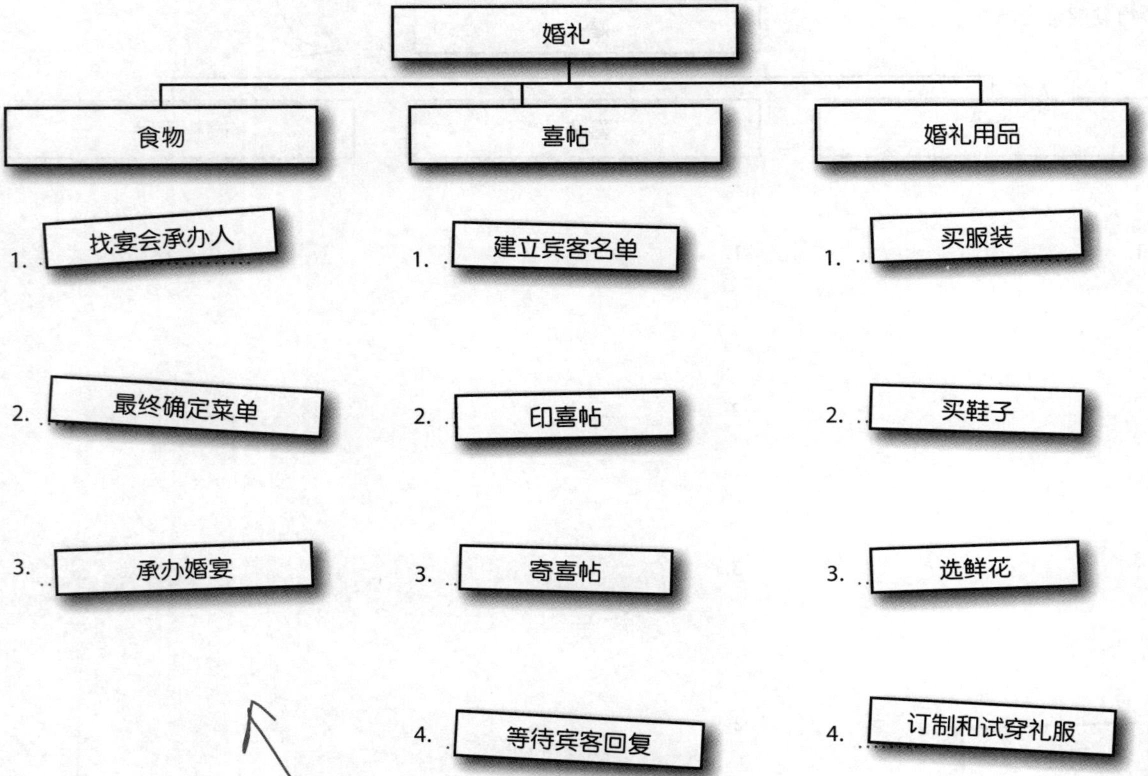

婚礼

- 食物
  1. 找宴会承办人
  2. 最终确定菜单
  3. 承办婚宴
- 喜帖
  1. 建立宾客名单
  2. 印喜帖
  3. 寄喜帖
  4. 等待宾客回复
- 婚礼用品
  1. 买服装
  2. 买鞋子
  3. 选鲜花
  4. 订制和试穿礼服

在Kathleen的这个WBS中，还可以为这3个工作包定义很多其他的活动。

不过，关于活动要记住重要的一点，它们要分解到可以准确估算的层次。

定义活动输出

这个过程的主要输出是活动清单。这是后面要做的所有估算和进度任务的基础。不过除此以外还有一些其他的输出，可以帮助你更详细、更准确地做出估算。

输出

活动清单

这是完成项目需要做的所有活动的一个清单。这个清单比WBS低一层，包含交付工作包必须完成的所有活动。

活动清单

活动属性

这里有每个活动的描述。明确工作顺序所需的所有信息也要放在这里。所以所有紧前活动、紧后活动或者制约因素都应当列在属性中，除此以外，还要包括规划所需资源或时间的有关描述和所有其他信息。

活动属性

婚礼的一些里程碑：

* 喜帖发出
* 菜单确定
* 教堂预订
* 伴娘试装

里程碑清单

项目中所有重要的检查点都记录为里程碑。其中一些可能列在你的合同中，作为项目成功完成的需求；还有一些只是项目中的一些重要时间点，你希望跟踪这些时间点。里程碑清单要让所有人都知道哪些是必要的，而哪些不是。

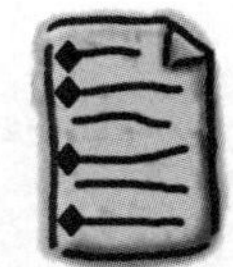

里程碑清单

变更请求

团队在做他们要完成的工作时，有时会发现关于项目范围或需求的新信息。如果发生这种情况，他们就需要创建一个变更请求，来更新项目的范围。

变更请求

项目管理计划更新

团队识别到新活动时，很可能进度基准和成本基准都需要变更。要让这些变更经过变更控制处理，然后更新项目管理计划来包含这些新活动。

项目管理计划更新

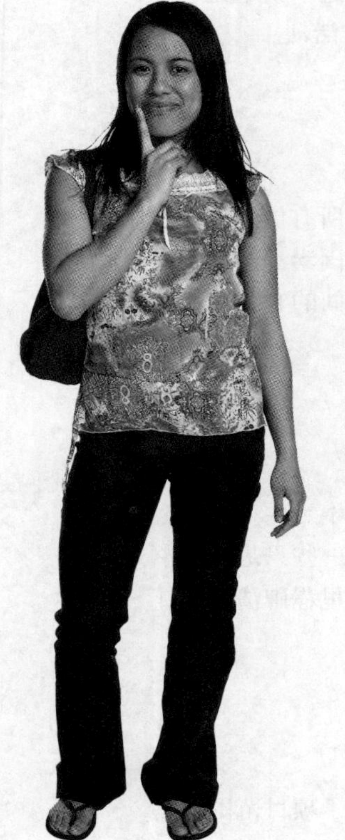
我们刚从印刷厂那里拿到节
目表，全都错了！

Rob: 四重奏取消了。他们那天要去参加另一场婚礼。

Rebecca: 本来打算让Laura姨妈致祝词，不过想想Stu叔叔葬礼上发生的事情，我想还是换个人吧。

Rob: 真的需要请长笛演奏吗？我觉得这可能有些没必要吧。

Rebecca: 可能我们应该等这些问题都解决了再印喜帖。

Kathleen: 好的，我们来考虑一下到底要怎么做。印喜帖之前，我们需要先明确希望怎么做。

排列活动顺序过程让一切井然有序

既然我们知道了要让婚礼成功必须做哪些工作，下面需要重点考虑这些工作的顺序。Kathleen已经确定了她为婚礼定义的所有活动，想要明确这些活动的顺序。这里就要使用排列活动顺序过程。

规划
过程组

她创建的活动属性和活动清单已经包含大多数紧前和紧后活动。里程碑清单记录了主要工作，另外还有几个范围变更，这是她在项目过程中发现的，已经得到批准可以实现。

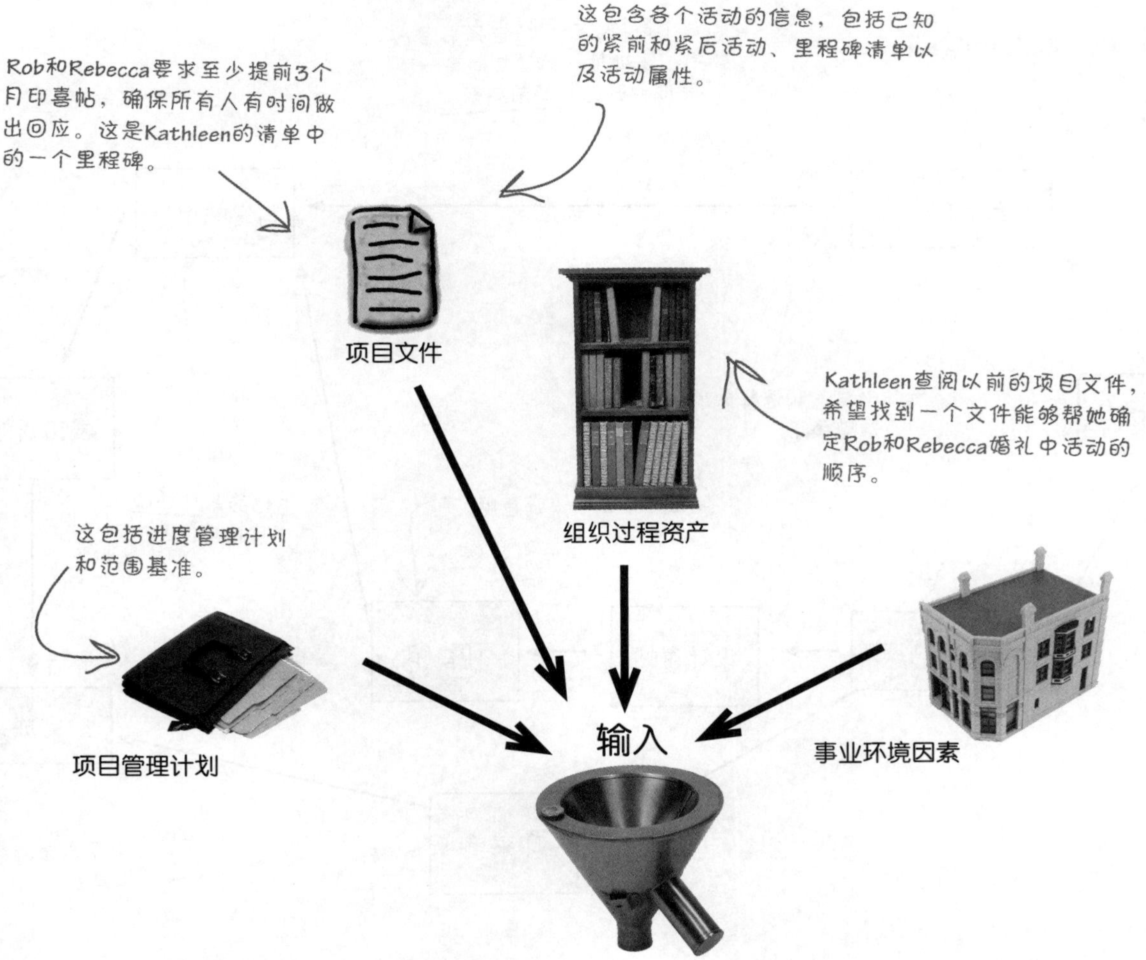

这包含各个活动的信息，包括已知的紧前和紧后活动、里程碑清单以及活动属性。

Rob和Rebecca要求至少提前3个月印喜帖，确保所有人有时间做出回应。这是Kathleen的清单中的一个里程碑。

项目文件

Kathleen查阅以前的项目文件，希望找到一个文件能够帮她确定Rob和Rebecca婚礼中活动的顺序。

组织过程资产

这包括进度管理计划和范围基准。

项目管理计划

事业环境因素

输入

图示活动之间的关系

要以可视化方式描述活动之间的相互关系，一种方法就是创建一个网络图。Kathleen创建了下面这个网络图，显示了制作喜帖的相关活动之间的依赖关系。

例如，书写人是请来在喜帖上写地址的人，所以在喜帖上写地址之前，Rob和Rebecca需要先选择一个书写人。不过写地址之前还需要先把喜帖印出来，否则，书写人根本没有东西可写！看到了吧？紧前关系可能相当复杂。幸运的是，一个图就能清楚地显示这些关系！

活动用矩形显示，活动之间的关系用箭头表示，这叫做紧前关系绘图法（Precedence Diagramming Method，PDM）。

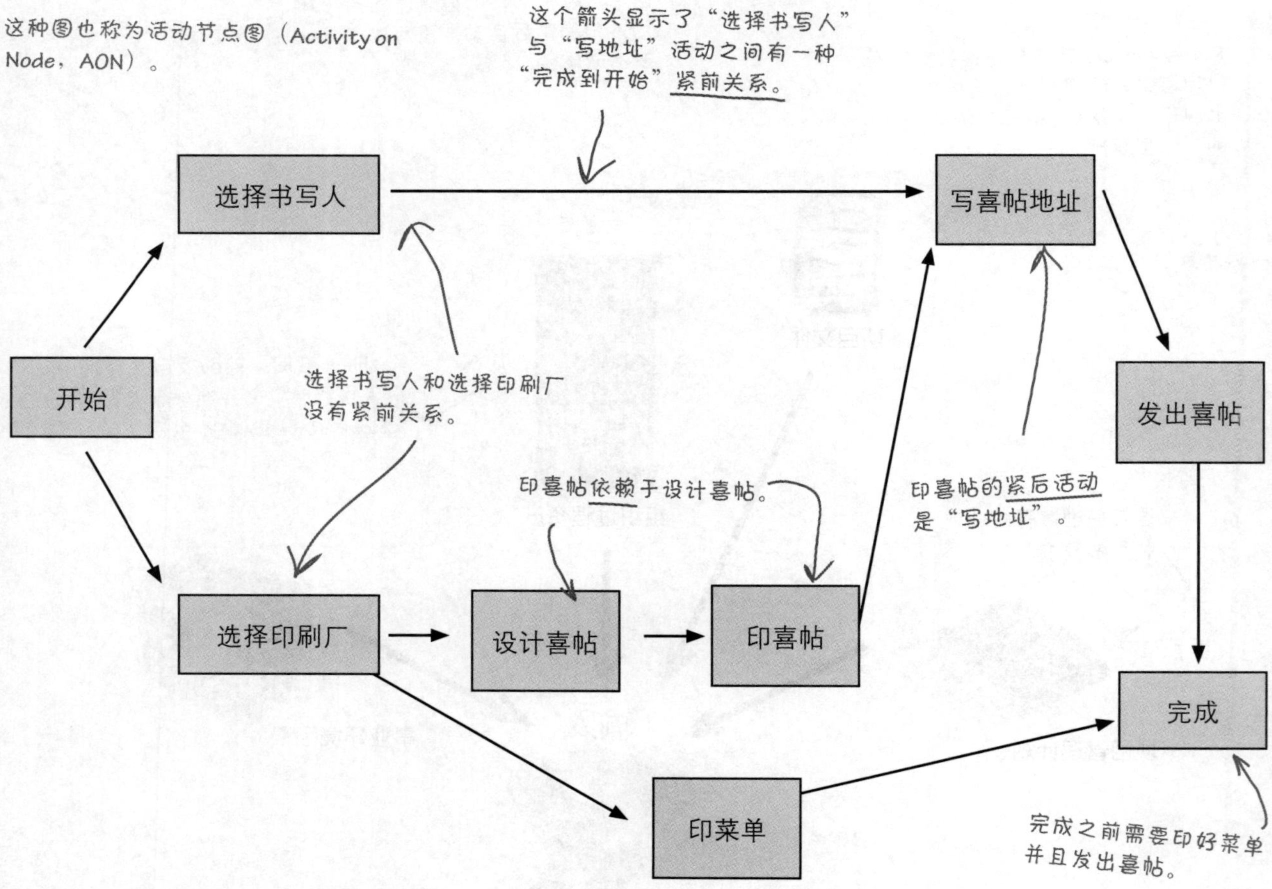
这种图也称为活动节点图（Activity on Node，AON）。
这个箭头显示了“选择书写人”与“写地址”活动之间有一种“完成到开始”紧前关系。
选择书写人
写喜帖地址
开始
选择书写人和选择印刷厂没有紧前关系。
发出喜帖
印喜帖依赖于设计喜帖。
印喜帖的紧后活动是“写地址”。
选择印刷厂
设计喜帖
印喜帖
完成
印菜单
完成之前需要印好菜单并且发出喜帖。

网络图让任务一清二楚

查看所有这些任务相互之间如何关联，可以帮助你明确任何时间项目中哪些工作很重要。一旦Rob和Rebecca看到下面的网络图，他们就会意识到要赶快上网，为他们的婚礼寻找一个婚宴场地，尽管目前还没有确定预算和宾客名单。

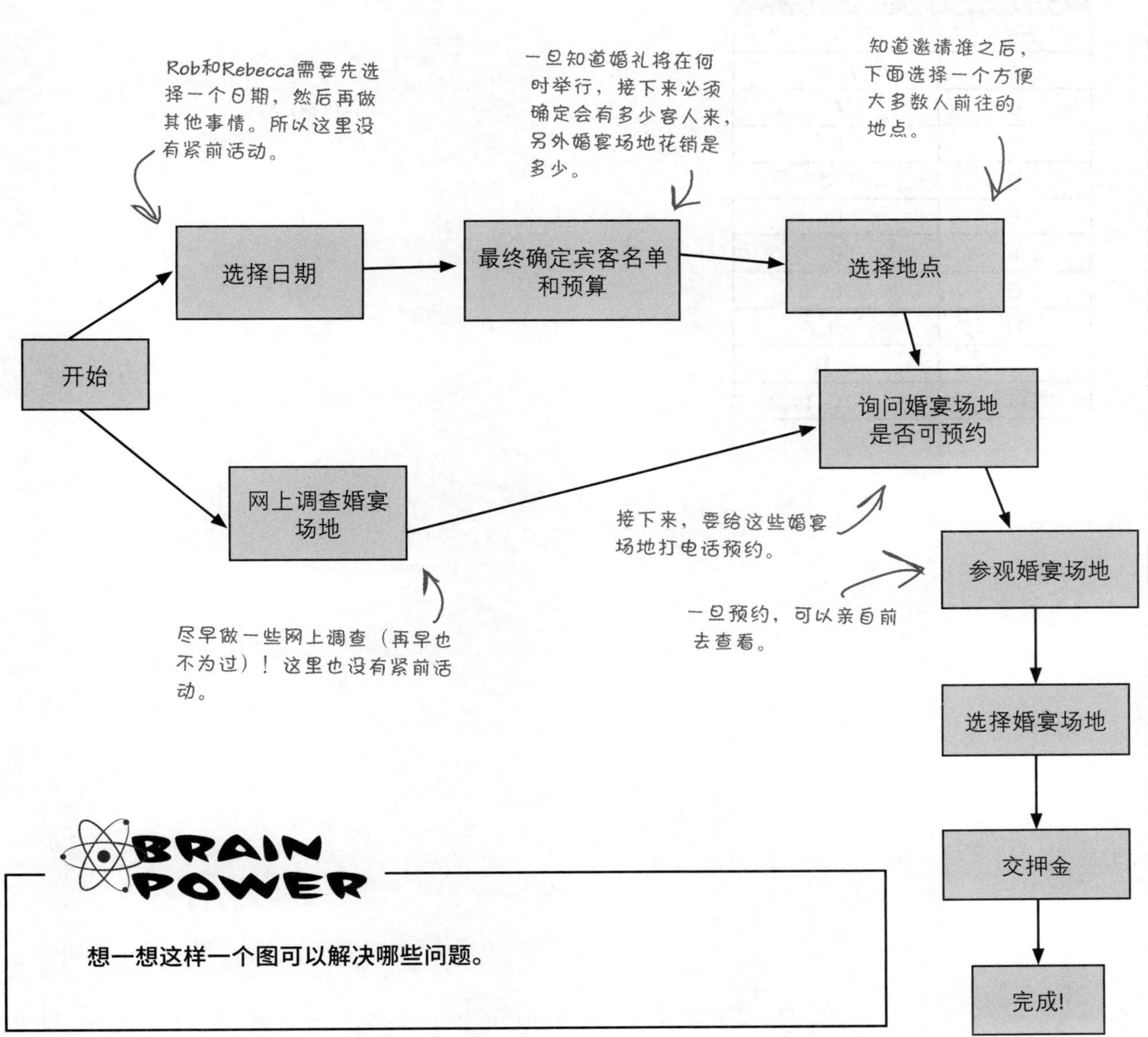
Rob和Rebecca需要先选择一个日期，然后再做其他事情。所以这里没有紧前活动。
一旦知道婚礼将在何时举行，接下来必须确定会有多少客人来，另外婚宴场地花销是多少。
知道邀请谁之后，下面选择一个方便大多数人前往的地点。
开始
选择日期
最终确定宾客名单和预算
选择地点
询问婚宴场地是否可预约
网上调查婚宴场地
接下来，要给这些婚宴场地打电话预约。
参观婚宴场地
一旦预约，可以亲自前去查看。
尽早做一些网上调查（再早也不为过）！这里也没有紧前活动。
选择婚宴场地
交押金
完成!
BRAIN POWER

想一想这样一个图可以解决哪些问题。

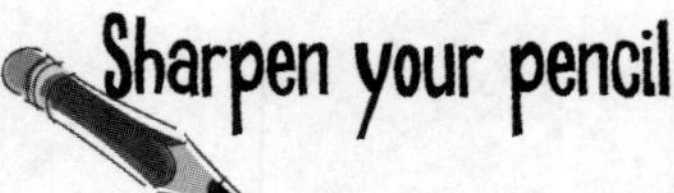
Sharpen your pencil

你要知道如何把一个节点表变成一个网络图，所以这里给你一个机会来做些练习！这是一个PDM网络图的节点列表，请根据这个节点表画出网络图：

名称	紧前活动
开始	—
A	开始
B	A
C	B
D	开始
E	D
F	B
G	C
H	D
I	E, H
完成	F, G, I

再来试一个！

名称	紧前活动
开始	—
1	开始
2	1
3	2
4	开始
5	3
6	开始
7	6
完成	7, 4, 5

答案见336页。

依赖关系帮助你排列活动的顺序

最常见的一种紧前关系是“完成到开始”。这表示一个任务必须完成，另一个任务才能开始。不过，还有另外几种依赖关系。它们都可以在网络图中用来显示活动的顺序。3种主要的依赖关系分别是：完成到开始 (FS)、开始到开始 (SS)和完成到完成 (FF)。在排列活动顺序过程中，这个工具称为确定和整合依赖关系。

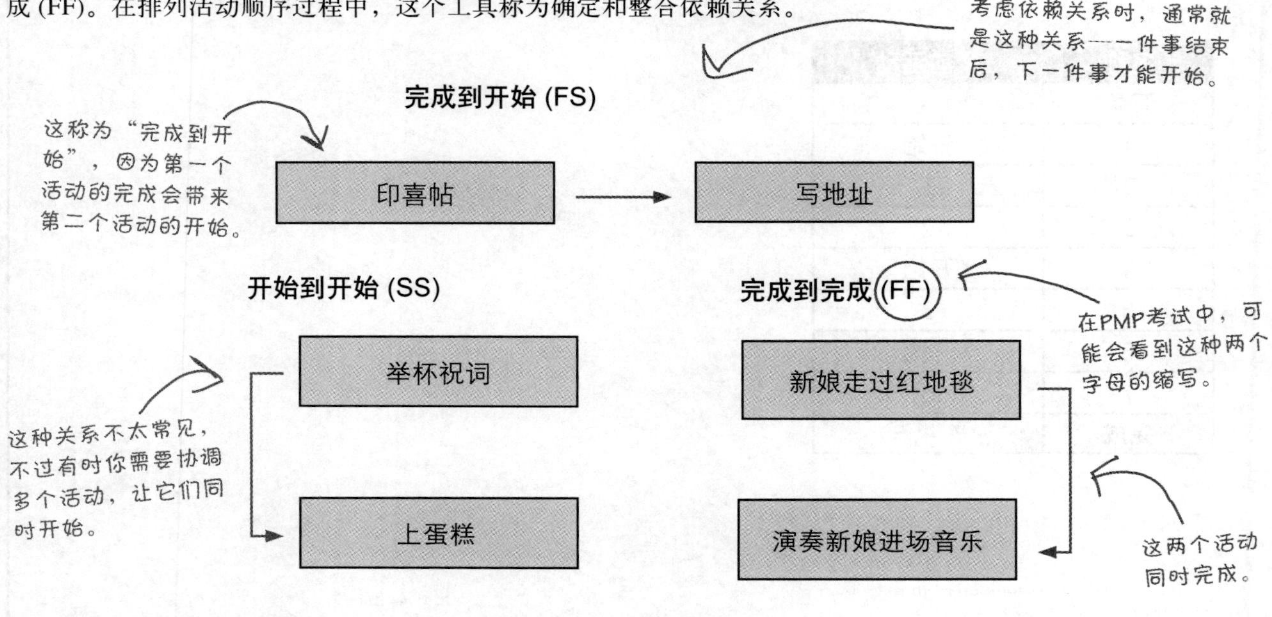
考虑依赖关系时，通常就是这种关系——一件事结束后，下一件事才能开始。
完成到开始 (FS)
这称为“完成到开始”，因为第一个活动的完成会带来第二个活动的开始。
印喜帖
写地址
开始到开始 (SS)
举杯祝词
上蛋糕
这种关系不太常见，不过有时你需要协调多个活动，让它们同时开始。
完成到完成 (FF)
在PMP考试中，可能会看到这种两个字母的缩写。
新娘走过红地毯
演奏新娘进场音乐
这两个活动同时完成。

外部依赖关系

有时你的项目依赖于你的工作之外的其他方面。对于这个婚礼来说，我们依赖于前一场婚礼按时腾出宴会厅，以便我们布置装饰。宴会厅的装饰依赖于前一场婚礼按时腾出场地，这就是一种外部依赖关系。

选择性依赖关系

Rob和Rebecca非常希望伴娘在他们之前到达婚宴场地。这并不是绝对必要的，只是一种个人喜好。考试时，你要知道应当根据你掌握的完成任务的最佳实践知识来设置选择性依赖关系。

强制性依赖关系

如果喜帖还没有印好，当然无法在喜帖上写地址。所以，印喜帖对于写地址来说就是一个强制性依赖关系。强制性依赖关系是因为工作性质而必须存在的一种关系。

内部依赖关系

这对新人离开教堂之前喜宴不能开始。有些依赖关系完全在团队的控制之中。

提前量和滞后量增加活动之间的时间

有时你需要在活动之间留出一些额外的时间。滞后量就是在紧前任务和紧后任务之间有意安排的一个延迟。例如，新娘和父亲跳舞时，宾客会稍等片刻才随之起舞。

提前量是为一个紧后任务指定一段时间，让它在紧前任务完成之前就开始。所以你可能希望宴会承办人在所有人品尝正餐前一小时就开始准备甜点。

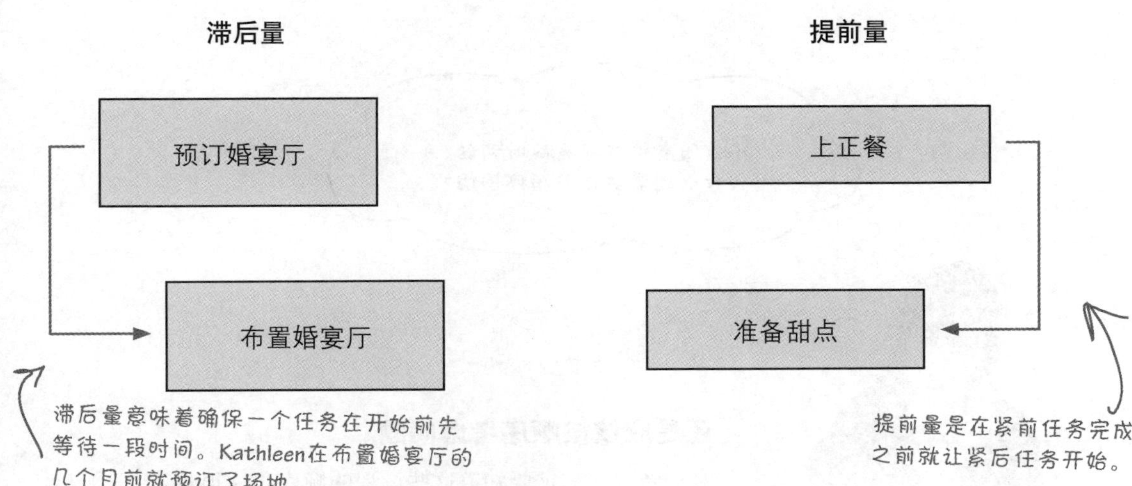

滞后量
预订婚宴厅
布置婚宴厅
滞后量意味着确保一个任务在开始前先等待一段时间。Kathleen在布置婚宴厅的几个月前就预订了场地。
提前量
上正餐
准备甜点
提前量是在紧前任务完成之前就让紧后任务开始。

there are no Dumb Questions

问：在哪里能得到依赖关系信息来确定网络图呢？

答： 活动属性应该列出了每个活动的紧前活动和紧后活动。建立网络图时，可能还会发现新的依赖关系。你的项目团队会确定每个活动的必要的依赖关系。

问：那么“开始到完成”依赖关系呢？

答： 有些活动有可能要求在它完成之前就开始某个任务。举一个例子，音乐开始之后才能开始唱歌。不过像这样的任务相当少见，几乎不会在网络图中出现。

问：我的进度计划软件可以为我建立网络图。既然如此，我又何必了解这些内容呢？

答： 大多数进度计划软件确实会自动创建这样一些图表。不过，如果花些时间考虑你的依赖关系，并用可视化的方式检查，这确实能帮助你发现一些情况，在这些情况下，如果希望项目按时完成，可能需要为某些任务提供更高的优先级。所以还是有必要知道如何建立网络图。

进度计划软件可以帮助你查看活动的顺序

Tools

很多人使用类似Microsoft Project的应用来查看他们的活动清单，并用来组织活动的依赖关系。要花些时间来学习，确实了解到活动的最佳顺序会对项目的最后期限产生显著影响，所以，作为公司项目管理信息系统的一部分，使用类似这样的软件是一种很好的做法，可以使你清楚地了解正确的活动顺序，使项目能高效地运行。

不过所有这些都是同时做的。
为什么还需要这些顺序图呢？

还是应该按顺序考虑问题。

对于考试，一定要知道这些过程的顺序，这很重要。另外，即使可能所有工作都同时做，可能也要花些时间分别来考虑。

BRAIN POWER

单独考虑定义活动和排列活动顺序有什么好处？

创建网络图

排列活动顺序时，你会发现需要增加的新活动，还会发现原先不知道的新的活动属性。所以，尽管这个过程的主要产品是网络图，不过还能得到某些定义活动文件的变更以及其他过程的输出。

输出

考试时，你不需要准确地知道哪些文件变更会作为这个过程的输出。你只要知道这个过程有一个输出是项目文件更新。

活动属性更新

有时排列顺序时会显示两个任务相互依赖。如果你发现新的紧前活动或紧后活动，就需要改变活动的属性。

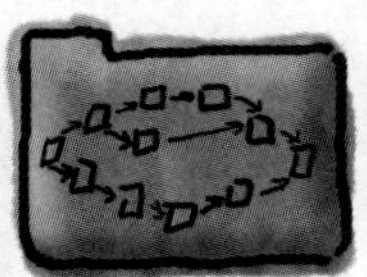

项目进度网络图

在这个网络图中，根据任务的紧前活动明确所有任务如何组合在一起，并确定完成项目的关键路径。

项目文件更新

排列活动顺序时，可能会发现你之前在其他过程中创建的一些文件需要更新。《PMBOK指南》将类似这样的文件称为“项目文件更新”。右边给出了一些例子，不过可能还有其他需要更新的文件。

假设日志

排列活动顺序时，可能会发现你在启动项目时所做的假设实际上是不正确的。由于这个原因，一旦对活动的顺序做出某个决策，你可能希望更新假设日志。

活动清单更新

如果你在排列顺序时发现一个新活动，就需要更新活动清单。

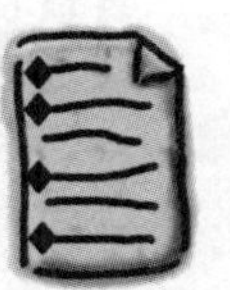

里程碑清单

排列活动顺序时，可能会发现新的里程碑，可以用来测量中间进展。

确定项目要花多长时间

规划
过程组

一旦完成了排列活动顺序过程，就得到了确定各个活动花费时间所需的全部信息。要确定各个活动花费的时间，这是在一个名为估算活动持续时间的过程中完成的。在这个过程中，你要查看活动清单中的每一个活动，考虑范围和资源，并估算完成这个活动要耗费多长时间。

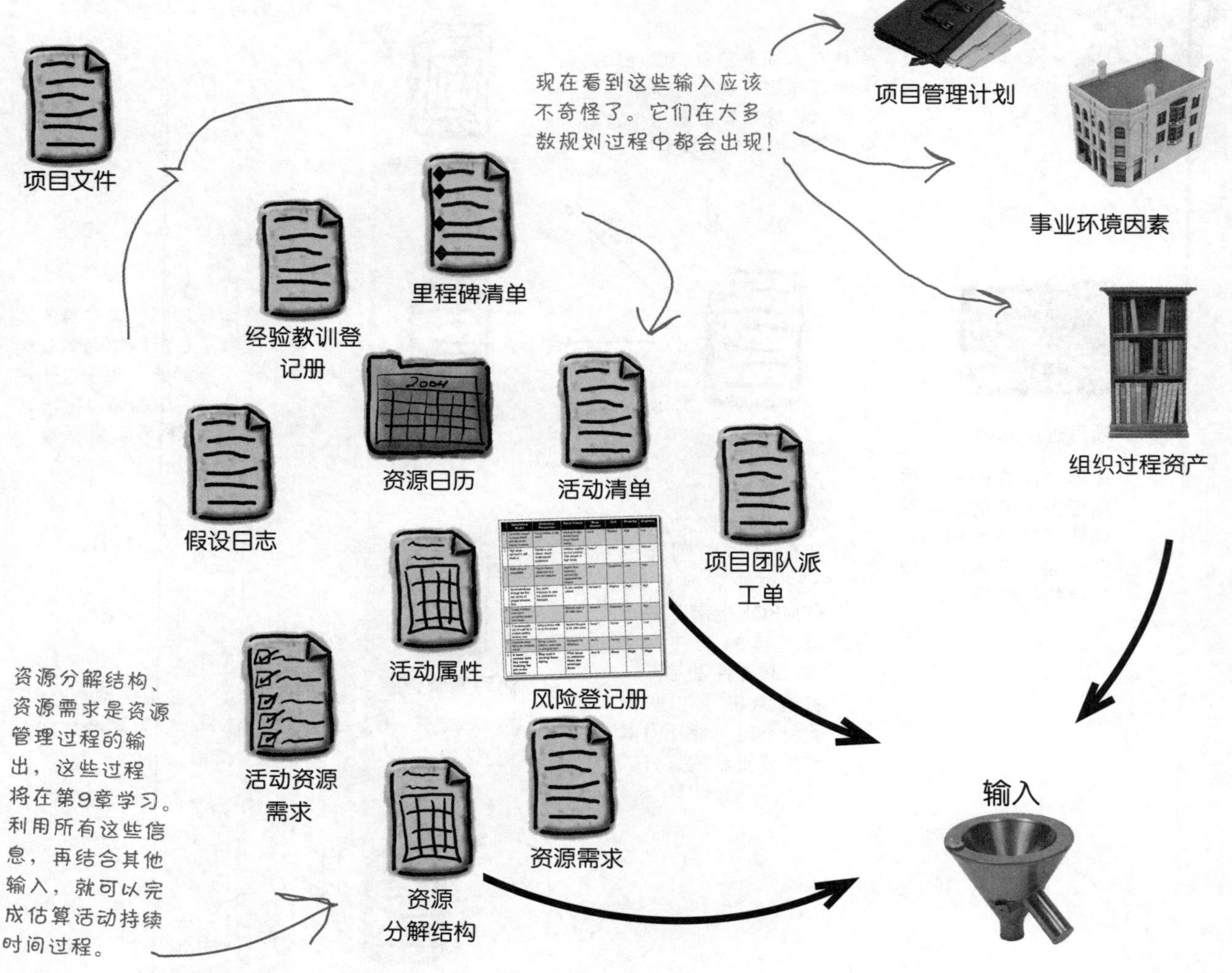

项目文件

现在看到这些输入应该不奇怪了。它们在大多数规划过程中都会出现！

项目管理计划

事业环境因素

里程碑清单

经验教训登记册

组织过程资产

资源日历

活动清单

假设日志

项目团队派工单

活动属性

风险登记册

资源分解结构、资源需求是资源管理过程的输出，这些过程将在第9章学习。利用所有这些信息，再结合其他输入，就可以完成估算活动持续时间过程。

活动资源需求

资源需求

资源分解结构

输入

Exercise

考试时，你要理解各个过程的输入和输出。下面列出了估算活动持续时间过程的一些项目文件和另外一些输入。如果你要仔细估算每个活动花费的时间，你认为这里的各个输入要用来做什么，请写下来。

1. 活动清单和活动属性

2. 活动资源需求

3. 项目范围说明书

4. 事件环境因素

5. 组织过程资产

Exercise

考试时，你要理解各个过程的输入和输出。下面列出了估算活动持续时间过程的一些项目文件和另外一些输入。如果你要仔细估算每个活动花费的时间，你认为这里的各个输入要用来做什么，请写下来。

1. 活动清单和活动属性

包含要估算的活动的有关信息。

你需要这些输入，因为这个过程的目标就是估算各个活动的持续时间。

向一个活动增加的资源越多，它耗费的时间就越少。

不过，有时增加人手并不会让工作完成得更快！要记住，一个女人要9个月才能生一个孩子，但是即使有9个女人也没办法一个月就生个孩子。

2. 活动资源需求

显示为各个活动分配了哪些资源。

你可能并不是公司里第一个做这种项目的人。建立估算时你周围的人提供的信息会很有价值。

3. 项目范围说明书

列出各个活动的制约因素和假设。

这个输入总是要查看组织的其他地方来查找信息。

4. 事件环境因素

公司的其他人或数据库可以帮助完成估算。

只要看到这一条，就要考虑历史信息和项目记录！

你对以往项目了解得越多，你的估算就会越准确。

5. 组织过程资产

包含来自以往项目的历史信息和记录。

估算工具和技术

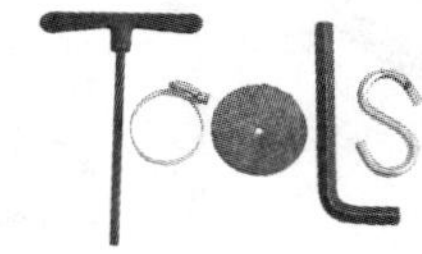
TOOLS

要估算一个活动的持续时间，这表示首先从你得到的活动信息和分配给这个活动的资源开始，然后与项目团队合作一起得出一个估算。大多数情况下，首先会从一个粗略估算开始，然后进行细化（可能要细化多次），使它更准确。你要使用以下工具和技术来建立最准确的估算。

专家判断来自熟悉工作的项目团队成员。如果你没有采纳他们的意见，你的估算很有可能会是错的！

参数估算是指把项目的有关数据插入一个公式、电子表格、数据库或计算机程序中来得出估算。参数估算使用的软件或公式建立在以往项目实际持续时间的数据库基础上。

自下而上估算是指根据完成这个工作的人们各自的估算来得出你的估算。

数据分析是指使用储备分析为进度增加额外的时间（称为应急储备或缓冲），以考虑到额外的风险。还可能表示使用备选方案分析，全面考虑所有可能的选择，找出最高效的交付路径。

类比估算是指查看以前类似项目的活动，看以前完成类似工作要花费多长时间。不过这只适用于活动和项目团队类似的情况！

三点估算是指你提出3个数：一个是最有可能的估算值，一个表示最好情况的乐观估算值，还有一个表示最坏情况的悲观估算值。最终的估算值是这三者的平均值。

决策技术帮助团队为他们定义的活动确定最佳估算。

会议帮助团队一起合作来估算工作。

Exercise

以下各种情况分别描述了估算活动持续时间过程的不同工具和技术，请写出它们分别描述了哪个工具或技术。

1. Kathleen为印喜帖提出了3个估算（一个是所有方面都出错时的估算，还有一个是有些方面出错时的估算，另一个是没有出现任何差错时的估算），取这三者的平均值来得出一个最终结果。..............................

2. 有两个不同的婚宴公司。Kathleen请每个公司的主厨分别给出他们完成这个任务所花费时间的一个估算。..............................

3. Kathleen经常使用一个电子表格来得出客人回复喜帖花费的时间。她输入了宾客人数和他们的ZIP编码，电子表格就为她计算出一个估算。..............................

4. Kathleen已经做过与Rob和Rebecca婚礼类似的4个婚礼，在所有这4个婚礼中宴会承办人布置宴会厅的时间几乎都一样。..............................

答案见333页。

三点估算详解

Tools

项目评估与审查技术（Project Evaluation Review Technique，PERT）是三点估算最常见的形式。这是20世纪60年代由咨询公司与美国政府合作开发的一项技术，可以用来提前得到更为准确的项目持续时间预测。要完成一个PERT估算，首先要有三个估算值—悲观估算、最可能估算和乐观估算。相对于正常估算，由于悲观和乐观估算发生的可能性较小，所以正常估算值会加权（乘以4），再加上乐观和悲观估算值，然后整个结果除以6得到一个期望持续时间。公式如下：

$$\left(\text{乐观持续时间} + 4\ \text{最可能持续时间} + \text{悲观持续时间}\right) \div 6 = \text{期望持续时间}$$

Kathleen对所有婚礼规划活动使用了PERT估算，希望确保Rob和Rebecca的婚礼能够如期举行。离他们的婚礼只有6个月，所以所有规划工作都必须在这个月完成，以便留出足够的时间来具体完成婚礼的各项工作。她写出了对各个估算做出的假设，提出了她能想到的所有原因，给出估算时会考虑这些原因。

假设是指，给出估算时，对你不知道的事情所做的一个决策。

$$(9 + 4(15) + 30) \div 6 = 16.5$$

Kathleen假设最好情况时，这些假设使她得到估算值为9天。

乐观持续时间＝9天	最可能持续时间＝15天	悲观持续时间＝30天
所有客人都会尽早回复	有一半客人直到最后一周才回复，有一些并没有回复，但是最后却会出席婚礼	没有人回复，而且很多人还会带来不速之客
这对新人直接敲定了他们参观的第一个婚宴场地	他们会参观4～5个婚宴场地，然后花几个星期与婚宴场地工作人员协商	他们走遍了整个街区，花几个星期参观了每一个可能举办婚礼的场地
印刷厂两周内就可以印好喜帖	他们想与多家印刷厂接洽，大多数公司都要求至少1个月的时间	所有印刷厂都已被预订，我们必须用城外的一家印刷厂，它需要6个工作周（30个工作日）

Exercise

下面是三点估算的一些例子。使用公式来得出每种情况的期望时间。

1. 一个软件团队要开发他们的旗舰产品的下一个主要版本，收集了所要做的全部工作的估算值。上一次用了大约45天，但他们希望利用以前版本的经验教训能把时间缩短到30天。不过，基础设施团队需要升级他们的服务器，他们担心采购延迟很可能将项目延长到90天。

期望持续时间 = ___________ 乐观持续时间 = ___________ 最可能持续时间 = ___________
悲观持续时间 = ___________

2. 一个建筑团队收集了建造一个车库要做的全部工作的估算值。一般来讲，他们可以在20天建好车库，但是如果下雨或者天气太冷，就会使项目延长到30天。不过，如果天气预报准确，天气将晴朗而温暖，这会让持续时间缩减为只有12天。

期望持续时间 = ___________ 乐观持续时间 = ___________ 最可能持续时间 = ___________
悲观持续时间 = ___________

3. 一个项目经理使用以前项目的数据来得出一个将要开始的软件系统替换项目的估算值。她对25天的持续时间非常有信心，不过也提到了再增加一个资源可以将进度缩短为10天。测试小组认为一些全新特性的复杂性会增加额外的测试用例，这会增加几个星期，持续时间则估算为45天。

期望持续时间 = ___________ 乐观持续时间 = ___________ 最可能持续时间 = ___________
悲观持续时间 = ___________

4. 一个项目经理负责一个大型城市工程，提出了一个重新铺设高速公路项目的估算值。最坏情况为82天，不过团队根据以往经验很有信心在49天内完成。如果设备和物料没问题，那么33天内就可以完成。

期望持续时间 = ___________ 乐观持续时间 = ___________ 最可能持续时间 = ___________
悲观持续时间 = ___________

答案见333页。

创建持续时间估算

你已经有了一个活动清单，也知道了需要哪些资源来具体完成各个活动，另外还有了估算工具和技术…… 现在完全可以创建估算了！这正是估算活动持续时间过程的关键，也是它的主要输出。

估算活动持续时间包括对每个活动的估算。这是估算活动持续时间过程的主要输出。

你并不总能准确地知道一个活动会花费多长时间，所以最后会给出一个区间（比如3周+/-2天）。

输出

估算活动持续时间是活动清单中各个活动所花费时间的估算值。这个估算可以是几小时、几天、几周…… 可以是任何工作时间单位，而且对于不同的任务可能会使用不同的工作时间单位，一个小任务（比如预约一个DJ）只需几个小时；一个比较大的任务（如承办宴会，包括决定菜单、订购原材料、烹调食物，以及在婚宴上招待客人）可能就需要几天的时间。你还会生成一个估算依据文件，描述你的方法、你做的假设以及你考虑的因素。

估算活动时你还要对这些活动有更多的了解。这很常见，必须全面考虑一个任务的所有方面才能做好估算。所以估算活动持续时间的另一个输出就是项目文件更新。

从名字你可能已经猜到，估算活动持续时间一定是持续时间估算，而不是工作量估算，所以会给出日历时间，而不是多少人时（工作量单位）。

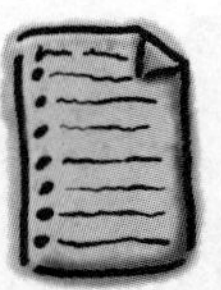

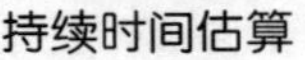

持续时间估算

项目文件更新

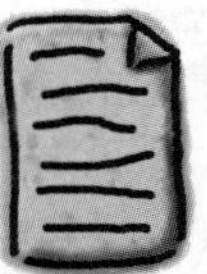

估算依据

there are no Dumb Questions

问：使用参数估算时，程序或公式怎么知道如何估算呢？

答： 人们设计一个系统来完成参数估算时，他们会从以往的项目收集大量数据，把它们放到一个表格或一个数据库中。然后提出一种启发式公式（类似于一个经验法则），可以把估算归结为需要你输入的几个参数。大多数成功的参数估算系统都需要很长时间来开发。

问：既然储备分析允许我使用缓冲，何不把我不知道的所有情况都放在储备里呢？

答： 储备分析的基本思想是任何项目中都总有很多未知的情况，不过可以考虑这些未知的情况，对可能出问题的方面做最合理的猜测，并插入一个缓冲。但是你不能盲目地建立一个过于庞大的储备，因为这样一来就根本没有必要做任何估算了！整个项目都会成为一个巨大的未知数，这对任何人来说都没有什么用。

问：等一等！我还是不太清楚持续时间估算和工作量估算之间有什么区别。你能解释一下吗？

答： 持续时间是一个活动花费的时间，而工作量是需要的总的人时数。如果需要两个人用6小时为婚宴主桌雕一个冰雕，那么持续时间就是6小时。不过由于这里是2个人全程参与，所以雕这个冰雕的工作量就是12人时！

再来考虑婚礼

Kathleen已经掌握了每项工作要花多长时间，不过这还不足以完成她的任务。在完全掌控整个项目之前，她还有一些工作要做。

Rob和Rebecca知道他们想在哪里结婚，现在已经预订好场地。

如果承办人食物提供得太早，食物就会放得太久！但是如果他来得太晚，乐队就没有时间演奏了。我真不知道该怎么办。

不过宴会承办人呢？他们还不知道将由谁来提供食物。

Rebecca一直在想着一切都要按正确的顺序进行。Kathleen如何确保做到这一点？

另外他们想要什么乐队？时间能和他们的日程调开吗？

BRAIN
POWER

如果有大量资源，它们有严格的时间限制和重叠的制约因素，要对这些资源做出规划很不容易。你能给出一个合理的进度计划，把一切都安排妥当吗？

组合在一起

规划
过程组

制订进度计划过程是项目进度管理的核心。你要在这个过程中进行组合，把目前做的所有工作合并为整个项目最终的一个进度计划。很多项目经理认为这是他们工作中最重要的一部分。进度计划是管理项目最重要的工具。

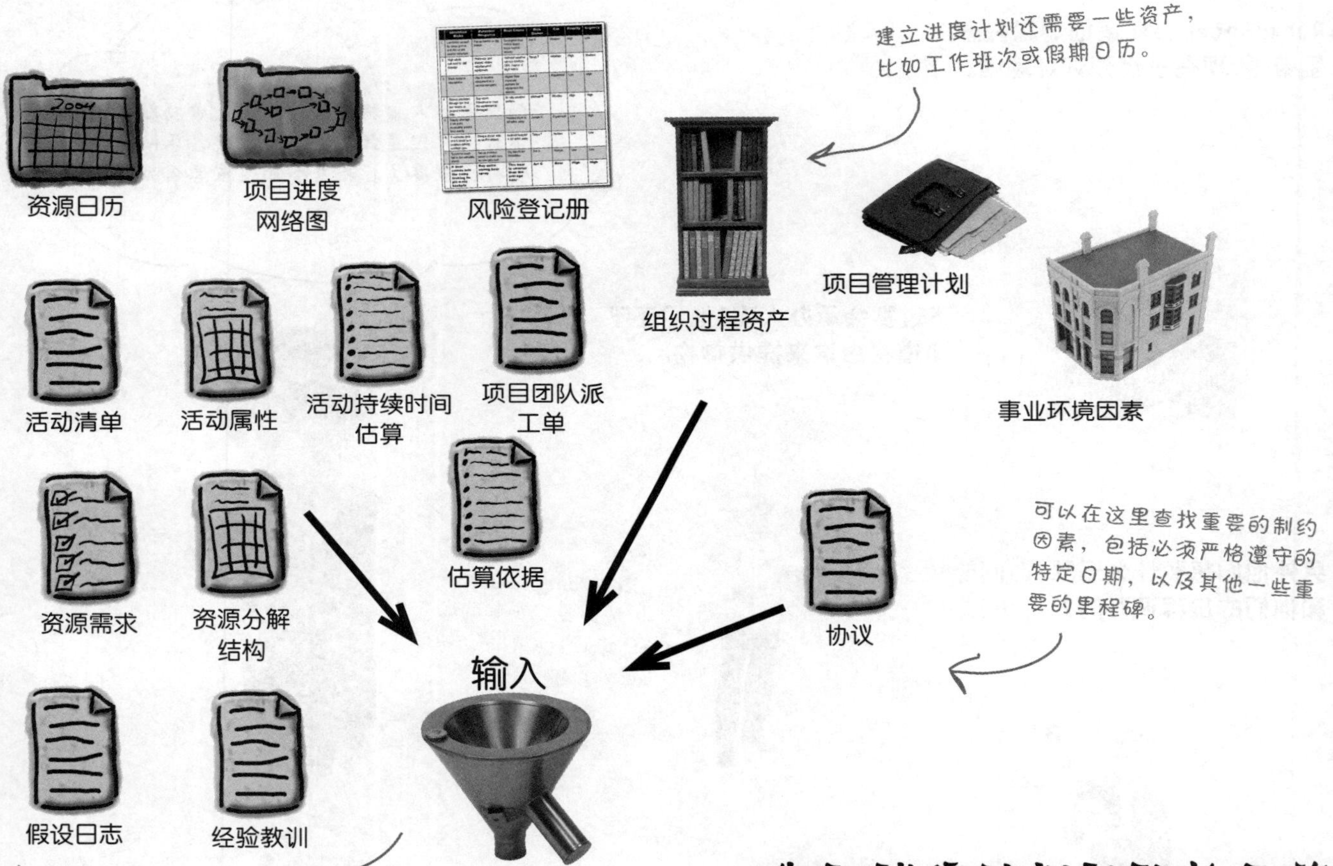

建立进度计划还需要一些资产，比如工作班次或假期日历。

资源日历

项目进度网络图

风险登记册

组织过程资产

项目管理计划

事业环境因素

活动清单

活动属性

活动持续时间估算

项目团队派工单

估算依据

资源需求

资源分解结构

协议

可以在这里查找重要的制约因素，包括必须严格遵守的特定日期，以及其他一些重要的里程碑。

输入

假设日志

经验教训

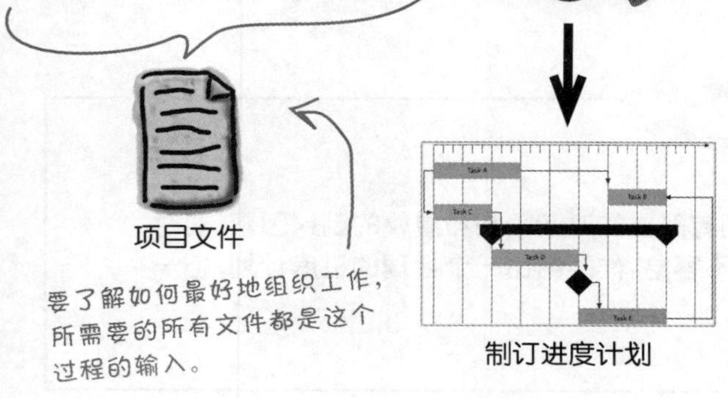

项目文件

要了解如何最好地组织工作，所需要的所有文件都是这个过程的输入。

制订进度计划

制订进度计划过程将目前为止做的所有工作汇总到一个最终的进度计划中。其他项目进度管理过程的所有输出都成为制订进度计划过程的输入。

等一下！我管理项目时并不总是这样做！我会发现一些问题，然后回过头来做出变更。例如，如果我在创建进度计划，突然意识到需要改变资源该怎么办？你的意思是说，我应该现在就把一切都想好，是吗？

每个过程都可能对前一个过程的输出做出更新，所以发现变更时，可以把它们包括在进度计划里。

不用担心，尽管你已经完成了估算活动持续时间过程，但还没有完全掌握资源。

在最终建立进度计划之前，你无法全面了解资源。活动清单和持续时间估算也是一样！只有在制订进度计划时你才会发现有些活动和持续时间有问题。我们会在第9章讨论项目资源管理时深入介绍资源。

正是因为这个原因，这些过程名里有“估算”这个词！因为你在做有根据的猜测，不过在具体制订进度计划之前还不是很确定。

你还没有完全明确活动属性。估算资源时，会对一些活动有更多了解，并更新它们的属性。

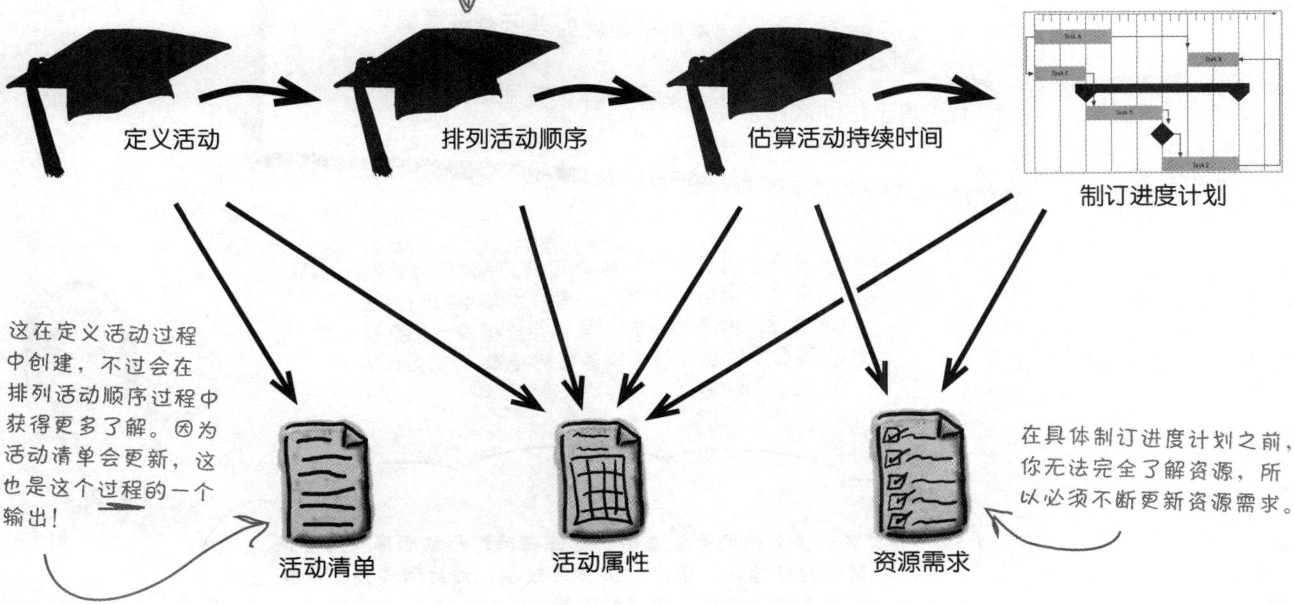

定义活动 → 排列活动顺序 → 估算活动持续时间 → 制订进度计划

Task A
Task B
Task C
Task D
Task E

活动清单

活动属性

资源需求

这在定义活动过程中创建，不过会在排列活动顺序过程中获得更多了解。因为活动清单会更新，这也是这个过程的一个输出！

在具体制订进度计划之前，你无法完全了解资源，所以必须不断更新资源需求。

问题诊所："下一步"问题

如果你想通过PMP考试，需要很清楚过程按什么顺序完成，因为考试中会有很多"下一步"问题！这些问题会问你如何将一些过程纳入一个大框架。这些问题并不难，不过可能会有些误导。

等一下，这个问题看起来不像是在问过程的顺序！不过很多"下一步"问题都会先描述一种情况，然后问你要做什么。

如果问题问到一个你不太了解的行业也不用慌。所有项目都遵循同样的过程。

换句话说，你使用了分解并创建了一个活动清单。这些是定义活动过程的一部分。

27. 你是一个高速公路建设项目的项目经理。你已经分析了要完成的工作，并且提出一个活动清单。你咨询了项目发起人来得出需要满足的重要里程碑。下一步你要做什么？

A. 创建项目进度计划。

B. 完成定义活动过程。

C. 查阅项目管理计划来得出如何处理所有进度变更。

D. 得出活动之间的依赖关系，并创建活动网络图。

制订进度计划过程不只是需要活动清单和资源可用性。

里程碑清单是之前已经见过的一个输入。

只能在控制进度过程中这样做，不过由于还没有进度，所以没有什么可以控制。

这个问题描述的就是定义活动过程，所以你已经完成了这个过程。

这个答案描述了排列活动顺序过程，它在定义活动过程之后发生，以活动清单和里程碑清单作为输入。这正是正确答案。

注意到了吗？这个问题说的是"活动网络图"而不是"项目网络图"。考试中使用的说法可能与《PMBOK®指南》中不完全相同。正是这个原因，你要了解它们要如何使用，而不是只记住它们的名字。

"下一步"问题看上去不一定像在问过程的顺序！有些问题会描述输入、输出、工具或技术，然后问你接下来打算怎么做，要当心这样的问题。

HEAD LIBS

填空，提出你自己的“下一步”问题。首先考虑一个过程作为正确答案，然后确定哪个过程在它前面发生—这就是你在问题中要描述的过程！

你在管理一个 ________________（一个行业或项目名）。你已经创建了 ________________（前一个过程的输出），并给出 ________________（前一个过程的另一个输出），而且你刚使用了 ________________（前一个过程的工具或技术）。下一步你要做什么？

A. ________________（正确答案，这个过程中所做工作的一个简要描述）

B. ________________（另一个不同过程的描述）

C. ________________（属于另一个不同过程的工具或技术的名字）

D. ________________（一个无关过程的名字）

环环相扣

Laura姨妈是一个素食主义者。这不会有问题吧？

Rob认为这只是一个小问题……

Rebecca: 嗯，我来看看。我们交给宴会承办人的菜单是什么样的？

Rob: 我们还没有把菜单交给他们呢，因为现在根本没有最终的菜单，要等到所有客人都回复，并让我们知道他们想要什么主菜时才会确定菜单。

Rebecca: 但是他们没办法回复，因为我们还没有发出喜帖呢！为什么耽搁了？

Rob: 我们还在等印刷厂送回喜帖。如果根本没有喜帖我们怎么可能发出去呢！

Rebecca: 哦，太糟糕了！我还得告诉印刷厂在喜帖上印什么，另外要用什么样的纸。

Rob: 不过你还要先等我们搞定宾客名单。

Rebecca: 真是一团糟！

……但是看起来问题比Rob或Rebecca原先想象的要严重！只是一个客人的用餐问题怎么会带来这么大的混乱呢？

BRAIN POWER

你能不能想出这种情况？项目中较早的一个活动发生延迟，这个延迟可能导致后面的一个活动出现问题，而这又导致另一个活动出现另一个问题，问题如此一环套一环，以至于最后项目推迟。

使用关键路径法避免严重问题

关键路径方法是保证你的项目不脱离正轨的一个重要工具。每个网络图都有一个关键路径。这是指一连串活动，如果把所有持续时间累加起来，这个关键路径上所有活动的总持续时间比网络图中任何其他路径都要长。它总是从网络图的第一个活动开始，并以最后一个活动作为结束。

关键路径之所以关键，原因是这个路径上的每一个活动都必须按时完成才能保证项目按时结束。关键路径上任何一个活动的延迟都会导致整个项目延迟。

关键路径是一连串活动，如果其中任何一个活动延迟，就会使整个项目延迟。

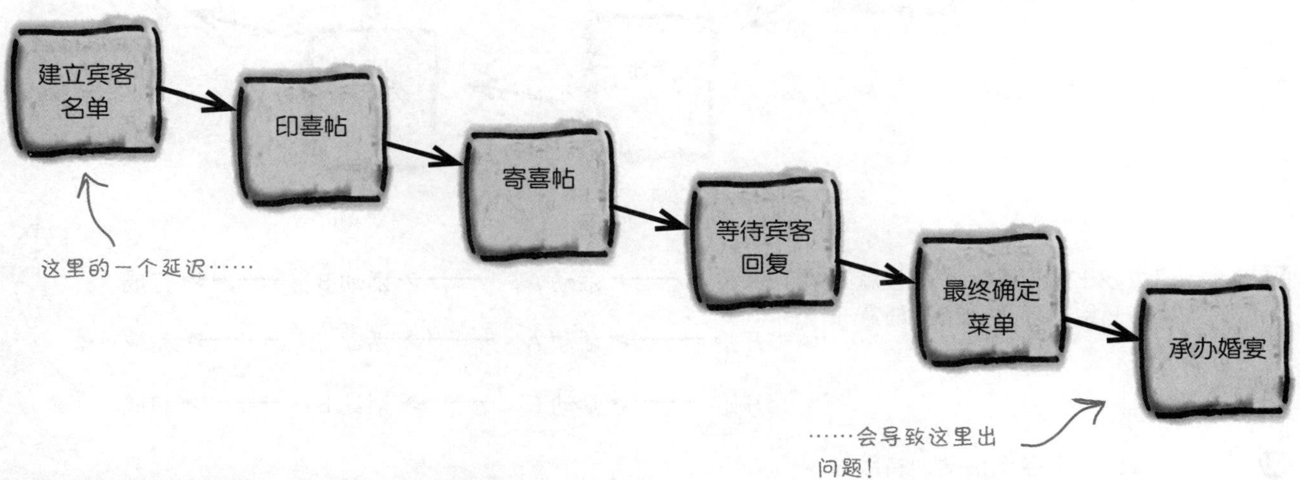
建立宾客名单
印喜帖
寄喜帖
等待宾客回复
最终确定菜单
承办婚宴
这里的一个延迟……
……会导致这里出问题！

知道关键路径会有什么帮助？

知道关键路径在哪里可以为你提供很大的自由度。如果你知道一个活动不在关键路径上，就会知道这个活动的延迟不一定会导致整个项目延迟。

这对于处理紧急情况确实很有帮助。更妙的是，这说明，如果你需要更早地完成项目，应该知道为关键路径增加资源会比在别处增加资源有效得多。

如何查找关键路径

任何项目中查找关键路径都很容易！只需稍稍做些练习，你就能完全掌握。当然，在一个包含数十个或者数百个任务的大型项目中，你可能要使用Microsoft Project之类的软件来帮你查找关键路径。不过，软件查找关键路径时，与你在这里遵循的步骤完全相同。

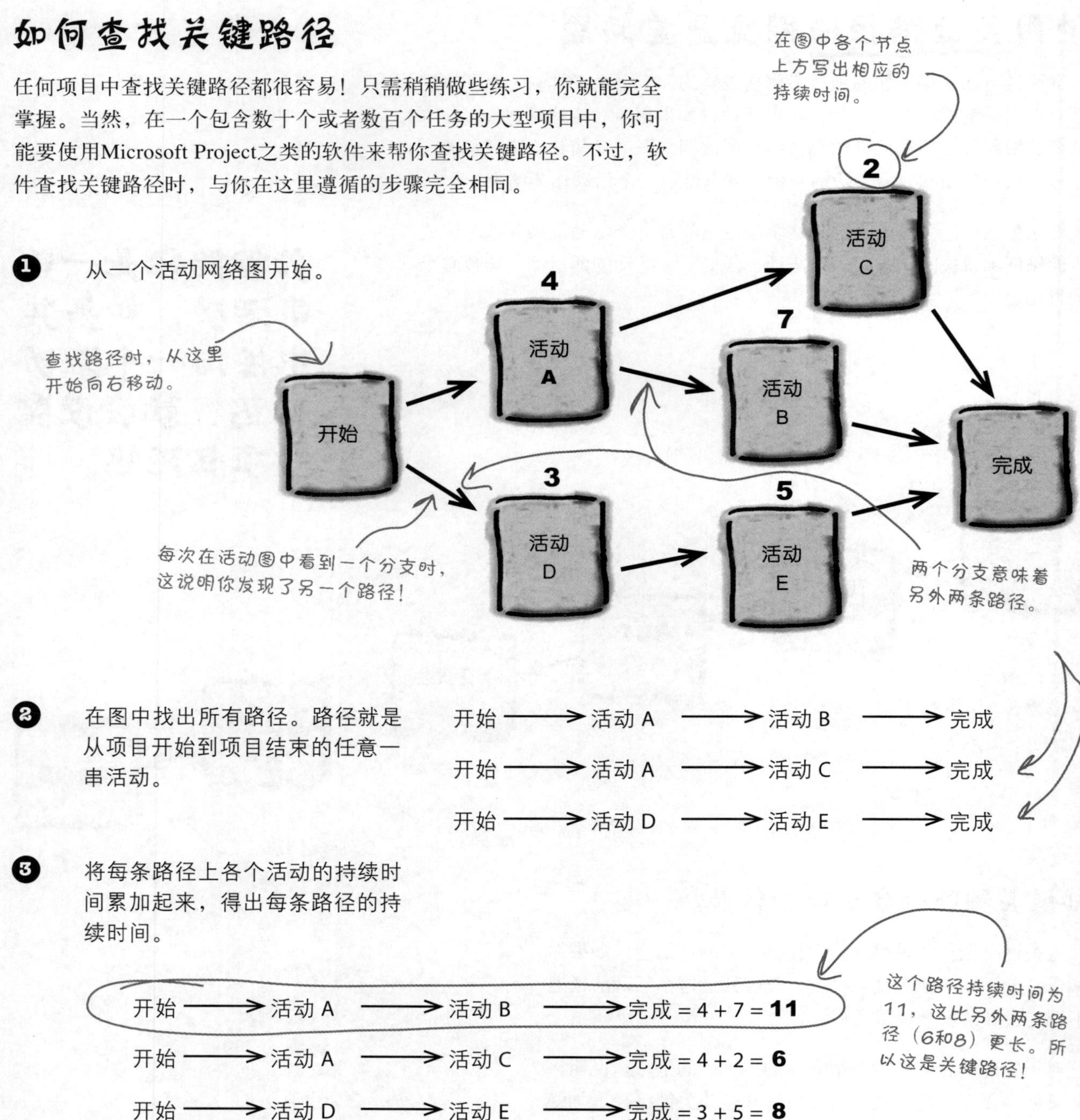
在图中各个节点上方写出相应的持续时间。
2
活动C
4
活动A
7
活动B
查找路径时，从这里开始向右移动。
开始
完成
3
活动D
5
活动E
每次在活动图中看到一个分支时，这说明你发现了另一个路径！
两个分支意味着另外两条路径。
这个路径持续时间为11，这比另外两条路径（6和8）更长。所以这是关键路径！

1. 从一个活动网络图开始。

2. 在图中找出所有路径。路径就是从项目开始到项目结束的任意一串活动。

开始 ⟶ 活动 A ⟶ 活动 B ⟶ 完成

开始 ⟶ 活动 A ⟶ 活动 C ⟶ 完成

开始 ⟶ 活动 D ⟶ 活动 E ⟶ 完成

3. 将每条路径上各个活动的持续时间累加起来，得出每条路径的持续时间。

开始 ⟶ 活动 A ⟶ 活动 B ⟶ 完成 = 4 + 7 = **11**

开始 ⟶ 活动 A ⟶ 活动 C ⟶ 完成 = 4 + 2 = **6**

开始 ⟶ 活动 D ⟶ 活动 E ⟶ 完成 = 3 + 5 = **8**

关键路径就是持续时间最长的路径！

Exercise

考试时会看到这样一些问题，让你找出一个网络图中的关键路径。要回答这种问题，可以做做下面的练习！找出这些PDM网络图的关键路径和持续时间。

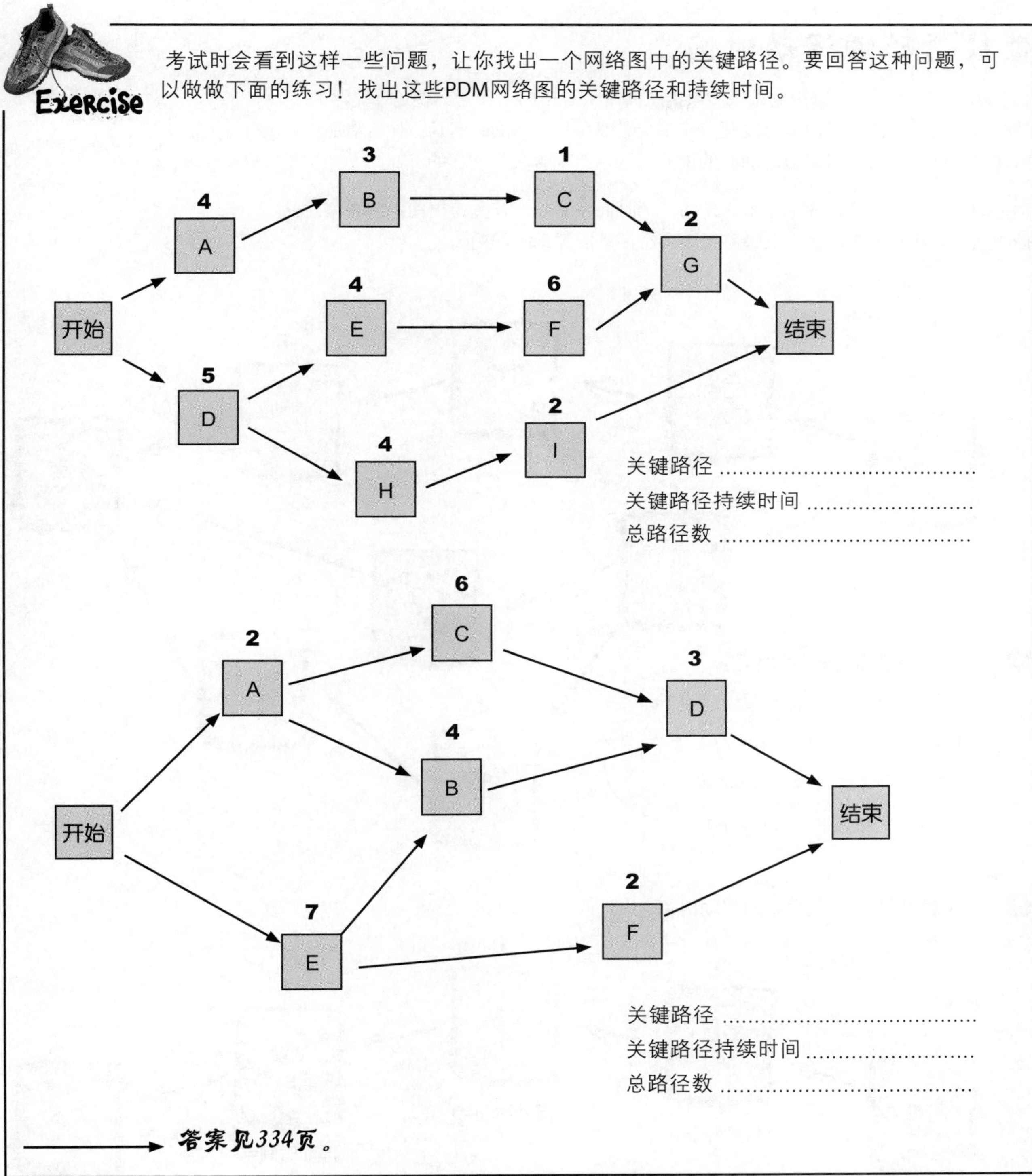
开始
4
A
3
B
1
C
2
G
4
E
6
F
结束
5
D
4
H
2
I
开始
2
A
6
C
3
D
4
B
结束
7
E
2
F

关键路径 ....

关键路径持续时间 ....

总路径数 ....

关键路径 ....

关键路径持续时间 ....

总路径数 ....

答案见334页。

查找活动的浮动时间

这里的目标是找出各个活动的浮动时间。我们并不太关心每条路径的总浮动时间，这里要分别查看各个的活动。

一旦确定关键路径，可以用它做很多事情。其中最有用的工作之一就是计算浮动时间。活动的浮动时间是可以耽搁而不会导致项目延迟的时间量。你可能还见过“slack”（时差或闲散时间）的说法，这两个词含义是一样的。

幸运的是，要得出网络图中某个活动的浮动时间并不难。首先写出图中所有路径的列表，找出关键路径。关键路径中各个活动的浮动时间为0。

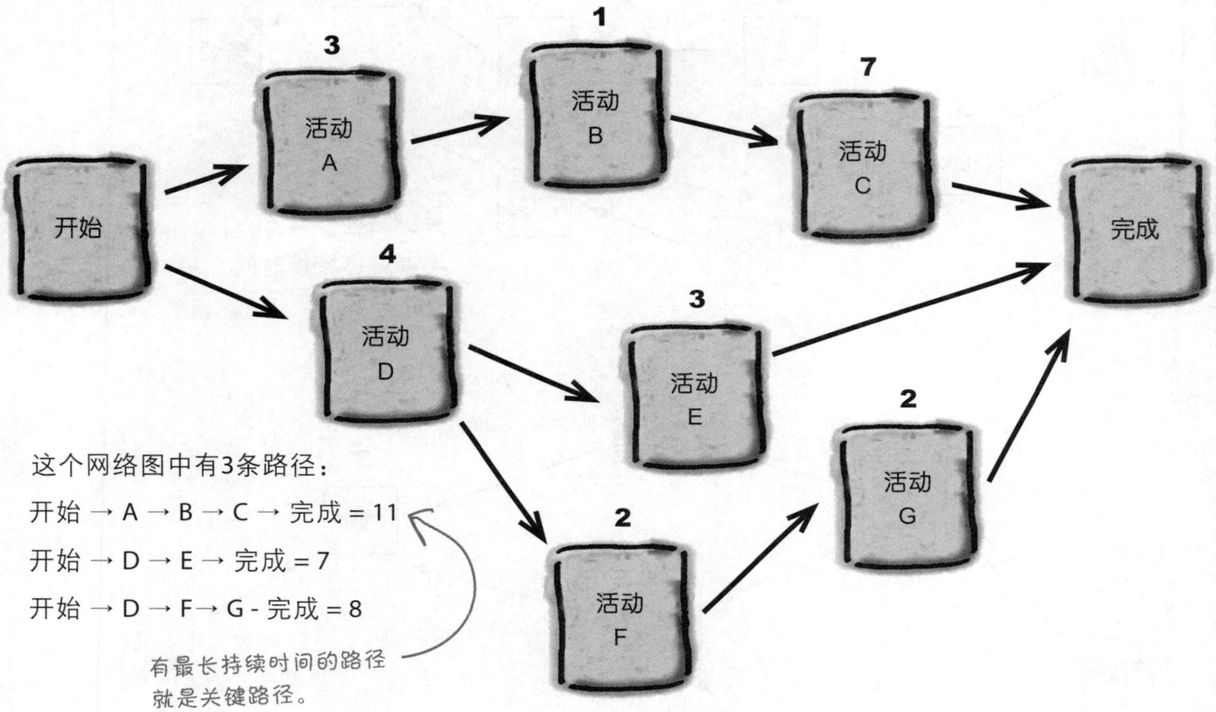

1. 这个网络图中有3条路径：

   开始 → A → B → C → 完成 = 11

   开始 → D → E → 完成 = 7

   开始 → D → F→ G - 完成 = 8

   有最长持续时间的路径就是关键路径。

2. 关键路径上各个活动的浮动时间为0。

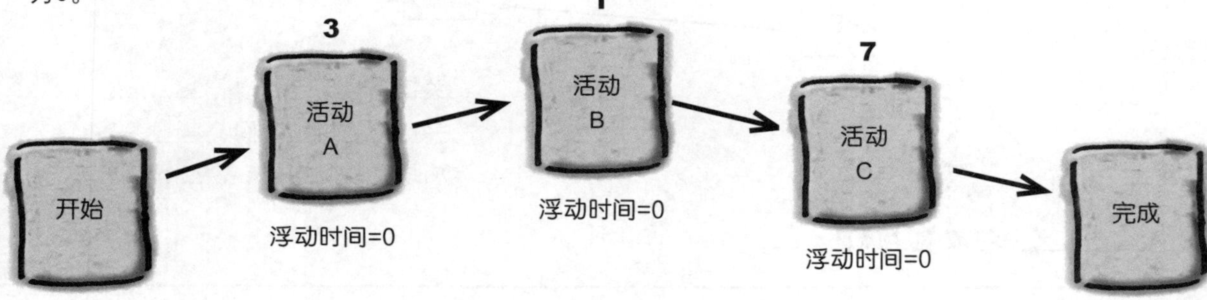
开始
3
活动
A
浮动时间=0
1
活动
B
浮动时间=0
7
活动
C
浮动时间=0
完成

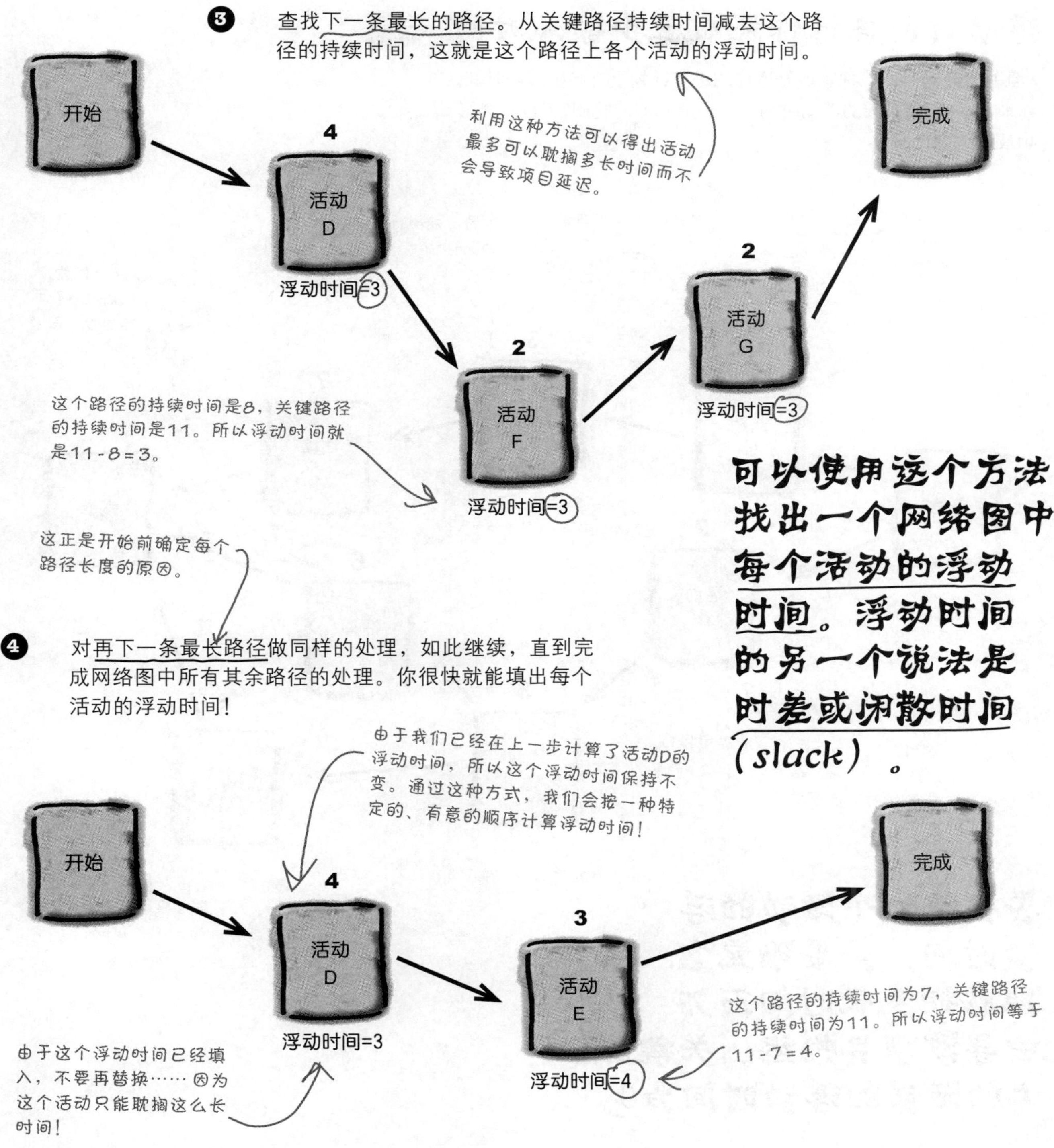

❸ 查找下一条最长的路径。从关键路径持续时间减去这个路径的持续时间，这就是这个路径上各个活动的浮动时间。
开始
4
活动
D
浮动时间=3
利用这种方法可以得出活动最多可以耽搁多长时间而不会导致项目延迟。
2
活动
F
浮动时间=3
2
活动
G
浮动时间=3
完成
这个路径的持续时间是8，关键路径的持续时间是11。所以浮动时间就是11 - 8 = 3。
这正是开始前确定每个路径长度的原因。
可以使用这个方法找出一个网络图中每个活动的浮动时间。浮动时间的另一个说法是时差或闲散时间（slack）。
❹ 对再下一条最长路径做同样的处理，如此继续，直到完成网络图中所有其余路径的处理。你很快就能填出每个活动的浮动时间！
由于我们已经在上一步计算了活动D的浮动时间，所以这个浮动时间保持不变。通过这种方式，我们会按一种特定的、有意的顺序计算浮动时间！
开始
4
活动
D
浮动时间=3
3
活动
E
浮动时间=4
完成
这个路径的持续时间为7，关键路径的持续时间为11。所以浮动时间等于11 - 7 = 4。
由于这个浮动时间已经填入，不要再替换……因为这个活动只能耽搁这么长时间！

浮动时间告诉你还有多少额外时间

一旦知道浮动时间，你就能知道你的进度计划里有多少缓冲时间。如果一个活动有2天的浮动时间，这个活动即使耽搁2天也不会影响最后结束日期。

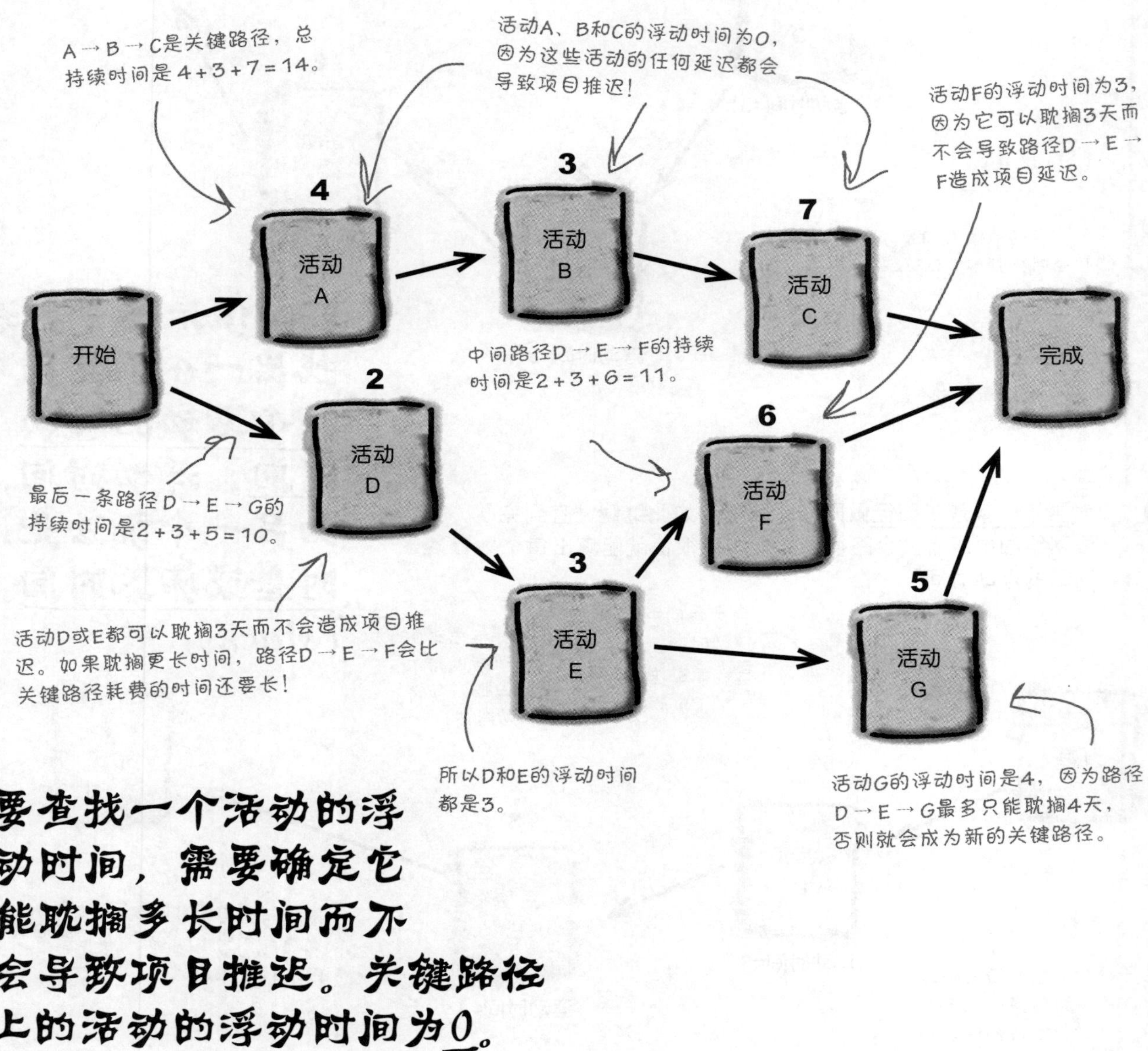

A→B→C是关键路径，总持续时间是4+3+7=14。
活动A、B和C的浮动时间为0，因为这些活动的任何延迟都会导致项目推迟！
活动F的浮动时间为3，因为它可以耽搁3天而不会导致路径D→E→F造成项目延迟。
4
活动 A
3
活动 B
7
活动 C
开始
完成
中间路径D→E→F的持续时间是2+3+6=11。
2
活动 D
6
活动 F
最后一条路径D→E→G的持续时间是2+3+5=10。
3
活动 E
5
活动 G
活动D或E都可以耽搁3天而不会造成项目推迟。如果耽搁更长时间，路径D→E→F会比关键路径耗费的时间还要长！
所以D和E的浮动时间都是3。
活动G的浮动时间是4，因为路径D→E→G最多只能耽搁4天，否则就会成为新的关键路径。

要查找一个活动的浮动时间，需要确定它能耽搁多长时间而不会导致项目推迟。关键路径上的活动的浮动时间为0。

Exercise

考试时，你要能够计算网络图中一个活动的浮动时间。再来看上一个练习的这个PDM网络图。你能计算出各个活动的浮动时间吗？

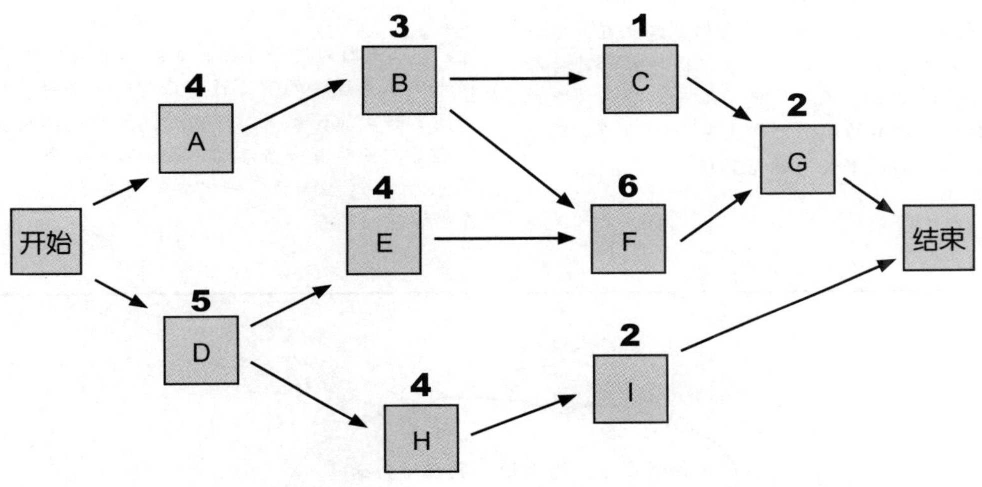
开始
4
A
3
B
1
C
2
G
4
E
6
F
结束
5
D
2
I
4
H

1. 关键路径上各个活动的浮动时间是多少？ …………

2. 路径A → B → C → G的总持续时间是多少？ …………

3. 路径A → B → F → G的总持续时间是多少？ …………

4. 路径D → E → F → G的总持续时间是多少？ …………

5. 路径D → H → I的总持续时间是多少？ …………

6. 哪一个路径是关键路径？ ……→……→……→……

7. 请写出各个活动的浮动时间：

A …… B…… C …… D…… E……

F …… G …… H …… I ……

提示：首先填入关键路径活动的浮动时间。然后再看下一条最长路径，为所有还没有填入结果的活动填入浮动时间。

答案见335页。

there are no Dumb Questions

问： 每个活动的持续时间数是从哪里来的？

答： 很多人都问到这个问题。有一点很容易忘记：排列活动顺序过程中做的所有工作都要建立在其他进度管理过程完成的工作基础上。还记得估算活动持续时间过程得出的估算值吗？你使用了三点估算、类比估算和参数估算之类的技术来得出每个活动的估算值。这些正是你在网络图中使用的估算值！

问： 如果有一条路径不是关键路径，但是其中一个活动即使只有一个很小的延迟也会导致项目推迟，会怎么样呢？

答： 正是因为这个原因，了解各个活动的浮动时间很重要。管理你的项目时，只是注意关键路径上的活动还不够。你还要当心浮动时间很短的活动。另外不要忘了，可能有一些活动不在关键路径上但是浮动时间也为0！这些活动你一定要特别关注，另外要当心潜在的资源问题。

我明白了，这么说，我在排列活动顺序过程中创建网络图时，就建立在定义活动过程中完成的工作之上。它们都会结合在一起！

项目进度管理中的所有过程都会结合在一起！制订你的进度计划时，就是在使用估算活动持续时间过程中得出的活动持续时间。

确定最早开始时间和最早完成时间

得出各个活动的浮动时间很有用，不过你还能做得更好！如果有一个很长的关键路径，但是网络图中的其他路径都很短，那么对于不在关键路径上的各个活动何时开始和完成，你会有很大的自由度。可以使用最早开始时间和最早完成时间来把握进度的自由度。

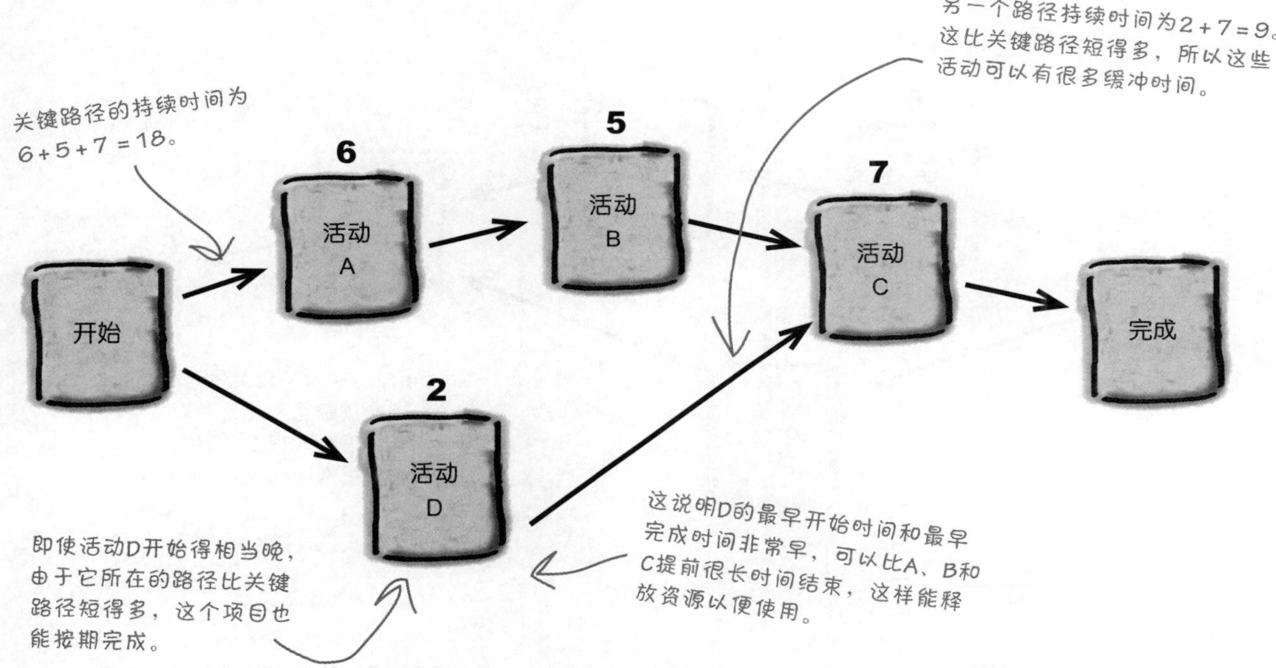
另一个路径持续时间为2+7=9。这比关键路径短得多，所以这些活动可以有很多缓冲时间。
关键路径的持续时间为6+5+7=18。
6
活动A
5
活动B
7
活动C
开始
完成
2
活动D
即使活动D开始得相当晚，由于它所在的路径比关键路径短得多，这个项目也能按期完成。
这说明D的最早开始时间和最早完成时间非常早，可以比A、B和C提前很长时间结束，这样能释放资源以便使用。

最早开始时间

这是一个活动可以开始的最早时间。靠近路径末尾的活动只有在路径中前面的所有活动都尽早开始的情况下才能尽早开始。如果路径中前面的某个活动耽搁了，就会影响到它。

最早完成时间

这是一个活动可以完成的最早时间。如果前面的所有活动都尽早开始，而且所有活动都没有耽搁，那么这个活动的完成时间就是它的最早完成时间。

找出各个任务的最早开始时间和最早完成时间时，你会清楚地知道你有多大的自由度来调整这些活动的开始日期而不会带来问题。

确定最晚开始时间和最晚完成时间

要知道活动最晚什么时间开始而不会导致项目延迟，这也很重要。这正是最晚开始时间和最晚完成时间的作用！利用活动的最晚开始时间和最晚完成时间，你可以确定可以多晚开始某个任务，另外最多可以耽搁多长时间而不会推迟项目。

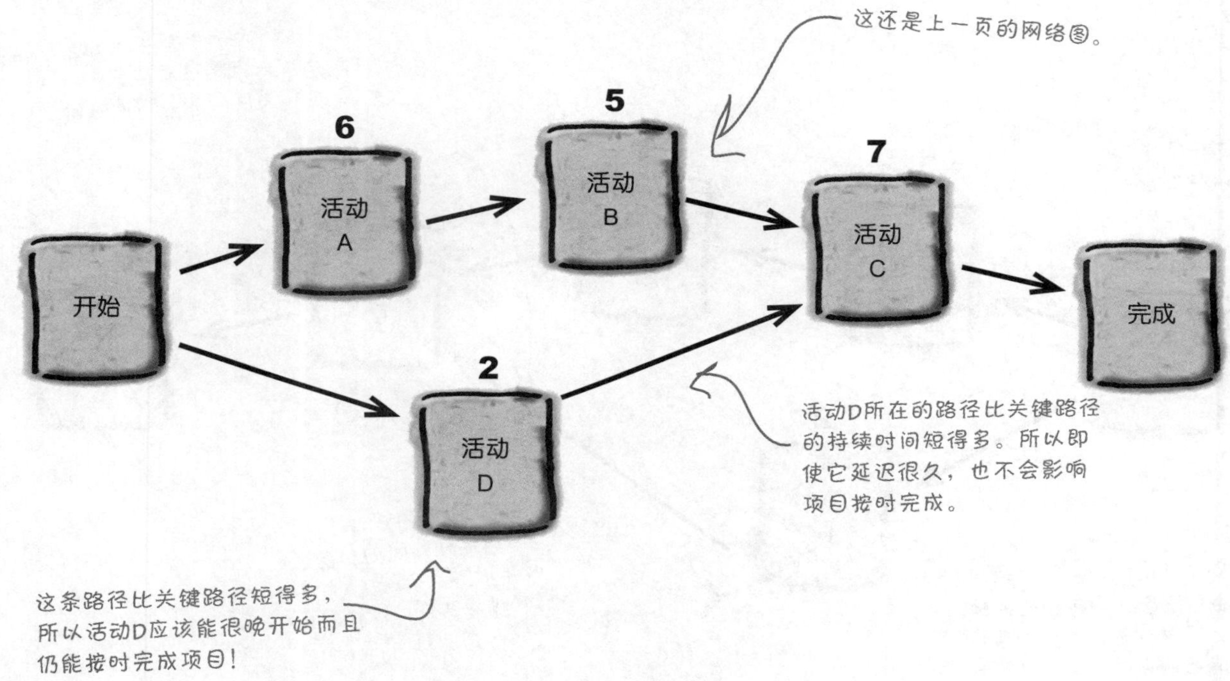
这还是上一页的网络图。
6
活动
A
5
活动
B
7
活动
C
开始
完成
2
活动
D
活动D所在的路径比关键路径的持续时间短得多。所以即使它延迟很久，也不会影响项目按时完成。
这条路径比关键路径短得多，所以活动D应该能很晚开始而且仍能按时完成项目！

最晚开始时间

这是活动可以开始的最晚时间。如果一个活动所在的路径比关键路径短得多，这个活动可以很晚开始而不会延迟项目，不过如果这个路径上的其他活动也耽搁了，那么这些延迟会很快累积起来！

最晚完成时间

这是一个活动可以完成的最晚时间。如果一个活动在一条短路径上，而且这个路径上的所有其他活动都尽早开始和完成，那么这个活动就能很晚完成而不会导致项目延迟。

得出最晚开始时间和最晚完成时间能帮助你了解进度有多大的“缓冲”。如果一个活动的最晚开始时间或最晚完成时间很晚，这意味着你可以有更多选择。

在网络图中增加最早和最晚时间

可以使用一种称为顺推法的方法为网络图中的每条路径增加最早开始时间和最早完成时间。之后，可以再使用逆推法增加最晚开始时间和最晚完成时间。这会使你的网络图看上去更为复杂，不过能提供很多有价值的信息。

最早开始时间和完成时间放在左上角和右上角。方框上面写上这个活动的名字，持续时间和浮动时间写在方框里。

设计喜帖

可以在网络图中使用这种特殊的节点记录最早和最晚开始时间和完成时间。

这个活动的最早开始时间是4。

4　8

持续时间 = 5
浮动时间 = 3

7　11

这个活动的最早完成时间是8。所以它不可能在第8天之前结束。

把最晚开始时间放在左下角。只要喜帖设计在第7天前开始，就不会延迟关键路径。

设计喜帖活动的最晚完成时间是11，这说明它最晚可以在第11天完成而不会延迟进度。如果那时还没有完成，Kathleen就该担心了！

网络图中使用顺推法。

从关键路径最前面开始，向前递推经过各个活动。按照以下3个步骤得出最早开始时间（ES）和最早完成时间（EF）！

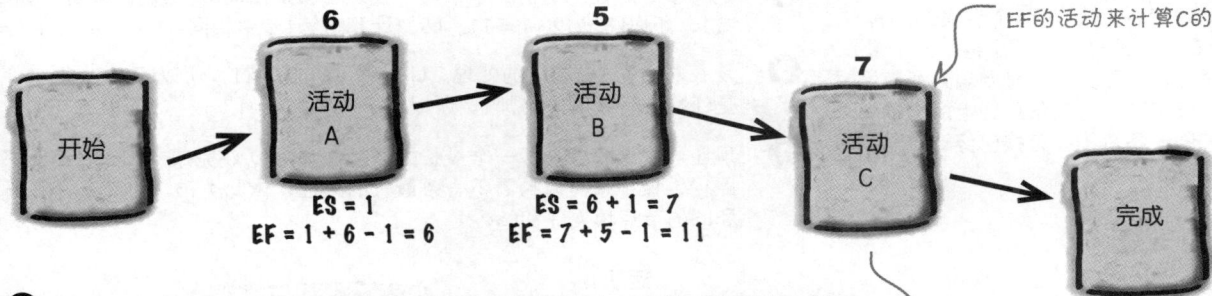

由于C有两个紧前活动：B和D，我们使用有最晚EF的活动来计算C的ES。

开始 → 活动A（6） → 活动B（5） → 活动C（7） → 完成

活动A：ES = 1　EF = 1 + 6 - 1 = 6

活动B：ES = 6 + 1 = 7　EF = 7 + 5 - 1 = 11

❶ 路径中第一个活动的ES (最早开始时间)为1。所有任务的EF (最早完成时间)是其ES加上持续时间减1。从活动A开始，这是这个路径上的第一个活动，所以ES = 1，EF = 1 + 6 - 1 = 6。

❷ 下面顺移到路径中的下一个活动，也就是图中的活动B。要得出ES，先得到前一个任务的EF，再加1。所以对于活动B，可以计算出ES = 6 + 1 = 7，EF = 7 + 5 - 1 = 11。

❸ **哎呀！活动C有两个紧前活动。**该用哪一个来计算EF呢？由于只有当B和D都完成时C才能开始，所以要使用有最晚EF的活动。这说明，需要得出活动D的EF（活动D的ES为1，所以它的EF是1 + 2 – 1 = 2）。现在可以顺移到活动C，计算它的EF。活动D的EF是2，这比B的EF（11）要小，所以对于活动C，ES = 11 + 1 = 12，而EF = 12 + 7 – 1 = 18。

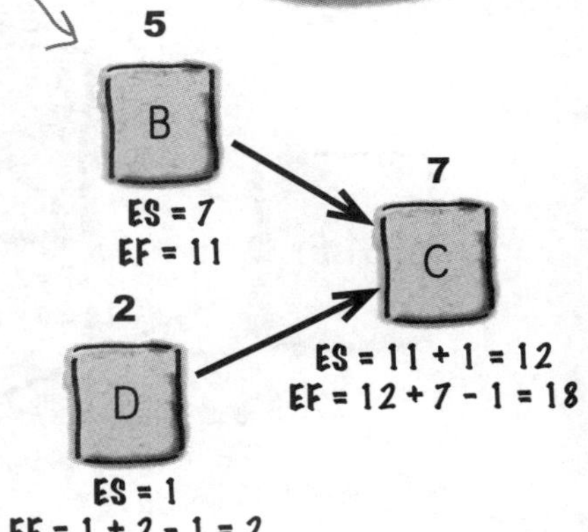
5
B
ES = 7
EF = 11
7
C
ES = 11 + 1 = 12
EF = 12 + 7 - 1 = 18
2
D
ES = 1
EF = 1 + 2 - 1 = 2

逆推确定最晚开始时间和完成时间

可以使用逆推法对同一个网络图得出各个活动的最晚完成时间和开始时间。

逆推法与顺推法同样简单。从路径的末尾开始，逆向得出最晚开始时间和完成时间。

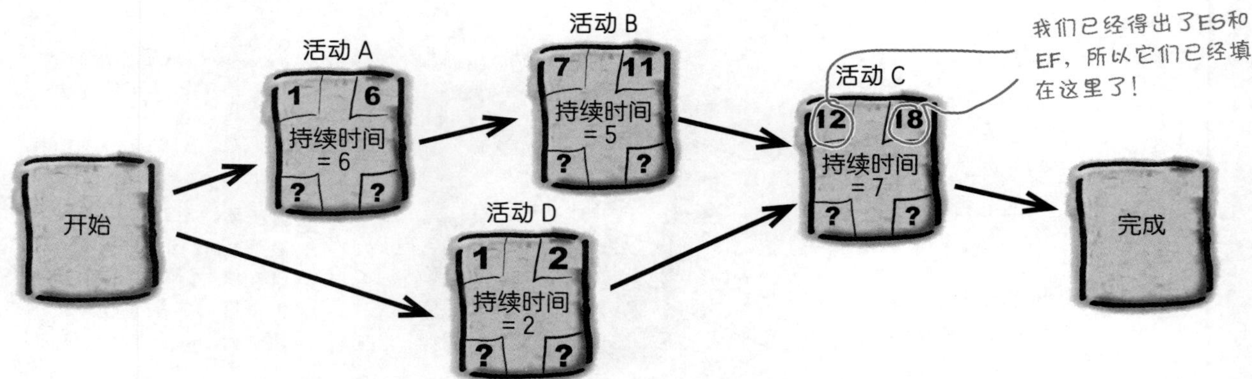

开始
活动 A
1
6
持续时间 = 6
?
?
活动 B
7
11
持续时间 = 5
?
?
活动 C
12
18
持续时间 = 7
?
?
活动 D
1
2
持续时间 = 2
?
?
完成
我们已经得出了ES和EF，所以它们已经填在这里了！

从关键路径开始。因为要计算活动可以开始和完成的最晚时间，所以应该从项目的末尾开始逆向推算，关键路径上的最后一个活动总是项目中的最后一个活动，然后完成以下3个步骤，再看下一个最长的路径，然后是再下一个最长的路径，依此类推，直到填入所有活动的LS和LF。为各条路径上的活动填入LF和LS，不过不要替换已经计算出的LF或LS。

1. 从路径的末尾开始，也就是活动C。最后一个活动的LF (最晚完成时间)等于EF。计算它的LS (最晚开始时间)时，要从LF减去它的持续时间，再加1，也就得到LS = 18 - 7 + 1 = 12。
2. 逆向移到路径中的前一个活动，在这里就是活动B。它的LF就是活动C的LS减1，所以LF = 12 - 1 = 11。LS的计算与第1步中相同：LS = 11 - 5 + 1 = 7。
3. 现在对活动A做同样的处理。LF是活动B的LS减1，所以LF = 7 - 1 = 6。LS是LF减去持续时间再加1，所以LF = 6 - 6 + 1 = 1。
4. 现在可以继续考虑下一个最长的路径：开始-D-C-完成。如果还有更多路径，接下来可以再看下一条最长的路径，依此类推，为尚未计算LF和LS的节点填入LF和LS。

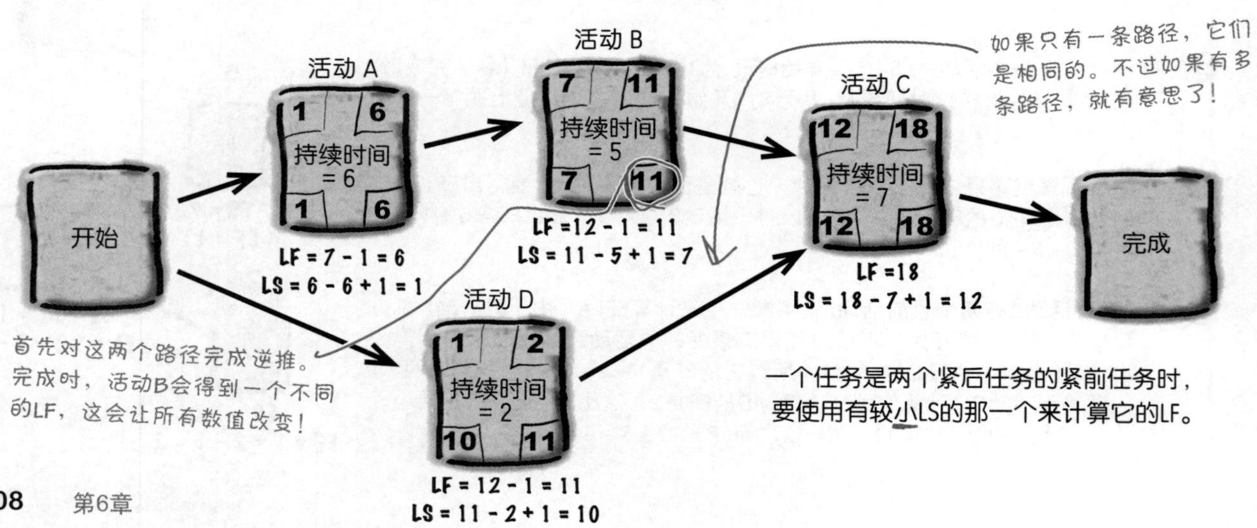

开始
活动 A
1
6
持续时间 = 6
1
6
LF = 7 - 1 = 6
LS = 6 - 6 + 1 = 1
活动 B
7
11
持续时间 = 5
7
11
LF = 12 - 1 = 11
LS = 11 - 5 + 1 = 7
活动 C
12
18
持续时间 = 7
12
18
LF = 18
LS = 18 - 7 + 1 = 12
活动 D
1
2
持续时间 = 2
10
11
LF = 12 - 1 = 11
LS = 11 - 2 + 1 = 10
完成
如果只有一条路径，它们是相同的。不过如果有多条路径，就有意思了！
首先对这两个路径完成逆推。完成时，活动B会得到一个不同的LF，这会让所有数值改变！
一个任务是两个紧后任务的紧前任务时，
要使用有较小LS的那一个来计算它的LF。

下面花点时间做些练习！

关键路径的这些内容看起来很高深，是不是？看起来这是考试中最难的概念之一……起码刚开始看是这样！不过不要紧张，因为实际上这并不难！只需要多做一点练习。一旦自己完成了这个练习，你就会发现真的没有什么可担心的。

计算ES、EF、LS和LF可能看起来很复杂，但是只需做一点练习就能掌握。只要你一步一步地完成，就会发现这实际上非常容易！

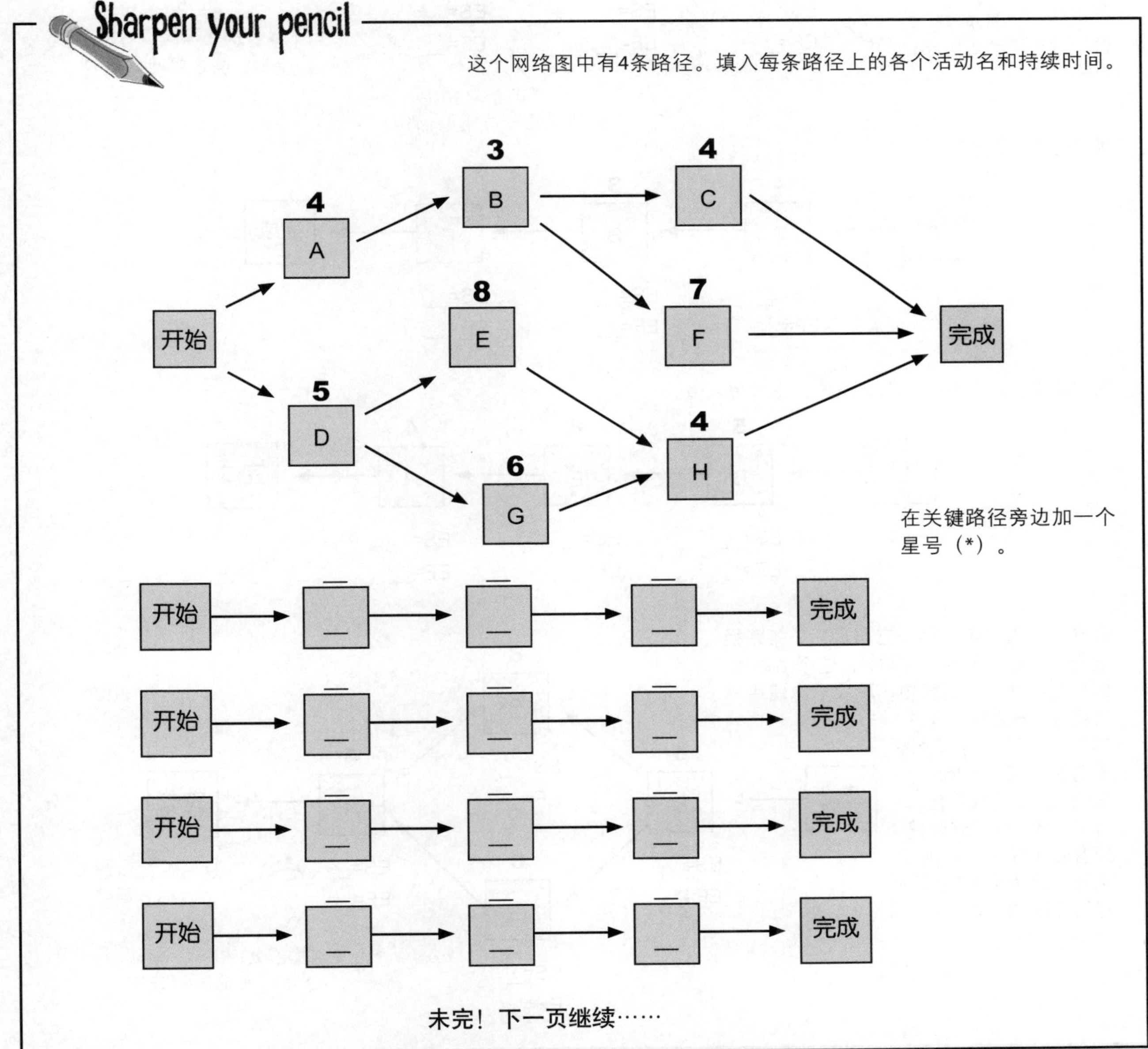
Sharpen your pencil
这个网络图中有4条路径。填入每条路径上的各个活动名和持续时间。
开始
4
A
3
B
4
C
8
E
7
F
5
D
4
H
6
G
完成
在关键路径旁边加一个星号（*）。
开始
完成
开始
完成
开始
完成
开始
完成

未完！下一页继续……

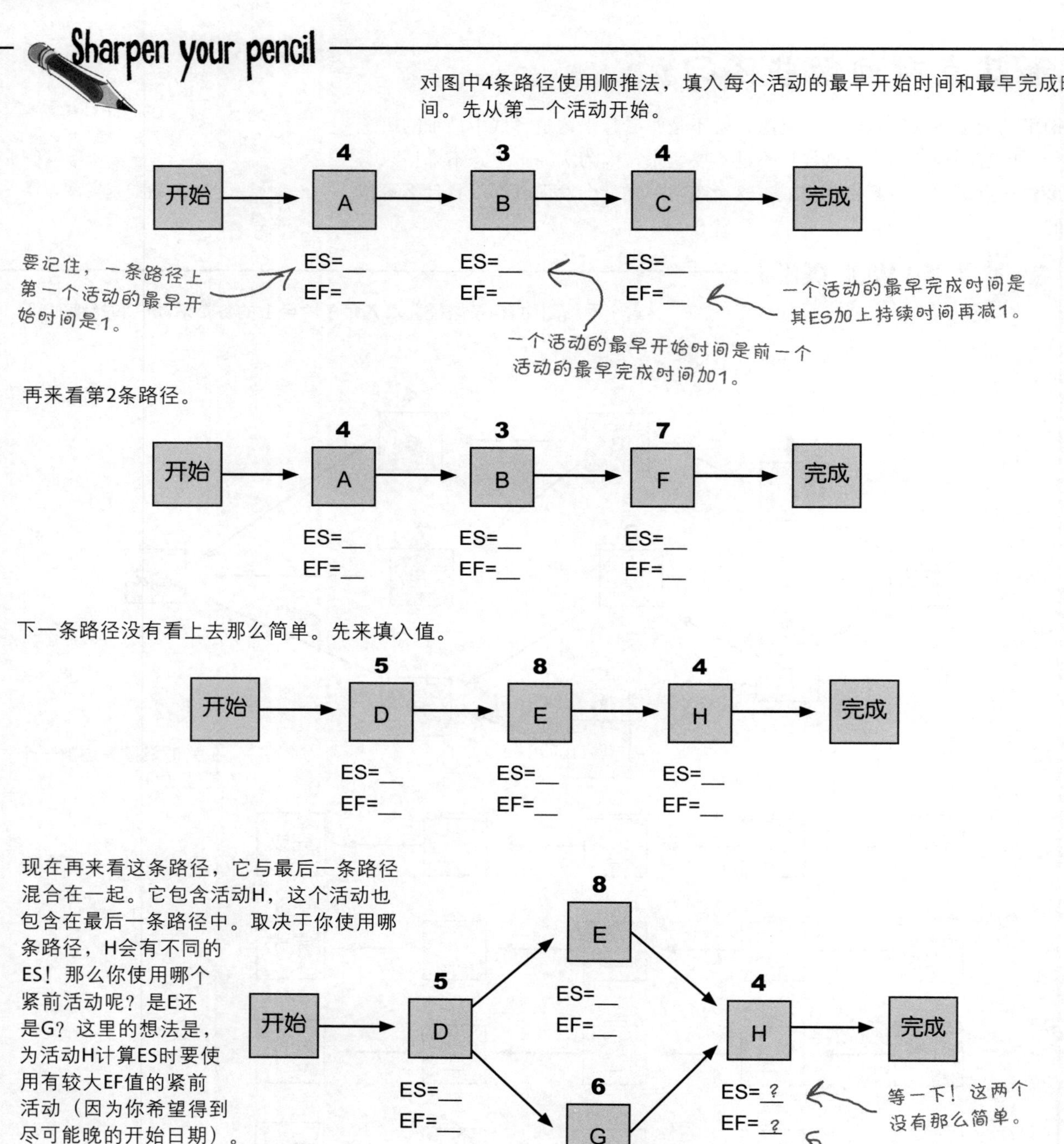
Sharpen your pencil
对图中4条路径使用顺推法，填入每个活动的最早开始时间和最早完成时间。先从第一个活动开始。
4
3
4
开始
A
B
C
完成
ES=__
EF=__
ES=__
EF=__
ES=__
EF=__
要记住，一条路径上第一个活动的最早开始时间是1。
一个活动的最早完成时间是其ES加上持续时间再减1。
一个活动的最早开始时间是前一个活动的最早完成时间加1。
再来看第2条路径。
4
3
7
开始
A
B
F
完成
ES=__
EF=__
ES=__
EF=__
ES=__
EF=__
下一条路径没有看上去那么简单。先来填入值。
5
8
4
开始
D
E
H
完成
ES=__
EF=__
ES=__
EF=__
ES=__
EF=__
现在再来看这条路径，它与最后一条路径混合在一起。它包含活动H，这个活动也包含在最后一条路径中。取决于你使用哪条路径，H会有不同的ES！那么你使用哪个紧前活动呢？是E还是G？这里的想法是，为活动H计算ES时要使用有较大EF值的紧前活动（因为你希望得到尽可能晚的开始日期）。
8
E
ES=__
EF=__
5
开始
D
ES=__
EF=__
4
H
完成
ES=?
EF=?
等一下！这两个没有那么简单。
6
G
ES=__
EF=__
一旦有了活动E和G的EF，可以使用其中较大的一个来计算活动H的ES。

你已经计算出每个活动的ES。利用这个信息，再对每条路径使用逆推法，先来看前两条路径。

首先来看关键路径。取关键路径上最后一个活动的EF，把它作为每条路径上最后一个活动的LF。如果花点时间多考虑一下，会发现这是有道理的。LF的目的就是确定在不造成项目延迟的条件下活动的最晚结束时间。只要每个非关键路径活动在关键路径上最后一个活动之前结束，它们就不会造成项目延迟。

首先给出关键路径（开始-D-E-H-完成）上最后一个活动的LF，即17。

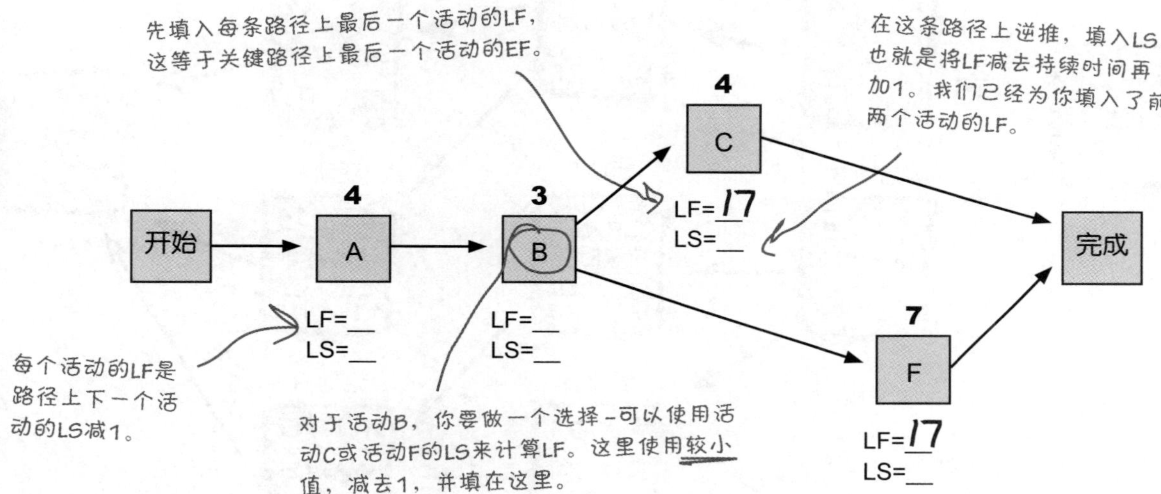

先填入每条路径上最后一个活动的LF，这等于关键路径上最后一个活动的EF。
在这条路径上逆推，填入LS，也就是将LF减去持续时间再加1。我们已经为你填入了前两个活动的LF。
开始
4
A
3
B
4
C
LF=17
LS=__
完成
7
F
LF=17
LS=__
LF=__
LS=__
LF=__
LS=__
每个活动的LF是路径上下一个活动的LS减1。
对于活动B，你要做一个选择－可以使用活动C或活动F的LS来计算LF。这里使用较小值，减去1，并填在这里。

最后计算后两条路径的LS和LF！

关于使用哪一个LS来计算LF，活动B和D都有两个可能的选择。对于活动B，使用C的LS还是F的LS？对于活动D，使用活动E还是活动G的LS？答案总是要使用最小的LS值来计算LF。原因在于，你想要找出不会导致项目推迟的可能的最晚开始日期。如果使用一个LS更晚的活动，这个活动就会延迟那么长时间，然后会导致后面两个活动的延迟。这就会造成有较小LS的活动开始得太晚。

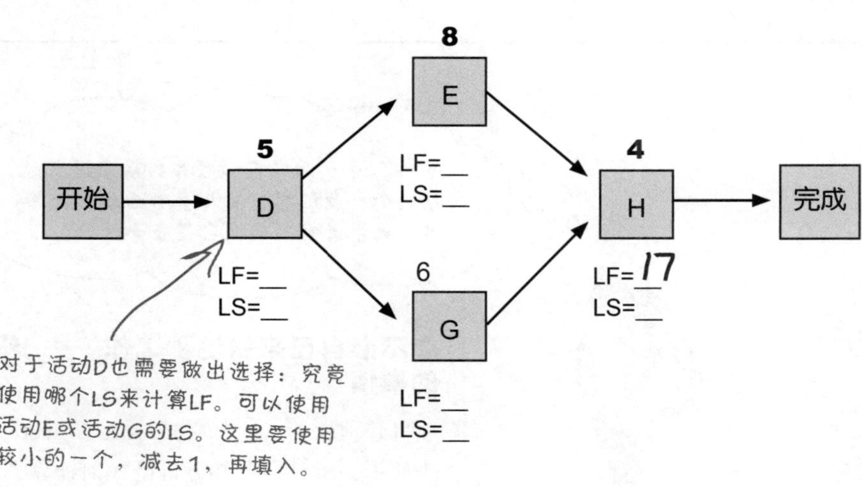

开始
5
D
LF=__
LS=__
8
E
LF=__
LS=__
6
G
LF=__
LS=__
4
H
LF=17
LS=__
完成
对于活动D也需要做出选择：究竟使用哪个LS来计算LF。可以使用活动E或活动G的LS。这里要使用较小的一个，减去1，再填入。

Sharpen your pencil
Solution

考试时，你只需完成其中一两个计算，而不是像这样一长串计算。现在这种题目对你来说应该已经易如反掌了！

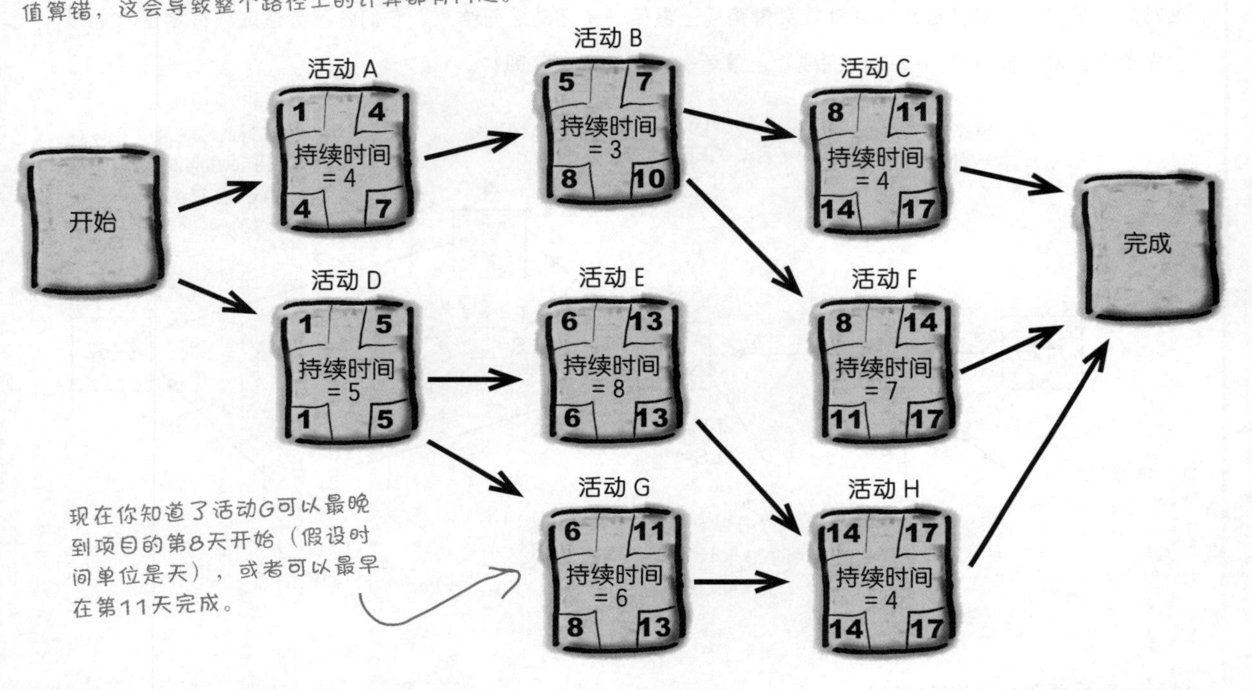
如果有几个算错了，也不用担心。很容易把某个值算错，这会导致整个路径上的计算都有问题。
开始
活动A
1
4
持续时间 = 4
4
7
活动B
5
7
持续时间 = 3
8
10
活动C
8
11
持续时间 = 4
14
17
完成
活动D
1
5
持续时间 = 5
1
5
活动E
6
13
持续时间 = 8
6
13
活动F
8
14
持续时间 = 7
11
17
活动G
6
11
持续时间 = 6
8
13
活动H
14
17
持续时间 = 4
14
17
现在你知道了活动G可以最晚到项目的第8天开始（假设时间单位是天），或者可以最早在第11天完成。

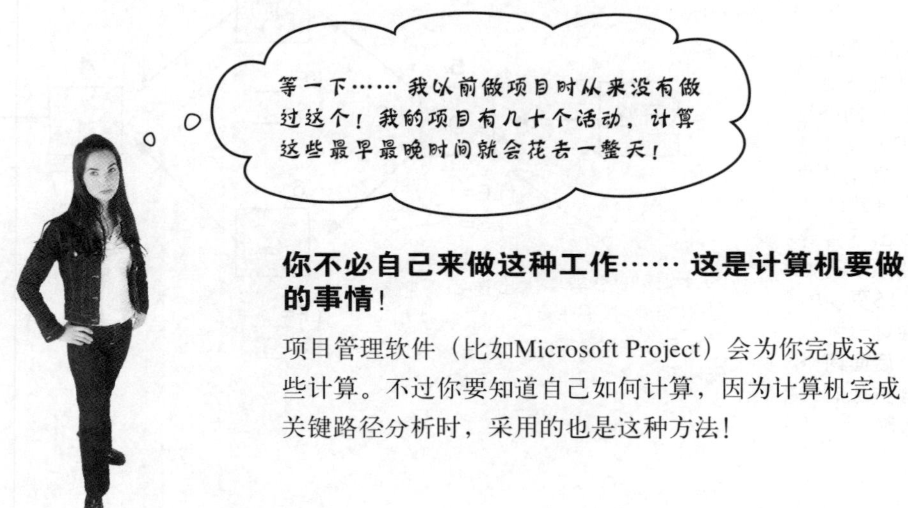
等一下…… 我以前做项目时从来没有做过这个！我的项目有几十个活动，计算这些最早最晚时间就会花去一整天！

你不必自己来做这种工作…… 这是计算机要做的事情！

项目管理软件（比如Microsoft Project）会为你完成这些计算。不过你要知道自己如何计算，因为计算机完成关键路径分析时，采用的也是这种方法！

there are no Dumb Questions

问：我在实际生活中真的需要使用这些关键路径知识吗？是不是只是为了PMP考试才要记住这些？

答：确实需要，关键路径分析在实际生活中真的很重要！当然，对于一个只包含十几个活动的小项目，可以很容易地得出哪些活动是关键活动，而哪些可以稍稍耽搁一点时间。不过，如果你的项目有几十个团队成员而且有数百个活动，又会怎么样呢？

这里关键路径分析就会很有用。对于这样一个项目，可能要使用项目管理软件而不是你自己来计算关键路径，软件能够为你标出关键路径。要特别注意关键路径上的活动—这些活动最有可能导致项目延迟。

问：其他那些数呢？如何使用浮动时间？

答：浮动时间是一个非常强大的规划工具，可以用来确定你的项目进展如何，并预测哪里可能出现问题。所有浮动时间很小或者为0的活动都必须按时发生，而对于一些浮动时间较大的活动，完成这些活动的人则有更大的自由度，可以多耽搁一些时间而不会导致项目延迟。所以你可能想把"主力"资源分配到浮动时间小的活动，而那些需要更多辅导的人员可以分配到有较大浮动时间的活动。

问：知道了，不过最晚开始时间、最早完成时间还有其他那些数又做什么用呢？它们对我有什么帮助？

答：最早和最晚开始时间和完成时间也很有用。你是不是经常遇到这种情况，有人问你"如果我们必须在两个月内完成，能做到吗？"或者"这个项目实际上会延迟多久？"。现在你就可以用这些数给出答案，而且还有具体证据来支撑你的答案。

下面给出一个例子。假设你的项目中有一个活动，你的一个团队成员计划在那个活动开始时去度假。你需要再找一个人来补缺吗？如果他在最晚开始日期之前能回来，那么你的项目就不会延迟！不过这是有代价的，你会用掉进度计划中额外的闲散时间或时差（slack）。

问：我能看出关键路径本身很有用，不过它与项目进度管理的其他部分有什么关系？

答：如果你在制订进度计划，但是活动的顺序不对，这就会导致严重的问题…… 有时完成关键路径分析是发现犯了某个特定错误的唯一方法。正是因为这个原因，要特别注意排列活动顺序过程的工具和技术。如果提出一个低效或者不正确的顺序，有太多或不正确的紧前活动和依赖关系，那么整个关键路径分析都没有什么用处。

BULLET POINTS: AIMING FOR THE EXAM

- 关键路径是有最长持续时间的路径。
- 你应该能得出一个项目网络图中的路径数目以及每个路径的持续时间。
- 活动的浮动时间是一个时间量，就是这个活动的持续时间可以拖延多久而不会导致项目延迟。关键路径上所有活动的浮动时间都为0。
- 需要知道如何使用顺推法和逆推法计算网络图中一个活动的最早开始时间、最晚开始时间、最早完成时间和最晚完成时间。这是关键路径分析的核心。
- 可能会看到一个PDM图（或活动节点图）中包含一些特殊的节点，每个节点的4个角上分别有对应ES、EF、LF和LS的小方框。
- 不要忘记，当两条路径相交时，必须确定下一个节点的计算中使用哪个ES或LF值。对于顺推计算，要使用较大的值。对于逆推计算，则要使用较小的值。

赶工

可以使用两个重要的进度压缩技术来满足项目的里程碑日期……不过这两个技术各有代价。如果确实需要满足某个日期，但目前进展有些滞后，有时可以想办法为关键路径任务增加更多资源来更快地完成活动。这称为赶工（Crashing）。

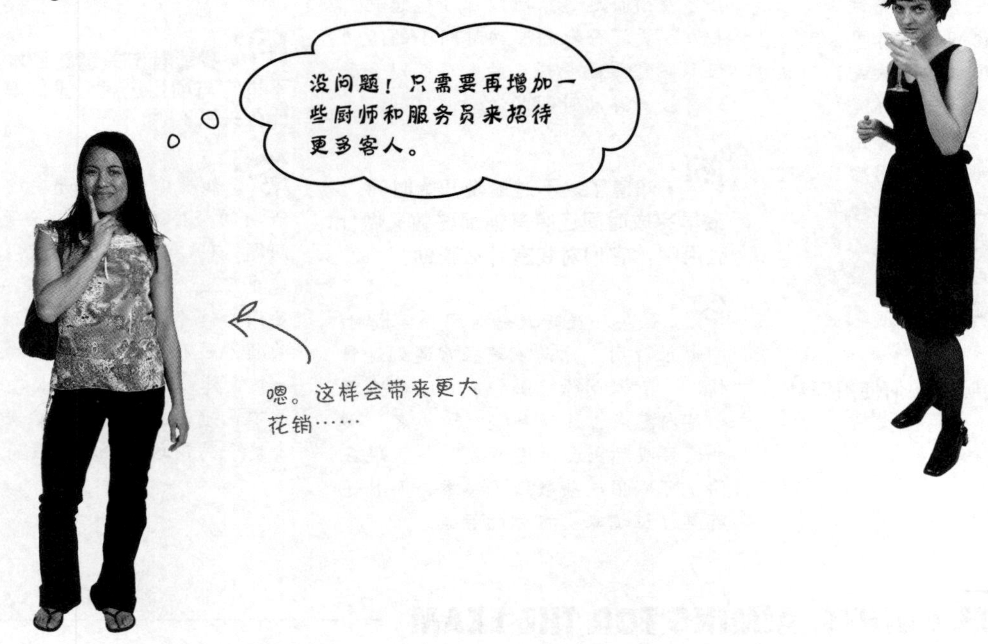
回复参加婚礼的人比我们原来预期的多多了！
没问题！只需要再增加一些厨师和服务员来招待更多客人。
嗯。这样会带来更大花销……

赶工意味着增加资源或者转移资源来缩短进度。赶工总会增加成本，所以并不总是可用！

对，不过如果你有预算限制，无法提供更多资源该怎么办呢？

如果是这样，你就不能赶工。

要想赶工而不增加项目的总成本，这是做不到的。所以，如果预算是固定的，没有可用的额外资金，你就不能使用这个技术。

快速跟进项目

另一个进度压缩技术称为**快速跟进**（fast-tracking）。有时你规划两个活动先后顺序地发生，但是实际上这两个活动可以同时进行。例如，在一个软件项目中，你可以同时完成用户验收测试和功能测试。不过，这样风险很大。很有可能需要重做之前并行完成的一些工作。

考试中，如果你看到有关"重叠活动"的内容，这就是指快速跟进。

我们布置婚宴场地的其他装饰时，可以同时让花店布置鲜花，这样能节省时间。

如果装饰和鲜花不太协调，就必须返工。

赶工和快速跟进都是进度压缩工具。

Exercise

以下各个场景分别描述了一个进度压缩技术。找出哪些是快速跟进的例子，哪些是赶工的例子。

1. Kathleen猜测受邀者中70%都会回复。所以她没有等他们的回复，而是现在就直接预订了桌椅。

   ☐ 快速跟进　　☐ 赶工

2. Rebecca花了太长时间挑选装饰品，所以Kathleen找了一位专业设计师来帮忙，尽管这样会多花钱。

   ☐ 快速跟进　　☐ 赶工

3. Kathleen需要尽快发出喜帖，所以她请了两个人来临时帮几天忙。

   ☐ 快速跟进　　☐ 赶工

答案见335页。

Tools

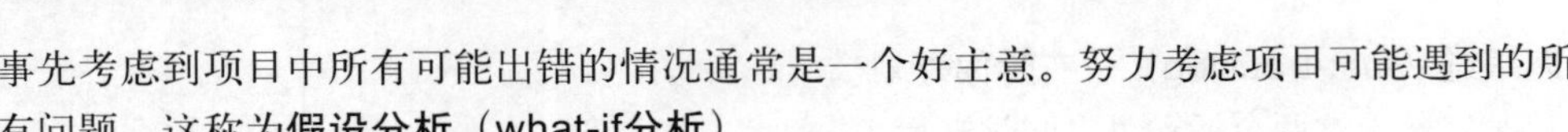

建立进度计划时使用数据分析技术

事先考虑到项目中所有可能出错的情况通常是一个好主意。努力考虑项目可能遇到的所有问题，这称为**假设分析（what-if分析）**。

- 如果婚车出故障怎么办？
- 如果花店在最后一刻取消了预订怎么办？
- 如果礼服不合身怎么办？
- 如果乐队里有人生病了不能演出怎么办？
- 如果客人食物中毒怎么办？
- 如果喜帖上教堂地址印错了怎么办？
- 如果伴娘没到场怎么办？
- 如果蛋糕很难吃怎么办？
- 如果戒指丢了怎么办？

这样一来，你可以考虑如何处理这些可能发生的问题。有时根本没有办法既满足所要求的日期又妥善应对所有这些情况。不过尽量了解这些问题可能会对进度带来什么影响，这总是有好处的。

模拟

这是一种特定的假设分析，使用计算机通过模型来分析不确定性。有很多软件包可以帮助你使用随机数和**蒙特卡洛分析算法**计算风险。尽管这是一种不太常用的技术，但是PMP考试中可能会有一两道这样的题目，所以你要有所了解。

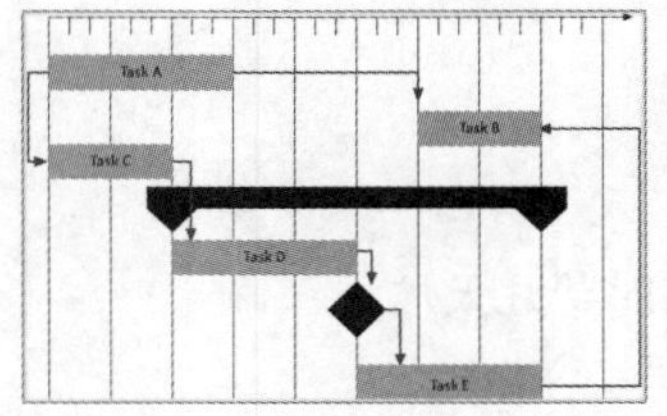
Task A
Task B
Task C
Task D
Task E

进度计划编制工具

使用一个项目管理软件包创建进度计划的一个模型，调整各个元素来看会发生什么结果，这是另一种分析网络图的技术。

其他制订进度计划工具和技术

制订进度计划过程中还有几个工具和技术需要了解。

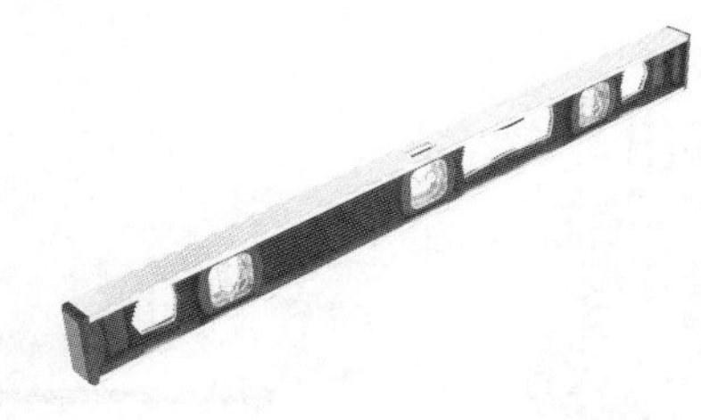

资源优化技术

有时只有一个资源能完成一个给定的活动。如果这个资源正忙于关键路径上的另一个活动，这个路径就需要改变来包含这个依赖关系。这就是资源平衡的关键。它要估算所有资源，查看关键路径是否需要改变来满足资源分配。

调整提前量和滞后量

如果提前量和滞后量有错误，可以调整来改变原来计划的结束日期。

数据分析：进度压缩和进度网络分析

制订进度计划过程的最后两个工具和技术就是前几页学习的进度压缩和进度网络分析，这要用到之前学习的关键路径、浮动时间和其他进度分析技术。

敏捷发布规划

敏捷团队通常有一种开发节奏或时间盒。敏捷发布计划基于为一个发布估计的用户故事列表，并使用估算的工作量大小将用户故事映射到下一个迭代。通过以这种方式提供发布计划，产品负责人能够调整用户故事的优先级，还可以改变发布用户故事的顺序。

项目管理信息系统

你的公司可能会使用进度计划软件来生成进度计划。还可以使用一个项目管理信息系统参考公司现有的日历信息，这可能会影响你的进度计划。

制订进度计划过程的输出

当然，制订进度计划的主要产品就是进度计划。不过还有其他一些支持文件，可以帮助你了解工作的进展。

输出

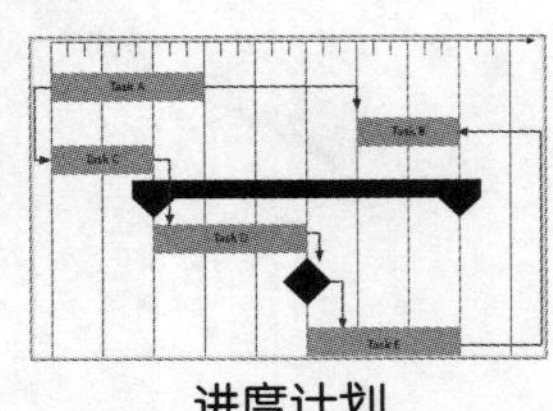

进度计划

项目进度计划

所有分析和建模都应当生成每一个人都能接受的进度计划。全面考虑每一个可能出错的情况并分配了资源之后，你应该对完成项目所需的工作有了一个很准确的预测。

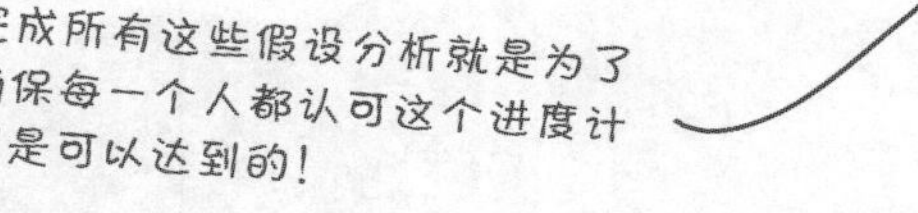
完成所有这些假设分析就是为了确保每一个人都认可这个进度计划是可以达到的！

变更请求

变更请求

这还是其他过程中见过的同样的变更请求。现在你应该对变更请求很熟悉了。

项目日历

日历可以帮助你跟踪团队成员外出度假或不能参与项目工作的时间。

进度数据

进度数据

进度数据是关于进度计划的一组信息。这包括以后分析项目进度所需要的信息：备选进度计划、资源的特定需求、里程碑图、一道图、项目进度网络图，以及有关进度的其他数据和指标。

完成变更控制之前，首先需要有变更请求。一旦变更得到批准，就可以更新基准！

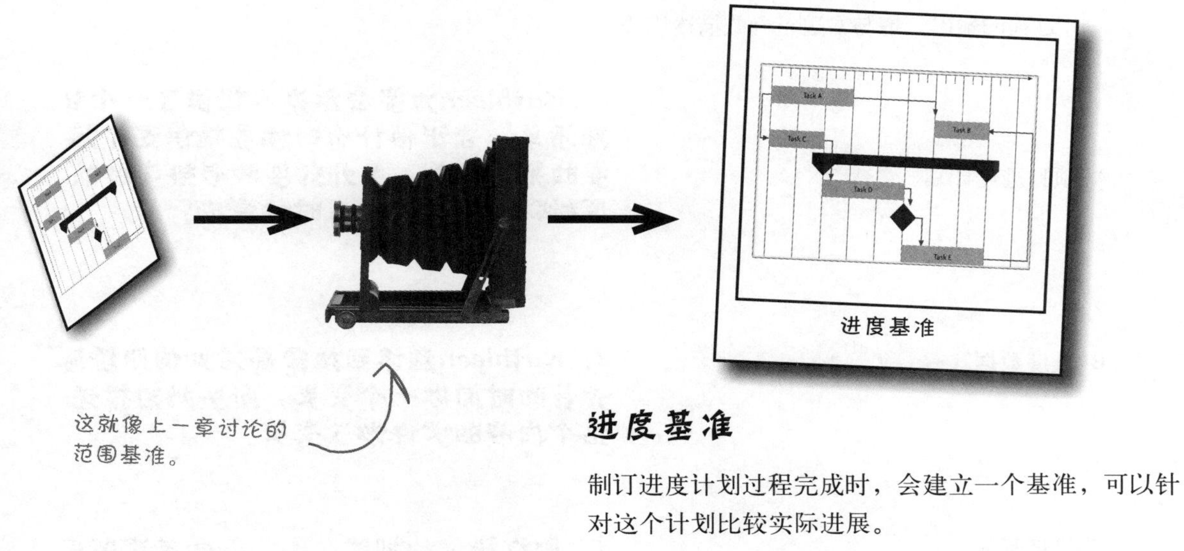
Task A
Task B
Task C
Task D
Task E
进度基准

这就像上一章讨论的范围基准。

进度基准

制订进度计划过程完成时，会建立一个基准，可以针对这个计划比较实际进展。

项目管理计划更新

进度基准和进度管理计划都是项目管理计划的一部分，很有可能需要更新。

项目文件更新

创建进度计划时，你可能会发现需要更新日历、资源需求、活动本身的属性，甚至需要更新风险登记册等很多项目文件。

WHAT'S MY PURPOSE

考试时，你要了解制订进度计划的输出。左边列出了这个婚礼项目制订进度计划过程的输出，请与右边正确的描述连线。

A. 项目进度计划

B. 进度数据

C. 进度基准

D. 项目日历

E. 项目文件更新

1. Kathleen为宴会承办人提供了一个日期清单，告诉他什么时候要提供这个婚宴的菜单计划，另外婚宴和彩排宴会的原材料购买要在什么时候完成。

2. Kathleen意识到她需要对如何跟踪服务员的时间做一个变更，所以她对描述这个内容的文件做了变更。

3. 制订进度计划时，Kathleen发现宴会承办公司在婚礼当天的3点到4点间无法工作，因为他们要从另外一个活动赶过来。

4. 制订了进度计划后，Kathleen建立了一个副本，从而能将她的实际工作与这个计划进行比较。

5. Kathleen在墙上贴了一张大海报，记录了谁要做什么工作以及什么时间做。

答案：A - 5; B - 1; C -4; D - 3; E - 2

there are no Dumb Questions

问：更新资源需求或活动属性之前难道不需要经过变更控制吗？

答： 不需要。如果你请求（比如说）对成本管理计划的变更，那就需要经过变更控制。不过创建进度计划时，作为进度管理知识领域一部分所创建的一切都是可以调整的。

分析网络图并得出新的依赖关系时，你会发现有些事项还需要更多资源，或者活动本身已经改变。正因如此，这个过程会给你自由，允许你调整先前的想法，保证所有项目进度管理文件与你的新想法一致。

制订进度计划过程就是要获得你提前想到的所有信息，形成一个现实的进度计划。完成这个过程时，你应该能清楚地了解要做什么，谁来完成工作以及将花费多少时间。

问：我们总是想尽可能快地完成项目。为什么不能总是采用快速跟进和赶工呢？

答： 因为赶工成本很高，而快速跟进风险很大。尽管表面看来为一个滞后的项目增加大量资源很不错，但这通常会增加太多的管理开销，另外还会为项目带来后期的培训问题。

尽管看起来一些紧前活动确实没有必要，但做出这样的规划总是有原因的。所以打破依赖关系来快速跟进项目时，很可能会严重破坏所完成工作的质量。这意味着你可能必须完全返工—这会耗费大量时间。

尽管有时快速跟进和赶工很有效，但它们总是会增加项目的风险和成本。

问：人们真的会做蒙特卡洛分析来确定进度计划吗？我以前可从来没有听说过。

答： 确实大多数人都没有用这个技术来确定项目中可能出错的地方，所以如果你没听说过也不用惭愧。有些人认为这是PMP考试中的一个考点，所以有必要了解这是什么。不过确实有一些项目经理使用这个技术得到了非常好的结果！

更新会细化之前过程的输出，使你不必返回去重做这些工作。

影响导致变更的因素

PMP考试中可能会问一个有关这个内容的问题。

Kathleen并没有坐等进度变更发生……

看起来婚宴方面有些问题。

Joe (电话中)： 下午好，这里是Joe婚宴公司。我是Joe，有什么可以效劳吗？

Kathleen： 你好，Joe。我是Kathleen，想和你谈谈Rob和Rebecca的婚礼。

Joe： 哦，嗨！那个婚礼一切都很好。

Kathleen： 你确定吗？那天同一时间城里会有一个大型会议，对你没影响吗？六月找服务员会不会很难？

Joe： 这我倒没有想到，我们现在最好赶快想办法应对这个问题。

由于意识到城里的这个大型会议可能也需要服务员，Kathleen在变更导致进度问题之前，提前避免了大量变更！

项目经理不能坐等着变更发生！她要找出可能导致变更的因素，并影响这些因素。

控制进度的输入和输出

监控
过程组

随着项目工作的进行，总会发现新的信息，会让你重新评估你的计划，并使用控制进度过程做出变更。控制进度过程的输入涵盖发现相关信息的各种途径。输出就是这些变更。

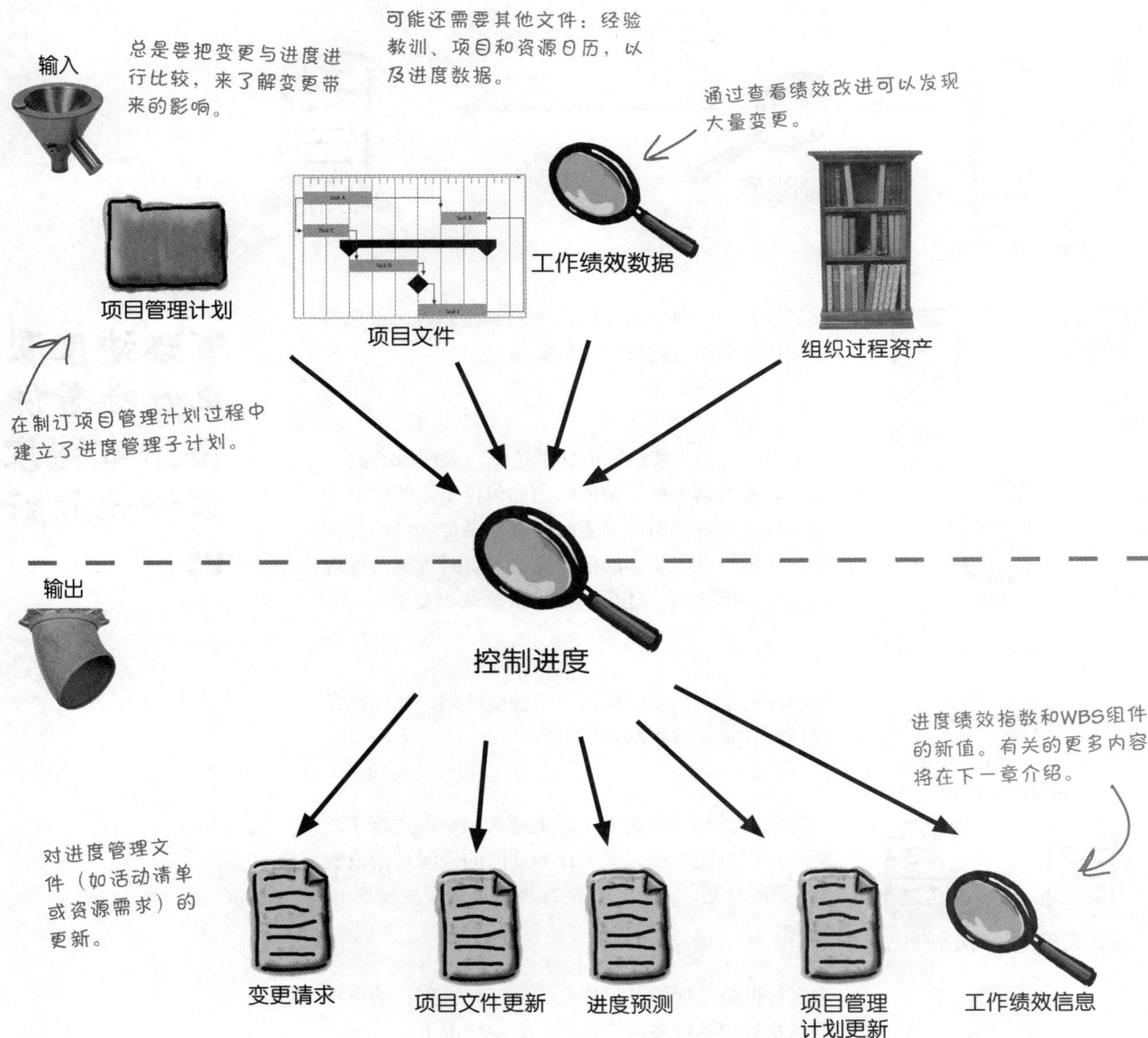

输入

总是要把变更与进度进行比较，来了解变更带来的影响。

可能还需要其他文件：经验教训、项目和资源日历，以及进度数据。

通过查看绩效改进可以发现大量变更。

项目管理计划

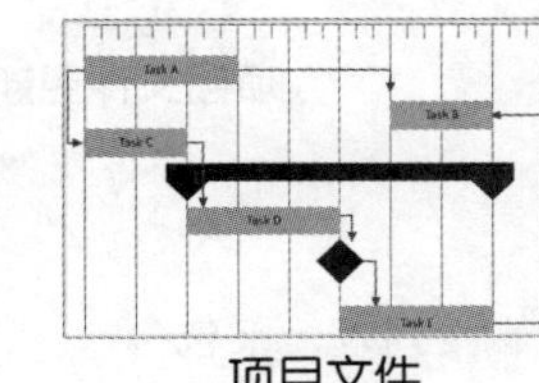
项目文件

工作绩效数据

组织过程资产

在制订项目管理计划过程中建立了进度管理子计划。

输出

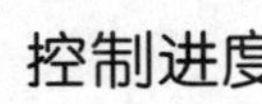
控制进度

进度绩效指数和WBS组件的新值。有关的更多内容将在下一章介绍。

对进度管理文件（如活动清单或资源需求）的更新。

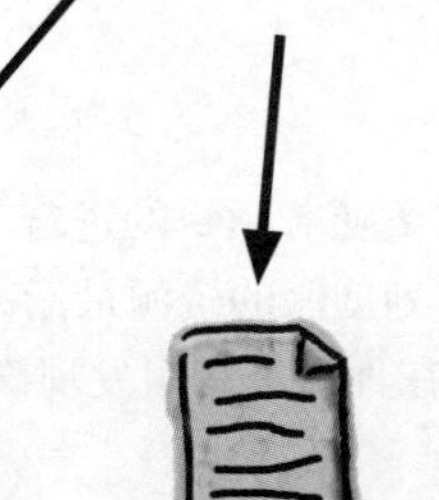
变更请求

项目文件更新

进度预测

项目管理
计划更新

工作绩效信息

控制进度过程更新什么

制订进度计划过程中建立的所有文件会在控制进度过程中更新。下面来仔细分析这些更新的具体含义。

进度基准
控制进度
项目文件更新

进度基准

假设日志

经验教训登记册

项目进行中，可能需要修改你的假设列表，来包含有关活动顺序或持续时间的新信息。

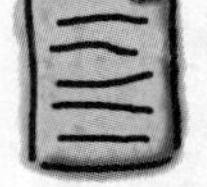

估算依据

可能需要增加支持估算的详细信息（如所做的假设），来帮助人们了解团队是如何提出这些估算的。对项目进度计划做出变更时，要记录你的经验教训，使其他项目也能从你的经验受益。有时可能会发现，随着项目的进行，还要对估算依据做出变更。

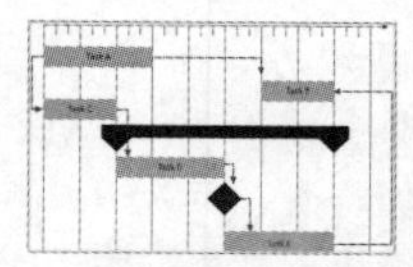

项目进度计划

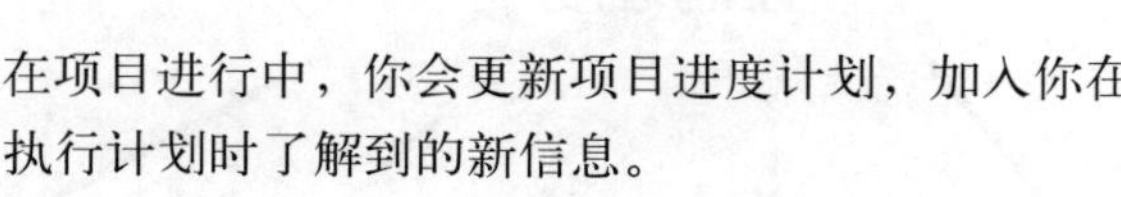

在项目进行中，你会更新项目进度计划，加入你在执行计划时了解到的新信息。

资源日历

风险登记册

对资源日历和风险的变更需要随着项目的进行不断更新。你可能发现，原先计划度假的资源最后改变了他们的计划，或者你可能在项目进行中发现新的风险。

进度数据

进度数据是进度的有关信息，如开始日期、结束日期以及有关关键路径的信息。有些情况下，执行项目时变化太大，所以你需要创建新的活动和预测的持续时间，从而准确掌握你的进度。

管理进度变更意味着保证所有进度文件是最新的。

测量和报告绩效

大多数情况下，要通过查看绩效数据来识别变更。一旦做出变更就要收集绩效数据，这与最初发现变更同样重要。绩效数据会如下输入控制进度过程。

控制进度过程将工作绩效数据变为工作绩效信息。

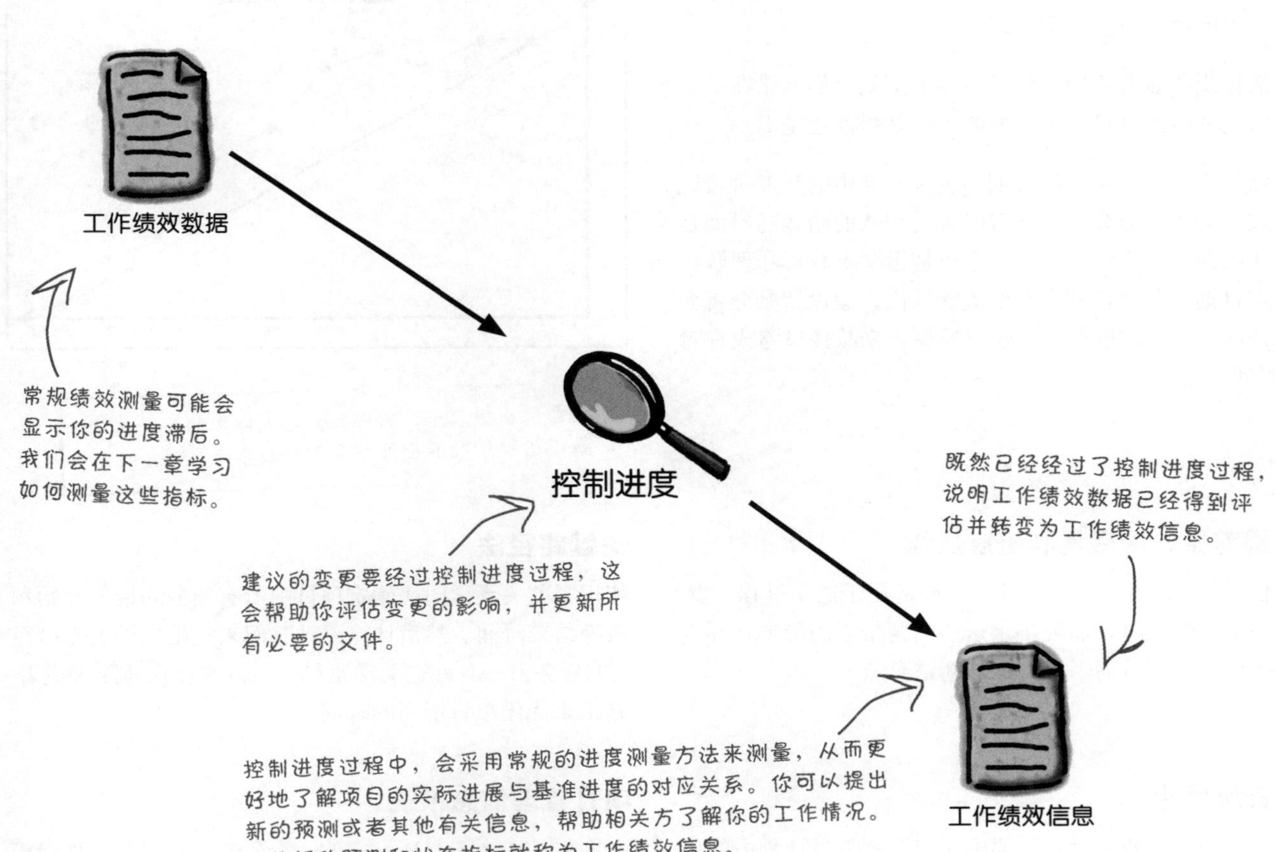
工作绩效数据
常规绩效测量可能会显示你的进度滞后。我们会在下一章学习如何测量这些指标。
控制进度
建议的变更要经过控制进度过程，这会帮助你评估变更的影响，并更新所有必要的文件。
既然已经经过了控制进度过程，说明工作绩效数据已经得到评估并转变为工作绩效信息。
控制进度过程中，会采用常规的进度测量方法来测量，从而更好地了解项目的实际进展与基准进度的对应关系。你可以提出新的预测或者其他有关信息，帮助相关方了解你的工作情况。这些新的预测和状态指标就称为工作绩效信息。
工作绩效信息

控制进度过程的工具和技术

控制进度过程的工具和技术就是要确定项目进度计划的执行情况。通过将实际项目与你在基准中制订的进度计划进行比较，并查看人们的绩效，可以确定如何处理各个进度变更。

TOOLS

数据分析

在这个过程中，要使用数据分析来评估来自项目的信息，预测你的团队是否能满足原来预测的日期。这里有两个重要的计算指标，分别是进度偏差（SV）和进度绩效指数（SPI），它们会对项目进展情况提供很有价值的信息。这两个计算指标是挣值技术的一部分，有关内容将在下一章介绍。

敏捷团队通常使用迭代燃尽图来测量他们承诺在一个给定的时间盒迭代中完成的工作是提前还是滞后。

绩效审查用来对实际日期与进度基准中的日期进行比较。利用趋势分析，你可以查看团队的绩效随时间是在改善还是在变差。偏差分析是指深入分析和理解实际日期与基准日期存在偏差的原因。假设情景分析允许你对可能的进度变更建立模型，来减轻风险或者对变更做出反应。

团队提交的每个工作项都按故事点估算，计划的总故事点为y轴上的最大值。

上面的折线表示团队每天还剩多少工作要做。

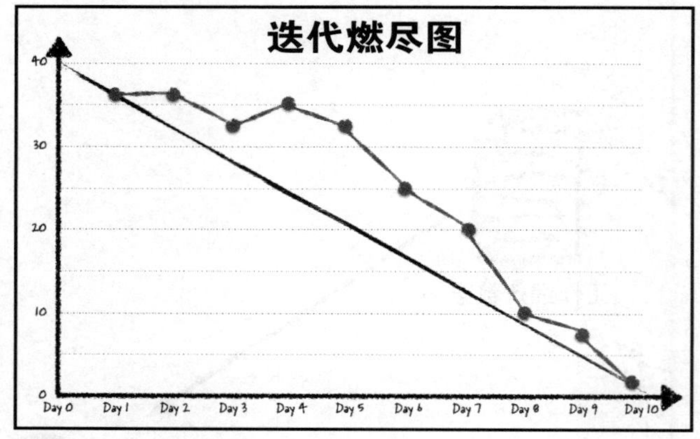
迭代燃尽图
40
30
20
10
0
Day 0
Day 1
Day 2
Day 3
Day 4
Day 5
Day 6
Day 7
Day 8
Day 9
Day 10

图中的直线表示，如果团队每天完成同样的工作量，这种情况下每天剩余的总故事点。

提前量、滞后量和进度压缩

上一个过程的大多数工具也同样适用于这个过程。发现进度偏差时，需要确定这些问题带来的影响，并调整进度计划从而考虑到这些新信息。

关键路径法

使用紧前关系绘图法确定项目中所有任务的最早开始和最晚结束时间。然后计算浮动时间来找出位于关键路径上的任务。一旦知道关键路径，可以选择快速跟进或者赶工来优化项目所用的时间。

资源优化

项目中发生变更时，需要确保资源覆盖了计划中的所有活动。这表示需要适当地分布资源，使得要完成的工作总能得到所需要的资源。

项目管理信息系统

这是类似Microsoft Project的一个软件，可以帮助你组织和分析需要的所有信息来评估项目的进度。

there are no Dumb Questions

问： 我创建工作绩效信息时，谁来用呢？

答： 很多人都会使用你创建的工作绩效信息。团队会用它跟踪项目。如果出现一个进度问题，就会提醒团队，使他们能帮助你确定如何避免这个问题。

项目的发起人和相关方也会使用工作绩效信息，他们最关心的是项目是否处于正轨。这些信息会让他们对项目的进展情况有一个清楚的认识……这对于控制进度尤其重要，因为大多数变更控制系统要求每一个变更都要经过一个变更控制委员会的批准，而变更控制委员会就包括发起人和相关方。

问： 进度数据用来做什么？

答： 你要使用进度数据建立进度计划，通常要使用一个进度编制工具（比如Microsoft Project）来生成和分析进度数据。它包括资源需求、备选的最好和最坏进度计划以及应急储备等方面的详细信息。

汇总进度计划时，要查看所有这些数据来创建一个准确的计划。建立进度计划时获得的信息越多，你就越有可能捕捉到那些小问题，否则这些小问题积累起来可能造成进度的严重滞后。

问： 项目管理软件也是工具之一。要想通过这个考试，我需要知道如何使用这样一个软件吗？

答： 不用。PMP考试并不要求你知道如何使用类似Microsoft Project的软件。不过，如果你花很多时间使用项目管理软件，就会对很多项目进度管理概念非常熟悉。这是学习进度管理基础知识的一个好方法。

问： 我要多久更新一次项目日历呢？

答： 项目日历会显示团队的工作日、假期、非工作日、计划的培训，以及可能影响项目的其他日期。幸运的是，在大多数公司里，这些日期并不经常变化。你可能不需要更新项目日历，而且大多数项目经理只是使用公司现有的项目日历。

制订进度计划时，你可能会发现需要对项目日历做一个变更。正因如此，项目日历更新也是制订进度计划的一个输出。

问： 收集了工作绩效数据和工作绩效信息后该如何处理呢？

答： 规划你的项目时，通常要查看公司以往的项目，了解它们的执行情况，另外哪些方面还可以规划得更好。要从哪里查看这些信息呢？这些信息就在组织过程资产中。

那么，你认为这个信息来自哪里？它来自像你一样的项目经理，是他们在公司的组织过程资产库中加入了他们的工作绩效数据和工作绩效信息。

只要生成了有关项目的数据，就应该把它增加到组织过程资产中，以便将来的项目使用。

控制进度磁贴

你会反复看到变更控制，每个知识领域都有自己的变更控制过程！幸运的是，你会发现它们都很相似。不过控制进度有自己的特点，它们对于理解项目进度管理非常重要。

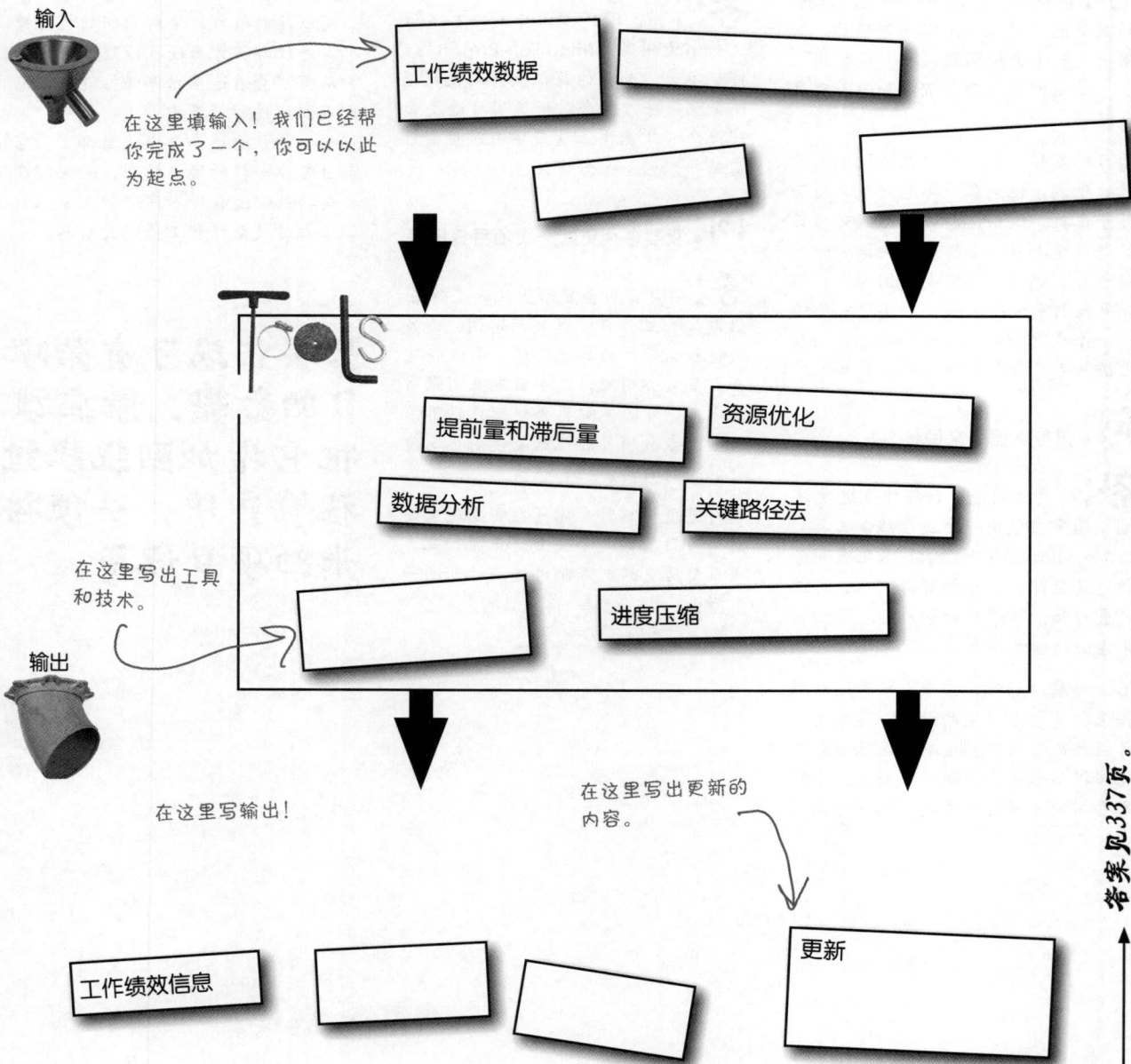

输入

在这里填输入！我们已经帮你完成了一个，你可以以此为起点。

工作绩效数据

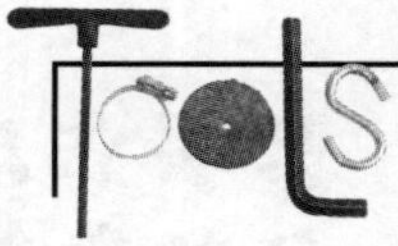

Tools

提前量和滞后量

资源优化

数据分析

关键路径法

进度压缩

在这里写出工具和技术。

输出

在这里写输出！

在这里写出更新的内容。

工作绩效信息

更新

答案见337页。

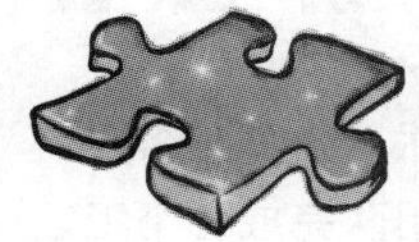

进度管理填字游戏

花点时间坐下来让你的右脑动一动。这是一个标准的填字游戏，所有答案都来自这一章。

1
2
3
4
5
6
7
8
9
10
11
12
13
14

横向

1. 从WBS得到工作包，把它们分解为活动。

5. PDM中的“P”。

7. 这种分析要询问大量有关可能性的问题。

8. 进度的一个快照，可以用于以后比较。

10. ___________ 估算表示将项目的有关数据插入到一个历史信息数据库，来得到完成工作将花费多少时间的一个估算。

12. 在紧前任务完成之前让一个紧后任务提前一段时间开始。

13. 为项目增加更多资源，从而能更快地完成，这称为________ 。

14. PERT三点估算是乐观时间 + 4 x 最可能时间 + ________ 时间，然后除以6。

纵向

2. ________ 路径上活动的延迟会导致整个项目的延迟。

3. 如果随着项目的进行，你会得到更多信息，此时你就是在做这种规划。

4. 估算所有资源，查看关键路径是否需要改变来满足其限制，此时对资源所做的工作。

6. 对项目以外的某个方面存在依赖关系的活动有一个___________ 紧前关系。

9. _____活动_____ 过程是对活动排序的过程。

11. 一个活动可以耽搁的时间而不会导致整个项目延迟。

答案见338页。

核心概念
回顾

了解完成项目工作要花多长时间是一个很关键的任务。一旦确定要按什么顺序完成工作，以及团队完成各个工作要花多长时间，就要通过项目进度管理来了解如何组织你的工作。

核心概念

我们已经讨论了你和你的团队识别和管理进度时使用的过程，不过很有必要再花点时间来考虑你的进度管理方法对整个项目有什么影响。

- ★ 项目进度管理过程的主要产品是一个详细的计划。你的计划要清楚地给出项目的时间表，向相关方显示团队计划如何满足其目标，以及他们确定的每个步骤要花多长时间。
- ★ 一旦花时间确定了所要完成的活动列表并估算了这些活动的持续时间，大多数团队都会使用进度计划软件来得出其计划时间。
- ★ 有些团队完成的项目范围比较小，而且最后期限比较近，这些团队会把整个进度管理过程看作是一个步骤。他们会在一个估算会议中确定需要完成的所有活动、按什么顺序完成这些活动以及活动的持续时间。
- ★ 由于所有知识领域的变更通常会影响项目进度，所以进度计划应当是灵活的，而且要经常更新。

进度管理就是要掌握团队如何工作以及项目何时交付。

核心概念回顾

发展趋势

下面是进度管理的一些发展趋势，可以帮助你更有效地改进和管理项目的进度。

- **迭代型进度计划**使用一个需求或用户故事待办列表，从这个待办列表拉取工作项放入时间盒迭代，采用这种方式在最后责任时刻排列工作的顺序。敏捷团队使用这种技术避免过早地确定所有依赖关系。这使他们有充分的自由来适应变更，而不必重新设定详细的进度期望。
- **按需进度计划**也类似，因为它也关注从一个待办列表拉取工作，并尽快地完成。这种技术与迭代型进度计划的区别在于，它不依赖预定的时间盒迭代来预测一个结束日期。相反，一旦工作项完成就会交付。

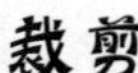

裁剪

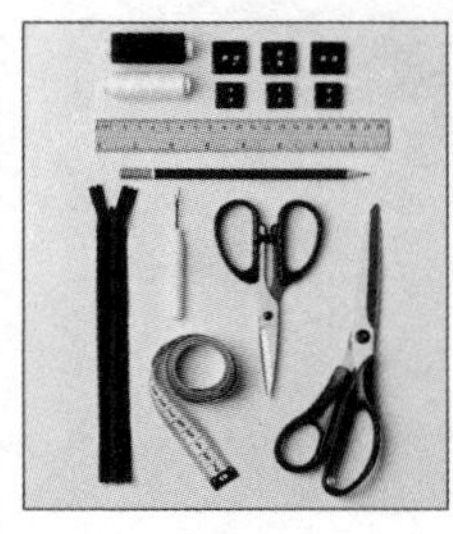

对团队在项目期间使用的过程做出变更时，会有一些可能影响你决策的考虑因素：

- 你的项目遵循怎样的开发生命周期？你强调提前建立一个详细的进度计划，还是会定义迭代时间盒，确定工作优先级，并让团队按优先顺序交付工作？
- 你是否知道可能有一些资源在特定时间段不可用，而这可能会影响你的进度？
- 你的项目是不是具有创新性或者高度不确定性？如何知道你的项目计划重视不断减少不确定性？如何跟踪项目的进展？
- 你的项目是否依赖于某个工具或技术？你能轻松地使用那个工具吗？

敏捷考虑因素

敏捷团队重视承诺驱动的团队协作以及在最后责任时刻才做决策。他们使用短迭代来建立反馈循环，从而在出现新信息时可以改变他们要完成的活动以及完成活动的顺序。敏捷团队使用时间盒以及他们掌握的工作速度来预计工作项何时完成，不过总是留有余地，可以在优先级改变时调整交付产品的方法。

又一位满意的顾客！

Rob和Rebecca举行了一个美妙的婚礼！所有一切都完美无缺。客人们大饱口福，乐队演出精彩，所有人都非常开心……

Just
Married
……Kathleen也得到很多推荐！
哇，太棒了。又有4场婚礼等着我策划！

Exercise
Solution

以下各种情况分别描述了估算活动持续时间过程的不同工具和技术，请写出它们分别描述了哪个工具或技术。

1. Kathleen为印喜帖提出了3个估算（一个是所有方面都出错时的估算，还有一个是有些方面出错时的估算，另一个是没有出现任何差错时的估算），取这三者的平均值来得出一个最终结果。 三点估算
2. Kathleen经常使用一个电子表格来得出客人回复喜帖花费的时间。她输入了宾客人数和他们的ZIP编码，电子表格就为她计算出一个估算。 专家判断
3. Kathleen经常使用一个电子表格来得出客人回复喜帖花费的时间。她输入了宾客人数和他们的ZIP编码，电子表格就为她计算出一个估算。 参数估算
4. Kathleen已经做过与Rob和Rebecca婚礼类似的4个婚礼，在所有这4个婚礼中宴会承办人布置宴会厅的时间几乎都一样。 类比估算

Exercise
Solution

下面是三点估算的一些例子。使用公式来得出每种情况的期望时间。

1. 期望持续时间 = 50天; 乐观持续时间 = 30天; 最可能持续时间 = 45天; 悲观持续时间 = 90天
2. 期望持续时间 = 20.3天; 乐观持续时间 = 12天; 最可能持续时间 = 20天; 悲观持续时间 = 30天
3. 期望持续时间 = 25天; 乐观持续时间 = 10天; 最可能持续时间 = 25天; 悲观持续时间 = 40天
4. 期望持续时间 = 51.8天; 乐观持续时间 = 33天; 最可能持续时间 = 49天; 悲观持续时间 = 82天

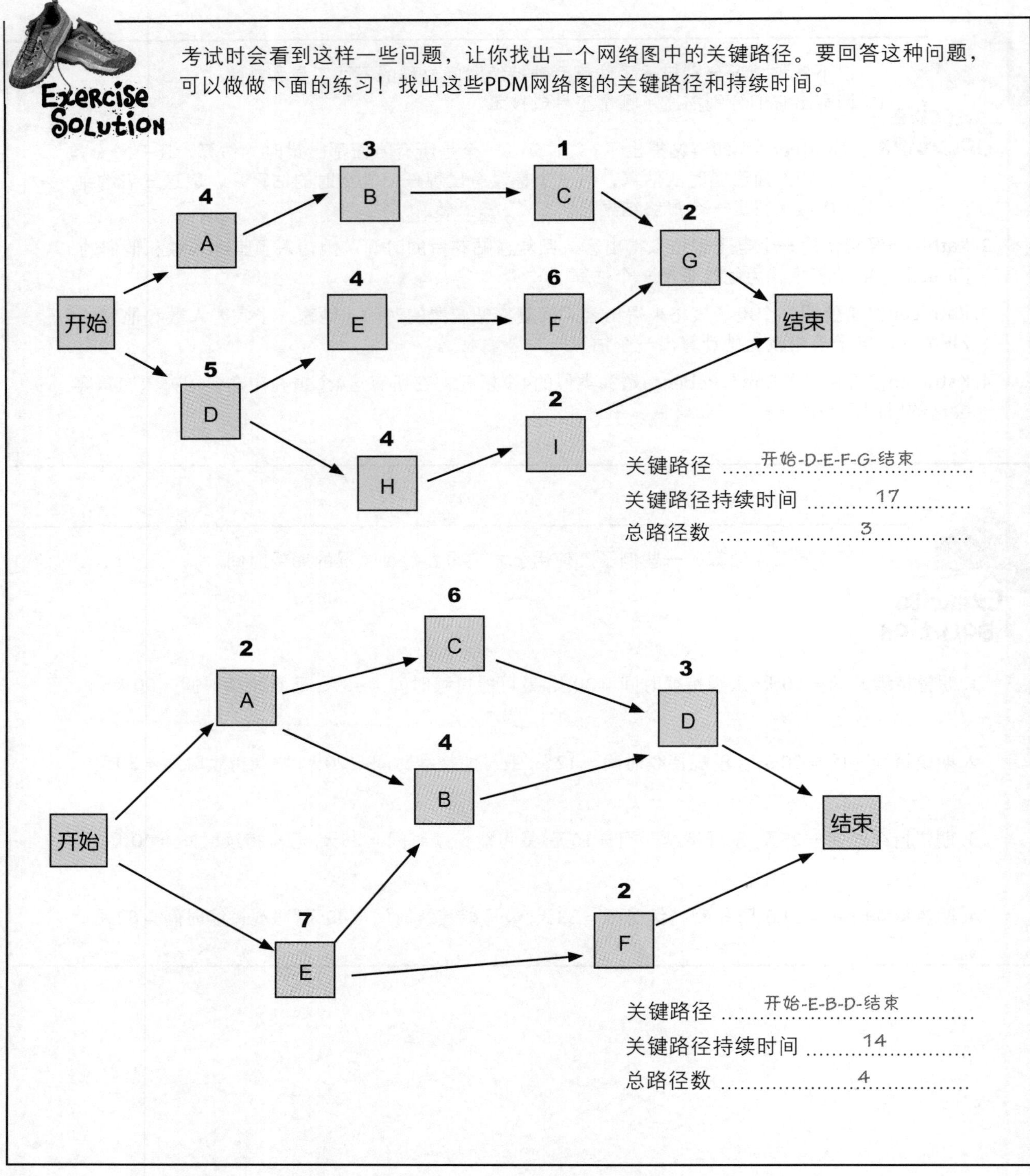
Exercise Solution
考试时会看到这样一些问题，让你找出一个网络图中的关键路径。要回答这种问题，可以做做下面的练习！找出这些PDM网络图的关键路径和持续时间。
开始
4
A
3
B
1
C
2
G
4
E
6
F
结束
5
D
4
H
2
I
关键路径 开始-D-E-F-G-结束
关键路径持续时间 17
总路径数 3
开始
2
A
6
C
3
D
4
B
结束
7
E
2
F
关键路径 开始-E-B-D-结束
关键路径持续时间 14
总路径数 4

Exercise
Solution

考试时，你要能够计算网络图中一个活动的浮动时间。再来看上一个练习的这个PDM网络图。你能计算出各个活动的浮动时间吗？

1. 关键路径上各个活动的浮动时间是多少？ **0**

2. 路径A → B → C → G的总持续时间是多少？ **10**

3. 路径A → B → F → G的总持续时间是多少？ **15**

4. 路径D → E → F → G的总持续时间是多少？ **17**

5. 路径D → H → I的总持续时间是多少？ **11**

6. 哪一个路径是关键路径？ **D** - **E** - **F** - **G**

7. 请写出各个活动的浮动时间：

A **2** B **2** C **7** D **0** E **0**

F **0** G **0** H **6** I **6**

Exercise
Solution

以下各个场景分别描述了一个进度压缩技术。找出哪些是快速跟进的例子，哪些是赶工的例子。

1. Kathleen猜测受邀者中70%都会回复。所以她没有等他们的回复，而是现在就直接预订了桌椅。

   ☑ 快速跟进　　☐ 赶工

2. Rebecca花了太长时间挑选装饰品，所以Kathleen找了一位专业设计师来帮忙，尽管这样会多花钱。

   ☐ 快速跟进　　☑ 赶工

3. Kathleen需要尽快发出喜帖，所以她请了两个人来临时帮几天忙。

   ☐ 快速跟进　　☑ 赶工

Sharpen your pencil Solution

你要知道如何把一个节点表转变为一个网络图，所以这里给你一个机会来做些练习！这是一个PDM网络图的节点列表，请根据这个节点表画出网络图：

名称	紧前活动
开始	—
A	开始
B	A
C	B
D	开始
E	D
F	B
G	C
H	D
I	E, H
完成	F, G, I

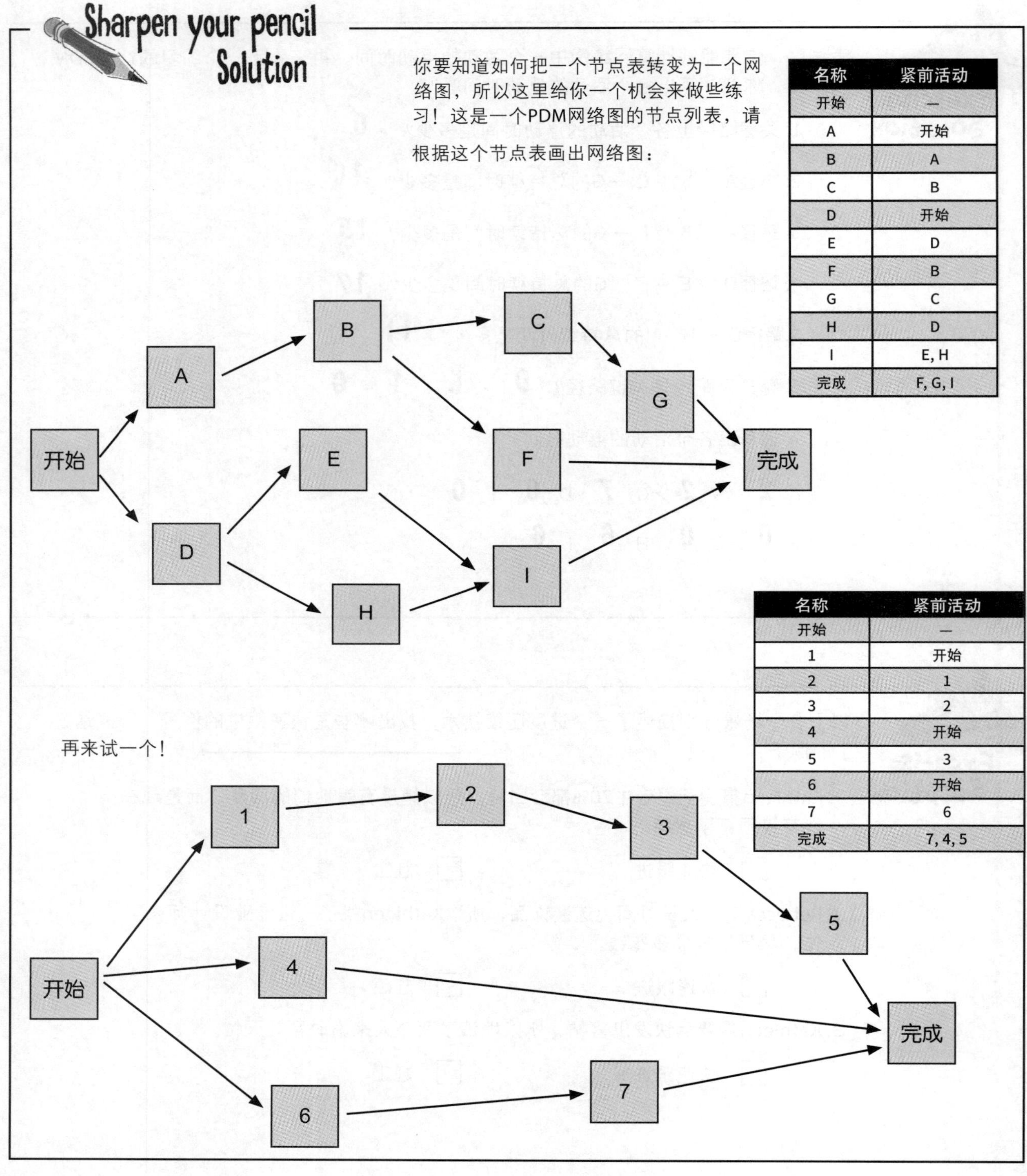
开始
A
B
C
D
E
F
G
H
I
完成
开始
1
2
3
4
5
6
7
完成

名称	紧前活动
开始	—
1	开始
2	1
3	2
4	开始
5	3
6	开始
7	6
完成	7, 4, 5

再来试一个！

控制进度磁贴答案

你会反复看到变更控制—每个知识领域都有自己的变更控制过程！幸运的是，你会发现它们都很相似。不过控制进度有自己的特点，它们对于理解项目进度管理非常重要。

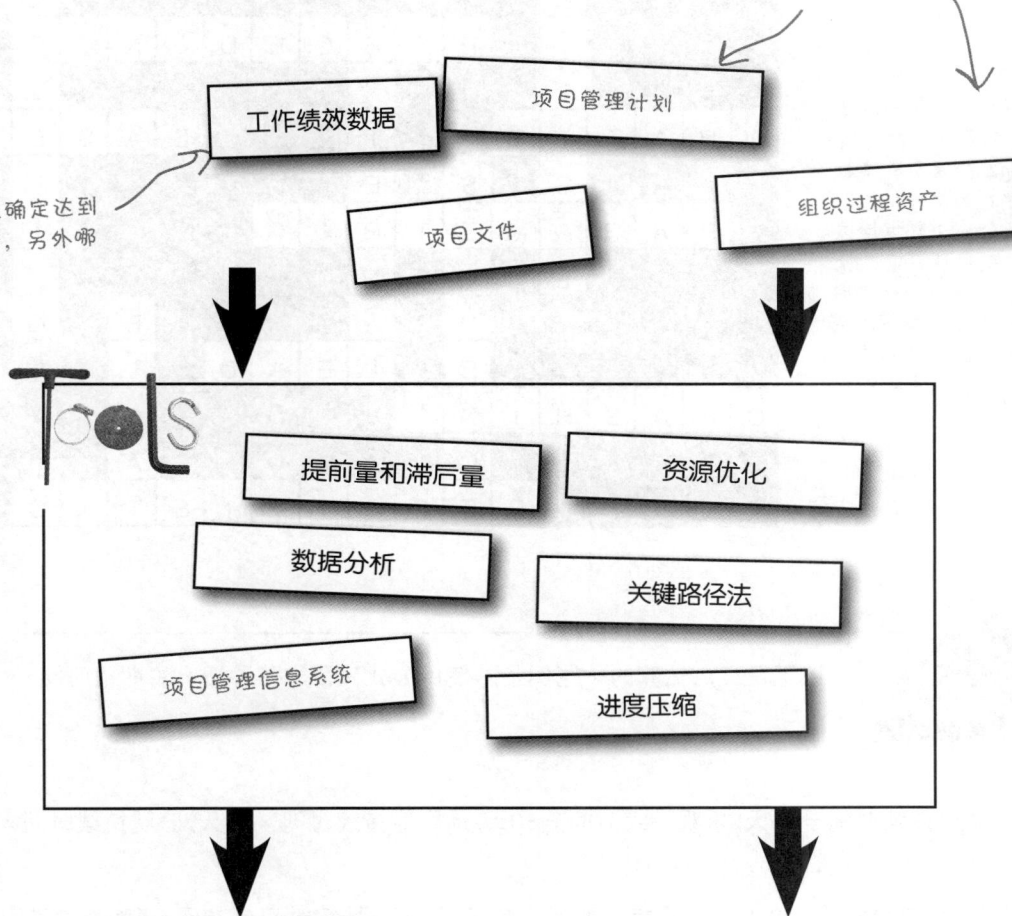

这就像范围管理一样！首先是计划、基准和变更请求。

输入

工作绩效数据

项目管理计划

项目文件

组织过程资产

使用这些输入确定达到了哪些里程碑，另外哪些活动滞后。

Tools

提前量和滞后量

资源优化

数据分析

关键路径法

项目管理信息系统

进度压缩

这些工具就是要得出项目相对于基准的执行情况。

输出

这看上去应该也很熟悉。经过变更控制后，最后会得到一大堆更新和一些纠正措施。

工作绩效信息

进度预测

变更请求

项目文件更新

项目管理计划更新

进度管理填字游戏答案

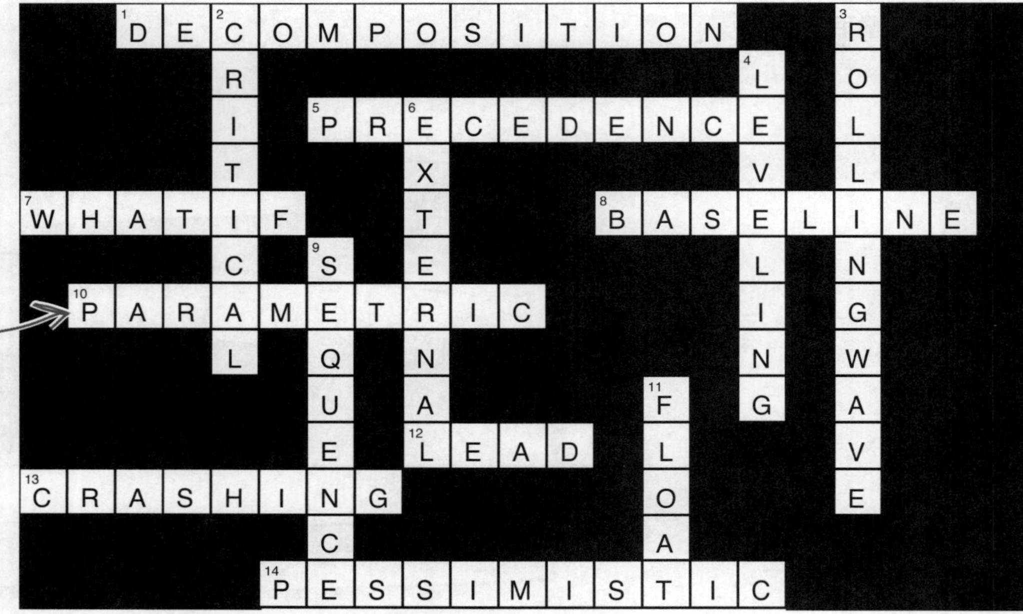
1 DECOMPOSITION
2 CRITICAL
3 ROLLINGWAVE
4 LEVELING
5 PRECEDENCE
6 EXTERNAL
7 WHATIF
8 BASELINE
9 SEQUENCE
10 PARAMETRIC
11 FLOAT
12 LEAD
13 CRASHING
14 PESSIMISTIC

这一个你是不是填错了，因为你以为使用一个历史数据库意味着就是在做类比估算？如果向一个数据库或电子表格插入值，就是在做参数估算。很多人认为这是一种特殊类型的类比估算，不过描述为参数估算更准确。

Exercise

以下是三点估算的一些例子。使用公式来得出每种情况的期望时间。

1. 期望持续时间 = 50天; 乐观持续时间 = 30天; 最可能持续时间 = 45天; 悲观持续时间 = 90天

2. 期望持续时间 = 20.3天; 乐观持续时间 = 12天; 最可能持续时间 = 20天; 悲观持续时间 = 30天

3. 期望持续时间 = 25天; 乐观持续时间 = 10天; 最可能持续时间 = 25天; 悲观持续时间 = 40天

4. 期望持续时间 = 51.8天; 乐观持续时间 = 33天; 最可能持续时间 = 49天; 悲观持续时间 = 82天

模拟题

1. 你在管理一个项目，客户告诉你发生了一个外部问题，现在你必须满足一个提前的最后期限。你的主管听说，存在这种情况时可以使用进度压缩，比如赶工或快速跟进，但是他不确定赶工和快速跟进到底是什么？你会怎样告诉他？

   A. 赶工会增加风险，而快速跟进会增加成本。
   B. 赶工总会缩短项目的总持续时间。
   C. 赶工会增加项目成本，而快速跟进会增加风险。
   D. 快速跟进总会缩短项目的总持续时间。

2. 右边给出了一个网络图的一部分，活动F的ES是多少？

   A. 41。
   B. 49。
   C. 53。
   D. 61。

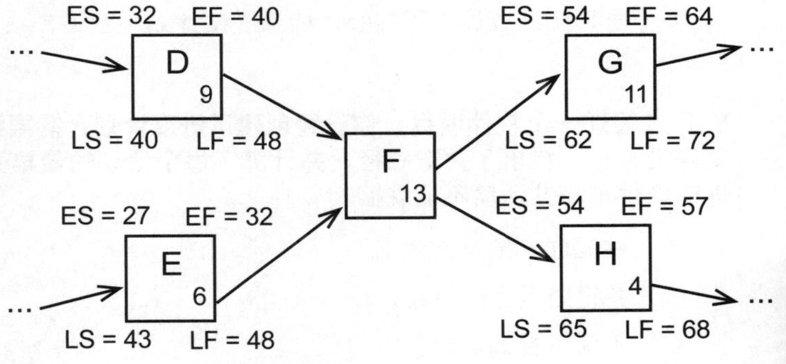
ES = 32
EF = 40
D
9
LS = 40
LF = 48
ES = 27
EF = 32
E
6
LS = 43
LF = 48
F
13
ES = 54
EF = 64
G
11
LS = 62
LF = 72
ES = 54
EF = 57
H
4
LS = 65
LF = 68

3. 右边给出了一个网络图的一部分，活动F的LF是多少？

   A. 41。
   B. 49。
   C. 53。
   D. 61。

4. 你是一个软件项目的项目经理。你的QA经理告诉你需要规划让她的团队开始“测试规划”活动，从而能够在“测试”开始之前完成。不过除此以外，她还说根据需要“测试规划”可以尽量晚开始。“测试规划”活动与“测试”活动之间是什么关系？

   A. 开始到开始 (SS)。
   B. 开始到完成 (SF)。
   C. 完成到开始 (FS)。
   D. 完成到完成 (FF)。

5. 你在管理一个工业设计项目。你提出了完整的活动清单，创建了网络图，向各个活动分配了资源，并估算了它们的持续时间。接下来你要做什么？

   A. 使用滚动式规划来弥补你没有得到完整的信息。
   B. 创建进度计划。
   C. 查阅项目范围说明书，并完成排列活动顺序过程。
   D. 使用快速跟进来缩短总持续时间。

模拟题

6. 以下哪一个不是制订进度计划的输入?

A. 活动清单。

B. 项目进度网络图。

C. 资源日历。

D. 进度基准。

7. 你的项目团队的三个成员想要浮报他们的估算，因为他们相信肯定会出现某些风险。处理这种情况的最佳做法是什么?

A. 诚实地估算活动，然后使用一个应急储备来涵盖所有意料外的成本。

B. 向进度计划中的各个活动增加一个缓冲，为工作留有更多时间。

C. 告诉团队成员不用担心，如果进度计划不合适，项目推迟也没有关系。

D. 赶工。

8. 你在管理一个软件项目。你已经创建了进度计划，需要确定哪些活动绝不能耽搁。你完成了关键路径分析，找出了关键路径，并计算了每个活动的最早开始和最早完成时间。在不导致项目延迟的条件下哪些活动不能耽搁?

A. ES和LF之差最大的活动。

B. 关键路径上的活动。

C. 最滞后量的活动。

D. 项目的最后一个活动，因为它没有浮动时间。

名称	紧前活动	持续时间
开始	—	—
A	开始	6
B	A	4
C	B	8
D	A	1
E	D	1
F	E	2
G	开始	3
H	G	3
I	H	2
J	B, I	3
完成	F, J, C	—

9. 右边活动清单中的关键路径是什么?

A. 开始-A-B-C-完成。

B. 开始-A-D-E-F-完成。

C. 开始-G-H-I-J-完成。

D. 开始-A-B-J-完成。

10. 右边活动清单中活动F的浮动时间是多少?

A. 0。

B. 7。

C. 8。

D. 10。

模拟题

11.你在管理一个内部装修项目，发现需要比原先规划的更早完工。你决定采用快速跟进。这意味着：

A. 尽早开始项目，并加班工作。

B. 为任务分配更多人员，尤其是关键路径上的活动，不过项目总成本更高。

C. 尽早开始活动，并更多地重叠，这样会有更大成本，而且可能增加风险。

D. 缩短活动的持续时间，要求人们加班来满足这一点。

12. 时差或闲散时间（slack）的同义词是什么：

A. 浮动时间。

B. 滞后量。

C. 缓冲。

D. 储备。

13. 你在管理一个建筑项目，已经将工作包分解为活动，你的客户需要你提出每个活动的一个持续时间估算。你会使用以下哪个工具来提供这个估算？

A. 里程碑清单。

B. 活动清单。

C. 关键路径分析。

D. 项目进度网络图。

14. 以下哪一个是项目进度管理计划过程的正确顺序？

A. 排列活动顺序，定义活动，估算活动资源，估算活动持续时间，制订进度计划。

B. 规划进度管理，定义活动，排列活动顺序，制订进度计划，估算活动资源，估算活动持续时间。

C. 规划进度管理，定义活动，排列活动顺序，估算活动资源，估算活动持续时间，制订进度计划。

D. 规划进度管理，制订进度计划，定义活动，排列活动顺序，估算活动资源，估算活动持续时间。

15. 以下哪一个不是估算活动持续时间中使用的工具或技术？

A. SWAG估算。

B. 参数估算。

C. 类比估算。

D. 三点估算。

模拟题

16. 你在管理一个项目，要构建一个新的项目管理信息系统。你与团队合作提出持续时间估算为27周。在最好情况下，这个持续时间可以缩短2周，因为你可以重用一个以前的组件。不过，还存在一个风险，如果一个开发商延迟，可能导致项目推迟5周。使用PERT来计算这个项目的三点估算。

   A. 25.83周。

   B. 26周。

   C. 27.5周。

   D. 28.3周。

17. 给定下面的网络图，关键路径是什么？

   A. 开始-A-B-C-结束。

   B. 开始-A-D-G-结束。

   C. 开始-E-D-C-结束。

   D. 开始-E-F-G-结束。

18. 对于下面的这个网络图，活动A的浮动时间是多少？

   A. 0周。

   B. 1周。

   C. 2周。

   D. 4周。

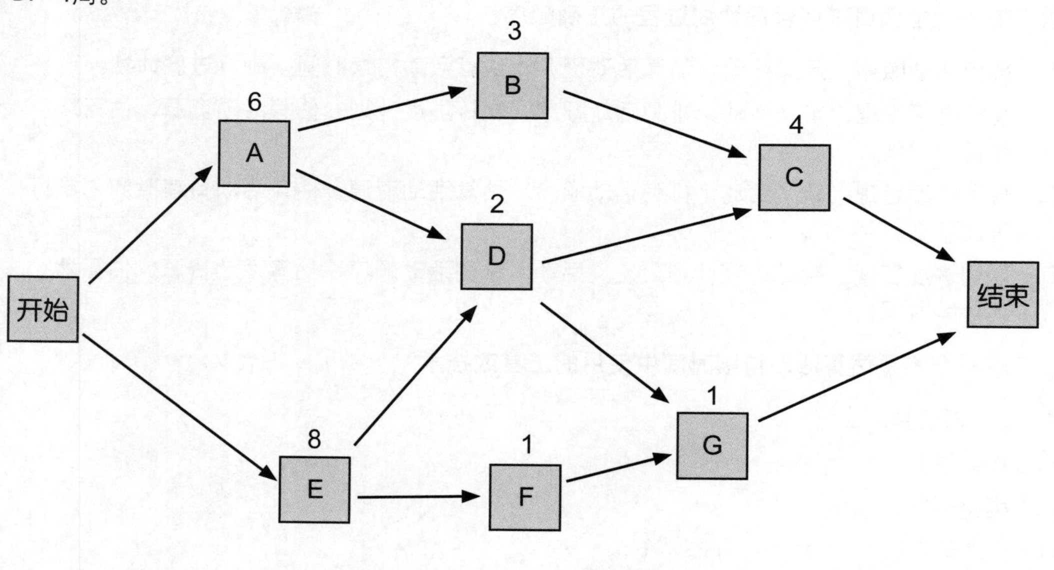
3
B
6
A
4
C
2
D
开始
结束
1
8
1
G
E
F

模拟题

19. 对于下面的这个网络图，活动E的浮动时间是多少？

A. 0周。

B. 1周。

C. 2周。

D. 4周。

20. 你在管理一个软件项目，顾客通知你必须做一个进度变更。最好的做法是什么？

A. 查阅进度管理计划。

B. 通知团队和发起人将有一个进度变更。

C. 影响导致变更的因素。

D. 拒绝做出变更，因为已经有一个进度基准。

21.与你现在管理的项目相比，你的公司以前做过另外一些很类似的项目。使用这个信息的最佳方法是什么？

A. 检查组织过程资产来了解经验教训和以往项目的其他有关信息。

B. 使用参数估算，根据以往项目的绩效对你的项目完成估算。

C. 从头开始，因为你不希望以往项目的错误影响你。

D. 重用以往某个项目的项目管理计划。

22. 你在规划一个高速公路建设项目的进度，不过你提出的最后日期将进入下一个预算年度。规定指出可以动用储备金，现在你可以为资源增加预算。以下哪一个是压缩进度的最佳做法？

A. 利用三点估算并使用最乐观的估算值。

B. 使用额外预算来增加应急储备。

C. 聘请专家来使用专家判断，使你的估算更准确。

D. 赶工。

23. 你在管理一个建筑项目，已经将工作包分解为活动，客户要求你提出各个活动的一个持续时间估算。以下哪一项最准确地描述了你所做的工作？

A. 估算每个活动，得出需要多少工作量。

B. 估算每个活动所需的人时数。

C. 按日历时间来了解每个活动将花费的时间。

D. 估算每个活动需要多少人来完成。

答案

模拟题

1. 答案：C

你肯定会看到一些关于赶工和快速跟进的问题，一定要知道二者之间的区别，这很重要。赶工时，说明你要增加资源，特别是对关键路径增加资源。对此不会带来风险，即使在最坏情况下，也只是多出的人力会闲置，不过这确实会增加成本。快速跟进是指调整进度，使活动重叠。由于还是利用同样的资源完成工作，所以这不会增加成本，但是这样确实风险更大，因为现在消除了缓冲，有可能破坏一些依赖关系！另外要记住，赶工或快速跟进并不总能让项目更快完成！

2. 答案：C

如果一个任务有两个紧前活动，计算这个任务的EF时，首先要计算ES：选择紧前活动的最大EF，再加1，即ES = 40 + 1 = 41。然后使用这个ES计算EF，加上持续时间再减1，即EF = 41 + 13 - 1 = 53。

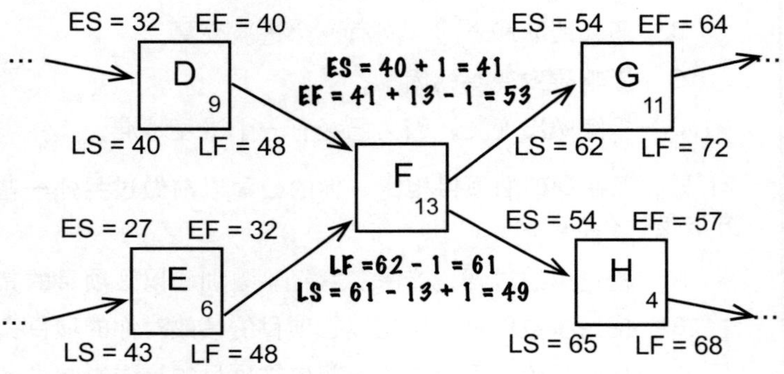
ES = 32 EF = 40
D 9
LS = 40 LF = 48
ES = 27 EF = 32
E 6
LS = 43 LF = 48
ES = 40 + 1 = 41
EF = 41 + 13 - 1 = 53
F 13
LF =62 - 1 = 61
LS = 61 - 13 + 1 = 49
ES = 54 EF = 64
G 11
LS = 62 LF = 72
ES = 54 EF = 57
H 4
LS = 65 LF = 68

3. 答案：B

如果一个任务是另外两个任务的紧前任务，计算这个任务的LS时，首先要计算LF：取最小的LS再减1：LF = 62 - 1 = 61。然后使用这个LF计算LS，要减去持续时间再加1：LS = 61 - 13 + 1 = 49。

4. 答案：C

不要被这些术语唬住了！回答这个问题并不要求你了解任何有关软件测试的知识。如果有两个活动，第一个活动必须在第二个活动开始之前完成，那么这就是一种完成到开始关系，也就是FS。

5. 答案：B

你是不是以为答案是A？如果已经得到足够的信息来定义所有活动，就没有必要做滚动式规划！

这是一个“下一步”问题，这里描述了一个已经完成了定义活动、排列活动顺序、估算活动资源和估算活动持续时间过程的项目。项目进度管理的下一个过程是制订进度计划，这说明下面要做的就是创建进度计划！

答案

~~模拟题~~

6. 答案：D

进度基准是制订进度计划过程的一个输出，而不是输入。一定要知道进度基准包括什么：这是你设定的进度的一个特定版本，以后想知道项目是否滞后时可以用于比较。

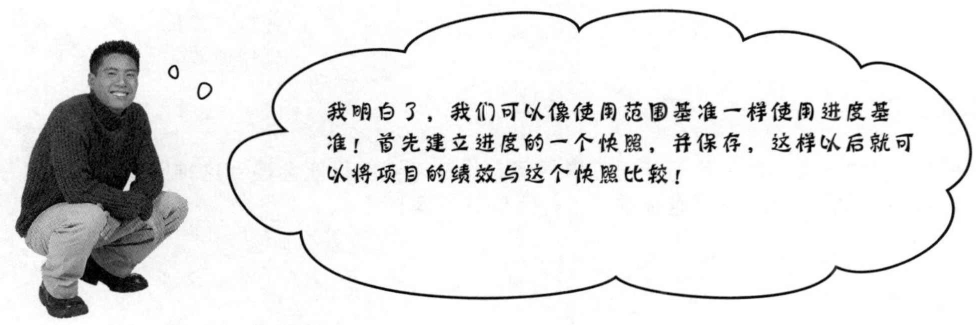
我明白了，我们可以像使用范围基准一样使用进度基准！首先建立进度的一个快照，并保存，这样以后就可以将项目的绩效与这个快照比较！

7. 答案：A

估算时总是要力求诚实。每个项目都有未知数和风险，没有办法准确地估算所有活动！幸运的是，我们有一些工具可以处理这种情况。可以使用储备分析，这是估算活动持续时间的一个工具，用来提出一个应急储备，可以使用这个应急储备对风险做出规划。

8. 答案：B

关键路径是关网络图中的一条特定路径，其中的任何延迟都会导致进度延迟。要想不推迟项目，关键路径上的这些活动就不能耽搁！

9. 答案：A

为表中的活动画网络图时，最后会得到4条路径。对类似这样的问题你肯定得画一个活动图！考试时可以使用草稿纸，这种题目就能用上草稿纸。在这4条路径中，只有一个持续时间最长：开始-A-B-C-完成，它的持续时间为6+ 4 + 8 = 18。这就是关键路径。

答案

~~模拟题~~

10. 答案：C

活动F在路径“开始-A-D-E-F-完成”上。这个路径的持续时间是6 + 1 + 1 + 2 = 10。活动的浮动时间是在不影响关键路径的前提下可以耽搁的最长时间。在这种情况下，活动F可以耽搁8天而不会导致它所在的路径超过关键路径。但是如果耽搁更长时间，它所在的路径就会成为新的关键路径！

注意到答案A了吗？不要忘记关键路径上任何活动的浮动时间都是0！

11. 答案：C

这是快速跟进的定义，你现在可能已经掌握了。你在考试中可能会遇到这种问题，不过几乎可以肯定，对于很多问题，快速跟进都不是正确的答案！

12. 答案：A

要记住，看到“时差或闲散时间（slack）”时，这就是浮动时间（float）。这两个词都可能在考试中出现！

如果问题问到一个过程要使用什么时，就是要求你选择这个过程的一个输入、工具或技术。

13. 答案：B

这个问题问的是估算活动持续时间过程。来看答案，这里只有一个答案在这个过程中用到：首先需要从活动清单开始来完成活动的估算！其他答案都是其他过程的输入、工具或技术。

14. 答案：C

不难记住完成项目进度管理过程的顺序。如果稍稍使用一点常识，就可以得出这种问题的答案。在排列活动顺序之前需要先定义活动，你要知道谁来完成一个活动，之后才能估算这个活动会花费多长时间，在建立进度计划之前要完成所有这些工作！

控制进度没有包含在这个过程列表中，因为如果发生一个进度变更，就必须重新回到其他进度管理过程。所以它没有一个特定的顺序！

15. 答案：A

考试时，你必须了解不同的估算技术。并不要求你非常擅长这些技术，但是应该能识别出究竟是哪种技术。参数估算是指在一个公式、程序或电子表格中插入值来得到一个估算结果。类比估算使用以往项目的类似活动来计算新的估算结果。三点估算使用一个乐观估算、一个悲观估算和一个最可能估算来完成计算。

答案

模拟题

16. 答案：C

这个问题要求你应用PERT三点估算公式：（乐观时间 + 4 x 最可能时间 + 悲观时间）÷ 6。如果一个问题直接给出了这些值，那么很容易。不过在这里要回答这个问题，你首先要得到乐观时间和悲观时间的值，这说明你要查看团队做出的假设。最可能时间已经给定：27周。最好情况会提前2周，也就是25周，最坏情况会推迟5周，即32周。所以估算结果是 (25周 + 4 x (27周) + 32周) ÷ 6 = 27.5周。

有时你会看到一个问题要求你应用某个公式，不过要仔细读题来得出所有变量。

17. 答案：C

路径“开始-E-D-C-结束”的持续时间是8 + 2 + 4 = 14，这是整个网络中最长的总持续时间。

18. 答案：B

3条不同的路径上都出现了活动A：“开始-A-B-C-结束” (13)、“开始-A-D-C-结束” (12)和“开始-A-D-G-结束”(9)。计算它的浮动时间时，要取最长路径的长度，并从关键路径长度减去这个长度：14 - 13 = 1。

看起来有很多关于关键路径法的题目！多做些这方面的题目确实很有好处。

如果不要求你查看网络图，你能想出如何出题考查这个信息？

19. 答案：A

由于活动E在关键路径上，它的浮动时间为0，因为关键路径上所有活动的浮动时间都为0。

20. 答案：A

进度管理计划指出如何处理进度变更。只要有变更，首先要做的就是查阅这个计划来看应当如何处理。

模拟题答案

21. 答案：A

组织过程资产包含有关以往项目的历史信息。写下经验教训或者创建工作绩效信息时，要把它存储在公司的组织过程资产库中！另外，注意到了吗？答案B是参数估算的一个错误定义。

22. 答案：D

赶工是进度压缩的一种形式，会增加成本。这个问题比较难，因为所有答案看上去都是对的，另外其中有一两个还有些让人误导！不要落入陷阱，不能只是因为你看到一个合法的工具或技术就选择那个答案。储备分析和三点估算确实是很有用的技术，但是它们并不是这个问题的答案。

23. 答案：C

这个问题实际上在问“持续时间”的定义，回答这个问题的关键是要理解持续时间与工作量的区别。正确答案提到“日历时间”，这正是持续时间的含义；这是对真实生活中活动花费时间的一个测量（或估算），会考虑到做这个工作的人数、人员和其他资源的可用性、每个人的假期时间、由于完成某个活动的人员被抽调去完成一个有更高优先级的活动而被占用的时间，以及真实世界中的其他一些因素。这与工作量（通常按人时来测量）有所不同，另外它与资源估算也不同（资源估算需要估算有多少人和哪些资源将用于这个活动）。

7 成本管理

注意赢利

大家各就各位！我们会每小时多付20美元，这个场景的预算是1000美元。所以我们要尽快拍完！
BEST & CO
呃……你说的这些数不太可信。

所有项目归根结底都是为了钱。如果你的**预算**比较多，可以有更多的人力，不仅能更快地完成项目，还能交付更多的成果。正因如此，如果没有给出预算，就不会是完整的项目计划。不过不论你的项目是大还是小，也不论其中有多少**资源**和**活动**，实现赢利的过程都是一样的！

Head First餐厅要扩张

Head First餐厅的运营状况非常好，老板希望更上一层楼，想要在你家附近再开一家分店！他们找到了一个很不错的位置，现在只需要重新装修。

我们的饭菜质量绝对不能马虎。
我们的餐厅装潢也同样不能马虎。
Tamika
Sue
Tamika和Sue不知疲倦地努力工作，想要把Head First餐厅建成为城里最受好评的餐馆之一。

装修太过火了

规划要买的东西时，她们希望餐厅有那种很高端的家具和装修——复古的餐桌、豪华的地板，甚至还要有一个专门从另一个城市运来的古色古香的吧台，这些要花很多钱……

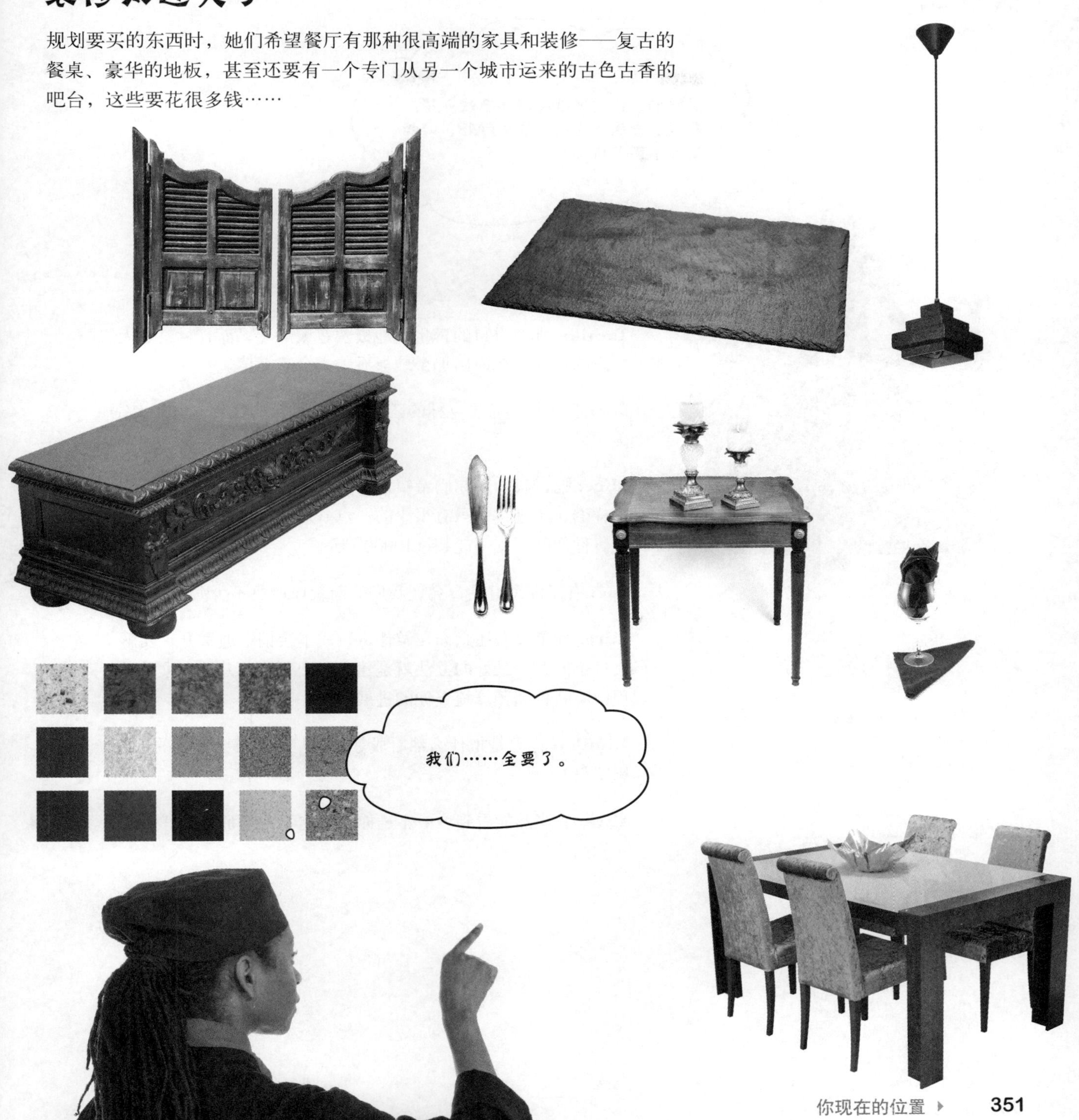
我们……全要了。

餐厅交谈

姑娘们，你们可没有那么多钱可花。我是负责这个启动项目的PMP，对控制成本还算懂一点。

Alice, Head First餐厅的女招待兼项目经理，因为她拿到了PMP证书。

Tamika:那个进口的再生木地板实在太酷了，而且材料是无公害的！我能想象出那个地板看上去会有多棒。

Sue: 我还找到布鲁克林的艺术家手工制作的灯具，实在太完美了。

Alice: 嗯，我知道你们希望这家新餐厅看起来和原来的餐厅一样酷，不过你们只有很少的一点备用金可用。我的意思是说，你们的开支不能超过10000美元。

Sue: 有了那个灯具，会让我们的新餐厅增色不少呢！

Alice: 如果没有注意你在做什么，成本会悄悄地攀升。要解决这个问题，最好的办法就是建立一个预算，并且在项目过程中不断根据预算检查你的进展。

Tamika: 你总是把什么都看成是项目！你看不到我们的美好愿望吗？

Alice: 我当然能看到……不过你们肯定不希望那个美好愿望让你们负债累累吧。

成本管理过程介绍

为了确保不会超预算，Tamika、Sue和Alice坐在一起，对成本做了详细的估算。完成后，他们把这些成本估算累加起来形成预算，然后在开展工作时根据这个预算跟踪项目的进展。

规划成本管理

与所有其他知识领域一样，需要提前对成本管理中将要使用的所有过程和方法做出计划。

估算成本

这表示，要对所要做的每一个工作活动得出你预期的成本。所以要估算各个活动的时间和材料（工料）成本，以及可以算入开支的所有其他已知因素。

要清楚地知道将要做哪些工作，以及这些工作要花多长时间。

制订预算

在这个过程中，会累加所有估算，建立基准。一旦确定基准，将来的所有支出都要与它进行比较。

这就类似于第5章中的范围基准和第6章中的进度基准。

控制成本

这表示根据预算跟踪实际工作，看是否需要做出调整。

控制成本表示要始终了解你目前正在做的工作与你认为要做的工作是否一致。

规划如何估算、跟踪和控制成本

规划
过程组

写好项目章程后，开始建立项目管理计划时，需要考虑估算预算并跟踪这个估算时所要遵循的所有过程和标准。现在你对规划成本管理过程中要使用的输入、输出、工具和技术应该已经很熟悉了。

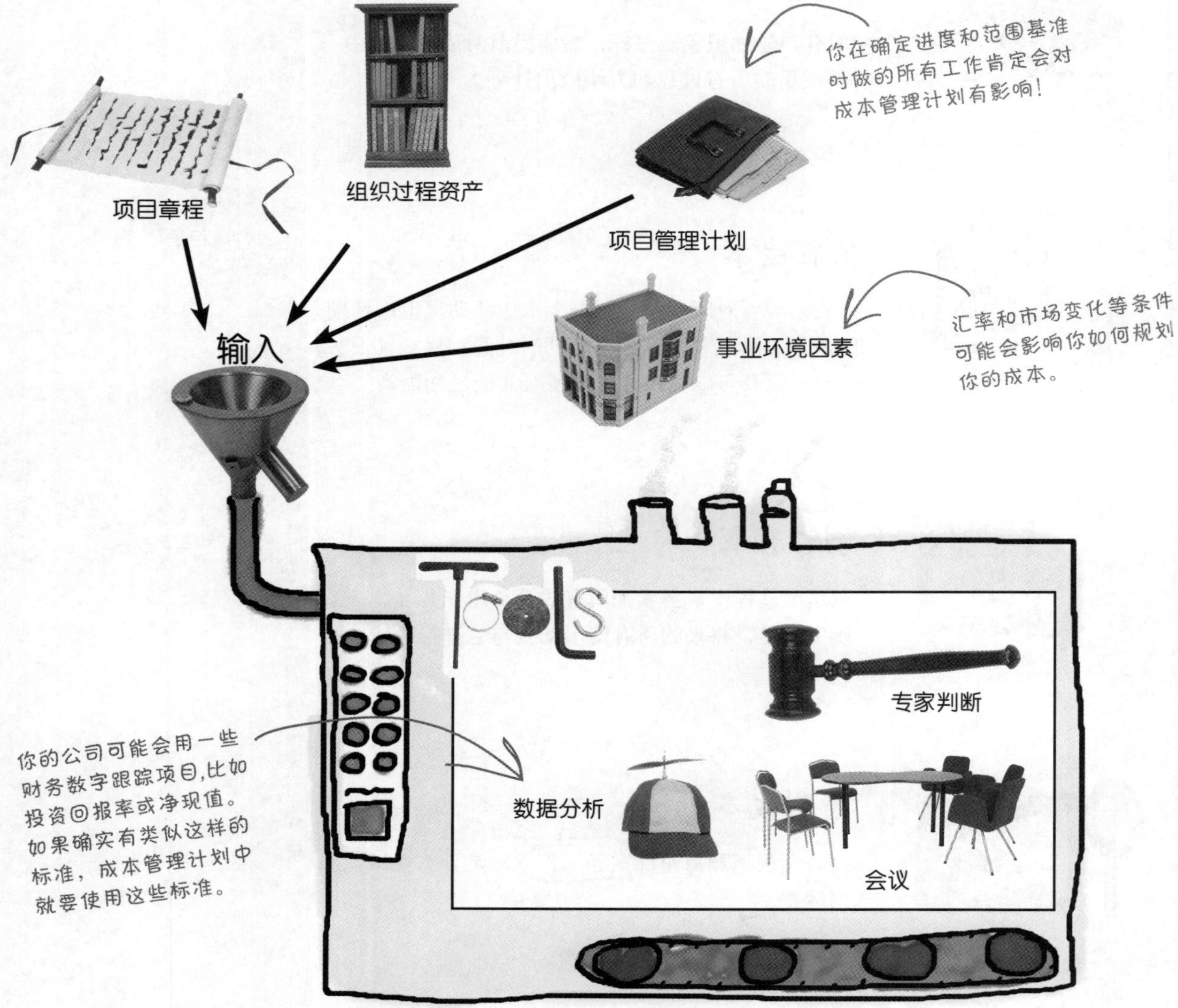

项目章程

组织过程资产

项目管理计划

你在确定进度和范围基准时做的所有工作肯定会对成本管理计划有影响!

输入

事业环境因素

汇率和市场变化等条件可能会影响你如何规划你的成本。

Tools

专家判断

数据分析

会议

你的公司可能会用一些财务数字跟踪项目,比如投资回报率或净现值。如果确实有类似这样的标准，成本管理计划中就要使用这些标准。

现在可以用一种一致的方法管理成本

输出

规划成本管理过程只有一个输出，这就是成本管理计划。你要用这个文件指定成本估算的准确度、用来确定成本过程是否有效的规则，以及项目过程中跟踪预算的方法。规划成本管理过程后，你应该能以某种格式估算出项目的成本，这种格式与公司所有其他项目使用的格式一致。你应该还能告诉公司管理层你如何知道项目的成本是否开始超出你的估算。

成本管理计划

要在这个过程中写出项目管理计划中处理成本的子计划。你要规划将要完成的所有工作，制订预算，并确保你的项目不会超出这个预算。

你可能想定义管理预算所使用的单位。对于有些项目，会使用总人时数，而另外一些项目会使用实际的金额。不管你的计划用哪种方式跟踪成本，都要让项目中的每一个人提前了解。

规划成本管理过程中，你要规划将要完成的所有工作，确保项目的成本不会超出预算。

Alice估算成本前需要些什么

规划
过程组

Alice希望这个餐厅项目的成本得到控制，这要从估算成本过程开始。Alice估算成本之前，需要有范围基准。一旦知道谁将做哪些工作，以及这些工作需要多长时间，她就能得出工作的成本。

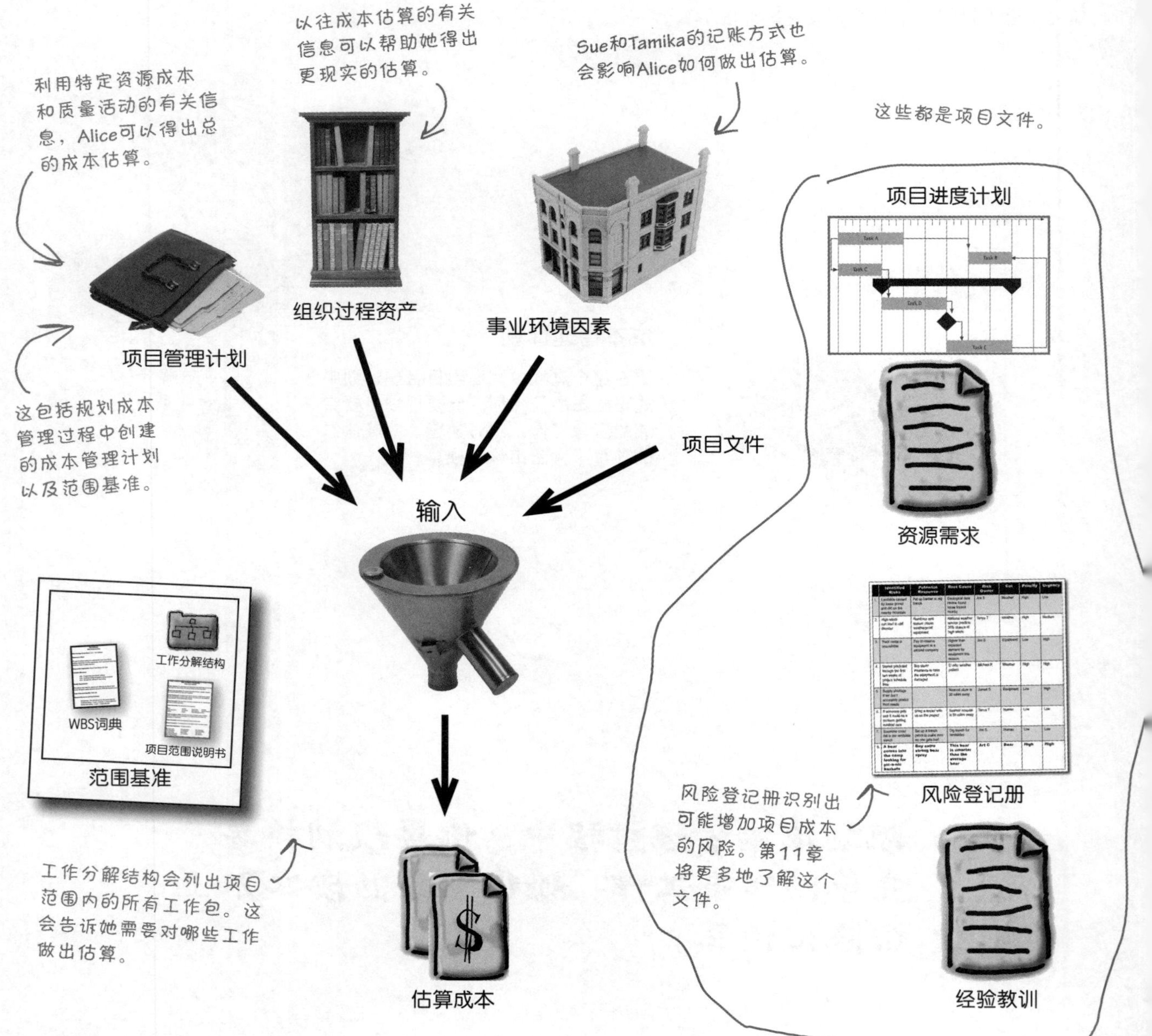

以往成本估算的有关信息可以帮助她得出更现实的估算。

Sue和Tamika的记账方式也会影响Alice如何做出估算。

利用特定资源成本和质量活动的有关信息，Alice可以得出总的成本估算。

这些都是项目文件。

项目进度计划

组织过程资产

事业环境因素

项目管理计划

这包括规划成本管理过程中创建的成本管理计划以及范围基准。

项目文件

输入

资源需求

工作分解结构

WBS词典

项目范围说明书

范围基准

风险登记册识别出可能增加项目成本的风险。第11章将更多地了解这个文件。

风险登记册

工作分解结构会列出项目范围内的所有工作包。这会告诉她需要对哪些工作做出估算。

估算成本

经验教训

Sharpen your pencil

在此之前实际上你已经见过估算成本过程中的5个工具和技术。先来看看下面列出的这些工具，找出Alice估算成本时分别使用了哪一个工具。你能写出以下各个场景中分别使用了哪个工具吗？

A. 自下而上估算

B. 类比估算

C. 专家判断

D. 参数估算

E. 三点估算

1. 街对面的咖啡馆几个月前才开张。Alice和这家咖啡馆的承包商会谈，请他帮她确定会花多少钱。他看了看Sue和Tamika想买的设备以及橱柜和座椅的规格，告诉她按她的预算能买些什么。

工具：..

2. Alice从所在地区类似的装修项目得到一些历史信息，并利用所有这些历史信息创建了一个电子表格。她输入了Tamika和Sue想要的室内陈设和房间面积，来生成一个估算成本。

工具：..

3. Alice完成进度计划之前，收集了以前项目成本的所有有关信息（比如花费多少人力和材料）。她还与一个承包商进行了交流，他提供了一些很有价值的输入。

工具：..

4. Alice估算了她需要的每一个活动和资源。然后把所有这些估算累加到“汇总”分类中。再将这些分类累加在一起形成一个总预算数。

工具：..

5. Tamika约帮他朋友做装修的同一个承包商面谈。这个承包商来看过房间，然后对工作给出了一个估算。

工具：..

6. Alice确定了一个最好情况，一个最有可能的情况，以及一个最坏情况。然后她使用一个公式得出这个项目的期望成本。

工具：..

Sharpen your pencil
Solution

你能得出在各个场景中Alice估算成本时使用了进度管理的哪个估算工具吗？

1: B. 类比估算

由于Alice利用做过类似项目的承包商的经验，来得出她的项目要花多长时间，所以说明她假设这个项目与咖啡馆项目类似。

2: D. 参数估算

在这里，Alice将她的项目的一些数字应用于从其他项目收集的历史信息，并从中生成一个估算。

3: C. 专家判断

专家判断通常包括参考过往项目的有关历史信息，以及咨询专家或者使用你自己的经验。

4: A. 自下而上估算

从最底层开始汇总估算，这是一种自下而上估算。Alice首先从进度计划中的活动开始，汇总到分类，最后得出一个预算数。

5: C. 专家判断

这也是专家判断的一个例子，请某个对这种工作有直接经验的人给出一个估算。

6: E. 三点估算

Alice给出了3个估算值，然后完成一个三角分布计算。

BANG!

当心！

类比估算有时也称为“自顶向下估算”。

花点时间考虑这什么这称为“自顶向下”。做自下而上估算时，首先要分解为部分，估算每一部分，然后把它们累加起来。类比估算则相反：首先从整个项目开始（不做任何分解），找出与它类似的其他项目，利用这些项目来得出一个新的估算。

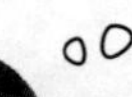

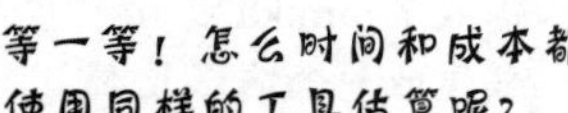
等一等！怎么时间和成本都使用同样的工具估算呢？

这个问题问得好。

并不是所有估算成本的技术都与估算时间使用的技术相同。通常，人们参与一个项目的时间是有限的，资金也是固定的。所以估算时间和成本的一些工具有重叠也是有道理的。我们接下来还会学习一些新的工具。

估算成本中使用其他工具和技术

很多情况下，当你接手一个项目时，对于它花费的时间和成本已经有一个预期。在项目初期做估算时，你对项目的了解并不多，这个估算称为一个粗略量级估算（Rough Order of Magnitude，ROM），也称为粗略估算。随着时间的推移，你对项目的了解越来越多，估算会越来越细化。以下是估算成本使用的另外一些工具和技术：

这个估算确实相当粗！它的误差范围为-25%～+75%，这说明这可以是实际成本的0.5～1.5倍！所以只是在项目初期才会使用这个估算。

数据分析

以下是创建成本估算所需的一些数据分析技术：

供货商投标分析

有时你需要与一个外部承包商合作完成项目。甚至可以让多个承包商投标。这个工具就是评估这些投标，并选择要合作的承包商。

储备分析

你需要预留一些资金以防止超支。如果你知道项目中有可能发生成本很高的活动，最好先留出一些资金以备处理。储备分析就表示预留一些资金以防万一。

质量成本

还需要在总预算中考虑到所有与质量相关的活动的成本。越早在项目中发现bug，成本就越低，因此早发现比晚发现要好，所以项目生成的所有产品总关联有质量成本。质量成本是跟踪这些活动成本的一种方法。

$
$

项目管理信息系统

项目经理通常都使用专业的估算软件来帮助得出成本估算（如一个电子表格，可以输入资源估算、人力成本和材料成本，并完成计算）。

决策

你要与一群人合作确定成本。要让你的团队感觉他们能满足总预算和进度计划，这很重要。

下面谈谈几个数

考试中有一些数会作为定义出现。你不用计算这些数，但是要知道它们分别表示什么含义。

考试中会有一些问题要求你利用BCR或NPV来比较两个项目。这些数越大越好！

收益成本比率 (BCR)

这是项目所赚的钱与支出之比。一般来讲，如果收益高于成本，这就是一个好的投资项目。

3年后赚的钱不如你现在赚到的钱值钱。NPV考虑了钱的“时间价值”，所以可以选择现在价值最大的项目。

净现值 (NPV)

这是给定时刻扣除所有关联成本之后项目的实际价值。这包括建立项目花费的时间、人力以及材料。人们计算这个数是为了查看项目是否值得做。

如果一个项目可以为你的公司赚到$150000，那么选择另一个项目的机会成本就是$150000，因为由于没有做这个项目，公司会少赚这么多钱。

机会成本

一个组织必须在两个项目中做出选择时，往往会放弃他们本可以赚但没有赚的钱，这称为机会成本。这就是由于没有选择做这个项目而没有赚到的钱。

内部报酬率

这是项目为投资公司获得的收益，也就是这个项目为公司所赚的钱。这往往表示为已投入资金的一个百分数。

折旧

这是项目价值随时间折损的速度。所以，如果你在建立一个项目，其产品只是在很短的时间内以高价销售，那么这个产品的价值就会随时间折损。

生命周期成本核算

项目开始之前，确定它的预期成本很有用，并不只是开发产品的成本，还包括支持产品的成本，即产品交付并由顾客使用时为产品提供支持所带来的成本。

WHAT'S MY PURPOSE

将以下各个场景与Alice使用的成本数连线。

1. Alice对娱乐中心装修项目的规划相当出色，以至于同一条街上的Smiths专门来问她能不能为他们的家庭影院升级项目提供帮助。因为Alice正在忙于餐厅项目的工作，实在抽不出身，她不得不拒绝了这个邀请。Rob Smith说“真是太可惜了，我们本来打算给帮忙的人付$1000。”

A. 机会成本

2. 电视刚安装好，Alice就开始邀请她的朋友周末来餐厅一起看比赛。每个“足球星期六”她向每位朋友收取$2的服务费，尽管项目尚未完工，她每周已经能挣到$20。

B. 效益成本比率

3. 尽管她目前安装的系统是最新的，但Alice知道，大约在一年以内，它的售价将只是现在的一半。

C. 内部报酬率

4. Alice想确定项目目前为止的价值。所以她把用过的所有材料的价值加起来，扣除要考虑的人力和所有折旧。最后得到的数就是现在整个项目的价值。

D. 折旧

5. Tamika和Sue决定重新装修之前，他们对这个项目将来的花费和他们认为项目可能获得的回报做了比较。

E. 净现值

答案：1-A，2-C，3-D，4-E，5-B

现在Alice知道了餐厅项目的成本

一旦应用了估算成本过程的所有工具，可以得到项目成本的一个估算。保存所有这些支持性的估算信息也很重要。这样你就能知道得出这些估算数时所做的假设。

输出

成本估算

这是活动清单中所有活动的成本估算，它考虑了资源费率和活动的估算持续时间。

活动成本估算

估算依据

WBS有一个WBS词典，活动清单有活动属性，类似地，成本估算也有一些支持性的详细信息，称为估算依据。在这里要列出得到估算数时使用的所有费率和原因。

估算依据

项目文件更新

在项目进行过程中，你可能会发现需要改变测量和管理成本的方式。这些更新允许你对项目管理计划做出变更，来处理这些改进。

项目文件更新

BRAIN
POWER

一旦Alice得到项目成本的一个估算，她要如何处理这个信息？

餐厅交谈

下面来建立预算！

Tamika: 好的，怎么开始呢？要买的东西太多了。

Alice: 我们已经得到你们的存款，其余的会在这个季度末的7月进账。餐厅又有一个“丰收年”，今年效益相当不错。你的存款大约$4000，利润接近$6000。这些钱应该足够用了。

Sue: 好，我想要的家具6月才有现货。

Alice: 嗯，这么说，我们必须适当地安排开支时间，来配合我们的资金流。

Tamika: 哦！我明白了。这么说我们现在就可以开始做预算，而且6月和7月家具到货时我们还有钱用。太棒了。

制订预算过程

Alice有了每个活动的成本估算后，她准备制订一个预算。为此她要使用制订预算过程。在这个过程中，要利用之前得到的估算，由它们建立一个预算。需要根据估算成本过程中得到的活动成本估算和成本估算依据来制订。

规划
过程组

估算成本

使用上一个创建估算的过程的输出作为这个过程的输入。现在可以制订预算了。

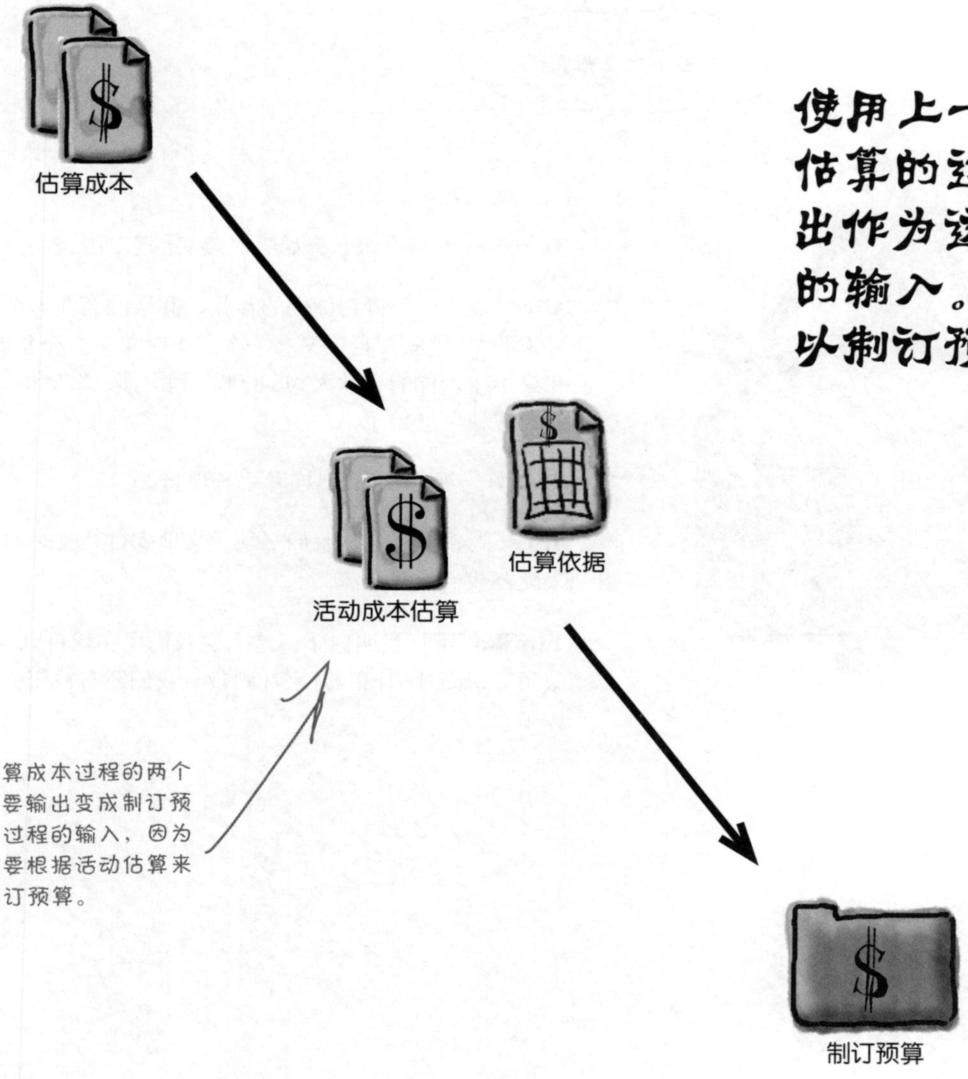

活动成本估算

估算依据

估算成本过程的两个主要输出变成制订预算过程的输入，因为你要根据活动估算来制订预算。

制订预算

制订预算需要什么

制订预算的输入与估算成本中看到的大致相同，只是增加了活动成本估算和成本估算依据。

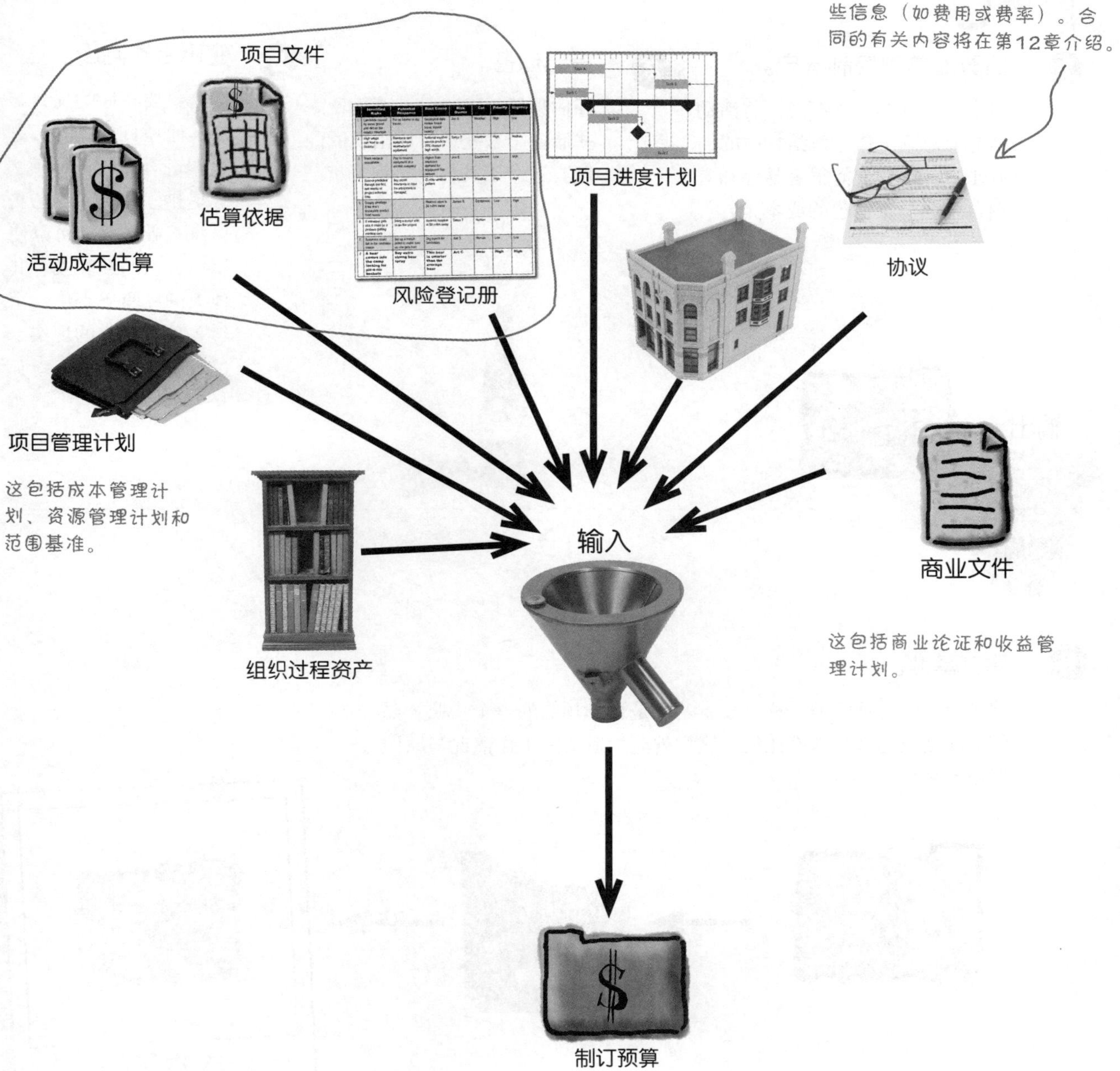

项目文件

估算依据

活动成本估算

风险登记册

项目进度计划

如果你在做承包的工作，你的协议中就会包含需要考虑的一些信息（如费用或费率）。合同的有关内容将在第12章介绍。

协议

项目管理计划

这包括成本管理计划、资源管理计划和范围基准。

组织过程资产

输入

商业文件

这包括商业论证和收益管理计划。

制订预算

制订预算：如何建立预算

❶ **估算汇总到控制账户。**

这个工具称为成本汇总。将活动估算汇总到工作分解结构中的控制账户。这样就能很容易地知道项目中各个工作包的成本。

❷ **提出储备。**

评估项目的风险时，要预留一些储备金来处理可能出现的问题。这个工具称为数据分析。

❸ **使用专家判断。**

在这里要将你的项目与从其他项目收集的历史数据进行比较，为预算提供一些真实的历史信息基础，另外可以使用你自己的经验或者其他人的经验来得出一个覆盖项目成本的现实的预算。

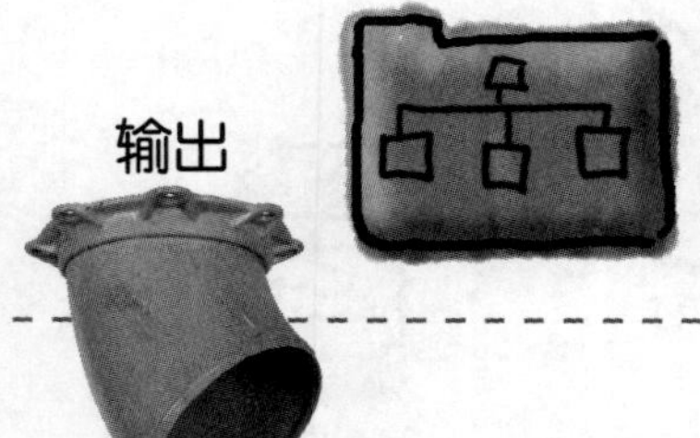
输出

❻ **建立基准。**

就像范围和进度基准一样，成本基准是计划预算的一个快照。要将实际绩效与这个基准比较，这样就能知道实际工作情况与原计划相差多少。

成本基准

公司有针对项目超支的管理计划！

即使你在成本基准中规划了一个预算，但这并不表示你的项目100%一定能控制在预算以内。公司通常会有一个标准政策，会维护一个管理储备以涵盖意外的未计划的成本。需要为项目投资时，这个资金不仅必须涵盖成本基准中的预算，还要涵盖这个管理储备。

4 确保不超出限制。

这个工具叫做资金限制平衡。由于大多数人所在的公司都不愿意无休止地为一个项目投入资金，所以需要确保你能够在公司愿意投资的范围内完成项目。

如果超出了限制，需要重新规划，或者去找发起人确定该做什么。可能需要一个范围变更，或者可以增加资金限制。

5 保证项目资金。

这个工具是融资。由于有些公司会寻求外部组织为特定项目投资，可能需要满足一些特殊的外部需求来获得融资。采用这个工具，你要确保你满足这些需求，得到融资承诺以保证项目成功。

并不是所有人都能利用历史数据来完成这样一个检查，这一点不假。不过，对于考试来说，你起码要知道这是一个用来保证预算准确的工具。

7 确定资金需求。

只有一个所有人都认可的总数还不够。还需要计划如何开支以及何时开支，并把这些计划记录在项目资金需求中。这个输出就是要明确你如何确保项目在需要资金时有资金，另外还要有足够的资金涵盖意外的风险以及已知的成本增加（这会随时间变化）。

所以这些需求需要涵盖预算以及管理储备。

8 更新项目管理计划和项目文件。

一旦完成估算，并生成基准和资金需求，就需要利用你得到的新信息更新成本管理计划、成本基准和绩效测量基准。可能还要更新项目文件。

Exercise

Alice使用哪个工具或技术来制订预算？

1. Alice读到报纸上一篇文章称，最近木材价格飙升。她知道承包商原来的计划里没有考虑到这一点，所以决定预留几百美元，以备真正涨价时可以应对。

☐ 参数估算 ☐ 储备分析 ☐ 成本汇总 ☐ 资金限制平衡

2. Tamika帮助Alice把他们做的所有估算汇总到控制账户，从而可以得出立体音响设备在娱乐中心建设中的花费。

☐ 参数估算 ☐ 储备分析 ☐ 成本汇总 ☐ 资金限制平衡

3. 预算将要完成时，Alice查看他们的年度财务计划，确保需要资金时能有足够的资金。

☐ 参数估算 ☐ 储备分析 ☐ 成本汇总 ☐ 资金限制平衡

答案：1. 储备分析 2. 成本汇总 3. 资金限制平衡

BULLET POINTS: AIMING FOR THE EXAM

- **参数估算**用于估算成本和制订预算。
- **成本汇总**就是从工作包级将成本汇总到控制账户级，从而可以按WBS层次结构跟踪这些数字。
- **控制账户**是一些高层WBS项，用来跟踪成本估算。它们不表示活动或工作包，而是表示WBS中出现在它下面的工作包和活动的成本。
- **估算成本**的主要输出是活动成本估算和估算依据。制订预算的主要输出是成本基准和项目资金需求。
- 考试时会有一些问题要求你使用**净现值**(NPV)或**收益成本比率**(BCR)选择项目。要选择有最大NPV或BCR的项目！
- **生命周期成本核算**表示估算产品或服务发布后提供支持的相应花费。
- **粗略量级估算**是项目开始时准确度很低的估算，然后随时间逐步细化估算。粗略量级估算的范围是-25%～+75%。
- **管理储备**是为涵盖未计划的意外成本所预留的资金。项目的资金需求不仅要涵盖成本基准中的预算，还要涵盖管理储备。

there are no Dumb Questions

问： 知道项目的范围和进度难道还不够吗？这样应该就能确信预算没问题吧？

答： 即使没有严格要求的预算，也很有必要估算成本。了解成本意味着你一直都很清楚项目的价值。这说明你总能知道整个过程中你做的决策会带来什么影响（可以用钱来衡量）。有时了解项目的价值可以帮助你做出更合理的决策，让项目更顺利。

我们很多人确实必须遵循项目发起人提出的一组期望成本。要想知道是否满足这些期望，唯一的方法就是根据原来的估算跟踪项目。

看起来好像很简单，另外如果知道支出是多少，还可以帮助你更准确地理解发起人的期望。

问： 我的工作中，预算是别人交给我的。在这种情况下估算对我有什么帮助呢？

答： 在估算过程中，你可能会发现交给你的预算并不现实。最好在规划时就了解这一点，如果已经深入项目工作，那就有些为时过晚了。

你可以把你的发现提交给发起人，如果你的估算与目标相去甚远就要立即采取纠正措施。对此你的发起人和项目团队都会对你感激不尽的。

问： 如果我没有得到所有这些信息，要提供一个粗略估算该怎么做呢？

答： 这里就要引入粗略量级估算了。这只是一种有趣的说法，实际上就表示你要做最好的猜测，而且知道这可能并不正确，另外要让所有人都知道当你对项目有更多了解时还会调整你的估算。

问： 我的公司在我们发布了项目之后还要处理项目维护。怎么对这些维护做估算呢？

答： 这叫做生命周期成本核算。处理方法与处理所有其他估算是一样的。你要尽力考虑维护中涉及的所有活动和资源，并推算成本。一旦得到一个估算，要随最初建立产品或服务的估算一起提交。

问： 我还是不太理解净现值。用它来做什么呢？

答： 净现值的基本思想是，你可以确定两个项目中哪一个对你来说更有价值。每个项目都有一个价值—如果你的发起人要为项目投资，你发布的产品最起码要与他的投入价值相当！正因如此，计算NPV时要得出一个项目的价值，然后减去它的成本。不过在考试中，你只需要记住两点：净现值包含了项目的成本，如果需要使用NPV从多个项目中选择一个，总是要选择NPV最大的项目。这一点不难记，因为你只需选择有最大价值的项目！

花点时间考虑“价值”到底是什么意思。项目进行到一半时，发起人怎么知道他的投资是值得的？有没有一种简单的办法可以向发起人提供这个信息？

问： 请等一下。我们能再谈谈粗略量级估算吗？我记得数学课上说数量级有一个固定的比率。–50%～+100%作为数量级不是更合理吗？

答： 对，在科学、数学、统计或工程领域确实如此，数量级通常涉及一系列按固定比率增加的量级。所以，如果一个数量级下限是50%，那么在数量级之间通常会维持同样的2:1比率，所以下一个数量级上限就是100%。

不过，如果查看《PMBOK®指南》，有如下定义：“…… 启动阶段的项目可以有一个粗略量级（ROM）估算，范围为-25%到+75%” [PMBOK®指南，第5版，第201页]。因为这是《PMBOK®指南》中的定义，所以考试时要记住这一点。

估算成本就像是估算活动持续时间。完成估算时，你会得到成本估算和成本估算依据、计划更新，以及变更请求。

问题诊所：烟雾弹

有时一个问题会给你提供很多不需要的多余信息。它会包含一个杂乱无章的故事，还有一大堆完全无关的多余数字。

104. 你在管理一个高速公路建设项目。你必须修建一段3英里长的交叉路口，每1/4英里的成本是$75000。你的项目团队由一个道路规划人员、一个建筑师、一个工程师、一个工头和16个高速公路工人组成。工人们直到项目的第10周才能参与项目工作。你的商业论证文件已经完成，而且你已经见过相关方和发起人。你的高级经理现在让你提出一个估算。你的公司已经做过与这个项目很相似的另外4个高速公路项目，你决定查看之前这些项目的成本来做出估算。

哪种估算涉及将你的项目与以前的一个项目进行比较？

A. 参数估算

B. 类比估算

C. 自下而上估算

D. 粗略量级估算

只需要读这句话就能得到正确答案。

你是不是读完了整个这一大段，却发现问题与这段文字毫无关系？

看到一个“烟雾弹”问题时，你的任务是确定其中哪一部分有关，哪一部分只是为了分散你的注意力。看起来很难，不过一旦掌握了，实际上相当容易。

烟雾弹

HEAD 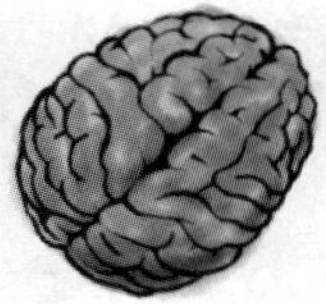 LIBS

填空，出一道你自己的“烟雾弹”问题！

你在管理一个 ______________________ 项目。
(项目种类)

你有 ______________________ 可以使用，但 ______________________ 。你的
(描述一个资源) (该资源有何限制)

______________ 包含 ______________________ 。 ______________________
(一个项目文件) (这个文件包含的某个内容) (一个团队成员)

提醒你 ______________________ ，并建议 ______________________ 。
(一个影响项目的问题) (一个建议的解决方案)

____?
(一个与以上这段文字中的某个方面存在模糊关联的问题)

A. ____
(错误答案)

B. ____
(似是而非的错误答案)

C. ____
(正确答案)

D. ____
(明显的错误答案)

控制成本过程非常类似进度控制

出现意外的情况时，你要了解它对你的预算的影响，并确保以对项目最有利的方式做出反应。就像变更可能导致进度延迟一样，变更还会导致成本超支。控制成本过程就是要知道项目对计划的执行情况，并在必要时做出调整。

监控过程组

我刚与我们的会计谈过。她说我们要保留1/3的利润来缴税。

该控制成本了！

BRAIN
POWER

既然你已经了解如何控制你的范围和进度，这个问题你会怎么处理呢？

Sharpen your pencil

利用你对控制范围和控制进度过程的了解，你能猜出以下各个输入分别用来做什么吗？

项目资金需求

项目文件：经验教训登记册

还记得成本管理计划吗？这是制订项目管理计划过程中建立的子计划。

项目管理计划

工作绩效数据

组织过程资产

Sharpen your pencil Solution

利用你对控制范围和控制进度过程的了解，你能猜出以下各个输入分别用来做什么吗？

项目资金需求

在成本基准之上，增加一些储备来应对已知的风险。还要分散安排预算，从而在需要时总有资金可用。对项目的变更也可能意味着资金需求的变更。

项目文件：经验教训登记册

项目进行中，你要记录你学到的所有经验教训。另外，最好还要利用这些经验教训控制项目成本。

项目管理计划

你可能发现需要根据从项目得到的信息来变更项目管理计划和它的成本管理子计划。因此，你需要评估与之相关的工作绩效信息。

工作绩效数据

这是项目生成的实际数据。它指出了你目前的预算支出情况。你需要这个信息来确定是否需要做一些变更来保证项目处于正轨。

组织过程资产

你的公司对于如何控制成本和报告预算可能会提供一些指导。可以在这里找到这些信息。

一些新工具和技术

控制成本过程中的工具用来帮助你确定在哪里做变更，保证预算不超支。

数据分析

挣值管理

可以利用这个技术根据计划测量你的项目对计划的执行情况。这里要使用挣值公式来评估项目。

后面几页就会更多地了解这些公式！

绩效审查

审查会议中，项目团队会审查绩效数据，检查实际绩效与基准之间的偏差。使用挣值管理来计算和跟踪这个偏差。经过一段时间，通过这些审查会议就能够从数据中清楚地看出趋势。

预测

使用你目前得到的有关项目的信息，预测如果保持目前的做法，最后是否能达到目标。预测会使用一些挣值数，来帮助你确定预防和纠正措施，从而保证项目处于正轨。

储备分析

在项目中，你要查看你的实际开支和预算的储备金额。你可能会发现，储备金的使用速度比原先预想得要快，或者随着新风险的暴露，可能需要增加更多储备。

专家判断

项目管理信息系统

可以使用软件包来跟踪预算，这样能更容易地知道哪里可能遇到麻烦。

完工尚需绩效指数

利用完工尚需绩效指数 (TCPI)计算，可以帮助你确定项目将来怎样完成才能保证不超出预算。

你还会学习有关TCPI的更多内容！

现有你对控制成本的输出应该很熟悉了，它们与其他监控过程的输出很相似。

输出

工作绩效信息

成本预测

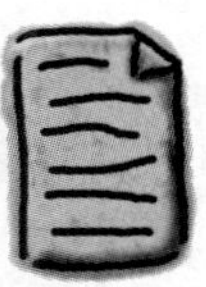
变更请求

项目管理计划更新

项目文件更新

查看进度计划来制订预算

控制成本过程中的工具都是为了帮助你确定哪里需要做变更，来避免预算超支。

$10000

完工预算（BAC）

你规划的项目支出是多少？将每一个活动和资源的成本累加起来，就会得到一个最终的数……这就是项目总预算。如果只能支出一定的额度，最好确保不要超出这个额度！

一旦确定这个值，就能得出项目的计划价值。

如何计算计划价值

如果查看进度计划，发现按计划你应当完成所有工作的一部分（常用百分比表示），这就是你目前“所挣”的总预算的百分比。这个值称为计划价值。可以如下计算。

1 首先，写出你的

BAC——完工预算

这是计算项目成本时所想到的第一个数，也就是项目的总预算—这是你计划的项目支出。

BAC x

“BAC”这个名字很有道理，这是你的项目完成时的预算！

2 然后乘以你的

计划/完成百分比

如果进度计划指出你的团队现在应该完成300小时的工作，而且项目总工作时间是1000小时，那么计划/完成百分比就是30%。

BAC x 计划/完成百分比

计划/完成百分比很容易计算，因为只需计算给定量 ÷ 总量。

3 得到的数就是你的

PV——计划价值

这是你计划到目前为止的预算。如果BAC是$200000，按进度，你的计划/完成百分比是30%，那么计划价值就是$200000 × 30% = $60000。

BAC x 计划/完成百分比 = PV

BAC x 计划/完成百分比 = PV

PV = BAC x 计划/完成百分比

还可能会看到计划价值公式倒过来写，把PV写在前面，不过还是一样的公式。

Sharpen your pencil

现在轮到你了！看看你能不能得出一个典型项目的BAC和PV。

1. 你在管理一个项目，为一幢新的摩天大楼安装200扇窗户，需要得出预算。这个项目每周的成本都是一样的：你的团队人员每周的工资总共为$4000，另外每周需要价值$1000的零部件来完成工作。如果这个项目计划16周完成，这个项目的BAC是多少？

BAC = ...

尽管我们的项目刚开始，不过还是可以得出进行了4周时的PV。

2. 项目进行了4周时计划/完成百分比是多少？

计划/完成百分比 = ...

这里需要多做些考虑。你怎么知道项目完成的百分比呢？

3. 项目进行了4周时PV是多少？

PV = ... x .... = ...

答案见404页。

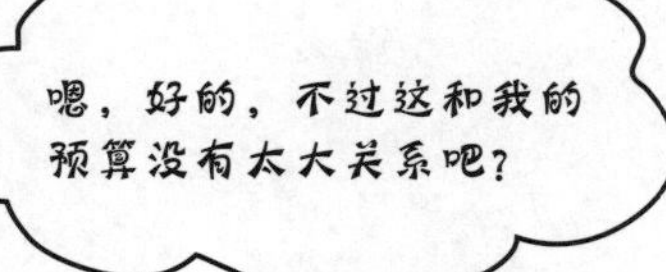
嗯，好的，不过这和我的
预算没有太大关系吧？

确实，目前还没有。

不过，如果你的进度计划指出你应当完成工作的37.5%，就可以知道你的实际开支占总预算的37.5%，这样不是很好吗？

没错，在现实世界中，并不一定是这样，不过总有一些方法可以（大致）计算出预算的实际执行情况，确定项目在正轨上还是已经偏离正轨。

挣值会告诉你项目的执行情况

Alice希望跟踪这个项目的预算执行情况，她使用了挣值。可以用这种技术计算到目前为止已经向顾客交付的项目价值。可以得到进度计划要求的应该交付的价值，以及实际交付的价值，通过二者的比较就可以得到挣值。

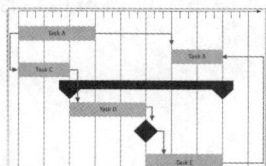

进度计划会提供大量信息，指出目前应该到哪种程度。

今天是5月14日

进度计划指出我们目前应该交付这些……

$2,200

……但是我们只交付了这些。

$1650

到5月14日，这个项目的实际成本是$1650，而计划价值是$2200。

如何计算挣值

如果每时每刻都可以准确地估算每一个活动，就不需要挣值。你的进度总是完全准确，你总能保证预算不超支。

不过你知道的，真正的项目实际上并不是这样！也正因如此，挣值非常有用，它会帮助你了解项目实际情况与计划的偏差。这对于评估项目进展和报告结果是一个很强大的工具。下面来说明如何计算挣值。

开展工作时，要把发起人对项目的投资换算成价值。所以挣值就是用给定的资金能够完成多少工作。计算挣值时，就是在向发起人显示他的投资可以挣得多少价值。

1 首先，写出你的

BAC——完工预算

记住，这是项目的总预算。

BAC x

2 然后乘以你的

实际/完成百分比

假设进度计划指出你的团队目前为止应该完成300小时的工作，项目总工作时间为1000小时。不过你与团队交流时发现他们实际上完成了35%的工作。这意味着实际/完成百分比是35%。

BAC x 实际/完成百分比

如果进度计划指出团队只需完成30%而他们实际上完成了35%的工作，这说明他们比你原来计划的效率更高！

3 得到的结果就是你的

EV——挣值

这个数指出你的项目实际上挣得了多少价值。每个团队成员工作每一小时都会为项目增加价值。可以将团队实际工作小时数的百分比乘以BAC来得到这个数。如果项目的总成本是$200000，那么挣值就是$200,000 × 35% = $70000。

BAC x 实际/完成百分比 = EV

重申一次，你可能会看到挣值公式倒过来写，把EV写在前面，不过要记住，这还是同一个公式。

EV = BAC x 实际/完成百分比

BRAIN
POWER

实际成本与计划价值之间有什么区别?如果AC大于PV说明什么?如果AC小于PV又意味着什么?

这个问题没有看上去那么简单!翻到下一页之前先花点时间仔细想想。

稍后你会做大量计算。掌握计算的最好方法就是理解这些计算用来做什么，另外要明白你为什么要使用这些计算。所以在继续学习下面的内容之前，先喝杯咖啡，好好考虑一下BAC和PV之间的区别。另外如何计算一个真实项目的实际/完成百分比?这会帮助你牢牢记住这些内容!

设身处地

参加PMP考试时，需要理解很多概念，其中挣值是最难的概念之一。之所以会让这么多人困惑不解，原因就在于这些计算对很多项目经理来说看起来有点怪异，也有些随意。

不过如果想想你的发起人如何考虑项目，这就很有道理了。如果你设身处地从发起人的角度来考虑，会发现这些计算确实很合理！

从发起人的角度来考虑挣值，就会发现这很有道理。

假设你是一个主管：

这是总预算，即BAC。

你决定公司为一个项目投资\$300000。对项目经理来说，这就是项目的预算。但是对于你，作为发起人，这就表示你希望得到\$300000的价值！

如果按钱来衡量价值，你的发起人可以知道他的投资可以得到多少回报。

那么项目会交付多少价值？

如果你是发起人，就会考虑赢利。这个赢利就是从这个项目是否能得到与投资相当的价值。如果团队完成了50%的工作，那么到目前为止你就得到了\$150000的价值。

这就是挣值，要根据团队实际做了多少工作来得出。

但是如果进度计划指出他们现在本该完成60%的工作，那么你得到的价值就少于原先对你承诺的价值！

发起人并不太关心你如何支出预算。他只想从投入的资金得到最大的价值！

查看进度计划，明确你计划向发起人交付多少价值。

Sharpen your pencil

再来看378页上为期16周的项目。在上一个练习中，你使用计划价值确定了项目的计划执行情况。现在可以使用挣值来得出项目是否在依计划进行。

1. 为摩天大楼安装200扇窗户的项目已经快速推进了4周。填入前面得出的BAC和PV（查看404页上面的答案，确保你的答案无误）！

BAC = ... PV = ...

要计算实际/完成百分比，需要将实际完成的工作量除以计划的总工作量。

2. 你向团队确认，不过他们给你一些坏消息。进度计划指出他们现在本该安装50扇窗户，但实际上他们只安装了40扇窗户。你能计算出实际/完成百分比吗？

填入团队实际安装的窗户数。

实际/完成百分比 = .../............ = ...

填入这个项目总共要安装的窗户数。

3. 目前的挣值应当是多少？

EV = ... x .... = ...

填入BAC。 填入实际/完成百分比。

4. 查看计划价值，然后再查看挣值。你是否交付了原先计划的全部价值？

☐ 是 ☐ 否

答案见404页。

太棒了。我想我可以用这些公式跟踪我的进度和预算！

在较小的项目中，你确实可以用这些公式跟踪进度和预算。

不过一旦你的项目开始变得越来越复杂，你的公式就必须考虑到另一个问题：可能会让很多人完成不同的活动，这样一来，跟踪是否比进度计划提前或者是否超出预算会变得更困难。

那么，既然知道了如何计算PV和EV，这是了解所有一切的基础……还等什么呢？翻到下一页一看究竟吧！

项目比进度计划提前还是滞后？

对于只有几个人的小项目，要确定项目是否处于正轨会很容易。不过，如果有几十人或者几百人在做大量不同的活动呢？另外，如果其中一些工作正常进行，有些比进度计划提前，而另外一些有些滞后，又会怎么样呢？如果是这样，即使只是要确定是否满足目标也会变得很困难。

如果有一种方法能很容易地确定比进度计划提前还是滞后就好了。好消息：这正是挣值的用途！

进度绩效指数（SPI）

如果你想知道你比进度计划提前还是滞后，可以使用SPI。使用这个指数的关键是，比进度计划提前时，你挣得的价值就大于计划价值！所以EV会大于PV。

要得到SPI，只需用EV除以PV。

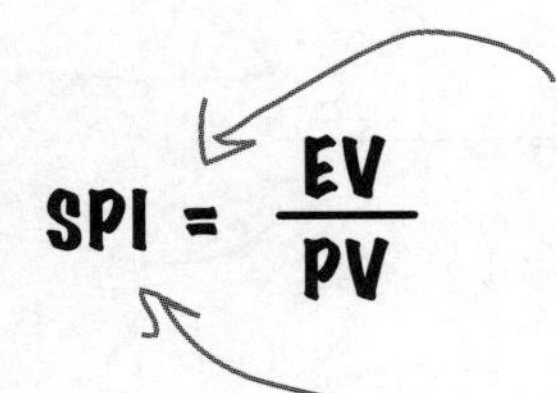
SPI = EV / PV

如果SPI大于1，这说明EV大于PV，也就是比进度计划提前！

如果SPI小于1，说明比进度计划滞后，因为你的实际工作量（EV）小于你的计划工作量(PV)。

进度偏差（SV）

很容易看出进度偏差的含义。你计划的价值与你实际挣得的价值之差越大，这个偏差就越大。

所以，如果你想知道比进度计划提前或滞后多少，只需用PV减去EV。

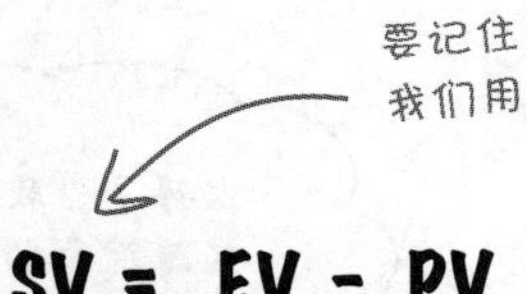
SV = EV - PV

要记住，从发起人的利益出发，我们用钱来衡量……

……所以，如果偏差为正，可以清楚地指出多挣了多少。如果为负，则指出少挣了多少。

放松一下 轻松时刻

不要被这些公式吓住了。

它们实际上并不太复杂。你只要记住，这些公式都会以不同方式使用EV和PV。一旦了解了EV和PV在各个公式中如何相互作用，你就无敌了。

Sharpen your pencil

现在再来看餐厅，Alice正在计算项目是否按进度计划和按预算进行。以下是她的步骤，她还做了一些标注。现在她被电话叫走了，所以要由你来确定Tamika和Sue是否需要加快进度。

1. **先从进度和预算开始。** 确定你计划做多少工作，团队已经完成了多少工作，以及总预算（BAC）。

Tamika和Sue的总预算是$10000，现在进行到进度计划的一半。

BAC= ______

计划/完成百分比 = ______

2. **确定PV。** 用BAC乘以团队的计划/完成百分比，得到计划价值。

他们的计划价值是多少？

PV = $___ x ___% = $______

PV = BAC x 计划/完成百分比

3. **确定EV。** 这部分需要好好想一想！你要得出团队实际工作的百分比。一旦得到这个值，再乘以BAC来得出挣值。

哎呀！仔细查看后，看来他们只完成了工作的40%。

EV = $___ x ___ = $______

EV = BAC x 实际/完成百分比

4. **现在可以计算SPI和SV。** 一旦得到EV和PV，就可以做这些计算。

现在已经有了EV和PV，可以告诉Tamika和Sue他们是否得到了与投资相当的价值！

SPI = $___ ÷ $___ = ______　　SV = $___ − $___ = $______

5. **进度怎么样？** 这些数告诉了我们什么？

到底是提前还是滞后？

→ 答案见405页。

是否超出预算？

与进度类似，对预算也可以做同样的分析。计算几乎完全相同，只不过不再使用计划价值，计划价值指出了进度计划要求到目前为止应该完成多少工作。这里要使用实际成本(AC)。这是目前为止项目的支出。

记住，EV测量的是已经完成的工作，而AC指出目前为止的支出。

放松一下 轻松时刻

用钱来衡量成本偏差很容易，但是如果进度偏差是负值怎么办？

很多人担心这一点，不过实际上并不太糟。计划价值只是表示你计划在某个时间向你的发起人交付一定量的价值。如果SV为负值，比如是-$5,000，这说明你没有交付你承诺的全部价值。

成本绩效指数 (CPI)

如果你想知道是否超出或低于预算，可以使用CPI。

$$CPI = \frac{EV}{AC}$$

成本偏差 (CV)

这会指出你计划支出与实际支出之差。

所以，如果你想知道项目是否低于或超出预算，只需将EV减去AC。

$$CV = EV - AC$$

记住CV对发起人的意义：EV指出了目前为止项目已经挣得的总价值。如果CV为负值，说明她的投资没有得到相应的价值。

完工尚需绩效指数 (TCPI)

这个指数指出了项目需要有怎样的绩效才能保证按预算进行。

后面几页就会讨论这个内容……

$$TCPI = \frac{(BAC-EV)}{(BAC-AC)}$$

如果……说明没有超出预算

CPI大于或等于1，而且CV为正值。如果是这样，你的实际成本小于挣值，这说明项目交付的价值大于它的成本。

如果……说明已经超出预算

CPI小于1，而且CV为负值。你的实际成本大于挣值时，这说明你的发起人没能从这个项目得到与投资相当的价值。

现在Alice可以查看餐厅的账本。她发现到目前为止她已经花了$5750。

CPI = $4000 ÷ $5750 = 0.696

由于CPI小于1，这说明Tamika和Sue已经超出了预算。

CV = 4000 - $5750 = -$1750

这是他们超出的部分！

Tamika、Sue和Alice最好能想办法涵盖这些超出的开支，否则以后会让他们大失所望的。

挣值管理公式

挣值管理 (EVM)只是控制成本过程的工具和技术之一，不过在PMP考试中，这是很重要的一部分。使用这些公式时，就是在测量和分析你的项目与计划相差多远。要记住，要按为发起人交付多少价值来考虑所有公式！再来看一遍这些公式：

记住，你的发起人往往最关心项目对他来说是否值得。BAC指出了能从整个项目得到多少价值，EV指出目前为止已经得到了多少价值。

名称	公式	含义	使用目的
BAC —— 完工预算	没有公式，这就是项目预算	这个项目的支出	告诉发起人他将从这个项目得到的总价值
PV —— 计划价值	PV = BAC x 计划/完成百分比	进度计划要求的支出	得出计划要求的到目前为止应该交付多少价值
EV —— 挣值	EV = BAC x 实际/完成百分比	实际上挣得的项目价值	把团队已经完成的工作量转换为价值（按钱衡量）
AC —— 实际成本	项目的实际支出	目前为止的实际支出	你的支出与得到的价值并不一定一致
SPI —— 进度绩效指数	$SPI = \frac{EV}{PV}$	比进度计划提前还是滞后	确定是否交付了进度计划要求交付的价值
SV —— 进度偏差	SV = EV - PV	比进度计划提前或滞后多少	按钱衡量比进度计划提前或滞后多少
CPI —— 成本绩效指数	$CPI = \frac{EV}{AC}$	是否在预算内	你的发起人总是对赢利最感兴趣
TCPI —— 完工尚需绩效指数	$TCPI = \frac{BAC-EV}{BAC-AC}$	项目必须有怎样的绩效才能保证在预算内	预测是否能保持在预算内
CV —— 成本偏差	CV = EV - AC	低于或超出预算多少	发起人需要知道他投入了多少成本来得到你交付的价值

解释CPI和SPI来评估你的项目

挣值管理的基本思想是可以用它很容易地对项目执行情况做出评价。所以考试中会有一些问题来考察你能不能正确地解释这些数！好在，根据挣值管理（EVM）公式，评估项目相当容易。

如果SPI小于1，就说明你的项目比进度计划滞后。不过如果看到一个CPI小于1，说明你的项目超出了预算！

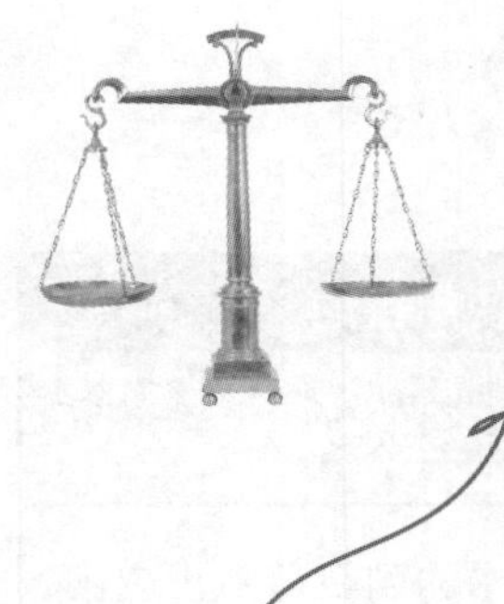

如果项目处于正轨，这说明你交付了原先承诺的价值。

之所以可以说你的项目处于正轨，是因为这两个指数（CPI和SPI）都非常接近1，另外偏差值CV和SV都非常接近$0。CPI刚好等于1或者SV恰好等于$0是很少见的。不过如果SPI等于1.02，就说明你比进度计划稍有提前，如果CV等于–$26说明稍稍超出预算。

很多PMO都有一个原则，认为介于0.95～1.10之间的CPI或SPI就已经很好了！

有时会看到用括号表示负值，在这里就是($26)。

比进度计划提前或低于预算

如果有更大的CPI或SPI，说明项目比进度计划提前或低于预算。

如果CPI远远大于1，这说明项目低于预算。另外可以通过查看CV来得出节省了多少预算，这正是这个偏差值的用途！它能帮助你得出到目前为止的实际成本与原先打算挣得的价值相差多少。

远远低于预算并不总是一件好事。这说明你要求并得到了本不需要的资源，这些资源本来可以用在公司的其他地方。

比进度计划滞后或超出预算

比进度计划滞后或超出预算的项目会有很小的CPI和SPI。

看到一个介于0到1之间的SPI时，这说明你的项目比进度计划滞后……而且这说明你没有向发起人交付足够的价值！这个时候要检查SV，查看究竟少交付多少价值。对于成本也是一样，很低的CPI说明你的项目超出了预算，CV可以指出按照你对发起人的承诺，还应该多交付多少价值。

CPI和SPI不可能小于0，因为这两个指数都是比值！

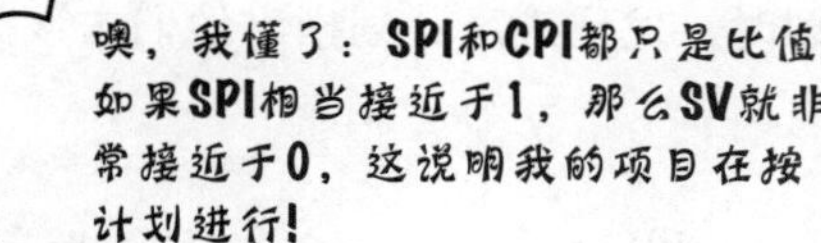
噢，我懂了：SPI和CPI都只是比值！
如果SPI相当接近于1，那么SV就非
常接近于0，这说明我的项目在按
计划进行！

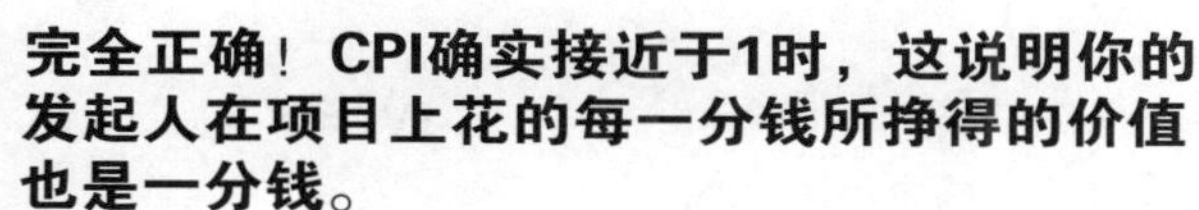

完全正确！CPI确实接近于1时，这说明你的发起人在项目上花的每一分钱所挣得的价值也是一分钱。

对于所有这些数，要记住最重要的一点：这些数越小，项目的执行情况就越糟。如果SPI等于1.1，CPI等于1.15，说明项目在预算内，而且进度提前。不过如果计算出SPI等于0.6而且CPI等于0.45，就说明你比进度计划滞后，并且超出了预算。这个比值小于1时，你会看到偏差值为负值！

EV = BAC × Actual % Complete
wash the dog
LOWER = LOSER
Make it Stick

记住：

较小(Lower) = 失败(Loser)

如果CPI或SPI小于1，或者CV或SV为负值，就说明你有麻烦了！

Exercise

准备考试时，你一定要会计算挣值数!不过要记住，就像第4章中规划旅程一样，掌握这个内容最好的办法就多练习。

你的项目总预算为$300000。你查看了记录，发现目前已经支出$175000。团队已经完成了40%的项目工作，不过你检查进度计划时，发现进度计划指出他们本该完成50%的工作。**请完成以下计算：**

BAC = $ ....

AC = $ ....

PV = $ .... x .... % = $ ....

EV = $ .... x .... % = $ ....

SV = $ .... – $ .... = $ ....

CV = $ .... – $ .... = $ ....

SPI = $ .... / $ .... = ...

CPI = $ .... / $ .... = ...

题目中给出了两个金额。哪一个是AC，哪一个是BAC?

这里的难点是确定要在这里放哪个百分比!

现在只需要确定你计算的两个数究竟哪一个作分母哪一个作分子!

你在管理一个高速公路建设项目。总预算是$650000，项目安排的总工作时间是7500小时。你与会计部门确认过，他们告诉你已经支出了总共$400000。根据进度计划，你的团队应该已经工作了4500小时，不过工头说允许大家加班，所以他们实际上已经工作了5100小时。**请计算以下挣值数：**

BAC = ...

PV = ...

AC = ...

EV = ...

SV = ...

CV = ...

SPI = ...

CPI = ...

答案见406页。

Exercise

你是一个工业设计公司的项目经理。你预期当前这个项目的总支出为$55000。你的计划要求6个人参与项目，每天工作8小时，一周工作5天，共工作4周。根据进度计划，你的团队应该已经完成3周的工作。审查团队目前为止完成的工作时，你发现他们已经完成了50%的工作，目前成本为$25000。**根据这个信息,计算以下挣值数：**

BAC = ...　　PV = ...

AC = ...　　EV = ...

SV = ...　　CV = ...

SPI = ...　　CPI = ...

选中所有合适的说法：

.... 项目比进度计划提前。　　......... 项目超出预算。

.... 项目比进度计划滞后。　　......... 项目低于预算。

.... 应当考虑赶工。　　......... 应该想办法削减成本。

你目前的项目是一个总额度为$800000的软件开发项目，有两个程序员团队将工作6个月，共10000小时。根据项目进度计划，你的团队应该已经完成38%的工作。你发现项目目前已经完成了40%，到目前为止已经支出了50%的预算。计算以下挣值数：

BAC = ...　　PV = ...

AC = ...　　EV = ...

SV = ...　　CV = ...

SPI = ...　　CPI = ...

选中所有合适的说法：

.... 项目比进度计划提前。　　......... 项目超出预算。

.... 项目比进度计划滞后。　　......... 项目低于预算。

.... 应当考虑赶工。　　......... 应该想办法削减成本。

答案见407页。

预测项目完成时的情形

挣值管理还有一个部分，这是成本管理中最后一个工具和技术：**预测**。预测的基本思想是，你可以使用挣值对项目完成时的情形得出一个相当准确的预测。

如果你知道现在的CPI，可以用它来预测项目完成时的实际成本。假设你在管理一个项目，现在它的CPI为0.8。如果假设项目余下部分CPI都为0.8（如果项目已经进行了很长时间，这就是一个合理的假设），那么可以预测出项目完成时的总成本。我们称之为完工估算（EAC）。

如果CPI小于1，这说明项目目前超出了预算，所以将得到大于当前预算的EAC。

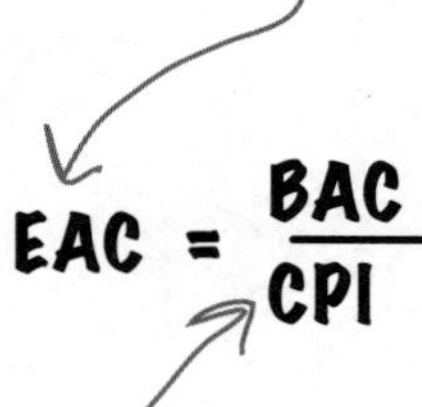
EAC = BAC / CPI

如果CPI大于1，说明项目低于预算，因此估算结果最后会小于BAC。

计算EAC有很多不同的方法，不过对于PMP考试来说，掌握这个方法就足够了。

再回到餐厅

Alice在预测这个新餐厅项目完成时会是什么样。

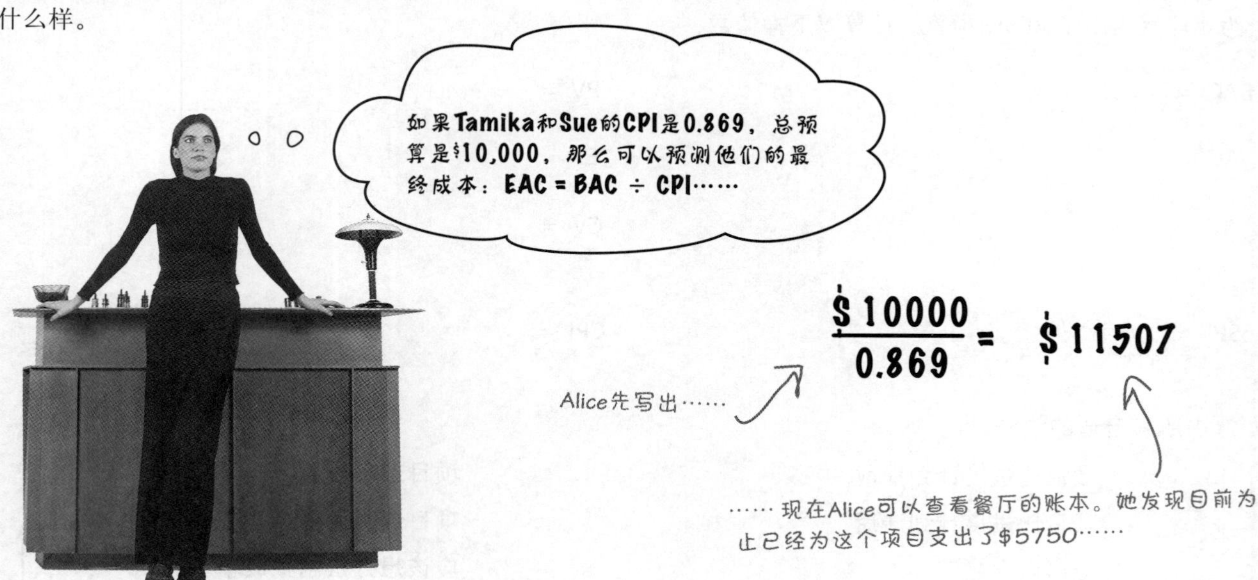
如果Tamika和Sue的CPI是0.869，总预算是$10,000，那么可以预测他们的最终成本：EAC = BAC ÷ CPI……
$10000 / 0.869 = $11507
Alice先写出……
……现在Alice可以查看餐厅的账本。她发现目前为止已经为这个项目支出了$5750……

有了估算，就可以计算偏差！

可以用EAC计算两个有用的数。其中一个叫作**完工尚需估算**（ETC），这会告诉你这个项目可能还有多少支出。另一个是**完工偏差**（VAC），预测项目完成时会有多大偏差。

可以使用EAC、ETC和VAC来预测项目完成时的挣值数。

ETC = EAC - AC

由于EAC预测了你的支出，如果减去AC，会得到项目余下部分最后的支出。

VAC = BAC - EAC

如果支出超出预算，VAC会是负值…… 类似于CV和SV！

如果EAC是$11507，AC是$5750，我可以得出Tamika和Sue还需要花多少钱：
ETC = EAC - AC
所以，我们现在超出预算了。不过这会带来多大危害呢？至少现在我可以得出最终偏差：
VAC = BAC - EAC
$11507 - $5750 = $5757
$10000 - $11507 = -$1507
……她知道项目接下来可能还要花多少钱……
……不过Tamika和Sue能拿出额外的这些钱吗？

Exercise

你是一个项目经理，正在管理一个计划持续两年的大型项目。你有6个不同的团队在完成5个职能领域的工作。有些团队比进度计划提前，有些比进度计划滞后。这说明有些领域你的成本超支，而另外一些领域成本有节余，这样就很难直观地看出项目超出预算还是低于预算！

现在项目已经进行了9个月。项目的总预算是$4200000。你目前已经支出了$1650000，CPI为0.875。使用预测方法中的挣值管理公式确定项目执行情况。

EAC = $...................... / .... = $......................

ETC = $...................... – $...................... = $......................

VAC = $...................... – $...................... = $......................

项目完成时会超出还是低于预算？(二选一)

.... 项目将超出预算。 .... 项目将低于预算。

项目超出或低于预算多少？ $......................

现在是6个月之后，项目看起来大不相同了。你需要得出一个新的预测，确定项目完成时的预算情况。你现在已经支出了总共$2625000。你查看了团队已经完成的所有活动，发现项目已经完成了70%。你能为这个项目做出新的预测吗？

BAC = $ ....

AC = $ ....

EV = ...

CPI = ...

EAC = ...

ETC = ...

VAC = ...

你的项目会超出/低于完工预算（圈出其中一个）。

项目超出或低于预算多少？$ ....

答案见408页。

发现缺少的信息

考试中大多数关于挣值的问题都相当简单：会给出需要在公式中插入的数，用公式计算后就能得到答案。不过，偶尔也会有一两个问题不那么直接。

假设给出以下条件……

……**CPI和挣值，你想要得出实际成本。**为什么会遇到这种情况？有时很难看出一个项目的重要性，除非你了解它的实际支出—项目成本越高，公司的人可能就会越关注它。**如果告诉你一个项目的CPI是1.14，EV是$350000，你能得出实际成本吗？**

……**挣值和实际完成的百分比，希望得出项目的预算。**如果有人不想提供你需要的全部信息，你要能“读出弦外之音”来做出项目决策，这就会很有帮助。**如果一个项目的EV是$438750，它的实际/完成百分比是32.5%，如何得出总预算（BAC）？**

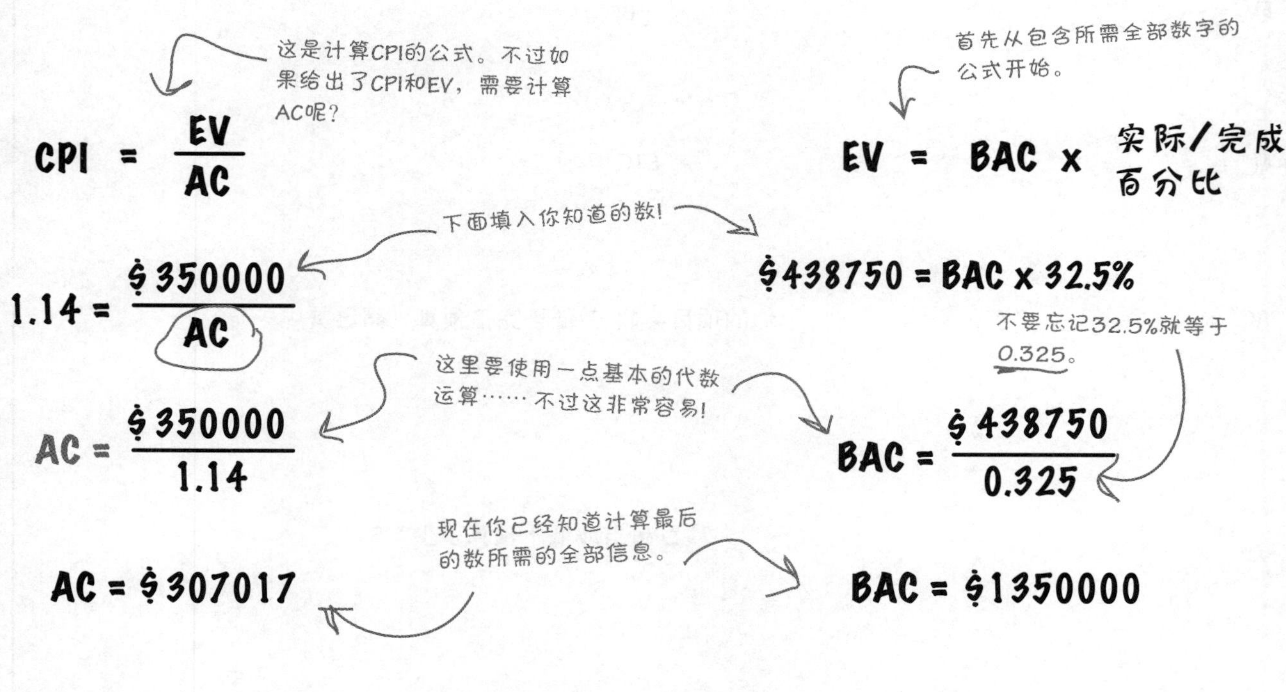
这是计算CPI的公式。不过如果给出了CPI和EV，需要计算AC呢？
CPI = EV / AC
下面填入你知道的数！
1.14 = $350000 / AC
这里要使用一点基本的代数运算……不过这非常容易！
AC = $350000 / 1.14
现在你已经知道计算最后的数所需的全部信息。
AC = $307017
首先从包含所需全部数字的公式开始。
EV = BAC x 实际/完成百分比
$438750 = BAC x 32.5%
不要忘记32.5%就等于0.325。
BAC = $438750 / 0.325
BAC = $1350000

有时候你得把公式倒过来！有时你收到的是挣值数。如果你所在的公司有很多项目经理，有时你会从一个项目经理那里得到一个报告，其中只提供了部分信息！

Sharpen your pencil

你可能会遇到一两道这样的题目，需要把公式倒过来，得出原本通常会给你的某个值。**如果你数学很糟糕也不用担心！**这非常容易—只需稍稍做些练习你肯定就能掌握。

如果EV是$93406，SPI是0.91，计划价值是多少？

写出SPI的公式。

SPI = ―――― = ―――― = $――――

填入已有的数。

现在把公式倒过来，把PV写在左边。

PV = ―――― PV = ...

现在可以得出PV！

填入已有的数。

如果PV是$252000，BAC是$350000，计划/完成百分比是多少？

从PV的公式开始。

PV = ... x .... $.......... $.......... x ....

现在把公式倒过来，使计划/完成百分比在左边。

计划/完成百分比 = $―――― / $―――― 计划/完成百分比 = ...

现在可以计算出来了！

现在试着自己做一个。如果BAC是$126500，EAC是$115000，CPI是多少？

1. 首先写出包含EAC、CPI和BAC的公式。
2. 接下来填入你知道的数。
3. 现在把公式倒过来，使你要找的数在左边。
4. 现在可以求解了！

答案见409页。

there are no Dumb Questions

问：CPI到底什么意思？为什么它能预测你的最后预算？

答：只是让BAC(或者你计划为项目支出的总金额)除以CPI就可以对项目实际支出得出一个相当准确的预测，这看起来是不是有些奇怪？怎么会有这样一个“魔法”数来做到这一点呢？

不过如果再想想看，这确实是有道理的。假设你的项目现在超出预算15%。如果预算是$100000，那么CPI就是$100.000 ÷ $115000 = 0.87。预测最终预算的一个好办法是假设你始终超出预算15%。假设总预算是$250000。如果最后仍超出预算15% ，那么你的最终CPI仍是$250000 ÷ $287500 = 0.87! 如果保持超出预算15%，那么CPI总是0.87。

正因如此，我们把这个预测称为EAC，这是完成时预算的一个估算。通过将BAC除以CPI，就是假设如果最终预算执行情况与现在相同（超出预算或低于预算），在这种情况下计算你的最终预算。

问：这确实是估算成本的最佳方法吗？如果现在与项目结束之间发生了变化怎么办？

答：EAC是估算成本的一个好方法，因为它很容易计算，也相当准确—前提是项目不发生太多变化。不过你说的没错，如果出现太多意外成本，或者你的团队成员发现一种更廉价、更好的方法来完成工作，那么EAC预测就行不通了！

实际上，有超过25种不同的方法来计算EAC，这一章介绍的这种方法只是其中之一。另外一些公式会考虑到风险和预测。不过，对于PMP考试来说，你只需要知道EAC = BAC ÷ CPI。

问：哇，有这么多挣值公式!有没有一种容易的方法来记住这些公式？

答：有，有很多方法可以帮助你记住这些挣值公式。一种方法是：可以注意到，绩效报告公式都会用某个数除以或减去EV。这是有道理的，挣值管理的关键就是想要确定目前为止已经挣得了多少向发起人交付的价值。另外，要记住偏差值总是用减法，指数总是用除法。进度公式SV和SPI都会用到从进度得到的PV数，而成本公式CV和CPI都用到从预算得到的AC数。

另外还要记住，指数或偏差越小，项目的执行情况就越糟糕!负偏差或小于1的指数都不好，正偏差或大于1的指数才好!

挣值公式会让某个数除以或减去EV。SV和SPI要使用PV，CV和CPI要使用AC。

用TCPI保证项目处于正轨

你有没有经历过这种情况：在项目进行到一半时想知道需要削减多少成本才能保证在预算以内？可以这样来计算！

可以使用挣值来衡量需要保持什么水平才能让你的项目在预算以内。TCPI可以帮助你确定是否达到目标，不仅如此，还可以准确地得出需要保持什么水平来确保基于已有资金能完成所有工作。

完工尚需绩效指数（TCPI）

这个数表示CPI应该达到的一个目标，从而满足你预测的完工成本。如果在预算成本以内，就基于BAC来计算。如果超出了预算，就必须估算一个新的EAC，并基于这个EAC得出TCPI。

对于TCPI有两个不同的公式。如果想要保证项目不超过原先的预算，可以使用其中一个公式；如果根据挣值计算确定了EAC，想要保证项目在这个EAC以内完成，就要使用另一个公式。

基于BAC：

剩余的预算工作除以剩余的预算资金。

$$TCPI = \frac{(BAC-EV)}{(BAC-AC)}$$

基于EAC：

$$TCPI = \frac{(BAC-EV)}{(EAC-AC)}$$

剩余的预算工作除以剩余的估算资金。

Head First餐厅装修项目的TCPI

Alice得出了这个酒吧项目的BAC和EAC，并且意识到项目超出了预算，所以她做了一个TCPI计算，来确定如果想让项目最终不超出预算，需要CPI保持在什么水平。Alice的挣值计算已经得到了这个装修项目的以下数字：

EAC= \$11507　　AC= \$5750　　BAC=\$10000　　EV=\$5000

项目已经超出预算！所以Alice使用基于BAC的公式来确定如果希望项目完成时不超出原先的预算，需要保持多大的CPI。计算如下：

$$TCPI = \frac{(BAC-EV)}{(BAC-AC)} \qquad TCPI = \frac{(\$10000-\$5000)}{(\$10000-\$5750)} = 1.17$$

所以，如果要让项目回到预算以内，就必须在余下的项目中保持CPI为1.17，才能弥补前期的超支。Alice认为这不太可能。Tamika和Sue强烈要求餐厅用古色古香的锡制天花板，这在一开始就多花了\$750，照这样下去，可以肯定随着项目的进行还会有更多类似这样的超支情况。她准备了第二个TCPI，来看根据当前的EAC，完成项目会得到一个什么数。

$$TCPI = \frac{(BAC-EV)}{(EAC-AC)} \qquad TCPI = \frac{(\$10000-\$5000)}{(\$11507-\$5750)} = 0.87$$

TCPI很高意味着预算很紧张

查看一个项目的TCPI时，数越大，意味着采用的成本管理方法就越严格。这个数越大，就越需要控制项目的支出并削减成本。如果这个数小于1，可以知道你肯定在预算以内，这就可以放松一点。

记得吗？“低于＝失败”？嗯，对于TCPI，正好要反过来。较大的数意味着你的预算太紧张。通常需要降低这个数，为资金开支留出更大的自由空间！

Sharpen your pencil

考试时，你要知道TCPI的公式，而且要会计算。下面给出几个问题，可以帮助你多做些练习。

BAC是$40000，EAC是$30000, EV是$17000 ，AC是$15000。基于BAC的TCPI是多少？

写出TCPI的公式。

TCPI = ―――― = $ ―――― = ………

填入数字，并计算结果。

BAC是$100000，EAC是$107000，EV是$68000，另外AC是$70000。基于EAC的TCPI是多少？

写出TCPI的公式。

TCPI = ―――― = $ ―――― = ………

填入数字，并计算结果。

BAC是$20000，EAC是$20000，AC是$15000，项目已经完成75%。基于EAC的TCPI是多少？

首先，写出EV的公式。

EV =

写出TCPI的公式。

TCPI = ―――― = $ ―――― = ………

填入数字，并计算结果。

答案见410页。

庆功会！

Tamika和Sue终于完成了这个新餐厅的装修！看起来很不错，他们非常满意…… 因为Alice把成本管理得很好。她使用挣值纠正了她们的预算问题，而且她们及时削减了一些成本。最后他们甚至还剩余了一些钱，足够开一个盛大的庆功会！

Head First餐厅 Downtown

谢谢你，Alice！没有你，这一切我们可做不到！

由于她使用挣值保证整个项目没有超出预算，Tamika和Sue才能够把餐厅装修得这么有格调，而且还能保持在开支范围内。

核心概念
回顾

项目成本管理的目标是规划、估算、预算和控制你的项目成本。项目的早期阶段也是最能影响项目成本的阶段。即使只是一个小型项目，也需要估算和预算成本，尽管这些活动可能很简单，一个人就可以完成。

核心概念

我们已经讨论了你和你的团队规划、控制和管理成本时使用的过程，不过很有必要再花点时间来考虑项目成本管理对你的整个项目会有什么影响。

- ★ 不要一叶障目，不见森林。如果“小事聪明，大事糊涂”，现在节省的一点点成本可能会导致将来整个产品的成本大幅攀升。例如，你可能想削减测试任务来减少预算，不过这很可能会增加项目的运营成本。

剧透，下一章我们就会学习更多有关内容！

- ★ 不同的相关方会用不同的方式测量你的项目成本，甚至有可能随时间改变测量成本的方法。主厨可能考虑食材和餐厅员工的成本，而负责人或合作伙伴可能会考虑会计和融资成本。
- ★ 不同组织中管理成本的方式可能迥然不同。一个公司可能完全在项目之外完成财务绩效预测和项目成本分析，而另一家公司可能会把这些活动也作为日常项目管理工作的一部分。
- ★ 项目团队负责财务分析时，项目成本管理活动可能包括一些高级财务管理技术（这一章没有包括这些内容，因为《PMBOK®指南》或考试中也没有涉及）。

项目成本管理就是要理解和管理项目资源和活动的成本。

核心概念回顾

发展趋势

下面是项目成本管理的一些发展趋势，可以帮助你更有效地改进和管理项目的成本。

- **挣得进度**（或ES）是对挣值管理（EVM）的扩展，要根据进度计划跟踪项目的进展。不是使用PV和EV来测量已经计划或交付了多少价值，ES和实际时间(AT)使用进度来确定计划与实际项目绩效的偏差。
- **挣得进度理论**为项目经理提供了一些新方法来计算进度偏差(SV)和进度绩效指数(SPI)。之前我们学过使用挣值(EV)和计划价值(PV)来计算进度偏差(SV = EV – PV)。采用挣得进度理论，我们要使用挣得进度(ES)和实际时间(AT)替代EV，计算SV = ES – AT和SPI = ES ÷ AT。

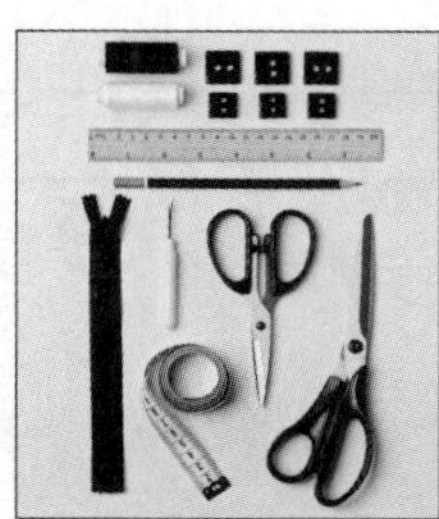

裁剪

对团队在项目期间使用的过程做出变更时，会有一些可能影响你决策的考虑因素：

- 要求项目经理使用财务数据库吗？他们是否能访问这个数据库？
- 有没有相关政策规定项目经理如何完成成本估算或制订预算？
- 你的公司是否已经在使用挣值管理？或者这对你的公司是不是还是全新的方法？
- 组织是否采用敏捷方法？这会对如何处理项目成本很有影响。
- 你的项目是否有必须遵循的审计或其他治理程序？这在财务服务或医疗等管制行业尤其常见。

敏捷考虑因素

敏捷团队通常非常适应具有高度不确定的环境。尽管这听上去有点像可能有严重后果的“高风险/高回报”情况，不过很多敏捷团队确实能使用轻量级的估算技术很好地管理他们的项目成本，至少与计算长期成本的更传统的技术同样准确。他们会保存对近期成本的详细估算，即时估算往往很准确，因为这基于最新的信息。

Sharpen your pencil Solution

现在轮到你了！看看你能不能得出一个典型项目的BAC和PV。

1. 你在管理一个项目，为一幢新的摩天大楼安装200扇窗户，需要得出预算。这个项目每周的成本都是一样的：你的团队人员每周的工资总共为$4000，另外每周需要价值$1000的零部件来完成工作。如果这个项目计划16周完成，这个项目的BAC是多少？

BAC = **$5000 x 16 = $80000**

项目为期16周。将每周的成本乘以16，就可以得到项目的总预算。

每周人力成本为$4000，零部件成本为$1000。

2. 项目进行了4周时计划/完成百分比是多少？

计划/完成百分比 = **25%**

为期16周的项目进行了4周。这说明已经完成了25%。

填入第1题中得到的BAC。

3. 项目进行了4周时PV是多少？

填入第2题中得到的计划/完成百分比。现在将二者相乘就可以得到PV。

PV = **$80000** x **25%** = **$20000**

Sharpen your pencil Solution

再来看378页上为期16周的项目。你知道如何使用EV吗？

1. 为摩天大楼安装200扇窗户的项目已经快速推进了4周。填入前面得出的BAC和PV（查看404页上面的答案，确保你的答案无误）！

BAC = **$80000**　　PV = **$20000**

2. 你向团队确认，不过他们给你一些坏消息。进度计划指出他们现在本该安装50扇窗户，但实际上他们只安装了40扇窗户。你能计算出实际/完成百分比吗？

实际/完成百分比 = **40** / **200** = **20%**

团队安装了总共200扇窗户中的40扇。这说明他们完成了20%的工作。

3. 目前的挣值应当是多少？

EV = **$80000** x **20%** = **$16000**

4. 查看计划价值，然后再查看挣值。你是否交付了原先计划的全部价值？

☐ 是　　☑ 否

你计划交付$20000的价值，但是只交付了$16000。这说明，顾客并没有得到与投资相当的价值。

Sharpen your pencil Solution

现在再来看餐厅，Alice正在计算项目是否按进度计划和按预算进行。以下是她的步骤，她还做了一些标注。现在她被电话叫走了，所以要由你来确定Tamika和Sue是否需要加快进度。

1 **先从进度和预算开始。**确定你计划做多少工作，团队已经完成了多少工作，以及总预算（BAC）。

Tamika和Sue的总预算是$10000，他们现在进行到进度的一半。

BAC= $10000

计划/完成百分比 = 50%

2 **确定PV。**用BAC乘以团队的计划/完成百分比，得到计划价值。

他们的计划价值是多少?

PV = $10000 × 50% = $5000

PV = BAC × 计划/完成百分比

3 **确定EV。**这部分需要好好想一想！你要得出团队实际工作的百分比。一旦得到这个值，再乘以BAC来得出挣值。

哎呀！仔细查看后，看来他们只完成了工作的40%。

EV = $10000 × 40% = $4000

EV = BAC × 实际/完成百分比

4 **现在可以计算SPI和SV。**一旦得到EV和PV，就可以做这些计算。

现在已经有了EV和PV，可以告诉Tamika和Sue他们是否得到了与投资相当的价值！

SPI = $4000 ÷ $5000 = 0.8

SV = $4000 – $5000 = –$1000

5 **进度怎么样?**这些数告诉了我们什么?

到底是提前还是滞后?

餐厅项目比进度计划滞后。

Exercise

准备考试时，你一定要会计算挣值数!不过要记住，就像第4章中规划旅程一样，掌握这个内容最好的办法就多练习。

你的项目总预算为$300000。你查看了记录，发现目前已经支出$175000。团队已经完成了40%的项目工作，不过你检查进度计划时，发现进度计划指出他们本该完成50%的工作。请完成以下计算：

BAC = $300000

PV = $300000 x 50% = $150000

计划价值使用进度计划中指出的价值，挣值则使用实际发生的价值。

AC = $175000

EV = $300000 x 40% = $120000

可能必须对CPI和SPI四舍五入。不用担心，因为PMP考试是选择题，所以你肯定会看到一个匹配的答案!

注意到了吗，SV和SPI的公式使用了相同的数。只是一个将二者相减，另一个将二者相除!

SV = $120000 - $150000 = $-30000

CV = $120000 - $175000 = $-55000

CV和CPI的公式也使用了同样的数。

SPI = $120000 / $150000 = 0.8

CPI = $120000 / $175000 = 0.68

你在管理一个高速公路建设项目。总预算是$650000，项目安排的总工作时间是7500小时。你与会计部门确认过，他们告诉你已经支出了总共$400000。根据进度计划，你的团队应该已经工作了4500小时，不过工头说允许大家加班，所以他们实际上已经工作了5100小时。请计算以下挣值数：

总工作量7500小时，计划工作4500小时：4500 ÷ 7500 = 60%

BAC = $650000

PV = $650000 x 60% = $390,000

对实际工作时间做同样的计算：5100 ÷ 7500 = 68%

AC = $400000

EV = $650000 x 68% = $442,000

SV = $442000 - $390000 = $52000

CV = $442000 - $400000 = $42000

SPI = $442000 / $390000 = 1.13

CPI = $442000 / $400000 = 1.11

Exercise
Solution

你是一个工业设计公司的项目经理。你预期当前这个项目的总支出为$55000。你的计划要求6个人参与项目，每天工作8小时，一周工作5天，共工作4周。根据进度计划，你的团队应该已经完成3周的工作。审查团队目前为止完成的工作时，你发现他们已经完成了50%的工作，目前成本为$25000。根据这个信息，计划以下挣值数：

BAC = $55000

AC = $25000

进度计划指出，对于这个需要4周的项目，团队应该已经完成3周的工作，所以计划完成百分比是75%。

PV = $55000 x 75% = $41250

EV = $55000 x 50% = $27500

SV = $27500 - $41250 = ($13750)

CV = $27500 - $25000 = $2500

要习惯用括号表示的负数，而不是使用负号。

SPI = $\frac{\$27500}{\$41250}$ = 0.67

CPI = $\frac{\$27500}{\$25000}$ = 1.1

选中所有合适的说法：

SPI小于1意味着项目比进度计划滞后。该考虑进度压缩了！

- ……项目比进度计划提前。
- ✓ 项目比进度计划滞后。
- ✓ 应当考虑赶工。
- ……项目超出预算。
- ✓ 项目低于预算。
- ……应该想办法削减成本。

你目前的项目是一个总额度为$800000的软件开发项目，有两个程序员团队将工作6个月，共10000小时。根据项目进度计划，你的团队应该已经完成38%的工作。你发现项目目前已经完成了40%，到目前为止已经支出了50%的预算。计算以下挣值数：

这个SPI意味着项目比进度计划提前，不过它非常接近于1，说明进度计划相当准确。

BAC = $800000

AC = $400000

PV = $800000 x 38% = $304000

EV = $800000 x 40% = $320000

SV = $320000 -$ 304000 = $ 16000

CV = $320000 - $400000 = ($80000)

SPI = $\frac{\$320000}{\$304000}$ = 1.05

CPI = $\frac{\$320000}{\$400000}$ = 0.8

选中所有合适的说法：

由于CPI小于1，CV为负值，所以项目超出预算。削减成本绝对是个好主意！

- ✓ 项目比进度计划提前。
- ……项目比进度计划滞后。
- ……应当考虑赶工。
- ✓ 项目超出预算。
- ……项目低于预算。
- ✓ 应该想办法削减成本。

Exercise
Solution

你是一个项目经理，正在管理一个计划持续两年的大型项目。你有6个不同的团队在完成5个职能领域的工作。有些团队比进度计划提前，有些比进度计划滞后。这说明有些领域你的成本超支，而另外一些领域成本有节余，这样就很难直观地看出项目超出预算还是低于预算！

现在项目已经进行了9个月。项目的总预算是\$4200000。你目前已经支出了\$1650000，CPI为0.875。使用预测方法中的挣值管理公式确定项目执行情况。

EAC = \$4200000 / 0.875 = \$4800000

你已经掌握这个内容了吧！这些公式刚开始看起来有些吓人，不过一旦熟悉了，就会发现并没有那么可怕。

ETC = \$4800000 − \$1650000 = \$3150000

VAC = \$4200000 − \$4800000 = (\$600000)

由于VAC是负值，这说明项目结束时会超出预算\$600000。

项目完成时会超出还是低于预算？(二选一)

✓ 项目将超出预算。　　　　项目将低于预算。

项目超出或低于预算多少？ \$600,000

现在是6个月之后，项目看起来大不相同了。你需要得出一个新的预测，确定项目完成时的预算情况。你现在已经支出了总共\$2625000。你查看了团队已经完成的所有活动，发现项目已经完成了70%。你能为这个项目做出新的预测吗？

BAC = \$4200000

AC = \$2625000

EV = \$4200000 x 70% = \$2940000

CPI = \$2940000 / \$2625000 = 1.12

EAC = \$4200000 / 1.12 = \$3750000

ETC = \$3750000 − \$2625000 = \$1125000

VAC = \$4200000 − \$3750000 = \$450000

你的项目会**超出**/**低于**完工预算（圈出其中一个）。（已圈出：低于）

项目超出或低于预算多少？ \$450000

这个VAC表示你的项目低于预算\$450000。

花点时间来考虑这些数到底是什么意思。你能向发起人交付足够的价值吗？

Sharpen your pencil Solution

你可能会遇到一两道这样的题目，需要把公式倒过来，得出原本通常会给你的某个值。如果你数学很糟糕也不用担心!这非常容易—只需稍稍做些练习你肯定就能掌握。

如果EV是$93,406，SPI是0.91，计划价值是多少？

$$SPI = \frac{EV}{PV} = 0.91 = \frac{\$93406}{PV}$$

做除法时，只需交换这两个数。

$$PV = \frac{\$93406}{0.91} \qquad PV = \$102644$$

有时你的答案不是整数。这并不表示你做错了!

如果PV是$252,000，BAC是$350,000，计划/完成百分比是多少？

$$PV = BAC \times 计划/完成百分比 \qquad \$252000 = \$350000 \times 计划/完成百分比$$

$$计划/完成百分比 = \frac{\$252000}{\$350000} \qquad PV = 72\%$$

不要忘记，计算百分比时，72%就等于0.72。

现在试着自己做一个。如果BAC是$126,500，EAC是$115,000，CPI是多少？

1. 首先写出包含EAC、CPI和BAC的公式。

$$EAC = \frac{BAC}{CPI}$$

如果还是不清楚，不用担心!考试时只会看到一两道这样的题目。

2. 接下来填入你知道的数。

$$\$115000 = \frac{\$126500}{CPI}$$

3. 现在把公式倒过来，使你要找的数在左边。

$$CPI = \frac{\$126500}{\$115000}$$

4. 现在可以求解了!

$$CPI = 1.1$$

Sharpen your pencil Solution

考试时，你要知道TCPI的公式，而且要会计算。下面给出几个问题，可以帮助你多做些练习。

BAC是$40000，EAC是$30000，EV是$17000，AC是$15000。基于BAC的TCPI是多少？

$$TCPI = \frac{BAC-EV}{BAC-AC} = \$\frac{40000-17000}{40000-15000} = 0.92$$

指数小于1。不用削减成本。

BAC是$100000，EAC是$107000，EV是$68000，另外AC是$70000。基于EAC的TCPI是多少？

$$TCPI = \frac{BAC-EV}{EAC-AC} = \$\frac{100000-68000}{107000-70000} = 0.86$$

这个项目满足预算目标应该没有任何问题。

BAC是$20000，EAC是$20000，AC是$15000，另外项目已经完成75%。基于EAC的TCPI是多少？

$$EV = 20000 \times 0.75$$

这个项目刚好满足预算

$$TCPI = \frac{BAC-EV}{EAC-AC} = \$\frac{20000-15000}{20000-15000} = 1$$

模拟题

有些挣值数会有另外一种4字母缩写形式。这个缩写代表“完成工作预算成本（Budgeted Cost of Work Performed）”。不用担心，这些缩写不需要记！

1. 你正在创建成本基准。目前你在哪个过程中？

A. 制订预算。

B. 控制成本。

C. 估算成本。

D. 制订成本基准。

2. 你在管理一个项目，它的EV为$7362，PV (BCWS)为$8232。SV是多少？

A. –$870。

B. $870。

C. 0.89。

D. 信息不足，无法得出。

3. 你在管理一家公司的项目，这个公司以前做过类似的3个项目。你查看了成本基准和经验教训，咨询了那些项目的项目经理，并使用这些信息得出你的成本估算。你使用的是哪一个技术？

A. 参数估算。

B. 净现值。

C. 粗略量级估算。

D. 类比估算。

4. 你管理的项目PV为$56733，SPI计算为1.2。这个项目的挣值是多少？

A. $68079.60。

B. $47277.50。

C. $68733。

D. 0.72。

5. 你的公司要从两个项目中做出选择。项目A是面向应付账款部门的一个收费软件项目；最后推行到该部门所有员工时，会为公司带来大约$400000的价值。项目B是一个工资应用，在全公司推行使用，使用时会为公司带来大约$388000的价值。经过相当长一段时间的商议，公司委员会选择启动项目B。选择项目B而不是项目A的机会成本是多少？

A. $388000。

B. $400000。

C. $12000。

D. 1.2

模拟题

6. 你的公司要求你提供一个成本估算，要包括使用产品时的维护、安装、支持和保养成本。这种估算叫做什么？

A. 收益成本比率。

B. 折旧。

C. 净现值。

D. 生命周期成本核算。

7. 你管理的一个项目SPI等于0.72，CPI为1.1。以下哪一项对这个项目的描述最准确？

A. 你的项目比进度计划提前，而且低于预算。

B. 你的项目比进度计划滞后，而且超出预算。

C. 你的项目比进度计划滞后，但低于预算。

D. 你的项目比进度计划提前，但是超出预算。

8. 你的项目BAC为$4522，已经完成13%。挣值 (EV)是多少？

A. $3934.14。

B. 没有足够的信息，无法得出答案。

C. $587.86。

D. $4522。

9. 一个项目经理在管理一个大型建筑项目。他的计划称这个项目最后的成本是$1500000。但是他担心不能保证在预算以内。目前他已经支出了预算的$950000，另外他计算已经完成了工作的57%，他认为不太可能把CPI提高到1.05以上。以下哪一项能最准确地描述这个项目的当前状态？

A. 这个项目很可能低于预算。

B. 这个项目很可能超出预算。

C. 这个项目正好达到目标。

D. 无法确定这个信息。

10. 你在管理一个铺设水下光缆的项目。这个项目的总成本是每米$52，要跨湖铺设4千米的光缆。计划要8周完成，每周铺设的光缆量相同。现在是第5周结束，你的团队目前已经铺设了1800米光缆。这个项目的SPI是多少？

A. 1.16。

B. 1.08。

C. 0.92。

D. 0.72。

模拟题

11. 一个软件项目执行期间，一个程序员通知你，她发现一个设计问题可能要求团队返工，要做一个重大的变更。处理这种情况的最佳方法是什么？

A. 让这个程序员咨询团队其他成员，再来给你提出建议。

B. 确定这个变更会对项目制约因素带来什么影响。

C. 停止所有工作，与发起人召开一个会议。

D. 更新成本基准来反映这个变更。

12. 如果AC（ACWP）大于EV（BCWP），这说明什么？

A. 项目低于预算。

B. 项目超出预算。

C. 项目比进度计划提前。

D. 项目比进度计划滞后。

13. 一个初级项目经理正在为PMP考试做准备，在寻求你的建议。她在学习挣值管理，想知道哪一个变量表示你对项目的预期支出与目前为止实际支出之差。你会怎么告诉她？

A. 实际成本（AC）。

B. 成本绩效指数（CPI）。

C. 挣值（EV）。

D. 成本偏差（CV）。

14. 你在管理一个工业建筑项目。你目前已经支出了$26410来调查场地、草拟初步计划，并运行工程模拟仿真。你发现有一个新的城市规划规定会导致你不得不额外支出预算的$15000来调整计划，所以你准备与发起人会面来讨论这个问题。你与发起人联系，并启动一个变更请求来更新成本基准。

在挣值计算中使用哪个变量来表示这里的$26410？

A. PV。

B. BAC。

C. AC。

D. EV。

模拟题

15. 你在处理一个软件项目的项目计划。你的公司有一个标准电子表格，可以用来生成估算。为了使用这个电子表格，你与团队会谈来估算功能需求、用例以及项目设计框架的数目。然后把它们按高、中或低复杂度分类。将所有这些数字输入到电子表格中（它使用了一个由以往项目实际成本和持续时间得出的数据表），完成一组计算，并生成一个最终估算值。这里完成的是哪一种估算？

A. 参数估算。

B. 粗略量级估算。

C. 自下而上估算。

D. 类比估算。

16. 项目A的NPV为$75000，内部报酬率为1.5%，启动资金为$15000。项目B的NPV是$60000，BCR为2:1，项目C的NPV为$80000，这还包括机会成本$35000。这些项目中，哪一个是最佳选择：

A. 项目A。

B. 项目B。

C. 项目C。

D. 没有足够的信息来选择项目。

17. 粗略量级估算的范围是多少？

A. –5%～+10%。

B. –25%～+75%。

C. –50%～+50%。

D. –100%～+200%。

18. 你在管理一个软件项目，一个相关方需要做一个变更，这会影响预算。以下哪一项定义了实现这个变更必须遵循的过程？

A. 实施整体变更控制。

B. 监控过程组。

C. 变更控制委员会。

D. 成本基准。

模拟题

19. 你在管理一个软件项目，一个相关方需要做一个变更，这会影响预算。你遵循一些程序来实现这个变更，以下哪一项必须更新以反映这个变更？

A. 项目管理计划。

B. 项目成本基准。

C. 成本变更控制系统。

D. 项目绩效审查。

20.你管理的项目BAC为$93000，EV (BCWP)为$51840，PV (BCWS)为$64800，另外AC (ACWP) 为$43200，CPI是多少？

A. 1.5。

B. 0.8。

C. 1.2。

D. $9,000。

重申一次，如果看到这些4字母的缩写不用慌。考试中肯定还会给出你熟悉的那些缩写的！

21. 你在管理一个项目，TCPI为1.19。以下哪一个是最佳措施？

A. 项目低于预算，管理成本没有压力。

B. 积极地管理成本。

C. 创建一个新进度计划。

D. 创建一个新预算。

22. 你开始与项目发起人写项目章程，这时高级经理要求得到项目的一个时间和成本估算。你还没有收集到项目的太多详细信息。可以给出哪一种估算？

A. 类比估算。

B. 粗略量级估算。

C. 参数估算。

D. 自下而上估算。

23. 你在管理一个面向国防承包商的项目。你知道已经超出了预算，而且需要告诉项目发起人还需要多少开支。你已经给他了一个预测，指出了你对项目结束时总成本的一个估算，所以你需要考虑到这个估算。现在要确定项目余下部分要保持多大的CPI。以下哪一项最能满足你的需要？

A. BAC。

B. ETC。

C. TCPI（基于BAC计算）。

D. TCPI（基于EAC计算）。

~~模拟题~~ 答案

1. 答案：A

这实际上是一个关于过程顺序的问题。控制成本使用了成本基准，所以成本基准必须在控制成本过程之前创建。制订成本基准根本不是一个过程，所以应该立即排除这个选项。制订预算的主要输出是成本基准和支持性详细信息，所以A是这道题的正确选择。

D. 制订成本基准 ← 当心这些虚构的过程！这不是一个真正的过程名。

2. 答案：A

这道题只是要考察你是否知道进度偏差的公式。只需把值插入到SV公式中：SV = EV – PV，就可以得到答案A。不过要注意负数！答案B是一个陷阱，因为这是一个正值。另外，考试中会有类似C的答案，考察你是否使用了正确的公式。如果使用了SPI公式，就会得到这个答案！可以立即排除答案D，不用做任何计算也能知道已经有足够的信息来计算SV！

2. 你在管理一个项目，它的EV为$7362，PV **(BCWS)** 为$8232。SV是多少？

不要被4字母的缩写吓住，比如BCWP，有些人对于PV、EV和AC会使用不同的缩写。不过PMP考试总会给出你熟悉的缩写。

3. 答案：D

使用以往项目的绩效来帮助得出一个估算时，这称为类比估算。这是你第二次见到这个技术，它在第6章中也出现过。所以考试中很有可能出现有关这个技术的题目。

4. 答案：A

SPI的公式是：SPI = EV ÷ PV。所以只需填入你知道的数，可以得到1.2 = EV ÷ $56733。现在把它倒过来。最后会得到EV = 1.2 x $56733，相乘之后得到$68079.60。

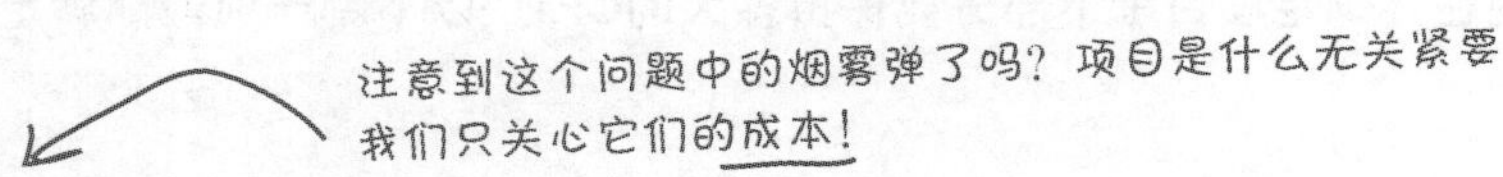
注意到这个问题中的烟雾弹了吗？项目是什么无关紧要，
我们只关心它们的成本！

5. 答案：B

如果你看到一个选择某个项目而不是另一个项目所带来的机会成本问题，答案就是那个没有选择的项目的价值！所以，尽管答案都是数，但这道题根本不用做数学计算！

~~模拟题~~ 答案

6. 答案：D

这种题目会给出一个定义，让你选择定义的是哪一个术语。所以究竟是哪一个呢？

试着使用排除法找出正确答案！肯定不是收益成本比率，因为并没有让你将项目的总成本与其他东西进行比较来得出它的收益。折旧也不对，这有关于项目随时间损失的价值，而不是关于它的成本。另外也不是净现值，因为这个问题没有问你项目现在交付多少价值。这样就只剩下了生命周期成本核算。

如果不知道一个问题的答案，试着排除所有你知道错误的答案。

不要忘记：
较小（Lower）＝失败（Loser）！

7. 答案：C

看到SPI小于1时，这说明你的项目比进度计划滞后。不过你的CPI大于1，这说明项目低于预算！

8. 答案：C

使用公式：EV=BAC x 实际/完成百分比。在这个公式中插入数字后，正确答案就一目了然了！

我喜欢这些计算题，因为看到我的计算器得到的答案与某个选择一样时，我就知道做对了！

9. 答案：B

你可能没有立即看出这是一个TCPI问题，不过再来看这个问题。它在问你一个项目是否低于预算，这正是TCPI的用途。好在，已经给出了完成计算需要的所有值！实际/完成百分比是57%，BAC是$1500000，另外AC是$950000。可以计算EV = BAC x 实际/完成百分比 = $1500000 x 57% = $855000。所以现在已经有了计算TCPI所需的全部值：这说明需要TCPI为1.17才能保证低于预算。由于他知道不可能好于1.05，所以最后很可能超出预算。

$$TCPI = \frac{BAC - EV}{BAC - AC} = \frac{(\$1500000 - \$855000)}{(\$1500000 - \$950000)} = 1.17$$

模拟题 答案

10. 答案： D

有些计算题可能有点复杂—不过并不是说它们会很难！放松，你肯定做得出来！

你要用的公式是：SPI = EV ÷ PV。不过EV和PV是什么呢？如果再来看这个问题，你就会发现计算这两个数所需的全部信息。首先，得出挣值： EV = BAC x 实际/完成百分比。不过请等等！这些在问题中没有给出！

嗯，没关系，只需要想办法计算出来。这个项目每米的成本是$52，要铺设4千米光缆，这说明项目的总成本是$52 x 4000 = $208000。另外还可以得出实际/完成百分比！你目前已经铺设了总共4000米中的1800米…… 所以这就是1800 ÷ 4000 = 45%。好了！现在你就知道了挣值：EV = $208000 x 45% = $93600。

那么接下来呢？你已经得到了计算SPI所需的一半信息，下面要得出PV。它的公式是PV = BAC x 计划/完成百分比。那么你原本打算现在完成项目的多少呢？对于这个为期8周的项目，现在已经工作了5周，所以5 ÷ 8 = 62.5%，PV就是$208000 x 62.5% = $130000。现在你已经得到计算SPI所需的全部信息！ EV ÷ PV = $93600 ÷ $130000 = 0.72。

所以这个问题实际上在问我能不能根据给定的条件计算出EV和PV。

你认为这是一个烟雾弹吗？并不是那样，你要用到这里给出的所有数。

11. 答案： B

你会遇到很多这样的问题，发生一个问题，某个人遇到一个问题，或者项目遇到了麻烦。发生这种情况时，首先要做的就是停下来，收集信息。这对你来说是有道理的，因为你不知道这个变更是否确实会影响成本。这看起来对程序员是一个重大变更，不过可能根本不会对项目增加任何成本。也有可能确实有重大影响。所以首先要做的就是明确变更对项目制约因素的影响，这正是答案B所说的！

答案

模拟题

12. 答案：B

你知道哪个公式里包含AC和EV？没错，正是CPI公式！来看这个公式：CPI ＝EV ÷ AC。如果AC大于EV会怎么样呢？假想两个数，放入公式！会得到小于1的CPI，你就明白它的含义了…… 这说明超出预算了！

12. 如果AC (ACWP) 大于EV (BCWP)，这说明什么？
这里有更多4字母缩写。不用担心，你不需要记住这些缩写。

如果在考试前在我的草稿纸上写出所有公式，这种问题就会容易多了！

13. 答案：D

这个问题给出一个定义，检查你是否知道这个定义指的是什么。应该花些时间来看这4个可能的答案，看看能不能想出它们各自的定义。很有必要多花些功夫来理解各个公式和变量在现实生活中的含义！这样整个考试都会容易得多。

14. 答案：C

这是一个经典的烟雾弹问题！你目前为止的支出是实际成本。这是一个简单的定义问题，不过在外面加了一大堆无关的东西！

14. 你在管理一个工业建筑项目。你目前已经支出了$26410来调查场地……
这是这个问题中唯一有关的部分，其余的都是烟雾弹。

15. 答案：A

在公式或计算机程序中插入一堆值时，它会生成一个估算，这称为参数估算。参数估算通常使用一些历史数据，不过这并不表示它就是类比估算！

答案

模拟题

16. 答案：C

已经给出了各个项目的净现值(NPV)。NPV表示这个项目对你的公司的总价值！其中已经包含成本，包括机会成本。所以你要做的就是选择有最大NPV的项目。

17. 答案：B（译者注：原文此处为C，有误）

粗略量级估算是一个非常基本的估算，每个人所知道的只是实际成本的一个粗略范围（或–25%～+75%）。

18. 答案：A

你现在应该已经很清楚变更控制是如何工作的！变更控制系统定义了执行变更所用的程序。控制成本有自己的一组程序，这是第4章中学习的实施整体变更控制过程的一部分。

19. 答案：B

使用项目成本基准来测量和监督项目的成本绩效。基准的基本思想是：批准和实现一个变更时，就要更新基准。

我看出来了，首先请求一个变更，得到批准，接下来实现，然后更新基准。所以我在使用成本基准，就像第5章中使用范围基准一样！

20. 答案：C

你现在应该已经掌握这个内容了！将数字插入到公式中（CPI = EV ÷ AC），就能得到答案。有时题目里还会给出一些实际上不需要用到的数字，就像其他烟雾弹一样，要把它们忽略，只使用你真正需要的那些数！

21. 答案：B

如果TCPI大于1，就需要积极地管理成本。这说明你要满足你的目标，但要减少项目余下部分的支出。

答案

模拟~~题~~

22. 答案： B

如果刚开始写项目章程，这说明你刚启动项目，还没有足够的信息来完成类比估算、参数估算或自下而上估算。

在项目早期唯一可以使用的估算技术是粗略量级估算。这种估算没有其他估算那么准确，只是用来给出一个粗略的认识，大致了解项目需要多少时间和成本。

23. 答案： D

这个问题看起来有些啰唆，不过这实际上只是在问TCPI的定义。你要得出项目要有多大的CPI才能满足你的预算。而且你知道，这是基于EAC的TCPI，因为题目中指出你已经给出了一个预测，这说明你已经提供了一个EAC值。所以现在可以计算基于EAC的TCPI数，从而确定项目余下部分要保持多大的CPI。

基于EAC计算这个值时，可以告诉发起人需要增加多少资金（或者如果你给出的是好消息，可能告诉他们可以减少多少资金），就能保证低于预算。

8 质量管理

正确行事

我不记得有没有用过巧克力屑或者装饰，不过我想应该没问题。出售蛋糕之前肯定有人会检查的。
Head First Recipes

只是保证按时按预算完成工作还不够。你还要确保生产出正确的产品，真正满足你的相关方的需求。质量意味着确保你生产的确实是你承诺的东西，另外要尽可能高效。这说明尽量不要犯太多错误，另外要保证项目一直朝着创建正确产品的目标前进！

质量是什么？

每个人都“知道”质量是什么。不过日常生活中这个词的用法与项目管理中的用法稍有些不同。在项目中要通过设定目标和不断测量来管理质量。正因如此，你要了解相关方认为可接受的质量水平，并且确保你的项目能满足这些目标…… 就像要满足预算和进度目标一样。

你怎么知道这是不是一个高质量的产品呢？

BRAIN
POWER

怎么区别高质量和低质量的产品？

确定质量不只是需要测试

很多人都把质量和测试混为一谈。项目遇到质量问题时，一些项目经理的直接反应就是为项目增加更多测试人员，希望能找出更多漏洞。不过测试并不是全部。要了解产品的质量，不只是需要测试：

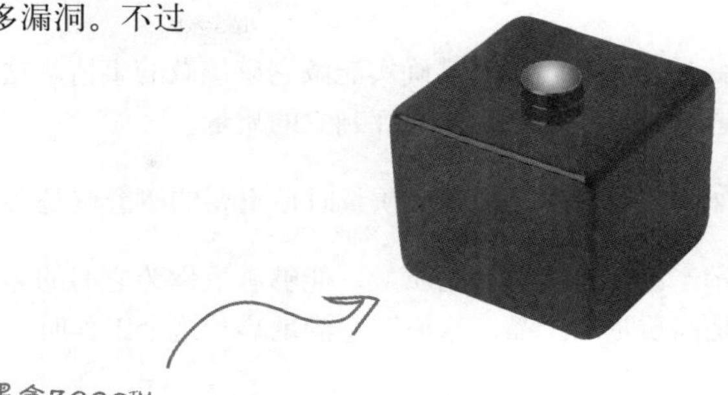

黑盒3000™。

场景1

Lisa按下按钮，不过什么也没有发生。

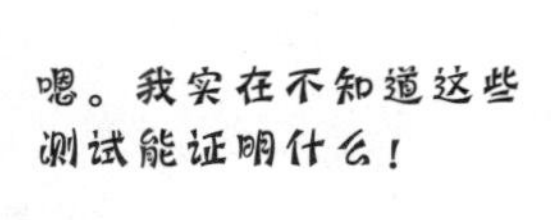
嗯。我实在不知道这些测试能证明什么！

Lisa，我们的测试人员，正在测试黑盒3000™，不过她不清楚要测试什么。

场景2

Lisa按下按钮，从盒子里传出一个声音："按钮操作有误"。

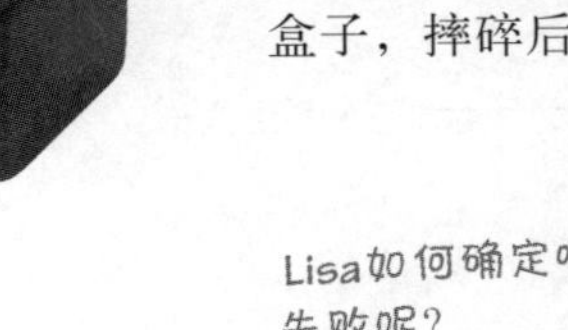

场景3

Lisa按下按钮，盒子加热到628°F。Lisa丢掉盒子，摔碎后散落一地。

Lisa如何确定哪些盒子工作正常，而哪些测试失败呢？

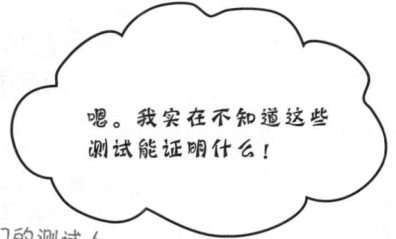

一旦知道产品要做什么，就很容易区分哪些测试通过而哪些失败

测试就是要检查确认产品确实能做它应该做的事情。这说明你必须清楚地知道产品要做什么，才能评判它的质量。

正因如此，PMP考试中定义质量时最重要的概念就是要**符合需求**。

正是因为这个原因，正确地完成收集需求过程非常重要！

这表示产品要有足够好的质量，能够满足你为它写的需求。如果说一个东西是高质量的产品，这说明它满足启动这个工作时团队所认同的需求。

质量就是测量产品是否满足需求。

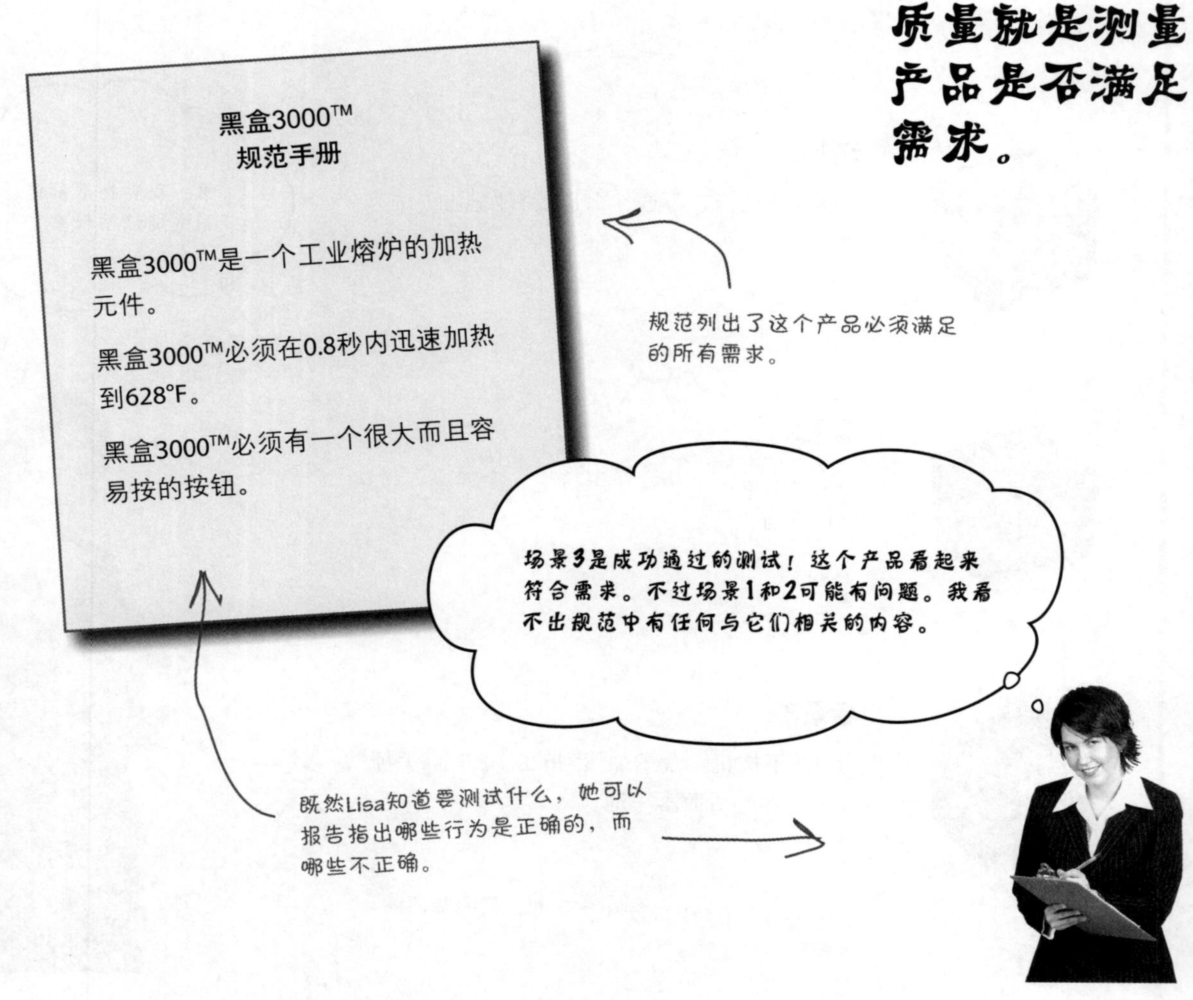
黑盒3000™
规范手册
黑盒3000™是一个工业熔炉的加热元件。
黑盒3000™必须在0.8秒内迅速加热到628°F。
黑盒3000™必须有一个很大而且容易按的按钮。
规范列出了这个产品必须满足的所有需求。
场景3是成功通过的测试！这个产品看起来符合需求。不过场景1和2可能有问题。我看不出规范中有任何与它们相关的内容。
既然Lisa知道要测试什么，她可以报告指出哪些行为是正确的，而哪些不正确。

质量详解

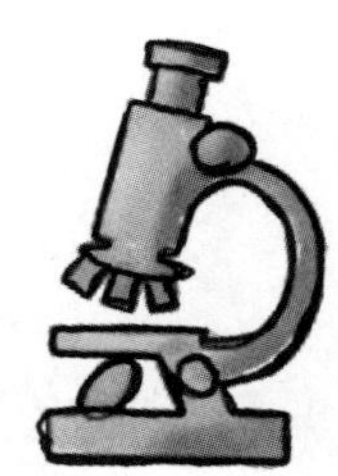

关于质量有很多常识性的知识，可以帮助你更好地理解PMP考试的由来。在过去的大约50年中，质量工程领域的很多工作主要集中在制造行业。如今，这些思想已经应用于很多不同行业的产品质量管理。下面的几个概念在考试中非常重要。

客户满意度是指确保为最终产品付钱的人对他们得到的产品表示满意。团队收集需求来建立规范时，他们要写出客户对产品提出的所有要求，从而能知道如何让他们满意。

客户的需要应当在开始构建产品之前作为需求写下来。这样你就能规划构建正确的产品。

有些需求可能**没有明确指出**。这些是客户外在需要所隐含的需求。最终如果你满足了所有需求，客户就会很满意。

有些需求只是一些常识——比如人手拿的产品不能用可能致命的有毒材料制造。这可能不会明确地指出，但确实是一个需求。

适用性是指确保你构建的产品具备满足客户需求的最佳设计。在下面这两个产品中你会选择哪一个：一个产品设计精美、结构合理、牢固结实、看起来赏心悦目但是没能提供你需要的功能，另一个可以做到你想做的事情，尽管看起来确实不太美观，甚至使用还有些别扭，你会选择哪一个呢？

你肯定会选择那个满足需要的产品，尽管它有诸多缺陷。正因如此，这一点很重要：产品既要完成它该做的工作，还要能够很好地完成。

当然可以用螺丝刀敲钉子，不过锤子更适合做这个工作。

这个想法最早由质量理论家Joseph Juran提出。

需求合规性是客户满意度和适用性的核心。毕竟，你的产品需要完成你在需求规范中指定的工作。需求既要考虑到让客户满意，又要考虑到完成工作的最佳设计。

Phillip Crosby在20世纪80年代推广了这一思想。从那以后，它在质量工程中一直都非常重要。

这说明不仅要符合明确指出的需求，还要符合隐含的需求。

最后，评判产品的质量时，要看你是否构建了你打算构建的产品。

质量是对产品是否符合预期的一个度量。

看到产品时我自然就知道质量了。我可以直接看最终产品，如果质量差就拒绝，难道不行吗？

很容易把低等级的产品误以为是低质量的产品。

人们谈论他们的爱车或一顿大餐的质量时，通常所指的是它的等级。你可以评判一个东西的等级而无需了解太多需求。不过这与了解它的质量大不相同。

质量与等级

质量意味着做你本来需要做的事情。等级描述了人们对它赋予的价值。

晚餐可以吃一顿龙虾大餐，也可以吃一个热狗。它们都是食物，对不对？不过它们的口味、外观、感觉都不同，最重要的，价格也不同。如果你在饭店点一份龙虾，付的钱会比点一个热狗多得多。不过这并不意味着龙虾大餐的质量更高。如果你本来要点一份沙拉，给你的却是龙虾或热狗，你肯定不会满意。

更高等级的东西通常成本更高，不过只是因为你付的钱更多并不表示它就能做到你需要的事情。

龙虾等级更高；热狗的等级低。不过，如果你想要的本来是一份沙拉，那么它们都是低质量的。

Sharpen your pencil

来看以下各种情况，确定他们谈论的是质量还是等级。

1. 你点的比萨上要放蘑菇，可是上面放的却是洋葱。

☐ 质量 ☐ 等级

2. 你打电话向比萨店抱怨，店员居然对你大喊大叫。

☐ 质量 ☐ 等级

3. 比萨送来了，不过上面放的是罐头蘑菇。

☐ 质量 ☐ 等级

4. 比萨是凉的。

☐ 质量 ☐ 等级

---

5. 你刚买了一部新款的豪华车，花了一大笔钱。

☐ 质量 ☐ 等级

6. 不过每两个星期就得回修理厂修理一次。

☐ 质量 ☐ 等级

你可能没有告诉销售员希望这辆车能够正常行驶，不过你肯定希望它做到这一点。这是一个不用明确指定的需求。

7. 你的邻居取笑你，因为你的轮毂罩不太好看……

☐ 质量 ☐ 等级

8. ……不过轮毂罩确实能很好地起到车轮防泥的作用，这正是你要安装这些轮毂罩的原因。

☐ 质量 ☐ 等级

答案见466页。

BRAIN
POWER

我们讨论了不能只通过测试来确定产品质量。你能想出还有哪些方法可以提高产品的质量？

"防患于未然……"

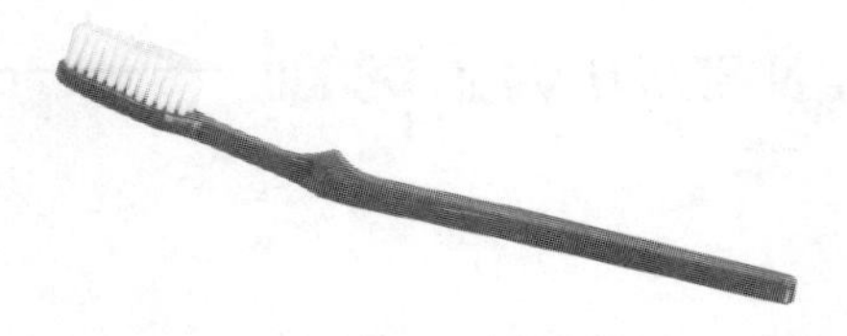

仅仅让牙医补蛀牙是不够的。你要每天刷牙。产品质量也是一样。如果你在错误发生之前重视预防项目中可能出现的错误，就更有可能按时完成产品，而且不会花过多的钱。

关于缺陷，预防总胜于检查！

10%的黑盒在按下按钮时按钮都会卡住。

可以请更多检查人员来检查每个产品的按钮是不是会卡住，然后送去检修……

或者可以改变设计，让按钮缩小1毫米，这样就能完全消除这个问题了。

正是因为这个原因，你需要3个质量管理过程！

质量管理知识领域有3个过程，它们的目的就是为了确保你和你的团队能尽可能交付最高质量的产品。

规划质量管理与前面学习的其他规划过程很类似，要创建一个质量管理计划，帮助指导你和你的团队完成质量活动。

控制质量过程是一个监控过程，在这个过程中要查看每个可交付成果，并检查缺陷。

管理质量过程中，要退一步查看你的项目是否满足公司整体的质量标准和原则。

Exercise

以下这些活动哪些是预防，哪些是检查？

1. 你发现你的工厂生产的40%的运动鞋左右脚的鞋垫会放错。所以你在左脚鞋垫下面印了一个L，这样工人们就能更容易地区分两只脚的鞋垫。

☐ 预防　　☐ 检查

2. 你的编程团队构建的应用有很多漏洞。所以你增加了额外的测试周期，而且测试周期更长也更密集，力图在产品上线之前查找出更多问题。

☐ 预防　　☐ 检查

3. 你的编程团队构建的应用有很多漏洞。所以你编写了编码标准，指导所有人构建产品时更注意质量。

☐ 预防　　☐ 检查

4. 工厂生产的一些黑盒在按下按钮时只能加热到500度。所以你设计了一个自动按下按钮的装置，这样每个盒子从生产线出来后就按下按钮测量它的温度。

☐ 预防　　☐ 检查

5. 你在项目的重要里程碑完成代码审查，从而尽早捕获到缺陷。

☐ 预防　　☐ 检查

6. 团队的程序员在为应用编写代码之前先编写了单元测试。这可以帮助他们考虑应用设计可能出错的方式，并避免重大问题。

☐ 预防　　☐ 检查

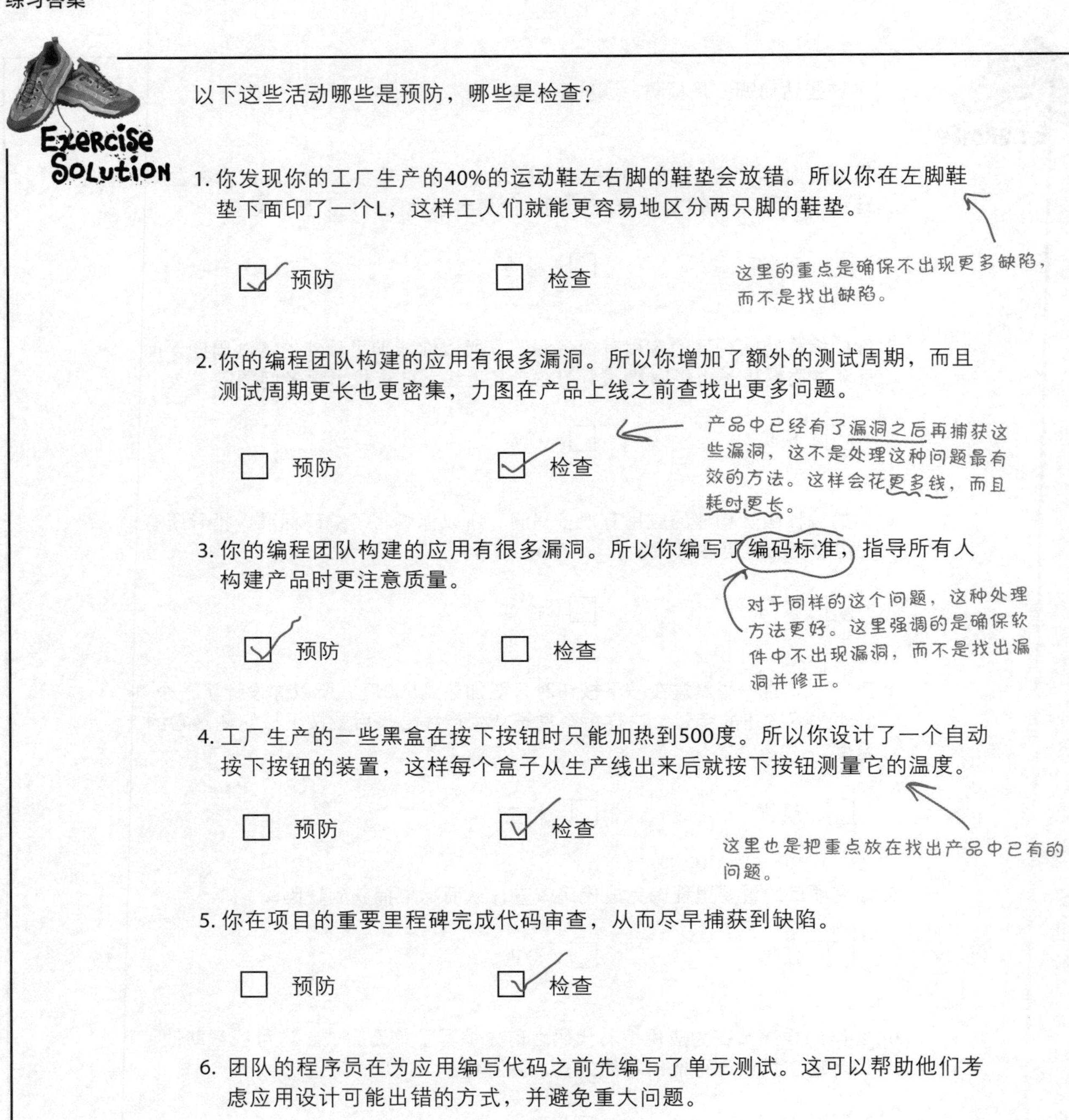

Exercise Solution

以下这些活动哪些是预防，哪些是检查？

1. 你发现你的工厂生产的40%的运动鞋左右脚的鞋垫会放错。所以你在左脚鞋垫下面印了一个L，这样工人们就能更容易地区分两只脚的鞋垫。

☑ 预防　　☐ 检查

这里的重点是确保不出现更多缺陷，而不是找出缺陷。

2. 你的编程团队构建的应用有很多漏洞。所以你增加了额外的测试周期，而且测试周期更长也更密集，力图在产品上线之前查找出更多问题。

☐ 预防　　☑ 检查

产品中已经有了漏洞之后再捕获这些漏洞，这不是处理这种问题最有效的方法。这样会花更多钱，而且耗时更长。

3. 你的编程团队构建的应用有很多漏洞。所以你编写了编码标准，指导所有人构建产品时更注意质量。

☑ 预防　　☐ 检查

对于同样的这个问题，这种处理方法更好。这里强调的是确保软件中不出现漏洞，而不是找出漏洞并修正。

4. 工厂生产的一些黑盒在按下按钮时只能加热到500度。所以你设计了一个自动按下按钮的装置，这样每个盒子从生产线出来后就按下按钮测量它的温度。

☐ 预防　　☑ 检查

这里也是把重点放在找出产品中已有的问题。

5. 你在项目的重要里程碑完成代码审查，从而尽早捕获到缺陷。

☐ 预防　　☑ 检查

6. 团队的程序员在为应用编写代码之前先编写了单元测试。这可以帮助他们考虑应用设计可能出错的方式，并避免重大问题。

☑ 预防　　☐ 检查

规划质量管理就是如何预防缺陷

由于预防是处理缺陷的最佳方法，所以需要做大量规划来确保你的产品缺陷尽可能少。规划质量管理过程的重点是在项目一开始得到所有可用信息，确定如何测量质量和预防缺陷。

规划
过程组

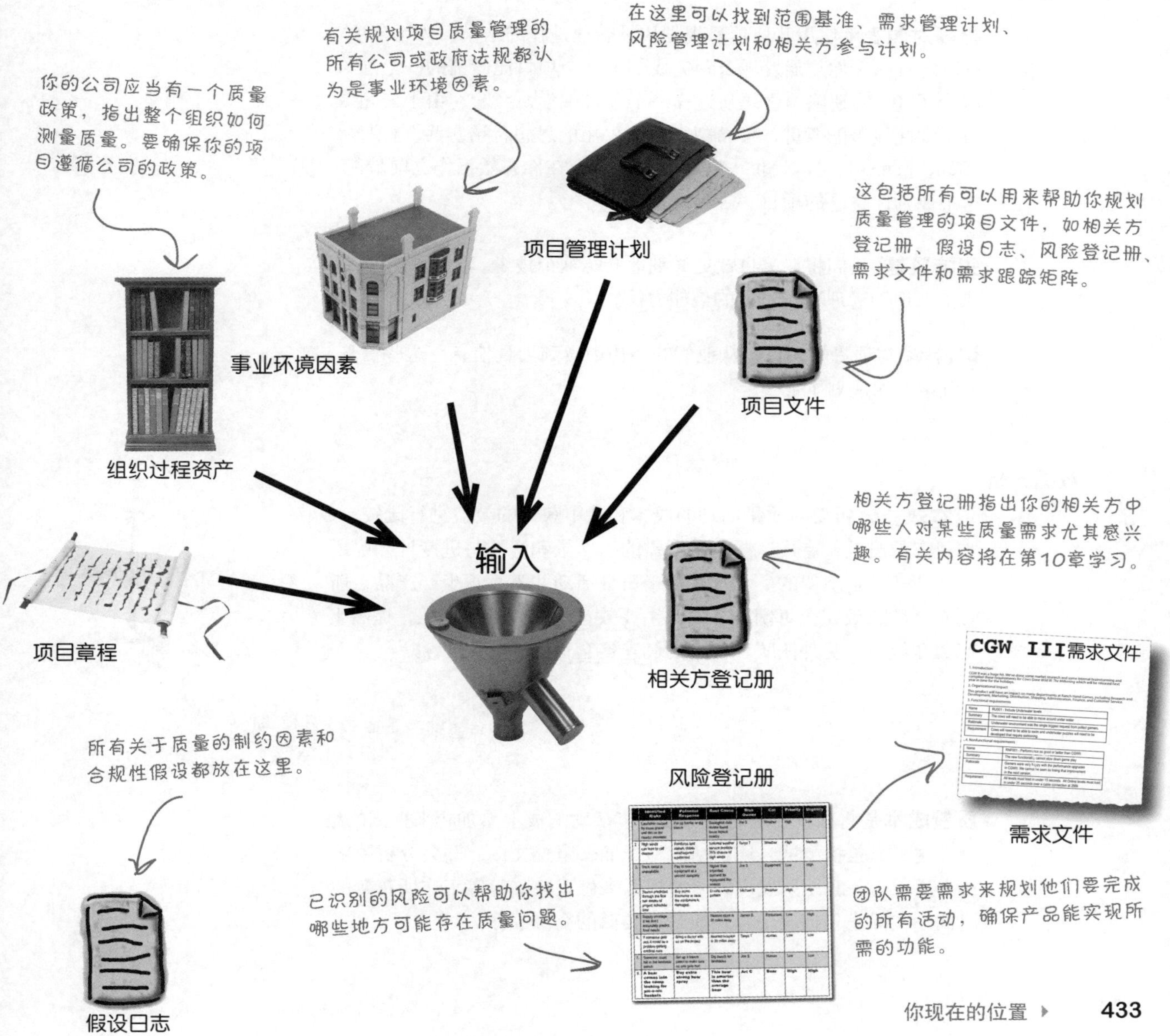

有关规划项目质量管理的所有公司或政府法规都认为是事业环境因素。

在这里可以找到范围基准、需求管理计划、风险管理计划和相关方参与计划。

你的公司应当有一个质量政策，指出整个组织如何测量质量。要确保你的项目遵循公司的政策。

项目管理计划

这包括所有可以用来帮助你规划质量管理的项目文件，如相关方登记册、假设日志、风险登记册、需求文件和需求跟踪矩阵。

事业环境因素

项目文件

组织过程资产

相关方登记册指出你的相关方中哪些人对某些质量需求尤其感兴趣。有关内容将在第10章学习。

输入

项目章程

相关方登记册

CGW III需求文件

所有关于质量的制约因素和合规性假设都放在这里。

风险登记册

需求文件

已识别的风险可以帮助你找出哪些地方可能存在质量问题。

团队需要需求来规划他们要完成的所有活动，确保产品能实现所需的功能。

假设日志

如何规划质量管理

你需要规划使用哪些活动来测量项目产品的质量，另外要确保你规划的活动最后都能完成。所以要考虑你想做的所有与质量相关的活动有多大的成本。然后要设定一些原则，以此作为测量的依据。最后，需要设计一些测试，等产品准备好可以测试时就能运行这些测试。

数据收集

标杆对照表示使用其他项目规划质量管理过程的结果，为这个项目设定目标。你可能发现公司完成的上一个项目比此前的一个项目减少了20%的缺陷。你想从这样一个项目中学习经验，由于公司取得了如此显著的改进，你希望把他们采用的思想付诸实践。标杆（Benchmarks）可以提供一些参考点，甚至在你开始工作之前就能用来评判你自己的项目。

头脑风暴。我们将在第11章更详细地介绍这个技术。团队使用头脑风暴来识别管理项目质量的最佳方法。

访谈。参与项目的人可以从他们的经历中得到大量信息，这些信息可以帮助你规划质量管理。

数据分析

成本效益分析要对质量活动的成本和从中获得的效益进行比较。成本很容易测量；完成这些活动所需的工作量和资源与进度计划中所有其他任务是类似的。不过，由于质量活动并不真正生产产品，所以有时测量效益会更困难一些。主要效益是可以减少返工，提高生产力和效率，另外团队和客户的满意度会更高。

这是有道理的。建立了高质量产品的团队会对自己的工作很自豪。

质量成本是将项目中所有预防和检查活动的成本累加起来得到的结果。这不只包括测试，还包括编写标准、审查文件、开会分析缺陷根本原因、一旦团队发现缺陷就返工来修正缺陷等等工作所花费的时间—实际上包括确保项目质量所要做的全部工作。

质量成本作为一个很好的指标，可以用来检查你的项目在正常执行还是遇到了麻烦。如果你的公司跟踪了所有项目的质量成本，你就能得出你的项目与其他项目相比开支更多还是更少，从而保证项目能正常进行。

专家判断表示直接找有经验的人寻求帮助。

决策

利用**多标准决策分析**，可以分析多个问题，并排列优先顺序，从而能先处理最重要的问题。

测试规划

测试规划是指，应用科学方法创建项目可交付成果的一组测试。这是一种统计方法，表示要使用统计来分析实验的结果，从而确定你的可交付成果是否能最好地满足需求。很多质量经理都使用这种技术生成一组测试，并在可交付成果上运行这些测试，从而得到数据以便以后分析。

数据表现

流程图提供了一种方法来查看团队完成项目质量管理活动时遵循的所有步骤。

矩阵图是一些表、电子表格或数据透视表，可以帮助你分析复杂的关系。

逻辑数据模型提供了一种可视化方法来考虑你的数据，可以帮助你查看之前没有发现的质量问题。

会议

会议可以用来确定你的团队如何完成项目需要的所有与质量相关的活动。整个团队可以在这些会议中协作制订质量管理计划。

Exercise

查看以下各个场景，识别使用了哪个工具或技术。

1. 你查看了公司的资产库，发现最近一个项目通过在构建初期安排缺陷预防会议能够将缺陷减少20%。你在你的质量计划中加入了同样的过程，并设定目标，希望你的项目产品上线后的缺陷比公司平均水平低20%。

   工具/技术: ....

2. 你将所有质量活动的成本累加起来，并把这个数记入质量管理计划。你使用这个数来度量你的项目相对于公司其他项目的健康度。

   工具/技术: ....

3. 你写出黑盒3000™下生产线时要运行的所有测试。你确定了哪些故障可能导致停止测试，哪些会让你恢复测试活动，另外还要确定产品要满足哪些需求才能认为测试通过。

   工具/技术: ....

答案见467页。

质量管理计划指出需要什么来管理质量

一旦有了质量管理计划，就能知道管理项目质量的原则。监督项目质量的策略要包含在这个计划中，另外还要包括各个步骤的原因。评判项目是否成功时会使用一些测量指标，团队中的每一个人都要理解这些指标的理由，这一点很重要。

质量管理计划是预防项目缺陷的主要工具。

输出

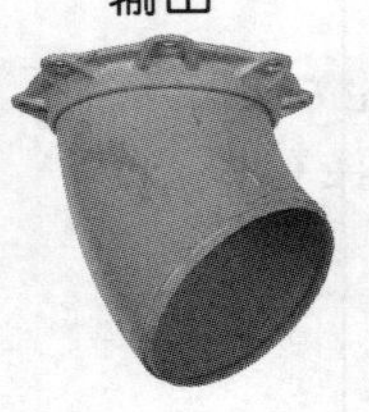

质量管理计划是规划质量管理过程的主要输出。这是项目管理计划的一个子计划。

测量指标就是用来测量产品质量的一个数。

尽管这个数是成本管理的一部分，但通常会在质量管理计划中测量，因为这也是客户对项目满意度的一部分。

黑盒3000™
质量管理计划

项目背景：

项目目标是创建尽可能多无缺陷的工业加热元件。以前的问题包括：按钮会卡住，另外很难测试产品。通过为测试团队提供一个规范，可以纠正这些问题。

项目测量指标的目标：

测量指标	目标	理由	具体做法
进度偏差	<5%	由于提前与客户规划了黑盒交货时间，只能接受很小的延迟	跟踪所有可能导致延迟的活动。如果必要，可以使用额外的资源来满足最后期限
缺陷密度	0 高优先级； 2 中优先级； 5 低优先级（每一千个黑盒的缺陷数）	缺陷补救成本极高。要尽可能在第一次就交付尽可能多完好的产品	在过程早期安排缺陷预防活动。监督检查的结果，并在必要时调整

缺陷预防计划：

输出

项目管理计划

需要完成**项目管理计划更新**，因为质量管理规划过程会识别新的风险或活动，这些会增加到项目的范围中。要在风险管理计划和范围基准中完成这些变更。

质量测量指标是项目中为确定质量而采用的各种测量指标。如果你在管理一个为摩天大楼安装窗户的项目，15%的窗户因为破损而必须重新安装，这就是一个重要的测量指标。你可能需要与公司合作来降低这个破损数。

要在这里记录你将如何确定产品的质量。你要写出将要使用的公式，什么时候测量，为什么采用这些测量指标，以及如何解释这些指标。

如果你在规划质量管理活动中发现有新的相关方，可能需要更新相关方登记册。

相关方登记册

可能需要完成**项目管理计划更新**，因为你会在规划质量管理活动过程中发现新的信息，这些信息可能会影响你已经做出的其他一些计划。正因如此，这个过程包括完成这种变更的一个输出。

WHAT'S MY PURPOSE

将各个规划质量管理输出与相应的描述连线。

质量管理计划	对相关方登记册、风险登记册和经验教训等的更新。
项目管理计划更新	帮助你规划所有质量活动。
项目文件更新	描述测试期间如何测量一个可交付成果的某个特定属性。
质量测量指标	对范围基准和风险管理计划的更新。

答案见467页

there are no Dumb Questions

问： 为什么你要跟踪测试的成本呢？

答： 你是指质量成本，是吧？质量成本不只是测试的成本。这是所有质量活动的成本。甚至像花时间编写核对单和标准之类的预防性活动也属于质量活动。之所以要跟踪质量成本，这是因为这样可以更多地了解你的项目整体健康度。

假设你发现你在质量活动上的支出是构建产品相关支出的两倍，就需要使用这个数对工作方式提出一些问题。

人们是不是没有提前做足工作来预防缺陷，以至于在项目最后不得不增加大量成本很高的测试活动来弥补？设计是不是不够清楚，以至于你的团队需要大量返工来满足客户的需求？导致质量成本很高的原因可能有很多，不过如果你不跟踪质量成本，甚至都不知道如何问起。

问： 建立产品之前怎么能知道标杆呢？

答： 这正是你的组织过程资产的作用。由于你的公司保留了多年来做过的所有项目的记录，这些项目的质量测量也可以帮助你对你的项目执行情况做出评估。如果你的公司知道，你所在部门的所有项目质量成本约为总开发成本的40%，你就可以设定质量成本的40%作为项目的标杆。你的公司可能已经明确指出一个目标，要求本年度（日历年度）所有项目的进度偏差为正负10%。在这种情况下，这个进度偏差就是你的项目的一个标杆。

问： 我的项目并没有明确的需求，因为团队中的每一个人都很清楚我们要构建的产品。我要怎么处理质量呢？

答： 绝对不能这样。还记得吗？你在收集需求过程中花了那么多时间来收集需求。嗯，就是因为会在这里用到那些需求。也正因如此，你要负责确保项目有清楚、明确而且正确的需求。如果没有，就无法测量质量，而质量是项目管理中很重要的一部分。

如果没有需求，你就不知道产品要做什么，这说明你不能评判它的质量。通过测试可以对产品有很多了解，但是如果不知道它的需求，一个产品可能可以通过所有测试但仍然达不到客户的期望。所以只有确定明确的需求，才能知道你的产品是否是高质量的产品。

检查可交付成果

监控过程组

只检查最终产品还不够。项目过程中建立所有成果都需要检查，来查找漏洞。实际上，越早发现漏洞，修正就越容易。**控制质量过程**就是要检查工作产品来查找缺陷。

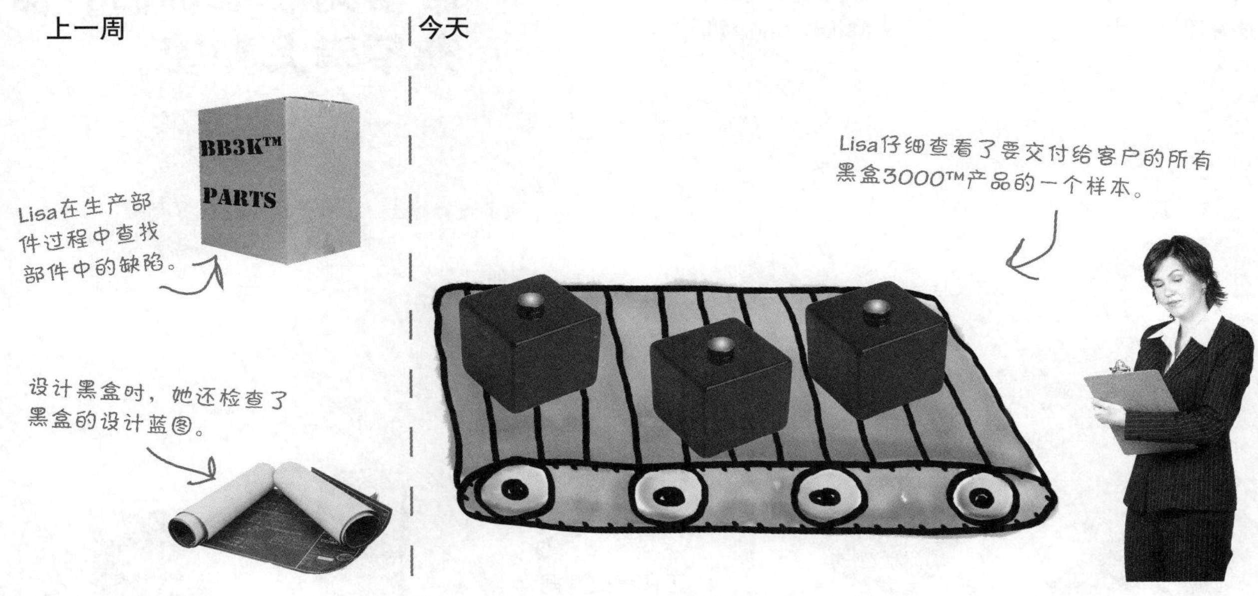
上一周
今天
BB3K™
PARTS
Lisa在生产部件过程中查找部件中的缺陷。
设计黑盒时，她还检查了黑盒的设计蓝图。
Lisa仔细查看了要交付给客户的所有黑盒3000™产品的一个样本。

控制质量过程属于监控过程组。类似于控制范围和控制成本，需要查看从项目得来的工作绩效信息，与计划进行比较。**如果存在问题，就建议一个变更，这样可以修正问题，或者确保这个问题不再发生。**

BRAIN
POWER

如何使用核对单和测量指标来检查所有可交付成果并查找缺陷？

控制质量过程使用规划输出

你已经提出一个计划，以确保每个可交付成果都是正确的。现在来监督为满足需求所做的工作，就是要遵循你的计划！需要查看已经生成的所有产品，确保满足收集的所有需求。另外还需要使用规划质量管理过程中生成的所有结果，来掌握产品的质量。

利用测量指标可以很容易地检查你的产品是否满足期望。

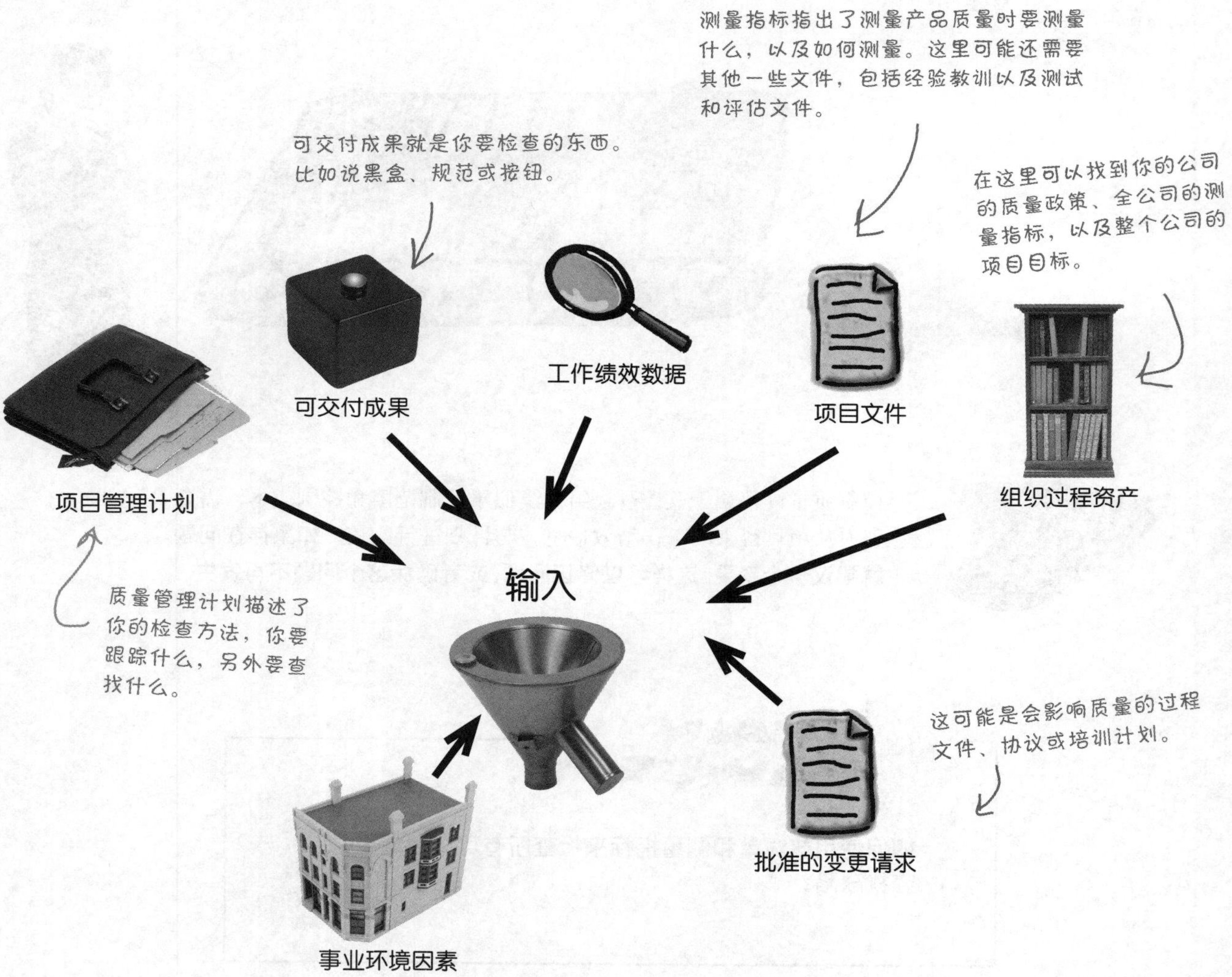

测量指标指出了测量产品质量时要测量什么，以及如何测量。这里可能还需要其他一些文件，包括经验教训以及测试和评估文件。

可交付成果就是你要检查的东西。比如说黑盒、规范或按钮。

在这里可以找到你的公司的质量政策、全公司的测量指标，以及整个公司的项目目标。

工作绩效数据

可交付成果

项目文件

组织过程资产

项目管理计划

输入

质量管理计划描述了你的检查方法，你要跟踪什么，另外要查找什么。

这可能是会影响质量的过程文件、协议或培训计划。

批准的变更请求

事业环境因素

数据收集工具

TOOLS

你需要收集项目构建的产品或服务的有关数据，来了解它的质量。考试中肯定会有很多有关这些工具的题目！

可以使用**核查表**收集所测试产品的数据。核查表有时也称为核对单。可以用它们来组织你要完成的测试活动，跟踪产品是否通过测试。核查表有时用来收集趋势和图表工具中显示的数据。

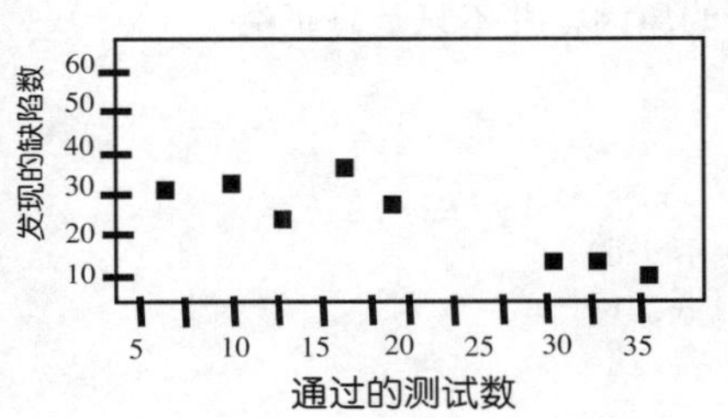
发现的缺陷数
60
50
40
30
20
10
5
10
15
20
25
30
35
通过的测试数

统计抽样是查看产品的一个有代表性的样本来做出决策。例如，你可能要查看一个工厂生成的一部分零件，确定哪些质量活动可以帮助你预防零件中的缺陷。统计抽样会帮助你做出产品决策，而不必查看每一个产品。Lisa要对黑盒3000™的质量负责，不过她没有办法做到产品一下生产线就进行检查。对她来说，一种合适的做法是抽取产品的一个样本，并检查这些样本。根据这个样本，她可以了解有关项目的足够信息，从而做出正确的判断。

客户有时间使用产品时，可以利用**问卷调查**收集他们的反馈。有时，某个缺陷对客户来说优先级很高，可能超出了团队的预期，调查能发现客户对产品的真实看法，否则仅靠团队自身可能很难了解。

会议也是控制质量的一个工具（会议不是数据收集的一部分，它本身是一个工具）。

唉呀！这来自页面模板。我们忘记改这个标题了！真是太糟糕了，我们居然在完成质量管理的时候没有发现这个问题。

数据分析工具

TOOLS

一旦得到从质量核查单、调查和统计抽样收集的所有数据，接下来需要分析这些数据，找出你在规划项目时的期望与项目当前完成情况之间的差别。

绩效审查就是你和你的团队如何评估当前产品质量的测量结果，与你期望看到的测量结果做比较。假设你在一个软件项目的质量管理计划中设定了一个临界值，要求每10000行代码中不能有10个以上非关键性缺陷。在绩效审查中，你要审查测试中遇到的缺陷数，从而了解这个产品是否满足这个质量临界值要求。

根本原因分析就是要评估你的项目创建的产品，了解为什么会出现缺陷。只是发现问题还不够，你还需要追踪到导致这个问题的原因。有时你可能要反复地问“为什么？”，直到最后识别出多个问题的原因，并不只是修正最初的那个问题，你的修正可能会带来更大的影响。

最早的精益思想家之一Taiichi Ohno推广了根本原因分析的思想，他提出重复问5个“为什么？”来找出所遇到的问题的根本原因，并把这作为丰田制造系统的一部分。这个技术后来被称为“5问法”。

BRAIN
POWER

有时候，在你管理的项目中某个问题看起来是孤立的，但实际上它与你查看的其他问题是关联的，你能想出这样一个例子吗？根本原因分析如何帮助你解决这种问题？

检查、测试和产品评估

一旦在项目中创建了可交付成果，你的团队就要检查、测试和评估这些成果，确保它们满足你规划时设定的标准。

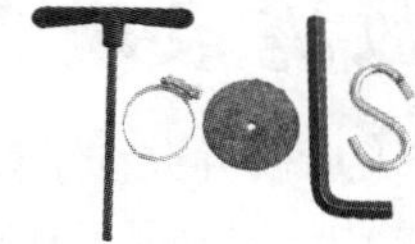
Tools

检查是指将项目的可交付成果与你为它们创建的标准进行比较。如果可交付成果不满足项目标准，你就发现了一个缺陷。不过，不只是要检查项目的产品。你要在项目过程中检查所有中间成果，越早检查并找出一个可交付成果中的缺陷，修复的代价就越小。正因如此，很多敏捷实践都强调文件或产品的创建者要在构建过程中检查他们自己的工作，并利用同行审查检查可交付成果，否则不能认为工作已经完成。

测试/产品评估要作为规划质量管理过程的一部分进行规划。项目中生成新的可交付成果时，团队要测试这些成果，了解它们是否符合之前定义的需求。只要产品的表现不符合规定，就认为是一个缺陷。通常团队会审查测试中发现的所有缺陷，来确定是否需要修正，并确定如果修正这些缺陷，会对规划的其他工作产生什么影响。

看起来所有这些黑盒都满足需求！

数据表现工具

TOOLS

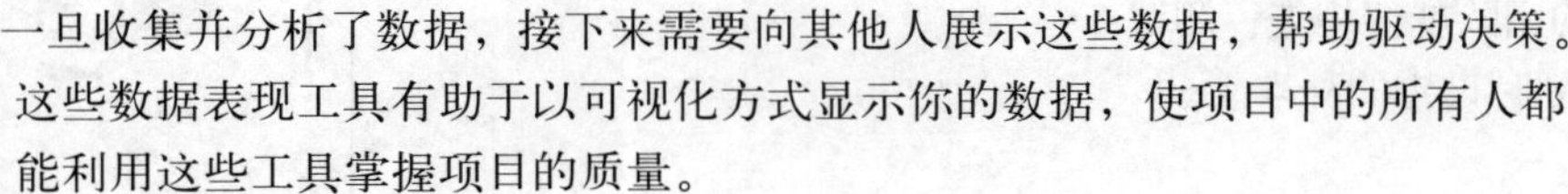

一旦收集并分析了数据，接下来需要向其他人展示这些数据，帮助驱动决策。这些数据表现工具有助于以可视化方式显示你的数据，使项目中的所有人都能利用这些工具掌握项目的质量。

这个产品可能还没有准备好交付，它还有很多漏洞。不过，至少你知道这些漏洞不都是关键性的！

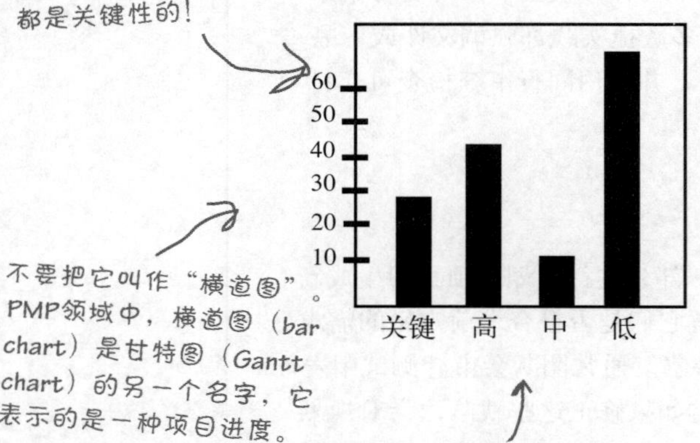
60
50
40
30
20
10
关键
高
中
低

不要把它叫作“横道图”。PMP领域中，横道图（bar chart）是甘特图（Gantt chart）的另一个名字，它表示的是一种项目进度。

《PMBOK®指南》把直方图称为“垂直横道图”，所以有时你可能会看到正常情况写为“横道图”的地方会写成直方图。

直方图可以让你清楚地了解数据如何划分。如果你听到你的产品有158个缺陷，可能认为它们都是关键性的缺陷。所以查看类似上面的这个图，这会帮助你了解数据。很多漏洞都是低优先级的。看起来只有28个左右的缺陷是关键性的。直方图非常适合比较数据的特性，做出更有根据的决策。

因果图也称为**鱼骨图**和**石川图**。可以用它得出是什么导致了一个缺陷。先列出你识别出的所有缺陷类型，然后写出你分析的每一类缺陷的可能原因。

鱼骨图可以帮助你同时**看到所有可能的原因**，从而考虑将来如何预防这个缺陷。

纵向“鱼骨”线是类型，可以帮助你找出和整理缺陷的根本原因。

水平线显示每一类缺陷已经发现的根本原因。

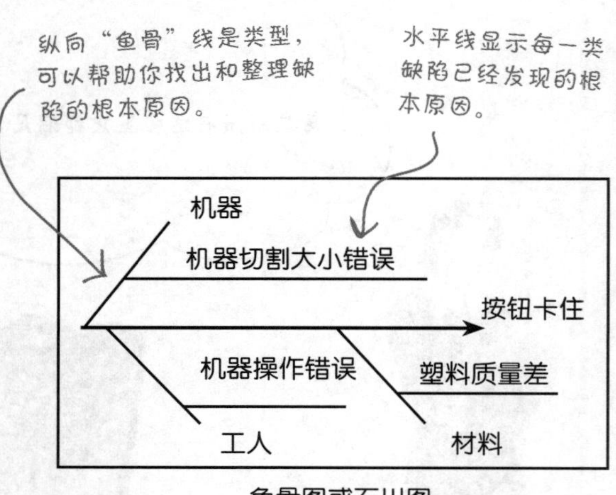
机器
机器切割大小错误
按钮卡住
机器操作错误
塑料质量差
工人
材料

鱼骨图或石川图

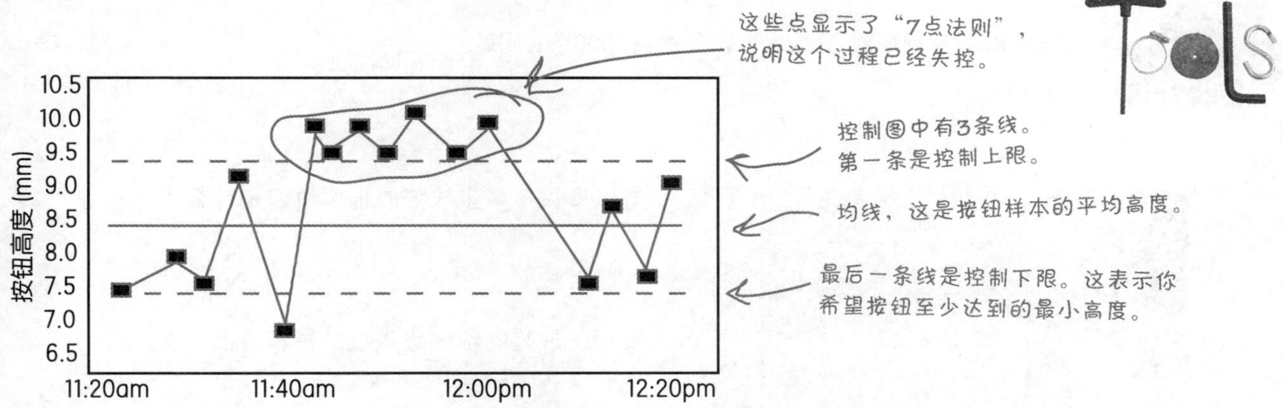
这些点显示了“7点法则”，
说明这个过程已经失控。
TOOLS
控制图中有3条线。
第一条是控制上限。
均线，这是按钮样本的平均高度。
最后一条线是控制下限。这表示你
希望按钮至少达到的最小高度。
按钮高度 (mm)
10.5
10.0
9.5
9.0
8.5
8.0
7.5
7.0
6.5
11:20am
11:40am
12:00pm
12:20pm

控制图是以可视化方式显示过程随时间发展的一种方法。假设每个黑盒上的按钮高度需要在7.5mm～9.5mm之间，上图显示了已生产的黑盒样本高度测量结果。我们希望所有按钮都介于7.5mm～9.5mm之间。所以这个图的控制下限是7.5mm，控制上限是9.5mm。上图把控制上限和下限显示为虚线。均线是中间的一条实线，它显示了样本中所有按钮的平均高度。通过查看上面的图，可以看出有很多按钮的高度高于9.5mm，而只有一个按钮低于7.5mm。一个数据点落在控制界限以外时，我们说这个数据点失控，发生这种情况时，我们称整个过程失控。

不同样本的数据存在波动是很正常的。不过如果连续7个数据点都落在均线同一侧，这种现象就不正常了，说明你的过程可能存在问题。所以如果看到这种情况，就需要仔细查看，努力找出问题。这称为“**7点法则**”，PMP考试中肯定会看到有关的问题。

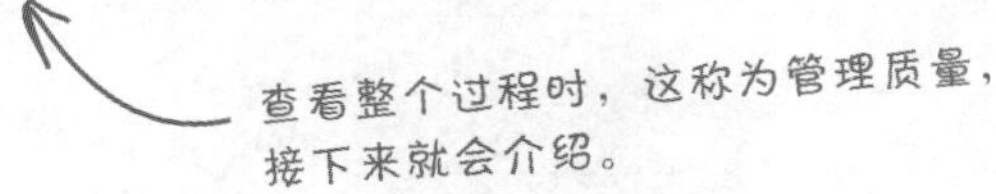
查看整个过程时，这称为管理质量，
接下来就会介绍。

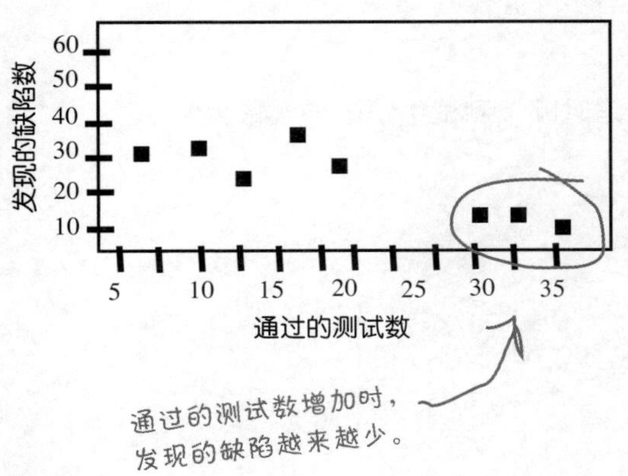
发现的缺陷数
60
50
40
30
20
10
5
10
15
20
25
30
35
通过的测试数
通过的测试数增加时，
发现的缺陷越来越少。

散点图显示了两种不同类型的数据相互如何关联。如果与测试团队一起创建一组新的测试，可以使用一个散点图查看这些新的测试用例对你发现的缺陷数有没有影响。这里的图显示出随着通过的测试数增加，发现的缺陷越来越少。

Exercise

使用以下控制质量图表回答有关黑盒3000™的问题。

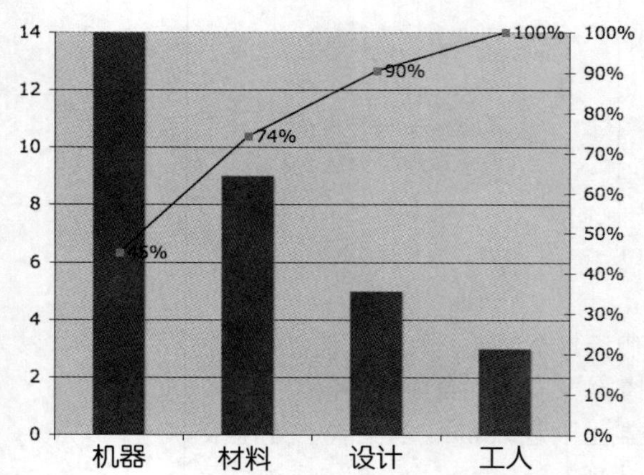
14
12
10
8
6
4
2
0
100%
90%
74%
45%
100%
90%
80%
70%
60%
50%
40%
30%
20%
10%
0%
机器
材料
设计
工人

导致项目中最多缺陷的根本原因是什么？

....

要预防缺陷，优先级最低的是哪方面？

....

机器、材料和设计缺陷的累积百分比是多少？

....

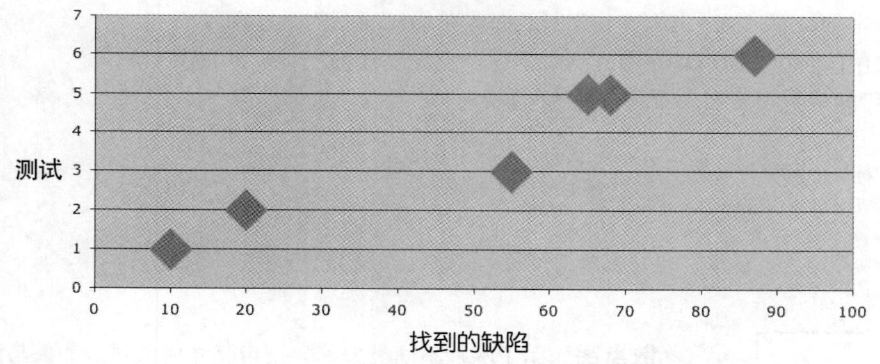
缺陷和测试
7
6
5
4
3
2
1
0
测试
0
10
20
30
40
50
60
70
80
90
100
找到的缺陷

提示：查看图中的间隔，可以看到增加额外的测试会捕获到更多的缺陷。

增加更多测试能找到更多漏洞吗？

....

检测缺陷时哪个测试中缺陷增幅最大？

....

请看这个图，是否要为项目继续增加更多测试？

....

换句话说，增加更多测试能帮助你找到更多缺陷吗？

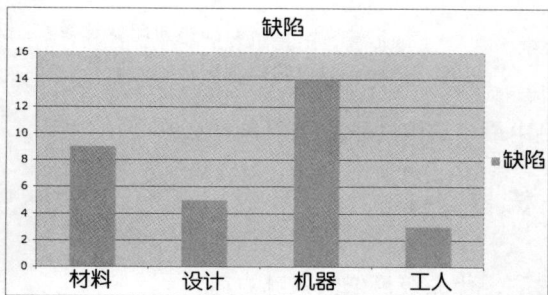

缺陷

16 14 12 10 8 6 4 2 0

材料 设计 机器 工人

■缺陷

找到多少个机器缺陷？

....

多少个缺陷是工人造成的？

....

这个图中总共显示了多少个缺陷？

....

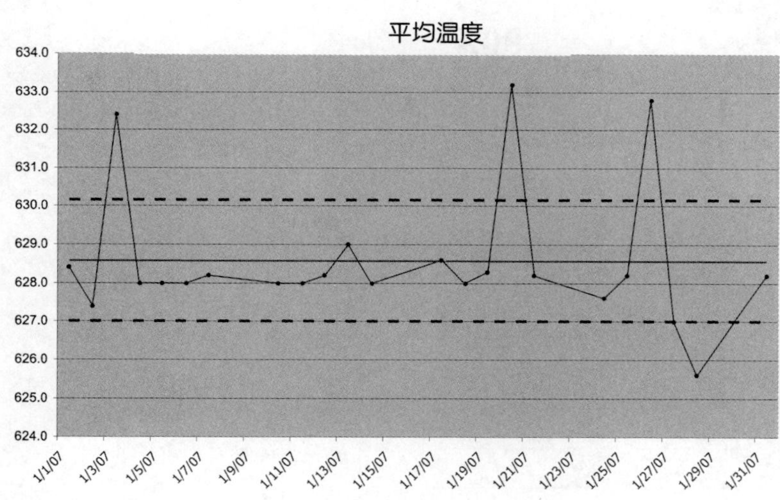
平均温度
634.0
633.0
632.0
631.0
630.0
629.0
628.0
627.0
626.0
625.0
624.0
1/1/07
1/3/07
1/5/07
1/7/07
1/9/07
1/11/07
1/13/07
1/15/07
1/17/07
1/19/07
1/21/07
1/23/07
1/25/07
1/27/07
1/29/07
1/31/07

圈出构成“7点法则”的数据点。

这个过程有没有失控？

....

控制上限是多少？

....

平均温度是多少？

....

控制下限是多少？

....

Exercise Solution

使用以下控制质量图表回答有关黑盒3000™的问题。

这种直方图称为帕累托图，用来显示缺陷的频率，并按递减顺序排序。

出现最多的是机器缺陷。所以这是首先要考虑的根本原因。

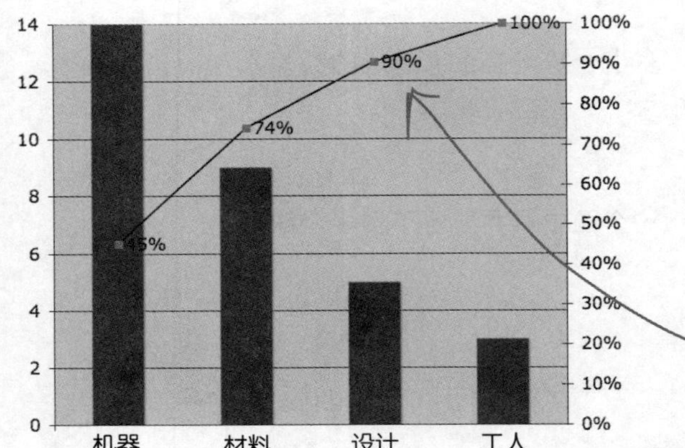
14
12
10
8
6
4
2
0
100%
90%
80%
70%
60%
50%
40%
30%
20%
10%
0%
45%
74%
90%
100%
机器
材料
设计
工人

导致项目中最多缺陷的根本原因是什么？

机器

要预防缺陷，优先级最低的是哪方面？

工人

机器、材料和设计缺陷的累积百分比是多少？

90%

由于没有太多与工人有关的缺陷，所以如果要改进，这方面的优先级最低。

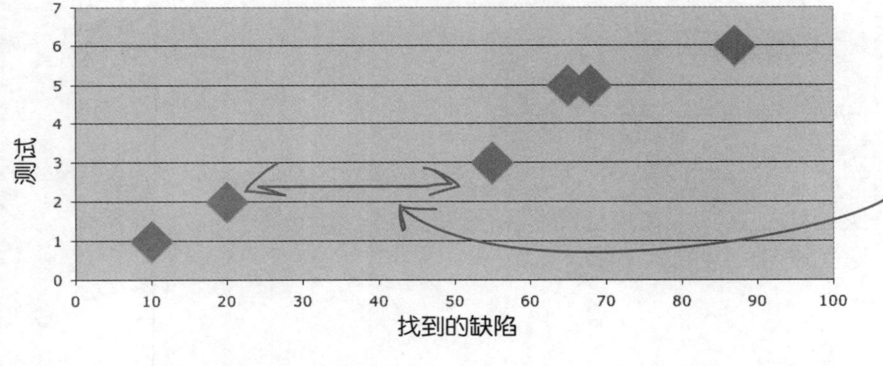
缺陷和测试
测试
找到的缺陷
0
1
2
3
4
5
6
7
0
10
20
30
40
50
60
70
80
90
100

2和3之间的间隔最大，所以这是检测缺陷时增幅最大的地方。

增加更多测试能找到更多漏洞吗？

是的

看起来随着测试的增加，找到的缺陷数一直在增加。

检测缺陷时哪个测试中缺陷增幅最大？

第3个测试

请看这个图，是否要为项目继续增加更多测试？

是的

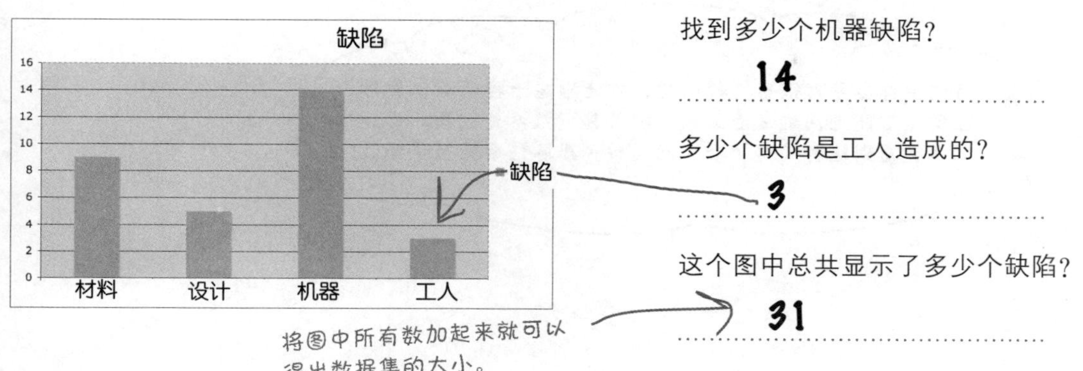

缺陷
16
14
12
10
8
6
4
2
0
材料
设计
机器
工人
缺陷

找到多少个机器缺陷？

14

多少个缺陷是工人造成的？

3

这个图中总共显示了多少个缺陷？

31

将图中所有数加起来就可以得出数据集的大小。

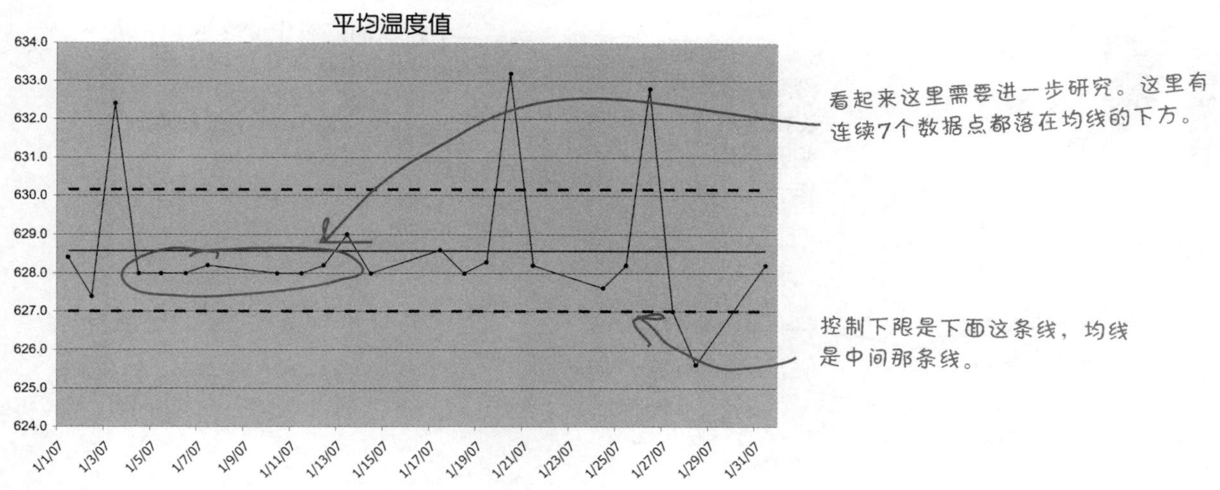

平均温度值
634.0
633.0
632.0
631.0
630.0
629.0
628.0
627.0
626.0
625.0
624.0
1/1/07
1/3/07
1/5/07
1/7/07
1/9/07
1/11/07
1/13/07
1/15/07
1/17/07
1/19/07
1/21/07
1/23/07
1/25/07
1/27/07
1/29/07
1/31/07

看起来这里需要进一步研究。这里有连续7个数据点都落在均线的下方。

控制下限是下面这条线，均线是中间那条线。

圈出构成“7点法则”的数据点。

这个过程有没有失控？

已经失控

控制界限以上和以下的点表明这个过程已经失控。

控制上限是多少？

630.2

平均温度是多少？

628.6

控制下限是多少？

627

问题诊所："哪一个"问题

考试中你会看到很多这种问题，首先描述一种情况，然后让你找出所使用的或者最合适的工具、技术或过程。幸运的是，看到这种"哪一个"问题时，排除法会很有帮助。

83. 你在管理一个项目，要为一个新建的购物中心安装13,000个照明开关。你聘请了一个检查团队来帮助电工组长找出所有有缺陷的照明开关。他们检查了包括650个照明开关的样本，发现其中15%都有缺陷。你让电工组长制作一个图表，显示缺陷的根本原因。

A. 7点法则

B. 运行图

C. 直方图

D. 石川图

这不可能对，这根本不是一个工具！它只是一个法则。

运行图只能告诉你趋势，这不是你要找的信息。

直方图能显示缺陷类型，但不是根本原因。

哈!这正是石川图的作用。它会显示一个根本原因如何导致多个缺陷。

想想看，其实所有问题都是"哪一个"问题……不过如果一个题目让你从4个很类似或相关的东西中选择一项时，你可以先退一步采用排除法，一次排除一个答案。

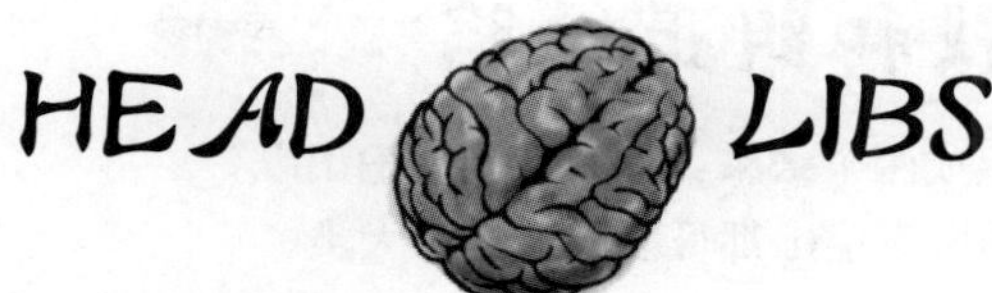
HEAD LIBS

填空，出一道你自己的“哪一个”问题！首先想出一个正确的工具，然后找出3个与它非常相似的答案，它们看上去是正确的，不过实际上并不是问题真正的答案。因为题目给出了更特定的详细信息，所以可以排除那些错误的选择。

你在管理一个 ______________________ 项目，你希望测量
（项目种类）
______________________。7个基本质量工具中哪一个最适用？
（项目中要测量的某个方面）

A. ______________________
（一个显然错误的工具）

B. ______________________
（根本不是一个工具）

C. ______________________
（另一个不正确的工具）

D. ______________________
（正确的答案）

控制质量意味着查找和纠正缺陷

查找可交付成果中的漏洞时，你会生成两个结果：检查得到的输出以及所做补救的输出。控制质量过程的所有输出都可以归入这两大类。

输出

质量控制测量结果是检查得到的所有结果，包括：所找到缺陷的数量，通过或未通过的测试数，诸如此类。查看你的公司使用的整个过程时，可以用这些测量结果了解不同项目是否存在某种趋势。

接下来的管理质量过程中就会这样做。

可能需要更新质量测量指标或核对单的模板。

经验教训更新是指，你要保留项目过程中解决的所有主要问题的记录，以便以后利用。

测试和评估文件是项目过程中完成的质量活动及其结果的记录。保留审查和质量测试结果的记录是一个好主意。

项目文件更新

这里只有一个输出：项目文件更新。你要把经验教训和完成的核对单记录连同项目的所有其他文件保存起来。

项目管理计划更新，可能需要更新质量管理计划，这是项目管理计划的一个子计划。

可能因为控制质量过程中发现的问题需要更新项目管理计划。

项目管理计划更新

核实的可交付成果和确认的变更是控制质量过程的两个最重要的输出。项目中的每一个可交付成果都需要检查，以确保满足你的质量标准。如果发现缺陷，团队就需要修正—然后还要检查这些补救，确保现在缺陷确已消除。

首先，团队检查每一个可交付成果，查找需要修正的缺陷。

可交付成果

核实的缺陷补救

完成产品检查时，可以知道你的修正是否有效。

变更请求是要求调整项目工作方式的建议或预防性的措施。这种变更需要经过变更控制，如果得到批准，就需要更新相应的基准和计划。

工作绩效信息

工作绩效信息可能包括质量过程产生的所有数据。查看质量工具的结果时，可能会发现你用来构建产品的一些过程需要变更。控制质量过程中收集的数据可以帮助你完成这些变更。

there are no Dumb Questions

问： 帕累托图到底用来做什么？

答： 帕累托图应用了80/20法则。它指出你在项目中遇到的80%的问题都是由所找到的20%的根本原因造成的。所以如果发现大多数问题都源于对需求的误解，就要改变收集需求的方式，确保每一个人都尽早了解需求，这会对项目的质量产生很大影响。

要得到数据来建立帕累托图，首先必须对项目中已经找到的缺陷按其根本原因分类。然后可以在帕累托图中图示表示，显示对应每个根本原因所找到漏洞的频率，以及由各个根本原因造成的累积缺陷百分比。频率最高的就是要首先处理的根本原因。

问： 如果要预防质量问题，何不多做些测试呢？

答： 通过测试确实可以发现很多问题。如果在测试期间发现问题，就必须返回去进行修正。发现问题越晚，修正的代价越大。对所有人来说，最好是从一开始产品中就没有漏洞。与修正最终产品中的问题相比,修正规范文件中的问题要容易得多。正因如此，大多数规划质量管理过程组都强调设定标准并完成审查，确保产品中不出现漏洞，如果确实存在漏洞，也要尽早捕获。

问： 我还是不太明白从哪里可以看到控制图能显示缺陷失控，还能显示过程失控。

答： 对有些人来说这可能有点难理解，原因在于，你查看整个过程和查看缺陷使用的是同一个工具。

很多情况下，你会使用图表来测量过程，而不只是项目。可以用这些图表查看由过程得到的抽样数据，确保这些数据随着时间变化都在界限范围以内。不过它们都被认为是质量控制工具，因为这些数据抽样是在生成可交付成果时通过检查得来的。没错，这确实有些让人困惑，不过如果把控制图作为检查的一个产品，考试时你就能记住它们是控制质量过程的工具。

BULLET POINTS: AIMING FOR THE EXAM

- 检查（Inspection）是指查看每一个可交付成果来查找缺陷。这说明要检查规范和文件，另外还要检查产品以发现漏洞（bug）。
- 对项目质量活动规划得越好，需要的检查就越少。
- 石川图可以帮助你找出缺陷的根本原因。
- 7点法则是指任何时刻如果连续有7个数据点落入控制图中均线的同一侧，就需要查找原因。
- 数据点落在控制上限以上或控制下限以下时，说明这个过程失控。
- 考试中，如果让你使用这七大基本质量工具，通常就说明你在使用控制质量过程。
- 石川图、鱼骨图和因果图都是同一个东西。
- 散点图可以帮助你查看两种不同数据之间的关系。
- 流程图以图形方式显示所有决策点，帮助你了解过程的工作情况。
- 等级是指产品的价值，而不是质量。所以一个产品的设计可能是低等级的，这是可以的。不过如果这是一个低质量的产品，那就是一个严重的问题。

黑盒3000™工厂的麻烦

只是检查可交付成果还不够。有时是你的工作方式导致了问题发生。所以需要花些时间来考虑如何确保高效地完成工作，而且缺陷尽可能少。管理质量过程就是要跟踪你的工作方式，并持续改进。

执行
过程组

这些产品看起来不错，客户很满意！不过请等等，我们有大堆的零件闲置在仓库里，落满灰尘，另外有太多的检查人员，预算太高了。需要采用措施了！

这些盒子里装满了公司用来造黑盒3000™的零件。这是从供应商那里订购的，他们把这些零件运到黑盒3000™仓库，不过这些零件在这里已经堆放了好几个星期，白白占用宝贵的空间。

BB3000™ PARTS

BB3000™ PARTS

BB3000™ PARTS

BB3000™ PARTS

BRAIN POWER

如果质量很好，但是你对工作的速度或效率不满意，你会怎么做？

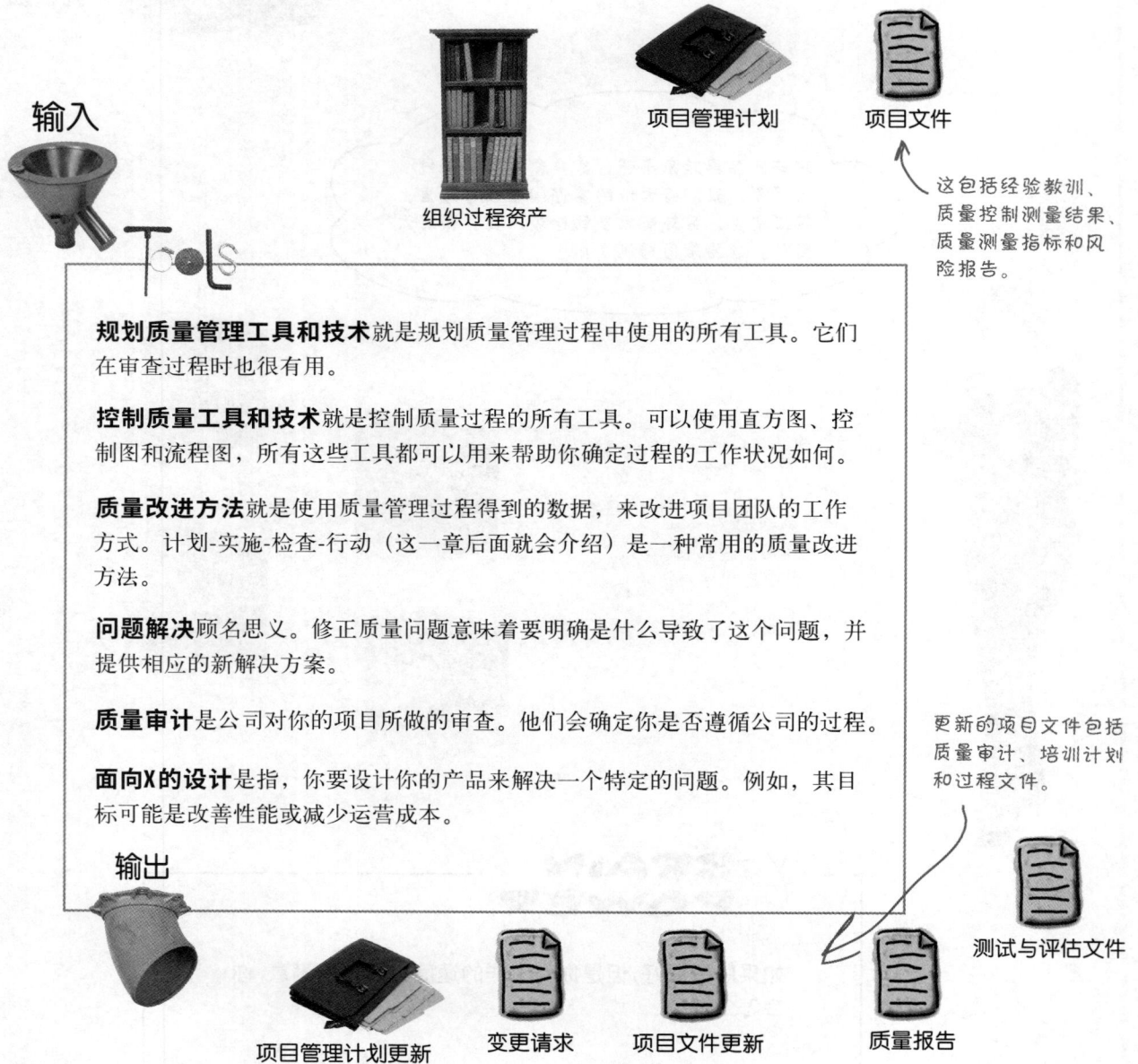

质量保证介绍

在管理质量过程中，要分析规划质量管理和控制质量过程的所有输出，查看是否有办法改进过程。如果发现改进，要建议变更过程以及你的项目计划，来实现这些改进。

这属于执行过程组，因为你要确保项目采用一种符合公司质量标准的方式完成。

执行过程组

输入

组织过程资产

项目管理计划

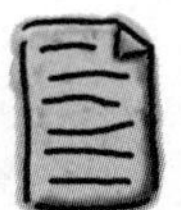

项目文件

这包括经验教训、质量控制测量结果、质量测量指标和风险报告。

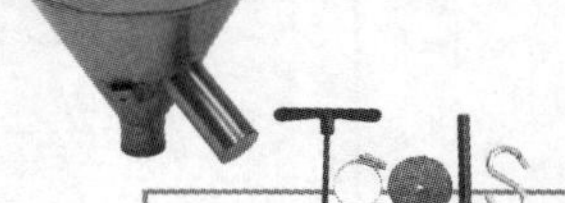

规划质量管理工具和技术就是规划质量管理过程中使用的所有工具。它们在审查过程时也很有用。

控制质量工具和技术就是控制质量过程的所有工具。可以使用直方图、控制图和流程图，所有这些工具都可以用来帮助你确定过程的工作状况如何。

质量改进方法就是使用质量管理过程得到的数据，来改进项目团队的工作方式。计划-实施-检查-行动（这一章后面就会介绍）是一种常用的质量改进方法。

问题解决顾名思义。修正质量问题意味着要明确是什么导致了这个问题，并提供相应的新解决方案。

质量审计是公司对你的项目所做的审查。他们会确定你是否遵循公司的过程。

面向X的设计是指，你要设计你的产品来解决一个特定的问题。例如，其目标可能是改善性能或减少运营成本。

输出

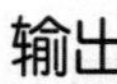

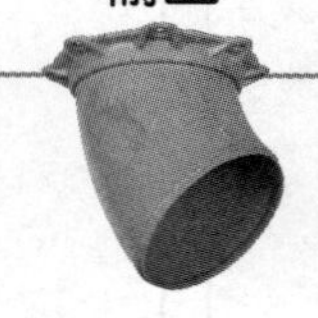

项目管理计划更新

变更请求

项目文件更新

更新的项目文件包括质量审计、培训计划和过程文件。

质量报告

测试与评估文件

一些工具和技术的详细说明

TOOLS

修正项目中的漏洞是要解决导致麻烦的那些问题，而修正过程中的漏洞意味着其他项目可以从你遇到的问题学习经验教训，从而避免你的项目的那些漏洞。管理质量过程中使用的工具与控制质量过程使用的工具相同，不过它们要用来检查过程而不是项目。

即使你的公司有世界上最好的过程，如果不遵循这个过程，它对你的项目也毫无意义！

质量审计是指，你的公司审查你的项目，查看你是否遵循公司的过程。关键是要找出项目中低效或者导致缺陷的方面，从而确定是否有办法更有效地完成这些工作。查找这些问题领域时，要建议修正问题的纠正措施。

很多公司都有质量保证部门，其任务就是完成这些审计并向一个过程组报告项目的发现。

面向X的设计是指设计你的产品来解决一个特定的问题。例如，你设计的产品可能速度特别快，或者使用更少的资源，也可能要在一个分布式环境中运行。通过专门设计来优化产品的一个特定方面，与只强调特性交付相比，你能向客户交付更高的价值。

质量管理和控制工具与本章前面已经了解的工具是一样的。不过并不是用来查找特定缺陷的有关问题，你会用这些工具检查整个过程。使用控制图来查看整个过程是否失控就是一个很好的例子。如果失控，你可能希望对工作方式做出变更，使过程不再失控。

下面再给出一个例子。如果创建一个帕累托图，显示你的所有项目中的所有缺陷，可能会发现主要是一两类缺陷导致了整个公司的问题。然后可以召集所有项目经理确定对整个公司都有帮助的改进方案。

BRAIN
POWER

你要如何使用这些工具来管理你的项目？

关于管理质量的更多思想

关于管理质量还有几个问题需要了解。这些是现代质量和过程改进的一些最重要的思想。

Kaizen原则的含义是持续改进。这是指不断查看你的工作方式，努力让它变得更好。Kaizen是一个日语单词，意思就是改进。它强调做小的改进，并测量其影响。持续改进是一种指导管理的哲学，而不只是管理质量的一种特定方法。

准时制(Just-In-Time)表示只保留必要的库存。因此，不应该保留庞大的零件库存，黑盒公司可以只存放当天需要的零件。有些公司完全不要仓库，而是直接由卡车将零件送至生产线来完成生产。如果你在一个采用准时制的工厂工作，质量就极其重要，因为没有多余的库存来应对错误。

计划-实施-检查-行动由Walter Shewhart创建，也是他在20世纪20年代在贝尔实验室工作期间创建了控制图。

计划-实施-检查-行动(Plan-Do-Check-Act, PDCA)是改进过程的一种方法，很多采用持续改进（Kaizen）的从业者都使用了这种方法。它由著名的质量理论家W. Edwards Deming推广，所以也称为Deming循环。计划-实施-检查-行动就是要做小的改进，并且在变更你的过程来包含这些改进之前，先测量它们会带来多少效益。它的工作是这样的：

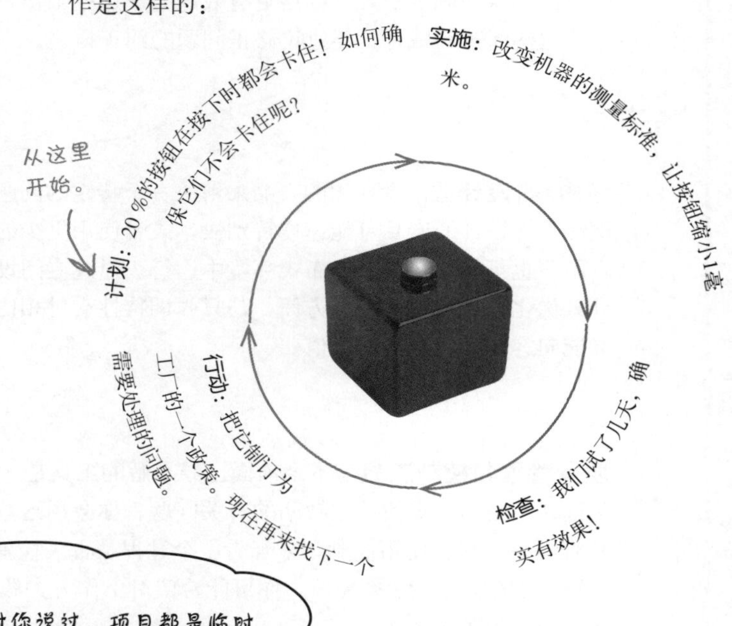
从这里开始。
计划：20%的按钮在按下时都会卡住！如何确保它们不会卡住呢？
实施：改变机器的测量标准，让按钮缩小1毫米。
检查：我们试了几天，确实有效果！
行动：把它制订为工厂的一个政策。现在再来找下一个需要处理的问题。

等一下！这本书开始时你说过，项目都是临时性的。这里却在大谈过程！怎么回事？

你说的没错。管理质量过程的目的就是为了改进过程，这并不是大多数项目管理强调的内容。不过你的项目确实会受所采用的过程的影响，所以一定要充分了解，并且尽可能让它更好。最重要的是，如果保持过程改进并关注你的项目是否满足公司对质量和过程的期望，你的项目就更有可能成功。

质量填字游戏

花点时间坐下来放松一下，开动你的右脑。这是一个标准的填字游戏，所有答案都来自这一章。

横向

3. 一个过程的数据点超出上限或低于下限时，这些数据点就失 __________ 了。

5. 控制图中间的线。

7. 推广了计划-实施-检查-行动原则的质量理论家。

9. 质量管理中_______________比检查更重要。

11. 质量的一个重要定义是__________________需求。

12. 用来确保项目遵循公司过程的工具。

13. 工作绩效信息与什么比较。

14. 这个工具可以查找对80%缺陷负责的20%的根本原因。

15. 比较两种数据来查看二者是否关联的工具。

16. 规划质量管理过程中用来为项目设定数值目标的工具。

纵向

1. 提出适用性思想的质量理论家。

2. 用于查找缺陷根本原因的工具。

4. 持续改进的同义词。

6. 检查可交付成果来查找缺陷的过程。

8. 帮助采用可视化方式显示过程和所有决策点的工具。

10. 这是一个启发规则，如果连续7个数据点落在均线的同一侧，则有必要做进一步研究。

答案见468页。

Fireside Chats

今晚话题：**两个质量过程正在讨论纠正项目中问题的最佳方法。**

控制质量：

我先说，因为大多数人想到质量时实际上想到的就是我。如果你看到运动鞋里贴着“由8号质检员检查”，那就是我！

管理质量：

你说的没错，大多数人确实认为先是质量，后是检查。这有些可笑，因为如果人们先注意到我，根本就不会需要你。

控制质量：

嘿，老兄，这么说可有些过分了！

管理质量：

别误解我的意思。如果完全取消检查，没有人会对我足够放心。最后总是需要有个人查看生产了什么，确保会交付原本打算交付的产品。

控制质量：

这就对了。另外别忘了，我无处不在。只要你给客户服务中心打电话，我就会告诉你：为了提高质量，你的电话会被录音。我总在提醒你要确保包装里的东西没有变质，另外每年要检查一次汽车尾气。

管理质量：

是的，不过老是做这些枯燥的事情你不烦吗？毕竟，一分的预防，胜于十分的治疗。

控制质量：

我想我不太清楚你是怎么做的，因为我很难想象怎么能安心过一个周末。

管理质量：

来看看你前面提到的那些运动鞋吧。有时候你会把运动鞋退回工厂返工，最常见的原因是什么呢？

控制质量：

嗯，上周这是因为很多鞋上的公司Logo上下颠倒了。我发现，这些Logo要缝在皮革上，然后放在另一条生产线上，可是有时候在传送带上被放反了。

控制质量：

管理质量：

看起来是个无心的错误。代价有多大？

上周我们不得不扔掉10%的运动鞋。应该说老板确实很不高兴。你能看到他额头的青筋直跳。真是损失不小。

哦，听上去损失很惨重呀。怎么让这不再发生呢？

老板大声训斥所有人，我们会更仔细地检查，确保有问题的运动鞋不会流入市场。

这么说，下周你们的检查成本会更高，而且你们可能还要丢掉同样多的鞋子，甚至有可能更多！

哦，我倒是没想过这一点。

如果你在皮革内侧画一个小箭头，指示它在传送带上应该朝向哪个方向，是不是就能解决这个问题了？

我们还得花钱请人来画这个箭头。成本马上就会增加！

不过在皮革上画箭头只会稍稍增加成本，这个小小的增加可以避免你丢掉更多的运动鞋。

我把这叫做质量成本。一开始你必须为质量投入更多，不过这样可以减少检查人员，还可以大大减少次品。最终，我节省的钱会远远超出我的花费。你能做到这一点吗？

嗯，确实不行。

Exercise

下面这些工具用于控制质量过程还是管理质量过程？

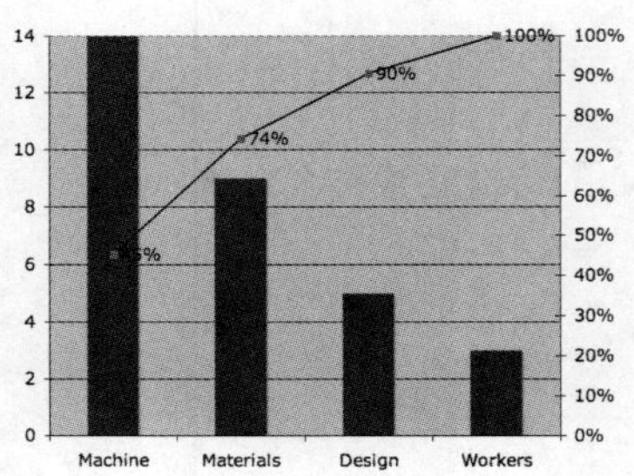
14
12
10
8
6
4
2
0
100%
90%
80%
70%
60%
50%
40%
30%
20%
10%
0%
74%
90%
100%
Machine
Materials
Design
Workers

1. 你使用一个帕累托图来确定哪些根本原因导致了当前这一批次黑盒中出现最多的缺陷。看起来其中大多数都是机器校准问题导致的。所以你在重新校准机器后返工处理。

☐ 控制质量　　☐ 管理质量

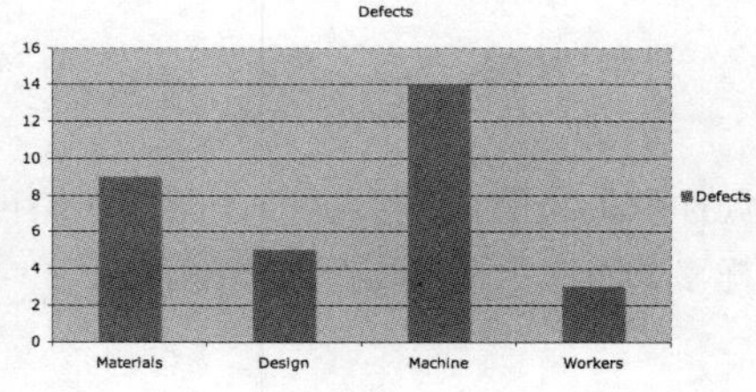
Defects
16
14
12
10
8
6
4
2
0
Defects
Materials
Design
Machine
Workers

2. 你使用一个直方图查看过去一年发现的所有缺陷的根本原因类型。你发现机器错误是最主要的原因，导致了各批次黑盒中最多的问题。所以在生产每一批次之前，你先安排机器校准检查，确保正确设定了机器标准。

☐ 控制质量　　☐ 管理质量

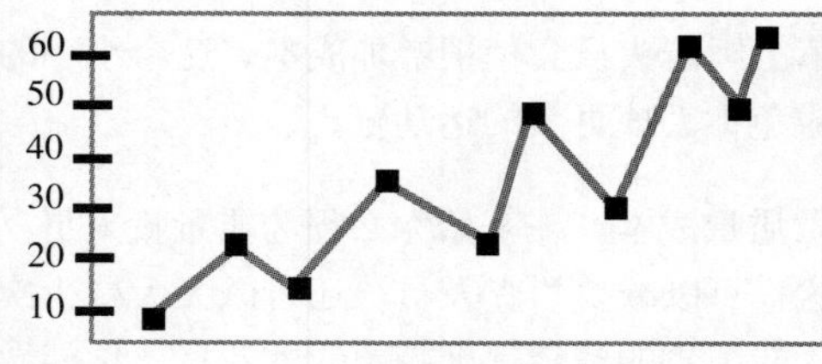
60
50
40
30
20
10

3. 查看过去一年所有检查中发现的缺陷，你注意到看起来随着时间推移，每次检查发现的缺陷越来越多。你建立了一个质量任务组，试图找出导致这些缺陷的原因。

☐ 控制质量　　☐ 管理质量

答案见469页。

黑盒3000™利润又创新高！

买这个产品的人很高兴。他们很满意黑盒公司能够信守承诺，总能提供高质量的产品。公司通过采用过程改进措施节省了大量资金，总是先捕获缺陷，而避免之后再花大笔资金修正。Lisa也升职了，现在她负责整个公司的质量管理。干得好，Lisa!

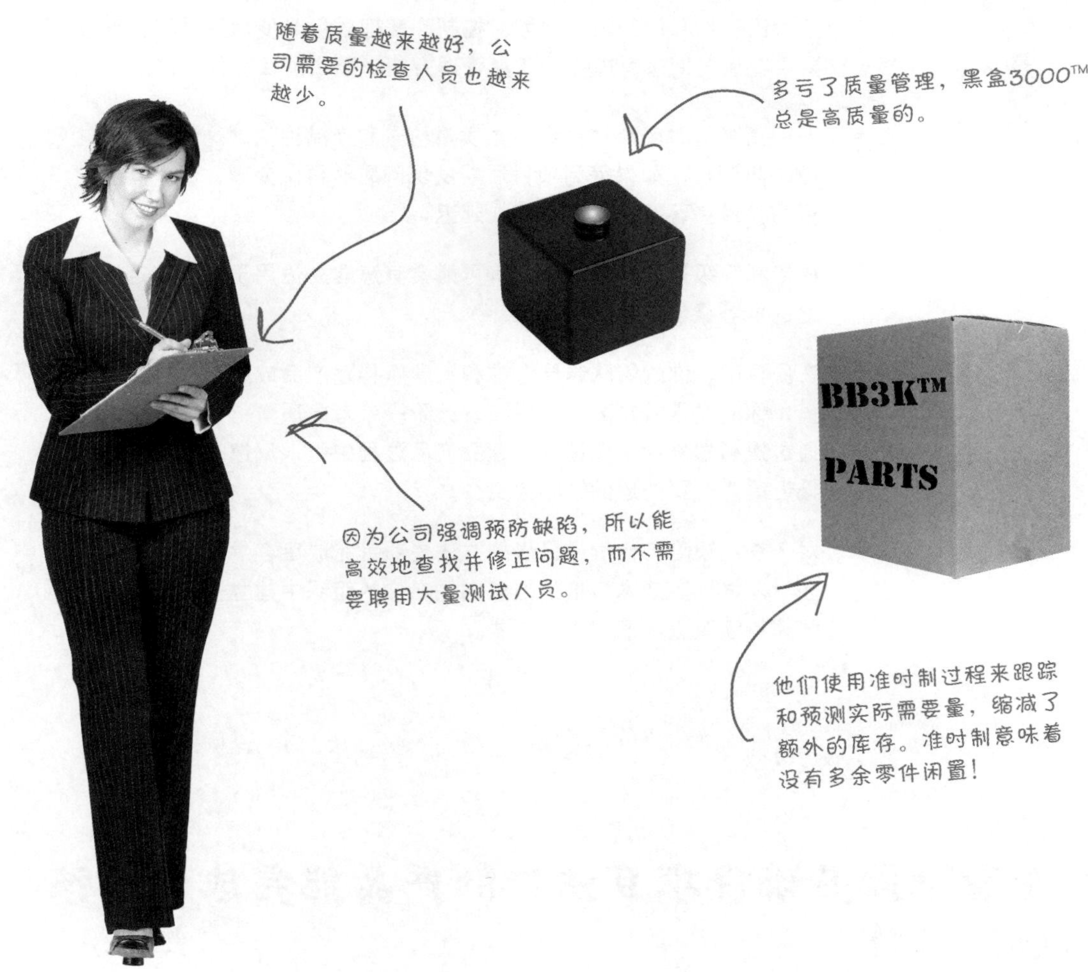
随着质量越来越好，公司需要的检查人员也越来越少。
多亏了质量管理，黑盒3000™总是高质量的。
BB3K™
PARTS
因为公司强调预防缺陷，所以能高效地查找并修正问题，而不需要聘用大量测试人员。
他们使用准时制过程来跟踪和预测实际需要量，缩减了额外的库存。准时制意味着没有多余零件闲置！

核心概念
回顾

建立一个高质量的产品，满足项目原本提出的需求，这就是项目质量管理的目标。不论你管理的是何种类型的项目，所生产产品或服务的质量都是工作中最重要的方面之一。

核心概念

我们已经讨论了你和你的团队规划、控制和管理质量时使用的过程，不过很有必要再花点时间来考虑你的质量管理方法对整个项目有什么影响。

- ★ 时间紧张时，团队往往会削减质量检查和产品评估。这样做会导致缺陷漏检，如果等到项目后期发现问题时再做处理，代价就会很高，最终可能导致项目更加延迟。
- ★ 质量和等级是不同的概念。有可能会有意建立适用于某个特定用途的低等级但高质量的产品。
- ★ 在项目中，你的团队越早考虑和管理所构建产品或服务的整体质量，你的过程就越高效。要在设计阶段就考虑质量，这很重要。通过提前建立质量保证并在建立产品过程中引入反馈循环，项目接近尾声时要处理的缺陷会更少。
- ★ 对于查找缺陷，代价最昂贵的方法是项目完成后客户真正遇到问题时才发现。成本最低的方法则是在你的组织中建立一种文化，强调持续改进你们的工作方式。

质量管理就是确保项目生产的产品能完成它本该完成的工作。

核心概念回顾

发展趋势

下面是项目质量管理的一些发展趋势，可以帮助你更有效地改进和管理项目的质量活动。

- 持续改进是指不断评估建立产品所使用的过程，查看是否尽可能高效地建立最高质量的产品。团队强调持续改进，他们会测量工作的输出、完成小的改进，然后在一个计划-实施-检查-行动循环中测量这些改进。
- 当供应商和客户对质量有共同的认识并努力保证质量时，就能建立与供应商的互利合作关系。这样一来，客户不必花时间查找供应商交付的产品中的缺陷，也不会因此减慢他们的交付速度。

裁剪

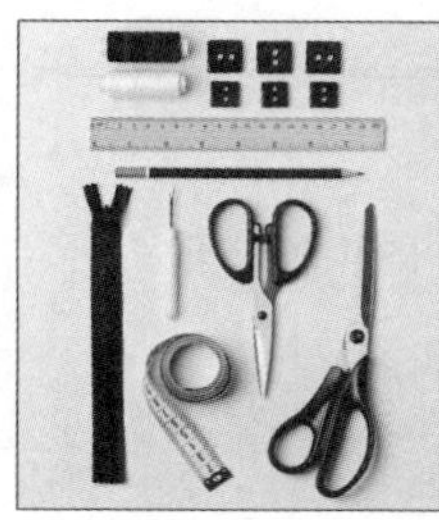

对团队在项目期间使用的过程做出变更时，会有一些可能影响你决策的考虑因素：

- 你的过程是否需要满足某些特定的需求才能符合一些规定？
- 你的组织中关于质量有怎样的文化？你的项目是否可以融入组织的持续改进文化？是否有所有团队都要努力满足的测量指标，可以以此了解你的项目的工作情况？
- 其他团队或管理层在你的项目中作为积极相关方的参与程度如何？你是否需要从多个来源得到反馈，从而从质量的角度了解你的项目的进展情况？

敏捷考虑因素

敏捷团队强调按很小的迭代或sprint来实现反馈循环。可以把Scrum的sprint想成是一个为时两周的计划－实施－检查－行动循环，并在最后有一个回顾会议，为团队评估这个过程的工作情况。甚至可以把Scrum每日站会看作是对sprint计划的一个检查，在这里团队成员要考虑团队要如何达到其sprint目标，以及如何做出调整来相互帮助完成交付。

Sharpen your pencil Solution

来看以下各种情况，确定他们谈论的是质量还是等级。

1. 你点的比萨上要放蘑菇，可是上面放的却是洋葱。

☑ 质量　☐ 等级

2. 你打电话向比萨店抱怨，店员居然对你大喊大叫。

☑ 质量　☐ 等级

3. 比萨送来了，不过上面放的是罐头蘑菇。

☐ 质量　☑ 等级

4. 比萨是凉的。

☑ 质量　☐ 等级

5. 你刚买了一部新款的豪华车，花了一大笔钱。

☐ 质量　☑ 等级

6. 不过每两个星期就得回修理厂修理一次。

☑ 质量　☐ 等级

7. 你的邻居取笑你，因为你的轮毂罩不太好看……

☐ 质量　☑ 等级

8. …… 不过轮毂罩确实能很好地起到车轮防泥的作用，这正是你要安装这些轮毂罩的原因。

☑ 质量　☐ 等级

Exercise
Solution

查看以下各个场景，识别使用了哪个工具或技术。

1. 你查看了公司的资产库，发现最近一个项目通过在构建初期安排缺陷预防会议能够将缺陷减少20%。你在你的质量计划中加入了同样的过程，并设定目标，希望你的项目产品上线后的缺陷比公司平均水平低20%。

   工具/技术: 标杆对照

2. 你将所有质量活动的成本累加起来，并把这个数记入质量管理计划。你使用这个数来度量你的项目相对于公司其他项目的健康度。

   工具/技术: 质量成本

3. 你写出黑盒3000™出生产线时要运行的所有测试。你确定了哪些故障可能导致停止测试，哪些会让你恢复测试活动，另外还要确定产品要满足哪些需求才能认为测试通过。

   工具/技术: 测试规划

WHAT'S MY PURPOSE

将各个规划质量管理输出与相应的描述连线。

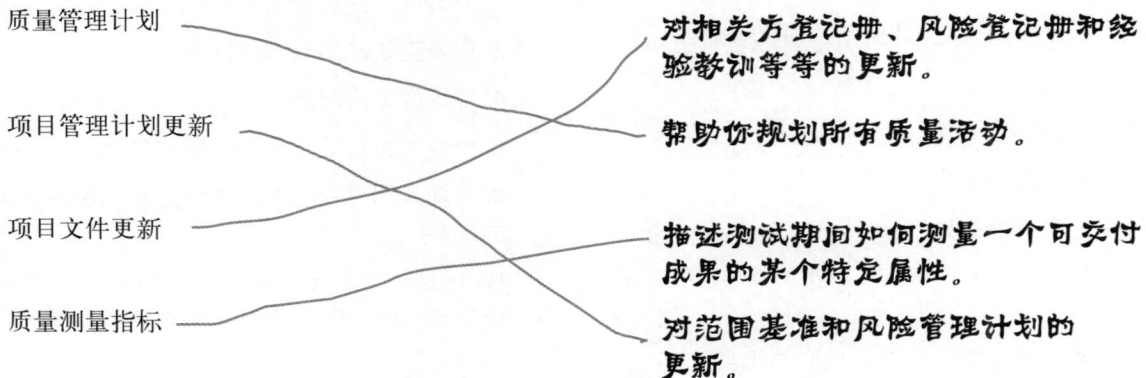

输出	描述
质量管理计划	帮助你规划所有质量活动。
项目管理计划更新	对范围基准和风险管理计划的更新。
项目文件更新	对相关方登记册、风险登记册和经验教训等等的更新。
质量测量指标	描述测试期间如何测量一个可交付成果的某个特定属性。

质量填字游戏答案

花点时间坐下来放松一下，开动你的右脑。这是一个标准的填字游戏，所有答案都来自这一章。

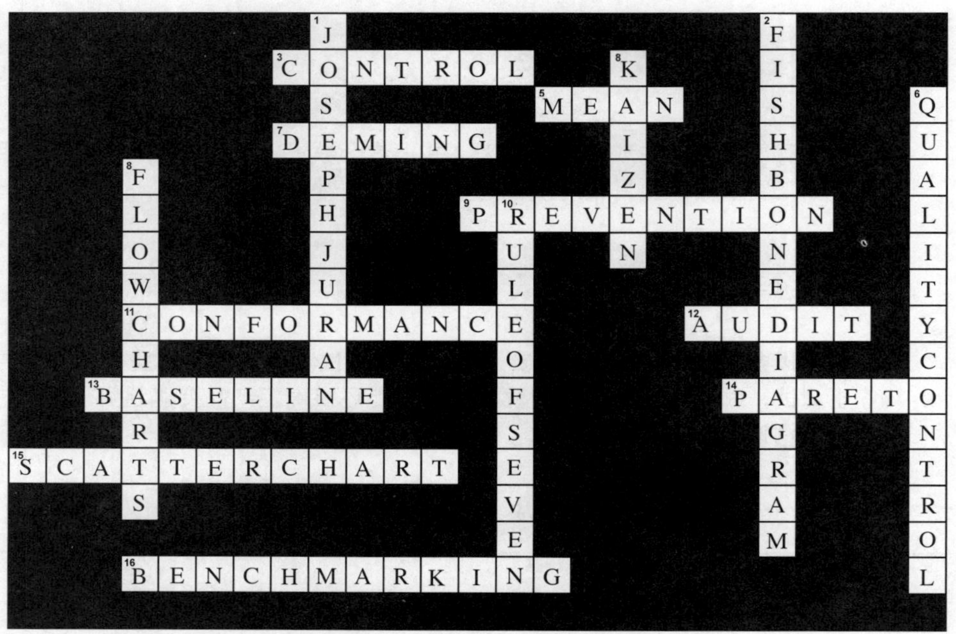

1 JOSEPHJURAN
2 FISHBONEDIAGRAM
3 CONTROL
4 KAIZEN
5 MEAN
6 QUALITYCONTROL
7 DEMING
8 FLOWCHARTS
9 PREVENTION
10 RULEOFSEVEN
11 CONFORMANCE
12 AUDIT
13 BASELINE
14 PARETO
15 SCATTERCHART
16 BENCHMARKING

横向

3. 一个过程的数据点超出上限或低于下限时，这些数据点就失 ___________ 了。

5. 控制图中间的线。

7. 推广了计划-实施-检查-行动原则的质量理论家。

9. 质量管理中________________比检查更重要。

11. 质量的一个重要定义是__________________需求。

12. 用来确保项目遵循公司过程的工具。

13. 工作绩效信息与什么比较。

14. 这个工具可以查找对80%缺陷负责的20%的根本原因。

15. 比较两种数据来查看二者是否关联的工具。

16. 规划质量管理过程中用来为项目设定数值目标的工具。

纵向

1. 提出适用性思想的质量理论家。

2. 用于查找缺陷根本原因的工具。

4. 持续改进的同义词。

6. 检查可交付成果来查找缺陷的过程。

8. 帮助采用可视化方式显示过程和所有决策点的工具。

10. 这是一个启发规则，如果连续7个数据点落在均线的同一侧，则有必要做进一步研究。

Exercise
Solution

下面这些工具用于控制质量过程还是管理质量过程？

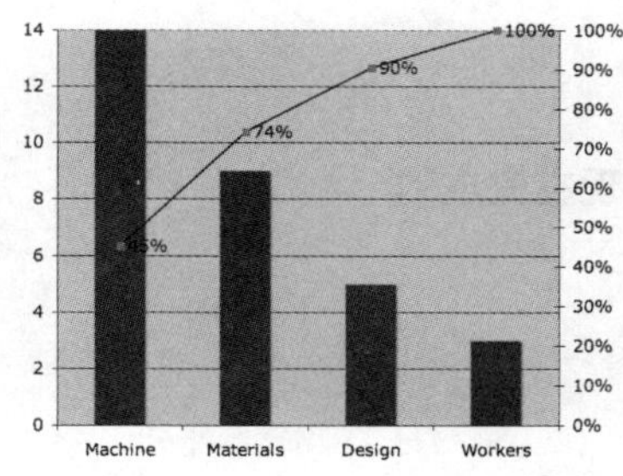
Machine
Materials
Design
Workers
74%
90%
100%

1. 你使用一个帕累托图来确定哪些根本原因导致了当前这一批次黑盒中出现最多的缺陷。看起来其中大多数都是机器校准问题导致的。所以你在重新校准机器返工处理。

☑ 控制质量　　☐ 管理质量

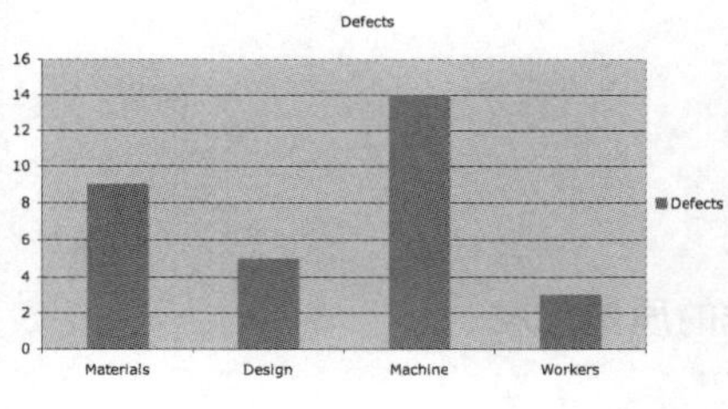
Defects
Materials
Design
Machine
Workers
Defects

2. 你使用一个直方图查看过去一年发现的所有缺陷的根本原因类型。你发现机器错误是最主要的原因，导致了各批次黑盒中最多的问题。所以在生产每一批次之前，你先安排机器校准检查，确保正确设定了机器标准。

☐ 控制质量　　☑ 管理质量

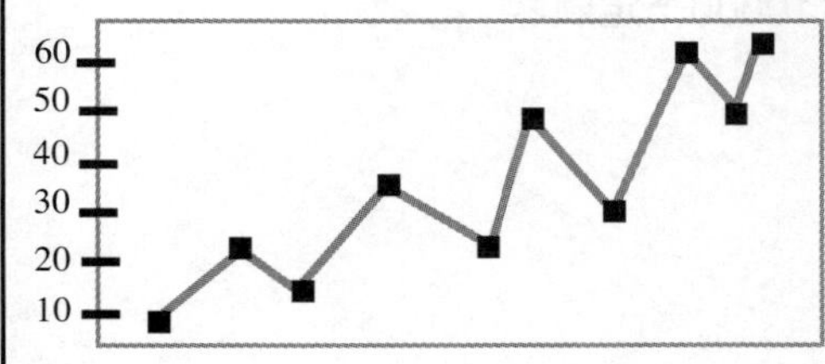
60
50
40
30
20
10

3. 查看过去一年所有检查中发现的缺陷，你注意到看起来随着时间推移，每次检查发现的缺陷越来越多。你建立了一个质量任务组，试图找出导致这些缺陷的原因。

☐ 控制质量　　☑ 管理质量

模拟题

1. 以下哪一项不属于质量？

A. 适用性。

B. 符合需求。

C. 对发起人的价值。

D. 客户满意度。

2. 一个项目经理在使用直方图分析团队在检查活动中发现的缺陷。现在完成的是什么过程？

A. 规划质量管理。

B. 控制质量。

C. 管理质量。

D. 确认范围。

3. 以下哪一个不是质量成本的例子？

A. 让团队成员额外花时间审查相关方的需求。

B. 花钱请额外的程序员帮助满足最后期限。

C. 聘请额外的检查人员查找缺陷。

D. 派出一组人员补救已交付客户的有缺陷的产品。

4. 你在与一个审计团队一起检查你的公司的项目是否都满足同样的质量标准。现在完成的是什么过程？

A. 规划质量管理。

B. 控制质量。

C. 管理质量。

D. 完成质量管理。

5. 你在管理一个项目，要向一个使用准时制管理的制造商交付10000个定制零件。以下哪一个制约因素对客户最重要？

A. 零件必须按时交付。

B. 零件必须按特定的顺序交付。

C. 零件必须符合ISO规范。

D. 零件必须有独立包装。

模拟题

6. 以下哪一项不是质量管理计划的一部分？

A. 处理缺陷和其他质量问题的策略。

B. 项目团队实现公司质量政策的原则。

C. 测量项目质量的指标。

D. 免检描述，指出哪个可交付成果不需要检查。

7. 以下哪个工具和技术用来显示最常见缺陷的分类？

A. 控制图。

B. 帕累托图。

C. 核查表。

D. 流程图。

8. 你在管理一个高速公路建设项目。建筑队的工头提醒你检查团队发现一个高压电塔有问题，所以你使用一个石川图找出这个缺陷的根本原因。你正在完成哪一个过程？

A. 质量管理。

B. 规划质量管理。

C. 控制质量。

D. 管理质量。

9. 哪个工具或技术用于对数据分类来完成分析？

A. 散点图。

B. 直方图。

C. 核对单。

D. 流程图。

10. 什么时间完成检查？

A. 项目开始时。

B. 生产项目可交付成果的任何时间。

C. 交付最终产品之前。

D. 项目结束时。

模拟题

11. 控制质量过程和确认范围过程有什么区别？

A. 控制质量在项目结束时完成，而确认范围贯穿整个项目过程。

B. 控制质量由项目经理完成，而确认范围由发起人完成。

C. 控制质量由发起人完成，而确认范围由项目经理完成。

D. 控制质量是指查找可交付成果中的缺陷，而确认范围表示要确认产品能得到相关方的验收。

12. 你是一个婚礼策划公司的项目经理。你在策划一对有钱客户的盛大婚礼，公司过去已经策划过多个类似的婚礼。你想用那些婚礼的结果作为原则，确保当前项目的质量达到公司的标准。你使用的是什么工具或技术？

A. 核对单。

B. 标杆对照。

C. 实验设计。

D. 成本效益分析。

13. 你在使用控制图分析缺陷，图中一个地方让你意识到遇到了一个严重的质量问题。最有可能的原因是什么？

A. 7点法则。

B. 控制上限。

C. 控制下限。

D. 计划－实施－检查－行动。

14. 以下哪种说法最好地描述了缺陷补救审查？

A. 与相关方一起审查补救的缺陷，确保可以验收。

B. 与团队一起审查补救的缺陷，确保记录经验教训。

C. 审查补救的缺陷，确保已经适当地修正。

D. 审查补救的缺陷，确保在控制界限以内。

15. 项目团队在完成一个项目，要为一家硬件制造商印制3500份技术手册，他们无法检查每一个手册，所以抽取了一个随机样本，确认这些样本印刷无误。这是什么的例子？

A. 根本原因分析。

B. 成本效益分析。

C. 标杆对照。

D. 统计抽样。

模拟题

16. 控制质量过程和管理质量过程有什么区别？

A. 控制质量涉及类似直方图和控制图之类的图表，而管理质量不使用这些图表。

B. 控制质量和管理质量是同一个意思。

C. 控制质量表示检查可交付成果中的缺陷，而管理质量表示审计一个项目来检查整个过程。

D. 管理质量表示查找可交付成果中的缺陷，而控制质量表示审计一个项目来检查整个过程。

17. 哪个控制质量工具可以通过图形化方式显示来分析过程？

A. 核对单。

B. 流程图。

C. 帕累托图。

D. 直方图。

18. 你在查看一个控制图，想了解你的项目的工作方式是否适应公司的标准。你在使用哪个过程？

A. 规划质量管理。

B. 管理质量。

C. 控制质量。

D. 质量管理。

19. 以下哪一项与80/20法则有关？

A. 散点图。

B. 直方图。

C. 控制图。

D. 帕累托图。

20. 确认的缺陷补救是哪个过程的输出？

A. 整体变更控制。

B. 规划质量管理。

C. 控制质量。

D. 管理质量。

答案

~~模拟题~~

1. 答案：C

项目生产有价值的产品很重要，不过这并不是质量的一部分。正因如此，挣值属于成本管理，而不是质量管理。

2. 答案：B

在控制质量过程中，团队检查产品查找缺陷，并使用7个基本工具进行分析。由于缺陷来自检查，所以可以知道这是控制质量过程。

3. 答案：B

质量成本是为了预防、查找或补救缺陷所花费的时间和资金。

4. 答案：C

管理质量过程考虑的是公司满足其整体质量目标的情况。

当心虚构的过程名，如完成质量管理。

5. 答案：A

使用准时制管理的制造商依赖于供应商能够在他们需要时及时交付零件。这样可以节省成本，因为他们不需要存储大量多余的零件。

不过这些零件最好不要有很多缺陷，因为没有大量多余的零件可以用于补救！

6. 答案：D

你的项目团队需要检查所有可交付成果！这表示所生产的每一件东西都需要由团队成员审查，从而能发现和补救缺陷。

7. 答案：B

帕累托图对缺陷分类，显示每一类表示的缺陷占全部缺陷的百分比。如果规划质量管理过程的预算有限制，而且希望把钱花在最有成效的地方，这个工具就会很有用！

不要忘记需要检查所有可交付成果，包括你创建的东西，比如进度、WBS和项目管理计划。所以也要找出它们的缺陷！

答案

模拟题

8. 答案：C

注意有关石川图或鱼骨图的问题。使用这些工具分析缺陷时，就是在控制质量过程中。

BANG!
Watch it!

不要只是因为使用鱼骨图就认为在做质量控制！

鱼骨图在风险管理中也有用到，有关内容会在第11章看到。这里要注意的关键是，鱼骨图正用于查找缺陷的根本原因，而不是风险或其他方面。

9. 答案：B

直方图是七大基本质量工具之一。这是一个可以用来显示数据如何分解的横道图。

好的，这么说我可以使用一个直方图来确定项目过程中我的数据如何分解。

10. 答案：B

团队查看他们生成的东西，想要找出缺陷，这就是检查……每一个可交付成果都需要检查！“预防胜于检查”的含义是：如果你现在生成了一个以后项目可能需要的可交付成果，应当现在就修正其中的缺陷，与以后它在项目中真正使用时再做修正相比，现在修正的成本会少得多。

11. 答案：D

很多人会把控制质量和确认范围混淆，因为它们看起来确实很相似。二者都需要仔细查看可交付成果，确保它们满足需求。不过它们的目的完全不同！控制质量用来查找你打算补救的缺陷。确认范围发生在执行阶段的最后；这个时候要与相关方合作，使他们正式验收可交付成果。

最好在产品交给客户之前找出所有缺陷。

12. 答案：B

标杆对照就是利用先前的项目为当前项目设定质量指导原则。在组织过程资产中可以找到以往项目的结果。

答案

模拟题

13. 答案：A

7点法则指出，如果控制图中有7个连续的数据点落在均线的同一侧，就说明存在一个过程问题。这听上去有些复杂，不过实际上很简单。缺陷往往会随机地散布，在生产大量零件的项目中，即使零件都在规格要求以内，也会发现有些零件稍微大一点，有些则稍微小一点。不过如果连续多个零件都稍大，这就是一个很好的提示，说明你的生产线某个方面可能出问题了！

14. 答案：C

补救缺陷可能是一个很有风险的活动，因为这样很容易引入新的缺陷，或者没有充分理解为什么会发生这个缺陷。答案C清楚地指出：要返回去审查缺陷，确保已经修正。

15. 答案：D

很多时候要检查从生产线下来的每一个产品并不现实。对此统计抽样是一个非常好的工具；这是指取出产品的一个小的随机样本，检查其中的各个产品。如果它们都正确无误，就说明很有可能全部产品都是可以接受的！

16. 答案：C

很多人会混淆控制质量和管理质量之间的区别。控制质量是指检查可交付成果来查找缺陷，而管理质量是指审计项目，确保适当地完成了质量活动。

你会检查产品来查找缺陷，这一点你一定能记住，因为你会看到产品上有一个类似“由8号质检员检查”的标签。你要审计过程，这一点同样也能记住，因为在对你审计时，会确保你已经正常缴税，审计的是你的活动，而不是产品。

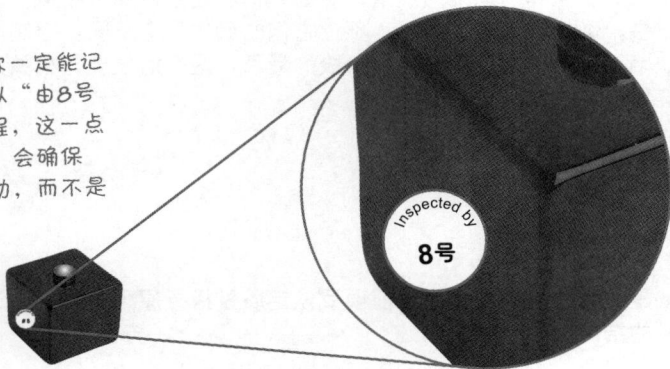

Inspected by
8号

答案

模拟题

17. 答案：B

流程图是七大基本质量工具之一。可以使用这个工具分析项目中的过程，找出质量问题和低效的方面。

18. 答案：B

你在分析过程，所以在使用管理质量过程。

如果看到一个控制质量工具，仅凭这一点并不能说明肯定在控制质量过程中……因为管理质量过程中也使用同样的工具！你要明确这些工具要用来做什么。

19. 答案：D

帕累托图基于80/20法则。它会以降序按根本原因对缺陷排序。所以你总能知道是哪20%的根本原因导致了项目中80%的缺陷。

20. 答案：C

你要在控制质量过程中检查你的工作，这也包括补救！

9 项目资源管理

召集团队

好了，3－2－1，团结！
预备一齐！加油！

每一个成功的项目背后都有一个强大的团队。如何确保为你的项目找到并保持最好的团队？你要**精心规划**，建立一个好的**工作环境**，还要谈判找到**最佳人选**。不过只是召集一个好的团队还不够……如果希望项目进展顺利，就要不断激励你的团队，并处理随时发生的所有冲突。**项目资源管理**会提供你需要的工具来找到最好的团队，并领导他们成功地完成项目。

Mike需要一个新团队

Cows Gone Wild III大获成功！现在Ranch Hand Games团队正整装待发，准备投入下一个大制作。现在情况如何？

HayStation®Moo
COWS GONE WILD IV
The Milk Man Cometh
Ranch Hand Games
Head First Rules!
包装已经制作好，不过Brian、Mike和Amy才开始开发游戏。
OK! 再把团队召集回来！嘿，Brian，你的团队什么时候能开始？
没那么快，Mike。还记得CGW III的在线部分吗？现在团队正为服务器维护忙得不可开交呢。
Mike，项目经理
唉呀！看起来Mike得召集一个新团队了。
Brian，开发团队经理

小组交谈

嘿，我们都在同一个团队。如果你需要，为什么不能直接从我们团队里调人来帮忙呢？

Amy，创意总监

Brian: 是啊，我们的资源没有理由对你的项目专用。这样我们就可以同时开展多个项目了。

Mike: 喂，伙计们，你们不会真的认为这样行得通吧？

Amy: 当然了，为什么不呢？

Mike: 我们不能边干边找人；这样会带来严重的问题。

Brian: Mike，你太小题大做了。要知道，我很注重团队合作，我当然希望项目顺利完成。你只要告诉我什么时候需要从我的团队调人，我保证让你得到想要的开发人员和测试人员。这有什么不对吗？

Mike: 那好，如果我需要3个开发人员，从明天开始要用两个星期，你能保证吗？

Brian: 嗯，太不凑巧了。星期五是另一个项目的最后期限。得等到下个星期一才行。不过也只是等几天而已。

Mike: 看吧，这就是我要说的！这里等几天，那里再等几天……如果每次团队需要人时都得等上几天，我们的进度肯定会大大延迟。

BRAIN
POWER

Mike如何解决这个问题？他怎么做才能确保在需要时能得到想要的团队成员？

召集团队，推动工作

你希望项目团队能在你的掌控之中，对不对？不过如果你在一个矩阵型组织中，你的团队成员不会直接向你报告。那么你又如何确保得到最好的人员，保证一直激励他们保持生产力呢？这正是项目资源管理过程的目的：指导你完成所需的工作，从而确保在你需要时能够为项目召集到你想要的所有人员。

这一章中的很多内容主要适用于矩阵型组织…… 不过你会发现，即使你不在一个矩阵型公司，这些知识也很有用！

这一点并不奇怪，几乎每个知识领域都有规划过程，规划资源管理过程也不例外。

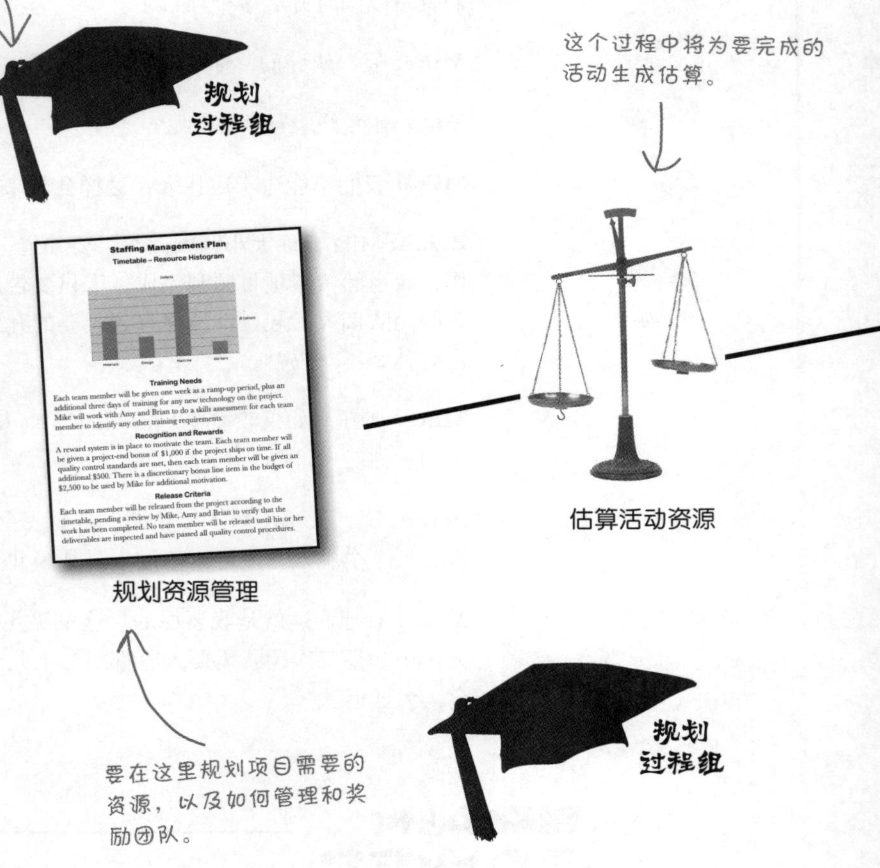

规划过程组
这个过程中将为要完成的活动生成估算。
Staffing Management Plan
Timetable – Resource Histogram
Training Needs
Each team member will be given one week as a ramp-up period, plus an additional three days of training for any new technology on the project. Mike will work with Amy and Brian to do a skills assessment for each team member to identify any other training requirements.
Recognition and Rewards
A reward system is in place to motivate the team. Each team member will be given a project-end bonus of $1,000 if the project ships on time. If all quality control standards are met, then each team member will be given an additional $500. There is a discretionary bonus line item in the budget of $2,500 to be used by Mike for additional motivation.
Release Criteria
Each team member will be released from the project according to the timetable, pending a review by Mike, Amy and Brian to verify that the work has been completed. No team member will be released until his or her deliverables are inspected and have passed all quality control procedures.
规划资源管理
估算活动资源
要在这里规划项目需要的资源，以及如何管理和奖励团队。
规划过程组

在规划资源管理过程中，要准确地规划需要哪些资源、他们的角色和职责是什么，以及你将如何培训并确保始终激励团队。

获取资源和建设团队属于执行过程组是有道理的，只有在项目启动之后才会召集团队。

执行过程组

需要培训你的团队，并通过奖励激励他们完成项目。

没有哪个项目会一帆风顺。人们之间会有冲突，你要确保解决这些冲突。

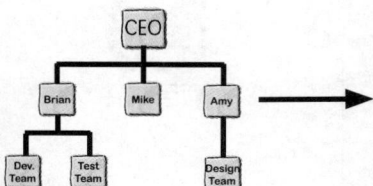

CEO
Brian Mike Amy
Dev. Team Test Team Design Team

获取资源

建设团队

管理团队

控制资源

一旦项目启动，就需要召集你的团队。这说明你可能需要谈判来获得一些资源。

这3个过程都属于执行过程组，因为它们都发生在团队执行项目期间！

执行过程组

监控过程组

BRAIN
POWER

你会怎样做来确保能够在需要时为团队获得合适的人员？项目启动之前你会怎样做来确保他们始终得到激励？

确定团队需要什么人

规划过程组

项目团队不会自发组建！需要做大量规划和指导工作才能把团队召集在一起，这正是规划资源管理过程的基本思想。记住，在一个矩阵型组织中，团队不会直接向项目经理报告。你需要与职能经理合作来得到项目需要的团队成员……这说明需要向每一个人提供大量信息，使他们准确地了解你的团队需要什么人。

这两个输入已经见过很多很多次了！

输入

项目章程

事业环境因素

组织过程资产

项目管理计划

项目文件

Tools

数据表现通过层级型图表、责任分配矩阵和有关组织组成的文本显示向所有人指出你的团队的组织结构。

组织理论是指使用已证明的原则来指导你的决策。

专家判断用于确定资源需求和职位描述。

会议有助于召集团队，并对项目的需要达成共识。

这与之前看到的其他规划过程非常相似！首先从项目计划以及你对公司的了解开始，然后提出一个计划。

资源管理计划告诉项目中的所有人你的团队需要什么人，什么时候需要，另外他们要有哪些技能。

资源管理计划包括你的项目组织图、角色和职责，以及团队建设方法。

输出

团队章程

团队要在这里写出他们的协议、价值观以及如何合作的指导原则。

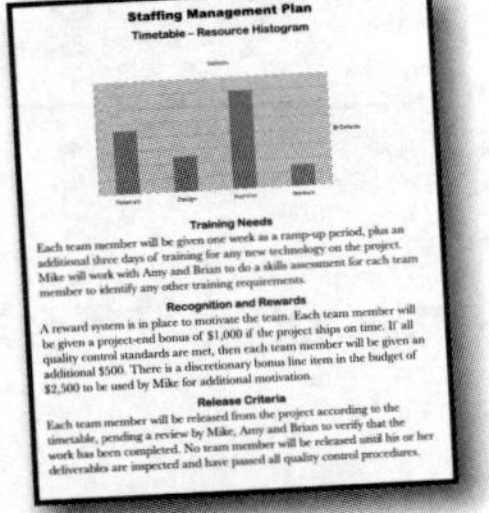

Staffing Management Plan

Timetable – Resource Histogram

Training Needs

Each team member will be given one week as a ramp-up period, plus an additional three days of training for any new technology on the project. Mike will work with Amy and Brian to do a skills assessment for each team member to identify any other training requirements.

Recognition and Rewards

A reward system is in place to motivate the team. Each team member will be given a project-end bonus of $1,000 if the project ships on time. If all quality control standards are met, then each team member will be given an additional $500. There is a discretionary bonus line item in the budget of $2,500 to be used by Mike for additional motivation.

Release Criteria

Each team member will be released from the project according to the timetable, pending a review by Mike, Amy and Brian to verify that the work has been completed. No team member will be released until his or her deliverables are inspected and have passed all quality control procedures.

资源管理计划

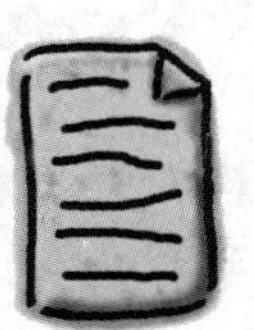

项目文件更新

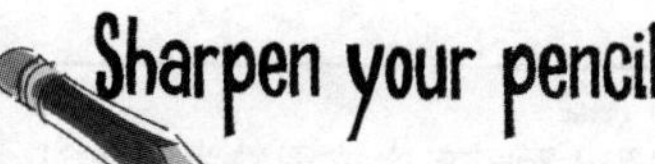
Sharpen your pencil

规划资源管理的输入、工具和技术以及输出看起来应该很熟悉！你认为它们分别用来做什么，请写下来。注意其中有一些你以前没有见过，可以根据你的知识和经验做出有根据的猜测。

输入

事业环境因素

组织过程资产

工具和技术

数据表现

还有另外几个工具和技术，这不是唯一的工具！

输出

- 资源管理计划
- 团队章程
- 项目文件更新

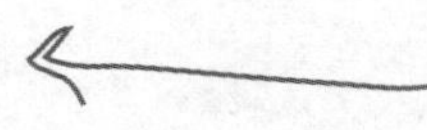
想想看哪些文件需要根据你的资源计划信息更新。

Sharpen your pencil Solution

规划资源管理的输入、工具和技术以及输出看起来应该很熟悉！你认为它们分别用来做什么，请写下来。注意其中有一些你以前没有见过，可以根据你的知识和经验做出有根据的猜测。

输入

事业环境因素

这是有关公司文化和结构的信息

公司的文化非常重要，这包括共同语言、技术制度以及与人之间的关联等内容。

组织过程资产

从以往项目得到的模板和经验教训

你已经见过，可以用很多不同方式使用模板和核对单。它们在规划资源管理过程中也同样重要。

工具和技术

数据表现

很可能不清楚谁向谁报告以及公司里不同的人做什么工作。如果你想为项目配备人员，就必须知道这些内容！

显示经理、团队成员以及公司内外参与项目的其他人之间的关系

输出

你的资源管理计划描述了谁会参与你的项目，他们什么时候工作，工作多长时间，另外还要描述你用什么奖励制度激励团队。

- 资源管理计划

  描述你将如何管理和控制你的资源

- 团队章程

  项目中的每个角色都需要定义，要有一个头衔，做某些事情的权力，还要对某些特定的可交付成果负责。

  描述团队的价值观以及所使用的政策和基本原则

- 项目文件更新

  对假设日志和风险登记册的更新

详细分析规划资源管理输出

规划资源管理过程的两个主要输出是资源管理计划和团队章程。它们共同为成功的团队管理方法奠定了基础。

团队章程

团队要在团队章程中建立所有人都可见的基本原则。

如果团队没有向所有人明确所采用的政策，就会遇到麻烦。通过制订一个章程，团队会确定他们如何处理冲突、召开会议、做出决策，以及管理他们的日常工作。最重要的是，团队会对他们的价值观和目标达成共识。

资源管理计划的重要组成

资源管理计划包含一个培训计划、认可与奖励，以及团队成员加入和撤出的计划。不过，在讨论计划的这些部分之前，需要先强调计划的以下两部分：

项目组织图显示了团队成员相互之间的关系。

这可能包括不一定出现在公司组织图中的人员或关系。如果你的团队由多个顾问和分包商组成，只有这个图会同时列出所有人员。

角色与职责显示谁对什么负责。

经常会看到将项目的角色和职责写为一个RACI矩阵，这是一个表格，上面列出角色或人员；下面写出具体的活动、工作或职责；并指出每个人或角色对于各个活动或职责的职责等级（RACI代表“执行（Responsible）、负责（Accountable）、咨询（Consulted）和知情（Informed）”）。

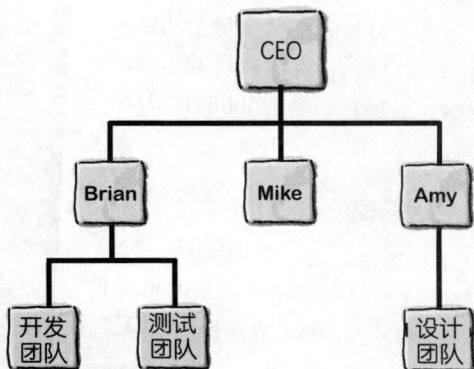

CEO
Brian
Mike
Amy
开发团队
测试团队
设计团队

这也可能列出角色，如“项目经理”“创意总监”或“开发经理”。

RACI矩阵		人员			
		Mike	**Amy**	**Brian**	**CEO**
工作包	项目管理	R	I	I	I
	设计	C	R	C	I
	建设	C	C	R	I
	测试	C	C	R	I

R = 执行（Responsible） A = 负责（Accountable） C = 咨询（Consulted） I = 知情（Informed）

资源管理计划

规划资源管理过程的一个重要组成部分是资源管理计划。它指出了建立团队、保证激励团队以及管理团队从而解决冲突并完成工作所需要的各个方面。

对团队所做的所有工作——获取团队、建设团队和管理团队，都依赖于一个好的资源管理计划。

要显示时间表（也就是人们什么时间做什么），一种常见的方法就是使用资源直方图。

要准确地告诉职能经理你的团队需要什么人，这一点非常重要，这样他们才能提供你需要的人员来完成任务。

资源直方图指出任何时间你需要的资源类型和数量。这通常是一个垂直横道图。

需要确保团队中的每个人都具备完成任务所需的技能。

项目资源管理中很重要的一部分是保证团队得到激励，要做到这一点，将奖励与目标挂钩是一个很好的方法。

需要明确地规划团队成员如何撤出项目，使职能经理和其他项目经理可以知道他们什么时候可以加入其他项目。

资源管理计划

时间表－资源直方图

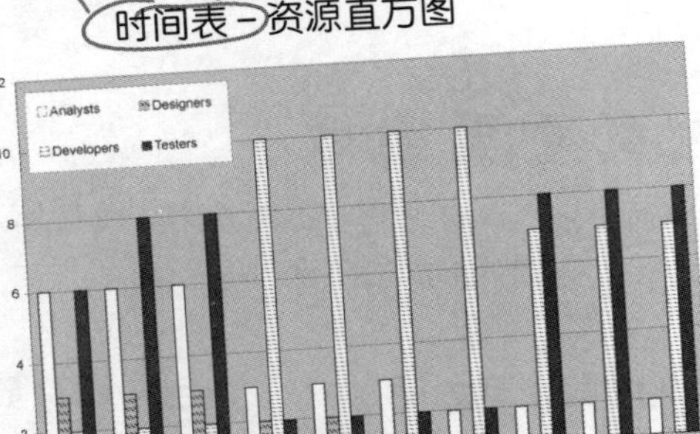

Analysts
Designers
Developers
Testers
Number of Resources Needed
Week
0
2
4
6
8
10
12
1
2
3
4
5
6
7
8
9
10

培训需求

每个团队成员会有一周的适应期，另外有额外的3天来培训项目的有关新技术。Mike会与Amy和Brian一起对每个团队成员做技能测评，确定是否有其他培训需求。

认可和奖励

提供一个奖励制度来激励团队。如果项目按时交付，每个团队成员会有$1000的项目完成奖金。如果满足所有质量控制标准，每个团队成员还会再得到$500的奖金。另外有一笔$2500的预算供Mike调配来提供额外的激励。

项目团队资源管理

每个团队成员必须根据时间表从项目撤出，之前要由Mike、Amy和Brian审查以核实工作确实已经完成。只有当团队成员的可交付成果经过检查并通过所有质量控制程序之后他才能撤出。

Exercise

请阅读上一页的**资源管理计划**，回答关于这个项目的以下问题：

1. 项目进行到第7周时需要多少设计人员、开发人员和测试人员？

.... 设计人员 .... 开发人员 .... 测试人员

2. 谁负责核实每个团队成员具备项目所需的技能？

....

3. 奖励总是要与绩效目标挂钩来激励团队。为团队设定的绩效目标是什么？如果达到目标每个团队成员会得到什么奖励？

....

....

答案见522页。

there are no Dumb Questions

问：我还是不理解资源直方图。我得自己来画这个图，还是可以从别处得来？

答：制订资源管理计划时你需要自己给出这个直方图。因为是你在管理项目，只有你知道项目什么时候需要各个人员。还记得第6章中建立进度计划时提出的所有活动吗？嗯，每个活动都有资源需求，对不对？这说明你很清楚项目中任何时刻需要哪些资源！正是因为这个原因，活动资源需求是规划资源管理过程的一个输入，你需要进度计划和活动来确定时间表。直方图是显示这个信息的最容易的方法。

问：RACI图真的有必要吗？

答：是的，绝对有必要!有时人们会采用某些方式划分职责，否则只从人们的头衔或项目中的角色名并不能一目了然地看出职责，这是矩阵型组织的主要好处之一。RACI图可以帮助每个人了解他们的工作分配。Mike可以让Brian的高级开发人员参加Amy的设计会议，尽管他们通常不这样做。他可以把这个安排放在RACI矩阵中，让每个人知道现在这是他们的项目工作的一部分。

问：我知道项目中需要有哪些角色之后，怎么具体得到团队呢？

答：这正是下一个过程要做的！这称为获取资源，在这个过程中要具体配备项目人员。当然，你不会在规划阶段配备人员。必须等到项目工作开始时才能开始配备，正因如此，这个过程属于执行过程组。

关于项目人员配备，最难的一部分是与职能经理的谈判。最好的资源总是最抢手的，这说明，要配备项目团队人员，你的谈判能力非常重要。

估算资源需要什么

好消息：你已经见过了估算活动资源过程的大部分输入！为项目分配资源之前，你要知道已经授权你在项目中使用哪些资源。这是一个输入，称为资源日历。你还需要之前创建的活动清单，另外要知道你的组织通常如何处理资源。一旦掌握了这些信息，就可以进行资源估算了。

规划
过程组

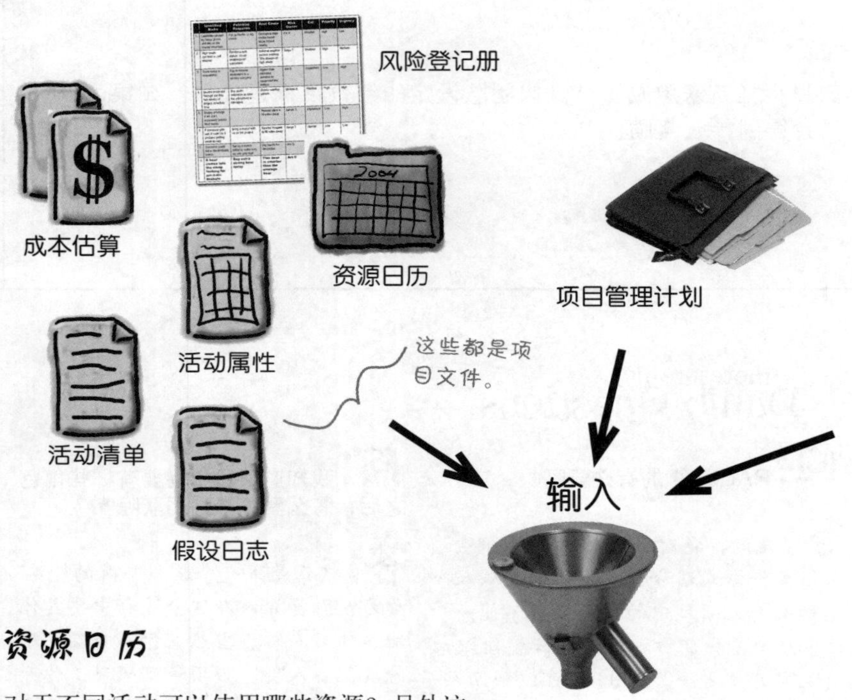

风险登记册
成本估算
资源日历
活动属性
活动清单
假设日志
这些都是项目文件。
项目管理计划
输入

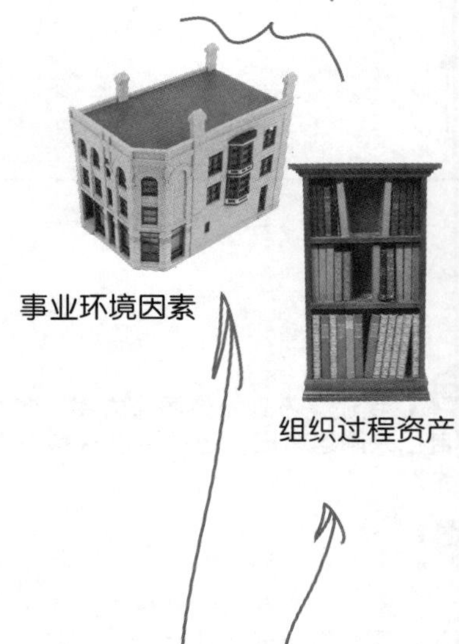

你可能已经猜到，这里会出现这两个输入，大部分规划过程中都有这两个输入！
事业环境因素
组织过程资产

政策、经验教训和历史信息如何帮助你为项目分配资源？

资源日历

对于不同活动可以使用哪些资源？另外这些资源什么时间可用？规划一个项目时，你要知道这些方面的有关信息。这正是资源日历的作用。不要忘记，有些资源（如顾问或培训室）必须提前安排，它们可能只在某些特定的时间才可用。完成项目规划之前必须知道这一点。

六月的婚礼比十二月的婚礼更难策划，因为结婚礼堂都被订光了。这是一个资源制约因素！

资源日历是估算活动资源过程唯一新增的输入。你已经见过其余的输入。

估算资源

Tools

估算活动资源的目标是估算活动清单中各个活动所需的资源。估算活动资源过程有7个工具和技术。其中一些工具的名字听上去技术性很强，不过如果多想想，就会发现它们实际上很有道理。确定项目需要哪些资源时你应该怎么做呢？考虑这个问题时，你就会发现这些工具很有用。

专家判断是指引入以前做过类似工作的专家，了解他们对于需要什么资源有什么想法。

类比估算是根据类似项目（即与当前估算的项目类似）所需的资源数和工作量做出估算。

参数估算是指在数学模型中输入值来做出的估算，这些数学模型是基于以往项目的数据创建的。

你可能以前已经用过**自下而上估算**技术，而自己都不知道！这表示将复杂的活动分解为多个部分，再使用另外6个工具和技术得出各个比较简单的部分的资源分配。

项目管理信息系统（比如Microsoft Project）通常有一些专门设计的特性，用来帮助项目经理管理资源和制约因素，以及为项目找出资源分配的最佳组合。

可以利用**会议**使相关方合作估算项目的资源需求。

输出

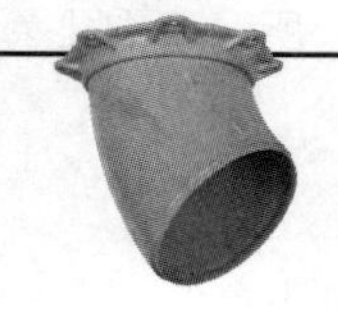

估算依据

资源需求

估算活动资源的输出描述了将如何使用资源，并包含这些估算的来源信息。

资源分解结构

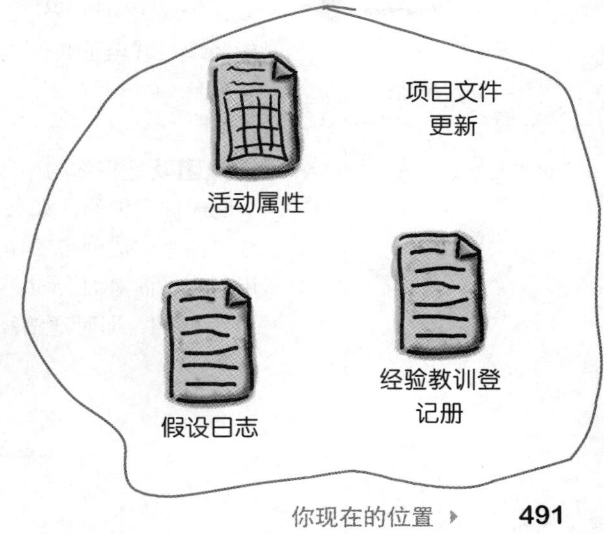
项目文件
更新
活动属性
假设日志
经验教训登记册

召集团队

执行
过程组

你已经有了资源管理计划，也估算了项目的资源需求，项目准备展开，现在要开始真正的项目工作了！你需要一个团队，召集团队的方法就是使用获取资源过程。

在这个过程中，你要与职能经理谈判来得到你的项目团队成员。你需要合适的人来完成项目，而且你已经做了所有准备工作来明确需要哪些人，以及什么时候需要。所以现在该是获取团队的时候了！

Watch it!

当心光环效应！

这是指只是因为一个人对某个工作很擅长，就把他放在一个他无法驾驭的位置上。

项目文件
花点时间考虑为什么需要这里的各个输入。
项目管理计划
输入

Tools

人际关系与团队技能：谈判是这个过程中最重要的工具。尽管确实有项目需要的资源，但是他们并不向你报告。所以你需要关于这些资源的使用时间与职能经理（甚至是其他项目经理）谈判。

预分派是指你可以在资源管理计划具指定人员分派。有时启动项目时已经向你保证可以提供某些资源，所以不需要为他们谈判。

这里应该并不奇怪，如果你为项目团队配备过人员，应该已经做过所有这些事情。

虚拟团队是指你的团队成员不在同一个地理位置工作。如果你依靠顾问和分包商来完成外包工作，这就非常有用。不用面对面会谈，他们可以使用电话、email、即时通信和在线协作工具来合作。

决策是指，决定要将哪些人纳入你的项目团队时，要考虑一组因素。有时团队会使用一些工具帮助他们权衡诸多因素，如成本、技术水平、知识水平，以及项目团队需要时人员是否可用。

嘿，**Brian**！别忘了我需要两个开发人员开发竞赛模拟器关卡。我们几个星期前讨论过，记得吧？

对，我记得。你可以找**Joe**和**Sue**，他们马上就可以从上一个项目撤出了。

Mike需要为资源谈判……

……不过谈判进行得不太顺利。

等一下！他们俩不就是上一个项目中总是拖后腿的家伙吗？我需要的是一流的技术人员。

那如果我把**Sue**派给你，另外再搭配一个更高级的工程师来帮着指导她，怎么样？

听上去不算一个很好的折中方案。Mike会怎么做？你会怎么做？

输出

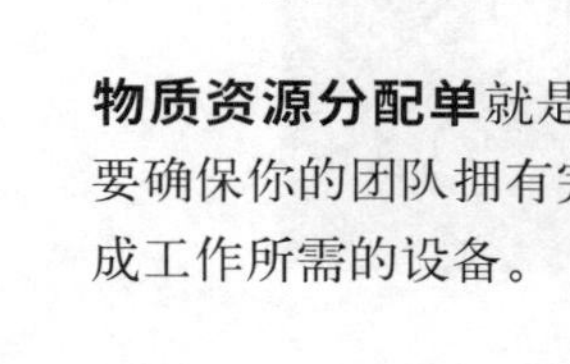

物质资源分配单就是要确保你的团队拥有完成工作所需的设备。

2004

资源日历

一旦团队成员完成了前一项任务，**资源日历**会告诉公司这些团队成员可以加入其他项目了。

如果开始时需要一个团队成员工作几个星期，后来又需要增加一个星期，要确保资源可用性能反映这一点！

项目文件更新

事业环境因素更新

变更请求

组织过程资产更新

项目团队派工单

项目人员派工单是这个过程的关键！这就是要确保得到一个团队成员，并为他或她分派项目中的某个特定角色。

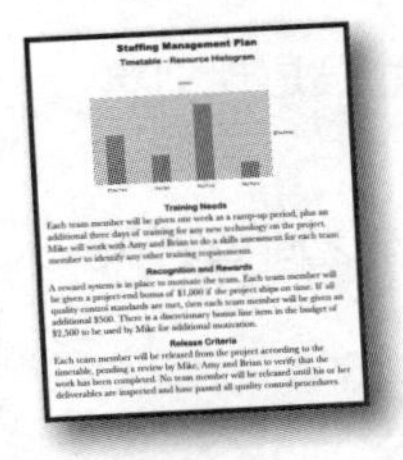

Staffing Management Plan

项目管理计划更新

项目管理计划更新。在规划资源管理过程期间，你可能并没有得到所有信息。你可能会发现一个更好的团队结构，或者发现某些资源根本不可用。要保持更新计划来包含这些新信息。

资源填字游戏

花点时间坐下来放松一下，让你的右脑动一动。这是一个标准的填字游戏，所有答案都是这一章中出现的词。

答案见523页。

横向

1. 资源 __________ 是资源管理计划中的一个垂直横道图，指出所需要的资源的种类和数量。

5. 这是表述角色与职责的一个很好的工具。

9. 获取资源过程的主要输出是项目团队__________。

10. _______ 效应将导致拥有技术专长的人被安排到他们并不胜任的位置。

11. 在这个知识领域中你完成的第一个过程是规划资源 __________。

12. 这种图可以指出公司中团队成员相互之间如何关联。

13. 管理团队过程属于__________ 过程组。

纵向

2. 激励团队的一种好办法。

3. 为人力资源提供__________，从而确保他或她具备完成项目所需的技能。

4. 团队成员不在同一个地理位置工作时就是在使用__________ 团队。

6. __________可用性是一个输出，描述了各个团队成员什么时间对你的项目可用。

7.获取项目团队中最重要的工具。

8. ____________ 组织图只显示分派到你的团队的人员，包括顾问和分包商。

小组交谈

看起来Mike的谈判最后结果不错！现在他得到了他的团队……不过他能不断激励团队吗？

我开始有些担心设计工作的进度。一切都还顺利吧？

Amy: 我没注意到有什么不妥。怎么了？

Mike: 嗯，可能没什么事，不过有两个设计团队成员没能满足最后期限。虽然不算严重，但这让我有些担心。

Amy: 好吧，我会关注他们的。

Mike: 还不仅如此。其中一个人根本不回复邮件，而另外一个人甚至在一个重要的最后期限那一周中间安排休假。我想我们在激励方面可能确实存在问题。

Amy: 你说得对，听起来很糟糕。我该怎么做呢？

Mike: 嗯，我在计划里准备了一笔专用的奖励预算。

Amy: 对，就是那$2500。不过我们真的要谈发奖金的事情吗？我认为他们都表现欠佳。难道不是该奖励表现好的吗？

Mike: 是的，不过如果我们把奖金与满足紧迫的最后期限或者达到高质量标准联系起来，就会让他们重获动力。

Amy: 我们可以试一试，不过我还是有点怀疑。

BRAIN
POWER

你认为Mike的想法能奏效吗？将奖金与满足特定目标挂勾是一个好主意吗？这个计划会不会适得其反？

建设团队

执行
过程组

建设团队过程是资源管理中最重要的过程。在这个过程中，要确保不断激励和妥善地管理团队，这正是项目经理要做的最重要的事情！项目的整个执行阶段都要这样做，因为你要保证团队一直朝着目标前进。

让团队参与规划，他们越有控制感，对项目的感觉就越好！

激励

- [ ] 作为项目经理，最重要的工作之一是激励团队，并不断监督，确保团队一直积极主动。
- [ ] 要想激励团队，一个很有效的方法就是建立一个奖励制度。不过要确保他们清楚地了解什么可以得到奖励，这个奖励制度必须是公平的，否则会适得其反！
- [ ] 培训是激励团队的另一个好办法。人们认为自己的专业水平提高时，会更愿意参与，而且对他们的工作也更有兴趣。

这会使控制团队和确保工作顺利完成的难度更大。

管理

- [ ] 规划项目时，你要指导所有工作，不过在执行时，项目经理更像是一个教练和引导者。
- [ ] 正因如此，项目经理具备“软技能”非常重要，你要真正了解什么能让团队成员努力工作，并帮助解决他们的问题。
- [ ] 确保项目团队紧密合作有一个很好的方法，就是为项目建立一些**基本规则**，对每个人如何合作设定一个标准。

这正是建设团队的一个工具和技术。

建设团队要不断激励团队，而且整个项目中都要一直这样做。

利用你的管理技能建设团队

如何激励你的团队让他们积极主动地完成工作？办法就是利用建设团队的工具和技术。与团队合作时，你应当是一个领导者。这说明，你要为人们如何交互制订规则，确保他们具备所需要的技能，并建立一个好的工作环境，还要保证不断激励他们。

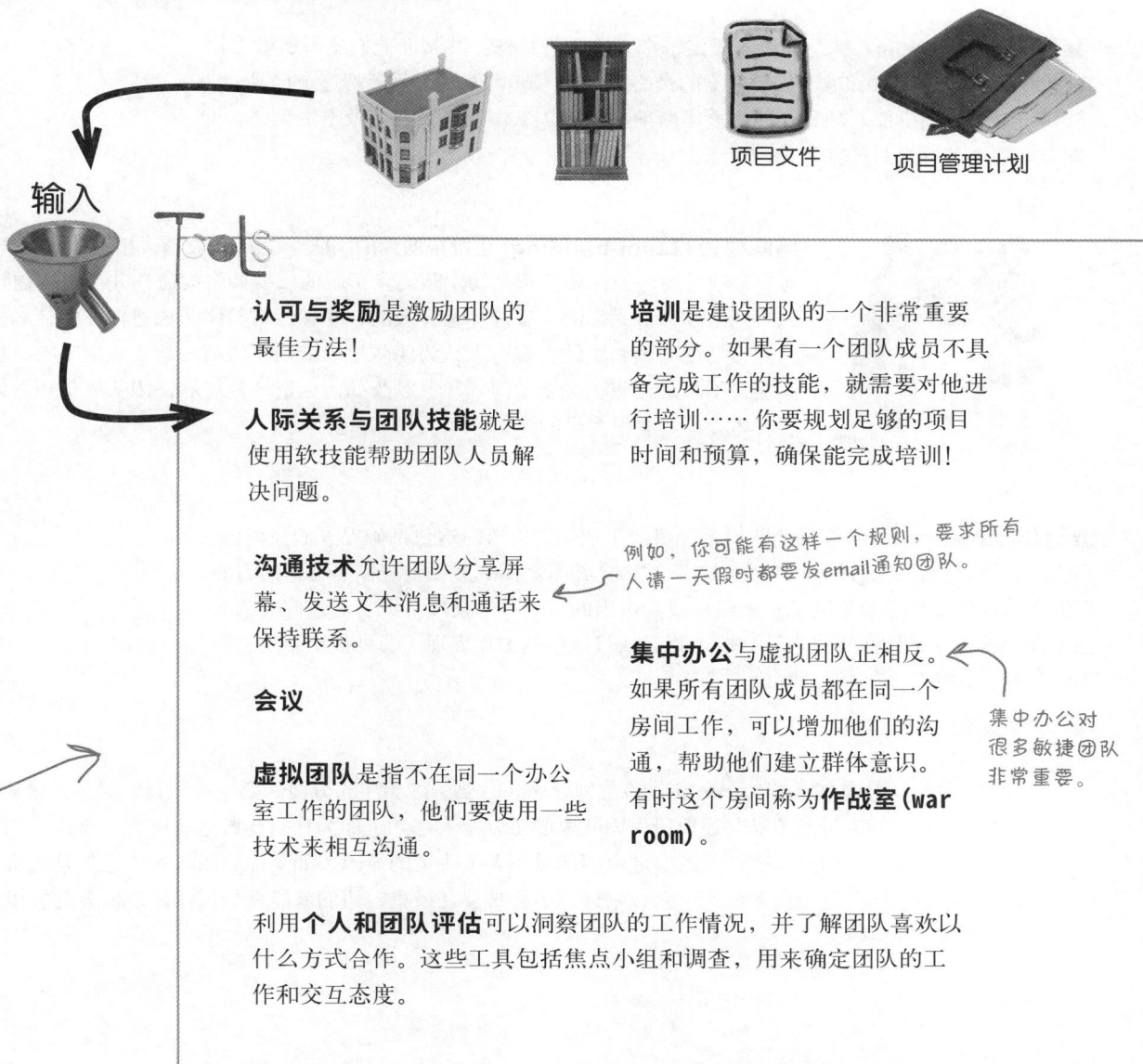

项目文件

项目管理计划

输入

Tools

认可与奖励是激励团队的最佳方法！

人际关系与团队技能就是使用软技能帮助团队人员解决问题。

沟通技术允许团队分享屏幕、发送文本消息和通话来保持联系。

会议

虚拟团队是指不在同一个办公室工作的团队，他们要使用一些技术来相互沟通。

培训是建设团队的一个非常重要的部分。如果有一个团队成员不具备完成工作的技能，就需要对他进行培训……你要规划足够的项目时间和预算，确保能完成培训！

例如，你可能有这样一个规则，要求所有人请一天假时都要发email通知团队。

集中办公与虚拟团队正相反。如果所有团队成员都在同一个房间工作，可以增加他们的沟通，帮助他们建立群体意识。有时这个房间称为**作战室(war room)**。

集中办公对很多敏捷团队非常重要。

利用**个人和团队评估**可以洞察团队的工作情况，并了解团队喜欢以什么方式合作。这些工具包括焦点小组和调查，用来确定团队的工作和交互态度。

人际关系与团队技能会让你的团队大不相同

了解《PMBOK®指南》中的所有工具和技术会帮助你更多地了解项目，不过你以什么方式帮助团队完成工作与你采取的步骤同样重要。

团队从一开始就很高兴加入CGW III的工作。不过当Mike告诉他们，这个游戏的成功决定了公司70%的收入，这才让他们真正感受到这个工作有多重要。

领导力（Leadership）就是为团队设定一个要达到的目标，并帮助他们了解所做工作的价值。只是让团队知道他们要建立的最终产品还不够；他们还要了解这个产品会为公司带来怎样的价值。项目经理需要不断地提醒团队工作的愿景，并做出决策，帮助团队始终朝着这个目标前进。

团队建设（Team-building）是指帮助你的团队学会相互依赖，相互信任。作为一个项目经理，你要负责帮助团队逐步了解他们要如何沟通，并在出问题时能得到激励。如果你的决策过程是开放的，并且经常与团队沟通你在做什么，就能帮助团队紧密团结。有些人认为团队建设就是下班后一起去吃吃喝喝，但其实并不只是这些，关于如何领导，以及如何创造一种能够让团队成员相互信任的环境，还有很多学问。

激励（Motivation）是向你的团队展示项目对于他们的价值。这包括确保人们会因他们的工作得到金钱方面的补偿和奖励。不过，这并不是团队激励唯一需要考虑的方面。你的团队还需要知道他们的工作对项目成功做出的贡献，以及项目成功对他们的意义。激励团队就是帮助团队满意自己做的工作，认可他们的工作表现，另外提出新的、不同的问题，让他们不断接受挑战。

沟通（Communication）是领导团队时要始终关注的方面。要完成项目，只是做最好的决策还不够，还要确保团队中的每一个人都知道你为什么要做这些决策，要让他们感觉你很开明，能诚实地说明你做出各个决策的原因。如果你的团队人员感觉总能从你那里得到需要的信息，永远都不会被蒙在鼓里，他们就能更加信任你，也会更加相互信任。

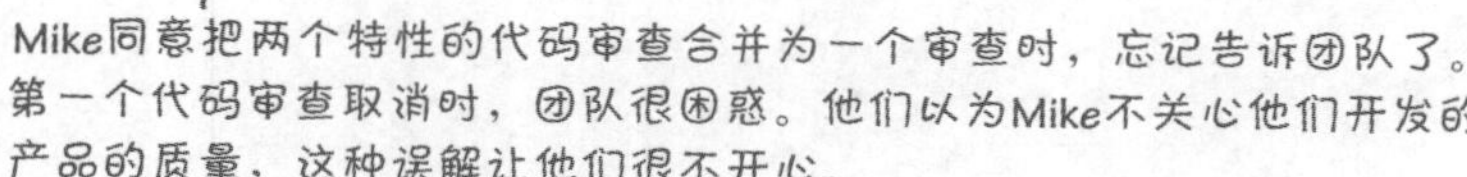

Mike同意把两个特性的代码审查合并为一个审查时，忘记告诉团队了。第一个代码审查取消时，团队很困惑。他们以为Mike不关心他们开发的产品的质量，这种误解让他们很不开心。

影响（Influencing）就是利用你和团队人员之间的关系，让他们合作，为项目做出好的决策。作表率时，你要身体力行，向团队展示出你希望他们有怎样的表现。尽管看上去可能微不足道，不过作为项目经理，你的工作方式会为你的团队成员们设立一个标准。整个项目过程中，要以最好的方式与团队合作，这是一种非常有效的做法，可以确保团队成员精诚合作，并且让他们知道他们可以相互依赖。

Mike总是尽早上班。一段时间之后，他注意到团队中的所有人也都像他一样开始尽早上班了。

政治和文化意识（Political and Cultural Awareness）是指了解团队中的人员，并理解他们的背景。由于项目有时会涉及多种文化，所以要花些时间来了解整个项目团队各个工作环境的相同点和差异，这很重要。还要与团队成员沟通，了解什么能够激励他们，这也同样重要。

谈判（Negotiation）可以帮助团队人员对如何合作达成共识。谈判时要倾听双方的意见，另外还要确保做出让步时要让人清楚地知道，这非常重要。这样一来，所有人都能全面了解问题的两方面，并且知道你确实在磋商，希望得到这个问题的妥善解决方案。

建立信任、指导和冲突管理（Trust building, coaching, and conflict management）在管理团队的人际关系方面也很重要。应该记得第1章介绍过建立信任和指导。稍后我们就会讨论冲突管理。

用你的管理技能领导团队

你已经见过一些工具和技术能够帮助你建立一个好的环境，促进团队成功，不过要让团队顺利完成一个艰巨的项目，还需要更多工具。你需要具备领导力技能，也就是影响团队并保证他们朝着项目目标前进的那些“软技能”。

等一下！考试中的这种选择题怎么能测试我的领导力技能呢？

整个项目中都要使用领导力技能！不过领导力技能在建设团队过程中尤其重要，因为你要在这个过程中领导你的团队完成他们的工作。

你说的对，确实办不到。 PMP考试只能考察你是否掌握有关领导力技能的知识。关于人们在公司里如何行使权力已经有很多研究。PMP考试主要强调两位社会心理学家French和Raven所做的研究，他们提出了人们用来影响别人的5种不同权力。

5种权力

项目经理在项目中通常使用5种权力。第一种是合法权力**(legitimate power)**，这是为向你报告的人分派工作时使用的权力。

如果你是某个人的老板，你就有合法权利来告诉他们做什么。不过在一个矩阵型组织中工作时，并没有人直接向你报告！所以你需要使用其他几种权力来影响团队。

奖励权力(Reward power)是你发奖金或另外某种奖励来激励团队成员时所使用的权力。一定要保证奖励是公平的，你肯定不希望只是某一个人有资格得到奖励，而不给任何其他人一点机会！另外奖励与具体的目标或项目优先级挂钩时会效果最好。

让所有人都竞争同一个奖励是不公平的，这实际上会打击积极性，导致人们去竞争随意的奖励。

专家权力(Expert power)表示团队因为你在某个特定领域的专业知识而尊重你，也因此信任你。可以想想看：一个程序员团队如果知道你是一个高水平的软件工程师，他们更有可能尊敬你并按你说的去做！

如果我们满足规范指定的所有质量标准，团队所有人都能得到另外$500的奖金！

我有好几年时间领导一个游戏设计团队，与程序员一起开联合设计会议时，他们很佩服我的水平，所以最后取得了最好的结果。

奖励和专家权力是项目经理可以使用的最有效的权力。

参照权力（Referent power）是指人们之所以钦佩你，对你忠心不二，愿意做你要做的事情，是因为你很不一般。通常，项目经理可以运用参照权力，因为他得到了权威人士的充分信任，所以在其他人看来，会把他与成功联系在一起。

如果只是因为有个名人买过某个东西，你才买这个东西，这就是参照权力。

我和CEO一起喝咖啡时谈到我们的项目。他很看重我们。

Exercise

将以下权力与使用各种权力的场景连线。

合法权力	项目经理设置了一个“荣誉榜”，公布对进度超前的团队成员的奖励。
奖励权力	每个人都会按Shelly说的去做，因为大家都知道她深得高级经理喜爱。
专家权力	一个职能经理派一个测试人员参加项目经理的团队。
参照权力	程序员总是听从团队领导，因为这个领导是一个非常棒的软件架构师。

答案见522页。

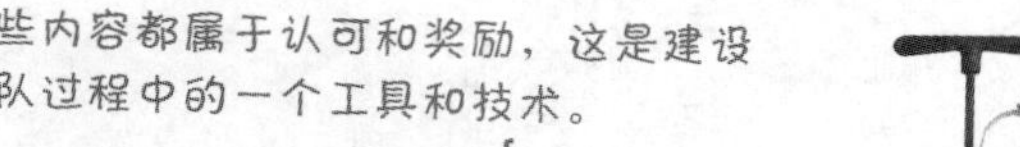
这些内容都属于认可和奖励，这是建设
团队过程中的一个工具和技术。

TOOLS

激励你的团队

不论你的“软技能”有多出色，如果团队的工作环境很糟糕，他们也很难完成项目。幸运的是，多年来这方面已经有很多研究，以确定究竟哪些因素可以构成一个好的工作环境。对于PMP考试，你要熟悉最流行的激励和组织理论。

这可能会在一个有关“马斯洛理论”的问题中看到，或者考试中可能会作为“需求层次论”或“马斯洛层次论”出现。

马斯洛需求层次理论指出，人都有需求，在满足较低需求之前他们不会考虑更高层次的需求。

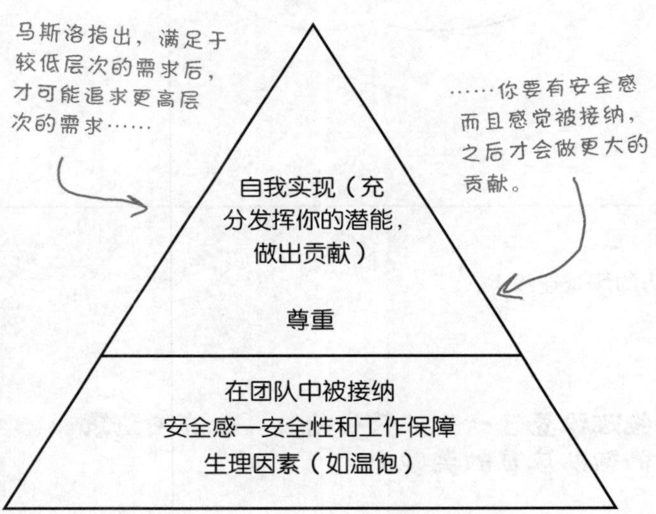
马斯洛指出，满足于较低层次的需求后，才可能追求更高层次的需求……
……你要有安全感而且感觉被接纳，之后才会做更大的贡献。
自我实现（充分发挥你的潜能，做出贡献）
尊重
在团队中被接纳
安全感—安全性和工作保障
生理因素（如温饱）

麦格雷戈的X理论和Y理论

麦格雷戈指出，有两种类型的经理：一类经理认为团队中每个人都是自私的，不积极的，还有一类经理则信任他的团队能做得很好。麦格雷戈把不信任团队的一类经理称为“X理论”经理，而信任团队的经理称为“Y理论”经理。**考试中可能会遇到这样的题目，答案可能是“X理论”或“Y理论”，也可能二者都有！**

X理论经理会对团队实行微管理，时刻监督着每一个人，让每一个人都感觉自己不被信任。

做一个Y理论经理会好得多——也容易得多。如果你信任团队能完成工作，他们就不会让你失望！

“保健因素”就是薪水或地位之类的东西，人们就是因为需要这些才会工作。如果没有这些，将很难激励他们！

赫茨伯格的激励-保健理论

当然，你喜欢做一个项目经理。不过如果拿不到薪水你还愿意做这个工作吗？自然不会！

赫茨伯格指出，你有很多需要，比如好的工作条件、令人满意的个人生活，以及与老板和同事的良好关系，他把所有这些都称为“保健因素”。这些因素并不会激励你，但是在得到激励之前首先需要有这些东西。只有拥有了这些保健因素，你才会真正关心成就、认可、个人成长或晋升之类的“激励因素”。

赫茨伯格指出，在人们得到成就和个人成长等激励之前，首先需要有通常希望从工作得到的东西（比如一杯热咖啡）。

还有两个理论可能在PMP考试中出现，不过它们没有其他理论那么常见。

期望理论指出，你要让人们对奖励有所期望，从而达到激励的目的，不过只有当这个奖励确实可以得到时，这种激励才奏效。如果每个人都知道奖励价值不大，或者根本无法得到，这实际上反而会削弱他们的积极性！

麦克莱兰的成就理论指出，人们需要通过成就、权力和认同感来得到激励。成就是指一个人工作表现好，并且得到了认可。权力是指一个人对公司有很多控制或影响。另外作为一个工作团队的一部分时，而且与同事有着良好的关系，这会让人有强烈的认同感。

Exercise

以下各个场景展示了某个激励理论的实际运用。请写出各个场景分别描述了哪种理论。

1. Bob是团队中的一个程序员，不过他总是感觉在团队里有些“格格不入”。他对所分配的工作没有多少控制权。最近花了整个周末加班完成了工作，不过似乎根本没有人注意到。

   ....

2. 办公室有过一次失窃事件，现在人们都惶惶不安。另外，暖气系统已经坏了好几个星期，办公室里太冷了！难怪所有人的工作都没有完成。

   ....

3. Eric是一个职能经理，不过他的团队看起来进度非常慢。事实上，每一个向他报告的人都必须先把工作交给他看，然后才能交给其他人。他会逐行查看，有时这需要好几个小时！他不信任团队，不允许发布任何未经他检查的工作。

   ....

4. Joe是一个职能经理，他的团队非常高效。他只是简单检查团队的工作，不过对于大多数工作，他都设定了具体可行的绩效目标，并且信任团队能满足这些目标，只是在发现存在必须纠正的具体问题时，他才会单独找相关的人指出问题。

   ....

5. 一个项目经理在激励团队方面遇到很多麻烦。他想设立奖励并建立一个好的工作环境。不过团队看起来还是很难激励，这主要是因为他们上周没有拿到薪水，所有人都对CEO心怀不满，因为他们没有得到奖金。

   ....

答案见524页。

团队建设阶段

一个团队从一群陌生人发展到能够共同创建某个产品，这需要一个过程，这正是团队建设各个阶段所要做的。

每个团队在项目中都要经历这些阶段。

形成：人们还在努力确定他们在这个群体中的角色；他们想独立工作，不过也在努力相处。

震荡：随着团队对项目有了更多了解，成员们对于如何完成工作形成了不同的观点。这会导致开始时有一些冲突，因为人们对于如何完成项目有不同意见。

规范：随着团队对其他人员有更多了解，他们开始调整自己的工作习惯，相互帮助，并对团队整体提供帮助。在这个阶段，团队中的个人开始学习相互信任。

成熟：一旦每个人都了解了问题，并且知道了彼此能够做什么，他们开始作为一个有凝聚力的单位高效地完成工作。现在团队就像一个上了油的机器在高效运转。

解散：工作将要完成时，团队开始处理项目结束的有关事宜。

学者布鲁斯.塔克曼为团队决策提出了这个5阶段模型。

尽管正常情况下都会这样发展，不过团队也有可能会陷入其中某个阶段无法脱身。作为项目经理，你的一个巨大贡献就是帮助团队从开始的震荡阶段进入规范和成熟阶段。要记住重要的一点，人们最初建立团队联系时会很困难，要尽量使用你的软技能帮助团队尽快通过这些阶段。

BRAIN
POWER

了解了团队建设或发展的5个阶段后，你处理团队冲突时做出的决策会有什么改变吗？

Exercise

以下各个场景分别描述了团队建设的一个阶段。写出每个场景描述了哪个阶段。

1. Joe和Tom都是Global Contracting项目的程序员。他们对所要构建的软件总体架构意见不一致，经常会因此争吵。Joe认为Tom的设计太短视，完全不能重用。Tom则认为Joe的设计太过复杂，可能根本不可行。他们现在已经闹到基本不说话的地步。

2. Joan和Bob能很好地处理Business Intelligence项目不断的范围变更。只要相关方请求变更，他们就会让变更通过变更控制过程，确保除非绝对必要，否则团队不必考虑这些变更。这样就让Darrel和Roger可以专心构建主要产品。每个人都专注于他们各自的领域，工作做得很出色。看起来这真是一个一流的团队。

3. Derek刚加入团队，他很内向。团队里的人不太清楚他怎么想。每个人都很客气，不过看起来有些人有点担心他。

4. 现在产品已经发货，团队正在开会记录所有经验教训，并完成项目评估。

5. Danny刚意识到Janet确实很擅长开发web服务。他开始考虑让她完成所有web服务开发工作，而Doug负责所有客户软件开发。Doug看起来对此也很高兴，他确实非常喜欢构建Windows应用。

答案见526页。

输出

你要跟踪团队的表现，因为团队有问题时，必须有一个可以比较的好基准。

团队的表现如何？

建设团队过程有一个主要输出。这就是团队绩效评价。建设项目团队意味着与团队合作，让每个人都得到激励，并培训来提高他们的技能。另外的一些输出包括**对项目文件、项目管理计划、公司事业环境因素、公司组织过程资产以及变更请求的更新，**来更新公司的个人记录，并随着团队的最新发展不断更新你的项目文件。

Cows Gone Wild IV
团队绩效评价

竞争力/技能改善

开发人员：参加为期3天的矢量图形编程新技术培训。设计人员：请常春藤大学的工业设计教授召开设计技术研讨会。

团队绩效

团队凝聚力方面有显著改进，相应地缺陷率有所降低。我们已经使用了$2500奖金预算中的50%。

人员离职率

两个设计人员和一个开发人员离开了团队，与CGW III相比，情况有所改善。

团队绩效是否改进？激励技术有效果吗？如果是，就写在这里！

通过关注离职率可以测量团队的积极性和满意度。

BULLET POINTS: AIMING FOR THE EXAM

- 项目经理使用他们的通用**管理技能**（“软技能”）来激励和领导团队。
- 在一个矩阵型组织中，项目经理没有**合法**权力，因为团队不直接向项目经理报告。
- 最有效的权力是奖励权力和专家权力，**奖励权力**是指项目经理可以为团队设置奖励和表示认可，**专家权力**表示团队尊敬项目经理的技术能力。
- 项目经理要熟悉现代**激励和管理理论**。
- **麦格雷戈的X和Y理论**指出，差的X理论经理不信任自己的团队，而好的Y理论经理信任自己的团队。
- **马斯洛需求层次理论**指出，在人们满足低层次需求（如完全感和有保障）之后，才会追求“自我实现”（充分发挥潜能）或尊敬（感觉良好和受到重视）。
- **赫茨伯格的激励－保健理论**指出，除非已经有薪水和工作保障等保健因素，否则很难激励人们。
- **期望理论**指出，只有当人们感觉自己有可能达到目标，才会对与这些目标挂钩的奖励有反应。
- 布鲁斯·塔克曼提出的团队发展（建设）的5个阶段分别是**形成**（团队还在寻找他们的角色），**震荡**（团队形成不同的观点），**规范**（调整工作习惯来帮助团队），**成熟**（像一个上了油的机器高效运转）和**解散**（结束项目）。
- **参照权力**主要基于对权力拥有人的认同和钦佩。

小组交谈

我们遇到了一个问题，Mike。我的团队需要设计团队提供3D模型设计和纹理图，不过我们还没有拿到。

Amy: Brian，我们已经讨论过这个问题了。我的团队正忙着做关卡设计，现在这个工作的优先级最高。

Brian: Mike，是这样吗？

Mike: 我查过进度计划，这3个工作都是当前活动的一部分。究竟哪一个优先级最高并不明确。

Brian: 看吧，如果我们拿不到这些模型和纹理，我的团队就只能停工了。

Amy: 拜托，Brian。你们还有一大堆的单元测试可以写，而且我知道你的代码审查已经晚了一个星期。你难道不能现在做那些工作吗？

Brian: 我的团队两个星期以来一直在做代码审查。他们需要休息！

Amy: 哈！这么说，并不是因为你拿不到纹理才会滞后。

Brian: 嗯，是这样的，不过我要应对一个团队，而且这个团队存在激励问题，要由我来处理这个烂摊子！

Mike: 好了好了，大家别争了，我们来看看能不能解决这个问题。

Amy: 我看不出有什么问题需要解决。他完全是无理取闹。

BRAIN POWER

看起来Brian和Amy存在严重的冲突，如果Mike不及时控制，这可能会对项目造成很大影响！项目中通常哪些方面会导致冲突，发生这些冲突时项目经理要怎样做？

管理团队意味着解决问题

执行
过程组

如果你的团队成员从来都没有冲突，那该多好！嗯，我们都知道，所有项目中冲突都是不可避免的。一个优秀的项目经理知道如何处理冲突，从而避免这些冲突延迟或破坏项目。这正是管理团队过程要做的。

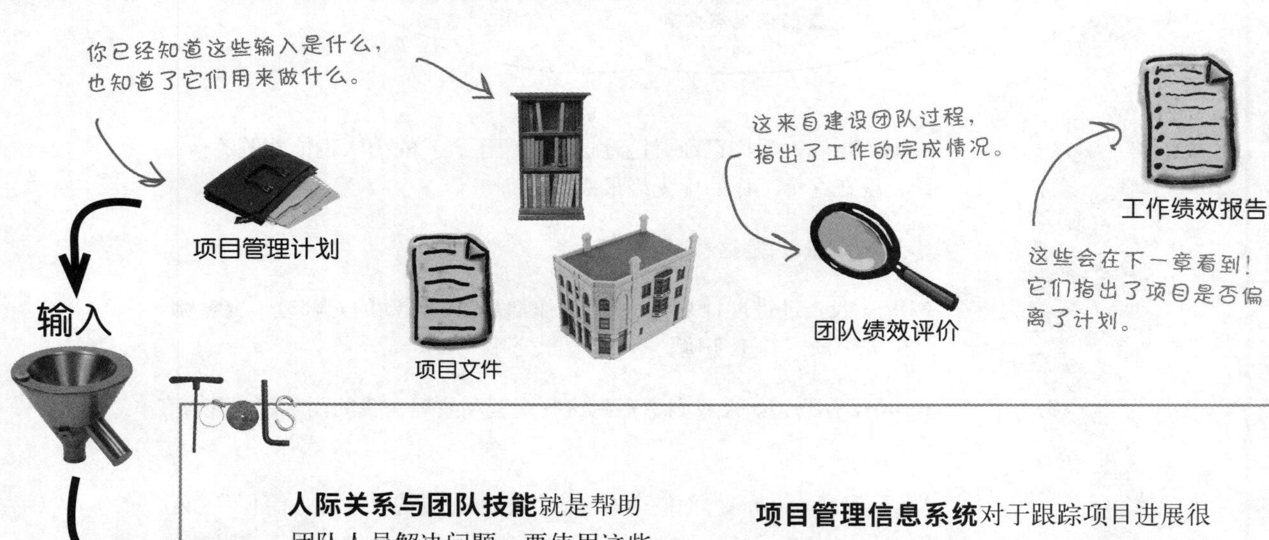
你已经知道这些输入是什么，
也知道了它们用来做什么。
项目管理计划
输入
项目文件
这来自建设团队过程，
指出了工作的完成情况。
团队绩效评价
工作绩效报告
这些会在下一章看到！
它们指出了项目是否偏
离了计划。
Tools

人际关系与团队技能就是帮助团队人员解决问题。要使用这些技能帮助团队成员集中精力相互合作来实现项目目标。

项目管理信息系统对于跟踪项目进展很有帮助，还可以帮助了解团队合作交付项目时各个团队成员分别在处理哪个工作项。

输出

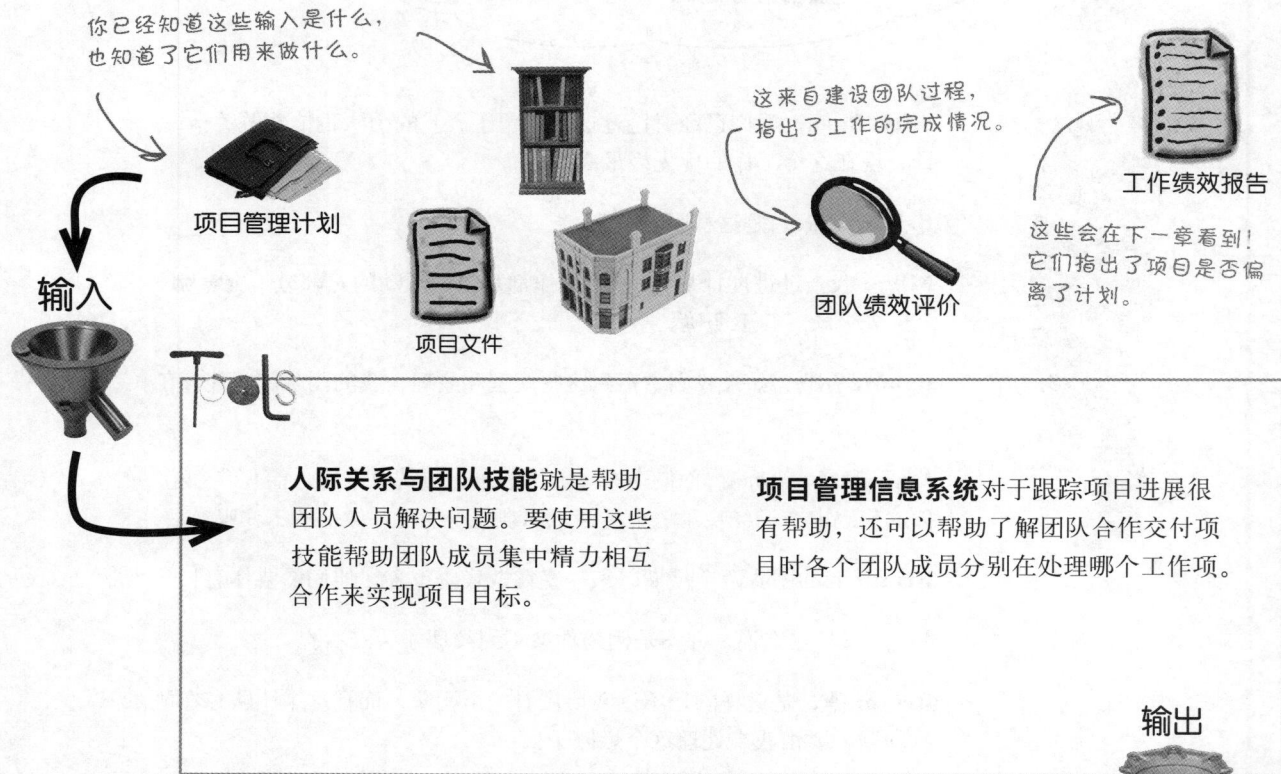

Sharpen your pencil

之前你已经见过管理团队的所有输出。仔细考虑，猜一猜这个过程有哪些输出，并写在这里。你需要处理团队发现的潜在变更，如果确实需要这些变更，还要完成更新。

....

....

....

....

....

....

....

....

答案见523页。

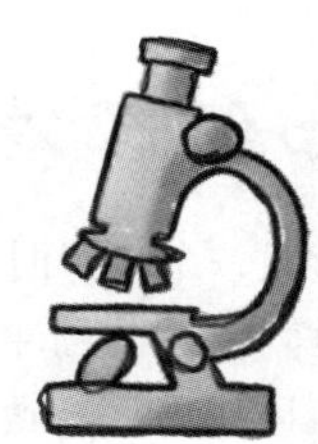

冲突管理详解

并不奇怪，超过一半的冲突可能都是因为优先级、进度和人员。也正是因为这个原因，你学到的那么多过程都在强调预防冲突。基本规则、好的规划实践以及与沟通有关的所有工作都可以用来预防导致冲突的最常见的原因。

发生冲突的一些常见原因

资源稀缺，正因如此，你必须为资源谈判。你有没有遇到这种情况："条件好"的会议室、顶尖的团队成员，甚至你想用的复印机似乎总在被别人使用。对，这就是一个稀缺资源。难怪资源会导致这么多冲突。

这3种问题导致了超过50%的冲突！

优先级表示一个项目或某个人比另一个项目或另一个人更重要，因此得到更多预算、资源、时间、声望或其他好处。如果公司的优先级不完全明确，肯定就会发生冲突。

进度计划决定了谁得到什么，以及什么时间得到。你有没有因为项目未能如期完成而让你的客户、发起人或相关方失望过？这就说明进度存在冲突。

一半以上的冲突都是由于资源、优先级和进度导致的。

更多导致冲突的原因。

性格总会有冲突。有时两个人就是无法相处，你必须想办法让他们合作来完成你的项目。

经常会对**成本**有分歧，特别是涉及合同时。即使已经事先协商好价格，买家也常常会反悔，这就会招来争端。

技术观点也是产生冲突的一个原因，因为很难让一个专家改变想法……所以如果有两个技术专家意见不一致时，你就要当心了！

BRAIN
POWER

如果项目团队中的两个人之间发生冲突，处理冲突的最佳方法是什么？

如何解决冲突

管理一个项目时，要依靠团队中的人员完成工作。不过如果他们存在某种冲突，你的项目就可能停滞下来无法继续……而且如果这导致项目延迟或者资金耗费，承担所有后果的人将是你！由于冲突威胁到项目时会让你陷入困境，所以你要解决冲突。幸运的是，有一些技术可以解决这些冲突。

解决冲突的最佳方法是与其他人合作：进行研究，找出问题根源，并修正根本原因。

合作(或解决问题)是解决冲突最有效的方法。这是指与其他人合作，确保考虑到他们的观点和看法。这是一种让所有人真正达成共识的好方法，同时你可以了解是什么导致了这个问题，并得出适合所有人的解决方案。

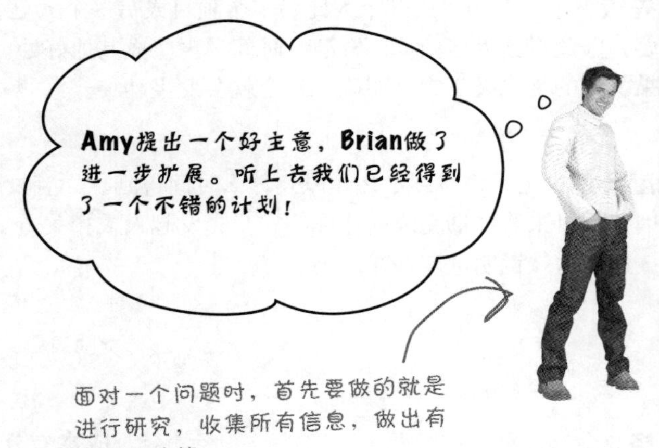
Amy提出一个好主意，Brian做了进一步扩展。听上去我们已经得到了一个不错的计划！

面对一个问题时，首先要做的就是进行研究，收集所有信息，做出有根据的决策。

妥协听上去不错，对不对？不过，请等等，两个人妥协时，这意味着每个人都有所放弃。所以很多人把妥协称为一个“双输”(lose-lose) 解决方案。

注意，如果想回归正轨，你们各自都得有所放弃。

一定要首先解决问题，只有在尝试过每一种可能的方法来解决实际问题之后才考虑妥协方案。

缓和或包容是指你想降低问题的严重性，让它看起来没有那么糟糕。这是一个临时性的解决方案，不过有时你需要这样做来避免情绪失控，给人们留出空间来退一步好好想想到底发生了什么。

嘿，伙计们，我知道这看上去好像已经到了世界末日，不过真的没有那么严重。

强迫表示你一人独断做出决策。一个人全赢，另一个人全输，这就是最终结果。

一定要尽量避免强迫和回避。

这里我负责，我已经决定了…… 你们必须按我说的做。
你们这些人根本不可理喻，我们不想再谈这个问题了。
到底是谁不可理喻?

回避对所有人都没有好处。这表示人们极度受挫、愤怒或厌恶时，会抽身撤出争论。这几乎总会带来不好的后果。如果在问题解决之前有人撤退，问题并不会因此消失，它还会在你的项目中继续存在。

不过合作听起来并不好！难道我不应该自己解决问题吗？

不能！合作只是与其他人一起解决问题的另一个说法， 因为要想解决问题，你首先要倾听每个人的想法，进行研究，修正导致问题的原因。如果你始终能记住：

"合作"只是"与一群人一起解决问题"的另一种说法。只要两个人存在冲突，你就要退一步，找出导致问题的真正原因，然后让所有人合作来解决这个问题。如果你了解到很多不同的观点，就更有可能得出可行的解决方案。

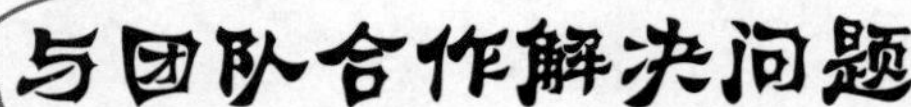
与团队合作解决问题

……这在考试时会帮你回答很多问题！

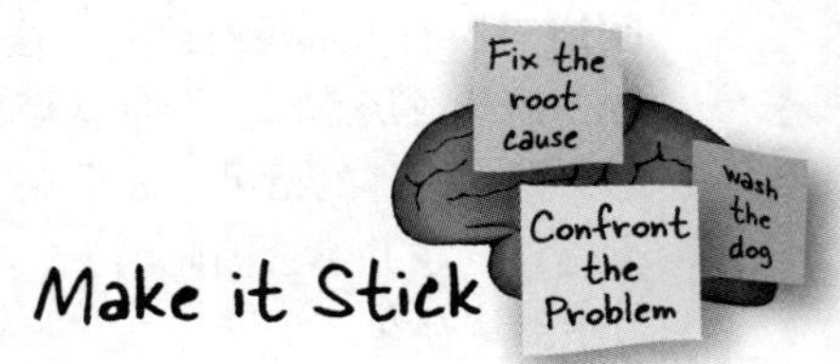
Make it Stick
Fix the root cause
Wash the dog
Confront the Problem

Exercise

来看以下各种解决冲突的做法，判断这里使用了哪种冲突解决技术。

1. “我实在没时间和你纠缠，就按你说的做吧，忘掉我提出过这个问题。”

   ……………………………………………………

2. “Sue，Joe已经把你的问题告诉我了。我考虑了他的立场，认为他是对的，所以我不需要再听其他意见了。”

   ……………………………………………………

3. “等一下。我们都坐下来，看看真正的问题是什么。”

   ……………………………………………………

4. “Joe，你的理由很充分，不过Sue也确实提出了一些很好的观点。如果你稍稍做两点让步，同时Sue放弃她的一个想法，就皆大欢喜了！”

   ……………………………………………………

5. “你们的想法几乎完全一致—只是有一点分歧！我相信下个星期问题就能解决。”

   ……………………………………………………

6. “我现在实在没时间处理这个问题。你去想清楚再来找我。”

   ……………………………………………………

7. “我知道这个问题看起来相当严重，不过我相信如果多花些时间，更仔细地分析，就能想出从根本上解决这个问题的办法。”

   ……………………………………………………

答案见525页。

确保控制资源保证项目处于正轨

监控过程组

我们都知道，项目并不总能按计划进行，正是因为这个原因，你要确保在需要时资源能准备好，另外不再需要时要把资源释放给其他团队。控制资源就是将你的实际产品数据与计划进行比较，并相应调整。

想想看为什么这些是控制资源过程的输入。

项目管理计划
输入

项目文件

如果你需要一个外部供应商提供项目的资源，协议会解释如何处理资源调整。

协议

工作绩效数据

这是所有状态报告，指出项目中的资源使用情况。

Tools

数据分析会让你了解项目中发生了什么。你可以使用趋势分析来预测可能需要为项目增加期望以外的更多资源。另外对于所要做的变更，可以使用成本效益分析来确定最佳的应对方法。

如果遇到一个没有简单答案的问题，**解决问题**会很有用。在这些情况下，你要全面考虑问题，完成一些根本原因分析，找出解决方案。尝试一个解决方案时，你还要检查这个解决方案是否可行。如果不可行，还需要继续寻找答案。

与人们谈判来为项目获得更多资源时，**人际关系与团队技能**会很有用。影响技术可以帮助你得到项目最需要的资源。

项目管理信息系统对于跟踪项目如何使用资源很有帮助。

控制资源过程的输出

一旦发现对计划的变更，需要作为变更请求提出。这些变更请求得到批准时，要更新项目管理计划和项目文件来包含这些变更。

输出

需要对资源管理计划变更时，要通过一个变更请求来完成。

这是有关项目进展的所有信息。对项目中的资源构成做出变更时，这些变更会反映在工作绩效信息中。

项目文件更新

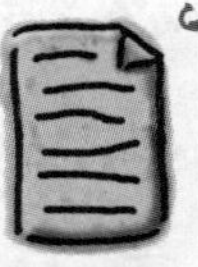

变更请求

项目管理计划更新

工作绩效信息

可能受控制资源过程影响的一些文件包括：假设日志、经验教训登记册、物质资源分配单、资源分解结构和风险登记册。

可能受这个过程影响的一些计划包括资源管理计划、进度基准和成本基准。

控制资源过程允许你根据项目中发生的变更调整你的计划。

there are no Dumb Questions

问：我怎么知道该使用哪种权力呢？

答：你要尽量使用专家权力或奖励权力。专家权力很有效，因为人们很自然地会听从他们尊敬的人的领导。另外奖励权力也很好，因为奖励可以帮助人们激励自己。

使用参照权力时，你在利用一个非常重要的心理工具：如果你喜欢某个人，或者她喜欢你，你就更有可能影响她。使用惩罚时必须很小心，因为这可能会大大影响团队的积极性。使用这种权力时，一定要注意不要在团队或公司其他经理面前惩罚某个人。这会让他们感到难堪，而且只会让你看上去很糟糕。要记住，你的目标是让项目回到正轨，而不是打击某个人！

问：听上去妥协不是一件好事。不过我听说，争执时总是应该寻求中间路线，不是吗？

答：没错，我们是小孩子时，大人总告诉我们要尽量寻求折中。这对于小孩子做游戏可能是对的。不过管理一个项目时，会通过最终产品的成功来评判你，而不是看你的团队是否快乐。如果你没有找出导致问题的真正原因，只是一味妥协，往往会错失容易的解决办法。

问：我还是不太清楚这些震荡和规范阶段是什么。我需要知道这些才能运行一个项目吗？

答：是的，确实需要！布鲁斯·塔克曼在1965年发表关于团队发展的首创研究时，他想寻找一个模型来描述团队如何面对挑战、处理问题、寻求这些问题的解决方案以及交付结果。在那之后，这成为关于团队如何形成和工作的很多现代思想的基础。更重要的是，如果你学会识别团队在项目过程中是如何发展的，在你真正运行项目时这会很有帮助。如果你理解团队如何发展，就会更清楚是什么导致了团队中的冲突和问题，并且可以帮助所有人解决这些问题。由于了解团队会经过这些阶段，有时这还会让你看得更远……你能认识到不时发生冲突是正常的，甚至是健康的。

要尽量避免使用惩罚。必须惩罚某个人时，也要私下里进行，不要在同事或其他经理面前惩罚。

BULLET POINTS: AIMING FOR THE EXAM

- 50%的项目问题和冲突都是因为**资源**、**进度**和**优先级**造成的。实际上性格冲突的可能性最小。
- 解决问题的最佳方法就是进行研究、明确是什么导致了问题，并**与团队合作来解决**。
- 如果有人放弃并逃避问题，就是一种“**回避**”，这通常是因为他们很沮丧或者很厌恶。如果你看到一个团队成员这样做，这就是一个警告，说明某个方面有问题。
- 有些问题听上去可能让你觉得“合作”是不好的做法，千万不要被它迷惑。**合作就是基于多种观点解决问题的另一种说法**。
- **缓和**就是让问题最小化，在你考虑如何解决问题时，这可以让人们冷静下来。
- **只有在无法解决**问题时才**采用妥协**。
- **强迫**表示只从一个角度考虑来做出决策。这不是解决问题的有效方法。

Cows Gone Wild IV团队太棒了！

原本Mike的处境并不好，他得努力建立一个全新的团队，不断激励他们，还要解决一些很严重的问题。不过他按照计划组建了一个很棒的团队，让工作井井有条地进行，最后成功推出了产品！

Mike确保每个人都有很好的工作环境……
……他设立了奖励来激励团队……
……虽然有冲突和争议，但他与团队合作，总能让项目回到正轨……
COWS GONE WILD IV
The Milk Man Cometh
……最后团队构建了有史以来最棒的Cows Gone Wild游戏！
嗬！工作真是不少，不过我们终于推出了一个特别棒的产品！

核心概念
回顾

成功的项目中，很重要的一部分就是要确保得到完成工作的必要资源。项目资源管理就是要建立一个能够合作并解决可能出现的问题的团队。另外还表示要得到团队需要的工具和物质资源。

核心概念

我们已经讨论了你和你的团队在规划、建设、管理和控制资源时使用的过程，不过很有必要再花点时间来考虑资源管理对你的项目整体会有什么影响。

- ★ 尽管团队成员在项目中都有特定的角色，但最好让整个团队一起合作完成项目规划和决策。
- ★ 团队的环境、相互之间的距离、与相关方沟通的能力，以及组织中的文化和政治问题都可能影响团队的绩效。
- ★ 资源管理不只是要考虑团队。项目经理还要花时间考虑必要的基础设施、软件、硬件或团队完成工作所需的其他物质资源。如果进入项目的关键部分，但没有得到相应的物质资源，就会导致项目延迟，甚至导致太晚才发现缺陷以至于无法解决。

资源管理就是要确保项目得到你需要的所有人员和物质资源。

核心概念回顾

发展趋势

下面是资源管理的一些发展趋势，可以帮助你更有效地改进和管理项目工作的资源。

- ★ **精益思想**表示有时项目团队并不是围绕着工作来组织，而是经过适当组织，让工作来找团队。精益团队采用准时制组织资源，尽可能根据需要保留资源，而不会过久地保留资源。

- ★ **自组织团队**能够针对一个特定的目标合作。在类似这样的团队中，角色和职责并没有严格定义。实际上，团队成员会做完成工作所需的任何事情，例如，这甚至可能意味着开发人员要花时间完成测试而不是进行开发。自组织团队最关心的是完成工作，而不太看重他们自己的角色。

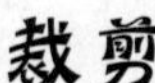

裁剪

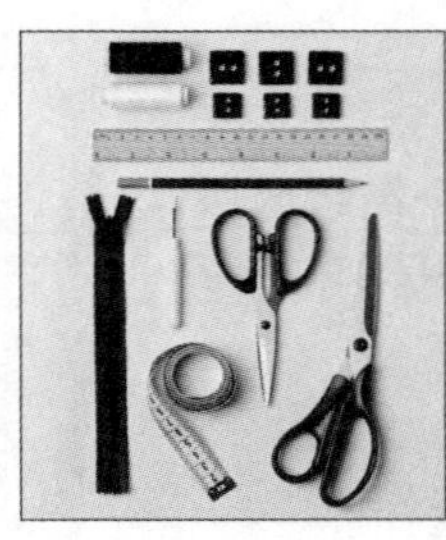

对团队在项目期间使用的过程做出变更时，会有一些考虑因素可能影响你的决策：

- ★ 资源以及需要在项目中联手工作的人在哪里？
- ★ 这个项目是否需要一些很难得到的特殊的领域知识？
- ★ 如果需要，如何向这个项目增加资源？
- ★ 组织如何管理人员？另外如何管理物质资源？

敏捷考虑因素

敏捷团队重视围绕一个提升的目标合作。他们会尽可能少地提前规划，从而能更开放地面对变更。敏捷团队更倾向于自组织，并强调完成工作，而不是同时处理多个工作项。

问题诊所："开会"问题

考试中有很多问题会给出一种情况，其中存在一个冲突、事件或者甚至是危机，问你首先要做什么。回答这种问题的技巧是，对于所有这些情况，总有一个关于开会的选项。听上去很奇怪，是不是？不过这确实是很重要的一点，项目经理必须了解！这是因为，做出决策之前，你应当从其他人那里收集信息。

并不总是团队成员有冲突。可能有某个客户很不满意，对你或你的团队成员抱怨连连…… 而且这个客户可能是对的。

听上去这些人是对的，另外那个人是错的……是这样吗？也许并非如此。

不要上当，虽然这里问的是冲突，但并没有问你冲突解决技术。

198. 你的项目团队中有3个人在优先级方面有冲突。一个初级团队成员想要不按顺序完成活动，另外两个高级成员希望遵循你原先制订的进度计划。解决这个冲突的第一步是什么？

A. 告诉每个人自己想办法解决问题。

B. 告诉初级成员一定要遵循进度计划。

C. 告诉他们遵循原来的进度计划。

D. 与这3个人开会，收集信息。

千万不要把你的管理职责推卸给团队。

这是不正确的！如果进度计划有问题需要变更控制呢？也许这个初级团队成员是对的。

如果不了解冲突就不能武断地做出决策。

这是正确答案。进一步采取行动之前先要收集信息。

还记得吗？在决定是否做出变更之前你需要查看变更的影响。没错，这里的想法也是一样！在采取行动之前一定要了解所有事实。

HEAD LIBS

填空，出一道你自己的“开会”问题！

你在管理 ______（项目描述）______，此时 ______（有冲突的两个人）______ 因为 ______（意见不一致的原因）______ 不一致来找你。一个团队成员认为 ______（解决问题的一种想法）______，而另一个认为 ______（解决问题的另一种想法）______。你首先会做什么？

A. ______（做一个武断的决策）______

B. ______（偏向某一个人）______

C. ______（偏向另一个人）______

D. ______（开会）______

这里再给出一个“开会”问题的练习，帮助你熟悉这种问题。

你能说出“开会”有多少种不同说法？

再填一些关于“开会”的说法。

从相关的每一个人收集信息。 ______

与相关人员直接交谈。 ______

确保你了解有关情况的必要信息。 ______

直到收集了所有信息之后才有进一步行动。 ______

Exercise
Solution

请阅读上一页的资源管理计划，回答关于这个项目的以下问题：

1. 项目进行到第7周时需要多少设计人员、开发人员和测试人员？

0	10	2
设计人员	开发人员	测试人员

2. 谁负责核实每个团队成员具备项目所需的技能？

Mike, Amy和Brian

3. 奖励总是要与绩效目标挂钩来激励团队。为团队设定的绩效目标是什么？如果达到目标每个团队成员会得到什么奖励？

如果满足进度，每个团队成员会得到$1000的奖励，如果满足所有质量控制标准，还会再得到$500。

Exercise
Solution

将以下权力与使用各种权力的场景连线。

合法权力 —— 一个职能经理派一个测试人员参加项目经理的团队。

奖励权力 —— 项目经理设置了一个"荣誉榜"，公布对进度超前的团队成员的奖励。

专家权力 —— 程序员总是听从团队领导，因为这个领导是一个非常棒的软件架构师。

参照权力 —— 每个人都会按Shelly说的去做，因为大家都知道她深得高级经理喜爱。

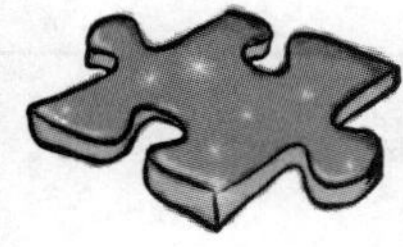

资源填字游戏答案

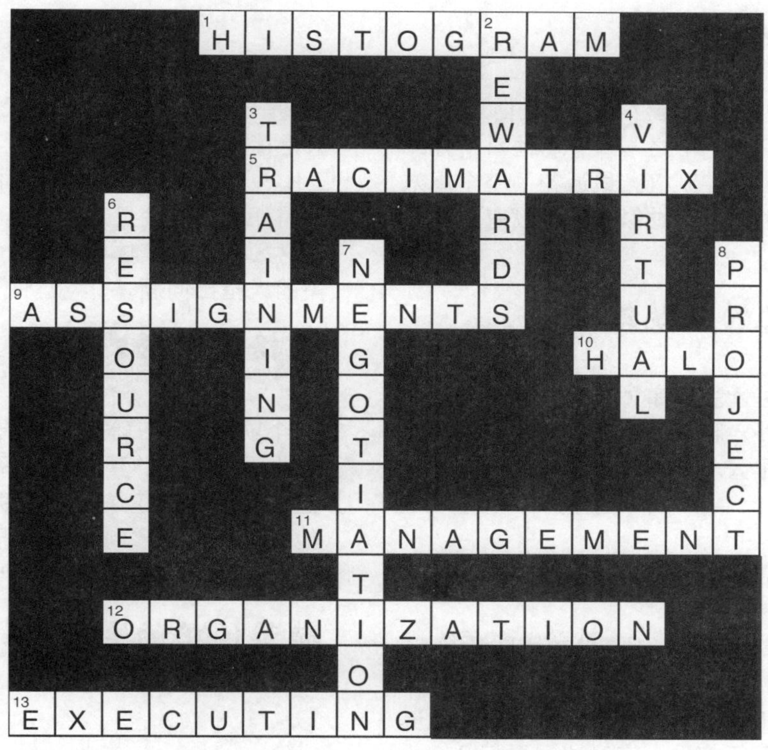
1 HISTOGRAM
2 REWARDS
3 TRAINING
4 VIRTUAL
5 RACIMATRIX
6 RESOURCE
7 NEGOTIATION
8 PROJECT
9 ASSIGNMENTS
10 HALO
11 MANAGEMENT
12 ORGANIZATION
13 EXECUTING

输出

Sharpen your pencil Solution

之前你已经见过管理团队的所有输出。仔细考虑，猜一猜这个过程有哪些输出，并写在这里。你需要处理团队发现的潜在变更，如果确实需要这些变更，还要完成更新。

变更请求

事业环境因素更新

项目文件更新

项目管理计划更新

Exercise
Solution

以下各个场景展示了某个激励理论的实际运用。请写出各个场景分别描述了哪种理论。

1. Bob是团队中的一个程序员，不过他总是感觉在团队里有些“格格不入”。他对所分配的工作没有多少控制权。最近花了整个周末加班完成了工作，不过似乎根本没有人注意到。

   麦克莱兰的成就理论

2. 办公室有过一次失窃事件，现在人们都惶惶不安。另外，暖气系统已经坏了好几个星期，办公室里太冷了！难怪所有人的工作都没有完成。

   马斯洛需求层次理论

3. Eric是一个职能经理，不过他的团队看起来进度非常慢。事实上，每一个向他报告的人都必须先把工作交给他看，然后才能交给其他人。他会逐行查看，有时这需要好几个小时！他不信任团队，不允许发布任何未经他检查的工作。

   麦格雷戈的X理论

4. Joe是一个职能经理，他的团队非常高效。他只是简单检查团队的工作，不过对于大多数工作，他都设定了具体可行的绩效目标，并且信任团队能满足这些目标—只是在发现存在必须纠正的具体问题时，他才会单独找相关的人指出问题。

   麦格雷戈的Y理论

5. 一个项目经理在激励团队方面遇到很多麻烦。他想设立奖励并建立一个好的工作环境。不过团队看起来还是很难激励—这主要是因为他们上周没有拿到薪水，所有人都对CEO心怀不满，因为他们没有得到奖金。

   赫茨伯格的激励-保健理论

Exercise
Solution

来看以下各种解决冲突的做法，判断这里使用了哪种冲突解决技术。

1. “我实在没时间和你纠缠—就按你说的做吧，忘掉我提出过这个问题。”

回避

2. “Sue，Joe已经把你的问题告诉我了。我考虑了他的立场，认为他是对的，所以我不需要再听其他意见了。”

强迫

3. “等一下。我们都坐下来，看看真正的问题是什么。”

合作

4. “Joe，你的理由很充分，不过Sue也确实提出了一些很好的观点。如果你稍稍做两点让步，同时Sue放弃她的一个想法，就皆大欢喜了！”

妥协

5. “你们的想法几乎完全一致，只是有一点分歧！我相信下个星期问题就能解决。”

缓和

6. “我现在实在没时间处理这个问题。你去想清楚再来找我。”

回避

7. “我知道这个问题看起来相当严重，不过我相信如果多花些时间，更仔细地分析，就能想出从根本上解决这个问题的办法。”

合作

Exercise
Solution

以下各个场景分别描述了团队建设的一个阶段。写出每个场景描述了哪个阶段。

1. Joe和Tom都是Global Contracting项目的程序员。他们对所要构建的软件总体架构意见不一致，经常会因此争吵。Joe认为Tom的设计太短视，完全不能重用。Tom则认为Joe的设计太过复杂，可能根本不可行。他们现在已经闹到基本不说话的地步。

震荡

2. Joan和Bob能很好地处理Business Intelligence项目不断的范围变更。只要相关方请求变更，他们就会让变更通过变更控制过程，确保除非绝对必要，否则团队不必考虑这些变更。这样就让Darrel和Roger可以专心构建主要产品。每个人都专注于他们各自的领域，工作做得很出色。看起来这真是一个一流的团队。

成熟

3. Derek刚加入团队，他很内向。团队里的人不太清楚他怎么想。每个人都很客气，不过看起来有些人有点担心他。

形成

4. 现在产品已经发货，团队正在开会记录所有经验教训，并完成项目评估。

解散

5. Danny刚意识到Janet确实很擅长开发Web服务。他开始考虑让她完成所有Web服务开发工作，而Doug负责所有客户软件开发。Doug看起来对此也很高兴，他确实非常喜欢构建Windows应用。

规范

模拟题

1. RACI矩阵是一种显示项目中角色和职责的方法。RACI分别代表什么？

   A. 执行（Responsible），批准（Approve），咨询（Consult），确认（Identify）。

   B. 执行（Responsible），负责（Accountable），咨询（Consulted），知情（Informed）。

   C. 保留（Retain），批准（Approve），确认（Confirm），知情（Inform）。

   D. 执行（Responsible），负责（Accountable），确认（Confirm），知情（Inform）。

2. 每个人都按Tom说的做，因为他和公司董事长是高尔夫球友。他对团队行使的是哪种权力？

   A. 合法权力。

   B. 奖励权力。

   C. 惩罚权力。

   D. 参照权力。

3. 解决冲突最有效的方法是什么？

   A. 缓和。

   B. 合作。

   C. 妥协。

   D. 回避。

4. 两个团队成员对于要使用哪一个技术方案意见不一致。在这种情况下首先要做什么？

   A. 查阅技术文件。

   B. 告诉团队成员自行解决问题。

   C. 要求团队成员写出一个变更请求。

   D. 与团队成员开会，找出导致意见不一致的原因。

5. Joe是一个大型软件项目的项目经理。在项目后期，顾客要求做一个重大变更，但并没有提供更多时间来完成这个项目。在每周状态会议上，这个客户要求项目必须按时完成。Joe告诉客户，他不打算再召开状态会议，除非客户能理智地处理这种情况。这里使用了哪一种冲突解决技术？

   A. 强迫。

   B. 妥协。

   C. 回避。

   D. 合作。

模拟题

6. 你刚完成了你的人员配备管理计划。你正处在哪个过程中？

A. 获取项目团队。

B. 建设项目团队。

C. 规划资源管理。

D. 管理项目团队。

7. 以下哪一项描述了马斯洛需求层次理论？

A. 如果你没有一个好的办公室，就无法做好你的工作。

B. 你要感觉安全而且被接纳，才会希望做好你的工作。

C. 你的老板的需求比你的需求更重要。

D. 公司的需求最重要，然后是老板的，接下来是员工的。

8. Jim和Sue正在争论项目要采用哪种方法。Sue有一些很好的想法，不过Jim很受打击，生气地走出会议室。Jim展示的是哪一种冲突解决技术？

A. 回避。

B. 合作。

C. 强迫。

D. 缓和。

9. Tina是一个对团队实行微管理的项目经理。她要审查成员得出的每一个文件，还会监视他们出入办公室的时间。她是一种什么类型的经理？

A. X理论经理。

B. Y理论经理。

C. Z理论经理。

D. 麦格雷戈经理。

10. 以下哪一项不是导致项目冲突的主要原因之一？

A. 资源。

B. 技术观点。

C. 薪水。

D. 优先级。

模拟题

11. 什么是“光环效应”？

A. 如果项目经理很好，团队也很好。

B. 如果一个人很擅长技术工作，往往会把他提拔到管理职位。

C. 项目经理选出团队中表现最出色的成员，并且总是奖励这个人。

D. 一个技术人员工作完美无缺，没有人能挑出他的毛病。

12. 你在管理一个建筑项目，这个项目稍稍有些滞后。你要求团队在接下来几周轮流加班来赶上进度。为了确保每个人有加班的积极性，你为团队中所有加班的人设置了一笔$1500的奖金，如果能满足最后期限，他们就可以获得这笔奖金。你使用的是哪种权力？

A. 合法权力。

B. 奖励权力。

C. 专家权力。

D. 参照权力。

13. 两个团队成员关于项目中的优先级发生争执。一个人认为你在开始任何工作之前应该先把所有工作写下来，另一个人则认为你可以边工作边完成文件。你和他们坐下来，倾听他们的意见。然后决定应当首先把大部分工作写下来，文件完成80%时就开始工作。你使用的是哪一种冲突解决技术？

A. 强迫。

B. 合法权力。

C. 缓和。

D. 妥协。

14. 什么是作战室？

A. 经理做决策的地方。

B. 为冲突管理预留的房间。

C. 团队可以坐在一起密切沟通的房间。

D. 一种冲突解决技术。

15. 你在为团队写绩效评价。你正处在哪个过程中？

A. 建设项目团队。

B. 获取项目团队。

C. 管理项目团队。

D. 规划资源管理。

模拟题

16. 你在一个矩阵型组织中工作。你对团队没有合法权力，为什么?

 A. 他们不向你报告。

 B. 他们不信任你。

 C. 他们不知道会不会成功。

 D. 你没有建立一个好的奖金制度。

17. Tom在使用一个组织图确定如何为项目配备人员。他正在完成哪个过程?

 A. 规划资源管理。

 B. 获取团队。

 C. 建设团队。

 D. 管理团队。

18. 你是一个工业设计项目的项目经理。你已经建立了一个奖励制度，不过你奇怪地发现，团队比以前积极性更差。你意识到这是因为你的奖励根本不可能达到，所以团队不再期望得到奖励。这展示了哪种激励理论?

 A. 赫茨伯格的激励－保健理论。

 B. 马斯洛的需求层次理论。

 C. 麦格雷戈的X和Y理论。

 D. 期望理论。

19. 你在管理一个软件项目，两个程序员来找你，因为他们对下一步完成哪个特性意见不一致。你听取了第一个程序员的意见，但你没有仔细考虑情况并收集所有信息，而是直接决定采纳他的想法。你使用的是哪种冲突解决技术?

 A. 妥协。

 B. 强迫。

 C. 合作。

 D. 缓和。

20. 你的客户来找你，提出可交付成果中的一个严重问题可能导致最终产品无法验收。你的团队成员分析了他的抱怨，认为这是不合理的，产品确实已经满足需求。你首先要做什么?

 A. 面对这种情况，做出所需的变更让客户满意。

 B. 向客户解释解决方案确实是可以验收的。

 C. 与客户和团队人员一起充分了解问题，然后再做出决策。

 D. 写出一个变更请求，并发送给变更控制委员会。

答案

模拟题

1. 答案：B

想想你如何组织项目中的工作，RACI图就很有道理了。要执行或负责一个具体的任务或工作领域（Responsible），这表示如果工作没有完成,将由你承担后果。负责（accountable）是指你可能并不直接做，但是你会对它产生影响。可能需要咨询（consulted）某些人，但是他们并不具体参与工作，还有一些人只需要对状态知情（informed）。

你是不是选择了惩罚权力？人们可能害怕如果不听从Tom，也许会受到公司董事长的惩罚。不过由于并不是Tom来惩罚他们，所以这是参照权力。

2. 答案：D

这里的权力是参照权力。这是人们对Tom与公司董事长的关系做出的反应，而并非他自己的权力。

3. 答案：B

如果考虑到所有人的想法，真正解决了问题，人们根本就没有理由争执。这往往是处理冲突的最佳方法。所有其他选择都可能导致以后出现更多问题。

4. 答案：D

这是一个经典的“开会”问题！做出任何决策之前一定要收集需要的所有信息。

5. 答案：C

Joe认为最好的策略就是拒绝再和这个客户交流，这是一种“回避”。这可能根本不能解决问题。

6. 答案：C

你创建了人员配备管理计划作为资源管理计划的一部分，这是规划资源管理过程的主要输出。

7. 答案：B

马斯洛需求层次理论指出，你的安全感以及被接纳是前提条件，满足这个前提条件后，你才会尽你所能做到最好。

答案

模拟题

8. 答案：A

Jim干脆离开了。这是“回避”。

我明白了！要知道所有冲突解决技术的名字，这很重要，尽管像回避和强迫之类的技术并不是很有效。

9. 答案：A

微管理的经理是X理论经理。他们认为所有员工都必须紧密监视，否则他们就会犯错误。

10. 答案：C

你肯定需要知道是什么导致了项目中的冲突。资源、技术观点、优先级和性格都会导致人们相互间发生冲突，考试时很有可能遇到与此有关的问题！

11. 答案：B

只是因为一个人擅长一个技术工作，并不表示他们也同样擅长于管理。不同的工作要求完全不同的技能。

12. 答案：B

你在通过奖励来激励人们完成工作。即使最后期限本身不足以激励人们努力工作，不过受奖金的激励，人们往往会为此加班工作。

13. 答案：D

他们俩都必须有所放弃，所以这是一种妥协。

14. 答案：C

作战室是集中办公的一部分。采用这种方法时，会让整个团队都在一个房间里，以消除沟通障碍。

模拟~~题~~ 答案

15. 答案：A

建设团队过程中，你要评估绩效并设置激励因素。管理团队过程就是要解决冲突。

16. 答案：A

在矩阵型组织中，团队成员通常要向他们的职能经理报告。在这些情况下，项目经理对团队没有合法权力。

17. 答案：A

不要忘记有两个组织图：一个是公司组织图，另一个是项目组织图。

Tom的项目才刚开始—他在使用组织图作为工具来确定谁将分派到他的团队。

18. 答案：D

期望理论指出，只有奖励确实能够达到，而且要公平，人们才会受到激励。如果你建立了一个奖励制度，但选择了不配奖励的人，或者奖励根本无法得到，这就会适得其反，让人们对他们的工作更懈怠。

19. 答案：B

如果直接选择某一方，而不考虑或查找问题的根本原因，这就是在强迫采用一种解决方案。这不是解决问题的好办法！

20. 答案：C

只要有任何冲突，首先要做的就是收集所有信息。如果是客户和团队之间存在分歧，这一点尤其重要！在这种有争议的情况下，最好把所有事实都搞清楚。

他应该与程序员坐下来谈一谈，找出真正的问题是什么。即使解决方案并不完美，起码更公平一些。

10 沟通管理

说出来

嗯，没有，先生，我没看到报告……什么……详细情况……嘘……嘘……抱歉，先生，我在过地下通道，听不清楚，信号好像断了！
Jimmy成功地避免了向老板报告坏消息。

沟通管理就是让所有人都了解当前状况。你有没有尝试过在一个又吵又挤的房间里与人交谈？如果没有很好地处理沟通，运行项目时就是这种感觉。幸运的是，我们有**沟通管理**，这个知识领域就是让所有人沟通他们做的工作，使大家的**认识一致**。这样一来，每一个人都能得到处理问题所需的信息，保证项目**向前推进**。

Head First酒廊的派对！

Jeff和Charles想开一家新的70年代复古风格的Head First酒廊，所以他们打算为这家新店的隆重开张举办一个派对。他们在考虑需要安排的所有事项：DJ、开胃小菜、酒水饮料、表演草裙舞的演员等。他们开始联系宴会承办人、DJ和食物供应商，确保一切顺利。

不过有点不对劲

Jeff给宴会承办人和DJ打电话，请他们为派对提供他需要的东西，可是他的古董电话很不争气，所有人都很难理解他到底想要什么。有时候对古董的偏爱可能会让事情有些难办。

1
要带些好酒（wine）来！
这个电话太老古董了！
2
嗨，Jeff。我是宴会承办人。我们已经收到你留的消息。我们肯定能为你提供猪肉皮（pork rind）。
哎呀！宴会承办人听不清Jeff在说什么。
90年代的答录机！Jeff真是对复古主题偏爱有加。
3
拜托，我还得给他们打电话，确认他们带来的是酒，而不是肉皮！
4
我在想是不是需要联系其他人，而不只是告诉宴会承办人？电话是不是有毛病？怎么确保这种事情不再发生呢？
BRAIN POWER

Jeff和Charles怎样做才能解决他们的沟通问题？

沟通剖析

与团队沟通时，需要把你的消息编码成一通电话、一个文件、一段即时聊天，或者有时甚至可以是另外一种语言，以便他们理解。然后你的团队再对这个消息解码，获得消息的内容。如果在这个过程中消息出了问题（比如电话线有静电干扰、打印机插入了垃圾字符、你的互联网连接断断续续，或者你翻译得不太好），团队就有可能得不到你原本想传递的消息。这种可能改变消息的干扰称为噪音。

谈到消息、编码、解码和噪音时，就是在谈论沟通模型。

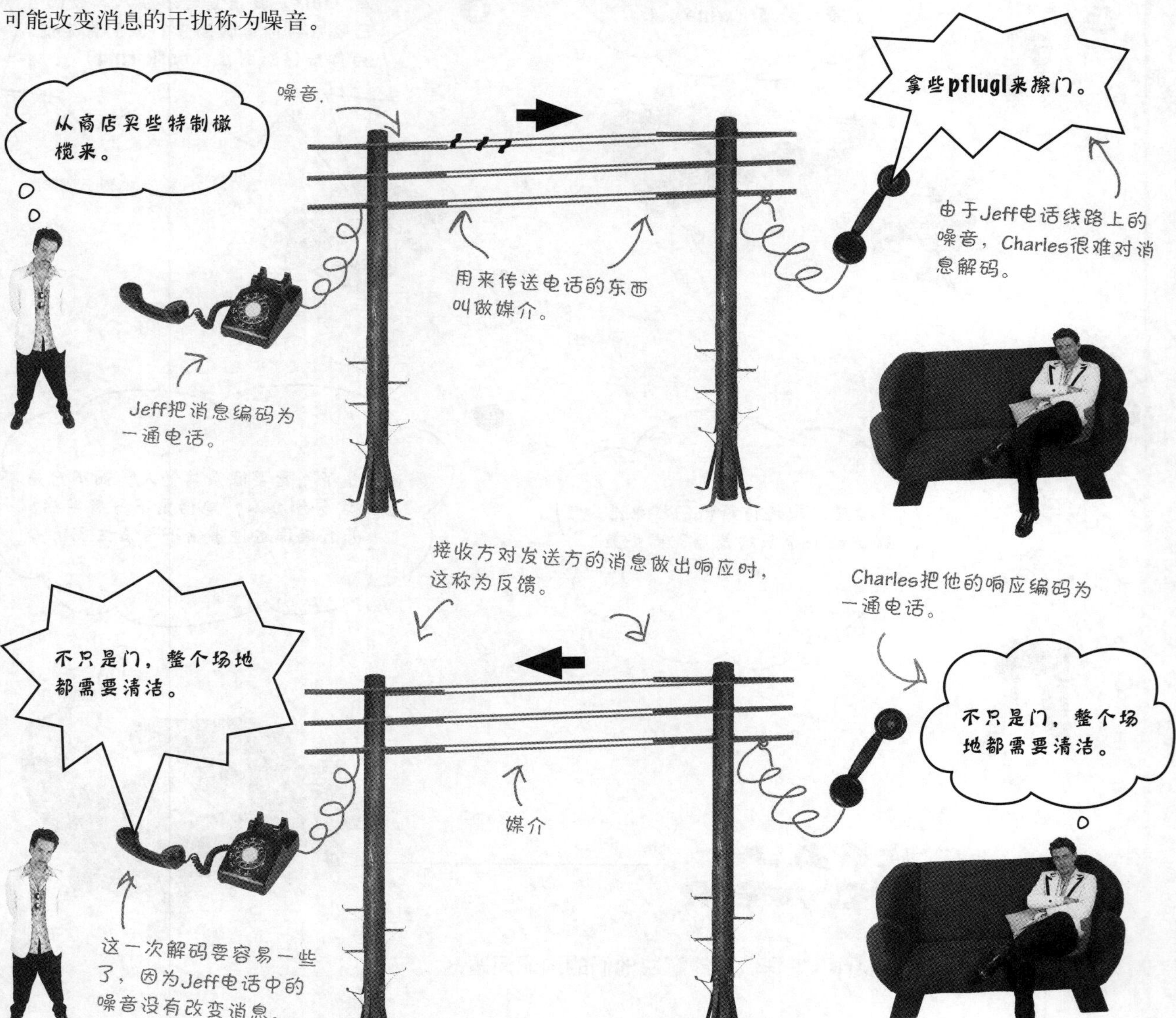

从商店买些特制橄榄来。
噪音
拿些pflugl来擦门。
由于Jeff电话线路上的噪音，Charles很难对消息解码。
用来传送电话的东西叫做媒介。
Jeff把消息编码为一通电话。
接收方对发送方的消息做出响应时，这称为反馈。
Charles把他的响应编码为一通电话。
不只是门，整个场地都需要清洁。
不只是门，整个场地都需要清洁。
媒介
这一次解码要容易一些了，因为Jeff电话中的噪音没有改变消息。

WHAT'S MY PURPOSE

将各个沟通要素与相应的作用连线。

确认	将信息从一个人传递到另一个人
传递消息	让发送方知道消息已经接收
反馈/响应	修改已发送的消息以便理解
编码	对消息的回应
解码	修改消息以便发送

答案见568页。

掌握沟通

任何类型的沟通都会有干扰。可能不该接收消息的人收到了消息；或者噪音干扰了实际传递的内容；又或可能对消息解码或编码时出了错。事实上，项目经理90%的工作都是沟通，正是因为这个原因，专门有一个关于沟通的知识领域。沟通管理过程就是为了帮助你避免这些常见的错误，要规划和仔细跟踪项目中的相关方沟通。正如前面介绍过的所有其他知识领域一样，一切都从计划开始。

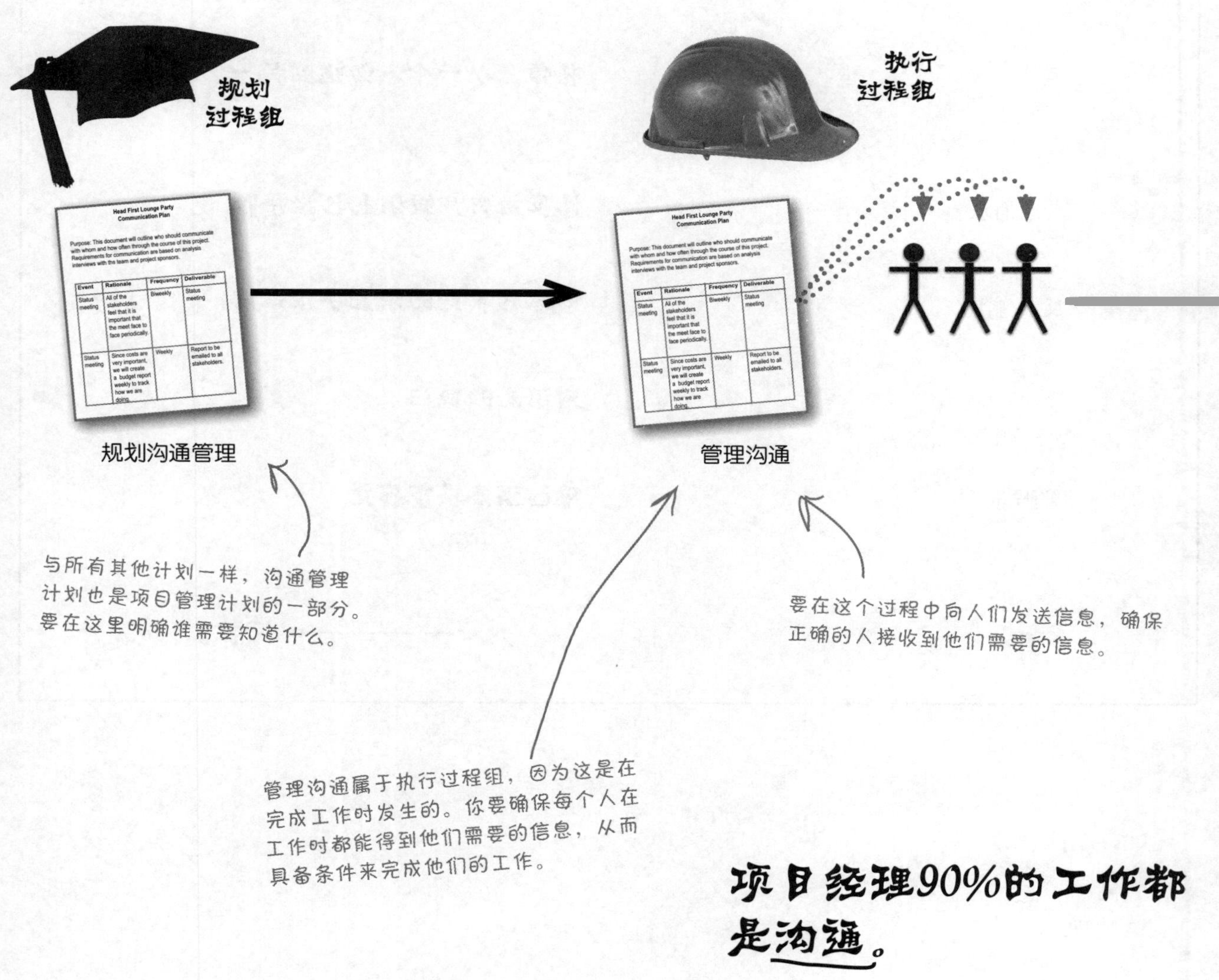
规划
过程组
执行
过程组
Head First Lounge Party
Communication Plan
Purpose: This document will outline who should communicate with whom and how often through the course of this project. Requirements for communication are based on analysis interviews with the team and project sponsors.
Event | Rationale | Frequency | Deliverable
Status meeting | All of the stakeholders feel that it is important that the meet face to face periodically. | Biweekly | Status meeting
Status meeting | Since costs are very important, we will create a budget report weekly to track how we are doing. | Weekly | Report to be emailed to all stakeholders.
规划沟通管理
管理沟通
与所有其他计划一样，沟通管理计划也是项目管理计划的一部分。要在这里明确谁需要知道什么。
要在这个过程中向人们发送信息，确保正确的人接收到他们需要的信息。
管理沟通属于执行过程组，因为这是在完成工作时发生的。你要确保每个人在工作时都能得到他们需要的信息，从而具备条件来完成他们的工作。

项目经理90%的工作都是沟通。

在项目中只是规划和管理沟通还不够。你还需要确保与项目相关的每一个人都能得到准确的报告，了解项目的进展，从而能做出适当的决策，这正是监督沟通过程所要做的。要利用监督沟通过程来监督项目生成的数据，并控制如何将这些信息提供给项目相关方。

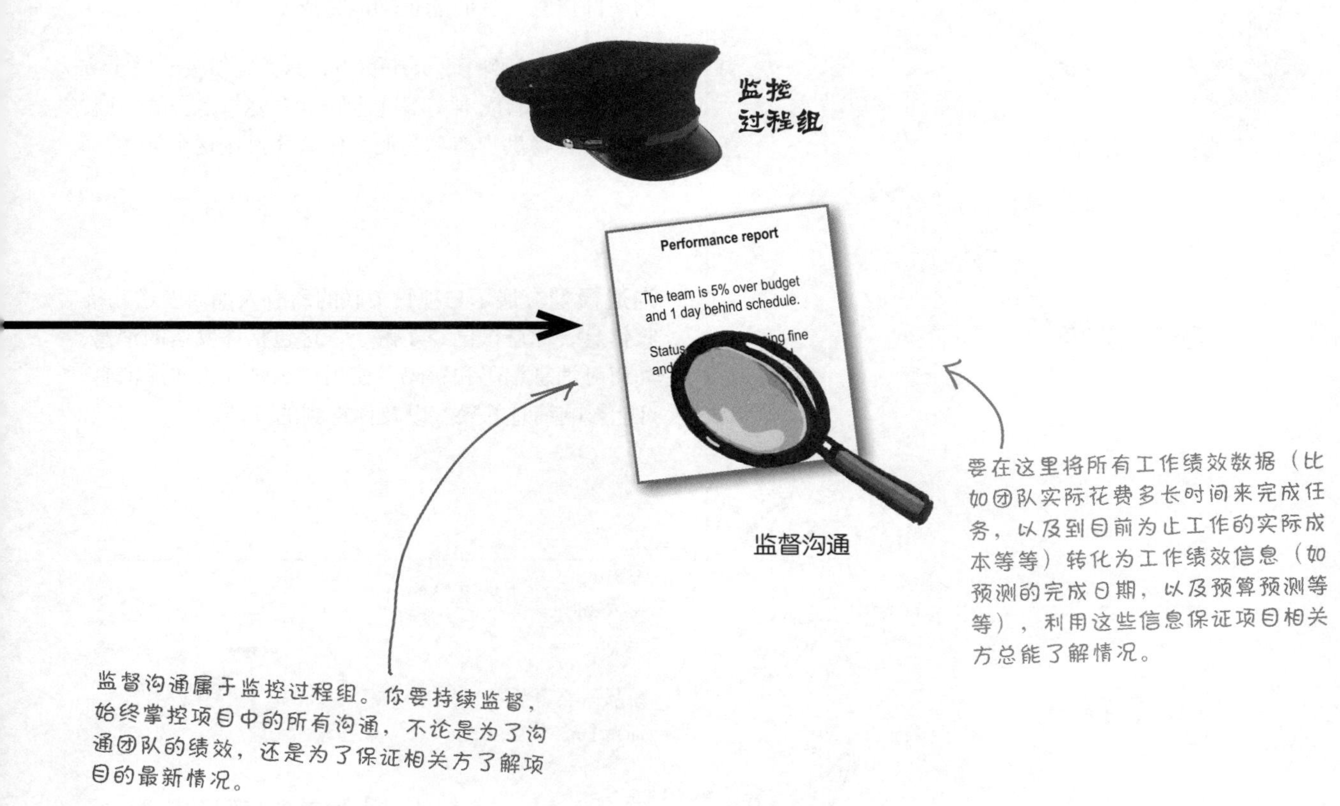
监控
过程组
Performance report
The team is 5% over budget
and 1 day behind schedule.
监督沟通
要在这里将所有工作绩效数据（比如团队实际花费多长时间来完成任务，以及到目前为止工作的实际成本等等）转化为工作绩效信息（如预测的完成日期，以及预算预测等等），利用这些信息保证项目相关方总能了解情况。
监督沟通属于监控过程组。你要持续监督，始终掌控项目中的所有沟通，不论是为了沟通团队的绩效，还是为了保证相关方了解项目的最新情况。

沟通管理确保每个人在正确的时间得到正确的消息。

Exercise

以下是规划沟通管理过程。现在你已经见过很多规划过程了，那么你能写出这个过程的输入和输出吗？

Tools

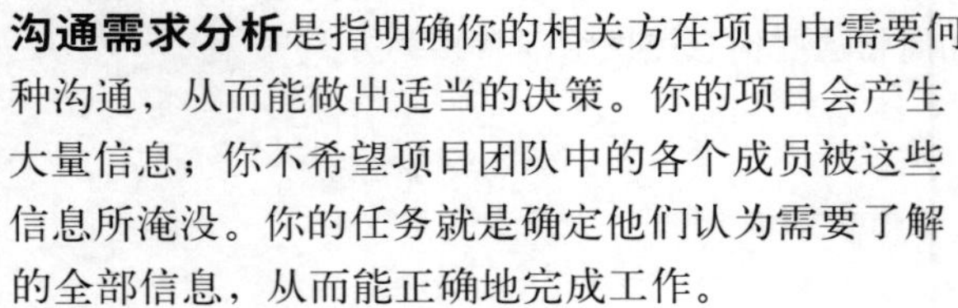

沟通需求分析是指明确你的相关方在项目中需要何种沟通，从而能做出适当的决策。你的项目会产生大量信息；你不希望项目团队中的各个成员被这些信息所淹没。你的任务就是确定他们认为需要了解的全部信息，从而能正确地完成工作。

下面来看一个例子：Jeff和Charles肯定很关心整个宴会承办合同的成本，不过他们不需要与宴会的肉商、酒商、食物供货商和其他合作公司讨论这个问题。

沟通模型会展示与项目关联的所有人如何发送和接收信息。你应该已经了解了，这包括你发送的消息、如何对消息编码和解码，使用什么媒介来传递消息，可能影响消息的噪音以及你得到的反馈。

输入

我们为你给出了两个输入。

项目文件 ……………………………………

……………………………………

……………………………………

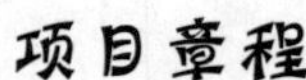

项目章程 ……………………………………

……………………………………

这是你的公司关于项目沟通的文化和政策。

公司的所有模板和经验教训都保存在这里。

在这里识别主要的相关方。

目前为止你对这个项目的所有规划都放在这里。

Tools

人际关系与团队技能用最有效的方式获得信息。

数据表现向你展示有哪些相关方，另外需要他们有怎样的参与度。

专家判断确保你从帮助规划的专家那里获得见解和输入。

规划
过程组

沟通技术对于保证人们了解最新情况有很大影响。相比于所有信息都必须通过纸质的备忘录来传递，如果所有信息都能通过一个网站获得，这会容易得多。你的计划中必然要包括可用的沟通技术，明确你将如何保证所有人了解项目的状态和问题。

会议对团队考虑沟通总是很有帮助。

输出

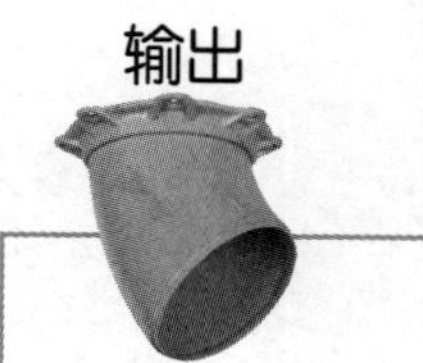

你是不是奇怪居然能填出这个过程的这么多内容？看来你已经掌握了这些内容！

沟通方法就是具体如何与相关方分享信息。沟通可以是互动式，即所有人相互交换信息。你可以向相关方推送信息，如发送email邮件、备忘录、传真或其他单向沟通方式。或者，如果你需要人们获得大量信息，他们也可以从内部网站、电子教程或图书馆自行拉取信息。

规划沟通时会更新多个项目文件。你能想出其中一个文件吗？

翻到下一页之前，先花些时间想出你在以往项目中使用上述方法的3个例子。这会帮助你更好地记住这些内容，为考试做好准备！

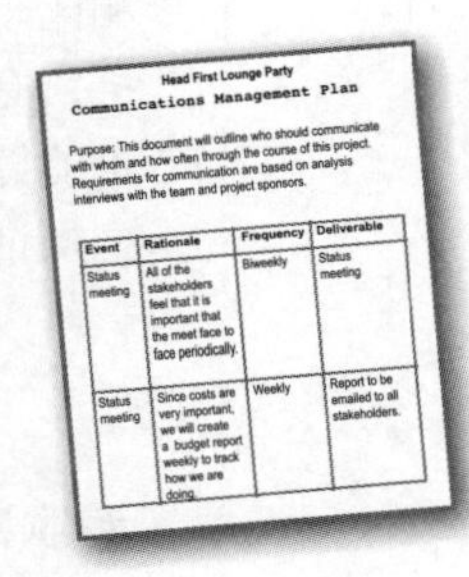

Head First Lounge Party

Communications Management Plan

Purpose: This document will outline who should communicate with whom and how often through the course of this project. Requirements for communication are based on analysis interviews with the team and project sponsors.

Event	Rationale	Frequency	Deliverable
Status meeting	All of the stakeholders feel that it is important that the meet face to face periodically.	Biweekly	Status meeting
Status meeting	Since costs are very important, we will create a budget report weekly to track how we are doing.	Weekly	Report to be emailed to all stakeholders.

这里只有三个输出。你能猜出是什么吗？

Exercise
Solution

以下是规划沟通管理过程。现在你已经见过很多规划过程了，那么你能写出这个过程的输入和输出吗？

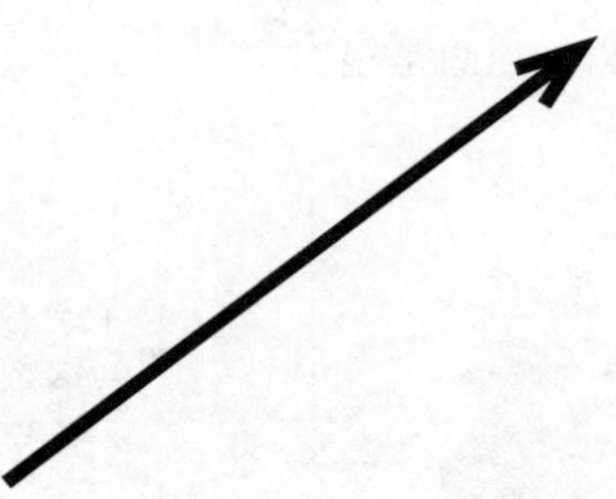

Tools

沟通需求分析是指明确你的相关方在项目中需要何种沟通，从而能做出适当的决策。你的项目会产生大量信息；你不希望项目团队中的各个成员被这些信息所淹没。你的任务就是确定他们认为需要了解的全部信息，从而能正确地完成工作。

下面来看一个例子：Jeff和Charles肯定很关心整个宴会承办合同的成本，不过他们不需要与宴会的肉商、酒商、食物供货商和其他合作公司讨论这个问题。

沟通模型会展示与项目关联的所有人如何发送和接收信息。你应该已经了解了—这包括你发送的消息、如何对消息编码和解码，使用什么媒介来传递消息，可能影响消息的噪音以及你得到的反馈。

沟通技术对于保证人们了解最新情况有很大影响。相比于所有信息都必须通过纸质的备忘录来传递，如果所有信息都能通过一个网站获得，这会容易得多。你的计划中必然要包括可用的沟通技术，明确你将如何保证所有人了解项目的状态和问题。

专家判断确保你从帮助规划的专家那里获得见解和输入。

输入

项目文件

事业环境因素

组织过程资产

项目章程

项目管理计划

要在这里规划项目中的所有沟通。

沟通方法就是具体如何与相关方分享信息。沟通可以是互动式，即所有人相互交换信息。你可以向相关方推送信息，如发送email邮件、备忘录、传真或其他单向沟通方式。或者，如果你需要人们获得大量信息，他们也可以从内部网站、电子教程或图书馆自行拉取信息。

规划项目沟通时，通常需要更新项目进度计划、相关方登记册或相关方管理计划。

文件更新

规划过程组

项目管理计划更新

输出

会议对团队考虑沟通总是很有帮助。

数据表现向你展示有哪些相关方，另外需要他们有怎样的参与度。

人际关系与团队技能用最有效的方式获得信息。

有关的每一个人都要了解你为什么召开这些会议和创建这些报告，这很重要。

项目经理并不一定负责每一个沟通。通过这个计划，可以清楚地指出项目中谁要沟通什么。

Head First酒廊派对
沟通管理计划

目的：这个文件会概要说明谁要与谁沟通，以及在项目过程中沟通的频率。首先需要与团队和项目发起人会谈，对这些会谈的分析是沟通需求的基础。

事件	理由	频率	可交付成果
状态会议	所有相关方都认为定期面对面交流很重要	每两周一次	会议记录通过email发送给所有相关方。另外在文件库中归档
预算报告	由于成本很重要，我们要每周创建一个预算报告，跟踪我们的工作进展	每周一次	报告通过email发送给所有相关方

执行
过程组

告诉所有人发生了什么

一旦完成沟通管理计划，下面就要确保每个人都能得到他们需要的信息来成功完成项目。管理沟通过程就是要确保把正确的信息分发给正确的人。

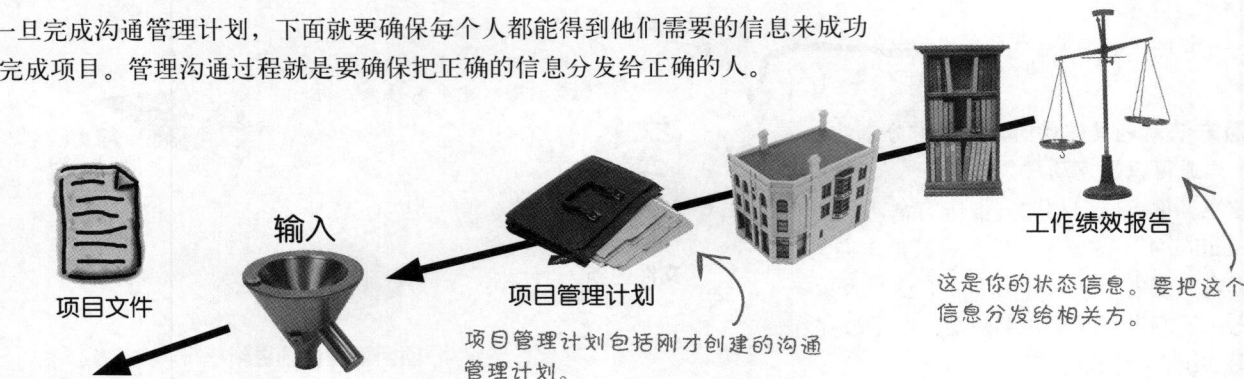

输入
项目文件
项目管理计划
项目管理计划包括刚才创建的沟通管理计划。
工作绩效报告
这是你的状态信息。要把这个信息分发给相关方。

Tools

沟通方法 传递消息有很多不同的方法。

对于考试，你需要知道4种不同的沟通方法，而且要知道什么时候使用这些方法。

❶ **正式书面沟通**

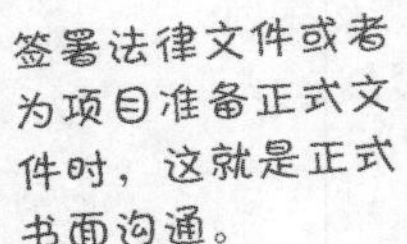

签署法律文件或者为项目准备正式文件时，这就是正式书面沟通。

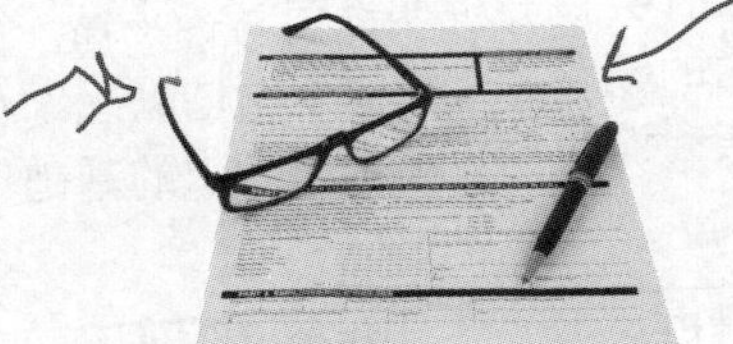

蓝图、规范和所有其他项目文件都是正式书面沟通的例子。

只要看到与合同有关的东西，就总是要使用正式书面沟通。

❷ **非正式书面沟通**

如果向某个人发一个简短的email，或者留一个备忘录或便条，这就是非正式书面沟通。

❸ **正式口头沟通**

如果必须做一个报告来让人们了解项目的更新情况，这就是正式口头沟通。

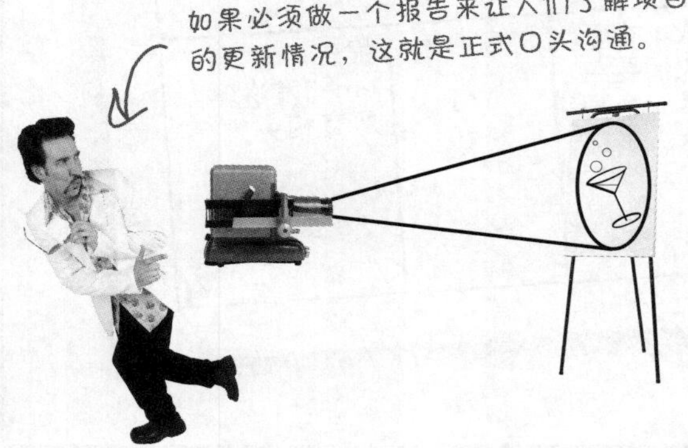

演讲和有准备的谈话是正式的，而会议、走廊聊天和计划会议是非正式的。

❹ **非正式口头沟通**

7点过来！

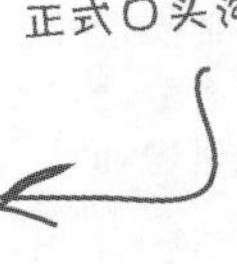

与人打电话聊聊项目是一种非正式口头沟通。

Exercise

请选择以下各种情况分别使用了哪种沟通方法。

1. 你和你的商业分析师为项目写了一个需求规范。

☐ 正式口头沟通　☐ 非正式口头沟通
☐ 正式书面沟通　☐ 非正式书面沟通

2. 你打电话给项目材料供应商，让他知道你比进度晚了一个星期，这样他的交付进度可以稍稍灵活一些。

☐ 正式口头沟通　☐ 非正式口头沟通
☐ 正式书面沟通　☐ 非正式书面沟通

3. 你向公司的执行委员会说明项目的当前状态。

☐ 正式口头沟通　☐ 非正式口头沟通
☐ 正式书面沟通　☐ 非正式书面沟通

4. 你向一个团队成员发了一个email，来了解项目中发现的一个问题的更多信息。

☐ 正式口头沟通　☐ 非正式口头沟通
☐ 正式书面沟通　☐ 非正式书面沟通

5. 你向测试团队组长留了一个语音留言，跟进她发现的一个问题。

☐ 正式口头沟通　☐ 非正式口头沟通
☐ 正式书面沟通　☐ 非正式书面沟通

6. 你用即时通信与团队成员联系。

☐ 正式口头沟通　☐ 非正式口头沟通
☐ 正式书面沟通　☐ 非正式书面沟通

7. 你为供应商准备了一个建议邀请书（RFP），来确定他们中哪一个有机会与你的公司签订一个新项目合同。

☐ 正式口头沟通　☐ 非正式口头沟通
☐ 正式书面沟通　☐ 非正式书面沟通

提示：我们还没有谈到RFP，不过回答这个问题不需要知道RFP是什么。

答案见569页。

BANG!
Watch it!

使用不同类型的沟通时要小心。

需要向一个客户或发起人传递消息时，要使用正式沟通。会议总是非正式口头沟通，即使会议讨论的是非常重要的事情也不例外。所有项目文件（比如项目管理计划、需求规范，特别是合同）都总是正式书面沟通。

收到消息了吗？

沟通不只是你写些什么和说些什么。你的表情、手势、语音语调，还有你所处的情境都对人们是否理解你有很大影响。有效的沟通要考虑到你的行动和说话的方式。项目中的大多数沟通都在管理沟通过程中发生，所以你要知道如何有效地沟通。有效的沟通包括以下重要方面：

与其他人沟通时，实际上非口头沟通会多于口头沟通！

非口头沟通是指你在传递消息时的手势、表情和体态。可以想象一下，如果宴会承办人在关于派对合同的谈判中穿着一身滑稽的小鸡装，Jeff和Charles会怎么想。他们可能不会把他当回事。你可能没有想过这个问题，不过要知道，传递信息时行为举止可能比你的千言万语更有影响。

如果有人语气正式地告诉你晋升的消息，与通过email告诉你这件事相比，你会有完全不同的印象。

辅助语言沟通是你与人交谈时的语音语调。如果听上去很焦虑或很沮丧，这会影响人们如何接受你传递的消息。你一直都在使用辅助语言沟通，这确实是沟通中很重要的一部分。如果从你的语调可以清楚地听出你对某件事情很兴奋，或者你语带讥讽，这就是辅助语言沟通在起作用。

反馈就是你对沟通做出的响应。要确保人们知道你在听他们讲话，最好的做法就是提供大量反馈。提供反馈的方式包括对他们讲话的要点做个小结，让他们知道你认同他们的意见，或者询问一些问题来澄清理解。向讲话的人做出大量反馈时，这称为积极倾听。

与有效的沟通类似，有效的倾听要考虑讲话者所说和所做的每一件事，如果不明白就提出问题。

正因如此，积极倾听也是沟通的一个重要部分。

所以，只是讲得对还不够。你还要用正确的方式讲。

大部分项目沟通都在管理沟通过程中完成。

Exercise

Jeff和Charles在为分店面试新的调酒师。
请选择以下各种情况分别使用了哪种沟通方法。

1. 一个求职者迟到了30分钟，而且穿着很随便。Jeff和Charles都清楚他不是一个合适的人选。

   ☐ 辅助语言沟通　☐ 非口头沟通
   ☐ 反馈

2. Charles询问了求职者的相关背景。她的语调听上去有些戏谑，让他感觉这个求职者并没有认真对待这份工作。Charles和Jeff决定这个人也不予录用。

   ☐ 辅助语言沟通　☐ 非口头沟通
   ☐ 反馈

3. Charles问下一位求职者是否知道怎么调制赛德卡鸡尾酒。他回答说，“赛德卡？当然知道。来点白兰地，再来点桔味酒，最后加一些柠檬汁。”

   ☐ 辅助语言沟通　☐ 非口头沟通
   ☐ 反馈

4. 接下来这个求职者告诉Charles和Jeff他以前的背景，原先他在其他俱乐部做过调酒师。他说话时，一直与他们眼神交流，确认他们的认可。

   ☐ 辅助语言沟通　☐ 非口头沟通
   ☐ 反馈

→ 答案见568页。

我们为这家店找到了一个不错的调酒师！

这个家伙肯定很棒。他的沟通能力很强。

更多管理沟通工具

TOOLS

这个过程中的工具都是要从团队获取信息，并确保把这些信息交给需要的人。项目开始时，可以召开一个启动会议，让所有人对项目认识一致，并且随着项目的进行要遵循你的沟通管理计划。对项目有了更多的了解时，要把你做出的决策以及在项目中学到的所有东西作为经验教训写下来。

沟通方法就是向团队分发信息使用的具体方法…… 你已经了解这些方法了！

要利用**项目管理信息系统**获得团队完成工作所需的信息。你可以有一个专门的信箱，每个人可以把他们的状态信息放在这里。如果打印到纸面上，就是在做纸质文件分发。还可以使用电子沟通方式。例如，可以使用email，或者可以有一个软件应用收集项目的有关信息，把信息存储在一个数据库中，以便你建立报告。或者你的公司可能有一些电子工具来完成项目管理，比如用一个时间表系统跟踪项目花费的时间，或者有一个预算系统来跟踪开支。所有这些都是信息收集和获取系统，因为你要使用它们产生的数据做出项目决策。

项目报告就是收集团队的项目进展的有关信息。可以创建状态报告，表明实际工作与基准进度的偏离程度，并强调团队在项目进行中遇到的问题。你要让每一个人都知道会用什么方式跟踪风险、可能出现哪些原先没有计划的变更，以及团队下一步工作的预测。

沟通技术是传递消息使用的一个工具。如果需要很紧急地向某个人传递某个消息，很难等到面对面的会议交流，这就有可能来不及了。你可能会选择使用email、电话或工单系统来沟通。除了紧急程度以外，还有很多其他因素会影响你决定沟通时使用哪一个技术，这包括可用性、技术的使用难易程度、团队有没有可能面对面会谈（由于工作地点的原因），以及你要传递的信息的保密程度。

沟通技能就是人们相互之间的沟通能力。这是我们在整个职业生涯中都可以使用而且应当使用的技能。

人际关系与团队技能也很重要。这些技能可以帮助你与团队以及组织中的其他人合作。

会议是项目中最常用的沟通工具之一。

输出

项目沟通

在整个项目过程中，你要创建状态报告、演示和很多其他沟通方式，让项目相关方及时了解情况。所有这些都是管理沟通过程的输出，这是有道理的。

项目管理计划更新

随着项目的进行，得到新信息时，你会对项目管理计划做出变更。所有这些项目计划变更有助于人们沟通项目的进展情况。

项目文件更新

在其他过程中我们已经看到，要让所有人都达成一致，很重要的一点是要不断更新项目文件。同样的，这些项目文件更新对于与所有项目相关方沟通项目情况也非常重要。

组织过程资产更新

在规划工作时，你已经使用过从公司其他项目得到的经验教训。在这里你将有机会把你的项目经验回馈给公司，帮助将来的项目经理从你的项目学习经验教训。

组织过程资产

一个最重要的输出……

经验教训是对项目采取的所有纠正和预防措施，还包括你在项目过程中学到的所有东西。对将来的项目经理来说，你为他们做得最有价值的事情之一就是把你的经验教训写下来，增加到公司的组织过程资产库中。这样一来，其他人也能从你的经验受益。

Head First酒廊
派对项目

经验教训：

1. 不要使用70年代的电话与外部供应商联系。

2. 一定要聘用沟通能力强的人。

下一次规划派对时，Jeff和Charles就不会遇到这一次的问题了。

把你在项目中学到的经验写下来很重要。这样下一次你还能复制这一次的成功。

there are no Dumb Questions

问： 写下经验教训以后能做什么呢？

答： 经验教训的好处是可以用来帮助其他项目经理。你把你的经验教训增加到公司的过程资产库，其他项目经理就可以利用这些经验教训规划他们的项目。

由于Jeff和Charles已经得到教训，知道不应该使用古董电话来规划派对，所以别人再为Jeff和Charles规划派对时，就不用再考虑这个问题了。他们把教训写下来，整理归档，供将来规划时参考。

问： 我还是不太明白不同的沟通类型。

答： 想想看，实际上这些沟通类型很容易记住。你会使用正式和非正式的沟通，另外有口头和书面的沟通。把它们混合在一起共有4种方式，这就是全部4种沟通类型。可以把非正式口头沟通想成是不同团队成员之间的电话沟通。正式口头沟通就是做一个演示。非正式书面沟通是指发出便条、email或备忘录。正式书面沟通是指你必须编写规范或其他正式的项目文件。

在考试中，你要能够分清究竟是哪种类型的沟通。只要想想这些例子，对你来说这应该就是小菜一碟了。

问： 那么，谁解码？谁编码？另外反馈是从哪里来的？

答： 可以认为编码就是准备好你的信息，以便其他人听到或看到。如果你写了一本书，就是在把你的信息编码成书本中的文字。买书的人需要读这些文字，对它解码。演示也是一样。做演示时，要把你的想法编码为演示图像和文字。听演示的人需要读这些文字、听你的声音，看视频图像来解码。

反馈是指对消息解码的人让编码的人知道他们确实接收到了消息。以一本书为例，可能是读者向作者提出一个问题或说明，也可能是在网站上写一个评论。对于演示，可能简单到只是点头表示你已经理解所演示的内容。

问： 我必须了解了沟通的所有方面才能建立计划吗？

答： 不是的，随着你对项目有更多的了解，通常会更新计划来包含你了解到的新信息。几乎所有规划过程都支持渐进明细。你要提前尽可能做好计划，然后把所有变更交由变更控制处理。所以，如果你发现有新的信息，可以把它放在一个变更请求中，并在得到批准时更新计划。

只有4种沟通类型：正式书面沟通、非正式书面沟通、正式口头沟通和非正式口头沟通。考试时，你要能够区分不同类型的沟通。

让所有人都了解项目进展

监控
过程组

你花了大量时间收集有关项目进展的有价值的信息。那么该如何处理这些信息呢？你要把信息传递出去。这正是监督沟通过程的工作：收集到有关工作进展的信息，把这些信息分发给需要做出项目决策的相关方。

要记住，团队成员也都是相关方，这些信息对他们尤其重要！

这在执行项目时创建，你要在这里报告项目工作的进展。现在要用它向相关方和公司其他人报告团队的绩效。

一切从工作绩效数据开始

团队在指导和管理项目工作过程中完成项目工作时，会创建整个项目最重要的输出之一，这就是工作绩效数据。工作绩效数据指出项目中每个可交付成果的状态、团队已经完成的工作，以及明确项目进展所需知道的全部信息。不过并不是只有你需要这些信息，你的团队成员和相关方也需要知道当前的情况，以便尽早调整工作和纠正问题。

工作绩效数据

只要收到团队成员有关工作进展的汇报，这就是工作绩效数据。

嘿，我们还在等乐队确认。另外承办人有没有问题？

我不知道，我还没收到任何人的信息！

仔细查看所做的工作

工作绩效数据并不是了解项目进展所需的唯一信息。如果你想清楚地了解你的项目，还需要查看执行过程的很多其他输出。

监督沟通过程将执行过程组中管理沟通过程的输出变成工作绩效信息。

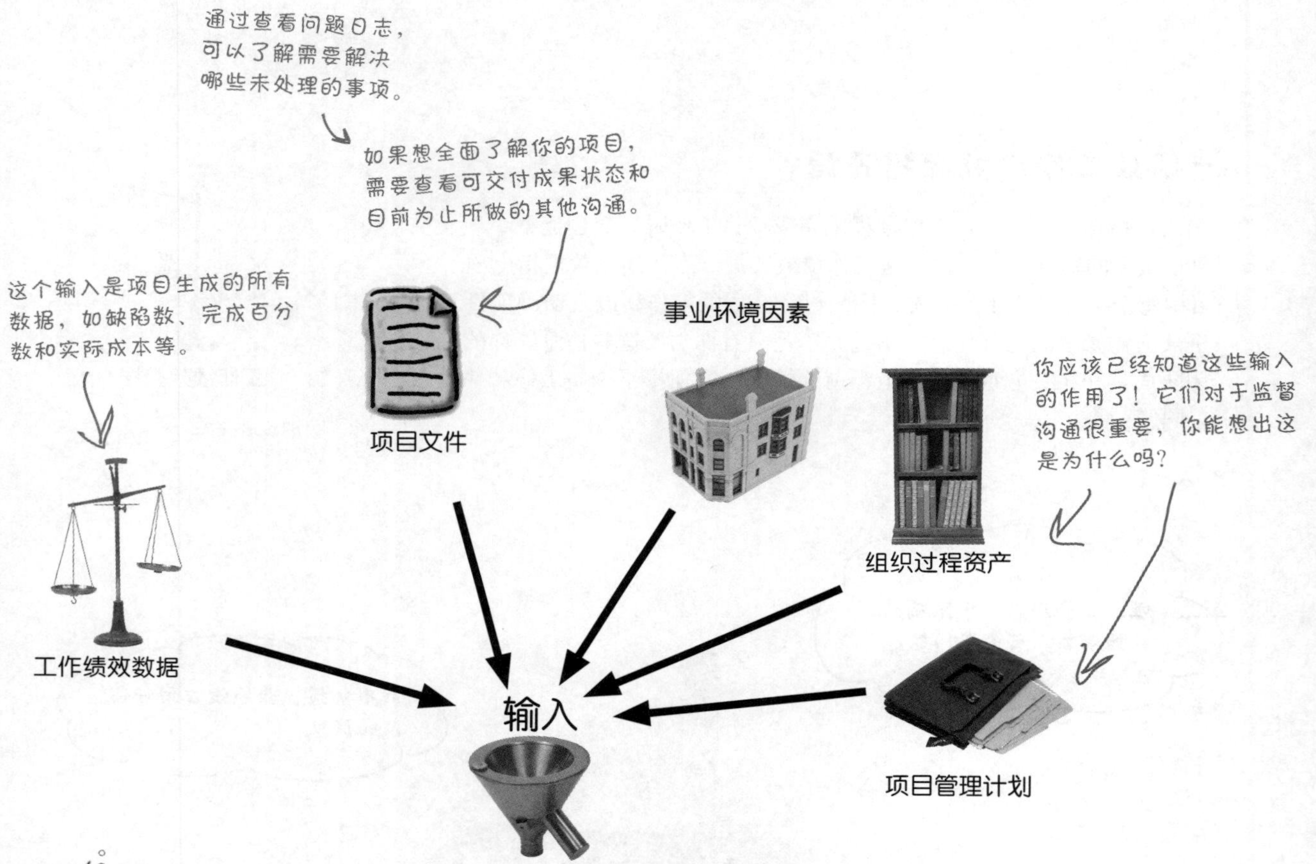

通过查看问题日志，可以了解需要解决哪些未处理的事项。

如果想全面了解你的项目，需要查看可交付成果状态和目前为止所做的其他沟通。

这个输入是项目生成的所有数据，如缺陷数、完成百分数和实际成本等。

项目文件

事业环境因素

你应该已经知道这些输入的作用了！它们对于监督沟通很重要，你能想出这是为什么吗？

组织过程资产

工作绩效数据

输入

项目管理计划

放松一下

轻松时刻

工作绩效数据输入没有看上去那么复杂，因为这些内容你已经了解！

花点时间翻回去看看第7章的控制成本。你已经知道如何使用实际成本和实际完成百分数来帮助计算EV、CPI和SPI，测量项目的绩效，另外可以使用EAC和ETC预测项目何时完成。项目中具体测量的这些数据点就称为工作绩效数据。你计算的预测信息则称为工作绩效信息。

Sharpen your pencil

监督沟通过程是《PMBOK®指南》中介绍的过程之一，很多项目经理都很熟悉这个过程。你能从以下各个**工具和技术**的名字看出它们用来做什么吗？

Tools

项目管理信息系统

专家判断

数据分析

人际关系与团队技能

会议

Sharpen your pencil
Solution

监督沟通过程是《PMBOK®指南》中介绍的过程之一，很多项目经理都很熟悉这个过程。你能从以下各个**工具和技术**的名字看出它们用来做什么吗？

Tools

项目管理信息系统

在这里可以找到项目沟通的所有信息。你会找到所有当前进展报告、风险和问题日志，以及其他项目文件。

专家判断

你可能希望依靠相关方、顾问、PMO或其他人的专业知识来确定项目的正确信息进行沟通。

数据分析

可以查看项目创建的数据来了解你的沟通方法是否有效。

人际关系与团队技能

与团队合作是了解项目情况的最佳方法。

会议

可以与团队成员召开会议，让所有人对项目的进展报告认识一致。

现在明白地说出来

既然已经收集到有关项目进展的所有信息，现在可以告诉那些需要信息的人了。监督沟通过程的输出并不让人意外…… 只需要打包和转换收集到的信息，以便分发给所有相关方。从这个过程可以得到3个输出：

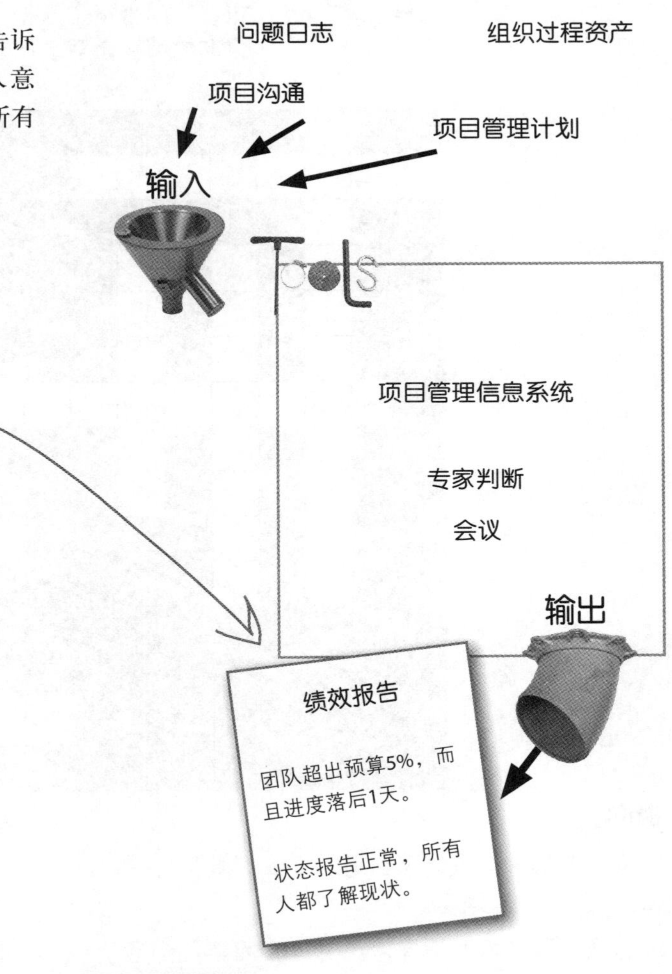
工作绩效数据
问题日志
组织过程资产
项目沟通
项目管理计划
输入
Tools
项目管理信息系统
专家判断
会议
输出
绩效报告
团队超出预算5%，而且进度落后1天。
状态报告正常，所有人都了解现状。

工作绩效信息是这个过程最重要的输出，这一点并不奇怪，因为这个过程本身就叫作监督沟通。你的绩效报告要清楚地告诉每一个人这个项目的进展情况，以及与时间、成本和范围基准的偏离程度。这包括预测，也就是由EAC和ETC数计算得到的结果。这样所有人都能清楚地知道项目何时完成。

监督沟通过程中会发生**变更请求**。如果发现你的预测显示出项目会滞后或者超出预算，你该怎么做？要尽快地建立变更请求。如果需要项目改变方向，还需要向团队建议纠正措施。

需要完成**项目管理计划更新**，确保你的计划能反映项目的当前状态。

项目文件更新表示对绩效报告、问题日志或预测的更新。

BRAIN POWER

监督沟通不只是告诉人们项目的进展情况。这个过程还要查找问题。与相关方坐下来查看工作绩效信息和预测时可能会发现什么问题？

沟通填字游戏

花点时间坐下来放松一下，让你的右脑动一动。这是一个标准的填字游戏，所有答案都是这一章中出现过的词。

1
2
3
4
5
6
7
8
9
10
11
12

横向

2. 将消息从一个人转移到另一个人，就是在____________消息。

3. 选择沟通技术时需要考虑的一个因素是沟通的____________。

8. ___________ 倾听是听者使用口头和非口头沟通表征，比如点头或重复说者所讲的话，表示已经接收到消息。

9. 监督沟通过程将工作绩效数据转化为工作绩效__________。

10. 相关方从内部网站得到信息时，就是在使用这种沟通模型。

12. 可以使用成本管理的ETC和EAC计算来创建______。

纵向

1. 这种沟通包括声音但非口头信号，如改变语音语调。

4. 根据《PMBOK指南》，项目管理中_________%都是沟通。

5. 走廊上的谈话是________ 口头沟通的一个例子。

6.合同总是 _________沟通。

7. 接收到一个消息并告诉发送方你已经收到消息，就是在 _______________沟通。

11. 发送email通知时使用的沟通模型。

答案见570页。

人们没有交流！

项目中有太多的信息，如果漫不经心，需要信息的人就无法得到他们想要的信息。正因如此，你的工作中很大一部分都是沟通，如果不能完全掌控，项目就可能遇到严重的问题！

问题

- ★ 宴会承办人准备的食物与饮料和宴会主题不搭配。
- ★ DJ和乐队想在同一个地方安放设备。
- ★ 客人告诉我们，他们喜欢的食物各有不同。
- ★ 有没有人告诉过邻居可能会有噪音？
- ★ 有3个人另外带了朋友来，不过没有人提前告诉宴会承会人。

预测看起来很好，每个人的工作能力都不错。我们以为周五晚上就能一切搞定。不过却出现了这样一堆问题……
如何处理这些问题？

BRAIN POWER

是什么导致了这些问题?如果完成更好的沟通,会有帮助吗?

统计沟通渠道

多少人需要相互交流？嗯，Jeff和Charles就需要交流。不过DJ和乐队呢？他们想在同一个地方安放设备，看起来他们也需要交流。另外调酒师也需要与宴会承办人协调……哇，开始变得复杂了。一个好的项目经理需要掌控所有这些沟通，因为确实很容易失控。正因如此，你需要知道如何**统计项目的沟通渠道**。

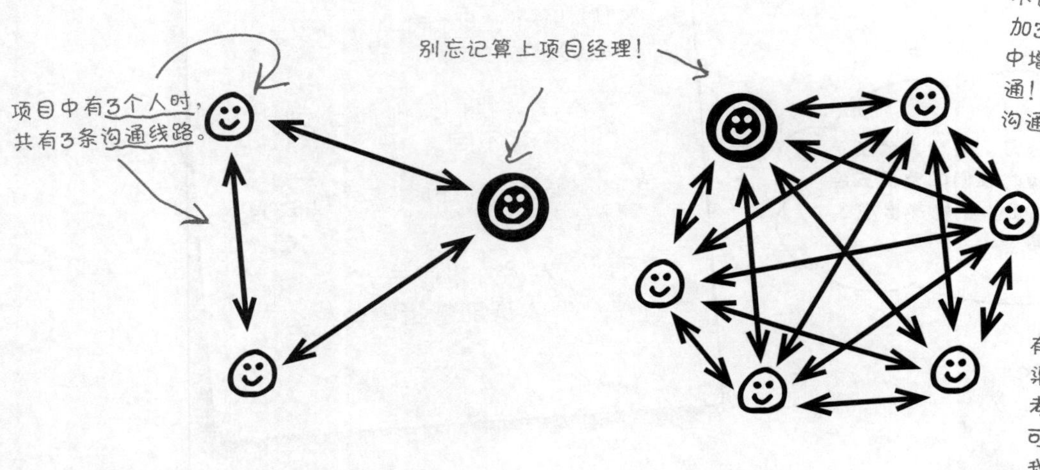
别忘记算上项目经理！
项目中有3个人时，
共有3条沟通线路。
不过如果再向项目增
加3个人，就会在项目
中增加大量潜在的沟
通！如何掌控所有这些
沟通？
有时你会看到把沟通
渠道称为“线路”。
考试中这两个词都有
可能出现，所以这里
我们也会交替使用这
两个词，以便你熟悉
这两种说法。

统计沟通线路的简单方法

如果想手动地数出所有沟通线路，很容易晕头转向。幸运的是，有一种很容易的方法来统计沟通线路，我们可以使用一个简单的公式。取项目中的总人数（包括项目经理），称这个数为n。然后只需要把这个数插入到下面这个简单的公式中：

$$n\text{个人的沟通线路数} = \frac{n \times (n-1)}{2}$$

PMP考试中，你要知道这个公式。不过只要多用几次，你很快就能掌握。

那么，如果向以上原有3个人的项目再增加3个人，会增加多少条沟通线路呢？你已经知道开始时有3条线路。所以现在只需得出6个人时有多少条沟通线路就可以了：

$$6\text{个人的沟通线路数} = \frac{6 \times (6-1)}{2} = (6 \times 5) \div 2 = 15$$

向原有3个人的项目（原来的沟通线路为3条）再增加3个人时， 这个新团队会有15条线路。所以你会**增加12个沟通渠道**。

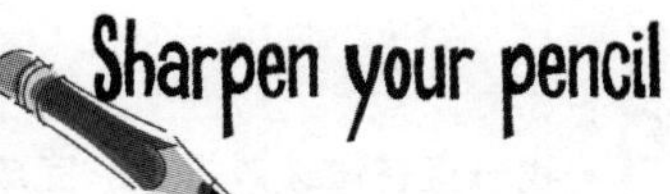
Sharpen your pencil

考试时，你要知道如何计算沟通线路数……不过不用担心，只需要做一点练习，就会发现这非常容易。

1. 你在管理一个项目，团队中有5个人，另外还有一个相关方，即发起人。在这个图中画出所有沟通渠道。

不要忘记项目经理。团队中共有6个人，不过需要沟通的总人数是7个人，因为项目经理需要与团队成员和发起人沟通。

2. 哇，真是很复杂。幸运的是，你不需要再这么做了。现在来使用简便方法：使用公式来得出7个人有多少条沟通线路。

……个人的沟通线路数 = ……×(……−1) / 2 = (……×……)÷2 = ……

3. 好的，现在假设你又增加了两个团队成员和另外两个相关方，所以项目中现在共有11个人需要相互沟通，增加了多少条沟通线路呢？

首先得出11个人时有多少条沟通线路：

……个人的沟通线路数 = ……×(……−1) / 2 = (……×……)÷2 = ……

那么，为这个原有7个人的项目再增加4个人时，共增加了多少条沟通线路？

增加的沟通线路数 = 11个人的沟通线路数 − 7个人的沟通线路数

= …… − …… = ……

→ 答案见571页。

there are no Dumb Questions

问： 那些沟通技能中有些看起来是一样的。积极倾听与有效倾听有什么区别？

答： 有些沟通技巧的名字确实有些让人困惑。不过不用担心，实际上这些都是很容易理解的概念。

积极倾听就是指在你倾听时始终保持专注，并有一些特定的行动来帮助确认你已经理解。这包括有效倾听和反馈。有效倾听是积极倾听的一种形式，这表示注意口头和非口头沟通。反馈是指有一些反应，比如把告诉你的话再重复一遍，确认你已经理解，并给出你自己的非口头暗示，向说话人表示你已经收到消息。

问： 那么，非口头沟通和辅助语言沟通呢？它们不是一样的吗？

答： 它们确实很相似，不过并不完全相同。非口头沟通是所有不使用语言的沟通。这包括改变你的肢体语言、眼神交流和使用手势等等。辅助语言沟通是一种非口头沟通，这表示改变你的语音语调，想办法传递语言无法传达的信息。例如，与使用平常的语气相比，如果用一种嘲讽的语气来说完全相同的话，表达的意思是完全不同的。

问： 为什么这些不同的沟通很重要？

答： 它们确实很重要，这是因为项目管理中90%都与沟通有关，所以如果你想成为一个最棒的项目经理，就需要不断努力改进你的沟通技能！

问： 为什么总要有一个启动会议？

答： 是的，这是绝对需要的！每一个项目都应当有一个启动会议。不仅如此，如果你运行的项目包括多个阶段，而且每个阶段都要经过所有过程组，那么对于每一个新的阶段也都要有一个单独的启动会议。启动会议还可以帮你定义谁负责各种沟通。启动会议确实非常重要，因为这些启动会议为团队提供了一个面对面交流的机会，而且让你有机会确认每个人确实了解所有沟通方式。这非常有利于避免大量潜在的项目问题！

问： 为什么我需要能计算沟通线路数呢？

答： 看上去沟通线路公式有些随意，好象只是为了考试才需要记住这个公式，不过这个公式确实很有用。

假设你在管理一个有很多人参与的项目。你在沟通管理计划中建立了一个很好的沟通制度，不过你希望确保包含了每一条沟通线路，因为如果遗漏了其中某一个线路，在项目进行过程中就有可能遭遇沟通问题。那么你要怎么做呢？嗯，要检查你的工作，首先可以计算项目中总的沟通线路数，然后确保每一条线路在你的沟通计划中都有所体现。这样要提前多做一些工作，不过这很有意义，确实能够省去项目中的很多麻烦！

问： 我一直在做绩效报告。完成后怎么用呢？

答： 可以像项目中生成的所有信息一样来处理。要把它们增加到你的组织过程资产中！

再回头想想你在时间管理和成本管理中是如何得出估算的。你花了很多时间来完成类比估算，对不对？那里就要使用以往项目的绩效，为你的新项目提出一个自上而下的粗略估算。那么，你觉得那些以往项目的绩效信息从哪里来的呢？就是从你的组织过程资产得到的。这些信息如何放在组织过程资产中呢？以往项目的项目经理会建立他们的工作绩效报告，并增加到组织过程资产。这样一来，未来项目的项目经理需要查看历史数据时就可以利用你的项目了。

要把所有工作绩效报告增加到组织过程资产，这样未来项目的项目经理就可以把它们作为历史信息加以使用。

派对时光！

Head First酒廊派对大获成功！一切都完美无缺，Jeff和Charles成为新的焦点人物！

Head First
酒廊

太棒了！真想再开一家这样的酒廊！

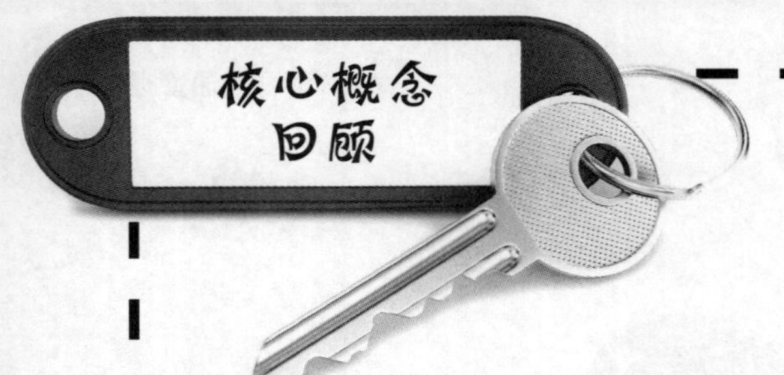
核心概念
回顾

如果你的团队不沟通，所有人都不知道项目中在做什么，你将很难完成这个项目。项目沟通管理就是要让团队中的所有人步调一致，共同解决可能妨碍项目的问题，并保证相关方始终了解项目的进展情况。

核心概念

我们已经讨论了你和你的团队在规划、管理和监督沟通时使用的过程，不过很有必要再花点时间来考虑项目沟通管理对你的项目整体会有什么影响。

- ★ 人们可以用很多不同方式沟通：书面形式、通过手势、交谈甚至通过公共媒体。
- ★ 取决于具体情境，沟通时可能采用不同的语气。比如，你与外方沟通一个项目问题时，就与同团队成员的沟通有所不同。根据你与沟通对象的关系，你们的沟通可能比较正式或者比较随意。
- ★ 要想沟通成功，你需要有一个考虑到项目相关方的有效策略。一旦从相关方的角度来考虑，你就能相应地规划如何向他们及时沟通项目信息，使他们能够做出对项目最有利的决策。
- ★ 只是清楚地表达你的信息还不够，要想有效地沟通，你还需要积极倾听对方，并了解对方的文化背景。

沟通管理就是要确定最佳策略来保证相关方始终了解情况，并执行这个策略。

核心概念回顾

发展趋势

下面是沟通管理的一些发展趋势，可以帮助你更有效地改进和管理项目中的沟通。

★ **将相关方纳入项目评审和会议。**团队要逐步向相关方开放内部会议和项目评审，从而尽快得到反馈。这会促进相关方在项目目标设定和执行时更好地合作。

★ **社交媒体**可以用来让在大量相关方了解项目的中间成果的最新情况，并收集有关战略决策的反馈。

裁剪

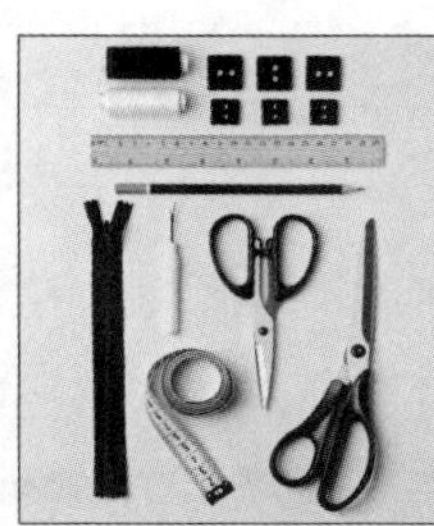

对团队在项目期间使用的过程做出变更时，会有一些考虑因素影响你的决策：

★ 相关方是否属于团队或组织内部？

★ 你的相关方身处何地？他们能否与你面对面交流？

★ 你能使用什么沟通技术？

★ 你有办法让你的项目为组织知识库做出贡献吗？

敏捷考虑因素

敏捷团队努力保证所有沟通都是透明的，而且所有相关方都能轻松获取相关信息。他们会把相关方纳入早期会议中，并与他们一起审查早期工作产品，从而能尽早地纳入他们的反馈。敏捷原则指出，尽早而且经常与团队成员和外部相关方共享信息可以帮助所有人对所构建的产品认识一致，从而能合作做出决策，并且最高效地构建产品。

问题诊所：计算题

考试时你会遇到很多计算题，让你使用学过的某个公式来完成计算。幸运的是，这些是最容易回答的问题。

12. 你在管理一个项目，这里有两个客户发起人，另外有一个10人的团队向你报告。你得到了一笔追加预算，可以将你的团队规模增加30%。这样会增加多少沟通线路？

A. 66

B. 78

C. 42

D. 120

如果你只是包含了团队人员和两个发起人，而没有包含项目经理，计算沟通线路数时会得到这个答案，不过这是错误的。

这个答案也是错误的，这是增加团队规模之前的沟通线路数。总共有13个人（10个团队成员，2个客户发起人，还有你），所以线路数是13 x 12 ÷ 2 = 78。

这个错误答案是团队规模增加30%之后的沟通线路数。总共有16个人（13个团队成员、2个客户发起人，还有你），所以线路数是16 x 15 ÷ 2 = 120。

哈！这才是正确答案。将16人的沟通线路数减去13人的沟通线路数就可以得到：120 - 78 = 42。

在计算机考试中心参加考试时，会给你一些草稿纸。你还会有15分钟的时间学习一个教程，告诉你如何使用这个考试系统。完成这个教程之前，花点时间把所有公式写下来。在草稿纸上写下挣值公式和计算沟通线路数的公式。这样可以更容易地回答这些计算题。

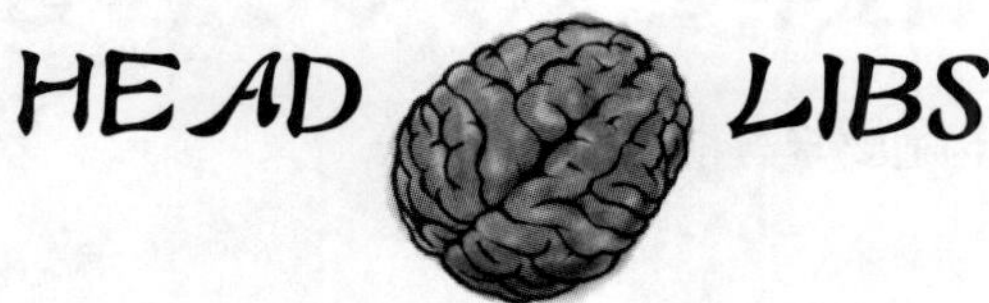
HEAD LIBS

试着出一道你自己的计算题！不过这一次试着使用第7章中的某个挣值公式。

你在管理一个 ________________ 项目。
（项目类型）

你有 ________________ ，________________
（计算需要的一个值）（计算需要的另一个值）

和 ________________ 。
（计算不需要的一个无关的值）

请计算项目的 ________________。
（公式名）

A. ________________
（把错误的值插入到公式时得到的答案）

B. ________________
（使用错误的公式时得到的答案）

C. ________________
（正确的答案）

D. ________________
（完全莫名其妙的答案）

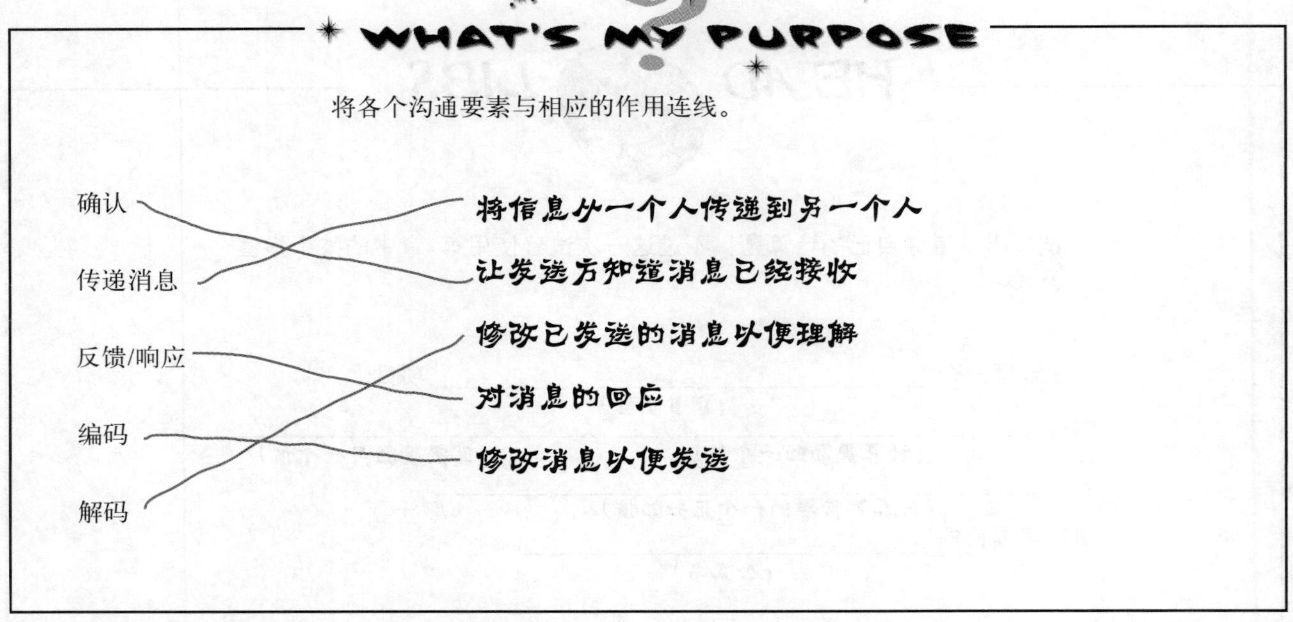
WHAT'S MY PURPOSE
将各个沟通要素与相应的作用连线。
确认
传递消息
反馈/响应
编码
解码
将信息从一个人传递到另一个人
让发送方知道消息已经接收
修改已发送的消息以便理解
对消息的回应
修改消息以便发送

Exercise Solution

Jeff和Charles在为分店面试新的调酒师。
请选择以下各种情况分别使用了哪种沟通方法。

1. 一个求职者迟到了30分钟，而且穿着很随便。Jeff和Charles都清楚他不是一个合适的人选。

   - [ ] 辅助语言沟通
   - [x] 非口头沟通
   - [ ] 反馈

2. Charles询问了求职者的相关背景。她的语调听上去有些戏谑，让他感觉这个求职者并没有认真对待这份工作。Charles和Jeff决定这个人也不予录用。

   - [x] 辅助语言沟通
   - [ ] 非口头沟通
   - [ ] 反馈

3. Charles问下一位求职者是否知道怎么调制赛德卡鸡尾酒。他回答说"赛德卡？当然知道。来点白兰地，再来点桔味酒，最后加一些柠檬汁。"

   - [ ] 辅助语言沟通
   - [ ] 非口头沟通
   - [x] 反馈

   求职者重复了这个问题。这是反馈的一个很好的例子。

4. 接下来这个求职者告诉Charles和Jeff他以前的背景，原先他在其他俱乐部做过调酒师。他说话时，一直与他们眼神交流，确认他们的认可。

   - [ ] 辅助语言沟通
   - [x] 非口头沟通
   - [ ] 反馈

Exercise
Solution

请选择以下各种情况分别使用了哪种沟通方法。

1. 你和你的商业分析师为项目写了一个需求规范。

- [ ] 正式口头沟通
- [ ] 非正式口头沟通
- [x] 正式书面沟通
- [ ] 非正式书面沟通

2. 你打电话给项目材料供应商，让他知道你比进度晚了一个星期，这样他的交付进度可以稍稍灵活一些。

- [ ] 正式口头沟通
- [x] 非正式口头沟通
- [ ] 正式书面沟通
- [ ] 非正式书面沟通

3. 你向公司的执行委员会说明项目的当前状态。

- [x] 正式口头沟通
- [ ] 非正式口头沟通
- [ ] 正式书面沟通
- [ ] 非正式书面沟通

4. 你向一个团队成员发了一个email，来了解项目中发现的一个问题的更多信息。

- [ ] 正式口头沟通
- [ ] 非正式口头沟通
- [ ] 正式书面沟通
- [x] 非正式书面沟通

5. 你向测试团队组长留了一个语音留言，跟进她发现的一个问题。

- [ ] 正式口头沟通
- [x] 非正式口头沟通
- [ ] 正式书面沟通
- [ ] 非正式书面沟通

6. 你用即时通信与团队成员联系。

- [ ] 正式口头沟通
- [ ] 非正式口头沟通
- [ ] 正式书面沟通
- [x] 非正式书面沟通

7. 你为供应商准备了一个建议邀请书（RFP），来确定他们中哪一个有机会与你的公司签订一个新项目合同。

- [ ] 正式口头沟通
- [ ] 非正式口头沟通
- [x] 正式书面沟通
- [ ] 非正式书面沟通

只要与合同有关就一定是正式书面沟通。

沟通填字游戏

花点时间坐下来放松一下，让你的右脑动一动。这是一个标准的填字游戏，所有答案都是这一章中出现过的词。

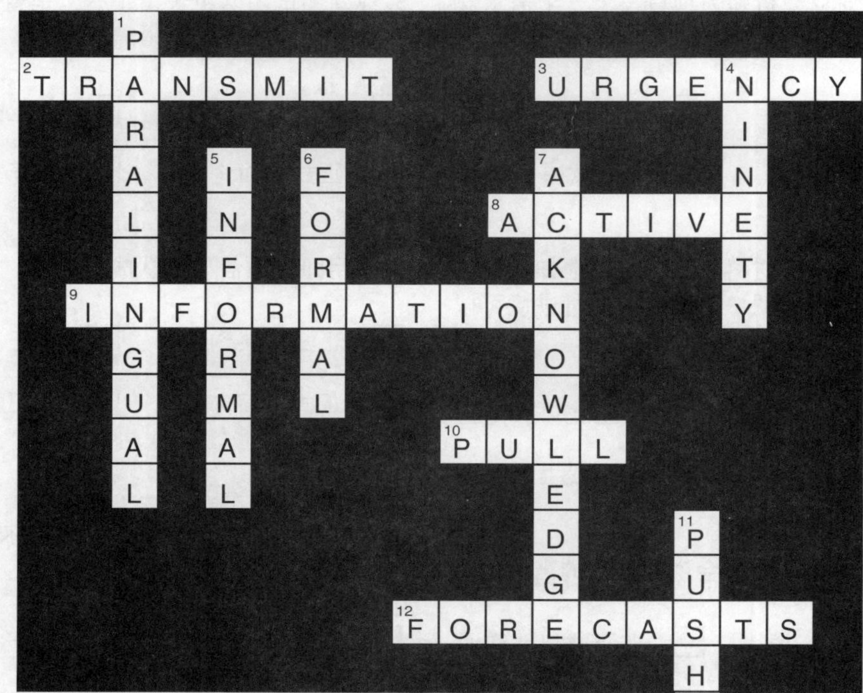

1 PARALINGUAL
2 TRANSMIT
3 URGENCY
4 NINETY
5 INFORMAL
6 FORMAL
7 ACKNOWLEDG
8 ACTIVE
9 INFORMATION
10 PULL
11 PUSH
12 FORECASTS

Sharpen your pencil
Solution

考试时，你要知道如何计算沟通线路数……不过不用担心；只需要做一点练习，就会发现这非常容易。

1. 你在管理一个项目，团队中有5个人，另外还有一个相关方，即发起人。在这个图中画出所有沟通渠道。

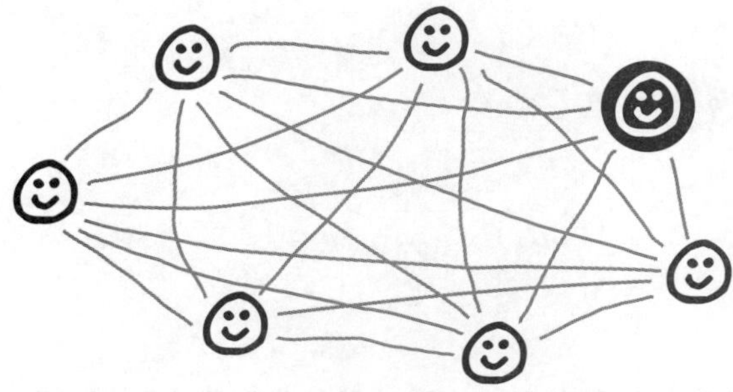

2. 哇，真是很复杂。幸运的是，你不需要再这么做了。现在来使用简便方法：使用公式来得出7个人有多少条沟通线路。

$$7\text{ 个人的沟通线路数} = \frac{7 \times (7 - 1)}{2} = (7 \times 6) \div 2 = 21$$

3. 好的，现在假设你又增加了两个团队成员和另外两个相关方，所以项目中现在共有11个人需要相互沟通，增加了多少条沟通线路呢？

首先得出11个人时有多少条沟通线路：

$$11\text{ 个人的沟通线路数} = \frac{11 \times (11 - 1)}{2} = (11 \times 10) \div 2 = 55$$

那么，为这个原有7个人的项目再增加4个人时，共增加了多少条沟通线路？

$$\text{增加的沟通线路数} = 11\text{个人的沟通线路数} - 7\text{个人的沟通线路数}$$

$$= 55 - 21 = 34$$

模拟题

1. Keith是一个大型出版项目的项目经理，他向客户发出一个发货单。他使用的是哪种沟通？

A. 正式口头沟通。

B. 正式书面沟通。

C. 非正式书面沟通。

D. 非正式口头沟通。

2. 以下哪一项不是规划沟通管理过程的输入？

A. 事业环境因素。

B. 组织过程资产。

C. 信息收集技术。

D. 项目管理计划。

3. 你接替一个离开公司的项目经理，发现团队会与顾客直接交流，另外只有在出现问题时才召开状态会议。编程团队关于项目的目标有一个想法，而测试团队有另一个不同的想法。要解决这个问题首先应当创建哪一个文件？

A. 沟通管理计划 。

B. 状态报告。

C. 会议日程。

D. 绩效报告。

4. 你询问一位相关方她那部分项目进展如何，她用一种嘲讽的语气说“都很好呀”。以下哪一项能最恰当地描述她使用的沟通类型？

A. 反馈。

B. 积极倾听。

C. 非口头沟通。

D. 辅助语言沟通。

5. 你在管理一个工业设计项目。你创建了一个沟通管理计划，现在团队正在开展项目工作。你一直在与团队沟通，现在在查看工作绩效数据来估算项目的绩效。以下哪一项最恰当地描述了接下来要做什么？

A. 使用正式书面沟通告诉客户项目的状态。

B. 将工作绩效数据与时间、成本和范围基准比较，查找偏差。

C. 更新组织过程资产，加入你的经验教训。

D. 召开状态会议。

模拟题

6. 你的团队有5个人工作，另外还有公司内部的一个发起人，一个客户，所有这些人都需要了解项目的进展。共有多少条沟通线路？

   A. 28。
   B. 21。
   C. 19。
   D. 31。

7. 以下哪一项不是积极倾听的例子？

   A. 一个人讲话时点头表示同意。
   B. 把讲过的话重说一遍，来确认你已经理解。
   C. 问问题，来澄清理解。
   D. 多个工作同时进行，谈话的同时查看email。

8. Sue用公司的语音邮件系统向Jim发出一个消息。收到消息时，Jim给她回了一个电话。以下哪种说法是正确的？

   A. Sue对语音邮件进行编码；Jim进行解码，然后再对他的反馈消息编码。
   B. Sue对她的语音邮件消息解码；Jim对他的电话编码，并对反馈解码。
   C. Jim把反馈发送给Sue，由Sue编码。
   D. Sue对她的语音邮件消息解码，Jim对反馈编码。

9. 你在管理一个建筑项目。顾客突然要求对蓝图做一些重大变更。你要与他谈谈这件事。最好使用哪种类型的沟通？

   A. 非正式书面沟通。
   B. 非正式口头沟通。
   C. 正式书面沟通。
   D. 正式口头沟通。

10. Kyle是一个项目的项目经理，这个项目的团队分布在很多不同的地理位置。为了确保他们都得到正确的消息，Kyle需要保证他的项目计划翻译成西班牙语、海地语、法语和德语。Kyle翻译时所做的是什么？

    A. 编码。
    B. 解码。
    C. 积极倾听。
    D. 有效倾听。

模拟题

11. 项目总共有15个人参与（包括项目经理）。共有多少条沟通线路？

A. 105。

B. 112。

C. 113。

D. 52。

12. 哪一个沟通过程属于监控过程组？

A. 管理沟通。

B. 没有属于监控过程组的沟通过程。

C. 规划沟通管理。

D. 监督沟通。

13. 你在一家大型企业工作。有一个24人的团队为你的项目工作，而且有5个主要发起人。公司宣布裁员，你的团队规模要减半。新的小团队会有多少条沟通线路？

A. 66。

B. 153。

C. 276。

D. 406。

14. 你参考了挣值计算，找出项目的EAC和ETC。这个信息最好放在以下哪一个位置？

A. 工作绩效信息。

B. 预测。

C. 质量控制测量。

D. 经验教训。

15. 以下哪一个是噪音的例子？

A. 发送到错误对象的email。

B. 没有注意到合同中一个重要条款的项目经理。

C. 文字乱七八糟，以至于传真很难辨识。

D. 团队在状态会议中没有集中注意力。

模拟题答案

1. 答案：B

所有可以用于法律目的的沟通都认为是正式书面沟通。发货单是一种正式文件。

看到这个词（“技术”）了吗？这就给出了明显的提示，说明这是一个工具而不是输入。

2. 答案：C

信息收集技术不是规划沟通管理的一部分。

3. 答案：A

在这种情况下，首先要创建的是沟通管理计划。它会帮助你组织要召开的会议，让所有人认识一致。沟通管理计划还能帮助你改善沟通，使顾客把你作为一个联络点。

我懂了！如果没有一个好的沟通管理计划，就无法沟通。

4. 答案：D

辅助语言沟通是指通过语音语调来传达额外的信息。如果不只是使用言语来沟通就会有辅助语言沟通。

5. 答案：B

查看工作绩效数据时，就说明正处在监督沟通过程中。如何处理工作绩效数据呢？要与基准比较来查看你的项目是否仍处在正轨！如果不是，就要尽快明白地说出来。

很多人在这里会选择B。不要忘记还要包括你自己！考试时也要当心这样的问题。

6. 答案：A

沟通线路数的公式是 n x (n-1) ÷ 2。在这个问题中，加上你共有7个人，所以是 (8 x 7) ÷ 2 = 28。

模拟~~题~~答案

7. 答案：D

所有其他选择都在向讲话者表示你已经理解他所说的。因此它们都是积极倾听。

积极倾听有时是指对讲话人说“我同意你的说法”或者“你能再解释一下吗？”

8. 答案：A

这个问题在考察你是否知道编码、解码和反馈的定义。编码就是准备好一个消息，以便其他人理解，解码则是接收这个消息并理解。反馈表示让发送方知道你已经收到消息。

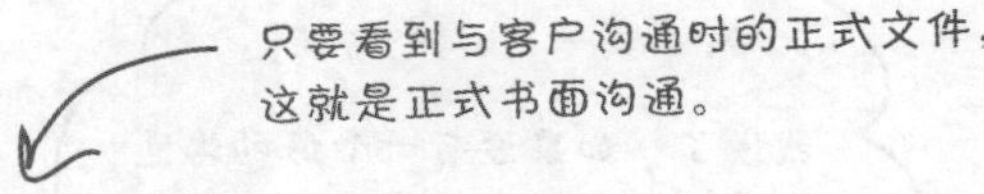
只要看到与客户沟通时的正式文件，
这就是正式书面沟通。

9. 答案：C

只要与顾客沟通有关项目范围的问题，就说明在使用正式书面沟通。

10. 答案：A

他必须对消息编码才能让其他人理解。

11. 答案：A

(15 x 14) ÷ 2 = 105。这个问题在考察你是否知道公式 n x (n–1) ÷ 2。

12. 答案：D

监督沟通是沟通管理中唯一的一个监控过程。

答案

模拟~~题~~

13. 答案：B

现在有12个团队成员、5个发起人和1个项目经理。这样就共有18个人。使用公式：n x (n – 1) ÷ 2，可以计算出：18 x 17 ÷ 2 = 153。

你是不是得到了其他答案？要确认包括了5个发起人和项目经理！

14. 答案：B

预测的基本思想是使用预测项目完成情况的挣值计算来设定所有人的期望。正因如此，你要使用EAC（帮助估算项目的总成本）和ETC（使你了解现在到项目结束之间还需要多少花费）。

哦，我懂了。我已经用EAC和ETC得出了很好的成本和时间估算。现在可以把它们打包为预测，与团队分享这个信息。

15. 答案：C

沟通出问题的情况有很多。email发送给错误的人时，你的沟通肯定有问题，不过这并不是噪音。噪音是指干扰沟通的东西。在这里，乱七八糟的文字就是噪音的一个很好的例子。

11 风险管理

防患于未然

呀，萨利！万一绳子断了怎么办？
别担心，博比！我已经做了风险规划。我们可以大胆地荡，放一百个心吧！

即使计划最周全的项目也可能遇到麻烦。不论你计划得多周全，项目也会遇到**预料之外的问题**。团队成员可能会生病或退出，你依赖的一些资源最后却发现不可用，甚至天气也会捣乱。这是不是意味着对于这些未知数你完全无能为力呢？并不是这样！你可以使用**风险规划**来识别可能对项目带来麻烦的潜在问题，**分析**它们发生的可能性，采取措施预防可以避免的风险，如果实在无法避免，也要尽可能**减少**风险。

什么是风险？

任何一个项目都不能打包票！即使是最简单的活动也可能遇到预料外的情况。如果项目中可能发生某种情况，会改变项目活动的结果，我们就称之为一个风险。风险可能是一个事件（如着火），也可能是一个条件（如一个重要零件不可用）。不管怎样，它有可能发生，也可能不发生…… 如果确实发生，就会导致改变你和团队的工作方式。

如果你的项目要求你站在悬崖边上，你就有坠崖的风险。
如果风很大，或者地面很滑而且凸凹不平，坠崖的风险就更大。

风险是任何可能影响项目的不确定事件或条件。并不是所有风险都是负面的。

并不是所有风险都是负面的。

有些事件（例如找到完成某个活动的更简便的方法）或条件（如某些材料降价）可能对你的项目是有帮助的！发生这些事件或条件时，我们称为一个机会……不过机会的处理与风险类似。

如何处理风险

规划项目时，风险还是不确定的：它们还没有真正发生。不过，最终你考虑的一些风险确实会发生。那时就必须处理这些风险。处理风险有5种基本方法：

❶ **规避风险**

处理风险最好的方法就是规避风险，如果可以防止风险发生，就肯定不会破坏你的项目。

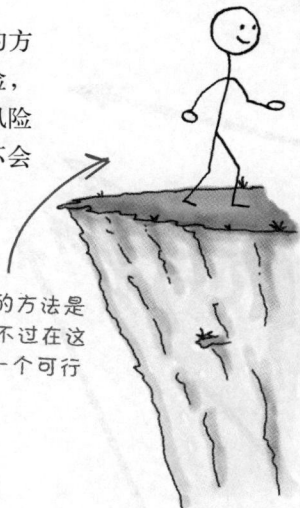

要规避风险，最容易的方法是就从悬崖边走开……不过在这个项目里这可能不是一个可行的选择。

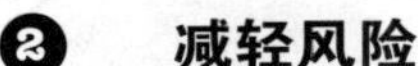

❷ **减轻风险**

如果无法规避风险，可以减轻风险。这是指采取某种措施，尽可能减少它对项目的破坏。

❸ **转移风险**

处理风险的一种有效方法是付钱请别人替你接受风险。最常用的方法就是买保险。

$5

❹ **接受风险**

如果无法规避或减轻风险，也不能转移风险，就必须接受风险。不过，即使是接受风险，至少你已经查看过备选方案，知道出现风险时会发生什么。

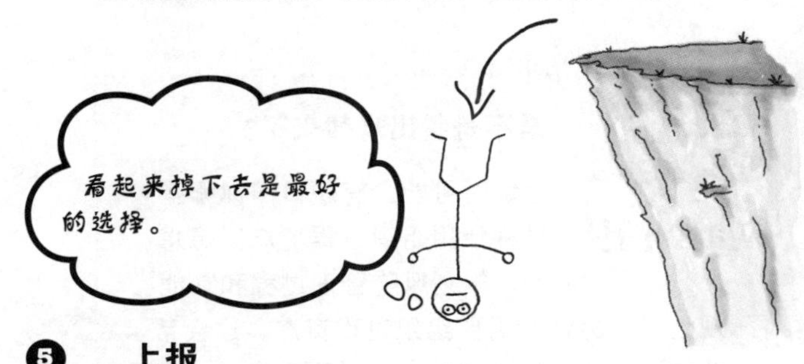
看起来掉下去是最好的选择。

❺ **上报**

如果风险不在你的项目范围内，可能需要告诉别人，来寻求合适的应对策略。

规划风险管理

规划
过程组

到目前为止，你应该已经对各个规划过程的工作相当了解了。前面几个知识领域都是从相应的规划过程开始的，风险管理也不例外。首先是规划风险管理过程，这对你应该并不陌生。

如果项目中确实出现了风险，这个时候再做处理就太晚了。正因如此，你要从一开始就规划风险，而且整个项目过程中要不断回来做更多规划。

输入

需要查看公司是否有惯用的标准模板、角色和职责或风险类别。

组织过程资产

事业环境因素

你的公司里，大家都喜欢冒险吗？还是比较谨慎？每个公司里人们对风险总是有不同的态度。

相关方登记册

第13章会学习更多有关内容。

项目章程

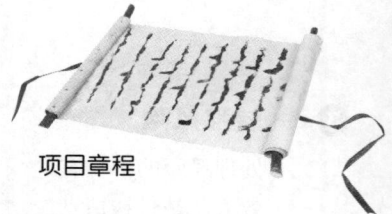

项目管理计划

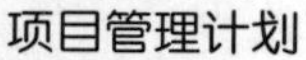

BANG!

Watch it!

是不是看出规律来了？

考试时可能会有题目问你哪些过程使用组织过程资产！想想看，规划风险管理过程和其他规划过程为什么需要组织过程资产。这会帮助你记住哪些过程需要组织过程资产。

想想看为什么需要这些项目管理计划和章程。花点时间好好想一想。

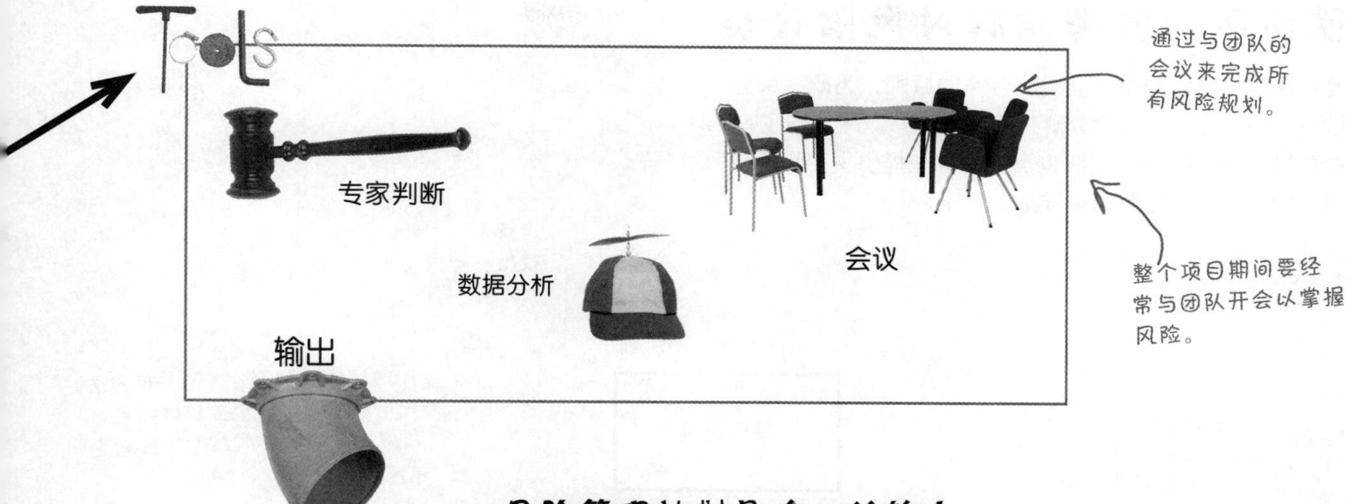
Tools
专家判断
数据分析
会议
输出
通过与团队的会议来完成所有风险规划。
整个项目期间要经常与团队开会以掌握风险。

风险管理计划是唯一的输出

风险管理计划指出要如何处理项目的风险，你可能已经猜到了，因为这正是管理计划的作用。风险管理计划指出如何评估项目的风险，谁来负责，以及完成风险规划的频度如何（因为整个项目期间都要与团队开会讨论风险规划）。

风险管理计划是识别和分析项目风险的指南。

风险管理计划

风险管理计划指出谁来识别和分析风险，如何识别和分析，以及频度如何。

这个计划包含以下几个部分，它们对管理风险非常有用：

- ❑ 风险管理计划中包含一组**风险类别**，用来对风险分类。有些风险是技术风险，比如某个组件可能很难使用。还有一些风险是外部风险，如市场的变化，甚至天气问题。风险类别可以帮助你建立**风险分解结构**(RBS)。
- ❑ 你需要描述识别项目风险并完成分类时使用的方法。这一部分称为**方法论**。
- ❑ 要提出一个计划来帮助你确定一个风险的影响有多大，以及这种风险发生的可能性，这非常重要。影响指出了这个风险对项目带来的危害程度。很多项目会按从轻到重或者从低到高对影响分类。这一部分称为**概率和影响定义**。

使用风险分解结构对风险分类

要在风险管理计划中建立风险分类的原则，为此，最容易的方法就是使用风险分解结构（RBS）。注意到了吗？它看起来很像WBS。想法也类似，首先提出主要风险类别，然后将它们分解为更详细的类别。

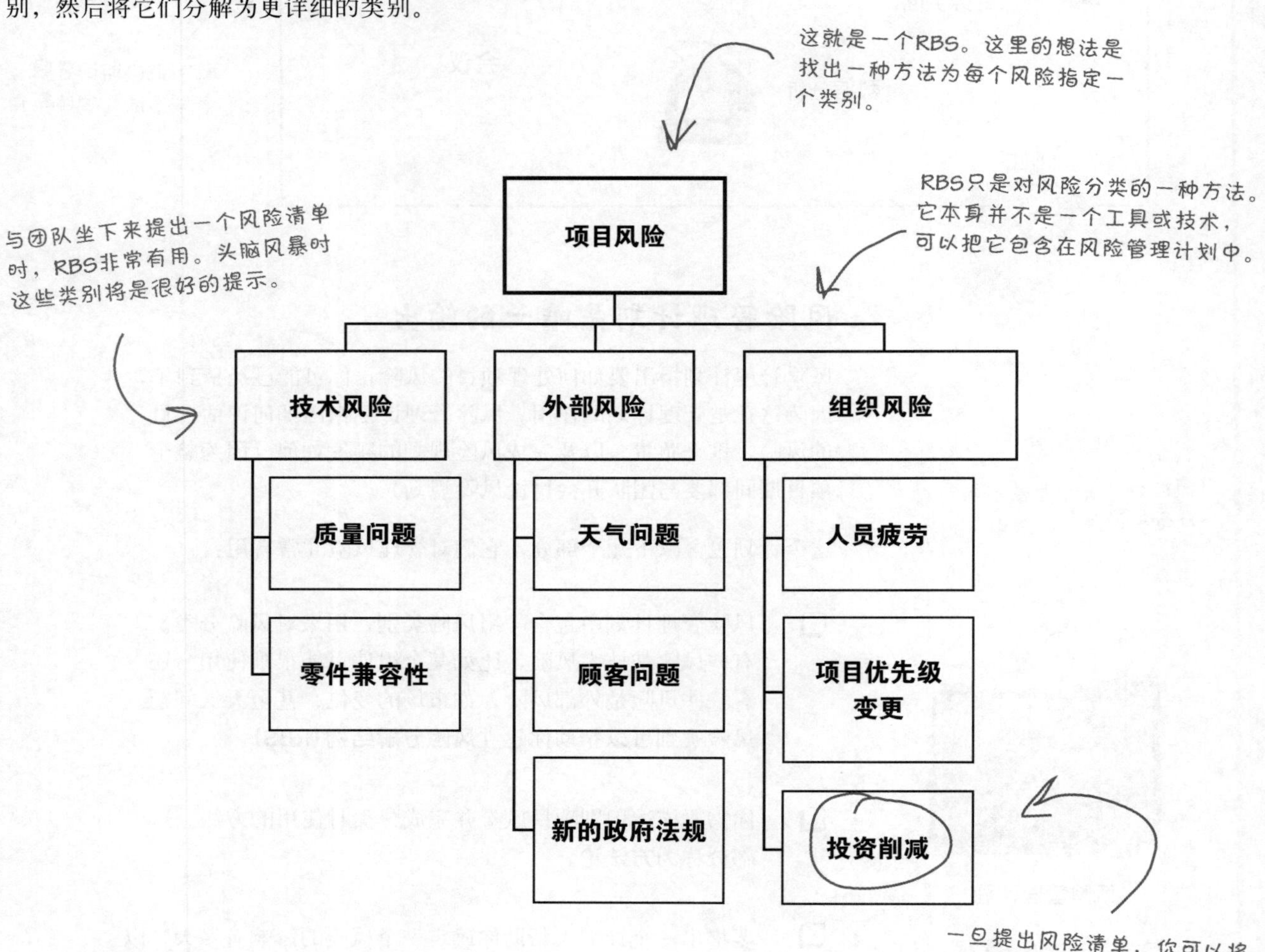
这就是一个RBS。这里的想法是找出一种方法为每个风险指定一个类别。
RBS只是对风险分类的一种方法。它本身并不是一个工具或技术，可以把它包含在风险管理计划中。
与团队坐下来提出一个风险清单时，RBS非常有用。头脑风暴时这些类别将是很好的提示。
项目风险
技术风险
外部风险
组织风险
质量问题
零件兼容性
天气问题
顾客问题
新的政府法规
人员疲劳
项目优先级变更
投资削减
一旦提出风险清单，你可以将各个风险分别标为某个类别，这样以后就能更容易地确定如何处理这些风险。

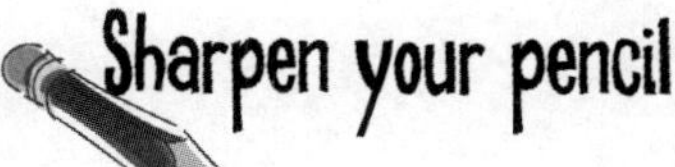
Sharpen your pencil

花点时间来考虑以下各个项目风险是如何处理的，确定这里是规避、减轻、转移还是接受风险。

1. 暴风雨天气和大风可能导致地面很滑，所以你搭起帐篷，穿上防滑鞋，以防失足坠崖。

☐ 规避　☐ 减轻
☐ 转移　☐ 接受

2. 你买了一个电压保护器，确定雷击不会击穿你的设备。

☐ 规避　☐ 减轻
☐ 转移　☐ 接受

3. 洪水可能对设备造成严重破坏，所以你买了一份覆盖洪灾的保险。

☐ 规避　☐ 减轻
☐ 转移　☐ 接受

4. 制造商发出一个警告，称你使用的安全设备在你要面对的条件下有可能出现故障，尽管概率很小，但确实可能出现故障。因此你把它替换成一个更合适的设备。

☐ 规避　☐ 减轻
☐ 转移　☐ 接受

5. 泥石流对你的项目可能危害很大，不过对此你完全无计可施。

☐ 规避　☐ 减轻
☐ 转移　☐ 接受

6. 一个团队成员发现你计划使用的场地可能有问题，当地政府正在考虑制订一些法规，而遵循这些法规的成本会很高。你与一个勘察团队合作来寻找一个新的场地。

☐ 规避　☐ 减轻
☐ 转移　☐ 接受

7. 周围的地貌特点可能会干扰你的通信设备，所以你带了一个火焰枪和应急信号灯以防通信设备出现故障。

☐ 规避　☐ 减轻
☐ 转移　☐ 接受

答案:1 - 减轻　2 - 减轻　3 - 转移　4 - 规避　5 - 接受　6 - 规避　7 - 减轻

风险剖析

完成规划风险管理过程后，还有4个风险管理过程可以帮助你和团队提出项目的风险清单，分析这些风险可能对项目有什么影响，并规划如果执行项目期间确实出现某个风险，你和你的团队将如何应对。

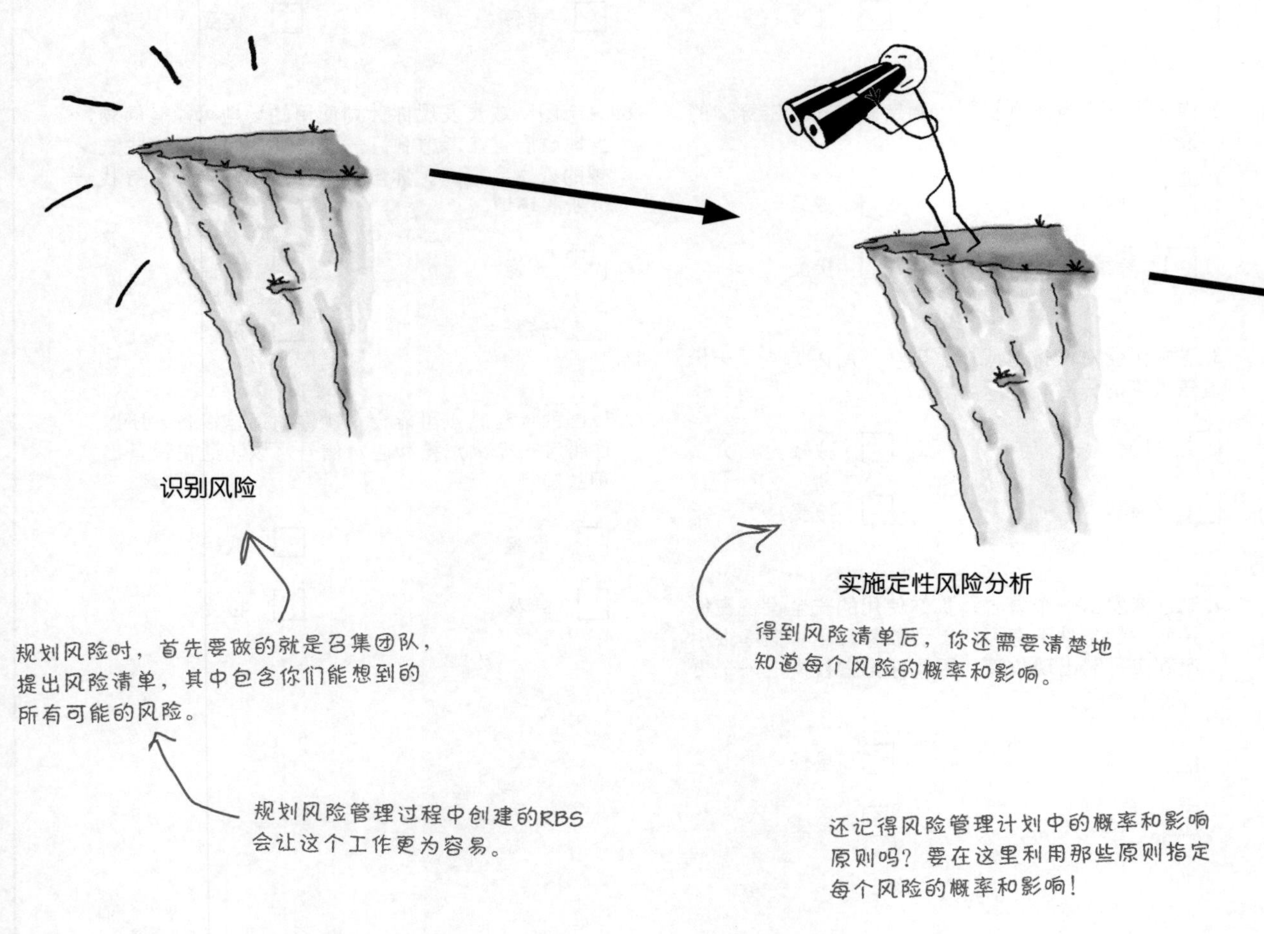
识别风险
规划风险时，首先要做的就是召集团队，提出风险清单，其中包含你们能想到的所有可能的风险。
规划风险管理过程中创建的RBS会让这个工作更为容易。
实施定性风险分析
得到风险清单后，你还需要清楚地知道每个风险的概率和影响。
还记得风险管理计划中的概率和影响原则吗？要在这里利用那些原则指定每个风险的概率和影响！

还有两个风险管理过程。你已经见过规划风险管理过程。另外还有一个名为监督风险的监控过程，风险真正发生时就要使用那个过程。

所有这4个风险管理过程都属于规划过程组，开始执行项目之前，你要先规划项目的风险。

如果到了这一步，说明你已经有了一个风险清单，而且已经为每个风险指定了概率和影响。这是一个很好的起点，不过如果想做出明智的决策，有时还需要更多数据……

实施定量风险分析

利用更准确的数据，你可以做出更明智的决策。这正是这个过程要做的，为每个风险指定概率和影响值。

现在只剩下规划如何应对各个风险！要在这里决定要规避、减轻、转移还是接受风险……以及具体如何做！

规划风险应对

BRAIN
POWER

有些团队首先完成实施定性风险分析，另外一些则从实施定量风险分析开始。有些只完成其中一个过程。想想看为什么可以这样做？

项目会发生什么问题？

规划
过程组

如果没有明确可能遇到哪些风险，就无法规划风险。正因如此，下一个风险管理过程就是识别风险。识别风险过程的想法是：希望找出可能影响项目的每一个可能的风险。先不用操心风险的可能性，也不用考虑影响会有多严重，这些会在后面的过程中明确。

识别风险

目前为止你创建的很多项目文件都可以用来帮助识别风险。

这包括你在其他规划过程中创建的所有子计划。

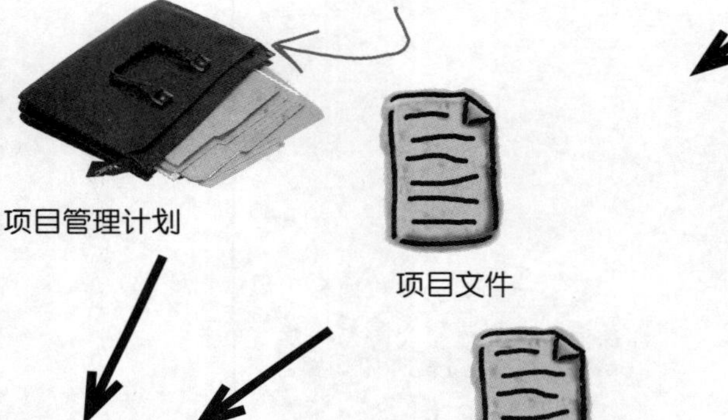

项目管理计划
项目文件

要查看以往项目的经验教训来了解哪里出了问题。

组织过程资产

所有风险规划过程的目标就是生成风险登记册。这是对抗风险的主要武器。

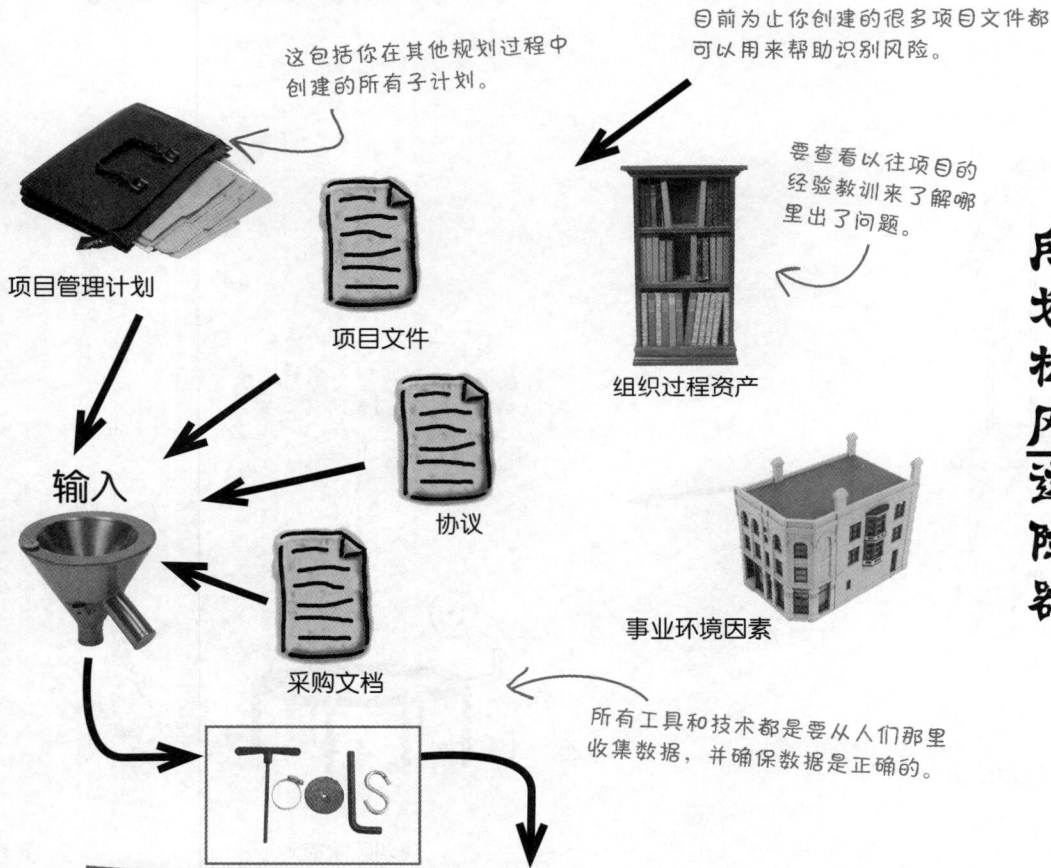

事业环境因素

输入

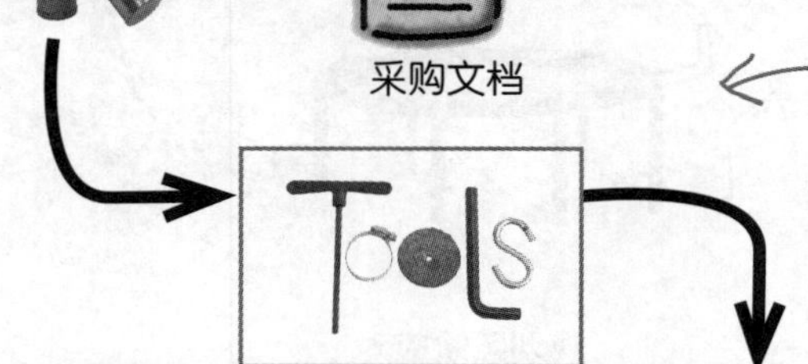

协议
采购文档

所有工具和技术都是要从人们那里收集数据，并确保数据是正确的。

Tools

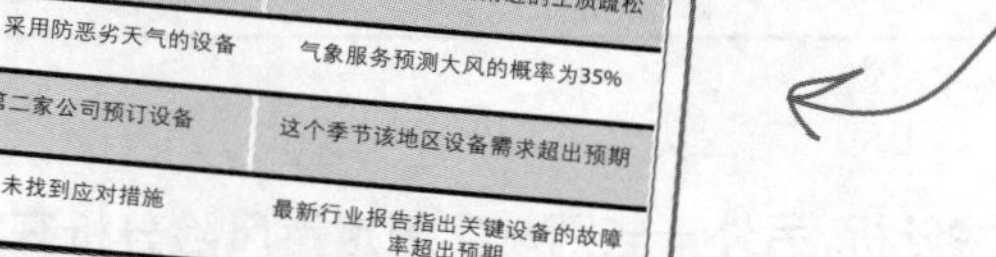

已识别风险	潜在的应对措施	根本原因
因附近山体土质疏松导致的泥石流	设置挡土设施或挖沟	地理数据审查发现附近的土质疏松
大风导致的坠崖灾难	加固帐篷；采用防恶劣天气的设备	气象服务预测大风的概率为35%
租不到卡车	付钱在第二家公司预订设备	这个季节该地区设备需求超出预期
项目期间设备故障	团队尚未找到应对措施	最新行业报告指出关键设备的故障率超出预期

风险登记册

风险登记册是唯一的输出，这也是风险管理中最重要的部分。这个清单中列出了所有风险，以及应对这些风险的一些初始想法。

识别风险的数据收集技术

Tools

你可能已经猜到，识别风险过程的目标就识别风险，显而易见，对不对？识别这些风险最重要的方法就是从团队收集数据。正是因为这个原因，识别风险中第一个也是最重要的一个技术就称为数据收集技术。这些都是经过时间考验的有效方法，可以从团队、相关方以及任何可能掌握风险相关数据的人那里得到数据。

有用的数据收集技术

可以用很多不同方法查找项目中的风险。不过最常用的只有几种，这也是考试中会遇到的技术。

头脑风暴，这应当是你和团队做的第一件事。把团队召集到一个房间，开始激发想法。头脑风暴会议通常有一个引导者领导团队，帮助将他们的想法转变成一个风险清单。

引导者非常重要，如果没有这样一个引导者，这只是一个没有明确目标的无序会议。

团队通常会提出与构建产品有关的风险，而发起人或使用产品的人会考虑最后产品会不会很难使用。

访谈是识别风险的一个非常重要的部分。尽量找到所有有想法的人，询问他们哪些问题可能让项目有麻烦。发起人或客户考虑项目的思路可能与项目团队完全不同。

规划风险管理过程中创建的RBS是一个不错的起点。可以使用其中已经分类的风险作为开始。

核对单分析是指使用专门开发的核对单来帮助你查找风险。核对单会提醒你检查某些假设，与某些人讨论，或者审查你之前可能忽略的文件。

BRAIN POWER

头脑风暴和访谈之间有一个重要区别，这个区别是什么？你能想出在什么情况下更适合使用头脑风暴，另外在什么情况下访谈更有优势？

Tools

更多识别风险技术

尽管收集数据是识别风险中最重要的部分，但这并非惟一的部分。还有很多其他工具和技术可以用来确保你整理的风险登记册涵盖了尽可能多的风险。你对项目中的风险了解更多，风险真正发生时你就能更好地处理突发情况。这也正是这些工具和技术的作用，以更长远更开阔的视角查找每一个可能的风险。

数据分析工具和技术

文件分析是指查看组织过程资产中的计划、需求和文件，以及你能找到的所有其他相关文件，从中找出每一个可能的风险。

根本原因识别就是分析每一个风险，明确其根本原因。尽管坠崖和帐篷被吹走是两个完全不同的风险，但是如果再仔细分析，可能会发现它们都是由同一个原因造成的：也就是大风，这也是上述两个风险的根本原因。这样一来，你就知道如果有大风，都要当心这两种风险！

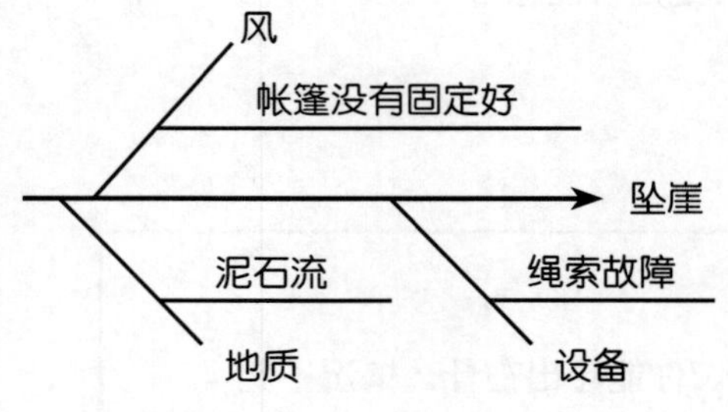
风
帐篷没有固定好
坠崖
泥石流
绳索故障
地质
设备

鱼骨图或石川图

SWOT分析允许你分析风险的优点（Strength）、缺点（Weakness）、机会（Opportunity）和威胁（Threat）。首先利用头脑风暴得出优点和缺点，然后检查优点来找出机会，并查看缺点找出对项目的威胁。

假设**条件和制约因素分析**是指检查项目假设条件时所做的工作。还记得吗？估算项目时假设条件非常重要。嗯，现在要回过头来查看之前做的假设，确保这确实是项目的合理假设。不正确的假设肯定是风险。

人际关系与团队技能可以帮助团队更大范围地参与风险识别。特别地，引导技能在这个过程中非常重要。

提示清单是识别风险时你和团队用作提示的风险类别清单。可以使用风险分解结构最底层的风险类别作为例子，让团队开始考虑项目中可能出现的风险。

利用**专家判断**，你可以依赖以往的经验来识别风险。

会议就是你的团队聚集在一起作为一个团队识别风险。

Exercise

查看以下各个场景，判断分别使用了哪个工具或技术。
如果场景中使用了数据收集技术，要指出具体是哪一种技术。

1. 你的项目要求你在悬崖边上建立营地。你召集了团队成员，包括一个地质学家、一个气象学家、一个勘查人员和3个营地工人，你指导他们直接讨论，在讨论中尽可能多地识别风险。

2. 你查看了公司的资产库，发现以前有两个项目也是在这一地区建立营地。你查阅了经验教训，明确原来哪些地方出了问题，哪些问题可以通过更好的规划加以规避。

3. 你与很多不同人单独会面：发起人、相关方、团队成员和专家。你向每个人询问详细的问题，了解他们对于项目中哪些方面可能出错有什么想法。

4. 你已经识别出一个非常复杂的风险，所以你想找出导致发生这个风险的根本原因。你使用了石川图技术来分析。

5. 你审查了估算，发现原来对季节性天气做了一个假设。如果有变化，这会导致项目出现严重的问题。

1. 数据收集技术－头脑风暴 2. 文件分析
3. 数据收集技术－访谈 4. 数据收集技术－根本原因识别
5. 数据收集技术－假设条件和制约因素分析

在哪里查找风险

参加考试时，理解风险的一个好方法是要知道风险来自哪里。如果你开始考虑如何查找项目的风险，这会帮助你确定如何处理这些风险。

查找风险时要记住以下几点：

1. **通常可以从资源开始。**

   你有没有遇到过这种情况？别人承诺给你提供一个人、设备、会议室或另外某个资源，但是到最后一分钟，你却被告知你依赖的那个资源不可用。如果在最紧要的时刻一个关键的团队成员生病了或者离开了公司，会怎么样呢？检查你的资源清单，如果需要一个资源时它不可用，这就是一个风险。

2. **关键路径上充满了风险。**

   还记得第6章中介绍的关键路径方法吗？对，关键路径上的活动比有大量浮动时间的活动风险大得多，因为关键路径上活动的任何延迟都会导致项目延迟。

   如果一个活动不在关键路径上，但是浮动时间很少，这说明一个小问题就很容易使它变成关键活动——这会导致项目出现严重延迟。

3. **“假设……”**

   做出假设时可能会发生一些意外情况，你听说过类似这样的故事吗？项目开始时，你的团队必须做大量假设来完成估算。不过其中一些假设实际上并不成立，尽管你确实需要这些假设来完成估算。好在你把它们都记下来了，现在可以回过头来查看这个清单。如果发现其中一些假设条件很可能不成立，就说明你发现了一个风险。

4. **查看项目外部。**

   有没有一个刚刚通过的新法规、制度或法律可能会影响你的项目？是不是在协商一个新的工会合同？关键部件的价格有没有可能突然增加？项目外部有很多方面存在风险，如果现在能够识别出来，就能适当规划，而不至于在毫无防备的情况下惊慌失措。

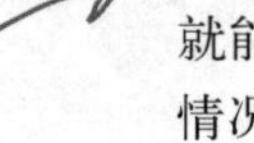

查找风险意味着要与你的团队交流，而且要有创造性。风险可能无处不在。

BRAIN
POWER

这些方面可以作为很好的起点，不过项目中还有很多其他地方可以找到风险。你能想出还有哪些地方吗？

现在加入风险登记册

输出

识别风险过程的关键就是……对，识别风险。不过这到底对你有什么用呢？你需要对每个风险有足够的了解，才能分析并做出明智的决策来决定如何处理。所以在进行访谈、引导头脑风暴会议、分析假设条件、收集专家观点以及使用其他识别风险工具和技术时，就是在收集要增加到风险登记册的信息。

你和团队找出的每一个风险都要放在这里。

识别风险会议中可以包括有关如何应对风险的讨论，这是一个很好的想法，不过在后面的规划风险应对过程中再具体介绍这个内容。

根本原因分析的结果要放在这里。

已识别风险	潜在的应对措施	根本原因
因附近山体土质疏松导致的泥石流	设置挡土设施或挖沟	地理数据审查发现附近的土质疏松
大风导致的坠崖灾难	加固帐篷；采用防恶劣天气的设备	气象服务预测大风的概率为35%
租不到卡车	付钱在第二家公司预订设备	这个季节该地区设备需求超出预期
项目期间设备故障	团队尚未找到应对措施	最新行业报告指出关键设备的故障率超出预期

风险登记册

以后还有机会提出更完备的应对措施。

你可能发现新的风险类别，如“设备”。如果确实发现了新的类别，要返回到RBS加入这个类别。

有些风险没有明显的应对措施。

风险报告

识别风险过程的另一个主要输出是风险报告。完成各个风险管理过程时，就是要编写项目风险来源和概要信息的一个报告。

项目文件更新

识别风险时，可能会发现对假设日志、问题日志或经验教训登记册的变更。

风险评级

规划
过程组

实施定性风险分析

只是知道有风险还不够。你当然可以一直识别风险，你能想到多少风险并没有限制。不过其中一些风险很可能发生，而另外一些风险发生的可能性很小。你肯定希望对发生概率更大的风险做出规划。

另外，有些风险发生时可能对你的项目造成严重破坏，而另外一些则无关痛痒……你肯定对可能造成严重影响的风险更为关心。正因如此，我们需要下一个风险管理过程，即实施定性风险分析。通过这个过程，你可以查看每个风险，确定它发生的可能性，以及它的影响有多大。

还记得放在这里的有关风险类别和定义的内容吗？它们会很有用。

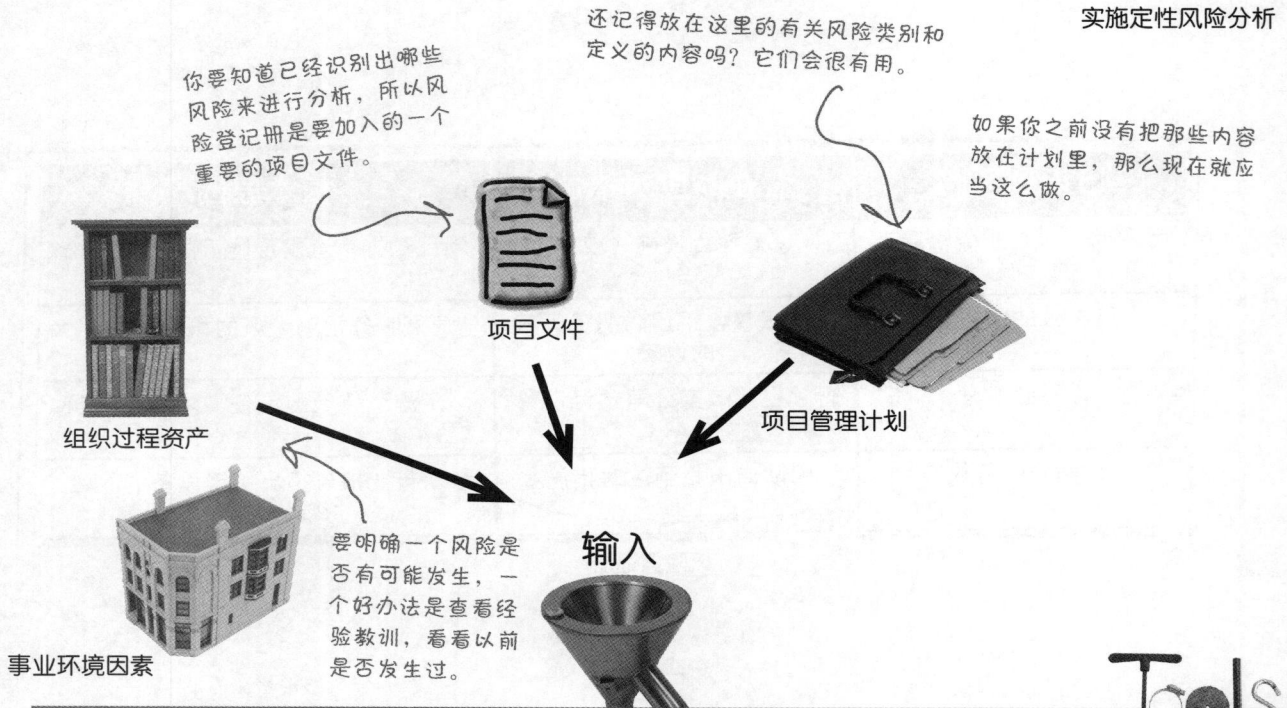

你要知道已经识别出哪些风险来进行分析，所以风险登记册是要加入的一个重要的项目文件。

如果你之前没有把那些内容放在计划里，那么现在就应当这么做。

组织过程资产

项目文件

项目管理计划

事业环境因素

要明确一个风险是否有可能发生，一个好办法是查看经验教训，看看以前是否发生过。

输入

Tools

人际关系与团队技能

引导

会议

你已经从前面的过程了解了这些工具。

专家判断在评估风险时会非常有用。除了之前做过类似项目的专家，还有谁能更好地帮你明确哪些方面可能出问题呢？

风险分类就是对你的风险分组，从而能得出更好的策略来处理这些风险。你可以按风险出现的项目阶段来分类，也可以按风险的来源分类。或者你可以提出一组额外的类别，帮助你更好地组织应对措施，在风险确实发生时做好准备。

Tools

检查登记册中的各个风险

并不是所有风险都是平等的。其中一些很可能发生，而另外一些几乎不太可能出现。一个风险发生时可能会对项目造成灾难，而另外一个风险可能只是会浪费某个人几分钟的时间。

数据收集

访谈是一种很好的方法，可以了解人们认为一个风险有多重要，或者这个风险发生的可能性有多大。

数据分析

风险数据质量评估是指确保风险评估中使用的数据是准确的。有时有必要引入外部专家来检查风险评估数据的有效性。有时甚至可以自己确认数据的质量，将数据样本与其他的数据源进行比较。

其他风险参数评估有关于风险的紧迫性和关键性。评估这些参数的一种方法是查看需要在多久之后考虑一个特定的风险。如果风险很快就要发生，最好也要很快做出计划来处理这个风险。

风险概率和影响评估要妥善地处理风险，最好的办法之一就是检查风险发生的可能性，以及如果风险确实发生，情况会有多糟（或有多好）。这个过程会帮助你为风险发生的可能性指定一个概率，然后确定风险确实发生时的实际成本（或影响）。可以使用这些值来确定哪些风险需要一个非常可靠的减轻计划，而哪些只需在项目过程中不断监督就可以了。

有时你会发现一些风险显然概率和影响很小，所以你不会把它们放在登记册的主要部分中。实际上，可以把它们放在一个单独的部分中，称为观察清单（watchlist），这就是一个风险清单。其中包括你不想忘掉但是也不需要密切跟踪的风险。你要不时地检查这个观察清单来掌握最新情况。

数据表现

概率和影响矩阵是一个表格，可以根据你指定的值显示所有风险。这是一种查看数据的好方法，使你能更容易地判断哪些风险需要应对措施。数值越大的风险越有可能发生，而且这些风险一旦发生，对项目的影响也越大。所以最好确定如何处理这些风险。

层级图显示风险相互之间的关系。大多数图都按风险类别组织，使得团队也可以按类别规划风险应对措施。

概率（P）	P&I				
0.9	*0.09*	*0.27*	*0.45*	*0.63*	*0.81*
0.7	*0.07*	*0.21*	*0.35*	*0.49*	*0.63*
0.5	*0.05*	*0.15*	*0.25*	*0.35*	*0.45*
0.3	*0.03*	*0.09*	*0.15*	*0.21*	*0.27*
0.1	*0.01*	*0.03*	*0.05*	*0.07*	*0.09*
影响（I）	**0.1**	**0.3**	**0.5**	**0.7**	**0.9**

Sharpen your pencil

下面是定性分析期间发现的有关悬崖项目的一些情况。用适当的信息更新上一页的风险登记册。

风险	概率	影响
1. 泥石流	0.1	0.9
2.大风	0.7	0.9
3. 没有卡车	0.3	0.7
4. 暴风雨	0.5	0.3
5. 供给	0.1	0.5
6. 疾病	0.1	0.7

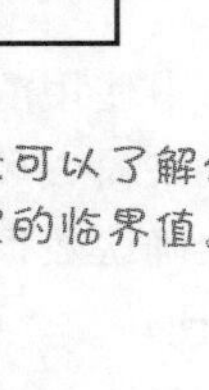

在实施定性风险分析会议中，团队为上一页的各个风险指定了一个概率和影响值。

概率和影响矩阵

概率					
0.9	0.09	0.27	0.45	0.63	0.89
0.7	0.07	0.21	0.35	0.49	0.63
0.5	0.05	0.15	0.25	0.35	0.45
0.3	0.03	0.09	0.15	0.21	0.27
0.1	0.01	0.03	0.05	0.07	0.09
	0.1	**0.3**	**0.5**	**0.7**	**0.9**

影响

由此可以了解公司为估算风险设定的临界值。

可以根据风险的概率和影响确定各个风险的优先级。低优先级的风险没有阴影，中优先级的风险用浅灰色显示，高优先级风险用深灰色显示。

1.你的公司的组织过程资产将概率和影响值大于0.20的风险界定为高优先级风险，中优先级风险的概率和影响值介于0.10～0.19之间，低优先级风险的概率和影响值在0～0.09之间。低优先级风险可以只在观察清单中监督，不过高优先级和中优先级风险必须有一个应对策略。

使用概率和影响矩阵得出哪些风险是低、中和高优先级，在右边风险登记册的优先级和概率列中填入缺少的值。例如，查看第一个表格中的风险（“没有卡车”），找出它的概率和影响值，然后使用概率和影响矩阵在第3行的优先级列中填入“高”。由于概率是0.3，影响是0.7，所以可以在矩阵中找到相应的框。由于它是深灰色，所以它的优先级是“高”。

2 分析数据之后，为项目确定3个风险类别：自然、设备和人为。

在风险登记册的“类别”列中填入缺少的值，可以是“自然”“设备”或“人为”。我们已经为你填入了几个类别，你可以继续填入其他类别。

3. 对于这个特定的项目，项目一开始就需要设备，所以所有设备风险都认为是高紧迫性。自然和人为风险都是中紧迫性，但与暴风雨有关的风险除外，对于这个项目来说，暴风雨风险认为是低紧迫性的，因为减轻这种风险的可能性不大。

确定各个风险的紧迫性是“低”“中”还是“高”，填入风险登记册中的“紧迫性”列。

有些应对措施为空，这是可以的，后面的规划风险应对过程中会填写这些空格。

	已识别风险	潜在的应对措施	根本原因	类别	优先级	紧迫性
1.	因附近山体土质疏松导致的泥石流	设置挡土设施或挖沟	地理数据审查发现附近的土质疏松			
2.	大风导致的坠崖灾难	加固帐篷；采用防恶劣天气的设备	气象服务预测大风的概率为35%	自然		中
3.	租不到卡车		这个季节该地区设备需求超出预期	设备	高	
4.	项目计划中前两周预报有暴风雨	创建储备，考虑到因暴风雨导致的时间损失	厄尔尼诺天气		中	低
5.	如果没有准确预测食物需求，会导致供给短缺		最近的商店在30英里外	设备		
6.	如果有人生病，医疗方面可能有问题	项目带一名随行医生	最近的医院在50英里外			

输出

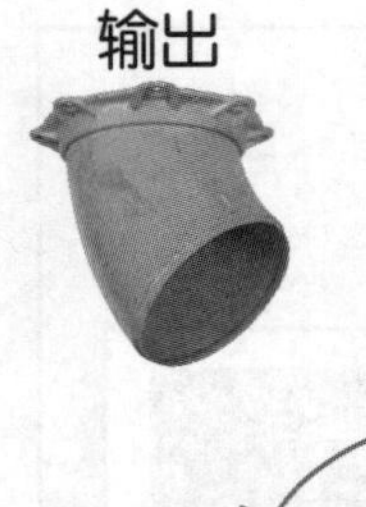

实施定性风险分析的唯一输出就是项目文件更新，包括对风险登记册的更新。

定性分析可以帮助你确定哪些风险对项目的成功最为重要。完成分析时，应该能得到一个风险登记册，对于哪些方面可能出问题提供更多信息。

	已识别风险	潜在的应对措施	根本原因	类别	优先级	紧迫性
1.	因附近山体土质疏松导致的泥石流	设置挡土设施或挖沟	地理数据审查发现附近的土质疏松	自然	低	中
2.	大风导致的坠崖灾难	加固帐篷；采用防恶劣天气的设备	气象服务预测大风的概率为35%	自然	高	中
3.	租不到卡车		这个季节该地区设备需求超出预期	设备	高	高
4.	项目计划中前两周预报有暴风雨	创建储备，考虑到因暴风雨导致的时间损失	厄尔尼诺天气	自然	中	低
5.	如果没有准确预测食物需求，会导致供给短缺		最近的商店在30英里外	设备	低	高
6.	如果有人生病，医疗方面可能有问题	项目带一名随行医生	最近的医院在50英里外	人为	低	中

there are no Dumb Questions

问：谁完成实施定性风险分析过程？

答： 整个团队要一起来完成实施定性风险分析过程。帮助考虑潜在风险的团队成员越多，你的计划就越完善。所有人可以合作，考虑他们各自那部分工作有哪些不同的风险，这样就能更清楚地了解项目可能发生什么问题。

问：如果人们对于风险优先级的意见不一致怎么办？

答： 考虑风险的方式很多。在一个项目中，如果一个风险对于你那一部分工作或者对你的目标影响很大，你可能认为，与影响团队中其他人的其他问题相比，这个风险对你来说更重要。要想保持客观的态度，最好的办法就是让团队中的每一个人根据风险对整个项目目标的影响来评估风险。如果每个人都关注各个风险对项目制约因素的影响，就能按对所有人都最有利的顺序对风险评级。

问：类别从哪里得来的？

答： 你可以用你想用的任何方法创建类别。通常，人们会按有助于他们提出应对策略的方式对风险分类。有些人按项目阶段来分类。采用这种方式，他们可以为项目的各个阶段提出一个风险减轻计划，来减少需要全面管理的信息。有些人喜欢按风险来源来分类。如果采用这种分类，你会看到一些有助于单独处理各个风险来源的风险减轻计划。如果涉及很多不同的承包商或供应商，你可能希望单独管理各个承包商或供应商相关的风险，这种情况下这种分类就很有用。

问：怎么才能知道是否已经找出了所有风险？

答： 很遗憾，你永远也无法知道这个问题的答案。正因如此，整个项目中都要始终监督风险登记册，这一点非常重要。你要不断更新风险登记册，不能让它变得陈旧过时，这也很重要。在项目的所有阶段都要查找风险，而不只是在项目开始时。

问：跟踪低优先级风险有什么意义？为什么要有一个观察清单？

答： 实际上，观察清单就是项目中你想要监督的所有风险的一个清单。你可能要观察这些风险，查看条件是否改变以至于风险更有可能发生。通过维护一个观察清单，可以确保尽早捕获这些在分析时看上去低优先级的风险，避免这些风险在项目后期真正发生时造成严重危害。

导致风险发生的条件称为触发条件（trigger）。所以，假设你建立了一个计划来处理暴风雨，而且你知道可以跟踪一个对应闪电危害的触发条件，如雷雨。如果没有雷雨，就不太可能有闪电危害，不过一旦暴风雨开始，这种风险的可能性就会大幅攀升。

问：我还是不明白优先级和紧迫性有什么区别。

答： 优先级指出一个风险有多重要，而紧迫性指出你需要什么时候处理这个风险。有些风险可能是高优先级但低紧迫性，这说明它们确实非常重要，但是时间上并不紧急。例如，你可能知道某个提供关键设备的供应商会在6个月内倒闭，你非常需要找到一家新的供应商。不过你还有6个月的时间来处理。找一家新供应商是高优先级的，因为如果没有考虑这个风险，你的项目会失败。不过，这个风险并不紧急，即使你要花4个月才能找到一家新的供应商，也不会有不好的后果。

带来风险的条件称为触发条件。可以使用观察清单掌握这些触发条件。

定性与定量分析

假设你是一个健身教练，你的专长是帮助百万富翁经受耐力考验。每个项目你的收费都一样，不过关键是只有他们成功时你才能拿到报酬。你会接受以下哪个客户的委托？

跑马拉松　　与　　攀登珠穆朗玛峰

一个客户希望你帮助他训练来跑完马拉松。他不一定要赢，只要能跑到终点就可以。

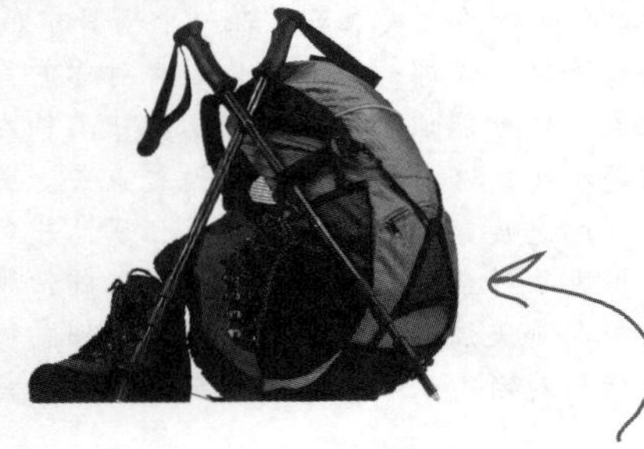

另一个客户希望你帮助他登上珠穆朗玛峰峰顶。只有登上峰顶，他才会满意。

即使是一个身体状况不太好的百万富翁，让他跑完马拉松也要比让他成功登上珠穆朗玛峰峰顶的可能性大得多。

实际上，自20世纪50年代以来，已经有10000人试图登上珠穆朗玛峰，但只有1200人成功，还有200人不幸遇难。你的定性分析可能告诉你，在这两个项目中，攀登项目相对而言风险更大。不过，用这些数字支撑你的判断是定量分析要做的事情。

实施定量风险分析

一旦识别出风险，并根据团队的评估对风险确定了优先级，还需要进一步分析，确保有提供支撑的数据。进一步分析后，有时你可能会发现需要更新原先做出的评估。

规划
过程组

实施定量风险分析

这包括成本基准、进度基准和风险管理计划。

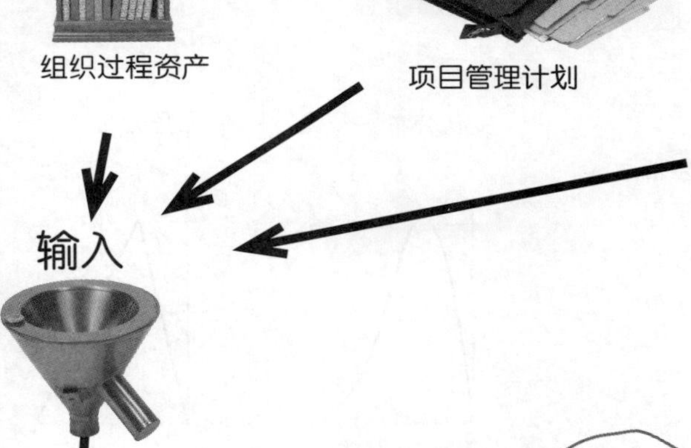

组织过程资产

项目管理计划

这几乎包括你用定量数据创建的所有文件：假设日志、估算依据、成本估算、成本预测、持续时间估算、里程碑清单、资源需求、风险登记册、风险报告和进度预测。

项目文件

输入

事业环境因素

这个过程的工具就是要收集数据并进行分析，确定风险出现的概率。

Tools

一旦分析完成，要用刚收集的数据更新风险登记册和风险报告。

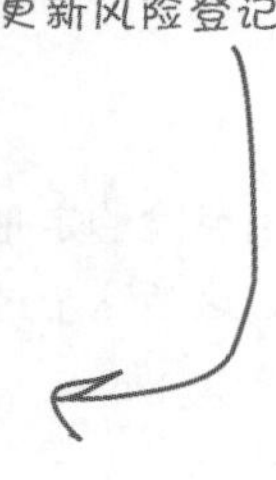

	已识别风险	潜在的应对措施	根本原因	类别	优先级	紧迫性
1.	因附近山体土质疏松导致的泥石流	设置挡土设施或挖沟	地理数据审查发现附近的土质疏松	自然	低	中
2.	大风导致的坠崖灾难	加固帐篷；采用防恶劣天气的设备	气象服务预测大风的概率为35%	自然	高	中
3.	租不到卡车		这个季节该地区设备需求超出预期	设备	高	高
4.	项目计划中前两周预报有暴风雨	创建储备，考虑到因暴风雨导致的时间损失	厄尔尼诺天气	自然	高	高
5.	如果没有准确预测食物需求，会导致供给短缺		最近的商店在30英里外	设备	低	高
6.	如果有人生病，医疗方面可能有问题	项目带一名随行医生	最近的医院在50英里外	人为	低	中

项目文件更新

首先收集数据……

TOOLS

定量工具分为3类：一类帮助你获得更多有关风险的数据，一类可以帮助你分析你已经得到的数据，另外专家判断可以帮助你把它们整合在一起。数据收集工具的重点在于收集已经识别和评级的那些风险的有关数字。这些工具称为**数据收集和表现技术**。

访谈

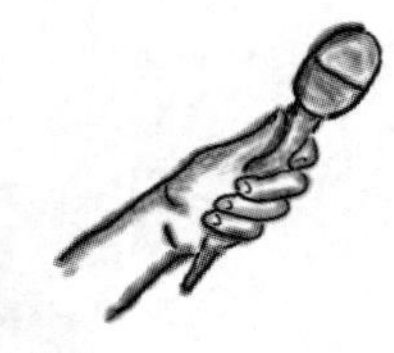

要获得有关风险的准确数据，有时最好的办法就是与了解情况的人进行访谈。在风险访谈中，你可以强调获得三点成本估算，从而提出一个预算范围，帮助你以后减轻风险。访谈的另一个很好的理由是可以估算概率和影响的范围，并记录这个范围两端（即最小值和最大值）的估算理由。

不确定性表现方式

有时可以从时间和成本的分布查看时间和成本估算范围，这会帮助你生成更多有关的数据。你可能还记得学校里概率和统计课程里学到的这些分布曲线。不用担心，不会要求你记住概率分布的形式化定义，甚至也不要求你创建这些分布。你只需要知道这是另一种收集数据完成定量分析的方法就可以了。

Beta分布

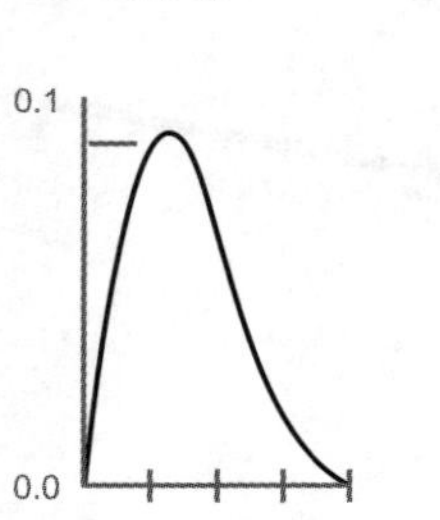
0.1
0.0

三角分布

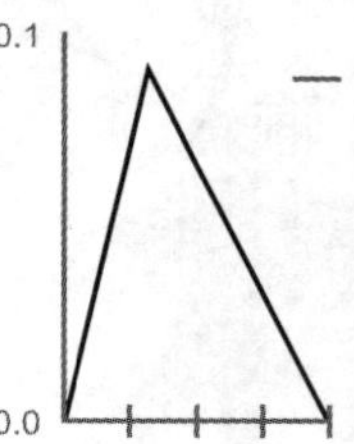
0.1
0.0

专家判断

如果有机会找到专家，向专家请教总是一个好主意。在你完成定量分析时，精通统计或风险分析的人往往能提供很大帮助。另外，有过大量类似项目经验的人对你也很有帮助。

人际关系与团队技能：引导

你要很擅长引导，帮助团队得出风险的定量表示。要与团队合作对不确定性建模并用来帮助做出决策，这是这个过程中很重要的一部分。

……然后分析数据

既然已经有了关于风险登记册所能得到的所有数据，现在该分析这些数据了。分析风险数据的大部分工具都是要确定风险最终会带来多大的成本。这里有4个**数据分析**类工具，包括：敏感性分析、决策树分析、模拟和影响图。

敏感性分析是指如果能完全隔离一个变量，查看这个变量可能产生的影响。例如，可以查看暴风雨对人身安全、设备损坏和帐篷稳定性的影响，而不考虑可能伴随暴风雨而来的其他问题（如大雨的破坏，或者从附近营地吹来的碎片）。人们通常使用龙卷风图查看项目对单个风险因素的敏感性。

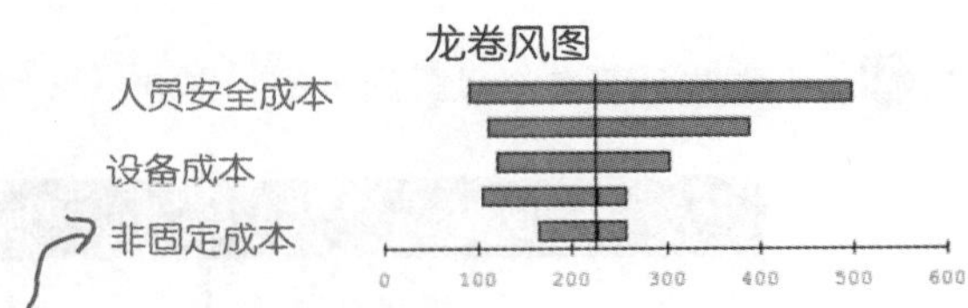
龙卷风图
人员安全成本
设备成本
非固定成本
0 100 200 300 400 500 600

利用龙卷风图可以查看某个不确定的因素，而假设所有其他数据保持预期水平。

利用**决策树分析**，你可以检查项目过程中可能采取的所有路径的成本（取决于出现了哪些风险），并为各个决策指定一个货币价值。所以，如果勘察悬崖的成本是\$100，加固帐篷成本为\$20，那么查看了悬崖之后再加固帐篷的预期货币价值就是\$120。要完成决策树分析，只需要画出你认为处理风险时要做的所有决策，然后将做出各个决策需要的花费累加起来。

后面几页还会讨论这个内容……

风速达到每小时31英里。我的体重是153磅。根据模拟，在这种条件下我坠崖的可能性是28.3%。

定量分析是指测量并给出准确的数字来描述风险。

模拟是指通过建模程序分析项目风险。蒙特卡洛分析就是一个这样的工具，它可以随机生成风险的结果和风险发生的概率，帮助你更好地了解如何处理已识别的风险。

这还是第6章学过的那个模拟技术。

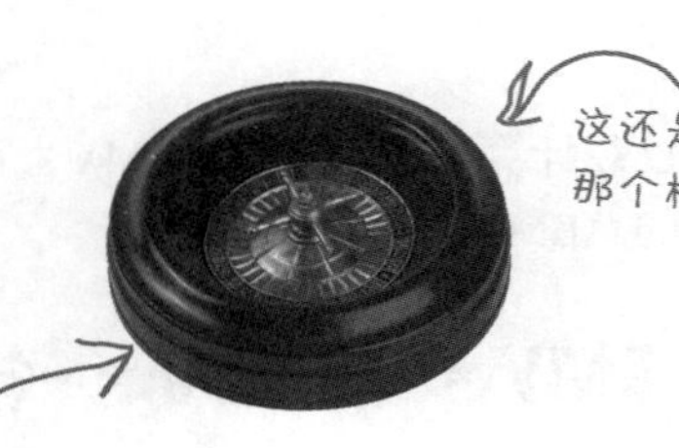

影响图

理解项目中实体、结果和影响之间的关系意义重大。影响图就是用图形方式显示这些关系。

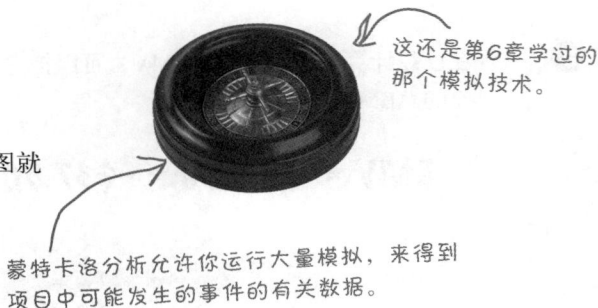

蒙特卡洛分析允许你运行大量模拟，来得到项目中可能发生的事件的有关数据。

计算风险的预期货币价值

TOOLS

好了，现在你已经知道了各个风险的概率和影响。这些对规划有什么帮助呢？实际上，如果有了准确的数字，就可以计算出这些风险会给你的项目带来多少成本。可以通过计算每个风险的**预期货币价值（或EMV）**来得到：

可以在风险登记册中找到。

❶ 首先计算各个风险的概率和影响。

风险	概率	影响
大风	35%	更换设备的成本是$48
泥石流	5%	在损耗成本方面损失$750
可以使用风力发电机	15%	在电池成本方面节省$800
租不到卡车	10%	临时租车多花费$350

❷ 来看第一个风险，将概率乘以影响。对于机会，要使用一个正成本。对于威胁则使用负值。然后对余下的风险做同样的处理。

风力发电机风险是一个机会，因为如果发生这个风险，你会省钱。所以做EMV计算时，这个影响要用一个正数表示。

尽管泥石流的影响很大，但是概率很低，所以EMV很小。

大风：35% x -\$48 = -\$16.80

泥石流：5% x -\$750 = -\$37.50

风力发电机：15% x \$800 = \$120.00

卡车租赁：10% x -\$350 = -\$35.00

❸ 现在已经计算了各个风险的EMV，可以把它们加在一起，得到所有风险的总EMV。

EMV = -\$16.80 + -\$37.50 + \$120.00 + -\$35.00 = -\$30.70

如果在预算中增加\$30.70，应该就足以应对这些风险了。

Sharpen your pencil

考试时你要知道如何完成EMV计算。现在就来试试看，一旦掌握，就会发现这些计算相当容易。

来看下面这个风险表。

风险	概率	影响
导航设备故障	15%	由于迷路多花费$300
异常的温暖天气	8%	节省开挖成本$500
野生动物吃掉存粮	10%	补充存粮花费$100

1. 分别计算上面3个风险的EMV。

2. 如果项目中只有以上3个风险，计算总EMV。

3. 最新的天气报告显示，现在异常温暖天气的概率为20%。这个项目新的EMV是多少？

4. 现在补充存粮的成本增加到$150。这个项目新的EMV是多少？

答案见628页。

决策树分析使用EMV帮你做选择

还有一种方法计算EMV。前面已经提到过，可以使用决策树用图示的方式完成。这个决策树显示了是否购买更重帐篷的隐含成本。这个帐篷更贵，费用为$350，而较轻的帐篷只需$130。不过更重的帐篷防风性能更好，所以如果有大风，你的设备不会受到破坏。

如果购买一个重帐篷，它能更好地保护你的设备，不过成本也更高。想想看，如果有大风，使用轻帐篷时你的设备会损坏，会有$953的损失，不过如果使用重帐篷就只有$48的损失。如果只有微风，那么使用轻帐篷时的损失是$15，使用重帐篷时损失为$10。

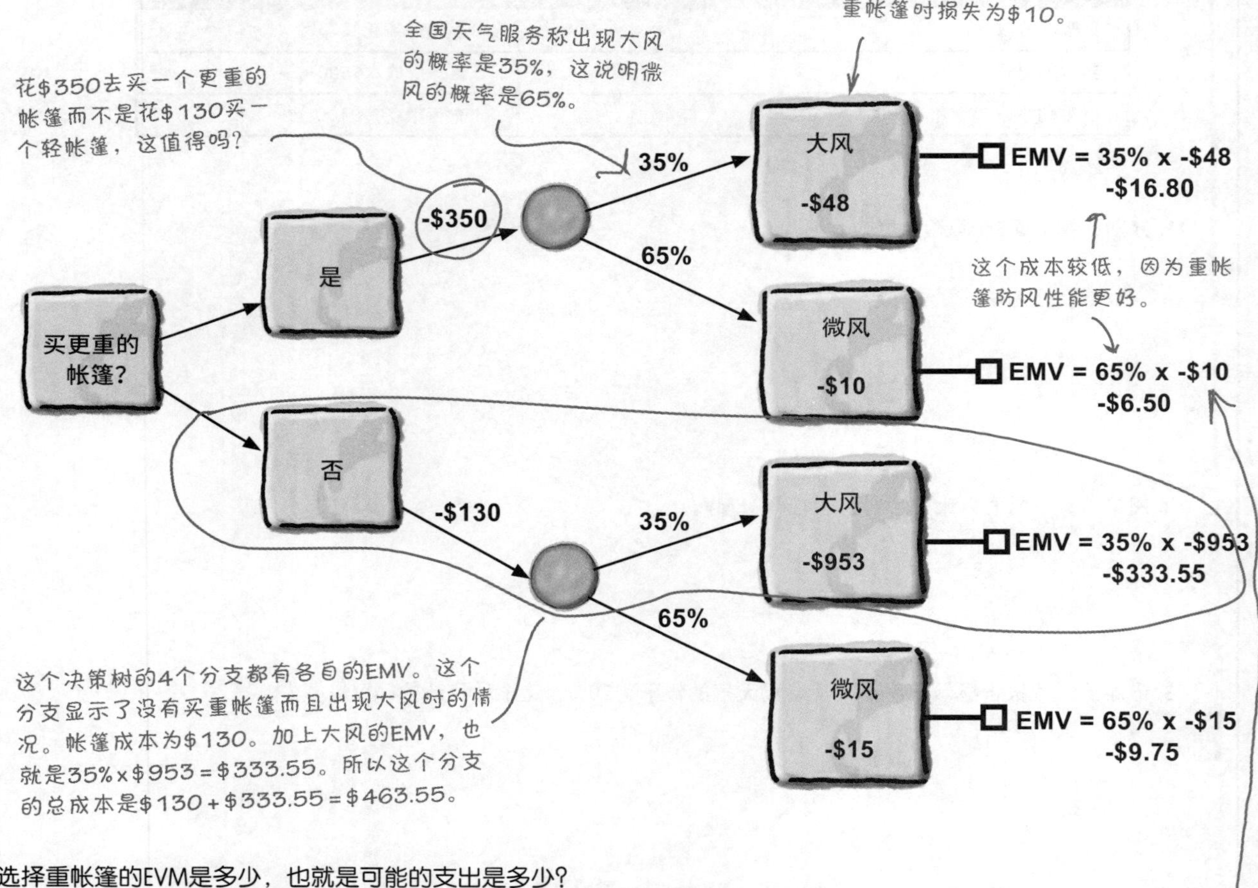

全国天气服务称出现大风的概率是35%，这说明微风的概率是65%。
花$350去买一个更重的帐篷而不是花$130买一个轻帐篷，这值得吗？
买更重的帐篷？
是
-$350
35%
65%
大风
-$48
EMV = 35% x -$48
-$16.80
微风
-$10
EMV = 65% x -$10
-$6.50
这个成本较低，因为重帐篷防风性能更好。
否
-$130
35%
65%
大风
-$953
EMV = 35% x -$953
-$333.55
微风
-$15
EMV = 65% x -$15
-$9.75
这个决策树的4个分支都有各自的EMV。这个分支显示了没有买重帐篷而且出现大风时的情况。帐篷成本为$130。加上大风的EMV，也就是35%x$953=$333.55。所以这个分支的总成本是$130+$333.55=$463.55。

选择重帐篷的EVM是多少，也就是可能的支出是多少？

如果把大风的EMV 以及微风的EMV 加上帐篷的成本，就会得到选择重帐篷的“实际”成本，也就是-$168 0+-$65 0+-$350=-$3733 0。

这是购买重帐篷时有微风的EMV。微风的概率是65%，成本是$10。所以类似于其他EMV计算，可以得到：65%x-$10=-$6.50。

与选择轻帐篷的EMV比较。哪个决策更合理？

可以对决策树下面两个分支做同样的处理。“便宜”帐篷成本是-$130+-$3335 5+-$97 5=$4733 0。所以实际上这更贵一些！

Exercise

查看上一页的决策树，看看能不能根据团队做出的决策得出预期货币价值。

提示：计算各个分支新的EMV，从而得出决策是否合理。

1. 你听到天气报告说现在大风的概率是45%。买重帐篷还合适吗？

2. 如果不买重帐篷，就有空间带一个风力发电机为设备充电，如果有大风这会节省$1100的便携式电池的费用。如果大风的概率仍是45%，买重帐篷还合适吗？

这是一个机会，所以计算EMV时这应当是一个正值。

答案见629页。

there are no Dumb Questions

问：我还不太理解蒙特卡洛分析。这到底是什么？

答：考试时，关于蒙特卡洛分析，你只要知道它是一种利用软件对随机数据建模的方法。不过，在实际中，这确实是一个很棒的方法，可以查看风险真正发生时会对项目有什么影响。有时对已有的项目数据建模可以帮助你更好地了解风险发生时的实际影响。

问：我可以用EMV得出风险成本，也可以用决策树分析来确定。为什么需要两种方法呢？

答：这个问题问得好。如果仔细查看决策树分析，可能会注意到…… 它的做法实际上与EMV完全相同。事实上，这两种技术很相似，只不过是EMV使用数字，而决策树分析是用一个图来实现同样的计算。

问：我知道EMV和决策树是相关的，不过我还是不清楚它们如何关联。

答：实际上有很多EMV技术，决策树分析只是其中之一。不过考试时只需要知道这一种技术就可以了，因为这个技术能确定各个选择的EMV来帮助你做决策。考试中你肯定会看到一两个这方面的题目，让你根据类似上一页的决策树计算一个项目的EMV。只要记住风险是负值，机会是正值，你就能做对。

问：这么说定量分析和定性分析实际上都是要确定风险的影响，是吗？

答：没错。定性分析强调的是团队在规划时判断的风险影响。定量分析的重点是得到具体的数字来支撑这些判断。

根据定量分析结果更新风险登记册

输出

你已经收集了风险的相关数据，改变了优先级、紧迫等级以及类别（如果必要），而且更新了风险登记册。有时对可能的风险应对措施建模能帮助你找到更有效的风险处理方法。由于这个原因，实施定量风险分析的唯一输出就是项目文件更新。

分析显示，如果发生这个风险，这会是成本最高的风险。所以要把它升级为一个高优先级风险。

	已识别风险	潜在的应对措施	根本原因	类别	优先级	紧迫性
1.	因附近山体土质疏松导致的泥石流	设置挡土设施或挖沟	地理数据审查发现附近的土质疏松	自然	高	中
2.	大风导致的坠崖灾难	加固帐篷；采用防恶劣天气的设备	气象服务预测大风的概率为35%	自然	高	中
3.	租不到卡车	付钱在第二家公司预订设备	这个季节该地区设备需求超出预期	设备	高	高
4.	项目计划中前两周预报有暴风雨	创建储备，考虑到因暴风雨导致的时间损失	厄尔尼诺天气	自然	中	低
5.	如果没有准确预测食物需求，会导致供给短缺		最近的商店在30英里外	设备	低	高
6.	如果有人生病，医疗方面可能有问题	项目带一名随行医生	最近的医院在50英里外	人为	低	低

定量分析显示，在这样一个短期的项目中，这个风险不太可能发生，所以被降级。

BULLET POINTS: AIMING FOR THE EXAM

- 风险管理规划过程的主要输出是更新的项目文件，而更新的主要文件是风险登记册。
- 风险管理的第一步是识别风险，在这个过程中要与整个团队合作来确定哪些风险会影响你的项目。
- 定性和定量分析就是根据风险的概率和影响对风险评级。
- 定性分析中要为已识别的各个风险指定风险计划中的类别。
- 定量分析的重点是收集数据来帮助评估风险，并对如何处理风险做出最好的决策。
- 决策树分析是一种预期货币价值分析。它强调将项目中做出的所有决策的成本累加在一起，从而可以看出风险应对措施的总价值。
- 要计算EMV，需要把所有负面风险处理为负数，而所有机会处理为正数。然后把决策树上的所有数加起来。
- 不要忘记观察清单。利用观察清单可以监督低优先级风险，查看这些风险的触发条件是否出现，如果出现触发条件，就需要把它们处理为更高优先级的风险。
- 风险管理中的所有过程都是规划或监控过程。这里没有执行过程。由于目标是规划风险，所以没有必要强调如何具体完成工作。如果到具体完成工作时再规划风险就为时太晚了。

风险登记册应当包括威胁和机会。机会影响值为正值，威胁的影响值为负值。计算EMV时不要忘记加上正号或负号。

BRAIN
POWER

如何处理目前为止风险登记册中列出的风险？

如何应对风险？

规划
过程组

规划风险应对

完成所有分析之后，现在来确定如果发生风险你要怎样做。可能你能保留一笔储备金，作为处理最有可能发生的风险的成本。也许从一开始就可以做一些规划来规避这个风险。甚至可以想办法利用保险政策来转移一些风险。

不论你决定如何处理各个风险，在完成时都要更新风险登记册中的风险应对措施，以体现你的决策。完成规划风险应对过程时，应该能告诉变更控制委员会你的应对计划是什么，另外谁将负责这些应对计划，使他们能利用这些计划评估变更。

规划风险应对就是确定风险发生时要怎样做。

到目前为止，你已经更新了你的风险登记册，这是分析工作的一部分。风险登记册中应当包含你知道的有关项目风险的所有信息，甚至还包含你可能想到的一些基本应对措施。

这个过程中可以使用的另外一些文件包括：经验教训登记册、项目计划、项目团队派工单、资源日历、风险报告和相关方登记册。

这包括资源管理计划、风险管理计划和成本基准。

项目文件

项目管理计划

事业环境因素

组织过程资产

输入

专家判断

如果有人之前处理过你识别的风险，你可能需要咨询他们来了解应对这个风险的最佳方法。

应急应对策略

有时需要做应急计划以备项目中发生某个事件。比如你错过了一个重要的里程碑，或者你依赖的一个开发商倒闭了。你可以提出一个计划，一旦发生那个事件，就会触发这个计划，使项目始终处于正轨。

数据收集:访谈

与相关方访谈来了解他们对特定风险最佳应对方法的看法，这对提出风险应对计划很有帮助。

决策

人际关系与团队技能:引导

数据分析:备选方案分析和成本效益分析

你已经了解这些数据分析技术。这些技术可以帮助你确定应对已识别风险的最佳方法。

并不总这么糟

还记得前面介绍过的处理负面风险的策略（规避、减轻、转移、接受和上报）吗？ 对，处理正面风险也有相应的策略。区别在于，正面风险的策略是关于如何充分利用这些风险。处理负面和正面风险的策略就是规划风险应对过程的工具和技术。

处理威胁的策略也是这个过程的工具和技术，就是你已经学过的那些技术：规避、减轻、转移、接受和上报。

❶ **开拓**

在这里要尽你所能确保充分利用机会。可以为它分派最好的资源。或者可以分配富余的资金来确保发挥最大效用。

❷ **分享**

有时自己利用一个机会比较困难。你可能会找另一个公司与你分享这个机会。

❸ **提高**

这是指通过影响触发条件，尽量让机会更有可能发生。如果确实需要得到一张珍稀鸟类的照片，那么你可以多带一些它喜欢的食物。

❹ **接受**

就像接受一个负面风险一样，有时机会会落在你头上。在这种情况下，最好的做法就是接受它!

❺ **上报**

如果你发现一个机会可能对整个公司策略都有帮助，而不只是对你的项目有好处，就可以把这个机会上报给可以利用它的人。

这个练习中，你要研究整体项目风险应对策略，这是规划风险应对的一个重要工具/技术。

Tools

WHAT'S MY PURPOSE

规划风险应对的另一个工具是整体项目风险应对策略，这包括根据项目可能面对的风险，来规划不同的风险应对策略。下面的各个技术分别是项目团队处理风险的不同方法。你能确定这些情况下分别使用了哪个风险应对技术？将各个技术与相应的场景连线。

减轻	如果天气好，你就有机会看到流星雨。如果团队拍到一张照片可以赢得流星照片大赛，你会得到额外的投资。你让团队准备好望远镜和照相机整晚守候。
规避	你听说旅程的前三天会下雨，所以你带了防水帐篷，并且准备了室内项目让团队在那期间有工作可做。
接受	你了解到你计划工作的那个悬崖附近春天里有熊出没，所以你把项目的开始日期改到了秋天。
转移	在去悬崖的路上，你遇到了另一个团队正在勘查这一区域。你同意完成一半的勘查工作，他们完成另一半，然后双方相互交换各自的发现。
开拓	你的设备受雨水破坏的概率很高，所以你买了保险来规避损失。
分享	总有人可能失足坠崖。不论你多么精心的规划意外情况，总会出现错误。
提高	大约10年前有人曾在这个悬崖见过一种非常珍稀的鸟——黑喉蓝林莺。如果你能拍到它的照片，会非常值钱。所以，你带了一些特殊的种子，你了解过黑喉蓝林莺非常喜欢这种食物，另外在悬崖附近设置了观察点，准备好相机来抓拍照片。

→ 答案见630页。

向登记册增加风险应对措施

输出

不难猜到，现在该向项目文件增加更多更新了，这也包括风险登记册。所有风险应对都要通过变更控制跟踪。另外还要根据风险应对来评估对计划做出的变更。甚至可能要把一些风险应对增加到你的合同中。

每个风险要有一个人负责，他要有相应的应对计划。

	已识别风险	应对策略	根本原因	风险负责人	类别	优先级	紧迫性
1.	因附近山体土质疏松导致的泥石流	设置挡土设施或挖沟	地理数据审查发现附近的土质疏松	Joe S.	自然	高	中
2.	大风导致的坠崖灾难	加固帐篷；采用防恶劣天气的设备	气象服务预测大风的概率为35%	Tanya T.	自然	高	中
3.	租不到卡车	付钱在第二家公司预订设备	这个季节该地区设备需求超出预期	Joe S.	设备	高	高
4.	项目计划中前两周预报有暴风雨	**买暴风雨保险以防设备受损**	厄尔尼诺天气	Michael R.	自然	中	低
5.	如果没有准确预测食物需求，会导致供给短缺		最近的商店在30英里外	James S.	设备	低	高
6.	如果有人生病，医疗方面可能有问题	项目带一名随行医生	最近的医院在50英里外	Tanya T.	人为	低	低
7.	有人可能掉进为防泥石流而挖的沟里	设置巡逻人员确定没有人受伤	挖沟防范泥石流	Joe S.	人为	低	低

规划风险应对过程中，团队同意买这个保险。

项目管理计划更新

项目管理计划需要更新，使整体变更控制包含风险应对措施。

项目文件更新

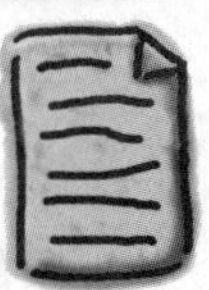

变更请求

实施风险应对

执行
过程组

既然你已经规划了风险应对，现在可以将计划付诸实现了。下一个过程是实施风险应对，就是当你遇到识别的风险时要做什么。要在这个过程中按计划具体应对风险。

从之前项目得到的经验教训会影响你在这个项目中如何实施风险应对。

组织过程资产

你要查阅风险管理计划，来了解实施风险应对的最佳方法。

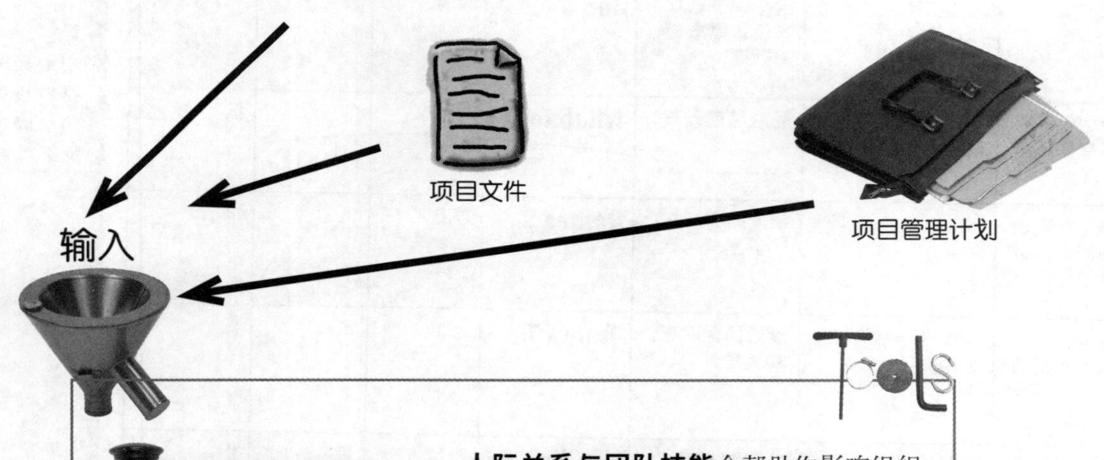

项目文件
项目管理计划
输入
Tools

专家判断

这正是其他过程中见过的专家判断。

人际关系与团队技能会帮助你影响组织中的人们，从而在执行项目时对所遇到的风险实施最好的应对。

使用团队可用的所有信息来确保风险出现时会得到处理。

项目管理信息系统中有你需要的所有进度和资源信息，以确保风险不会破坏你的项目。

输出

对计划的变更总是要经过变更控制。

实施风险应对时，要确保更新项目文件，来包含你发现的新信息。

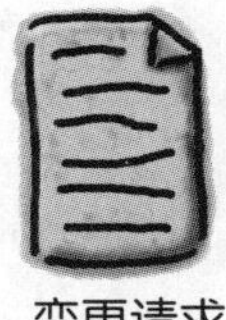

变更请求

项目文件更新

应对风险时，要更新你的项目文件

实施风险应对时，要考虑可能需要变更的所有文件。你可能识别出新问题，需要增加到问题日志中。或者，你可能从遇到的一个风险了解到某个新信息，需要更新经验教训登记册。你可能需要改变为团队分配的工作，以应对出现的风险。对所规划的风险有更多了解时，往往需要变更风险登记册和风险报告本身。

风险应对可能找出更多风险

次生风险是应对另一个风险所衍生出的风险。如果你挖了一道沟来阻止泥石流毁灭你的营地，就有可能有人掉进沟里而受伤。

残余风险是已经实施风险应对之后仍然残留的风险。即使你已经加固了帐篷，而且使用了抗恶劣天气的设施，但是如果风足够大，还是有可能破坏你的营地。

BRAIN
POWER

你认为为什么专家判断是实施风险应对过程的一个工具？

风险管理详解

本周访谈：
悬崖上的火柴小人

Head First: 我们已经看你待在悬崖上有一会儿了。看得出来，你已经花钱请人为你在悬崖上做了安全防护，还让朋友在悬崖底下安装了跳床；我们甚至还看见你跳下来过。现在终于有机会访问你了，我想问一个大家都想问的问题：“你疯了吗？为什么要在那里花那么多时间呢？

火柴小人： 首先，我要澄清关于我的一些传言。我没有疯，另外我可不想自杀！在风险管理进入我的生活以前，像你一样，我从来没有想过会做这种事情。

Head First: 那好，不过我对你所谓的“风险管理”还有点疑问。你是不是想说因为有了风险管理，你就不必担心那里显而易见的危险了，是吗？

火柴小人: 不，当然不是！完全不是这样。风险管理是指你坐下来，列出所有可能出错的方面（甚至包括所有顺利的方面）。然后考虑处理所有意外情况的最佳方法。

Head First: 这么说你在做这个风险管理来减少你的危险啰？

火柴小人: 对，完全正确！我站在悬崖边上时，已经考虑了可能发生的所有情况，而且分别从定性和定量角度做了考虑。

Head First: 定量？

火柴小人: 是的，你不会以为我会什么都不知道就站在那里吧？我会首先了解一些情况，比如风速、可能有泥石流、暴风雨、我带的所有东西的重量，还有在不同天气条件下我坠崖的可能性。所有这些我都考虑过，而且测量过。然后我坐下来，提出了风险应对策略。

Head First: 好吧，这么说你有了策略，然后呢？

火柴小人: 然后我站在悬崖上时，会一直监督我的风险。如果某个方面发生变化，我会查看它是否会触发先前提出的某个风险。有时我在那里甚至还会发现新的风险。如果发现了新的风险，我会把它们增加到风险清单，并提出相应的应对措施。

Head First: 我明白了。这么说，你要不断更新你的风险清单。

火柴小人: 是的！我们把它叫作风险登记册。只要我有了新信息，就会把它放在风险登记册里。这说明我确实能信心十足地待在悬崖上。因为，尽管不能保证万无一失，但起码可以为可能发生的情况做好准备。

Head First: 要做的工作可真不少。这会带来什么不同吗？

火柴小人: 当然！如果知道我可能随时从悬崖上掉下去，肯定晚上睡不着觉。不过我已经对风险做好了规划，另外已经采取步骤来保证安全……所以我可以高枕无忧了。

不可能在项目开始时规划所有风险

监控
过程组

即使是最好的规划也不能预知一切，总是有可能出现你想不到的新风险。正因如此，你需要对比风险登记册不断监督你的项目的进展情况。如果发生一个新的风险，就可以在它导致严重问题之前及时发现。对于风险来说，越早做出反应，对大家就越好。这正是监督风险过程所要做的。

最近有报告称附近有熊攻击人。要当心。
公园管理员过来告诉你最近这个悬崖有熊出没。

	已识别风险	应对策略	根本原因	风险负责人	类别	优先级	紧迫性
1.	因附近山体土质疏松导致的泥石流	设置挡土设施或挖沟	地理数据审查发现附近的土质疏松	Joe S.	自然	高	中
2.	大风导致的坠崖灾难	加固帐篷，采用防恶劣天气的设备	气象服务预测大风的概率为35%	Tanya T.	自然	高	中
3.	租不到卡车	付钱在第二家公司预订设备	这个季节该地区设备需求超出预期	Joe S.	设备	高	高
4.	项目计划中前两周预报有暴风雨	**买暴风雨保险以防设备受损**	厄尔尼诺天气	Michael R.	自然	中	低
5.	如果没有准确预测食物需求，会导致供给短缺		最近的商店在30英里外	James S.	设备	低	高
6.	如果有人生病，医疗方面可能有问题	项目带一名随行医生	最近的医院在50英里外	Tanya T.	人为	低	低
7.	有人可能掉进为防泥石流而挖的沟里	设置巡逻人员确定没有人受伤	挖沟防范泥石流	Joe S.	人为	低	低

风险登记册并没有提到如何处理熊的问题。看起来这是一个新风险……

监督风险也是一个变更控制过程

风险应对的处理就类似于变更。你要在每个状态会议中监督项目，查看风险登记册中的风险对项目有什么影响。如果需要实施一个风险应对措施，要把它交给变更控制委员会，因为这就相当于一个变更，可能会影响项目制约因素。

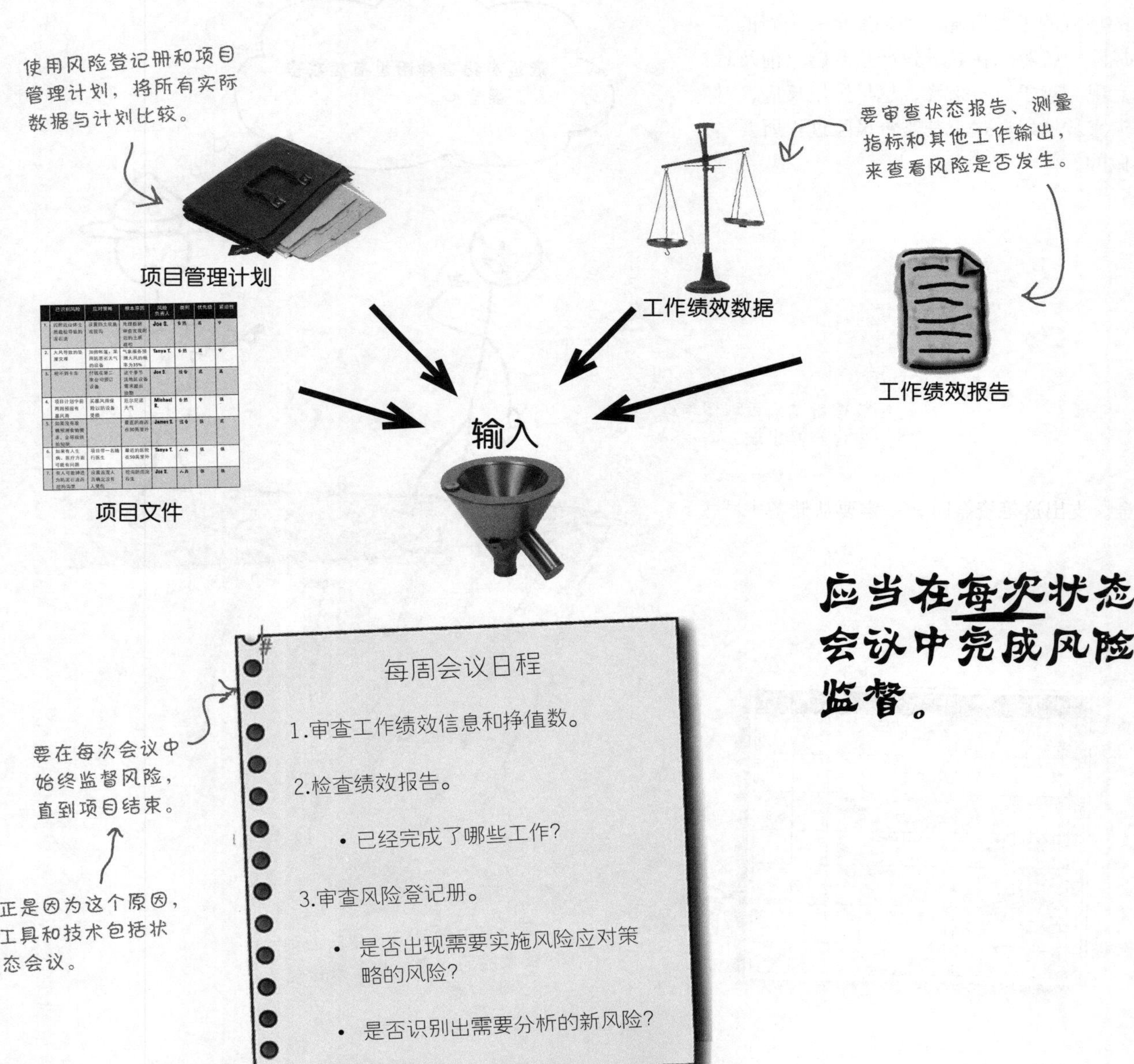
使用风险登记册和项目管理计划，将所有实际数据与计划比较。
项目管理计划
项目文件
要审查状态报告、测量指标和其他工作输出，来查看风险是否发生。
工作绩效数据
工作绩效报告
输入
每周会议日程
1.审查工作绩效信息和挣值数。
2.检查绩效报告。
• 已经完成了哪些工作?
3.审查风险登记册。
• 是否出现需要实施风险应对策略的风险?
• 是否识别出需要分析的新风险?
要在每次会议中始终监督风险，直到项目结束。
正是因为这个原因，工具和技术包括状态会议。
应当在每次状态会议中完成风险监督。

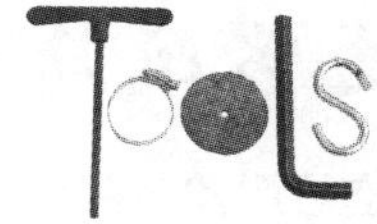
Tools

如何监督风险

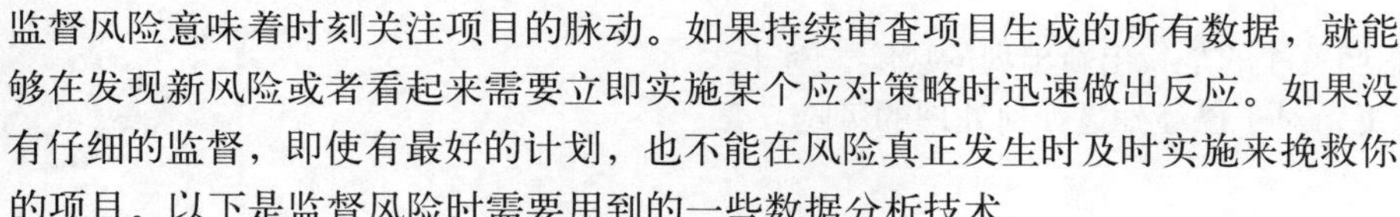

监督风险意味着时刻关注项目的脉动。如果持续审查项目生成的所有数据，就能够在发现新风险或者看起来需要立即实施某个应对策略时迅速做出反应。如果没有仔细的监督，即使有最好的计划，也不能在风险真正发生时及时实施来挽救你的项目。以下是监督风险时需要用到的一些数据分析技术。

技术绩效分析

将实际的项目绩效与计划比较是一种很好的方法，可以指出是否会发生一个风险。如果你发现严重超出预算或者进度严重滞后，就说明可能出现了一个你没有考虑到的风险。例如，查找缺陷或进度偏差的趋势可能会显示出一些规律，指示已经出现了你自己还没有发现的风险。

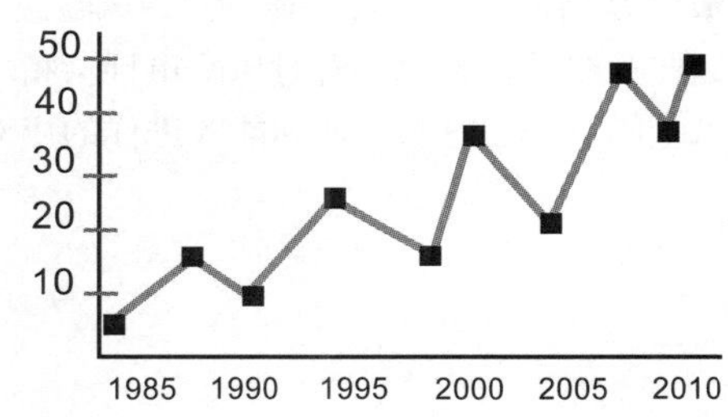
50
40
30
20
10
1985
1990
1995
2000
2005
2010

储备分析

就像要密切关注预算一样，还要知道为风险应对预留了多少资金。支出这笔资金时，一定要从储备中减去，以便了解是否有足够的资金来应对所有余下的风险。如果你发现你的储备过少，而识别出了大量风险，你可能就有麻烦了。关注储备是指你要知道是否需要预留更多资金，或者是否需要对如何处理风险考虑不同的选择。

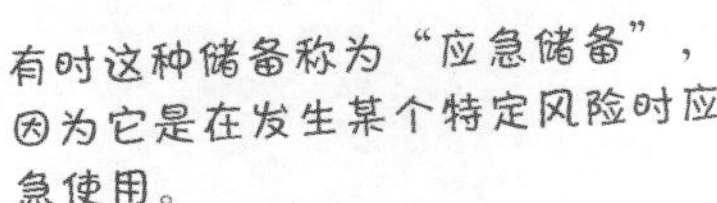
有时这种储备称为“应急储备”，
因为它是在发生某个特定风险时应
急使用。

在项目状态会议中分析你收集的数据，来确定你的项目如何管理风险。

更多风险监督工具和技术

TOOLS

监督风险过程中还有几个工具。它们关注的是找出新出现的风险。对于已做规划的风险，要处理相应的变更；对于已经知道如何处理的风险，要迅速应对。

审计是指请外方介入，查看你的风险应对策略，来判断这些策略是否有效。有时风险审计会指出处理某个特定风险的更好的方法，使你能改进你的应对策略。

审计人员还会查看你的整体风险规划过程是否有效。

会议是保证团队了解风险规划最新情况的最重要的方法，由于会议非常重要，所以整个项目过程中都应当使用这个工具。与团队讨论风险越多越好。每一个状态会议的日程中都要有风险审查。状态会议是一个非常重要的方法，可以注意到什么时候出问题，并确保你及时实施应对策略。与团队讨论时还有可能发现新的机会。

永远不要停止查找新的风险，另外要不断调整策略来处理风险。

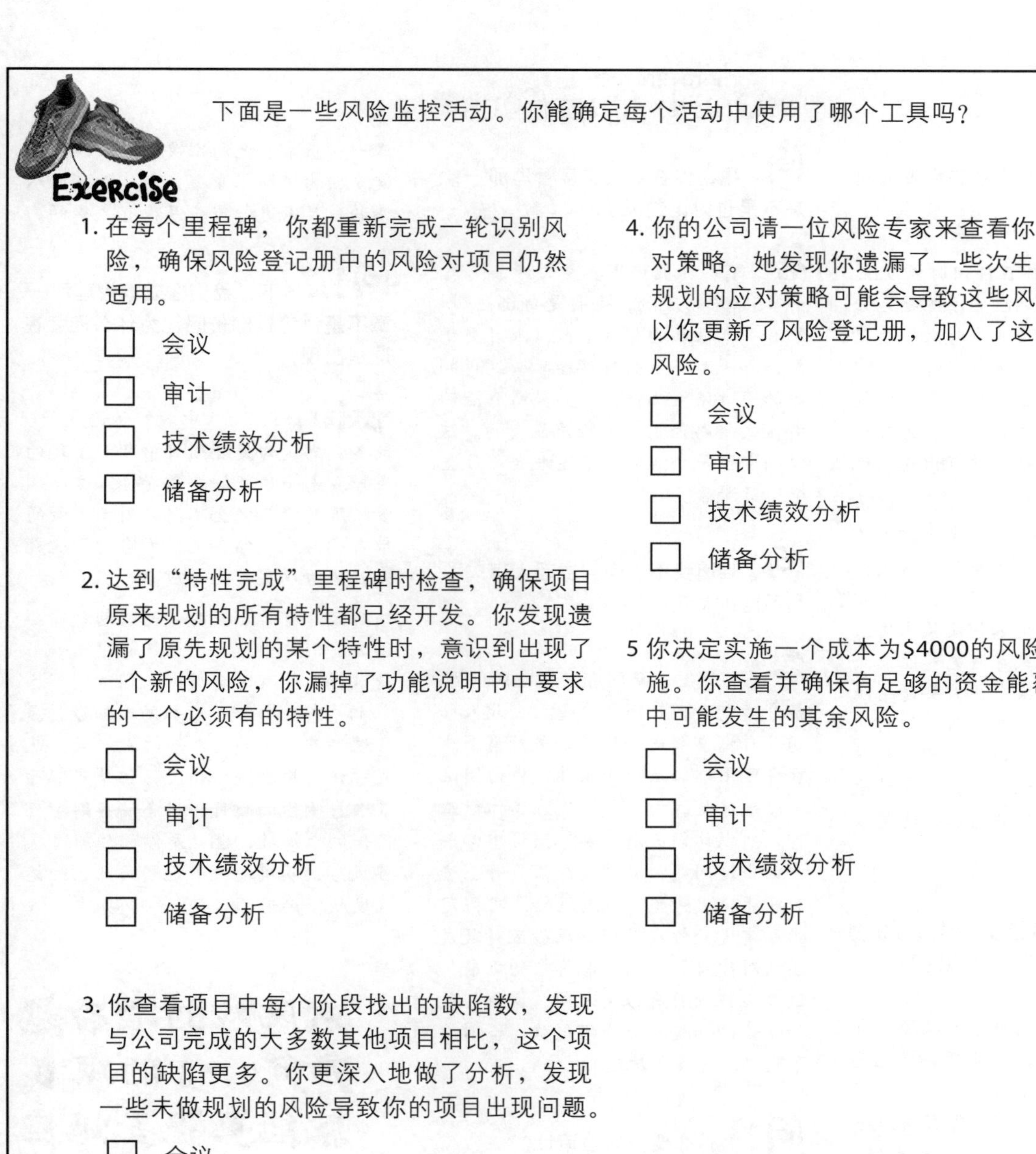
Exercise

下面是一些风险监控活动。你能确定每个活动中使用了哪个工具吗？

1. 在每个里程碑，你都重新完成一轮识别风险，确保风险登记册中的风险对项目仍然适用。

- [ ] 会议
- [ ] 审计
- [ ] 技术绩效分析
- [ ] 储备分析

2. 达到“特性完成”里程碑时检查，确保项目原来规划的所有特性都已经开发。你发现遗漏了原先规划的某个特性时，意识到出现了一个新的风险，你漏掉了功能说明书中要求的一个必须有的特性。

- [ ] 会议
- [ ] 审计
- [ ] 技术绩效分析
- [ ] 储备分析

3. 你查看项目中每个阶段找出的缺陷数，发现与公司完成的大多数其他项目相比，这个项目的缺陷更多。你更深入地做了分析，发现一些未做规划的风险导致你的项目出现问题。

- [ ] 会议
- [ ] 审计
- [ ] 技术绩效分析
- [ ] 储备分析

4. 你的公司请一位风险专家来查看你的风险应对策略。她发现你遗漏了一些次生风险，你规划的应对策略可能会导致这些风险。所以你更新了风险登记册，加入了这些次生风险。

- [ ] 会议
- [ ] 审计
- [ ] 技术绩效分析
- [ ] 储备分析

5 你决定实施一个成本为$4000的风险应对措施。你查看并确保有足够的资金能覆盖项目中可能发生的其余风险。

- [ ] 会议
- [ ] 审计
- [ ] 技术绩效分析
- [ ] 储备分析

答案：

1—会议
2—技术绩效分析
3—技术绩效分析
4—审计
5—储备分析

there are no Dumb Questions

问：为什么要在每次状态会议询问风险的有关情况呢？

答： 因为风险可能在任何时候发生，你要做好准备。对风险的准备越充分，你的项目就能更稳妥地应对未知情况。正因如此，触发条件和观察清单非常重要。与团队召开会议时，要确定风险应对的触发条件是否发生。另外还要检查观察清单，确保没有出现低优先级风险。

对于考试，你需要知道状态会议并不只是让你坐在那里，让每个团队成员汇报他们的状态而已。实际上，你要利用状态会议来确定如何决策来保证项目仍处于正轨，或者避免可能发生的问题。在状态会议中，需要讨论涉及整个团队的问题，并对遇到的新问题提出解决方案。所以，可以使用状态会议讨论风险登记册，并确保风险登记册总是包含最新的信息，这是很有道理的。

问：我还是不清楚技术绩效分析是什么。它怎么帮助我查找风险呢？

答： 很容易遗漏项目中的风险，有时有些风险很隐秘，再多的会议也无法帮助你的团队找出这些风险。所以类似趋势分析的工具就会很有用。还记得第8章谈到的控制图吗？这也很类似，而且非常有用。可以使用这种方法查看是否发生了你以前没有规划的情况。

问：嘿，你在项目进度管理那一章是不是也讨论过风险？

答： 嗬！你能记得真是太好了！关于第6章中的风险，主要是要记住如果有一个很长的关键路径（或者更糟糕，如果有多条关键路径），这说明你的项目风险比较大。如果所有活动都在关键路径上，风险是最大的。这说明即使一个活动的延迟也会导致整个项目滞后。

问：难道我不该问问发起人有关项目风险的情况吗？

答： 实际上，要问有关风险的问题，最合适就是项目团队自身。发起人知道为什么需要这个项目，另外有多少资金可用，但是除此以外，要由团队来管理风险。由于是你们在具体做工作，所以你们更清楚类似项目中哪些方面出过问题，另外这个项目哪些方面可能会出问题。识别风险、实施定性和定量分析以及规划风险应对就是团队对项目做出的最有价值的贡献。这可能让项目有很大不同，做得好的话，你的发起人会赞不绝口，否则你可能得没完没了地道歉。

问：为什么要做风险审计？

答： 风险审计就是让项目以外的某个人介入，审查你的风险登记册（包括你的风险和风险应对措施），确保一切正常。之所以要完成风险审计，这是因为风险很重要，所以让别人从新的角度来进行审查是很有必要的。

问：等一下，我们在成本管理那一章不是讨论过储备吗？为什么还会在这里出现？

答： 没错，第7章中我们讨论过管理储备，那是为处理项目中可能出现的未知成本而预留的一笔资金。这与监督风险的储备完全不同。用于风险的储备称为应急储备，因为它的用途就是在风险确实发生时应急。

项目经理有时会同时讨论这两种储备，因为它们都出现在一个预算中。如果是这样，你有时会听到人们谈到“已知的未知数”和“未知的未知数”。管理储备针对的是未知的未知数，就是你没有规划这些情况，但是它们可能会影响你的项目。应急储备则对应已知的未知数，也就是你已经知道这些风险，明确地做了规划而且已经记入风险登记册。

对风险的准备越充分，你的项目就能更稳妥地应对未知情况。

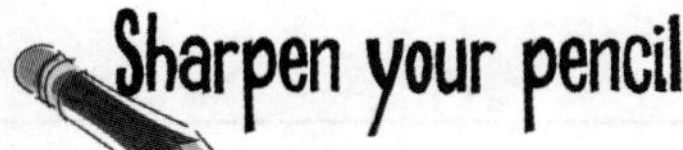
Sharpen your pencil

现在你应该已经知道监控过程通常都有哪些输出。在下面画出监督风险过程还有哪些输出。

输出

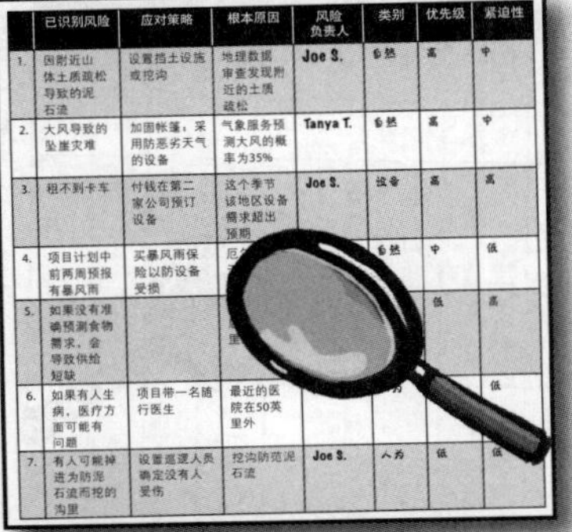

	已识别风险	应对策略	根本原因	风险负责人	类别	优先级	紧迫性
1.	因附近山体土质疏松导致的泥石流	设置挡土设施或挖沟	地理数据审查发现附近的土质疏松	Joe S.	自然	高	中
2.	大风导致的坠崖灾难	加固帐篷，采用防恶劣天气的设备	气象服务预测大风的概率为35%	Tanya T.	自然	高	中
3.	租不到卡车	付钱在第二家公司预订设备	这个季节该地区设备需求超出预期	Joe S.	设备	高	高
4.	项目计划中前两周预报有暴风雨	买暴风雨保险以防设备受损	[illegible]	[illegible]	自然	中	低
5.	如果没有准确预测食物需求，会导致供给短缺		[illegible]	[illegible]	[illegible]	低	高
6.	如果有人生病，医疗方面可能有问题	项目带一名随行医生	最近的医院在50英里外	[illegible]	[illegible]	[illegible]	低
7.	有人可能掉进为防泥石流而挖的沟里	设置巡逻人员确定没有人受伤	挖沟防范泥石流	Joe S.	人为	低	低

监督风险

你会发现各种需要修正的问题。不过不能直接更新计划——你需要它作为输入来启动变更控制。

这个输出的作用是帮助其他人从你的项目学习经验教训。

工作绩效信息

只要计划有改变，就要更新这组文件。

对于这个输出，想想看，一旦你评估了工作绩效信息并发现需要采用某种行动时你会做什么。

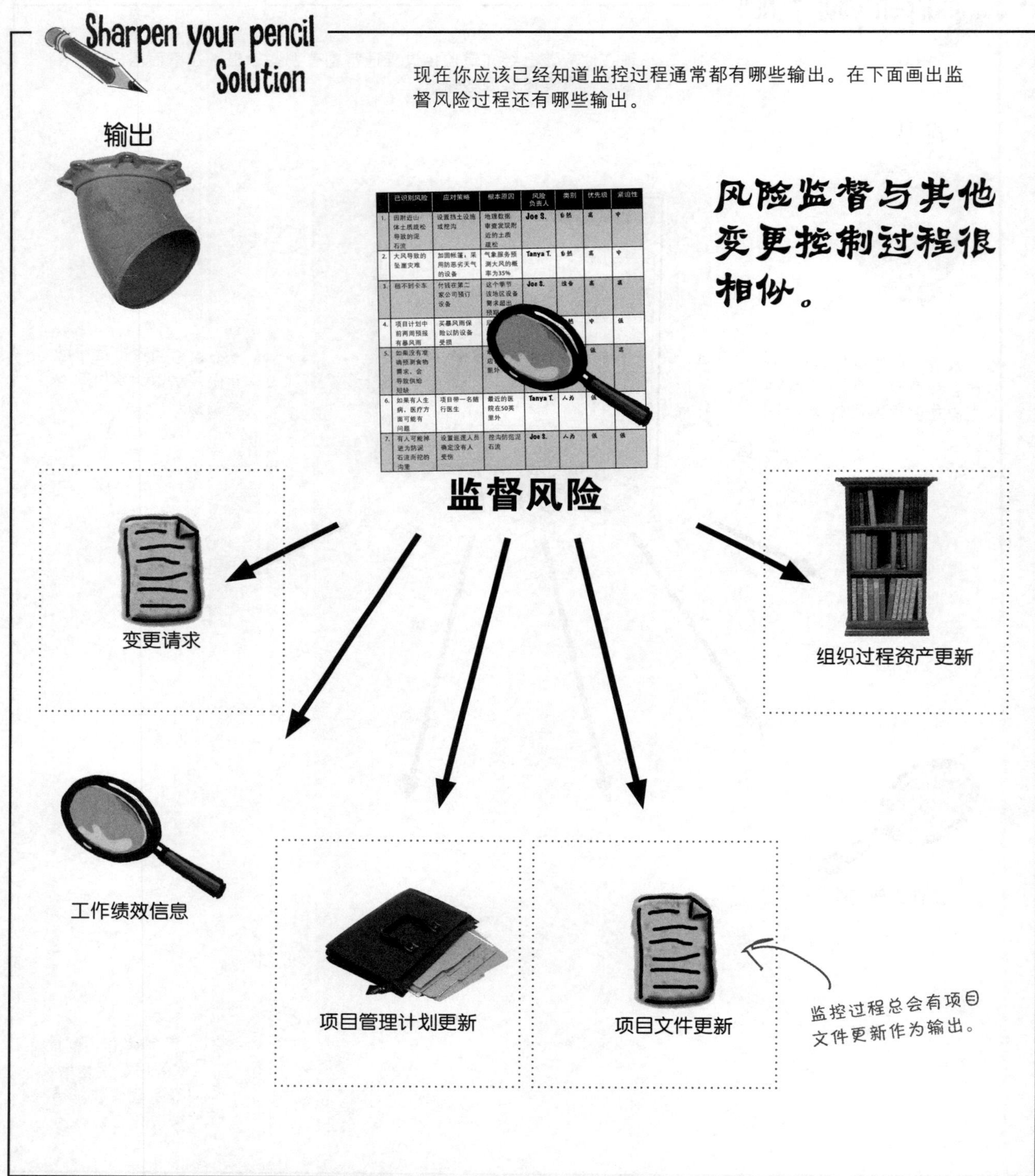

Sharpen your pencil
Solution
现在你应该已经知道监控过程通常都有哪些输出。在下面画出监督风险过程还有哪些输出。
输出
风险监督与其他变更控制过程很相似。
监督风险
变更请求
组织过程资产更新
工作绩效信息
项目管理计划更新
项目文件更新
监控过程总会有项目文件更新作为输出。

此时……
有点起风了……
最好查看一下我的风险登记册。
还好我做了计划，带了这个防风帐篷来。
什么声音？
沙沙
风险规划来营救！
快用防熊喷雾……
嗷嗷嗷！
看起来跳下去是最好的选择。
……安全了。任务完成！

*作者注释：喷完熊喷雾然后跳下悬崖，他居然会认为自己任务完成了，我们不太清楚这是为什么。不过起码他还活着！

问题诊所："哪一个不是"问题

你会看到考试中有一些问题会列出输入、输出、工具或概念，让你确定其中哪一个不属于同一组。通常可以逐个查看各个选项，排除不属于同一组的选项，就能得出正确答案。

这一项涉及龙卷风图。应该属于这一组。

117. 以下哪一个不是定量分析技术？

A. 敏感性分析

B. 预期货币价值

C. 蒙特卡洛分析

D. 储备分析

这一个肯定是定量分析技术。将概率乘以项目的正/负结果值，就是对风险定量化。

还记得第6章谈到的蒙特卡洛方法吗？看上去要选这个选项……是吗？等一等，这也是一种使用随机数对项目风险建模的工具。所以这肯定属于定量分析。

D绝对是正确答案。尽管它与数字有关，但并不是为风险指定数字。它只关心风险发生时的应急储备，所以这是一个监控过程。就选它了！

花点时间来好好想一想。除了其中一个选项，所有其他选项都有共同点。只要记得它们属于哪一组，就能轻松地回答这种问题。

回答"哪一个不是"问题要多花点时间。

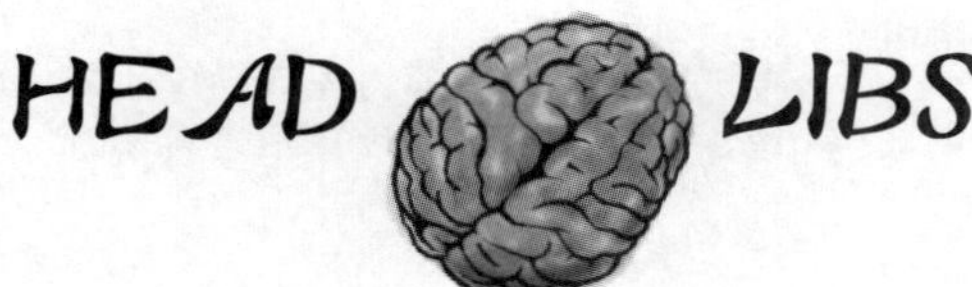
HEAD LIBS

填空，出一道你自己的“哪一个不是”问题！

以下哪一个不是 ______________________________ ?
（输入、输出、工具、过程或概念）

A. ______________________________
（属于这一组的输入、输出、工具或过程）

B. ______________________________
（属于这一组的输入、输出、工具或过程）

C. ______________________________
（属于这一组的输入、输出、工具或过程）

D. ______________________________
（正确答案）

Sharpen your pencil
Solution

考试时你要知道如何完成EMV计算。现在就来试试看，一旦掌握，就会发现这些计算相当容易。

来看下面这个风险表。

风险	概率	影响
导航设备故障	15%	由于迷路多花费$300
异常的温暖天气	8%	节省开挖成本$500
野生动物吃掉存粮	10%	补充存粮花费$100

1. 分别计算上面3个风险的EMV。

导航设备故障：15% x -$300 = -$45.00

异常的温暖天气：8% x $500 = $40.00

野生动物吃掉存粮：10% x -$100 = -$10.00

不要忘记这里要使用正值，因为这是一个机会，而不是威胁。

2. 如果项目中只有以上3个风险，计算总EMV。

Total EMV = -$45.00 + $40.00 + -$10.00 = -$15.00

将各个风险的EVM累加起来就得到了总EMV。

3. 最新的天气报告显示，现在异常温暖天气的概率为20%。这个项目新的EMV是多少？

异常的温暖天气：20% x $500 = $100.00

新的总EMV = -$45.00 + $100.00 + -$10.00 = $45.00

EMV现在是正值，这说明项目的成本比原来的预算还要低。

4. 现在补充存粮的成本增加到$150。这个项目新的EMV是多少？

野生动物吃掉存粮：10% x -$150 = -$15.00

新的总EMV = -$45.00 + $100.00 + -$15.00 = $40.00

大风的概率改为45%，微风的概率也要改为55%。

Exercise
Solution

查看上一页的决策树，看看能不能根据团队做出的决策得出预期货币价值。

1. 你听到天气报告说现在大风的概率是45%。买重帐篷还合适吗？

选择重帐篷的EMV：-$350 + (45% x -$48) + (55% x -$10) = -$377.10

选择轻帐篷的EMV：-$130 + (45% x -$953) + (55% x -$15) = -$567.10

还是选择重帐篷合适。

2. 如果不买重帐篷，就有空间带一个风力发电机为设备充电，如果有大风这会节省$1100的便携式电池的费用。如果大风的概率仍是45%，买重帐篷还合适吗？

选择重帐篷的EMV：-$350 + (45% x -$48) + (55% x -$10) = -$377.10

选择轻帐篷的EMV：-$130 + (45% x $147) + (55% x -$15) = -$72.10

现在选择轻帐篷更合适。

这$147是从哪里来的？嗯，如果有大风，发电机就会把它变成一个机会。设备损失还是$953，不过这可以被便携式电池方面节省的$1100抵消。这样你就能节省$147，不过只有在有大风的情况下才是这样！

WHAT'S MY PURPOSE

这些情况下分别使用了哪个风险应对技术？将各个技术与相应的场景连线。

减轻

规避

接受

转移

开拓

分享

提高

如果天气好，你就有机会看到流星雨。如果团队拍到一张照片可以赢得流星照片大赛，你会得到额外的投资。你让团队准备好望远镜和照相机整晚守候。

你听说旅程的前三天会下雨，所以你带了防水帐篷，并且准备了室内项目让团队在那期间有工作可做。

你了解到你计划工作的那个悬崖附近春天里有熊出没，所以你把项目的开始日期改到了秋天。

在去悬崖的路上，你遇到了另一个团队正在勘查这一区域。你同意完成一半的勘查工作，他们完成另一半，然后双方相互交换各自的发现。

你的设备受雨水破坏的概率很高，所以你买了保险来规避损失。

总有人可能失足坠崖。不论你多么精心的规划意外情况，总会出现错误。

大约10年前有人曾在这个悬崖见过一种非常珍稀的鸟——黑喉蓝林莺。如果你能拍到它的照片，会非常值钱。所以，你带了一些特殊的种子，你了解过黑喉蓝林莺非常喜欢这种食物，另外在悬崖附近设置了观察点，准备好相机来抓拍照片。

模拟题

1. 一个建筑项目的项目经理发现当地政府可能改变建筑法规，允许相邻建筑物共用排水系统。她知道一个竞争对手打算在相邻的一块空地上动工，所以与他联系，讨论是否有可能为这两个项目建造同一个排水系统，使两个项目都能节省成本。

这是哪种策略的例子？

A. 减轻。

B. 分享。

C. 接受。

D. 开拓。

2. 以下哪一个不是风险应对技术？

A. 开拓。

B. 转移。

C. 减轻。

D. 合作。

3. 你在使用一个RBS管理风险类别。你正在完成哪个过程？

A. 规划风险管理。

B. 识别风险。

C. 实施定性风险分析。

D. 实施定量风险分析。

4. 以下哪一个用来监督低优先级风险？

A. 触发条件。

B. 观察清单。

C. 概率和影响矩阵。

D. 蒙特卡洛分析。

模拟题

5. 你在管理一个建筑项目。由于天气原因可能导致延迟3天，花费$12000，这种情况的概率为30%。另外建筑材料价格下降的概率为20%，这会节省$5000。这二者的总EMV是多少？

A. –$3600。

B. $1000。

C. –$2600。

D. $4600。

6. Joe是一个大型软件项目的项目经理。识别项目风险时，他联系了一个专家小组，向他们发出一个问题清单来帮助他们提出并发回风险清单。Joe使用的是什么技术？

A. SWOT。

B. 石川图。

C. 访谈。

D. 头脑风暴。

7. Susan是一个建筑项目的项目经理。她听说她的项目因为工地所在地连续几周的恶劣天气而遇到麻烦。她说，"没问题，我们有保险，可以覆盖因为天气原因造成的超支"。她使用了哪一种风险应对策略？

A. 开拓。

B. 转移。

C. 减轻。

D. 规避。

8. 你在完成一个软件项目的识别风险过程。有两个团队成员一直在争论这个项目中有没有可能发生某个特定的风险，这几乎占用了一半的会议时间。你决定搁置这个讨论，不过很担心团队的积极性会受影响。下一项议程是讨论项目中一个潜在的机会，你或许能以远低于构建成本的价格买到一个组件。

以下哪一个不是应对机会的有效方法？

A. 开拓。

B. 转移。

C. 分享。

D. 提高。

模拟题

9. 由另一个风险的应对措施导致的风险称为

   A. 残余风险。

   B. 次生风险。

   C. 累积风险。

   D. 减轻风险。

10. 风险管理过程的主要输出是什么？

    A. 风险管理计划。

    B. 风险分解结构。

    C. 工作绩效信息。

    D. 风险登记册和项目文件更新。

11. Tom是一个会计项目的项目经理。他的公司希望改进工资系统。这个项目的目的是减少工资系统中的错误，有70%的几率可以在下一年为公司节省$200000，还有30%的概率会花费公司$100000。

    这个项目的EMV是多少？

    A. $170000。

    B. $110000。

    C. $200000。

    D. $100000。

12. 管理储备与应急储备有什么区别？

    A. 管理储备用于处理已知的未知数，而应急储备用于处理未知的未知数。

    B. 管理储备用于处理未知的未知数，而应急储备用于处理已知的未知数。

    C. 管理储备用于处理高优先级风险，而应急储备用于处理低优先级风险。

    D. 管理储备用于处理低优先级风险，而应急储备用于处理高优先级风险

模拟题

13. 项目经理需要多久与团队讨论一次风险？

A. 每个里程碑。

B. 每天。

C. 两次。

D. 每次状态会议。

14. 以下哪一项不放在风险登记册中？

A. 低优先级风险的观察清单。

B. 项目风险的相对评级。

C. 每个风险的根本原因。

D. 概率和影响矩阵。

15. 关于风险管理，以下哪种说法是不正确的？

A. 项目经理是唯一负责识别风险的人。

B. 所有已知风险都应当增加到风险登记册。

C. 每次团队会议中都应当讨论风险。

D. 要分析风险的影响和优先级。

16. 你在管理一个厨房改造项目。你从供应商那里发现，你计划使用的烤箱型号缺货的概率为50%，你必须另外买一个，这会多花$650。这个风险的EMV是多少？

A. $650。

B. –$650。

C. $325。

D. –$325。

17. 哪个风险分析工具通过运行模拟计算随机结果和概率来对风险建模？

A. 蒙特卡洛分析。

B. 敏感性分析。

C. EMV分析。

D. 德尔菲法。

模拟题

18. 一个建筑项目的项目经理与工头开了一个会，工头告诉项目经理很有可能全面罢工，这会延迟项目。他们进行头脑风暴，想找出一种处理方法，不过最后决定，如果确实有罢工，根本没有有效的方法来减少它对项目的影响。这是哪种风险应对策略的例子？

    A. 减轻。

    B. 规避。

    C. 转移。

    D. 接受。

19. 你在管理一个项目来履行一个军方合同。你的项目团队已经组建，工作已经开始。你的政府项目官通知你，你依赖的一个供应商没有拿到提供一个关键部件的合同。你查阅风险登记册，发现没有对此做出规划。处理这种情况的最佳方法是什么？

    A. 查看概率和影响矩阵。

    B. 实施定量和实施定性风险分析。

    C. 建议预防措施。

    D. 寻找一家新的供应商来提供这个部件。

20. 以下哪一项是风险审计的最佳描述？

    A. 项目经理与团队审查风险登记册中的各个风险。

    B. 一个高级经理审计你的工作，并确定你的工作成效。

    C. 一个外部审计人员审查每个风险的风险应对策略。

    D. 一个外部审计人员审查项目工作，确保团队没有引入新的风险。

答案

~~模拟题~~

1. 答案：B

分享是指一个项目经理发现一种方法可以利用一个机会，不仅有助于她自己的项目，还可以帮助另一个项目或另一个人。

与竞争对手分享机会是完全可以的，这是一种双赢的情况。

2. 答案：D

合作是一种冲突解决技术。

3. 答案：A

会在开始识别风险前使用RBS确定和组织风险类别。然后在识别风险过程中将这些类别分解为单个的风险。

4. 答案：B

风险登记册应当包括低优先级风险的观察清单，而且要在每个状态会议中审查这些风险，确保这些风险没有出现。

5. 答案：C

计算EMV时，负面风险会得到负数。

天气风险的预期货币价值（或EMV）是概率（30%）乘以成本（$12000），不过不要忘记由于这是一个风险，所以这个数应当是负值。所以它的EMV是30% x -$12000 = -$3600。建筑材料机会的EMV计算为20% x $5000 = $1000。把它们加在一起就得到了 -$3600 + $1000 = -$2600。

6. 答案：C

使用访谈技术时,专家会提供他们对项目风险的看法，这样他们就有机会仔细考虑这个项目。

EMV
Expected
Monetary
value
wash
the
dog
Negative
risks =
Negative
numbers
Make it Stick

答案

模拟题

7. 答案：B

Susan买了一份保险来覆盖由于天气导致的超支。她把风险从她的公司转移到了保险公司。

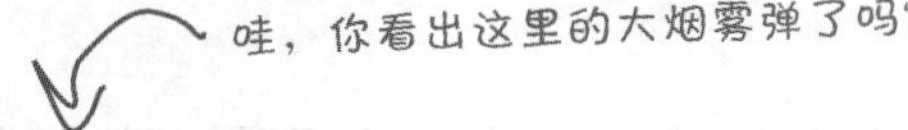
哇，你看出这里的大烟雾弹了吗？

8. 答案：B

你可不想把机会转移给别人！你总是希望想方法利用这个机会更好地完成项目。正因如此，机会的应对策略都是想办法利用机会改进你的项目（或者如果采用分享技术，还可以改进另一个项目）。

9. 答案：B

次生风险就是由于应对另一个风险而发生的风险。

10. 答案：D

风险管理过程都是围绕创建风险登记册来组织，另外还要更新风险登记册作为项目文件更新的一部分。

这个问题的关键是要记住项目挣的钱是正值，花的钱是负值。

11. 答案：B

节省\$200,000 x 0.70 = \$140,000，花费\$100,000 x 0.30 = -\$30,000。把它们加在一起就得到了\$110,000。

正是因为这个原因，确定一个风险的EMV很有用，这样你就能知道应该有多少应急储备。

12. 答案：B

实施定量风险分析中要根据已识别的风险计算应急储备。风险可以认为是一种“已知的未知数”，也就是一种你知道的不确定事件，但是可能并不发生，可以在预算中增加应急储备来处理风险。管理储备是成本管理的一部分，可以用来在预算中加入储备金来应对可能发生的所有未知事件。

~~模拟题~~ 答案

13. 答案：D

风险监督和应对非常重要，所以在每个状态会议中都要审查风险登记册！

14. 答案：D

概率和影响矩阵是一个用来分析风险的工具。可以在项目管理计划中找到概率和影响矩阵，不过它并不包含在风险登记册中。

15. 答案：A

让整个团队参与识别风险过程非常重要。查找风险的人越多，你就越有可能找出项目中可能出现的风险。

16. 答案：D

尽管这个问题文字比较多，不过这也是一个EMV问题。风险的概率是50%，成本是-$650，所以二者相乘就得到了-$325。

17. 答案：A

这就是蒙特卡洛分析的定义。在这种技术中，要使用计算机模拟，查看不同的随机概率和影响值对项目的作用。

18. 答案：D

有些风险你完全无能为力。发生这种风险时，只能接受。不过，至少你可以警告相关方存在这种风险，这样就不至于由于毫无防备而惊慌失措。

答案

模拟题

19. 答案：D

你的项目中发生了一个未规划的事件。这是一个风险吗？不，这是一个项目问题，你需要解决这个问题。概率和影响矩阵没有任何帮助，因为这个事件发生的概率是100%，它已经发生了。任何风险规划也不能规避或减轻这个风险。而且试图采取预防措施也是毫无意义的，因为根本没有办法预防。所以最好的办法就是寻找一家新的零件供应商。

20. 答案：C

从项目外部引入一个人来审查你的风险是一个很好的想法。审计人员可以确保你的各个风险应对措施是合适的，而且确实找出了各个风险的根本原因。

我明白了！这根本不是一个风险，这只是项目期间出现的一个问题。我相信更好的风险规划应该可以帮助团队做好准备！

12 采购管理

寻求帮助

我想这个工作单靠我自己
可能做不了。

有些任务过于艰巨，你的公司无法独自完成。即使任务本身并不艰巨，也有可能因为缺少专门的技术或设备而无法完成。如果出现这种情况，就需要使用**采购管理**寻找另外一家公司来**为你完成工作**。如果你找到了**合适的卖方**，选择了**适当的关系**，并确保**满足合同的目标**，就能完成任务，你的项目也将获得成功。

成功的"受害者"

Kate的上一个项目做得非常好。实际上，好得有些过头了。公司的客户群体日渐壮大，以至于现在IT部门的技术支持人员忙得焦头烂额。打电话寻求技术支持的顾客必须排队等待很长时间，这对公司可不是一件好事。

预计您的等待时间为37分钟。您的来电对我们非常重要。请不要挂机。 <嘀> 预计您的等待时间……
嗨，Ben。产品情况怎么样？
很糟糕。我们的顾客太多了，技术支持人员实在是应接不暇。
还记得第2章见过的Kate吗？

请人来帮忙

Kate，我们要交给你一个新项目。我们打算用大约18个月建立新的技术支持呼叫中心。你能办到吗？

Kate: 没问题。最难的是想办法处理好过渡期。我们是立即着手扩大队伍，还是找供应商来帮忙？

Ben: 哈，等一下！难道还可以到外面找一家公司来帮忙吗？

Kate: 要知道，我们的技术支持团队已经满负荷运转了，另外需要几个月的时间才能完成设备的升级来为更多顾客服务……更何况还要聘用和培训人员。或许我们可以自行解决，不过要完成这个任务，最容易的方法可能是找公司以外的一个开发商来完成工作。

Ben: 不过想到与另一家公司合作是不是总感觉有些冒险？我的意思是说，如果那家公司在项目进行期间倒闭了怎么办？或者如果他们要价太高怎么办？

Kate: 嗯，我们必须搞清楚这些问题。不过，这并不是公司第一次和承包商打交道。法律部门此前已经做过这种事情。我会和他们开个会，看看能不能对我们有帮助。

Ben: 那好，照你说的做吧。不过我还是没什么信心。

有时你需要聘请一个外部公司来完成你的项目的一些工作。这称为<u>采购</u>，这家外部公司就称为<u>卖方</u>。

等一下，我可不是一个律师。
为什么我要知道一大堆有关签
署合同的细节呢？

你肯定要参与，因为这是你的项目，要由你来负责。

考试时（以及实际生活中）人们最常犯的一个错误是，如果另一家公司在向你的项目出售商品或服务，而他们未能正常交付，你往往认为这不是你的问题。毕竟，你已经与这家公司签订了合同，对不对？所以如果他们不能如期交付，他们就拿不到钱。

嗯，事情可没有这么简单。不错，确实有很多卖方未能按合同交付产品。不过，对于每一个未能如期交付产品或服务的卖方，总有一个沮丧的项目经理，就是因为卖方没能按合同交付，导致他的项目遇到麻烦。正因如此，很多采购管理的工具和技术都强调选择合适的卖方，以及向完成工作的人明确地说明你需要什么。

BANG!
Watch it!

PMP考试依据的是美国的合同法规和惯例。

你是不是在美国以外的其他国家工作？那么，你要特别当心这些过程。你可能习惯于用其他方式处理合同，而与考试题目中使用的方式不完全一样。幸运的是，美国政府在http://www.acquisition.gov发布了大量有关合同签署的信息。如果你想了解更多背景，可以查看这个网站。

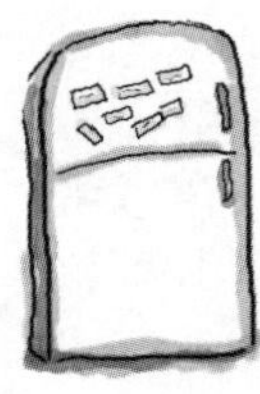

采购管理过程磁贴

共有3个采购管理过程。这些过程很容易理解，从描述你可能就能猜出究竟是哪一个过程。将各个过程的描述与过程名关联，然后猜猜它们分别属于哪个过程组。

过程描述	过程名	过程组
规划要采购什么，如何以及何时进行项目合同谈判。	....	....
决定要合作的卖方（可能多家），最终确定并签订合同。	....	....
密切关注合同。确保公司拿到了你付钱购买的产品或服务。	....	....

规划

控制采购

执行

监控

规划采购管理

实施采购

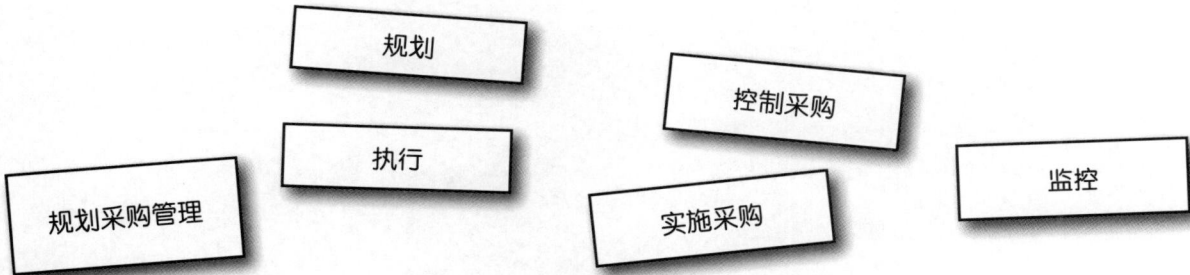

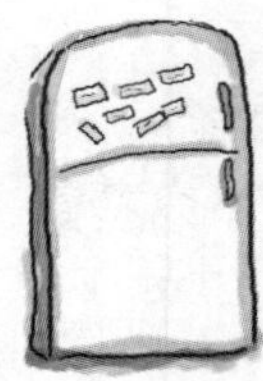

采购管理过程磁贴答案

共有3个采购管理过程。这些过程很容易理解—从描述你可能就能猜出究竟是哪一个过程。将各个过程的描述与过程名关联，然后猜猜它们分别属于哪个过程组。

过程描述	过程名	过程组
规划要采购什么，如何以及何时进行项目合同谈判。	规划采购管理	规划
决定要合作的卖方（可能多家），最终确定并签订合同。	实施采购	执行
密切关注合同。确保公司拿到了你付钱购买的产品或服务。	控制采购	监控

这个过程用来完成合同变更，并纠正卖方工作中存在的问题。

咨询法律专家

嗨，Kate。我是法律部门的
Steve。Ben说你需要和我谈一谈，
你有空吗？

Kate: 谢谢你抽空过来，Steve。我们的呼叫中心要扩充，会召更多的人来，在此期间，我们想找一家承包商处理技术支持工作。通常这种事情是怎么处理的？

Steve: 通常是这样的，我会撰写合同并进行谈判。不过，在此之前，我需要与你坐下来谈一谈，以便了解这个合同要完成哪些工作。

Kate: 这么说根本不需要我参与了？

Steve: 哦，你当然要参与。你要协助谈判，因为只有你真正了解这个合同要完成哪些工作。

Kate: 好的，听起来很有道理。那我们什么时候开始呢？

Steve: 嗯，别那么着急。我们要确保挑选开发商的方式绝对公平，还需要遵循公司的一些原则。一旦签订了合同并开展工作，我们还需要开会来确保确实在履行合同。如果有问题，就需要谈判对合同做出变更，那时你可能需要我来做这件事。

Kate: 好的，我没问题。那么，我要着手准备一些东西发送给卖方吗？

Steve: 还不用。开始这些工作之前，你真的确定需要把这个工作外包出去吗？

BRAIN POWER

Kate如何确定外包这个工作是否合适？

协议剖析

采购相当直观，而且采购管理过程的顺序也很有道理。首先要规划哪些工作需要外包；然后规划怎么做。接下来，把合同需求发送给卖方。他们投标来获得与你合作的机会。你从中挑选出最好的一个，然后与选定的卖方签订合同。一旦工作开始，你还要监督工作来确保确实在履行合同。

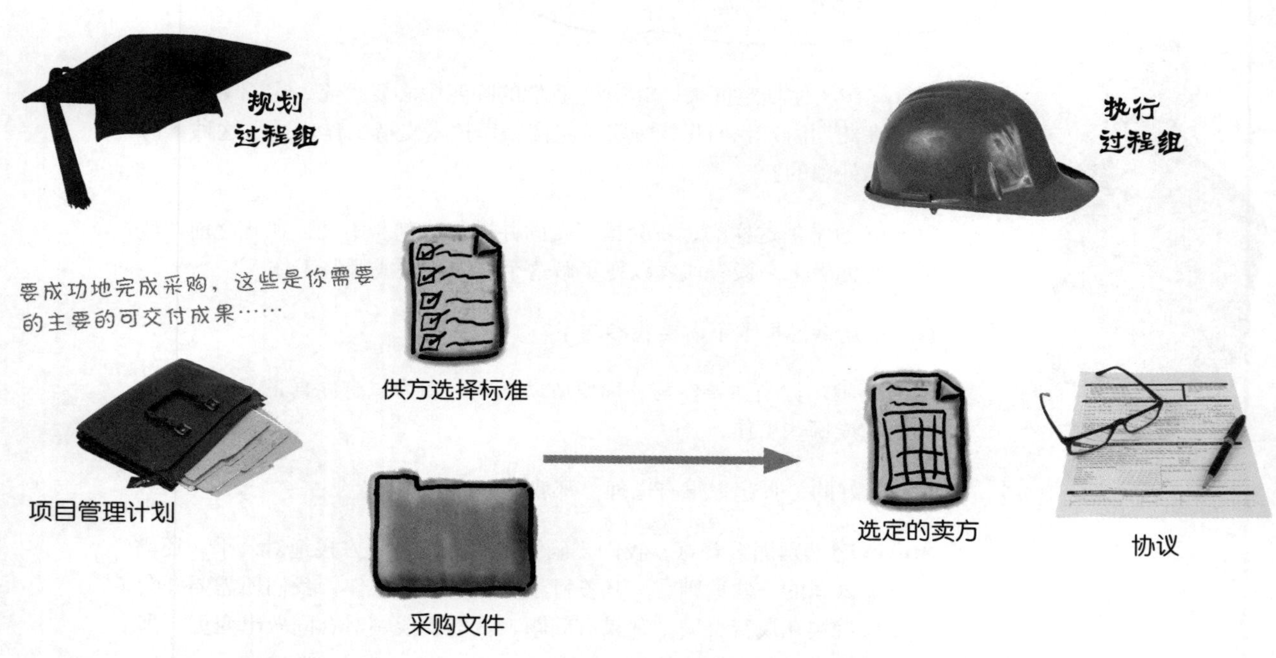
规划
过程组
执行
过程组
要成功地完成采购，这些是你需要的主要的可交付成果……
供方选择标准
项目管理计划
采购文件
选定的卖方
协议
……要使用这3个采购管理过程来创建这些可交付成果。

规划采购管理

在这个过程中，你要仔细查看你的需求，确保确实需要创建合同。你要确定哪些类型的合同适合你的项目，而且要尽量对所有需要外包的项目工作给出定义。

你要规划项目工作的各个合同，并确定要如何管理。这说明要明确需要满足哪些指标才能认为是成功的，另外如何选择卖方，以及一旦工作展开要如何管理合同。

实施采购

这个过程就是要明白地告诉可能的合同伙伴有关项目的信息，并让他们知道要如何帮助你。你要召开投标人会议，找出能够胜任工作的合格卖方。

接下来，对采购文件的所有回应进行评估，找出最符合你的需要的卖方。找到最合适的卖方后，要签订合同，然后就可以开展工作了。

一个项目可以有多个合同

第一个采购管理过程是规划采购管理。这是一个我们熟悉的规划过程，要用这个过程规划项目的所有采购活动。另外两个过程针对每一个合同分别完成。下面举一个例子。假设你在管理一个建筑项目，与一个电工和一个水暖工分别签订了一个合同。这说明，那两个过程要分别完成两次，对应每个承包人分别完成一次。

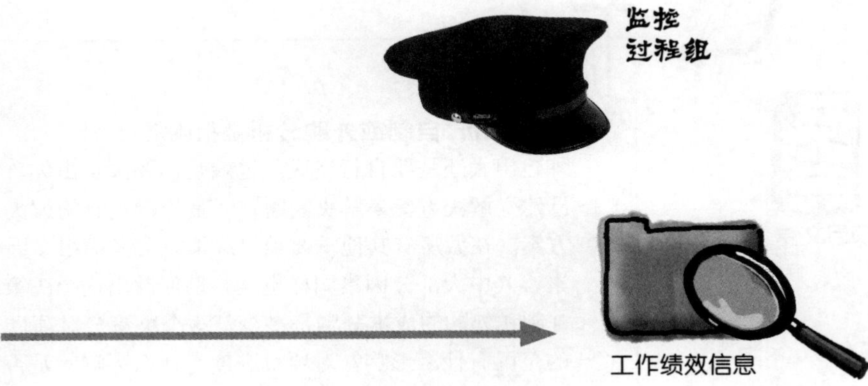
监控
过程组
工作绩效信息

工作绩效信息会指出合同是否有问题，所以控制采购与所有其他监控过程很类似。

控制采购

合同工作开展时，你要密切关注工作的执行情况，确保一切都严格按照合同。你要监督承包商生产的产品，确保一切都顺利进行。有时，你还需要对合同做出变更。要在这个过程中查找和请求这些变更。

从整个项目的计划开始

规划
过程组

做其他事情之前，首先需要考虑你的项目中哪些工作要外包出去。规划采购管理过程就是要确定这一点，并编写一个计划来明确你要怎样做。

输入

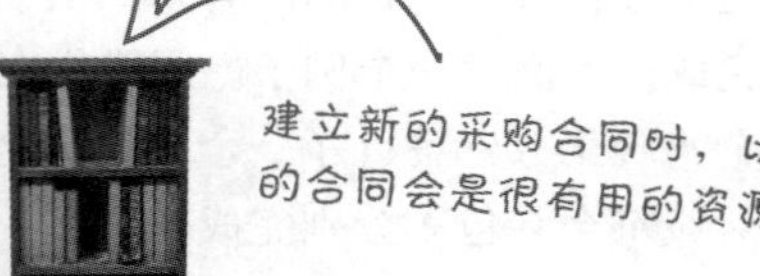

项目管理计划

组织过程资产

建立新的采购合同时，以前的合同会是很有用的资源。

要确保你的合同与商业论证和效益管理计划一致。

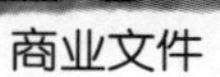

商业文件

项目文件

要规划采购，你需要参考以下项目文件：里程碑清单、项目团队派工单、需求文件、需求跟踪矩阵、资源需求、风险登记册和相关方登记册。

Tools

数据分析：自制或外购分析是指确定应当把工作外包出去还是要自行完成，也就是你要决定由你自己建立解决方案来解决问题，还是外购现有的解决方案。在做所有其他重要项目决策时会考虑很多因素，其中大部分因素同样也能帮助你做出这个决策。自制和外购的成本分别是多少？这个决策会对项目的范围有什么影响？对项目进度有什么影响？是否有时间完成工作同时满足承诺？规划哪些工作要外包而哪些不外包时，需要非常仔细地考虑出于什么原因做出这个决策。

有一些资源（如重型设备）可以由不同途径得到，你的公司可以根据情况购买或租借。你要检查租借和购买的成本，来决定采用哪种方式最好。

对于你打算外包的产品或工作，你要考虑你的公司具备的专业水平，还要考虑你所处的工作和外包市场环境。

事业环境因素

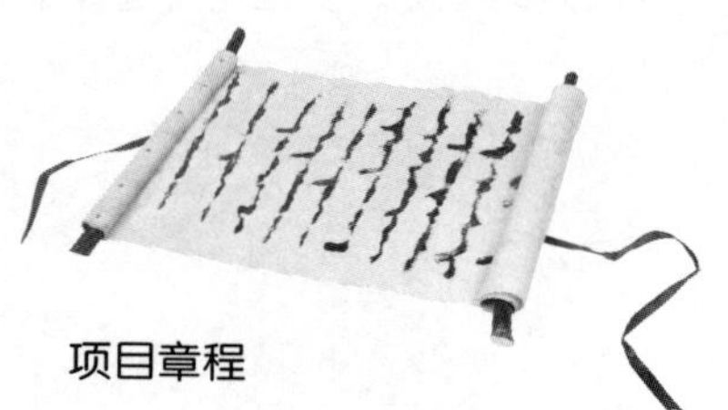

项目章程

项目章程包含实现合同目标所需的信息：项目目的、描述、总体里程碑和预先批准的财务资源。

这个计划包括：

- 外包工作或产品的计划交付日期。
- 将使用的公司标准文件。
- 计划使用的合同类型，以及用来测量承包商绩效的指标。
- 对于所有计划为项目创建的合同，需要知道的相关制约因素或假设。

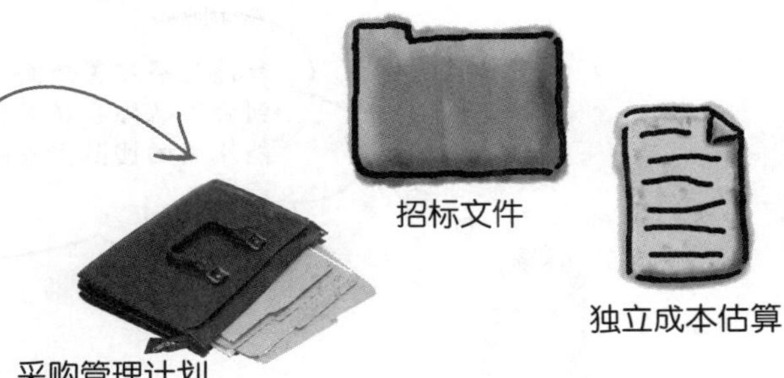
招标文件
独立成本估算
采购管理计划

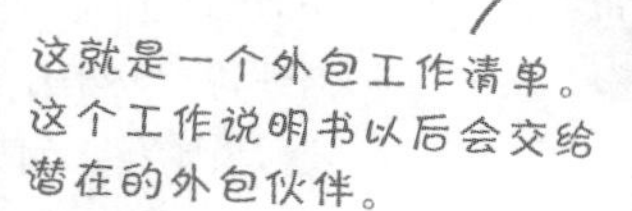

这就是一个外包工作清单。这个工作说明书以后会交给潜在的外包伙伴。

采购工作说明书

专家判断是指咨询以前做过同样决策的人，帮你查看已经得到的所有项目信息，并做出正确的决策。专家在评估技术方面很有帮助，另外对于不同外包场景中如何完成工作会给出有见地的意见。

数据收集：市场研究是指，你想查看外界对可能与你合作的这些开发商有怎样的评价。有时采购小组会参加相关的大会，或者阅读公开发表的报告，了解完成类似合同的开发商的评价情况，来帮助你做出决策。

供方选择分析是指你要如何确定选择哪个供应商。

会议可以把你的团队召集在一起，确保在建立采购计划时能涵盖项目的所有需求。

完成自制或外购分析之后，要写出你得到的经验教训，使其他人了解你做出这个决策的理由。

自制或外购决策

要在这里定义你的交付方法、合同支付类型和采购阶段。

采购策略

输出

组织过程资产更新
变更请求

项目文件更新

要用这个输出帮助你确定希望聘用哪一个卖方。

供方选择标准

我还是不打算外购。为什么我要到公司以外去寻求帮助？难道不能让我的团队完成所有工作吗？

因为有时让你的团队完成这部分工作划不来。

如果你的公司需要重新装修你的办公室，你会雇用木工、电工和建筑工人吗？你会购买电动工具、混凝土搅拌机、卡车和梯子吗？当然不会。你可能会聘用一个承包商来完成这个工作，这是因为，如果为完成这个任务而购买那么多东西，成本就太高了。而且你肯定不希望雇人完成这个任务后，任务一旦完成就将他们解雇。实际上，你的项目中很多工作也是如此。你并不一定希望每一件事都由你的公司亲力亲为。有很多工作都可以请一个卖方来完成。

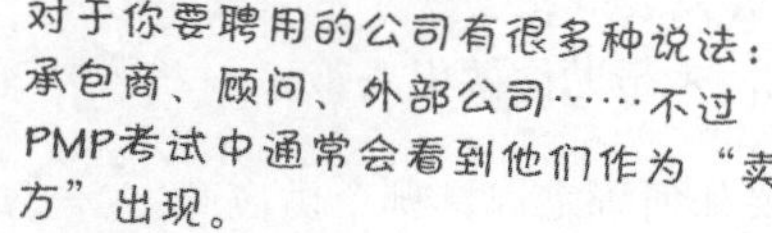

对于你要聘用的公司有很多种说法：承包商、顾问、外部公司……不过PMP考试中通常会看到他们作为“卖方”出现。

轻松时刻

有关外包的这些内容可能让人有些害怕，这很自然。

很多项目经理只与公司内部的团队共事。如果你从来没有见过这方面的内容，这些关于合同、律师、建议书、招标和会议的讨论可能会让你心生畏惧。不过不要担心。如果要管理一个涉及承包商的项目，这与管理只使用公司员工的项目是很类似的。只是要学习几个新的工具和技术……不过这些工具和技术都不难，你肯定很快就能掌握。

自制或外购磁贴

将以下关于项目的磁贴放在自制或外购栏中，来确定Kate和Ben是否应该把技术支持工作外包出去。我们已经帮你完成了前几个。

实际上，很多人就是采用这种方法来处理自制或外购决策，查看得到的所有项目信息，利用这些信息确定应该“自制”还是“外购”。

自制	外购
培训承包商的人员意义不大，因为这个合同结束后我们就无法利用他们的知识了。	下一次重要的产品发布会在6个月以后。
	我们认为采购过程需要3个月时间，而呼叫中心人员扩充需要8个月。

可能很难控制承包商工作的质量。

我们估计另外雇用10个人的成本大约是$30000/月，可以把每个呼叫的等待时间减少到10分钟。对此价格最便宜的合同大约是$40000/月。

外包团队可以在合同签署后一个月内完成培训并做好准备。

一个10人团队的设备和培训成本大约是$50000。利用外包可以大幅削减这个成本。

专业的技术支持承包公司拥有大量信息和最佳实践经验，可以让项目进行得更顺利。

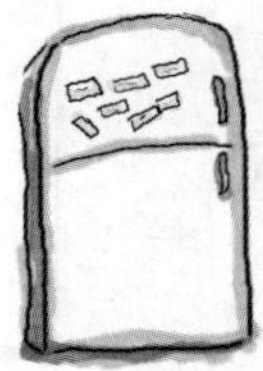

自制或外购磁贴答案

将以下关于项目的磁贴放在自制或外购栏中，来确定Kate和Ben是否应该把技术支持工作外包出去。我们已经帮你完成了前几个。

如果没有足够的员工，6个月后推出新产品时他们根本没有办法支持更多的顾客。

自制	外购
可能很难控制承包商工作的质量。	下一次重要的产品发布会在6个月以后。
我们估计另外雇用10个人的成本大约是$30000/月，可以把每个呼叫的等待时间减少到10分钟。对此价格最便宜的合同大约是$40000/月。	我们认为采购过程需要3个月时间，而呼叫中心人员扩充需要8个月。
培训承包商的人员意义不大，因为这个合同结束后我们就无法利用他们的知识了。	一个10人团队的设备和培训成本大约是$50000。利用外包可以大幅削减这个成本。
	外包团队可以在合同签署后一个月内完成培训并做好准备。
	专业的技术支持承包公司拥有大量信息和最佳实践经验，可以让项目进行得更顺利。

尽管聘用承包商时人员成本更高，但由于不必为设备和培训付费，所以可以抵消较高的劳务成本。

有时承包商可以提供他们运行大量类似项目得到的专业知识和经验，与你自行完成项目相比，他们能让项目进行得更顺利。

做出决策

完成自制或外购分析就是要了解外包的理由，并决定是否将工作外包出去。完成这个过程后，如果仍认为外包是可取的，要清楚地了解需要从外包过程得到些什么。

Steve，我已经仔细查看过，我认为找一个卖方来为我们处理一些技术支持工作是合适的。如果他们能负责接下来几个月的晚班，我们就能腾出时间扩充自己的团队，并增加电话座席容量。
听上去不错。我们该考虑哪种合同呢？

合同协议类型

如果你想全面了解不同类型的合同，可以参考美国联邦采购法规网站：http://www.acquisition.gov/far/。

最好对最常用的合同类型有所了解。这会帮你得出让你和卖方都最有可能成功的合同。

总价合同

这一类合同有时称为“lump sum”（总价）合同。

有些PMP考试题目中可能只用缩写来表示合同类型（FP、CPFF等）。

固定总价(FFP)是指你会支付一个固定的金额，而不论承包商完成工作的成本是多少。总价合同只适用于范围非常明确的情况。如果要完成的工作量有变化，卖方不会因此得到更多报酬。

总价加激励费用(FPIF)是指你会为合同支付一个总价，另外还会根据一些绩效目标给予奖励。你可能会建立这样一个合同：如果团队在合同约定日期之前交付了可验收的产品，会得到一笔$50000的奖金。

总价加经济价格调整(FPEPA)是一个总价合同，但有一些特殊条款来处理很长的履约期（比如50年），或要处理不同的货币，或者需要专用语言的其他经济情况。

成本补偿合同

不用担心现在就把这些全部记住，这一章还有很多让你练习的机会。

成本加固定费用(CPFF)。顾名思义，你要支付卖方完成工作的相关成本，除此以外，还有一笔你同意支付的固定金额。

成本加奖励费用(CPAF)与CPFF合同很类似，只不过不是在成本之上支付一笔固定费用，你会根据买方对卖方绩效的评估支付费用。

成本加激励费用(CPIF)是指你会报销项目的成本，如果满足一些绩效目标还会支付一笔费用。Kate可以使用这种合同来完成项目，建议团队如果能连续1个月以上保持每个顾客每个呼叫的平均等待时间降至7分钟，就会得到$50000的奖金。如果采用CPIF合同，她要支付团队完成这个工作的成本，还要在他们达到这个目标时另外支付$50000的奖金。

很多人认为T&M合同就像成本补偿和总价合同的组合，因为你要为每小时的劳务支付一个总价，不过在此基础上，还要像成本补偿合同中一样支付成本费用。

工料

工料(T&M)在劳务合同中使用。这表示你要为参加项目的每个人支付费用，还要加上他们的材料成本。这里的“时间”部分是指买方为劳务支付一个总价，通常是每小时一定的金额。“材料”部分表示买方还要为材料、设备、办公空间、管理间接成本以及所有其他要付费的方面支付费用。卖方通常要购买这些东西，但由买方付账。如果你不能准确地知道合同要持续多长时间，这种合同就很适用，因为它既能保护买方也能保护卖方。

Sharpen your pencil

这个问题很难，多花点时间，好好考虑每一种合同。

每种合同都各有优缺点。不同类型的合同会对买方和卖方带来不同的风险。你能想到哪些风险？

提示：总价合同对于买方没有多少风险。

固定总价（FFP）

买方风险 ....

卖方风险 ....

总价加激励费用(FPIF)

买方风险 ....

卖方风险 ....

成本加固定费用(CPFF)

买方风险 ....

卖方风险 ....

CPAF合同对于卖方风险很大，而不是买方。你知道这是为什么吗？

成本加奖励费用（CPAF）

买方风险 ....

卖方风险 ....

成本加激励费用(CPIF)

买方风险 ....

卖方风险 ....

工料（T&M）

买方风险 ....

卖方风险 ....

Sharpen your pencil Solution

每种合同都各有优缺点。不同类型的合同会对买方和卖方带来不同的风险。你能想到哪些风险？

正确答案有很多，即使你的答案与这里不同，并不表示它们不正确。

固定总价合同对于卖方的风险要远远大于买方。

固定总价（FFP）

买方风险 唯一的风险就是卖方由于成本的原因不能交付产品。

卖方风险 预料外的成本可能大于合同本身考虑的成本。

总价加激励费用(FPIF)

买方风险 总价合同对于买方仍然没有多少风险。

卖方风险 卖方的风险仍与FFP相同，但可能挣得更多。

CPFF合同对买方和卖方都有风险。

成本加固定费用(CPFF)

买方风险 如果成本过高，买方就必须支付更多。

卖方风险 成本之上的固定费用对于卖方来说可能并不划算。

CPAF合同对于卖方很有风险，因为买方会主观地确定卖方的绩效，有可能认为他们的绩效不够好。

成本加奖励费用（CPAF）

买方风险 对买方没有多少风险。

卖方风险 如果买方认为卖方绩效不高，可能会取消奖励费用。

在一个成本补偿合同中，激励费用确实是减少买方风险的一个好办法。

成本加激励费用(CPIF)

买方风险 仍有成本超支的风险，不过不算太糟。

卖方风险 激励费用不能保证，有可能得不到。

很多工料合同都包括一个“成本上限”条款来确保这种情况不会发生。如果合同没有这个条款，对于买方来说就会很有风险！

工料（T&M）

买方风险 如果成本过高，合同要价会相当高。

卖方风险 合同可能没有覆盖高额的间接成本。

花时间想想看，如果不知道任务会持续多长时间，这种情况下为什么工料合同会是一个很好的选择。

关于合同的更多说明

关于完成采购工作的合同，还有几个方面需要了解。

每个合同都要概要列出要完成的工作和工作的相应报酬。

- 你可能会看到考试中有问题提到“酬金”，这只是报酬的另一种说法。
- 还记得风险管理中使用保险将风险转移到另一个公司吗？这里就使用了一种称为保险策略的特殊合同。
- 可能会有一个问题问到不可抗力。这是合同中可能会看到的一种条款。它指出如果发生了战争、暴乱或自然灾害，可以免除合同条款所要求的责任。

还要注意总体假设点。

- 总体假设点就是卖方对成本所做的假设点。在一个总价合同中，达到这一点时，成本会太大，以至于卖方基本上已经用完了合同提供的所有资金，而必须开始自行支付成本。

要确保买方和卖方都满意。

- 进行合同谈判时，要确保买方和卖方都对合同条款感到满意。你不希望卖方公司的人认为他们做了一笔赔本生意，毕竟你还要依靠他们做好项目的工作。

你可能会看到这种判断自制还是外购的问题。可以利用这个机会多做些有关合同决策的练习。

Sharpen your pencil

Kate有18个月的时间扩大公司需要的座席容量，从而能处理所有技术支持呼叫。对于Kate来说，你认为自制或外购哪种做法更合适。

1. 如果他们在公司内部完成这些额外的工作而不是另找一个卖方，因为员工加班会额外支出$35000的成本，培训成本总计为$11000，完成这个额外的支持工作需要5个人的团队，每人每月的成本是$4400。在公司内部完成这个工作的总成本是多少？

2. Kate和Ben与几家公司谈过，估算请另一家公司完成这个工作每个月将花费$20000，不过还需要$44000作为启动成本。外包这个工作的成本是多少？

3. 那么自制和外购哪种方式更合适？为什么？

答案见680页。

确定如何找出潜在卖方

规划采购管理过程的两大输出分别是招标文件和供方选择标准。你要使用招标文件找出想与你合作的潜在卖方。供方选择标准用来确定你希望使用哪些卖方。

招标文件

你可能要向有意投标外包工作的卖方提供一组不同的文件。

通常会包括采购工作说明书（SOW），这样卖方能够准确地知道涉及哪些工作。

你需要一种方法告诉卖方你希望他们对完成工作的总价合同提出一个报价，这称为报价邀请书（RFQ），它会告诉卖方你希望他们提交建议书。你可能还会听到人们使用信息邀请书（RFI）来得到有关需要采购的商品和服务的更多信息，另外如果项目中出现问题，你要寻求卖方提出解决办法，就可以使用建议邀请书（RFP）。

订购单是向你希望合作的卖方发出的一个文件，这个协议表示你同意为某些商品或服务支付费用。

有些情况下，你希望合同有更大的灵活性。如果请一个卖方为你构建你从未构建过的东西，通常会鼓励他们帮你设置范围，而不是由你直接锁定。

采购管理的很大一部分就是确保买方和卖方得到公平对待。提前写出供方选择标准是一种很好的做法，可以确保每个卖方的机会是均等的。

供方选择标准

提前确定你希望如何选择卖方。

选择潜在卖方有很多不同的方法。要确定一个卖方是否适合你的工作，需要多番考虑，并进行大量的讨论，选择卖方没有一种万能的方法。不过寻找卖方时起码要考虑以下几个方面：

- 卖方确实能做你需要完成的工作吗？
- 卖方会收取多少费用？
- 卖方会负担完成这个工作所需的成本和开支吗？
- 有没有你需要了解的分包商？
- 卖方是否确实了解SOW和合同中的全部内容？
- 卖方的项目管理能力能胜任这个任务吗？

你会惊讶地发现，居然有那么多卖方在没有相应资格的情况下投标。一定要确保卖方有足够的能力和水平完成你需要的工作。

与想做这笔生意的各个卖方讨论之前，要整理好采购文件和供方选择标准。

合同磁贴

以下哪些磁贴属于招标文件，而哪些属于供方选择标准？

招标文件

获得财务说明书或信用报告，核实卖方是可靠的

与项目经理会谈，审查项目过程

通知卖方为总价合同报价

请求所采购商品的更多信息

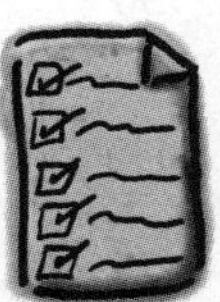

供方选择标准

检查最终定价计划和合同条款

建议邀请书

与卖方审查SOW，确保完全理解

答案见681页。

WHAT'S MY PURPOSE

以下是Kate正在评估的一些建议书。将各个建议书与相应的最重要的合同类型连线。

买方将支付电话服务、设备租用和人员的成本，以及每月额外的$2500。	固定总价
买方向卖方支付总共$285000，购买18个月的技术支持服务。	总价激励费用
买方要支付电话服务和设备租用的成本，以及每月$4500的员工工时费用。每月成本不能超过$14500。	成本加固定费用
买方要支付电话服务、设备租用和人员的成本。如果卖方能做到平均每人每天解决10个问题，而且平均等待时间低于3分钟，那么每月还有额外$2750的奖金。	成本加激励费用
买方要支付电话服务、设备租用和人员的成本。如果绩效突出还会另加$5000。	成本加奖励费用
买方会向卖方支付总共$285000，购买18个月的技术支持服务。如果卖方能做到平均每人每天解决10个问题，而且平均等待时间低于3分钟，那么每月还有额外$2750的奖金。	工料

答案见668页。

联系潜在卖方

采购中的下一步很简单。要使用实施采购过程，向卖方说明情况，查看得到什么回应。把卖方名单范围缩小为只剩下几个看起来不错的候选人之后，可以根据你的供方选择标准评估他们的回应，选择你要合作的开发商。在此之后，所要做的就是把这些写下来……然后与选定的卖方签订合同！

使用规划采购管理过程的输出找出合适的卖方

实施采购过程中，首先从规划采购管理过程中创建的输出开始。这些输出要如下使用：

自制或外购决策

你的自制或外购决策很有用，因为这会指出哪些工作需要寻找承包商帮助完成，而哪些要由你自己完成。

供方选择标准

使用供方选择标准来评估做出回应的卖方。通过使用同样的标准评估所有卖方，可以确保对每一个卖方的评估是公平的，并为公司找到合适的卖方。

招标文件

招标文件将包含向潜在卖方提供的所有信息，帮助他们向你的合同投标。最常用的两个招标文件是RFI和RFP。

RFI：信息邀请书要发送给潜在卖方，询问有关其工作能力的信息。

RFP：建议邀请书是指你为卖方提供这样一个机会，使他们能查看你的采购文件，编写建议书来说明他们将如何做这个工作。

采购工作说明书

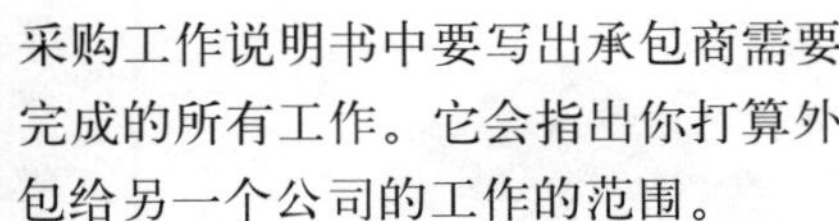

采购工作说明书中要写出承包商需要完成的所有工作。它会指出你打算外包给另一个公司的工作的范围。

采购策略

要在采购策略中决定你合作的一个承包商是否可以聘用分包商，以及你要如何与那些分包商合作。你要确定支付外包工作报酬的条款，以及合同的各个阶段。

执行
过程组

挑选合作伙伴

你已经确定了希望采购哪些服务，而且找出了一个潜在卖方名单。现在要从中选择一个卖方来完成项目工作，这正是实施采购过程所要做的。

输入

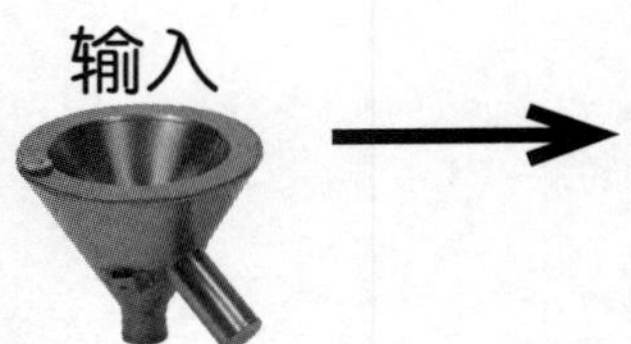

采购文件

项目文件

卖方建议书

采购管理计划

广告

有时联系卖方的最佳方法就是做广告。另外，有时可能要求你必须做广告（比如一些政府投资项目），使得所有卖方都能注意到。

专家判断

这种情况下也很有必要请项目之外的人介入，帮助评估各个建议书。应当引入一个对目前所做工作有丰富专业知识的人，来确认卖方确实胜任这个工作。

投标人会议

要确保所有投标人都能以一种公平、不偏不倚的方式参与竞标，这非常重要。要做到这一点，最好的办法就是把他们召集在一个房间里，让他们能够对你的合同提出问题。这样一来，你就不会向任何卖方提供特权而为他提供其他卖方无法得到的内幕信息。

组织过程资产

对于你打算外包的产品或工作，你要考虑你的公司具备的专业水平，还要考虑你所处的工作和外包市场环境。

事业环境因素

实施采购过程的关键当然就是……实施采购，要选定卖方。除了合同，这是这个过程最重要的输出。

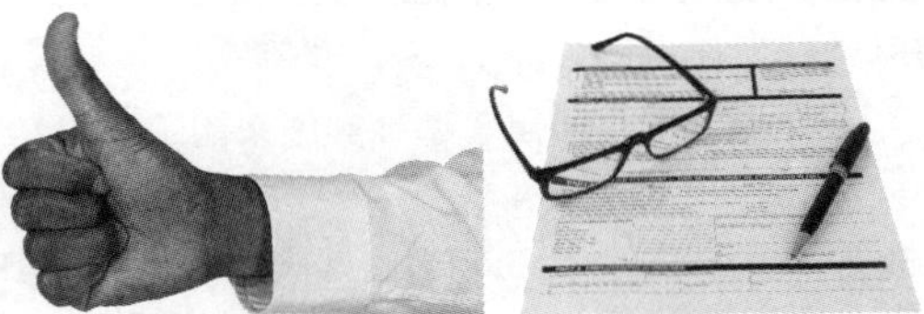

选定的卖方

协议

终于搞定了！所有人都签了字，你终于签订了合同。

组织过程资产更新

人际关系与团队技能：谈判

向一个潜在卖方发出一个采购文件包时，通常包含你想要签署的合同的一些有关信息，包括：合同类型、一些条款，可能还有对总成本的一些粗略计算和估算，以及其他一些数字。不过并不是所有卖方都希望签这个合同，甚至那些你希望能合作的卖方。正因如此，你需要对合同条款进行谈判。

有些时候要求公司的律师出面，这里就可能需要律师来完成大部分谈判，不过这并不意味着你在这个过程中的角色不重要。你的任务是提供专业知识和你对项目深入的理解。毕竟，你比任何其他人都更了解你的项目和项目的需要。

数据分析：建议书评价

你要与卖方紧密合作，确定他们的建议书是否确实适合完成这项工作。在选定某个卖方做这个工作之前，要非常小心。这正是这个工具的作用，这是一个包罗各种情况的“百宝箱”，这说明评价建议书并没有单一的方法，你要纵观全局，包括卖方、你的需要以及具体的任务。

输出

在选择供方的过程中，你可能会发现需要对需求或其他文件做一些变更。

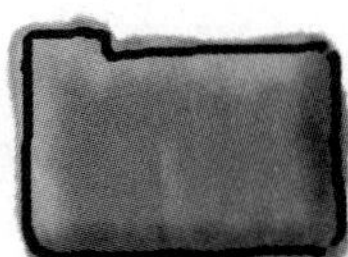

项目文件更新

只要涉及谈判，最后总会对你的计划做一些调整，所以需要使用这些输出完成变更控制。

变更请求

项目管理计划更新

Sharpen your pencil

Kate提出一个RFP，希望找到一个卖方为她的公司提供技术支持。你能看出她使用了哪种实施采购工具吗？

1. Kate与公司的卖方评估委员会合作，遵循一个有明文规定的正式评估审查过程来确定选择哪一个卖方签订合同。

....

2. Kate与一家IT行业期刊联系，刊登了一个分类广告来寻找卖方。

....

3. CEO的妹夫经营的公司参与了合同的投标。Kate需要确保他得到公平的对待，而没有任何优先特权。她不希望给他不公正的好处，不过也不想把他排除在投标过程之外。所以她把所有卖方代表召集到一个房间，在这里他们可以公开地提出有关合同的问题，也能听到对每一个问题的回答。

....

4. Kate的公司参与了一个机会平等计划，在这个计划中，必须能让少数民族运营的卖方公司得到所有RFP通知。她的公司聘请了部门中有这方面经验的一些人，他们很擅长处理与机会平等有关的特定规章制度。

....

→ 答案见680页。

there are no Dumb Questions

问：只要采购就需要召开一个投标人会议吗？

答：不，并不一定需要投标人会议。有时你的公司会有一家经常合作的首选供应商，所以不必向卖方做广告。有时对于一个特定的服务或零件可能只有单一的供方，提供这个服务或零件的公司仅此一家。在这种情况下，广告和投标人会议都没有意义。

投标人会议有两个目标。首先是确保你回答潜在卖方的所有问题。不过另一个目标是确保所有潜在卖方得到公平对待，能得到同样的信息。

问：我还是不清楚为什么希望使用一个“成本补偿”合同。

答：之所以使用成本补偿合同，最好的理由是要确保与你合作的卖方最后不会做赔本生意。总价合同对于卖方来说可能很有风险。卖方使用成本补偿合同时，比如成本加激励费用或者成本加固定费用合同，这说明有一种内在保证来确保不会由卖方完全承担成本超支。如果你很确定成本不会超出范围，或者如果你建立了一个很好的激励制度，那么成本补偿合同就是一种确保买方和卖方都得到公平对待的好方法。

问：为什么一直在讲要公平地对待卖方？我想做笔最划算的生意。难道这不意味着让卖方尽可能让步吗？

答：采购最重要的一个部分就是买方和卖方都要认为这笔生意很划算。绝对不要期望卖方会接受一个不利于他的合同。毕竟，你要依赖卖方交付项目中一个必不可少的部分。所以所有采购的目标都应当是让买方和卖方都感觉得到了公平对待。

问：如何使用组织过程资产找到卖方？

答：实施采购时，需要找到卖方来完成工作。很多公司都有一个卖方名单，从以往的项目绩效来看，他们认为这些卖方是合格的，可以完成这个工作。你通常会在档案里找到类似这样的一个名单，这就是合格卖方名单。

Sharpen your pencil

Kate需要使用实施采购过程中的大部分工具和技术。在以下各个场景中，Kate使用了哪种技术？

1. Kate和公司的法律团队与卖方一起研究合同的条款。尽管其间经过了多轮反复，不过最后他们达成了所有人都满意的一个协议。

....

2. Kate为各个卖方建立了标准。在他们投标之前，必须证明他们以前履行过技术支持合同，而且有必要的设备能够同时处理150个以上的呼叫。

....

3. Kate公司的CIO和IT部门总监花了很多时间建立公司现在的技术支持部门，所以Kate与他们会谈寻求他们在技术方面的意见。

....

4. Kate向对她的RFP做出回应的所有潜在卖方发出一个通知，告诉他们她在召集所有人开会。她确保所有潜在卖方都清楚地了解需要完成的工作，而且公开地回答了各个卖方提出的问题。

....

→ 答案见669页。

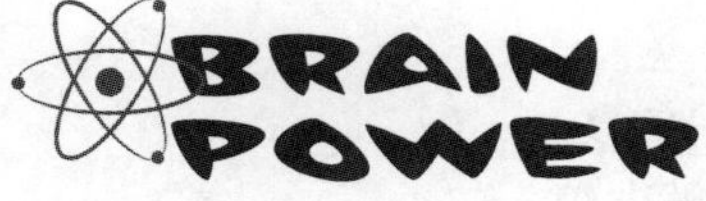
BRAIN POWER

Kate选择卖方时，她要帮助公司的法律团队完成合同条款谈判。你认为哪种合同适合Kate的项目？

WHAT'S MY PURPOSE

以下是Kate正在评估的一些建议书。将各个建议书与相应的最重要的合同类型连线。

买方将支付电话服务、设备租用和人员的成本，以及每月额外的$2500。

合同指定了成本，然后在此之上增加了一个金额，这是固定费用，所以这是一个CPFF合同。

买方向卖方支付总共$285000，购买18个月的技术支持服务。

由于会支付预定的价格，所以这是一个固定总价合同。

买方要支付电话服务和设备租用的成本，以及每月$4500的员工工时费用。每月成本不能超过$14500。

很多工料合同都有一个“上限”条款，以此限制买方的风险。

买方要支付电话服务、设备租用和人员的成本。如果卖方能做到平均每人每天解决10个问题，而且平均等待时间低于3分钟，那么每月还有额外$2750的奖金。

注意激励费用与具体的质量考核挂钩。这是激励卖方做好工作的一个好办法。

买方要支付电话服务、设备租用和人员的成本。如果绩效突出还会另加$5000。

这与总价合同的协议是一样的，不过还有CPIF合同中的激励费用。所以这是一个总价激励费用合同。

买方会向卖方支付总共$285000，购买18个月的技术支持服务。如果卖方能做到平均每人每天解决10个问题，而且平均等待时间低于3分钟，那么每月还有额外$2750的奖金。

固定总价

总价激励费用

成本加固定费用

成本加激励费用

成本加奖励费用

工料

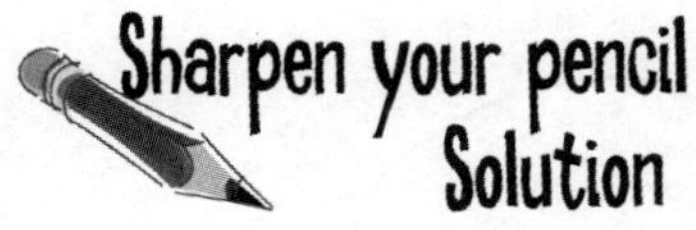
Sharpen your pencil
Solution

通常Kate需要使用实施采购过程中的大部分工具和技术。在以下各个场景中，Kate使用了哪种技术？

1. Kate和公司的法律团队与卖方一起研究合同的条款。尽管其间经过了多轮反复，不过最后他们达成了所有人都满意的一个协议。

人际关系与团队技能：谈判

项目经理通常并不是自己去谈判。他们会参与谈判，提供专业知识，但往往会依靠一个律师或法律部门磋商具体的合同条款。

2. Kate为各个卖方建立了标准。在他们投标之前，必须证明他们以前履行过技术支持合同，而且有必要的设备能够同时处理150个以上的呼叫。

数据分析：建议书评价

筛选潜在卖方时，这个技术会让选择卖方的工作容易得多。

3. Kate公司的CIO和IT部门总监花了很多时间建立公司现在的技术支持部门，所以Kate与他们会谈寻求他们在技术方面的意见。

专家判断

你已经见过很多其他过程都有这个技术。专家判断就是要获得项目以外某个人的意见。

4. Kate向对她的RFP做出回应的所有潜在卖方发出一个通知，告诉他们她在召集所有人开会。她确保所有潜在卖方都清楚地了解需要完成的工作，而且公开地回答了各个卖方提出的问题。

投标人会议

两个月后……

Kate的采购项目一直进展很顺利……或者说她以为一切顺利。不过实际上出了一个问题。

Kate，CEO凌晨3点给我打电话。卖方技术支持办公室发生工会罢工，一切都糟透了。现在我们的呼叫等待时间甚至比3个月前还要长。该怎么办？

法律团队进行合同谈判时，Kate甚至根本没有考虑过问问工会的情况。

Watch it!

要当心有关工会的问题，即使可能与合同或采购管理无关。

处理与工会有关的问题时（甚至是通过一个卖方），工会合同（也称为集体劳资协议）可能会对项目有影响。这说明你要把工会认为是一个相关方，完成规划时需要确保已经考虑到所有工会规则和协议，并已作为项目的制约因素。

BRAIN POWER

Kate怎么做才能预防这个问题?她能尽快发现问题吗?现在该怎么做?

密切关注合同

监控
过程组

你不会认为启动项目后一切都会顺利进行吧？同样地，合同也是一样。所以要使用控制采购过程。

控制采购过程的基本思想是，要密切关注卖方所做的工作，这比自行完成项目还要困难。这是因为，聘用一个卖方接管项目的部分工作时，完成工作的团队不会向你报告。所以前3个输入尤其重要。如果出了问题，要利用批准的变更请求来变更合同条款，另外工作绩效数据包含卖方用来展示项目进展情况的报告。

控制采购过程的工具和技术见下一页。

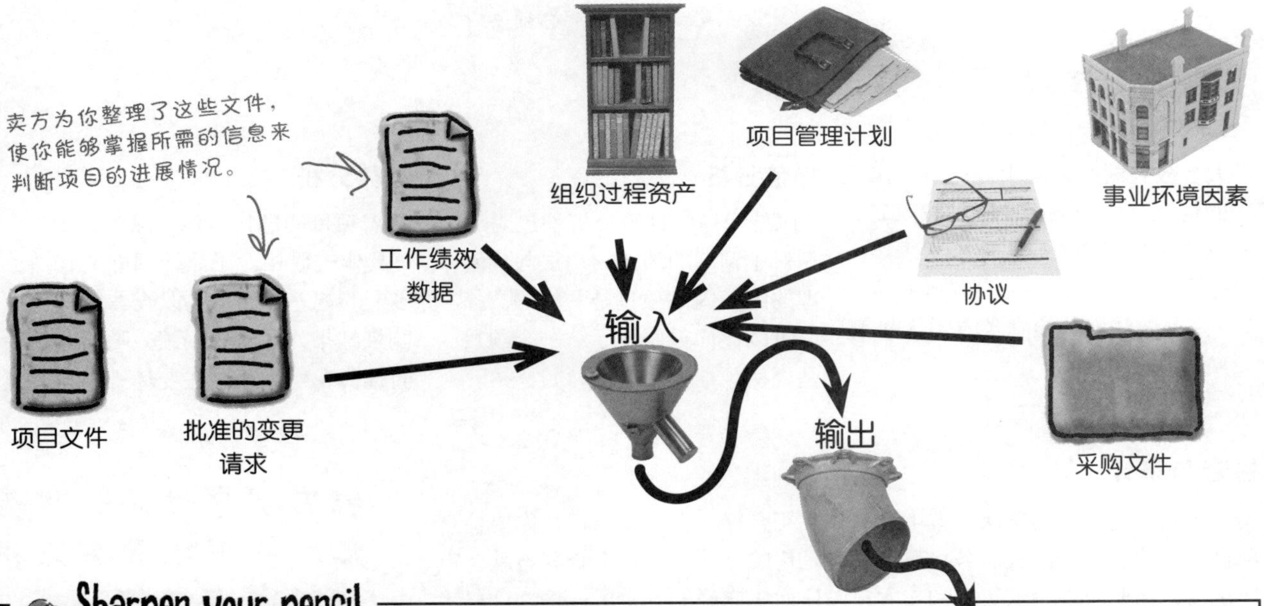

卖方为你整理了这些文件，使你能够掌握所需的信息来判断项目的进展情况。

输入：项目文件、批准的变更请求、工作绩效数据、组织过程资产、项目管理计划、协议、事业环境因素、采购文件

输出

Sharpen your pencil

控制采购是一个典型的监控过程，这说明你应该能确定它的大部分输出。我们已经为你填入了前几个，你能填入其他输出吗？

1. 结束的采购
2. 工作绩效信息
3. 变更请求
4. 更新：……
5. 更新：……
6. 更新：……
7. 更新：……

答案见682页。

密切关注卖方

Tools

控制采购过程的工具和技术可以帮助你与卖方合作。其中一些帮助你查找卖方潜在的问题，并做出变更来纠正。另外一些工具则用来帮助你完成日常管理工作，保证项目运转。

专家判断

你需要依靠专家来确保合同将顺利履行。你要咨询功能领域专家了解所要构建的产品，或者要咨询财务或法律专家来帮助你理解合同本身的复杂性。

索赔管理

如果买方和卖方之间发生争议，这称为一个索赔。大多数合同都有相关文字明确地解释应当如何解决索赔，由于它出现在合同中，所以有法律效力，买方和卖方都必须遵守。

数据分析工具

绩效审查

大多数合同都会对卖方完成工作的情况制订一些标准。卖方在完成原先协商的所有工作吗？工作是否按时完成？买方有权确保这一点，做法就是检查卖方团队的绩效。

挣值分析

可以使用挣值计算分析外包团队相对于预期的绩效，用法与你管理的组织内部项目是一样的。挣值可以让你很好地了解一个项目是否按预期交付产品。

趋势分析

随着项目的进行，你可以测量项目具体进展相对于原计划进展有多大的偏差。然后可以查看所有测量结果，了解合同绩效随着时间推移在变好还是在变坏。

检查与审计

买方要利用这个工具确保卖方生产的产品符合标准。检查是指，你要检查项目生产的具体产品或服务，确保它满足你的需要，并符合合同条款。审计是指，你要检查确保买方和卖方在以他们协商好的方式履行采购过程。

买方引导的绩效审查允许买方检查卖方完成的所有工作。

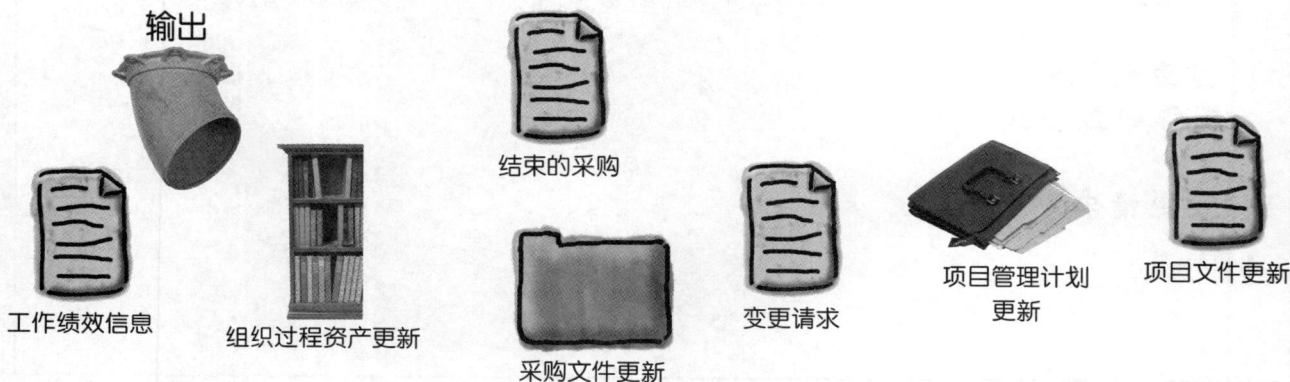

输出
工作绩效信息
组织过程资产更新

结束的采购

采购文件更新

变更请求
项目管理计划更新

项目文件更新

Exercise

对于以下各种情况，Kate应该使用控制采购过程的哪个工具和技术？

1. 一个重要的客户打电话需要技术支持，不过足足等了两个小时。Kate不了解这个情况，直到卖方直接打电话给她。她查看了合同的质量指标，来了解卖方是否满足协议中确定的标准。

....

2. CEO的妈妈打电话需要技术支持，不过等了两个小时才得到回答。Kate需要确保卖方提供他们原先承诺的质量。

....

3. Kate做了一个报告，汇总了过去6个月这个合同的所有报告。如果项目照此下去，会在交付最终产品之前花光所有资金。

....

4. 根据工作说明书，卖方应该对技术支持人员每周安排一次培训课程，不过Kate不清楚他们是否保证每周如期进行。

....

5. 卖方的一个经理称他们不负责培训课程，不过Kate认为他们应该负责。

....

BANG!
Watch it!

检查和审计很类似，不过不完全一样。

实施控制采购时，你的工作中最重要的部分就是确定卖方生产的产品是否满足合同要求，这正是检查所要做的。另一方面，审计则是要了解合同是否遵循你期望的采购过程。

Exercise Solution

对于以下各种情况，Kate应该使用控制采购过程的哪个工具和技术？

1. 一个重要的客户打电话需要技术支持，不过足足等了两个小时。Kate不了解这个情况，直到卖方直接打电话给她。她查看了合同的质量指标，来了解卖方是否满足协议中确定的标准。

数据分析：绩效审查

记录管理系统可以帮助Kate，使她有地方存储卖方的所有报告。

2. CEO的妈妈打电话需要技术支持，不过等了两个小时才得到回答。Kate需要确保卖方提供他们原先承诺的质量。

数据分析：检查和审计

想要审查所生产的产品或服务的质量时，就要使用检查和审计。

3. Kate做了一个报告，汇总了过去6个月这个合同的所有报告。如果项目照此下去，会在交付最终产品之前花光所有资金。

数据分析：趋势分析

4. 根据工作说明书，卖方应该对技术支持人员每周安排一次培训课程，不过Kate不清楚他们是否保证每周如期进行。

数据分析：绩效审查

如果需要检查工作是否顺利进行，可以使用采购绩效审查。

5. 卖方的一个经理称他们不负责培训课程，不过Kate认为他们应该负责。

索赔管理

there are no Dumb Questions

问： 处理合同时，是不是只需要考虑工会？

答： 如果卖方与工会已经有一个合同，工会就会对采购和合同有影响。这种合同称为集体劳资协议，如果这个协议对卖方为你做的工作会有影响，你就需要确保法律部门制订合同条款时要考虑到这种影响。

不过在完成项目资源管理时工会也很重要。如果你的公司与一个工会有一个集体劳资协议，就需要把这个合同的条款考虑为项目计划的外部制约因素。下面举一个例子：假设你在管理一个建筑项目，你的工人都是工会成员。你就要确保你在召集团队、建立预算和制订计划时考虑到了所有加班规则和关于资源可用性的其他限制。

只要看到“检查”或“审计”，这就说明你在查看卖方交付的产品，确认它们是否满足标准。

问： 一旦签订一个合同，是不是意味着再不允许改变了？

答： 并非如此。有些人对此很困惑，因为如果签订合同，它是有法律效力的，这说明你必须遵守合同的条款。不过这并不表示这些条款不能改变。如果买方和卖方双方都同意对合同做出变更，他们完全有权力这么做。正因如此，你有一个合同变更控制系统，这样就能确保正确地做出变更。

不过，不能认为只要你不满意就能改变合同。一旦你的公司同意签订一个合同，你就必须遵守合同的条款，完成你的职责。如果你希望对它做出变更，需要关于这个变更进行谈判，有可能卖方并不同意，同样地，你也完全有权力拒绝卖方提出的不合理的变更。

问： 合同的类型对于如何处理变更会有影响吗？

答： 不，不会的。合同的类型当然会影响很多方面，但是变更总是采用同样的方式处理。都是要使用合同变更控制系统来处理。

正是因为这个原因，合同变更控制系统非常重要。它会告诉你需要遵循哪些规则才能对一个合同做出变更。没有哪个合同是完美的，大多数情况下，买方和卖方总会希望做一些小的调整。利用这个工具，他们可以只做必要的变更，任何一个团队（买方或卖方）都不会同意在合同中加入他们不希望的变更。

问： 我还是不清楚绩效审查和审计之间有什么区别。

答： 区别在于绩效审查有关于工作，而检查与审计有关于可交付成果和产品。

如果希望确保卖方团队在做他们应该完成的各个活动，就会使用绩效审查。例如，如果你有一个合同要求卖方完成某些质量控制或项目管理任务，就可以开展绩效审查，观察团队的表现，确认他们确实完成了这些任务。另一方面，如果你希望确保团队的产品满足你的需求和标准，就可以派一个审计人员检查卖方生产的产品，来确认它们满足需求。

问： 这么说，项目经理总会参与合同谈判，是吗？

答： 项目经理通常并不是自己来谈判，不过他们确实经常参与合同谈判。要记住，没有人比项目经理更了解项目，你知道需要做哪些工作，产品必须满足哪些需求，你需要保证不超出多少预算。所以，即使有律师或法律部门具体进行谈判，如果没有项目经理的帮助，他们将无法知道卖方是否有能力完成这个工作。

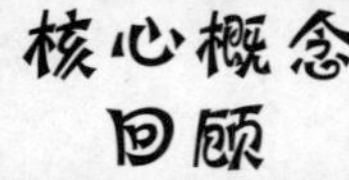
核心概念
回顾

复杂项目通常会利用很多不同组织的专业知识。项目采购管理就是要考虑这些组织如何一起合作。

核心概念

我们已经讨论了你和你的团队在规划、执行和监督合同时使用的过程，现在来考虑采购管理方法可以如何影响团队的交付方式。

- ★ 合同应当是书面的，这样买方和卖方都能理解买方期望的可交付成果和结果，而且有法律效力。
- ★ 你的组织可能已经明确制订了有关创建合同协议的过程和程序。你要遵循这些原则。

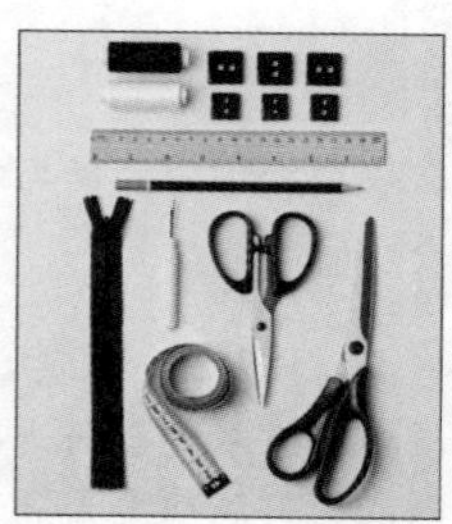

裁剪

以下是裁剪采购管理方法时要考虑的一些因素：

- ★ 项目是否包含与一个卖方的多个合同？或者包含与多个卖方的多个合同
- ★ 卖方在什么位置？他们能与你面对面沟通吗？
- ★ 你要考虑哪些制度或法规问题？

敏捷考虑因素

基于工料的人员扩充合同是敏捷环境中管理合同的常用方法。由于敏捷团队要根据开发过程中遇到的变化调整其范围和方法，所以根据规划时的已知范围测量绩效的传统合同往往不能很好地鼓励买方和卖方之间必要的合作。所有项目团队都认识到存在范围变更的风险。不过一些敏捷团队找到一种方法可以让买方和卖方分担这种风险，在他们的合同中增加条款来鼓励团队适应变化并增加合作。

合同填字游戏

让你的右脑动一动。这是一个标准的填字游戏，所有答案都出自这一章。

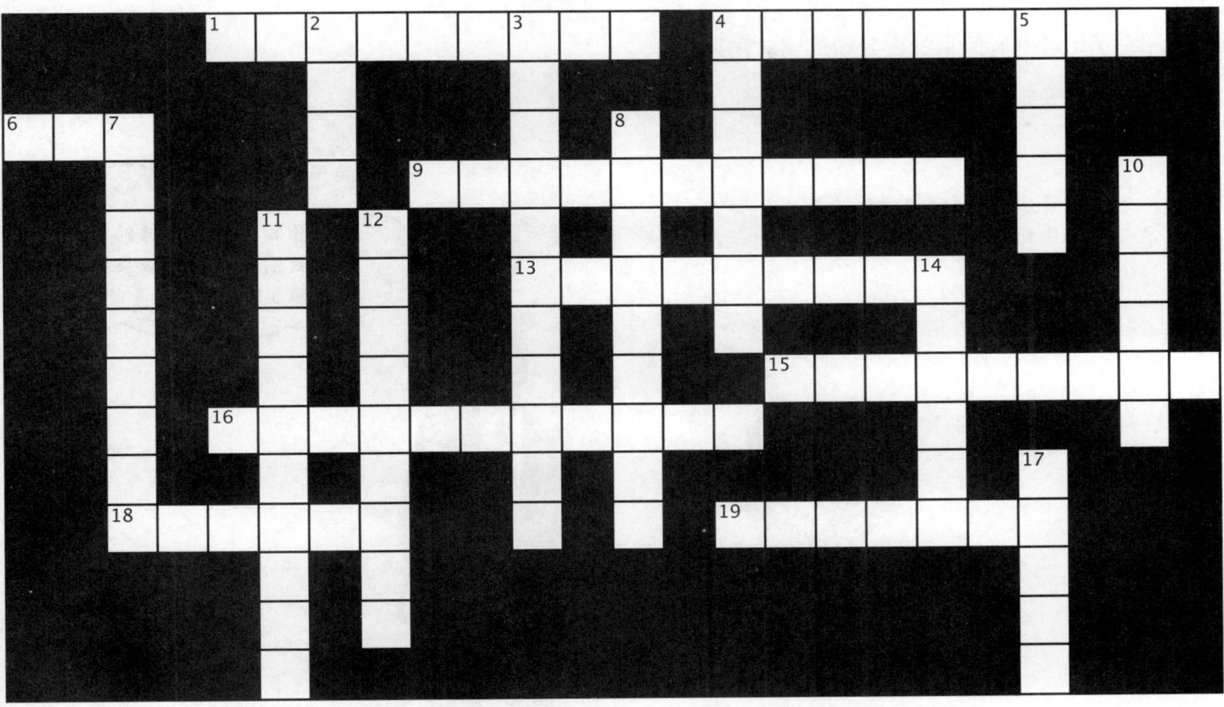

横向

1. 这种费用在成本补偿合同中用来鼓励卖方提高绩效。
4. 这种分析用来确定采购一个服务还是由公司内部完成。
6. ___合同对卖方风险很大，因为卖方必须承担超出定价的成本。
9. _______文件包含卖方希望与潜在买家沟通的所有信息。
13. 在工料合同中，买方支付_______，这包括设备、办公场地、管理间接成本和所有其他要支付的费用（不包括劳务成本）。
15. 一些组织维护了一个 _______卖方名单，已经根据以往的合作经验预先做了筛选。
16. 买家有时要使用 _________ 向所有潜在卖家宣布一个项目。
18. 买方在联系潜在卖方之前要确定_______选择标准。
19. 监控过程组中与合同有关的过程称为_________ 采购。

纵向

2. 在这种合同中，会向卖方支付成本以及根据买方的绩效评估所确定的费用。
3. ______邀请书的目的是要得到所需采购的商品和服务的更多信息。
4. ________力条款可以保护买方和卖方，由于战争和自然灾害等原因妨碍完成合同时可以免责。
5. 采购服务的公司或组织。
7. 潜在卖方向买方提交卖方 _______ 来解释如何履行合同。
8. ______邀请书是一个请卖方给出工作报价的文件。
10. _______采购是控制采购过程的输出，在合同完成之后创建。
11. 买家支付一个总价的一类合同。
12. 采购工作_______定义了项目范围中卖方要为合同完成的部分工作。
14. 完成合同服务的公司或组织。
17. 买方和卖方之间的争议称为一个 _______。

→ 答案见682页。

Kate结束合同

为期18个月的合同要结束了！卖方很好地提供了技术支持，这让Kate和Ben有了足够的时间来扩充公司的团队和设施。

嗯，合同完成了，我们已经把技术支持工作转交回公司。

这让我们有了足够的时间培训我们自己的团队来接手。太棒了！

可以看到结束的采购是控制采购过程的一个输出。买方—Kate!—向卖方提供了正式的书面通知，指出合同已经完全。这通常意味着所有可交付成果都已经交付，而且他们通过了所有必需的质量检查。

输出

结束的采购

您好，这里是技术支持部，有什么可以帮您？

问题诊所：BYO（自带）问题

看看能不能自己出一道题！试试看：

写一个关于实施定量风险分析的"最佳答案"问题。

见208页。

见370页。

写一个关于实施采购的"烟雾弹"问题。

写一个关于CPI的计算题。

见294页。

见566页。

写一个关于范围管理的"下一步"问题。

这是一个很好的学习工具。如果一个练习题做错了，或者不理解某个特定概念，你可以写一个相应的问题！这样可以很好地帮助你记住有关的内容来准备考试。

Sharpen your pencil
Solution

Kate有18个月的时间扩大公司需要的座席容量，从而能处理所有技术支持呼叫。对于Kate来说，你认为自制或外购哪种做法更合适。

1. 如果他们在公司内部完成这些额外的工作而不是另找一个卖方，因为员工加班会额外支出$35000的成本，培训成本总计为$11000，完成这个额外的支持工作需要5个人的团队，每人每月的成本是$4400。在公司内部完成这个工作的总成本是多少？

保持由公司完成这个工作的总成本是每月成本($4400/人 x 5人) x 18 月 = $396000，再加上额外的成本(加班费$35000和培训成本$11000)。也就是$396000 + $35000 + $11000 = $442000，在公司内部完成这个工作（自制）的总成本是 $442000。

2. Kate和Ben与几家公司谈过，估算请另一家公司完成这个工作每个月将花费$20000，不过还需要$44000作为启动成本。外包这个工作的成本是多少？

请另一个公司完成这个工作的成本是 $20000 / 月 x 18月，加上启动成本$44000，也就是($20000 x 18) + $44000 = $404000，外包这个工作（外购）的总成本是$404000。

3. 那么自制和外购哪种方式更合适？为什么？

在这种情况下，外购更合适，因为自制的成本($442000)大于外购成本($404000)。

Sharpen your pencil
Solution

Kate提出一个RFP，希望找到一个卖方为她的公司提供技术支持。你能看出她使用了哪种实施采购工具吗？

1. Kate与公司的卖方评估委员会合作，遵循一个有明文规定的正式评估审查过程来确定选择哪一个卖方签订合同。

数据分析：建议书评价

2. Kate与一家IT行业期刊联系，刊登了一个分类广告来寻找卖方。

广告

3. CEO的妹夫经营的公司参与了合同的投标。Kate需要确保他能得到公平的对待，而没有任何优先特权。她不希望给他不公正的好处，不过也不想把他排除在投标过程之外。所以她把所有卖方代表召集到一个房间，在这里他们可以公开地提出有关合同的问题，也能听到对每一个问题的回答。

投标人会议

4. Kate的公司参与了一个机会平等计划，在这个计划中，必须能让少数民族运营的卖方公司得到所有RFP通知。她的公司聘请了部门中有这方面经验的一些人，他们很擅长处理与机会平等有关的特定规章制度。

专家判断

合同磁贴答案

以下哪些磁贴属于招标文件，而哪些属于供方选择标准?

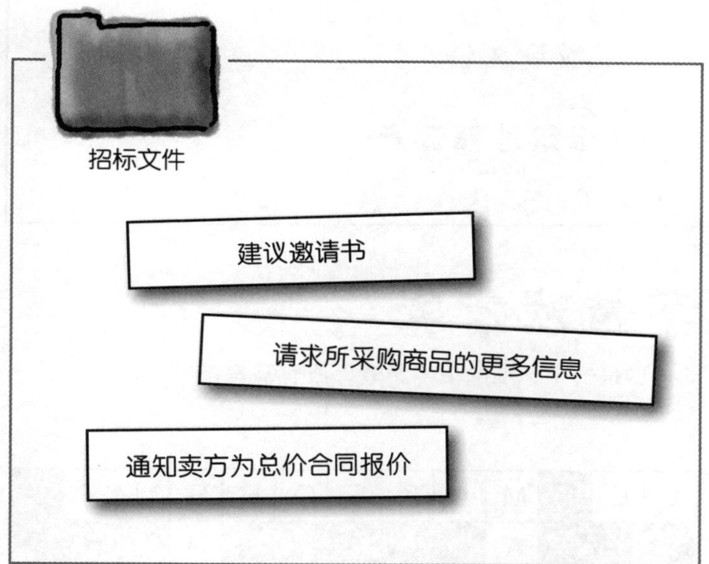
招标文件
建议邀请书
请求所采购商品的更多信息
通知卖方为总价合同报价

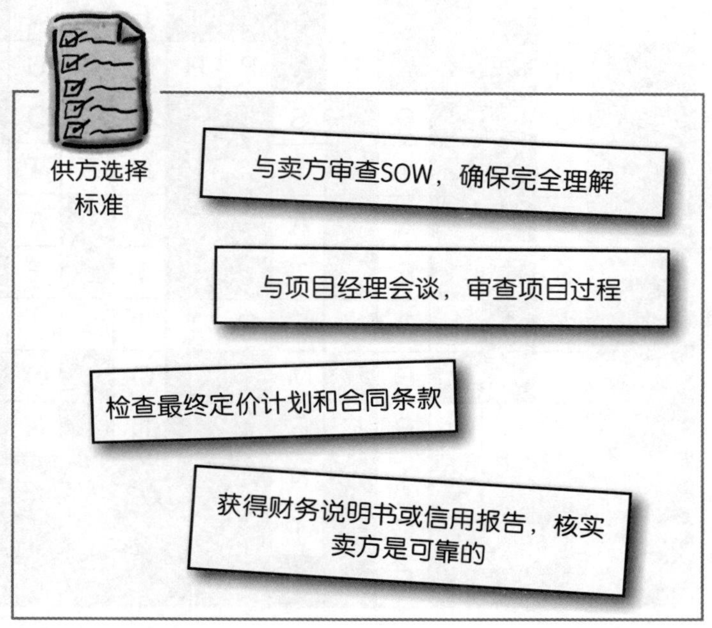
供方选择标准
与卖方审查SOW，确保完全理解
与项目经理会谈，审查项目过程
检查最终定价计划和合同条款
获得财务说明书或信用报告，核实卖方是可靠的

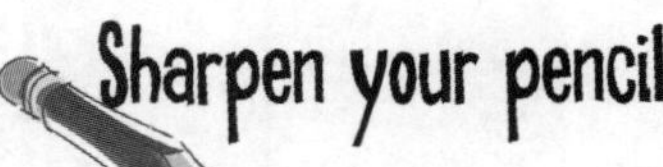

控制采购是一个典型的监控过程，这说明你应该能确定它的大部分输出。我们已经为你填入了前几个，你能填入其他输出吗？

1. 结束的采购
2. 工作绩效信息
3. 变更请求
4. 更新：采购文件
5. 更新：项目管理计划
6. 更新：项目文件
7. 更新：组织过程资产

合同填字游戏答案

让你的右脑动一动。这是一个标准的填字游戏，所有答案都出自这一章。

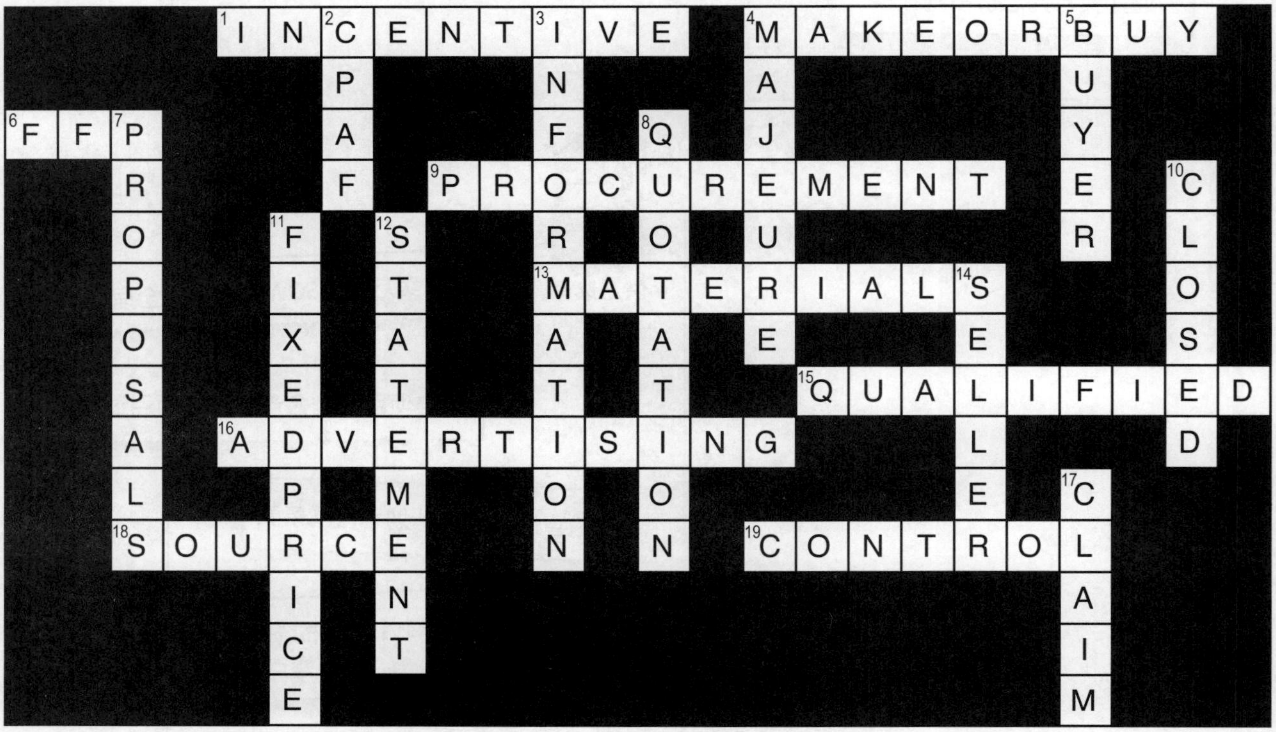

				1 I	N	2 C	E	N	T	3 I	V	E		4 M	A	K	E	O	R	5 B	U	Y	
						P				N				A						U			
6 F	F	7 P				A				F		8 Q		J						Y			
		R				F		9 P	R	O	C	U	R	E	M	E	N	T		E		10 C	
		O			11 F		12 S			R		O		U						R		L	
		P			I		T			13 M	A	T	E	R	I	A	L	14 S				O	
		O			X		A			A		A		E				E				S	
		S			E		T			T		T			15 Q	U	A	L	I	F	I	E	D
		A		16 A	D	V	E	R	T	I	S	I	N	G				L				D	
		L			P		M			O		O						E		17 C			
		18 S	O	U	R	C	E			N		N		19 C	O	N	T	R	O	L			
					I		N													A			
					C		T													I			
					E															M			

模拟题

1. Tom是一个软件公司的项目经理。他把一个长期的软件项目外包给一个外部公司。这个公司每个员工每小时费用为$20，另外每月有$300的间接费用。他使用的是哪一种合同？

A. FP。

B. CPAF。

C. CR。

D. T&M。

2. 关于投标人会议，以下哪一种说法不正确？

A. 所有潜在卖方都应该单独与买方会面。

B. 潜在卖方应当公开地问问题，使其他卖方也能听到回答。

C. 投标人会议是确保卖方得到公平对待的一种好方法。

D. 所有卖方都得到相同的采购文件。

3. 你为一家公司工作，你的公司正在向一个合同投标。对你的公司来说，风险最大的是哪一类合同？

A. CPIF。

B. T&M。

C. FP。

D. CPAF。

4. 以下哪一个是合同“总体假设点”的最佳描述？

A. 这是成本补偿合同中的一点，达到这一点时，买方就认为需要向卖方支付费用。

B. 工料合同中的总成本。

C. 总价合同中的一点，达到这一点时，卖方必须自行负担后续的所有成本。

D. 合同要求的总资源数。

5. 你想决定是否将一个建筑任务外包。如果在公司内完成，必须聘用一个工程师，费用为$35000，另外每周要向一个施工队支付$15000。一个承包商报价为每周$19000，专家认为再没有比这更低的报价了。这个工作将耗时16周。完成这个工作的最佳做法是什么？

A. 花钱请承包商来完成这个工作。

B. 选择一个工料合同。

C. 不外包这项工作，请工程师并付钱给施工队完成工作。

D. 确保合同有一个不可抗力条款。

模拟题

6. 你在管理一个可能必须将工作外包的项目，你在比较找一个卖方和公司自行完成工作的相对优缺点。你正处在哪个过程中？

A. 规划采购管理。

B. 规划外包。

C. 实施采购。

D. 请求卖方回应。

7. 你在使用一个合格卖方名单。你正处在哪个过程中？

A. 规划采购管理。

B. 规划外包。

C. 实施采购。

D. 请求卖方回应。

8. 你接受了一个工业设计公司的委托，管理这个公司的外包工作。你的客户要求你接管一个重要合同的谈判，这个合同的目的是设计一种新的远程控制照明系统。你已经把卖方范围缩小为只有一个卖方，现在你与买方的法律部门一同关于合同条款进行谈判。以下哪一项能最好地描述你的目标？

A. 你想让你的客户做一笔最划算的生意，确保卖方的价格尽可能低，而不论他们的成本是多少。

B. 你希望买方和卖方做一笔公平的生意。

C. 你希望确保卖方尽可能挣钱。

D. 你希望延长谈判，来赚取更多费用。

9. 你接受了一个建筑公司的委托，管理这个公司的外包工作。他们有两个选择，可以购买一个挖土机，也可以租用。如果购买，公司必须付$105000。租挖土机的价格是每月$5000，另外有一个一次性服务费$2000。如果公司需要购买而不是租用挖土机，最少使用多少个月才合适？

A. 8个月。

B. 16个月。

C. 21个月。

D. 25个月。

10. 以下哪些合同对买方的风险最大？

A. FP。

B. CPAF。

C. CPIF。

D. T&M。

模拟题

11. 你在管理一个很难估算的项目，所以你不清楚项目什么时候结束。以下哪种合同最合适？

    A. FP。

    B. CPAF。

    C. CPIF。

    D. T&M。

12. 你在寻找一个卖方来完成你的项目工作。什么时候发出RFP？

    A. 创建采购文件之后，但在选择卖方之前。

    B. 计划外包之前，但在规划采购管理之后。

    C. 投标人会议之后，但在选择卖方之前。

    D. 控制采购期间。

13. 你在为合同创建供方选择标准。你正处在哪个过程中？

    A. 实施采购。

    B. 控制采购。

    C. 监督采购。

    D. 规划采购管理。

14. 你在管理一个项目，你和卖方都同意需要让卖方为项目增加更多资源从而能按时完成工作。资源数量要写入合同。对此最好的做法是什么？

    A. 你的项目会滞后，因为合同一旦签订就不能变更。

    B. 你需要说服买方签订一个新合同。

    C. 需要使用合同变更控制系统对合同做出变更。

    D. 需要使用索赔管理解决这个问题。

15. 以下哪一项能最好地解释控制采购中的审计和检查之间的区别？

    A. 检查审查所创建的产品，而审计审查采购过程。

    B. 检查根据初始合同审查质量、进度和成本绩效，而审计审查采购过程的进展情况。

    C. 审计审查所创建的产品，而检查用来检查哪些资源分配给哪些任务。

    D. 审计审查所创建的产品，而检查用来检查成功与否并收集经验教训。

答案

模拟题

1. 答案：D

这个合同是一个工料合同。它要收取劳务费用和材料开支。

对于这种问题，可以用排除法排除不正确的答案。

2. 答案：A

关于投标人会议，最重要的一点是任何一个卖方都不能得到买方的优先特权。他们应该有同样的机会收集信息，所以任何一个卖方都不能有特殊待遇。

卖方应当在同一个房间开会，其中一个人问问题时，所有其他人都能听到回答。

3. 答案：C

总价合同对于卖方来说是风险最大的一类合同。这是因为，整个合同只有一个定价，而不论发生了什么。所以，如果最后有很多预期之外的工作，或者零件或材料的价格上涨，卖方就必须自己承担成本。

4. 答案：C

这就是总体假设点的定义。

5. 答案：C

这是一个简单的自制还是外购决策，所以可以做一些数学计算。承包商的报价是每周$19000，完成任务需要16周，这说明外购的成本是$19000 x 16 = $304000。另一方面，如果决定自行完成工作，工程师的成本是$35000，另外完成工作的16周每周要支付$15000：$35000 + (16 x $15000) = $275000。所以自建比外购更便宜！

哦，我明白了。我必须得出自制或外购的成本，再选择成本低的那一个！

答案

模拟题

6. 答案：A

这个问题描述的是自制或外购分析，这属于规划采购管理过程。

这是有道理的。在确定是否应该外包之前不能贸然外包。

7. 答案：C

实施采购过程中寻找卖方时最重要的一件事就是选择具体完成工作的卖方。这里可以使用合格卖方名单作为输入。

你的公司的档案中应该已经有一个合格卖方名单。

8. 答案：B

采购管理最重要的一个部分是买方和卖方都希望做了一笔划算的生意。每个采购对于双方都应当是一种双赢！

9. 答案：C

看起来这个问题很难，不过实际上很容易。只需要得出每个答案中的租用成本：

A.	8个月	8 月 x $5000 /月 + $2000 服务费 = $42000
B.	16个月	16 月 x $5000 /月 + $2000 服务费 = $82000
C.	21个月	21 月 x $5000 /月 + $2000 服务费 = $107000
D.	25个月	25 月 x $5000 /月 + $2000 服务费 = $127000

现在来看挖土机使用21个月的成本。这会花费$105,000。所以如果能使用21个月，是值得购买挖土机的，不过在此之前，最好还是租用。

可能看起来有些奇怪，要记住，租用设备是一种合同，所以也有必要做出自制或外购决策。

10. 答案：D

工料（T&M）合同对于买方来说是风险最大的合同，因为如果项目的成本超出原来的估算，必须由买方承担，而卖方仍按工作的时间得到报酬。

答案

模拟题

11. 答案：D

成本补偿合同和总价合同都基于一个前提：你知道合同会持续多长时间。只有很清楚一个任务的成本时，卖方才会同意签订总价合同。另外如果成本超支，成本补偿合同就会损害买方利益。如果不清楚工作持续多长时间，只有工料合同对买方和卖方都公平。

只有这种情况下才应当使用工料合同。

12. 答案：A

外包是一个线性过程，首先计划外包，然后整理一个采购文件包发送给潜在卖方，接下来选择一个卖方，开始工作。所以在整理了采购文件之后要发出建议邀请书，来选择完成这个工作的卖方。

13. 答案：D

要整理供方选择标准，作为规划采购管理过程的一部分。这样查看从卖方得到的回应时就可以使用这些标准。

14. 答案：C

只要买方和卖方都同意，合同是可以变更的。变更合同时，需要使用合同变更控制系统，就像处理所有其他变更一样。

这不是索赔管理要做的。因为买方和卖方都同意，所以不存在索赔。

15. 答案：B

很容易把控制采购的这些工具弄混，不过如果考虑一下它们如何使用，就不那么困惑了。要记住，检查就是确定卖方是否满足你们的合同。审计则是要确保合同遵循你期望的采购过程。

13 相关方管理

大家来参与

不过，把所有派对客人对应到一个权力利益方格以后我才能知道怎么让他们满意。

项目管理就是要了解你的受众。如果你不了解哪些人会受项目影响，可能会发现他们的一些需求没有得到满足。要想让项目取得成功，就必须让你的相关方满意。幸运的是，有一个**相关方管理**知识领域，可以用来了解你的相关方，明确他们需要些什么。一旦明白这些需要对于你的项目的重要性，就能更容易地**让每一个人都满意**。

（再谈）Head First酒廊派对！

第10章中我们最后见到Jeff和Charles时，他们正准备举办他们盛大的开业派对。那个派对办得怎么样？

Head First
酒廊
看看这些复古式样的衣服和发型！
他们真是下了不少功夫。

不是所有人都那么激动

对于Head First酒廊的这个开业派对，很多人并不像Jeff和Charles那么兴奋。你能使用4个相关方管理过程帮助他们成功举办这个派对吗？

那是城里最棒的派对，
可是我们第二天才知道。
Mark和Laura对城里的夜生活完全不了解。
HF酒廊比城里的其他派对好在哪里？
Mike要写一篇关于城里夜生活的专栏文章。
上一次派对有点吵。真希望他们将来声音能小点。
上一次的音乐太大众化了。要想让人们记住我，这一次我得放一些更有意思的音乐。
Tom在城里做了好几年的DJ，他实在有些腻味了。
Adam住在HF酒廊的隔壁。

BRAIN POWER

Jeff和Charles要怎样应对相关方的这些问题？

了解你的相关方

好好想一想，有很多人都会对你的项目感兴趣。这显然包括为项目投资的发起人、完成项目的团队，以及提供支持的相关人员。不过除此以外，还有一些人也与项目相关，但不那么明显。如果你没有注意到所有相关方，可能会发现最后未能满足他们的需要，这可能导致项目最终失败。相关方管理过程就是要帮助你明确你的相关方是谁，规划如何让他们始终参与项目，并且有效地管理你的项目使他们满意。

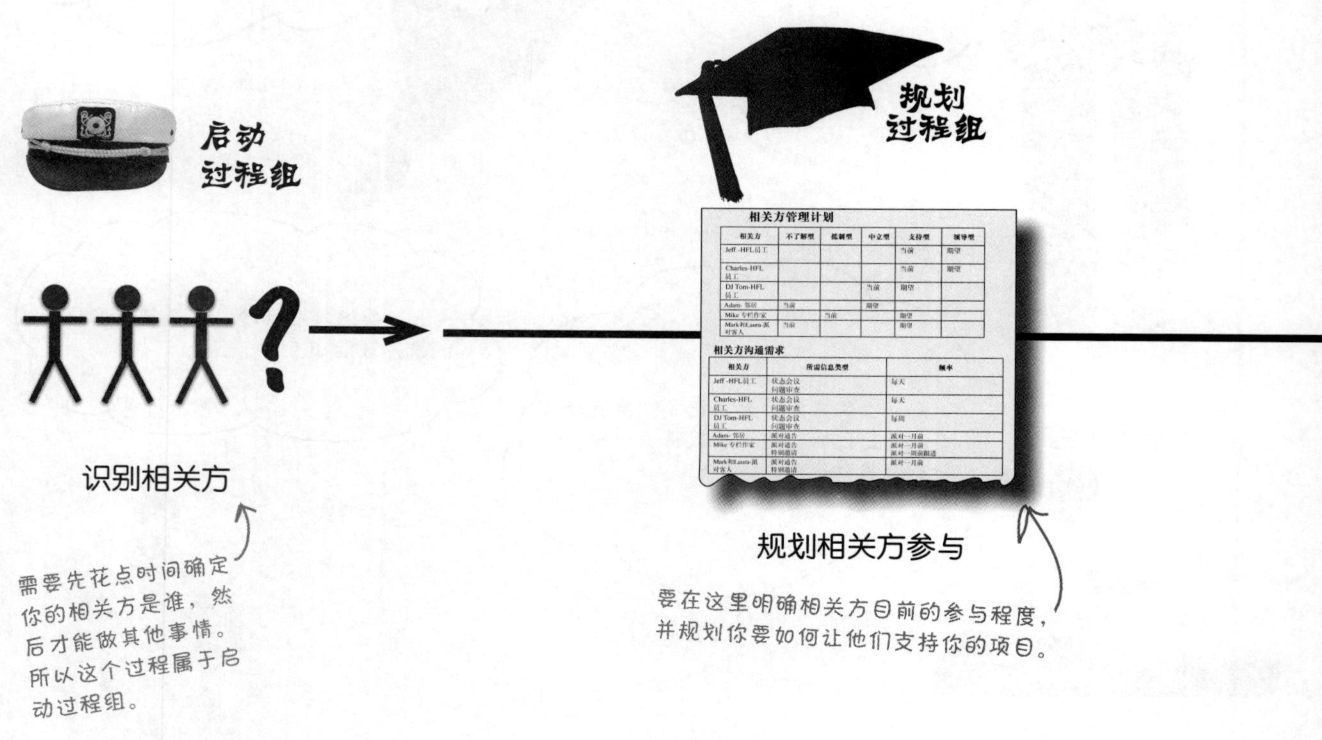
启动
过程组
规划
过程组
识别相关方
需要先花点时间确定你的相关方是谁，然后才能做其他事情。所以这个过程属于启动过程组。
规划相关方参与
要在这里明确相关方目前的参与程度，并规划你要如何让他们支持你的项目。

相关方管理计划

相关方	不了解型	抵制型	中立型	支持型	领导型
Jeff -HFL员工				当前	期望
Charles-HFL员工				当前	期望
DJ Tom-HFL员工			当前	期望	
Adam- 邻居	当前		期望		
Mike 专栏作家		当前		期望	
Mark和Laura-派对客人	当前			期望	

相关方沟通需求

相关方	所需信息类型	频率
Jeff -HFL员工	状态会议 问题审查	每天
Charles-HFL员工	状态会议 问题审查	每天
DJ Tom-HFL员工	状态会议 问题审查	每周
Adam- 邻居	派对通告	派对一月前
Mike 专栏作家	派对通告 特别邀请	派对一月前 派对一周前跟进
Mark和Laura-派对客人	派对通告 特别邀请	派对一月前

相关方管理确保你知道需要谁参与项目，保证项目处于正轨。

相关方的需求和期望有时会在项目过程中改变。监督相关方参与过程确保你及时掌握这些变更，并相应地调整计划。

执行
过程组

监控
过程组

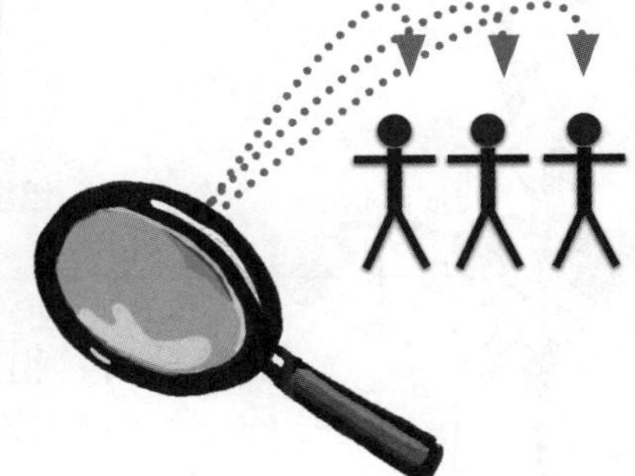

管理相关方参与

这个过程就是要与你的相关方合作，了解他们的需要，并在项目过程中让他们参与所有对他们有影响的决策。

监督相关方参与

在这个过程中要跟踪你建立的所有相关方关系，并根据他们的需要调整你的计划和措施。

找出相关方

启动过程组

开始一个项目时，首先要做的事情之一就是确定你的相关方，并明确需要做什么来保证他们始终知情。识别相关方过程就是要在一个相关方登记册文件中写出相关方的名字，以及他们的目标、期望和顾虑。大多数项目的成败就基于项目经理是否能很好地了解和管理相关方期望。提前把这些写下来，将有助于你提出一个适当的策略，识别出可能影响你的项目但仍对项目价值心存疑虑的人。

项目管理计划

项目章程会告诉你谁为项目提供资金和支持。

了解公司的运行方式可以帮助你找出将受项目影响的人。

项目章程

商业文件

事业环境因素

组织过程资产

项目文件

这包括变更日志、问题日志和需求文件。

协议

输入

Tools

数据分析：相关方分析是这个过程中的一个关键工具。你需要与项目中能找到的所有相关方会谈，确定这个项目对于他们的价值。与相关方坐下会谈时，你还能找出更多要访谈的人。

在相关方分析中，可以根据相关方的参与程度和沟通需求将相关方分组。了解所有相关方的意图后，可以提出一个策略，确保他们能得到他们认为重要的信息，同时不会过于繁琐让他们厌烦。

会议……嗯，就是普通的会议。你应该知道会议是怎样的。

数据分析：文件分析就是查看项目文件，找出项目的相关方。

这个过程中的**专家判断**是指与项目中的所有专家讨论，来识别出更多相关方，并且更多地了解已识别的相关方。

数据收集：问卷、调查和头脑风暴都是很好的方法，可以让你的团队考虑应当把哪些人增加到相关方登记册中。

数据表现：相关方映射/表现

接下来几页就会看到这个工具的例子。

在幕后

启动一个项目时，相关方相当重要。第4章中我们了解了商业论证文件，商业论证会确定这个项目的效益与成本相比是否值得。那个文件如何建立？就是要与相关方一起分析项目的效益，因为相关方是了解组织策略的人，而且可以评估项目的期望商业价值。

那么批准了项目章程之后会发生什么？项目章程包含项目需求、里程碑和有关团队所交付成果的其他重要信息。不过只是把它写下来还不够。你还需要与相关方沟通，确保他们了解章程的内容以及他们的职责。

相关方，名词

对某个东西有兴趣或有顾虑的人。

Tom是Little League游戏的相关方，因为他儿子正在玩这个游戏。

《PMBOK®指南》对相关方给出了比日常用法更明确的定义："可能影响一个项目、项目集或项目组合的决策、活动或结果，或受其影响，或者认为受其影响的个人、团体或组织"（《PMBOK®指南》第6版，723页）。

相关方对项目可交付成果有很大影响，通常会在你识别项目的关键可交付成果时提供商业需求。你已经知道可交付成果对于实现项目目标有多重要……它对于管理客户期望也同样非常重要。

输出

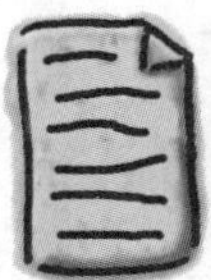

项目文件更新

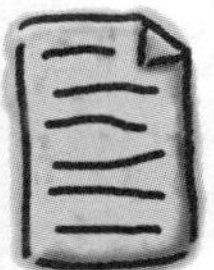

变更请求

可交付成果

项目管理计划更新

这个登记册会指出各个相关方能从项目得到什么，这样你就能帮助他们了解这个项目的价值。

相关方登记册

姓名：专栏作家Mike　　**角色：**新闻媒体

职责：

- 参加派对
- 写篇这个派对的专栏文章

需求：

- 将这个派对与城里其他酒廊派对做比较
- 喝免费饮料

期望：

- Head First酒廊有一个一流的音响系统。

分类：

- 外部/中立型

这个分类指出相关方属于内部还是外部，另外他参与项目时是支持者、抵制者还是中立型者。

**翻到下一页更多地了解相关方登记册。

相关方分析详解

启动项目时，首先要做的就是检查章程和你得到的所有合同信息，确定谁会受到这个项目的影响。一旦有了一个初步的相关方名单，就要与他们分别坐下来好好谈一谈，确定他们的职责、目标、期望和顾虑。这些访谈将是相关方登记册中相关方概况的基础。在与人们会谈时，你可能还会发现更多需要包含在这个名单中的相关方。

姓名：Adam　　**分组**：邻居

职责：

- 无

需求：

- 与Head First酒廊和平共处。
- 在露台上看书。
- 喝点咖啡。

期望：

- Head First酒廊不要太吵以至于妨碍正常生活。

分类：

对相关方分组很有用，因为一个特定分组中的相关方往往有类似的需求和项目利益。

姓名：DJ Tom　　**分组**：Head First酒廊员工

职责：

- 为酒廊派对播放音乐。
- 保证大家情绪高昂，确保每个人都玩得痛快。
- 播放大家喜欢的有趣的新音乐。

需求：

- 作为一个好DJ建立声誉。
- 再次受聘参加另一场演出。

期望：

- Head First酒廊有一个一流的音响系统。
- Head First酒廊会为这个活动做广告，派对座无虚席。

首先，看起来"需求"和"期望"几乎是同一回事，不过对它们加以区别很有用。需求是一个人希望从你的项目得到的东西，而期望是他们认为会发生的事情。

可以想见，可能会有一个相关方目标很高，但对于这些目标的实现并不抱多大期望。

姓名：专栏作家Mike　　**分组**：新闻媒体

职责：

- 参加派对。
- 写篇这个派对的专栏文章。

需求：

- 将这个派对与城里其他酒廊派对做比较。
- 喝免费饮料。

期望：

- Head First酒廊有一个一流的音响系统。
- Head First酒廊与城里其他夜生活场所不同。

分类：

- 外部/抵制

一旦了解相关方的顾虑，可以进一步解决这些问题。这样就能把负面相关方变成你的支持者！

要掌握如何与相关方沟通，一种做法是创建一个权力/利益方格。在权力/利益方格中画出你的相关方时，可以确定哪些人有影响项目的权力（高或低），另外哪些人有利益（高或低）。要保证满足权力高的人的需要，另外要保证利益高的人要始终知情。如果一个相关方权力和利益都很高，一定要密切管理他们的期望！

权力高而利益低的人要知情。你要保证这些人对项目满意，尽管项目对他们并没有多大利益。

权力高而且利益高的人是决策者，他们对项目的成功影响最大，所以要密切管理他们的期望。

高
权力
低
低
利益
高
Tom, DJ
Jeff和Charles,
HF酒廊
Adam, 邻居
Mike, 专栏作家
Mark和Laura, 派对客人

不必太担心利益低而且权力低的人，所以只需要监督就可以。

利益高但权力低的人需要了解项目进展情况。如果保证他们始终知情，你的项目会有很好的口碑。

BRAIN
POWER

一个抵制型相关方会对你的项目有什么影响？中立型呢？

Exercise

以下是规划相关方参与过程。你现在已经见过很多规划过程了，能填入这个过程的输入和输出吗？

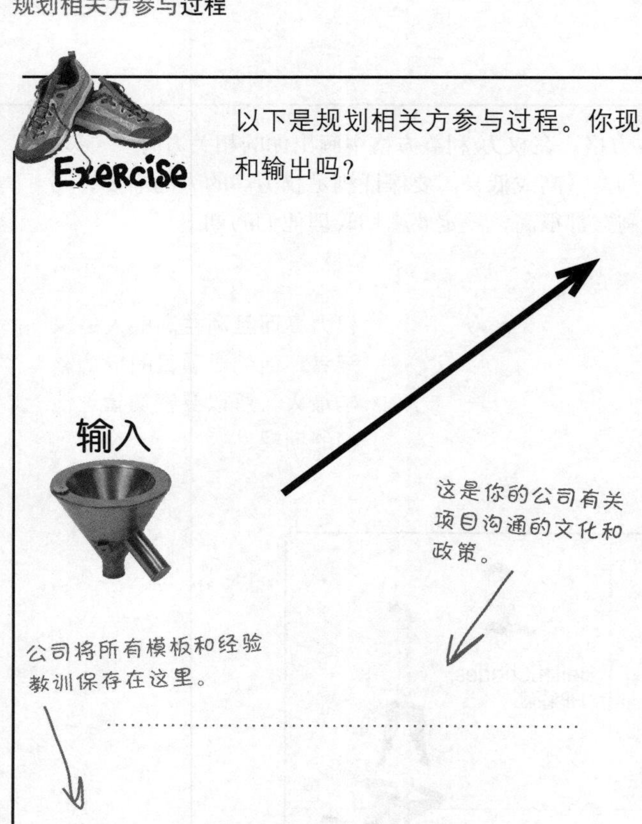
输入
这是你的公司有关项目沟通的文化和政策。
公司将所有模板和经验教训保存在这里。
你需要知道要与谁沟通。在这里可以找到目前为止你为项目编写的所有文件。
在这里可以找到项目的目标和目的。
在这里要使用目前为止你在项目中所有知识领域完成的计划。
如果你的项目包括外包工作，这个输入会帮助你管理相关方参与。

Tools

数据收集：标杆对照是指评估其他组织如何管理相关方参与来成功地完成项目。

数据分析：假设条件和制约因素分析和根本原因分析，是指了解你对于相关方登记册中的相关方以及他们对项目的支持程度已经知道什么，另外可以做哪些假设。这还表示要明确已识别相关方所提供的支持程度背后的原因。

数据表现：思维导图和相关方参与度评估矩阵都是要用图示的方式显示相关方与其利益之间的关系。

决策包括（但不限于）投票，还包括我们在第8章讨论过的多标准决策分析。

规划
过程组

你是不是很奇怪居然能为这个过程填入这么多内容？看起来这个部分你已经掌握了！

专家判断

输出

这个过程中的**专家判断**是指与项目中的所有专家讨论，识别更多相关方，并更多地了解已识别的相关方。

会议

会议是一个很好的工具，可以让所有人聚在一起考虑可能受项目影响的相关方。

翻到下一页之前，先花些时间想想以往项目中使用上述方法的3个例子。这会帮助你更好地记住这些内容来参加考试！

....

这里只有一个输出。你能猜出是什么吗？

Exercise
Solution

以下是规划相关方参与过程。你现在已经见过很多规划过程了，能填入这个过程的输入和输出吗？

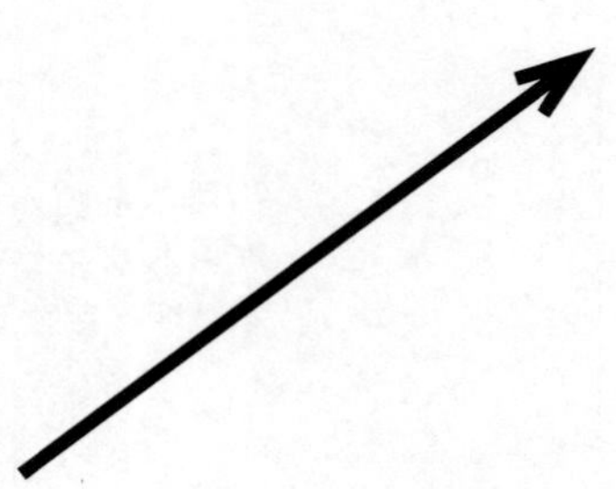

Tools

数据收集：标杆对照是指评估其他组织如何管理相关方参与来成功地完成项目。

数据分析：假设条件和制约因素分析和根本原因分析，是指了解你对于相关方登记册中的相关方以及他们对项目的支持程度已经知道什么，另外可以做哪些假设。这还表示要明确已识别相关方所提供的支持程度背后的原因。

数据表现：思维导图和相关方参与度评估矩阵都是要用图示的方式显示相关方与其利益之间的关系。

决策包括（但不限于）投票，还包括我们在第8章讨论过的多标准决策分析。

输入

事业环境因素

组织过程资产

项目管理计划

项目文件

项目章程

协议

会议

会议是一个很好的工具，可以让所有人聚在一起考虑可能受项目影响的相关方。

规划
过程组

专家判断

这个过程中的**专家判断**是指与项目中的所有专家讨论，识别更多相关方，并更多地了解已识别的相关方。

Jeff和Charles要了解相关方的参与程度，有以下参与程度：

<u>不了解型:</u> 相关方不知道项目的发生。

<u>抵制型:</u> 相关方不希望项目或你做出的决策发生。

<u>中立型:</u> 不论项目或决策会有什么结果，相关方都无所谓。

<u>支持型:</u> 相关方希望你的项目或决策成功。

<u>领导型:</u> 相关方主动帮助项目取得成功。

输出

要考虑项目中涉及的每一个人，并对他们如何参与项目做出计划。

这个计划指出你将如何分发信息，分发给谁，以及分发的频率。

相关方管理计划

相关方	不了解型	抵制型	中立型	支持型	领导型
Jeff，HFL员工				当前	期望
Charles，HFL员工				当前	期望
DJ Tom，HFL员工			当前	期望	
Adam，邻居	当前		期望		
Mike，专栏作家		当前		期望	
Mark和Laura，派对客人	当前			期望	

相关方沟通需求

相关方	所需信息类型	频率
Jeff，HFL员工	状态会议 问题审查	每天
Charles，HFL员工	状态会议 问题审查	每天
DJ Tom，HFL员工	状态会议 问题审查	每周
Adam，邻居	派对通告	派对一月前
Mike，专栏作家	派对通告 特别邀请	派对一月前 派对一周前跟进
Mark和Laura，派对客人	派对通告 特别邀请	派对一月前

相关方的参与程度如何？

只是知道相关方是谁还远远不够，你还需要了解什么能够激励他们，另外还要知道，对他们每个人来说，怎样才能让项目取得成功？这里就要引入相关方参与评估矩阵。Jeff和Charles坐下来，为他们将要举办的派对得出了这样一个矩阵，如下所示：

相关方	不了解型	抵制型	中立型	支持型	领导型
Jeff，HFL员工				当前	期望
Charles，HFL员工				当前	期望
DJ Tom，HFL员工			当前	期望	
Adam，邻居	当前		期望		
Mike，专栏作家		当前		期望	
Mark和Laura，派对客人	当前			期望	

我们真的需要在城里另外开一家休闲场所吗？

HF酒廊：Underground确实是城里最热门的派对地点！

让一个负面相关方**转变**态度可能要费一番功夫。你要特别注意哪些方面会影响他的看法。不过，如果能做到这一点，特别是如果这个负面相关方很有影响力，这会对你的项目很有好处。

Exercise

选择以下各种情况分别是哪一种参与程度。

1. Jeff和Charles还没有联系承办人，不过他们希望能用折扣价得到他的帮助。

☐ 不了解型 ☐ 抵制型 ☐ 中立型

☐ 支持型 ☐ 领导型

2. 当晚的音响师已经被预订了。如果你想请他们来，还得另外付一笔费用。

☐ 不了解型 ☐ 抵制型 ☐ 中立型

☐ 支持型 ☐ 领导型

3. 酒水批发商可以轻松应对两倍和三倍的订单。

☐ 不了解型 ☐ 抵制型 ☐ 中立型

☐ 支持型 ☐ 领导型

4. 社区商业协会在找地方庆祝去年的项目取得成功，Head First酒廊派对听上去很合适。

☐ 不了解型 ☐ 抵制型 ☐ 中立型

☐ 支持型 ☐ 领导型

5. 当地的一家时事杂志对去年的Head First酒廊派对很满意，所以他们同意对今年的派对提供部分赞助。

☐ 不了解型 ☐ 抵制型 ☐ 中立型

☐ 支持型 ☐ 领导型

6. 邻居们没有听说HFL在计划举办另一个派对。我们可能要让他们提前知道。

☐ 不了解型 ☐ 抵制型 ☐ 中立型

☐ 支持型 ☐ 领导型

答案见718页。

BRAIN POWER

考虑一个你做过的涉及很多相关方的大项目。项目开始时他们的参与程度是怎样的？项目结束时呢？

there are no Dumb Questions

问： 我怎么确定我的所有相关方呢？

答： 简单地讲就是：要在周围看看。你可能马上就能想出项目的大多数相关方。你肯定知道发起人是谁；可以直接在章程上找到他的名字。然后就是完成工作的团队。你肯定知道他们是谁，因为你每天都要和他们一起共事。再后面就有点难了。与公司签订合同要为项目提供帮助的所有商业伙伴（如培训人员或软件包的支持人员）也是相关方。与你签订合同帮助你交付产品的顾问或其他开发商也是相关方。接下来还要考虑项目的产品会对公司的其他人有什么影响。项目完成时会改变人们的工作方式吗？对于那些需要改变工作的人来说，如果你现在就要求他们改变，他们会有什么想法？他们也是相关方。如果你考虑得很全面，这个名单会很长，不过最好提前考虑到所有相关方，而不是忽视他们。如果你现在遗漏了某个相关方，没有做相应的计划，将来他就有可能对你的项目带来极大的麻烦。

问： 请再解释一下权力/利益方格的含义。

答： 不同的人看项目的视角不同。有些人可能会投入大量时间和精力来促成项目成功，而另外一些人却很少投入时间。有些人在不了解项目的情况下甚至会抵制你的项目。权力/利益方格就是要帮助你了解如何让相关方参与你的项目。如果有些人没有太多权力来影响你的项目，而且也没有时间或者不愿意帮助你完成项目，而另外一些人有很大的权力影响你的项目，而且对你的项目持抵制态度，相比之下，前者的问题不大，后者则需要特别注意。权力/利益方格是一个很好的工具，可以帮助你明确管理项目中所有相关方的最佳方法。它会帮助你选择适当的方法来影响人们，从而帮助你取得成功。

问： 怎么能让抵制型的相关方转变态度呢？

答： 很多情况下，这些相关方之所以抵制肯定是有原因的。最好的办法就是具体了解他们为什么抵制，并帮助他们认识到你的项目带来的利益。很多时候，如果某个相关方抵制做出改变，他可能会给出一些很好的建议，从长远来看可以让项目变得更好。

问： 让相关方承担领导角色是什么意思？

答： 如果一个相关方承担领导角色，说明他会主动参与，确保你的项目取得成功。他可能会参加会议，说服其他人支持你的项目，并帮助你清除可能妨碍项目达到目标的障碍。一个相关方在项目中承担领导角色时，项目的成功将与他休戚相关。领导型相关方很愿意投入时间和精力来确保其他人支持项目。

相关方有5种参与程度：不了解型、抵制型、中立型、支持型和领导型。

管理相关方参与就是要消除误解

随着项目的进行，你要定期与相关方确认，以免滋生误解。你的任务就是帮助他们参与团队做的决策，使他们成为支持型相关方。如果一个相关方抵制做出改变，你就要与他协商，了解他为什么会抵制，从他的角度来考虑。

有时一个与你交流不多的相关方可能有一个很好的改进建议，会对整个团队都有帮助。也可能相关方没有考虑到项目的某些情况，你可以帮助他更好地了解实际情况。要成功地完成相关方管理，关键是要包容，要向受项目结果影响的每一个人分享信息。

音响师怎么样了？派对那天晚上能把他们请过来吗？
上一次我听说他们要价很高。他们确认了吗？

Jeff和Charles之前没有意识到他们的派对时间安排得很不巧，当地另一场音乐盛事也在同一天举行。音响师要想二者兼顾，就需要额外的一些帮助，所以他们要收取更高的费用。发现这个问题后，你立即与Head First酒廊团队沟通，让他们了解成本为什么提高，并认可这个成本。

管理相关方参与过程是一个典型的执行过程。你已经知道输入、工具和技术以及输出！看看能不能从名字得出它们用来做什么，分别写出每一个的描述，再翻到下一页看你的答案对不对。

输入

项目管理计划

事业环境因素

组织过程资产

项目文件

这包括项目中发生的变更的日志。你要确保相关方知道这些变更，因为他们不希望对变更毫不知情。

Tools

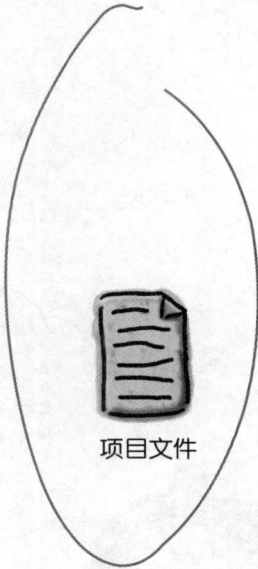

我们在第10章介绍过这些内容。

沟通技能

....

....

....

....

人际关系与团队技能

....

....

....

....

....

执行
过程组

由于管理相关方参与过程就是要解决相关方面对的问题，所以这些工具强调与相关方关于这些问题的沟通。

专家判断是指使用专家在政治、沟通策略和管理人们利益等方面的知识。

制订基本规则是为了让所有人都了解整个项目过程中对项目团队成员和其他相关方的期望。

会议是一种把所有人召集在一起的方法，可以在会议中一起决策并响应项目中出现的变更。

输出

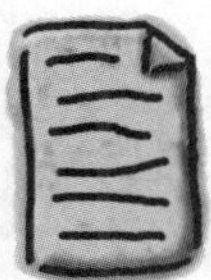

变更请求

项目文件更新

....

....

....

....

如何使用这些输出与相关方沟通？不要忘记每个团队成员也是相关方！

项目管理计划更新

....

....

Exercise
Solution

管理相关方参与过程是一个典型的执行过程。你已经知道输入、工具和技术以及输出！看看能不能从名字得出它们用来做什么，分别写出每一个的描述。

输入

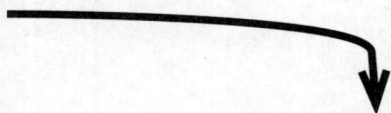

Tools

沟通技能

要在这里决定如何使用推式方法、交互方法或拉式方法保证人们始终知情。

项目管理计划

事业环境因素

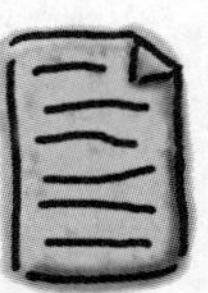

项目文件

人际关系与团队技能

要在这里使用你的“软技能”保证每一个人都不处于正轨，朝着同一个目标努力。

组织过程资产

如果相关方对你的项目影响很大，与他们维护好关系就极其重要。对此，相关方管理计划是一个很有价值的工具，采用这个工具可以帮助你管理相关方的期望，从而能得到他们的持续支持。

执行
过程组

项目经理工作中很重要的一部分就是帮助管理信息流，为了做到这一点，保证相关方参与并知情非常重要。遵循沟通管理计划是一个保证信息流动到相关方的有效工具。

专家判断是指使用专家在政治、沟通策略和管理人们利益等方面的知识。

制订基本规则是为了让所有人都了解整个项目过程中对项目团队成员和其他相关方的期望。

会议是一种把所有人召集在一起的方法，可以在会议中一起决策并响应项目中出现的变更。

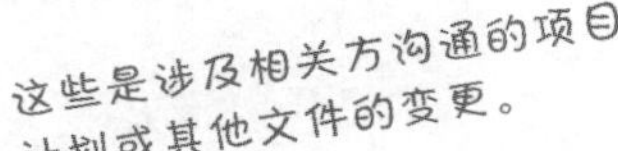
这些是涉及相关方沟通的项目计划或其他文件的变更。

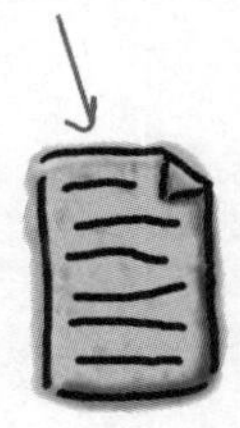

变更请求

输出

项目文件更新

这些是对之前管理相关方参与过程编写的项目文件的更新。

项目管理计划更新

批准的变更一定要加入项目计划。

监督相关方的参与

监控
过程组

既然已经建立了一个很好的框架来管理相关方如何与你的项目交互，还需要监督这些交互，确保每个人都及时了解情况。如果遇到一个问题，或者发现某个地方可以让项目更好地满足相关方的目标，可以做出修正和变更，尽可能让更多的相关方满意，这正是监督相关方参与过程所要做的。

一旦知道相关方有什么需求，可以监督项目是否满足他们的需求，还有多大的差距。

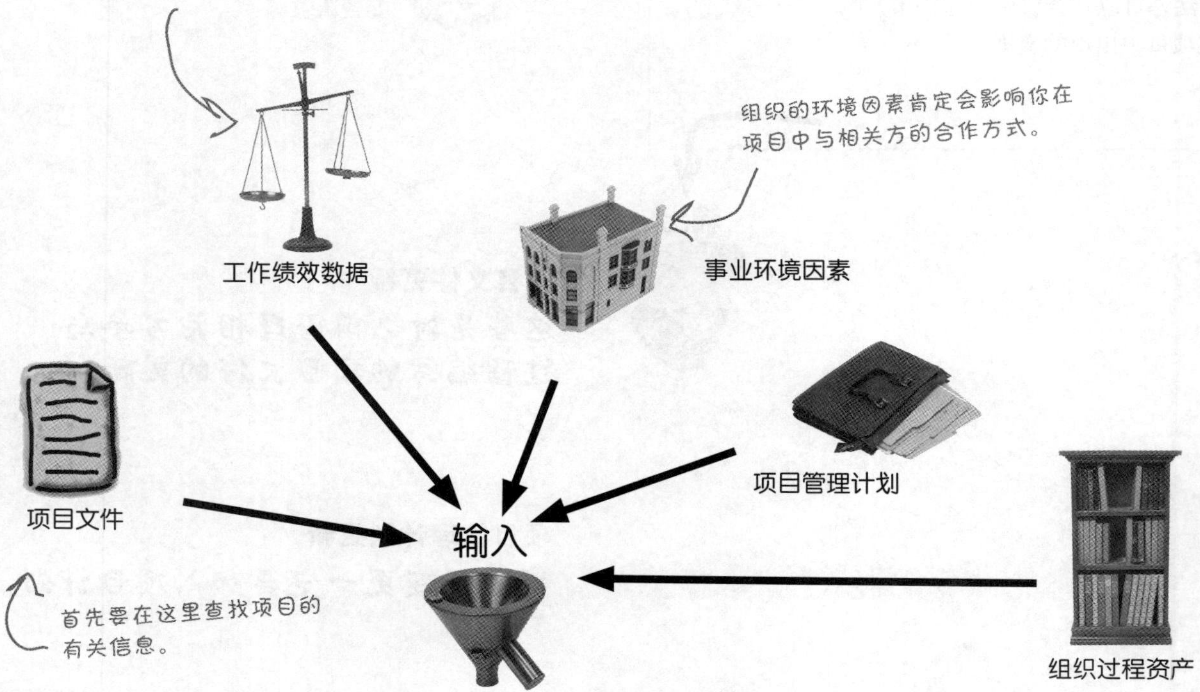
这是有关项目进展的所有数据。可以用这些数据做出预测，指出与满足相关方的目标还有多大差距。
组织的环境因素肯定会影响你在项目中与相关方的合作方式。
工作绩效数据
事业环境因素
项目管理计划
项目文件
输入
组织过程资产
首先要在这里查找项目的有关信息。

Sharpen your pencil

你能从名字看出监督相关方参与过程中的工具和技术用来做什么吗？

Tools

数据分析

决策

数据表现

沟通技能

人际关系与团队技能

会议

答案见715页。

现在可以确定什么时候需要改变管理相关方的方式

输出

既然已经查看了项目的所有数据，现在你已经对项目更为了解，可以更好地确定是否需要对管理相关方参与的方式做出改变。之前的过程建立了一些文件，用来保证相关方的参与，监督相关方参与过程的输出就是要对这些文件做出变更。

工作绩效信息是经过分析的工作绩效数据，由原始数据变为在上下文中理解的报告，并能用来做项目决策。工作绩效数据是各个控制过程的原始输出，工作绩效信息则经过了整理。可以把工作绩效数据看作是你的原始预算绩效数据（这个月我们超出预算$1000），工作绩效信息则是具体上下文中的数据（项目预算预测目前低于预算$10000，不过这个月我们超出预算$1000）。

与相关方一起确保项目成功交付时，可能需要完成**项目管理计划更新**。你的相关方可能请求变更已规划的某个知识领域的整体策略，这是项目管理计划的一部分。如果你想让所有人都及时了解当前的变更，就要返回去更新这些计划。

监督相关方参与过程中会发生**变更请求**。如果你发现遗漏了某个相关方的需求，你会怎么做？要尽早提出变更请求。

与相关方一起监控其参与时，总会发生**项目文件更新**。在这个过程中，你可能会发现新的相关方，这就需要更新你的相关方登记册。另外还可能遇到一些问题，需要增加到问题日志中。此外，这还包括经验教训的更新。

你已经知道经验教训对于帮助你的团队和公司不断改进有多重要，而相关方是经验教训的一个非常重要的来源。正是因为这个原因，要与相关方一起获取、分析和管理经验教训，这至关重要。也是因为这个原因，第10章中的沟通技术对项目经理很有意义，可以帮助他们收集和记录经验教训。

池塘谜题

可以利用这个机会检测你的知识是否掌握，同时对考试有所了解。下面是PMI制订的PMP考试规范中有关相关方管理的7个任务，不过这里一些词或短语被擦掉了。你的任务是从这一页下面的池塘里找出这些词和短语，把它们放在任务中的空格里。同一个词或短语不能多次使用，另外不是所有词或短语都会用到。你能利用你学到的知识重新完成这部分PMP考试规范吗？

★ 根据商业________识别关键________来管理客户________，并指导实现项目________。(________过程组)

★ 与重要的________实施效益分析来确认项目与组织________和期望的________一致。(________过程组)

★ 告知________已批准的________，确保对关键的________、里程碑，以及他们的角色和________有共同的理解。(________过程组)

★ 通过分析需要、利益和潜在影响制订相关方________，从而有效地管理相关方的________并让他们参与项目决策。(________过程组)

★ 通过遵循________管理信息流，保证相关方始终________和________。(________过程组)

★ 通过遵循相关方________维护相关方关系，从而得到持续的________并管理________。(________过程组)

★ 获取、分析和管理________，使用经验教训管理技术来支持持续________。(________过程组)

这些都是复习！缺少的所有信息在这一章中都可以找到。

注意：池塘里每个词至多只能使用一次！

沟通计划
监控
管理计划
管理计划

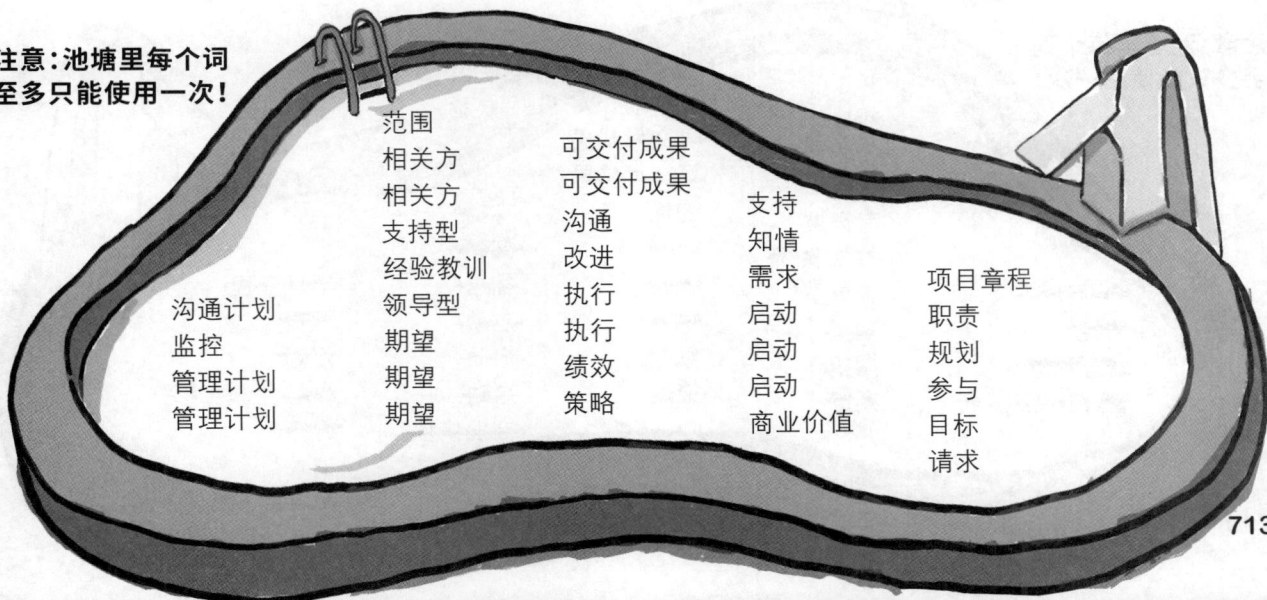

范围
相关方
相关方
支持型
经验教训
领导型
期望
期望
期望

可交付成果
可交付成果
沟通
改进
执行
执行
绩效
策略

支持
知情
需求
启动
启动
启动
商业价值

项目章程
职责
规划
参与
目标
请求

池塘谜题答案

你能从PMP考试规范中找出这些任务吗？它们都与相关方管理有关。这是复习准备PMP考试的一种很好的方法，因为考试题目的用词通常与《PMBOK® 指南》并不完全相同。这个谜题可以帮助你学着使用不同的用词来描述考试中可能出现的概念。

> 在项目管理协会网站（https:///www.pmi.org）上搜索“PMP examination content outline”（PMP考试大纲），就可以找到完整的PMP考试规范。

★ 根据商业 需求 识别关键 可交付成果 来管理客户 期望 ，并指导实现项目 目标 。(启动 过程组)

★ 与重要的 相关方 实施效益分析来确认项目与组织 策略 和期望的 商业价值 一致。(启动 过程组)

★ 告知 相关方 已批准的 项目章程 ，确保对关键的 可交付成果 、里程碑，以及他们的角色和 职责 有共同的理解。(启动 过程组)

★ 通过分析需要、利益和潜在影响制订相关方 管理计划 ，从而有效地管理相关方的 期望 并让他们参与项目决策。(规划 过程组)

★ 通过遵循 沟通计划 管理信息流，保证相关方始终 参与 和 知情 。(执行 过程组)

★ 通过遵循相关方 管理计划 维护相关方关系，从而得到持续的 支持 并管理 期望 。(执行 过程组)

★ 获取、分析和管理 经验教训 ，使用经验教训管理技术来支持持续 改进 。(监控 过程组)

注意：池塘里每个词至多只能使用一次！

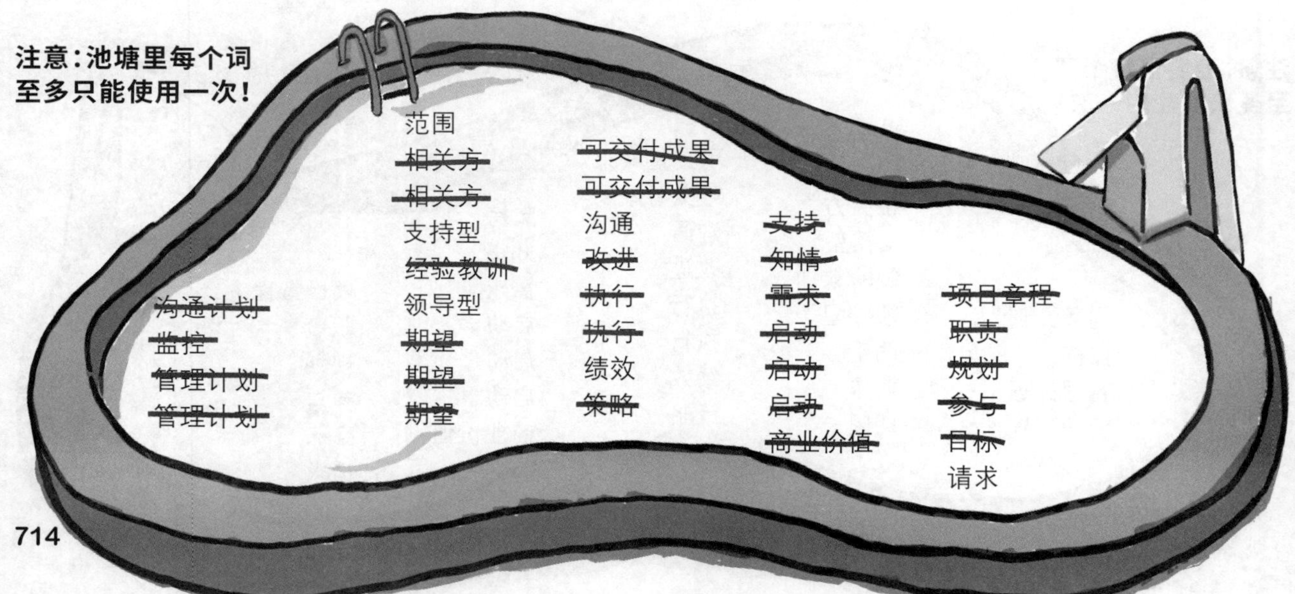
~~沟通计划~~
~~监控~~
~~管理计划~~
~~管理计划~~
范围
~~相关方~~
~~相关方~~
支持型
~~经验教训~~
领导型
~~期望~~
~~期望~~
~~期望~~
~~可交付成果~~
~~可交付成果~~
沟通
~~改进~~
~~执行~~
~~执行~~
绩效
~~策略~~
~~支持~~
~~知情~~
~~需求~~
~~启动~~
~~启动~~
~~启动~~
~~商业价值~~
~~项目章程~~
~~职责~~
~~规划~~
~~参与~~
~~目标~~
请求

Sharpen your pencil
Solution

你能从名字看出监督相关方参与过程中的工具和技术用来做什么吗？

这包括备选方案分析、根本原因分析和相关方分析。

数据分析

理解团队在项目交付期间生成的数据。

决策

相关方的参与情况与计划不一致时，确定最佳的行动方案。

数据表现

以一种可视化方法显示相关方参与情况，从而可以更容易地做出相关决策。

沟通技能

通过与所有相关方沟通来了解相关方参与情况。

人际关系与团队技能

听取团队意见并理解沟通的上下文，做出适当的决策。

会议

会议保证所有相关方掌握项目进展，每一个人关于如何保证项目处于正轨可能有自己的想法，可以在这里与大家分享他们的观点。

派对时光！

Head First酒廊派对取得了巨大成功！多亏你的相关方管理技能，Jeff和Charles已经成为城里夜生活的无冕之王！

真高兴我说出了我的想法，今天晚上终于可以放我想放的唱片了！

DJ Tom告诉你他想在下一次派对时播放不一样的音乐，你把他的建议告诉了Jeff和Charles。现在他可以播放他想放的音乐了！

Head First
酒廊

幸好提前受到邀请，我们有机会参加这个盛大的派对。音乐简直太完美了！

HF酒廊：Underground确实是城里最热门的派对地点！

你花钱请Mike（专栏作家）特别关注你的酒廊，向他发出VIP邀请，确保他能提前了解活动情况。你知道他关心音响系统，所以特意向他展示了音响师为这个派对做的工作。看起来这个钱花得很值！

有些人正在遗憾错过了上一次派对，他们很可能是愿意参加派对的客人，尽早通知他们，可以保证真正喜欢参加派对的人来到HF酒廊。

多亏了精心的计划，邻居Adam已经得到通知今晚将有这个派对，所以他已经带他的家人外出过周末了。
感谢我们的所有相关方，我们又成功了！
Jeff和Charles看着你一路走来，了解了你如何管理这个项目，从中学习到很多管理相关方的方法。

Exercise

选择以下各种情况分别是哪一种参与程度。

Jeff和Charles还没有联系承办人，不过他们希望能用折扣价得到他的帮助。

☒ 不了解型 ☐ 抵制型 ☐ 中立型
☐ 支持型 ☐ 领导型

2. 当晚的音响师已经被预订了。如果你想请他们来，还得另外付一笔费用。

☐ 不了解型 ☒ 抵制型 ☐ 中立型
☐ 支持型 ☐ 领导型

3. 酒水批发商可以轻松应对两倍和三倍的订单。

☐ 不了解型 ☐ 抵制型 ☒ 中立型
☐ 支持型 ☐ 领导型

4. 社区商业协会在找地方庆祝去年的项目取得成功，Head First酒廊派对听上去很合适。

☐ 不了解型 ☐ 抵制型 ☐ 中立型
☒ 支持型 ☐ 领导型

5. 当地的一家时事杂志对去年的Head First酒廊派对很满意，所以他们同意对今年的派对提供部分赞助。

☐ 不了解型 ☐ 抵制型 ☐ 中立型
☐ 支持型 ☒ 领导型

6. 邻居们没有听说HFL在计划举办另一个派对。我们可能要让他们提前知道。

☒ 不了解型 ☐ 抵制型 ☐ 中立型
☐ 支持型 ☐ 领导型

模拟题

1. Matt是一个大型出版项目的发起人，他与项目的所有相关方会谈，请他们支持一个即将进行的测试活动。他展示的是哪一个参与程度？

   A. 不了解型。

   B. 抵制型。

   C. 支持型。

   D. 领导型。

2. 以下哪一项不是规划相关方参与过程的输入？

   A. 事业环境因素。

   B. 组织过程资产。

   C. 工作绩效数据。

   D. 相关方登记册。

3. 一个项目经理从公司离职了，你接管了他的工作，发现到目前为止项目的一些相关方还没有参加过任何一次状态会议。有些高层管理人员认为这个项目不会成功，另外一些强烈认为要取消这个项目。要解决这个问题，你首先要创建哪一个文件？

   A. 相关方登记册。

   B. 状态报告。

   C. 预算预测。

   D. 绩效报告。

4. 在一个每月启动会议上，你询问项目的一个相关方，在上一次会议之后，她是否审查过你完成的最新的文件更新。她说，“还没有，我甚至都不知道那是什么”。下面哪一项能最好地描述这个相关方的参与程度？

   A. 不了解型。

   B. 抵制型。

   C. 支持型。

   D. 领导型。

模拟题

5. 你在管理一个建筑项目。你创建了一个相关方登记册和相关方管理计划，现在团队正在开展这个项目的工作。你一直在管理项目工作，现在查看工作绩效数据，保证你的相关方能了解项目的状态。你发现相关方查看项目预算的方法有一个变化。下一步你该做什么，以下哪一个描述最合适？

A. 更新风险登记册，加入对风险策略的所有变更。

B. 将工作绩效信息与时间、成本和范围基准比较，查找偏差。

C. 创建一个变更请求，并更新问题日志和成本管理计划，来反映这个批准的变更。

D. 召开一个状态会议。

6. Joe是你的项目的一个相关方，他在权力/利益方格中作为高利益低权力相关方出现。最好采用哪种方法管理他的参与？

A. 让他负责项目的一个可交付成果。

B. 保证他及时了解可能影响项目结果的所有决策。

C. 密切管理他的需求和期望。

D. 忽视他的需求和期望，因为他没有多少权力影响项目的结果。

7. 哪一个相关方管理过程属于启动过程组？

A. 管理相关方参与。

B. 识别相关方。

C. 规划相关方参与。

D. 登记相关方。

8. Sue是你管理的一个工业设计项目的发起人，她在你的权力/利益方格中作为高权力高利益相关方出现。最好采用哪种方法管理她的需求和期望？

A. 保证她及时了解所有项目决策。

B. 密切管理她的需求和期望。

C. 邀请她参加所有团队会议，使她满意。

D. 了解她的目标和期望，不过不做任何处理。

模拟题

9. 以下哪一个不是识别相关方过程的输入？

   A. 协议。

   B. 事业环境因素。

   C. 项目章程。

   D. 项目管理计划。

10. Kyle是一个项目的项目经理，这个项目的团队分散在很多不同的地方。项目中的一个相关方要求项目的所有正式沟通要分享给所有团队，而不论团队具体在什么位置。以下哪一个不是Kyle团队用来监督这个相关方需求的工具？

    A. 数据分析。

    B. 数据表现。

    C. 会议。

    D. 检查。

11. 以下哪一个信息没有包含在相关方登记册中？

    A. 相关方名字和分组。

    B. 相关方需求。

    C. 相关方期望。

    D. 相关方可交付成果。

12. 哪一个相关方管理过程属于监控过程组？

    A. 分发信息。

    B. 管理相关方参与。

    C. 规划沟通。

    D. 监督相关方参与。

答案

模拟题

1. 答案：D

由于Matt在努力让其他相关方支持这个项目，所以他是一种领导型参与角色。

2. 答案：C

工作绩效数据确实是一些相关方管理过程的输入，不过不是规划相关方参与过程的输入。

3. 答案：A

这里首先要创建的是相关方登记册。看起来有些高层管理人员认为应当取消这个项目，需要考虑他们的想法。一旦识别出他们作为相关方，就能充分考虑到他们对你的项目的想法，并纳入项目管理决策。

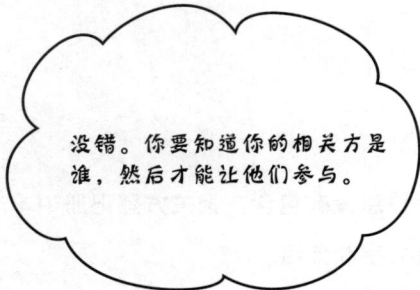

没错。你要知道你的相关方是谁，然后才能让他们参与。

4. 答案：A

听上去这个相关方完全不知道她在这个项目中的职责。下一步应该是花一些时间让她了解这个项目的期望。

5. 答案：C

查看工作绩效数据并发现一个新的相关方需求时，就是在完成监督相关方参与过程。这个过程的输出包括变更请求、项目文件更新和项目管理计划更新。

一旦识别出所描述的过程，想想这个过程的输出，来确定哪个答案最正确。

6. 答案：B

在权力/利益方格中，作为低权力/高利益的相关方需要及时了解所有项目决策。

答案

模拟题

7. 答案：B

识别相关方是相关方管理中唯一属于启动过程组的过程。

既然已经学习了相关方管理，请再翻回到第3章，简单复习一下启动过程组。这是一种很好的复习方法。

8. 答案：B

在权力/利益方格中，对于高权力/高利益的相关方，项目经理需要密切管理他们的期望和需求。

这可能有些让人迷惑，因为识别相关方在《PMBOK®指南》中到最后才讨论，而它却属于启动过程组，要在进入规划过程之前完成。

9. 答案：D

项目管理计划不是识别相关方过程的输入。因为识别相关方过程属于启动过程组，需要识别相关方作为规划过程的输入，来创建项目管理计划。

10. 答案：D

检查不是监督相关方期望的工具或技术（它属于采购管理）。

11. 答案：D

并不是所有相关方在项目中都有可交付成果。有些相关方是发起人或开发商，另外一些可能只是参与项目，但并不实际生产可交付成果。如果一个相关方确实有由他负责的可交付成果，就要把他记入范围管理计划。

12. 答案：D

监督相关方参与过程是相关方管理中唯一的监控过程。

14 专业责任

做出正确选择

了解PMI道德与专业行为准则不仅让我成为一个更好的项目经理，也让我成为一个更好的室友。
哦，是吗？嗯，你是说把吃了一半的卷饼扔到水槽里吗？

只知道专业知识还不够。你还要做出正确的选择才能做好工作。 每一个通过PMP认证的人还要同意遵守**项目管理协会（PMI）的道德与专业行为准则**。这个准则可以帮助你正确地做出**道德判断**（知识体系中未涵盖这方面内容），这是PMP考试中很重要的一部分。你需要知道的大部分知识都**非常简单**，只需要稍做复习，你就能做得很好。

做正确的事情

考试中可能会有这样一些问题，首先给出管理项目时可能遇到的一些情况，然后问你该怎么做。通常情况下，这些问题会有一个明确的答案：就是要坚持你的原则。有些题目中，会为错误的做法提供奖励（比如，因为在项目中走捷径而得到奖金），或者让违规行为显得很微不足道（比如从杂志上复印一篇受版权保护的文章），这些都会使我们更难做出决择。如果你始终坚持PMI专业行为准则中的原则，而不论结果如何，就总能得到正确的答案。

PMP考试把道德和专业行为归类为项目经理的跨领域知识和技能的一部分。这说明，考试中除了各个过程组的有关问题之外，还会有少量关于道德和专业行为的问题。你应该能看到围绕各个过程组有关道德方面的一些特定情况。如果遇到关于道德和专业行为的问题，往往会出现在启动、规划、执行或监控项目的上下文中。

主要思想

总的说来，道德准则需要你处理以下几类问题：

1. 遵守所有法律和公司政策。
2. 公平和尊重地对待每一个人。
3. 对所在的环境和社区表示尊重。
4. 通过写文章、发表演讲以及与其他项目经理分享经验来回报社区。
5. 不断学习，更好地工作。
6. 尊重其他人的文化。
7. 尊重版权。
8. 对项目中的每一个人始终保持诚实。
9. 如果发现其他人以任何方式做了危害PMP认证的事情，必须向PMI报告。

道德和专业责任问题占考试的10%。这是一个好消息，因为如果你理解了PMP专业行为准则的基本思想，那些问题都非常容易。

所以如果你发现有人从PMP考试偷题、在PMP考试中作弊、谎称自己有PMP证书，或者对PMP认证过程有关的任何方面不诚实，一定要向PMI报告。

等一下。考试真的会考这些吗？我知道怎么做好我的工作。难道还需要上道德课吗？

作为一个PMP认证的项目经理，这意味着你知道如何做好你的工作，而且会恪守道德规范诚实地履行职责。

如何处理这些情况看起来不重要，不过请从一个雇主的角度想想看。由于有PMI道德与专业行为准则，雇主们知道如果聘用一个通过PMP认证的项目经理，聘用的这个人肯定会遵守公司的政策，而且会公正公开地做每一件事。这也意味着，这样的项目经理可以帮助公司免于法律诉讼，并交付他承诺的产品，这一点确实相当重要。

所以你在考试中肯定会看到关于道德和专业责任的问题。不仅如此，这些问题不一定那么直接，不是那种黑白分明的问题。因为这方面的问题往往会结合到过程组的其他问题中，你可能会遇到一些问题给出实际项目中出现的情况。关于道德或专业责任的问题初看上去好像是一个其他方面的问题，比如说，好像与规划中使用的某个工具或技术有关。要当心一些“烟雾弹”问题，它们其实是有关道德和社会责任的问题。这些问题会给出一个情况，看上去像是一个正常的项目管理问题，但是要求你使用PMI道德与专业行为准则中的某个原则来解决。

BRAIN
POWER

你能想到哪些情况下你可能需要在你自己的项目中使用这些原则做决策？

收钱吗？

PMP考试中很多道德方面的问题都与贿赂有关。不论在什么情况下，绝对不要接受任何贿赂，即便是你的公司和顾客可能以某种方式从中获益。贿赂并不总是现金。可能是任何形式，从免费旅游到球赛门票都有可能。只要是有人给你某个好处，希望你改变主意或者改变工作方式，就必须加以拒绝，并向公司报告。

在有些国家，即使“希望”你行贿，这么做也是不妥当的。尽管这在传统或文化方面是可以接受的，你也不要那么做。

Kate，和你合作真是太愉快了。我们想送上$1000聊表谢意。

太棒了。我早就想去买东西了。度假怎么样？就去阿卡普尔科吧（阿卡普尔科是墨西哥最神秘的海滩）。

简单做法

我不能收那些礼物。做好工作就是最好的奖励。

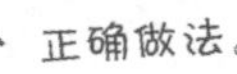

正确做法。

抱歉，我不能接受这个礼物。不过，非常感谢你的这片心意。

商务舱？

只要公司有政策，你就要遵守。即使看起来不遵守政策也无大碍，甚至即使你能侥幸逃脱处罚，也不能这么做。在法律方面尤其如此，不管在什么情况下，都不允许触犯法律，而无论“看起来”这样做对你或你的项目多么有利。

我们的预算有一些结余的钱，你们干得真不错。我知道公司的旅行政策要求只能坐经济舱。不过这回可以奢侈一把，我们付得起。这一次为什么不买张商务舱机票呢？

如果你发现公司里有人违反法规，一定要向有关部门报告。

你知道吗？那些座椅可以完全放平变成床！真是太酷了。我工作这么辛苦，这绝对是我应得的！

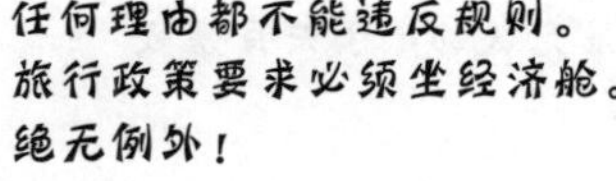
任何理由都不能违反规则。
旅行政策要求必须坐经济舱。
绝无例外！

哦，Ben。你人真好。不过经济舱就可以了。

新软件

关于版权，未经许可使用任何东西都是不对的。图书、文章、音乐、软件……不管是什么，使用前都需要询问是否可以使用。例如，如果你想在公司的一个演示上使用某个有版本的音乐，就要写信告知版权所有人，请求得到许可。

嘿，Kate，我刚拿到你想要的那个调度软件。你可以借去安装。

太好了！这会让我的工作快100倍，而且是免费的？今天真是我的幸运日。

这个软件是一家公司辛苦创建的，他们理应为他们的工作得到报酬。像这样免费使用而不购买授权版是不对的。

谢谢你告诉我你有这个软件。不过，我准备买正版软件。

捷径

你可能会看到一两个题目问你是否真的需要遵循所有过程。或者可能说老板让你隐瞒项目的一些情况，不让相关方或发起人知道。你有责任确保你的项目正确运行，绝对不要对需要的人隐瞒信息。

我们没时间做所有这些规划了，不如砍掉几个规划过程吧。我们真的需要成本管理吗？

好的，我还可以少做些工作！毕竟，我可不能一直写计划！

《PMBOK®指南》制订这些过程是有道理的，我们不能走任何捷径！

我知道我们的时间不多，不过如果像这样走捷径，最后看起来只会花费我们更多时间，而不是节省时间。

是要个好价钱还是要干净的河水？

对社区负责比运行一个成功的项目更重要。不过不光是环境意识，还应当尊重社区中所有其他人的文化，以及完成项目工作所在社区的文化。

这表示不同国家的语言、风俗、假日和放假政策不同，你要用他们习惯的方式对待他们。

我们刚发现，我们的一个供应商在向河里倾倒有害的化学废料。这家供应商总是给我们很好的价钱，另外如果现在换供应商，我们的预算可能就要超了。真让人头疼。我们该怎么办？

我们可不能因为一堆没用的鱼破坏我们的项目。

地球是我们的家园，它比这个项目更重要。我们必须做正确的事……

Ben，我知道这会给我们带来一些问题，不过我们还是另找一家供应商吧。

并非人人都是天使

我们知道，在项目中做出的选择并不总是非黑即白。要记住，考试中的题目专门设计为考察你是否掌握PMI专业行为准则知识以及如何应用这些知识。你在现实生活中遇到的很多情况可能有上百种五花八门的情形，与这里看到的问题相比，在现实中做出决定可能会更困难。不过，如果你知道准则要求你怎么做，在那些情形下也同样能很好地做出判断。

说真的，这个准则很快就能读完，而且它对考试很有帮助。

做后面的模拟题之前，现在先读一读PMP专业行为准则。访问以下URL，就能从PMI下载这个准则。

https://www.pmi.org/about/ethics/code

我可能有点不食人间烟火，不过请像我一样考虑问题，这会让你轻松应对考试中道德方面的问题。

模拟题

1. 你周末读到一篇很好的文章，你想你的团队从中可以大为受益。你要怎么做?

A. 复印这篇文章，发给团队成员。

B. 把文章的部分内容输入计算机，通过email发送给团队。

C. 告诉所有人文章里的想法是你自己想出来的。

D. 为每个人买一份杂志。

2. 你发现与你合作的承包商歧视女性。这个承包商位于另一个国家，在当地这很正常。你要怎么做?

A. 遵循承包商的文化，允许这种歧视继续。

B. 拒绝与这个承包商合作，找一个新的卖方。

C. 提交一份书面请求，要求承包商不再歧视女性。

D. 与你的老板会面，解释这种情况。

3. 你是一家建筑公司的项目经理，在向一个客户出售服务。你正在做进度计划和预算，此时客户的CEO要求你不要再做这些，他希望你立即着手工作。你最好的做法是什么?

A. 与这个CEO会面，解释为什么预算和进度计划很有必要。

B. 立即停止工作，进入索赔管理。

C. 不再建立进度计划和预算。

D. 请买方再找一家合作的公司。

4. 你在管理一个项目，客户要求如果你想保住这笔生意，就得每周请他吃午餐。你最好的做法是什么?

A. 请这个客户吃午餐，再向公司报账。

B. 拒绝请客户吃午餐，因为这是一种贿赂。

C. 请客户吃午餐，不过向他的经理告发他。

D. 将这件事报告给PMI。

5. 你在管理公司想尝试的首批金融项目之一，在这个过程中，关于如何管理这个项目你学到了很多。你的公司打算明年再与金融公司做一些新项目。你最好的做法是什么?

A. 与公司讨论安排培训课程的事情，这样你就能把从项目中学到的经验教训传授给其他人。

B. 把你掌握的信息私藏起来，这样明年你在公司会更有价值。

C. 决定专攻金融合同。

D. 专心于你的项目工作，不考虑帮助其他人学习你的经验。

模拟题

6. 你发现如果卖方所在国家环境保护法规比较宽松，把工作外包给这样一个卖方可以省钱。你要怎么做？

A. 继续花更高费用采用强调环境安全的解决方案。

B. 利用这种节省成本的方案。

C. 请老板为你做决策。

D. 要求当前的承包商采用这个较低的报价。

7. 你无意中听到你的团队中有人使用带种族歧视的字眼。这个人是团队的一个关键成员，你担心如果他离开公司会导致项目出现很多问题。你要怎么做？

A. 假装你没有听到，这样就不会有问题。

B. 向他的老板举报这个团队成员。

C. 在下一次团队会议上提出这个问题。

D. 与这个团队成员私底下会面，解释这种带种族歧视的字眼是不能接受的。

8. 你为当地PMI分会做演讲，这是什么的例子？

A. PDU（项目发展单元）。

B. 为项目管理知识体系做贡献。

C. 慈善工作。

D. 做志愿者。

9. 你打算举行一次投标人会议，一个潜在卖方给了你几张棒球赛门票，是你最喜欢的球队的比赛，这些票很难弄到。你要怎么做？

A. 与卖方去看比赛，不过不谈合同。

B. 与卖方去看比赛，讨论合同。

C. 去看比赛，不过不让他给你买任何东西，因为那是贿赂。

D. 礼貌地拒绝接受这些比赛门票。

10. 你的公司已经发出一个RFP，你的哥哥也想投标。你最好的做法是什么？

A. 给你哥哥一些内部信息，确保他最有机会拿到这个项目。

B. 公开你与他的关系，并在选择卖方过程自行回避。

C. 推荐你的哥哥，不过不向任何人透露你们的关系。

D. 不告诉任何人你们的关系，不过在评估所有潜在卖方时很注意，不为你哥哥提供任何额外的好处。

答案

模拟题

1. 答案：D

绝对不能复印有版权的东西。一定要尊重别人的知识产权！

2. 答案：B

歧视女性、少数民族或其他方面都是不好的。要避免与存在这种问题的人做生意。

3. 答案：A

对于任何项目经理来说这种情况都很难办。不过在项目管理过程中不能走捷径，而且你肯定不能告诉客户你不想做他们的生意。最好的做法就是与CEO会面，解释你为什么需要遵守规则。

4. 答案：B

客户要索贿，而行贿是不道德的。你不能这样做。如果你的项目需要你向某个人行贿，那就不该与那个人做这笔生意。

这称为项目管理知识体系做贡献。

5. 答案：A

总是要尽量帮助别人学习如何管理项目。

6. 答案：A

如果一个卖方会污染环境，绝对不能把工作外包给他。尽管采用不破坏环境的方案成本更高，这仍是正确之举。

答案

~~模拟题~~

7. 答案：D

要确保你的团队总是尊重其他人。

8. 答案：B

只要你把你的知识与别人分享，就是在对项目管理知识体系做贡献，作为一个经过认证的项目经理，这也是你应该做的！

9. 答案：D

你必须拒绝这些球票，尽管比赛听上去很精彩。这些票就相当于贿赂，你不能做任何可能对你的合同决策有影响的事情。

10. 答案：B

必须公开这种关系。事先诚实地公开项目中可能出现的利益冲突非常重要。

15 最后总复习

检验知识

太好了，我最喜欢的就是考试！
真希望整个夏天都一直考试。

哇，你已经学完了前面的14章！ 现在该回过头来，重点回顾学过的最重要的一些概念。这样能温故知新，让大脑做最后的考前训练，为考试那一天做好准备！

过程磁贴

你能把所有这些过程放在正确的知识领域中吗？试试看，另外在放入相应知识领域中时，看看你能不能按项目中通常的执行顺序排列这些过程。

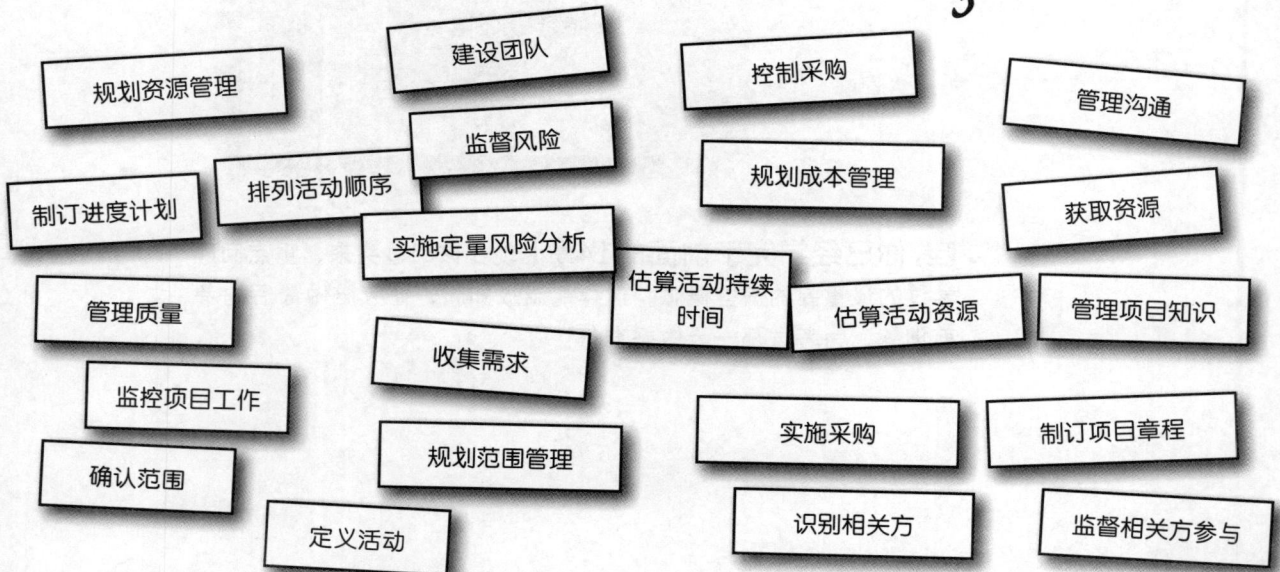

整合

1
2
3
4
5
6
7

范围

1
2
3
4
5
6

进度

1
2
3
4
5
6

成本

1
2
3
4

质量

1
2
3

建设团队

规划资源管理

控制采购

管理沟通

监督风险

规划成本管理

排列活动顺序

制订进度计划

获取资源

实施定量风险分析

估算活动持续时间

估算活动资源

管理项目知识

管理质量

收集需求

监控项目工作

实施采购

制订项目章程

规划范围管理

确认范围

识别相关方

监督相关方参与

定义活动

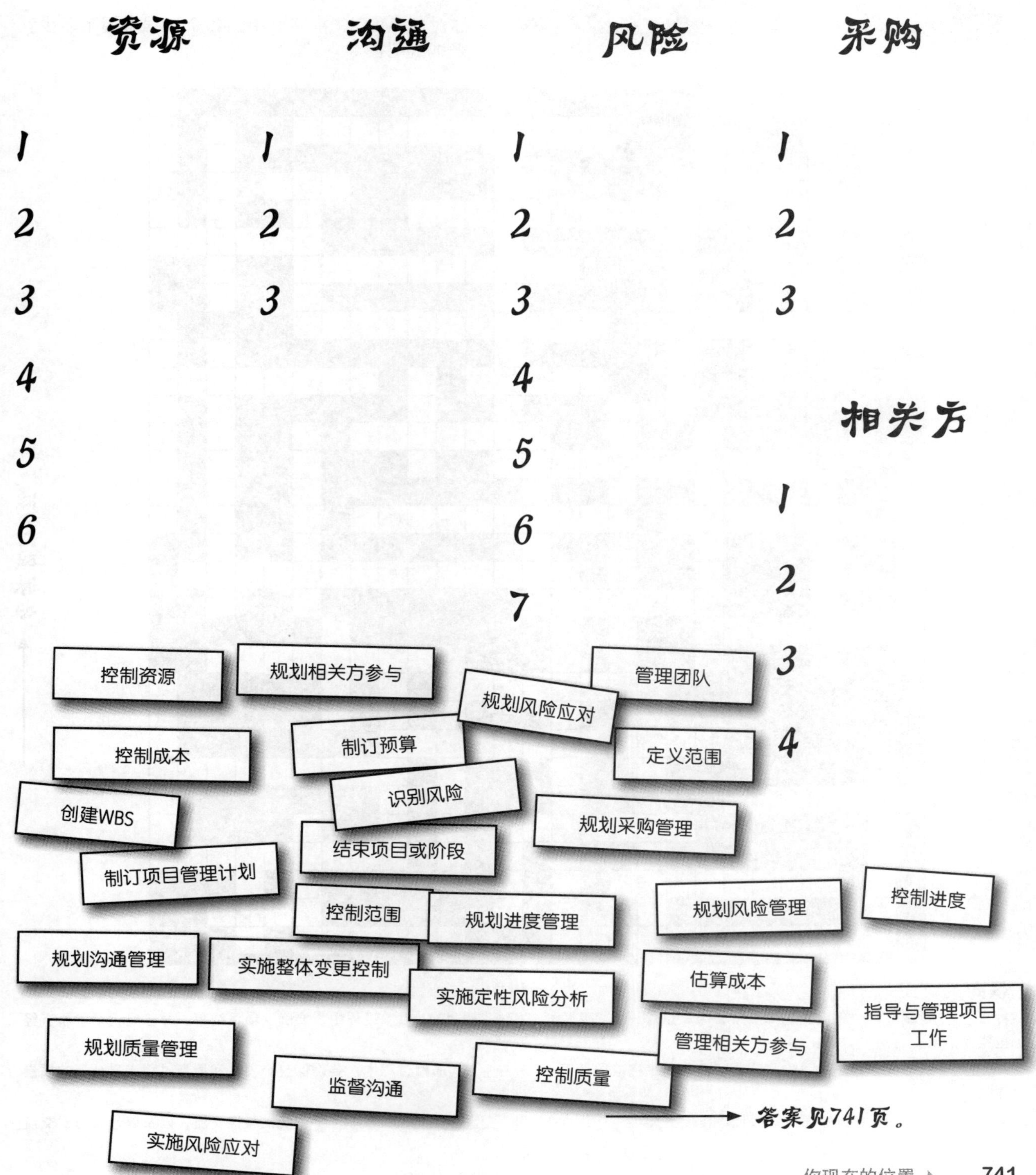
资源
1
2
3
4
5
6
沟通
1
2
3
风险
1
2
3
4
5
6
7
采购
1
2
3
相关方
1
2
3
4
控制资源
规划相关方参与
管理团队
规划风险应对
控制成本
制订预算
定义范围
识别风险
创建WBS
规划采购管理
结束项目或阶段
制订项目管理计划
控制范围
规划进度管理
规划风险管理
控制进度
规划沟通管理
实施整体变更控制
实施定性风险分析
估算成本
指导与管理项目工作
规划质量管理
管理相关方参与
控制质量
监督沟通
实施风险应对

答案见741页。

过程填字游戏

你对《PMBOK® 指南》中的49个过程掌握了多少？来试试吧！

1
2
3
4
5
6
7
8
9
10
11
12
13
14
15
16
17
18
19
20
21
22
23
24
25
26
27
28
29
30
31
32
33
34
35
36
37
38
39
40
41
42
43
44
45
46
47
48
49
50
51
52
53

答案见760页。

横向

1. 在______进度过程中，会根据你的所有估算建立一个横道图、里程碑清单、日历或其他文件。

4.在______ 管理知识领域中，你与卖方签订合同来完成项目工作。

9. ______ 管理知识领域中，需要规划未知的情况。

纵向

2. 结束项目或 ______过程中，要确保项目结束，并已经记录了所有经验教训。

3. 在 ______质量过程中，要确保整个项目和质量过程满足公司的质量标准。

5. ______ 管理知识领域中，要明确谁与谁交流，以及以什么方式交流。

横向

11. 创建_____ 过程中，要创建一个图形化层次文件来描述所有工作包。

13. _____ 沟通过程将正确的信息传递给正确的人。项目中的大部分沟通都发生在这个过程。

14. 管理相关方_____过程中，要管理受项目影响的所有人的沟通。

15. _____ 范围过程中，要明确地写出团队要做哪些工作来生成产品。

16. _____控进程组就是要查找和处理变更。

17. 在实施 _____ 变更控制过程中，要与发起人和相关方一起确定是否做出变更。

18. 在规划_____ 管理过程中，你要决定哪些工作外包给一个卖方。

21. 估算_____ 过程中，要确定进度计划中的各个活动花费的资金。

23. _____ 范围过程中，要确保所有工作都已经完成，而且得到相关方的正式验收。

26. _____ 采购过程是关于采购的监控过程，要在这个过程中查找合同中的变更。

28. _____ 管理知识领域中，要把所有工作和项目计划汇集在一起。

31. ______ 相关方参与过程中，需要跟踪整个项目中相关方的参与，并根据项目信息做出修正和变更。

32. _____过程组要确保项目正确启动。

33. 规划_____ 管理过程中，要确定你会如何处理消息、沟通渠道、会议和报告。

34. 在 _____ 质量过程中，你的团队要查找可交付成果中的缺陷。

35. 规划_____ 管理过程中，要为如何分配和管理你的人员和设备创建一个计划。

37. 规划风险 _____过程中，你要确定你的团队如何应对各个风险（如果确实出现）。

39. _____ 活动过程中，你会按顺序排列活动，并创建网络图。

41.在实施_____ 风险分析过程中，你会为风险指定数值，从而更准确地评估。

43. 估算活动_____过程中，要对各个活动需要的时间生成一个估算。

44. _____ 采购过程中，要确定将由哪些卖方来完成工作。

45. 制订项目_____过程中会建立授权你完成工作的文件。

48. 在_____ 过程组中团队具体完成项目工作。

50.在_____管理知识领域中，你要确定工作需要多长时间。

51. ____ 相关方参与过程中，要规划整个项目中为保证相关方满意所要做的所有活动。

52. 收集_____过程中，需要收集并记录相关方的需求。

53. _____ 沟通过程将正确的信息传递给正确的人。项目中的大部分沟通都发生在这个过程。

纵向

6. 使用_____ 管理知识领域的过程来确保你的可交付成果符合需求。

7. 大部分工作都在_____ 过程组中完成。在这个过程组中，将建立一个文件，指导你完成各个知识领域的工作。

8. _____团队过程中，需要跟踪团队成员的绩效，提供反馈，并解决问题。

9. 在_____ 管理知识领域中，要召集和管理你的团队。

10. 管理项目 ___________ 过程中，要汇集执行项目期间学习的所有知识，并使用这些信息解决出现的问题。

12. 在制订_____ 过程中，要把估算成本累加起来，得出项目总共会花费多少钱。

19. _____ 风险过程中，要创建一个风险登记册，其中包含可能影响项目的一组风险。

20. 制订项目_____计划过程中要创建一个文件来定义你将如何处理项目的各个方面。

22. 可交付成果和工作绩效信息都在指导与管理项目_____ 过程中创建。

24. 实施_____风险分析过程中要对各个风险分类。

25. 估算活动 _____ 过程中，要确定项目需要哪些人、设备和其他东西，以及什么时候需要。

26. 要在_____ 成本过程中密切跟踪工作并管理成本。

27. 规划 _____管理过程中，要创建一个计划确保你的可交付成果符合需求并且适用。

29. 在_____ 资源过程中为项目分配团队。

30. _____ 范围过程中，会查找范围的变更，并且只完成必要的变更。

33. 监督 _____ 过程中，要确定你的项目如何进行，并且让所有人都知道。

36. _____ 管理知识领域就是要确定你的预算。

37. 监督风险过程中，你要查找所有新的风险以及对风险 _____ 的变更。

38.控制_____过程中，要查找对完成活动和满足里程碑的计划日期有哪些变更。

39. _____ 管理知识领域就是要确定谁会受项目影响，并努力让他们满意。

40. 要在_____ 过程组中结束项目。

42. 在_____ 控项目工作过程中，要持续查找出现的变更或问题。

46. 在规划_____ 管理过程中，你要创建一个计划，指出你将如何管理意外的事件。

47. _____ 管理知识领域帮助你确定项目需要完成的工作。

49. 制订 ____ 过程中，要不断激励团队，并为他们设定目标和奖励。

Exercise

这些问题都是考试中很可能看到的考点。它们是从很多不同的知识领域中抽取出来的。花些时间试着回答所有这些问题。要记住，这些问题会比真正的考试题目稍难一点，因为它们不是选择题！

1. 制订项目章程时，你用什么来了解你的组织承接这个项目是有意义的？

2. 总价合同中卖方承担其余成本的那个点叫作什么？

3. 哪种冲突解决技术最有效？

4. 粗略量级估算的范围是什么？

5. 不知道工作范围时哪种合同类型最合适？

6. 向关键路径增加资源来缩短进度，这是在做什么？

7. 哪种管理理论认为员工不能信任，需要不断监督？

8. 项目中冲突的三大原因是什么？

9. 客户满意度属于哪个知识领域？

10. 在一个矩阵型组织中，项目经理通常没有哪种权力？

答案见761页。

11. 完成采购过程时哪种形式的沟通总是必要的？

12. 把检查、测试计划、测试、返工（来补救发现的缺陷）及重新测试的成本加在一起，这叫作什么？

13. 项目区别于过程的三大特征是什么？

14. 在哪里可以找到一个特定工作包的详细信息，如初始估算或收款账户的有关信息？

15. 如果你和你的团队无法得出一个已识别风险的有效应对措施，你会怎么做？

16. 建立进度计划之前要把工作包分解成什么？

17. 关键路径上所有活动的浮动时间是多少？

18. 研究显示，项目经理花在沟通上的时间大致占多少？

19. 如何处理导致变更的因素？

20. 哪两种估算需要历史信息？

Sharpen your pencil

考试中肯定会遇到大量计算题。好在你已经都掌握了！利用这个机会再做一点练习。

1. 一个有9个人的项目（包括项目经理）有多少条沟通线路？

2. 你的项目的完工预算是$250000。你已经完成了一半工作，不过进度计划指出本应该完成60%的工作。请计算PV和EV。

3. 你的项目的BAC为$7500。计划完成百分比是35%，不过实际完成百分比是30%。请计算SPI。从这个SPI可以得到项目的什么信息？

4. 你在管理有一个有8人团队的项目，另外还要加上你（作为项目经理），如果再增加4个团队成员，会增加多少条沟通线路？

5. 你的项目预算是$500000。项目已经完成了75%，而且目前为止已经支出$400000。计算EAC和ETC。由此可以得到项目的什么信息？

6. 你识别出项目的两个风险和一个机会。风险A的概率是35%，成本是$500。风险B概率是60%，成本是$750。机会C概率是10%，价值是$1000。风险A、风险B和机会C的总EMV是多少？

7. 你的项目CPI为1.2，EV为$150000。计算项目目前为止的实际成本。

答案见762页。

建立与大脑的长期关系

花些时间，好好回顾你学过的所有内容。看上去是不是有点…… 嗯，内容太多了，让人难以承受？不用担心，这很正常。你已经得到了这些信息，它们都漂浮在你的大脑里，现在你的大脑正在努力组织这些信息。

大脑是一个非凡的机器，它非常擅长组织信息。很幸运，填入这么多新数据后，还可以用一些方法把它们“固定住”。这正是这一章所要做的。你的大脑希望对这些新信息归类。所以我们首先复习如何组织这些过程，然后回顾这些过程做些什么，这会很有帮助。

我明白了！所以我先做了过程磁贴练习，然后是过程填字游戏，再后面是计算题。分别完成这些练习可以帮助我把它们牢牢记在大脑里。

没错！认知心理学家把它称为组块（chunking），这确实是一种长期记住信息的很有效的方法。如果有一组紧密关联的信息，这会为你的大脑提供存储这些信息的某种原则。另外与其他“组块”之间的弱关联提供了一个更大的框架，来管理这些庞大如山的信息，所以这是相互促进的。

下一部分用法说明

下一部分包含一系列按知识领域组织的问题。为了保证效果，请注意以下几点：

* 今天的PMP学习活动只做这个练习。
* 留出充足的时间做练习。
* 回答问题时一定要喝大量的水。
* 回答问题时，要考虑每一个答案，只选择其中的一个选项，即使你并不是100%确定。
* 完成每一部分之后，再把各个问题通读一遍。
* 先不要看答案，直到完成所有知识领域的问题后再看答案。
* 回答这些问题之后，晚上要好好睡一觉。

认知心理学家发现，睡眠对于帮助你的大脑组织和巩固信息从而长久记住有很重要的作用。

整合和总体PMBOK®问题

1. 你在为一个军方分包商管理一个项目，要修改一个导弹制导系统软件。你在规划这个项目，需要考虑公司经营环境的有关信息。以下哪一个不是你要查看的因素：

A. 市场条件。

B. 对项目完成时的预测，包括ETC和TCPI。

C. 需要遵循的政府标准。

D. 可能影响项目的政治环境。

2. 你管理的一个项目正在开发一个软件，公司的CFO告诉你要在这个软件中加入一个新特性。项目的最后期限很紧，如果承接这个额外的工作，项目就会延迟。以下哪一项可以最好地描述你首先要做什么？

A. 更新项目管理计划，确保项目包含这个新特性。

B. 告诉CFO，要等到你开发下一个版本时才会增加这个特性，然后向变更控制委员会提交一个变更请求。

C. 告诉CFO，最后期限太紧了，无法增加这个特性。

D. 评估这个变更对项目的影响。

3. 以下哪一项最适当地描述了项目发起人的角色？

A. 向项目团队分派工作。

B. 为项目付款。

C. 在组织内部从行政上支持项目。

D. 定义组织的类型（矩阵型、职能型等）。

4. 以下哪一项不是项目管理计划的一部分？

A. 为项目选择的生命周期。

B. 各个过程的实现级别。

C. 组织的人员配备和留用指导原则。

D. 与相关方沟通使用的技术。

范围问题

5. 你在管理一个建筑项目，要在一个现有的建筑上设计一个延伸部分。一位相关方坚持要求计划不应包括室内承重墙，因为她希望能重新设计建筑平面图。这个信息要记入哪里？

A. 项目范围说明书。

B. 范围管理计划。

C. 工作分解结构。

D. WBS词典。

6. 你正在与项目相关方合作，在明确他们需要什么并写下来，你会使用以下哪个工具或技术？

A. 分解。

B. 观察。

C. 偏差分析。

D. 检查。

7. 一个项目经理正在分析可交付成果，并把它们进一步划分为更小、更可管理的组成部分。这个项目经理在执行哪一个过程？

A. 控制范围。

B. 定义范围。

C. 收集需求。

D. 创建WBS。

8. 一个软件项目团队领导人在与相关方一起确保项目的每一个可交付成果都得到正式书面验收。以下哪一项可以最好地描述她做的工作？

A. 根据成本基准完成偏差分析。

B. 更新追踪矩阵。

C. 建立和组织WBS。

D. 与相关方一起运行软件和巡检。

进度问题

9. 你在管理一个IT项目来建立一个开发环境，包括设计和建造一个计算机室，安装操作系统和软件，以及完成一个安全评估。在配置硬件并安装操作系统之前，你需要至少2周时间订购硬件。以下哪一项能最准确地描述这种关系？

   A. 提前量。
   B. 滞后量。
   C. 完成－开始（FS）。
   D. 开始－开始（SS）。

10. 你在规划一个IT项目来建立一个开发环境，包括设计和建造一个计算机室、安装操作系统和软件，以及完成一个安全评估。你的项目包括3个不同的活动，需要3个不同的网络技术人员制作他们自己的以太网线，因为这比购买现成的网线更便宜。每个网线都必须由一个质量测试设备进行测试。这是一个昂贵的设备，数量不多，由公司中所有技术人员共用。你需要根据这个测试设备的可用性来规划进度。最好在哪里寻找这个信息？

    A. 人员配备需求。
    B. 活动网络图。
    C. 资源日历。
    D. 活动资源需求。

11. 你在管理一个IT项目来建立一个开发环境，包括设计和建造一个计算机室、安装操作系统和软件，以及完成一个安全评估。一旦在一个机器上安装了操作系统，需要镜像并复制到3个相同的机器上。以下哪一项能最准确地描述了这种关系？

    A. 提前量。
    B. 滞后量。
    C. 完成－开始（FS）。
    D. 开始－开始（SS）。

12. 你在管理一个IT项目来建立一个开发环境，包括设计和建造一个计算机室、安装操作系统和软件，以及完成一个安全评估。你的团队为涉及订购和安装设备的活动提出一种最佳场景。如果一切都很完美，他们觉得需要5周时间。不过，他们认为更有可能需要9周的时间。一个团队成员指出，在他上一个项目中，由于一个主要设备交付延迟，导致项目额外增加了4周时间，团队的其余成员都同意这是最坏情况。请使用三点估算来计算你认为这个活动需要花费多长时间。

    A. 5周。
    B. 9周。
    C. 12周。
    D. 13周。

成本问题

13. 以下哪一个是资金限制平衡的最佳描述？

    A. 比较项目的预算和项目的储备。

    B. 比较项目的计划支出和资金制约因素。

    C. 比较项目的计划价值和实际成本。

    D. 比较项目的净现值和内部报酬率。

14. 你项目的完工预算（BAC）是$75000，你要确定是否能够满足这个预算。你知道已经花了$56000，另外已经完成了项目工作的70%。如果你的项目继续按当前速度开支，需要完成哪一个计算来得出超出项目预算之前所允许的最低CPI？

    A. TCPI。

    B. SV。

    C. SPI。

    D. CV。

15. 你在管理一个建筑项目，要在一个新的高层建筑里安装7500个电灯开关。你目前已经安装了3575个，花费了总预算$245000中的$153500。以下哪种说法是正确的？

    A. AC是$153500，所以现在进度提前。

    B. ETC是$168995，所以在预算内。

    C. CV是$36880，所以超出了预算。

    D. CPI是0.7597，所以超出了预算。

16. 你在管理一个建筑项目，你要使用一个电子表格估算项目的活动，这是一家咨询公司为你创建的。你必须填入材料的干重、完成工作所需的人数、所建造的建筑类型，以及有关项目的其他信息。以下哪一项可以最好地描述你的工作？

    A. 参数估算。

    B. 类比估算。

    C. 自下而上估算。

    D. 自顶向下估算。

质量问题

17. 计算质量成本时不会考虑以下哪一项？

A. 可交付成果不满足需求时进行补救的成本。

B. 培训团队完成检查的成本。

C. 顾客可能发现交付的工作存在问题，与这些顾客合作的成本。

D. 项目可交付成果正式验收的成本。

18. 以下哪一个不是完成质量保证的例子？

A. 检查生产可交付成果的方式，查看是否遵循所有过程。

B. 检查可交付成果，查看是否满足需求。

C. 检查一组可交付成果，确定为什么它们都有同样的缺陷。

D. 检查公司关于如何执行过程的文件。

19. 以下哪一个最好地描述了适合采用统计抽样方法的情况？

A. 你刚收到发来的50000个零件，你要确定是否有足够的零件在误差范围以内，能够在项目中使用。

B. 你要确定哪些缺陷是关键性的，而哪些可以交付给顾客并在以后补救。

C. 需要在控制图上使用7点法则。

D. 需要确定项目是否进度提前而且在预算内。

20. 你在规划项目的质量活动。你知道随着项目的进行，将来你的团队会发现大量方法来改进公司的工作方式。你需要一种方法以系统的方式处理这些信息。哪个文件最适合用来完成这个规划？

A. 质量核对单。

B. 过程改进计划。

C. 质量管理计划。

D. 质量测量指标。

资源问题

21. 一个项目经理在一个项目型组织中工作，正在召集一个团队完成一个项目。以下哪一个工具或技术不会用到？

A. 集中办公。

B. 虚拟团队。

C. 预分派。

D. 谈判。

22. 一个项目经理正在建立她的团队。她注意到团队成员不能高效地合作，她担心这会导致一种破坏性的环境。以下哪一项可以最好地描述团队现在的状态？

A. 规范。

B. 形成。

C. 震荡。

D. 成熟。

23. 一个项目经理在管理团队方面遇到麻烦，因为他们总是开会迟到。这个问题的原因最有可能是以下哪一个？

A. 团队厌恶他们正在做的工作。

B. 项目经理需要把会议安排在一天中稍晚的时间。

C. 项目经理自己就开会迟到，这影响了团队。

D. 团队还处在团队建立的震荡阶段。

24. 一个软件项目的项目经理被公司里的人看作是专家级程序员。她在公司高级经理中有极高的声望。公司CTO告诉她不论什么时候遇到麻烦，他都会支持她的决定—团队中的所有人都很尊敬这位CTO，他们对他非常忠诚。以下哪一项最好地描述了这位项目经理行使的权力？

A. 奖励权力。

B. 专家权力。

C. 惩罚权力。

D. 参照权力。

沟通问题

25. Bob和Sue是你的项目的相关方。Sue在权力/利益方格中位于高权力、低利益象限，Bob在低权力、高利益象限。以下哪一项最好地描述了你要采用的方法：

A. Sue需要参与每一个重要会议，而Bob需要在这些会议中表明他的观点。

B. 需要确保Bob参加变更控制委员会，而Sue只需要最低程度的关注。

C. 要尽一切可能满足Sue的所有需要，而Bob必须及时了解重要的决策。

D. 需要密切管理Sue的需求，另外必须让Bob满意，为此要确保他的需要得到满足。

26. 一个项目经理在分析项目的沟通需求。共有6个团队成员、4个相关方和两个分包商。他需要得出可能的沟通渠道数。共有多少个沟通渠道？

A. 13。

B. 55。

C. 66。

D. 78。

27. 你打算结束你的项目，此时收到一封email，这让你很惊讶，你此前从未与这个发信人交谈过。他很恼火，因为他会受你的项目的直接影响，他需要项目提供某些特定的东西，但你并没有交付这些东西。以下哪一项最好地描述了你目前的沟通过程？

A. 你没有有效地管理沟通。

B. 你没有识别出一个项目相关方。

C. 你没有对沟通内容编码。

D. 你没有相关方管理策略。

28. 你正在为项目的相关方提供相关的信息。以下哪一个不是你要使用的工具或技术？

A. 邮寄给相关方的文件副本。

B. 包含所有相关方的权力/利益方格。

C. 与相关方召开的会议。

D. 包含项目文件的在线文件夹。

风险问题

29. 一个项目经理正在使用定量技术为各个风险指定数值来分析项目的风险。这里不会使用以下哪个工具和技术?

A. 使用决策树的EMV分析。

B. 敏感性分析，确定哪个风险威胁最大。

C. 概率/影响矩阵，为各个风险优先级指定数值。

D. 基于多个不同项目场景运行的模拟。

30. 你在管理一个建筑项目，一个团队成员警告你，你的混凝土供应商在他的上一个项目中导致了严重的延迟，因为他交付的混凝土种类不对。你与团队讨论这个问题，决定需要接受发生这种情况的可能性。不过你做了后备计划，考虑了备选供货商，给他交了一笔定金，以备必要时让他紧急发货。这是一个什么样的例子;

A. 规避。

B. 转移。

C. 减轻。

D. 接受。

31. 要求一个项目经理使用他的管理储备。最有可能的原因是什么?

A. 风险登记册中的一个风险导致预算超支。

B. 项目超出预算，因为项目经理预测计算有误。

C. 出现了一个从未做过计划的风险。

D. 团队的估算不正确。

32. 你的软件项目团队通知你，公司的另一个团队创建了一个工具，可以为项目节省3周的时间。你询问那个团队的项目经理，希望你能和他的团队成员分享这个工具。以下哪一个最好地描述了这个策略?

A. 开拓。

B. 分享。

C. 提高。

D. 接受。

采购问题

33. 一个卖方遇到了麻烦，因为他承接的合同超出了预算，现在他的公司必须承担超出预算的成本。以下哪一项最好地描述了这个合同？

A. 工料合同（T&M）。

B. 固定总价合同（FFP）。

C. 成本加激励费用合同（CPIF）。

D. 成本加固定费用合同（CPFF）。

34.一个软件项目的项目经理聘请了一个分包商构建一个模块，这个模块将在项目余下阶段使用。将这个模块集成到其余代码中时，出现了严重的质量问题。分包商声称模块满足需求，但项目经理的首席开发人员称该模块明显与需求不符。这个合同没有明确指出如何处理这种情况。显然需要修改合同来给出一个解决方案，不过对于变更的具体条款没有达成一致意见。以下哪一项最好地描述了项目的下一步工作：

A. 买方和卖方必须进入索赔管理。

B. 买方应当向卖方提出诉讼。

C. 买方应当对卖方执行一个审计。

D. 买方和卖方必须严格遵循合同条款。

35. 买方和卖方有一个合作协议。以下哪一项能最好地描述这种关系？

A. 每个项目团队中都有卖方和买方的团队成员。

B. 买方可以指定卖方项目团队的结构。

C. 卖方可以自由指定可交付成果和合同条款。

D. 卖方为项目决策提供输入，另外可以加入买方的管理结构。

36. 你是一个项目经理，正在规划一个需要聘用承包商的项目。在寻找卖方之前，需要制订一个文件定义承包商要做的那部分工作。对于这个文件以下哪一种说法不正确？

A. 它要基于项目范围基准。

B. 它包括合同要求生产的可交付成果的具体规范。

C. 这是总价或成本补偿合同条款。

D. 必须完整地定义承包商要做的工作。

相关方问题

37. Tom是一个IT项目的相关方，他要求参加所有状态会议和团队沟通。尽管他并不是团队中的一员，也不对任何可交付成果负责，但他很关心项目的结果，希望能及时了解项目的情况。他在权力/利益方格中处于什么位置？

A. 高权力，高利益。

B. 高权力，低利益。

C. 低权力，高利益。

D. 低权力，低利益。

38. 一个工业设计项目的项目经理正在审查团队生成的工作绩效数据，来确定是否需要对相关方管理做出变更。他发现一个变更时，写下请求，并把所有已批准的请求增加到项目管理计划、项目文件和经验教训中。他在完成哪个过程？

A. 规划相关方管理。

B. 识别相关方。

C. 管理相关方参与。

D. 控制相关方参与。

39. Joanne是一个软件项目的发起人，在与公司的高级管理团队一起打算取消这个项目，尽管这个项目才刚刚开始规划过程。在这个项目中， Joanne的参与程度是以下哪一类？

A. 不了解型。

B. 抵制型。

C. 支持型。

D. 领导型。

真棒！看来你基本上已经准备好了

如果你已经读完每一章，完成了所有练习，而且做过所有模拟题，那么现在你已经很好地掌握了PMP考试的内容，已经做好参加认证考试的准备了！顺便说一句，如果前几页上的一些问题回答错了也不用担心。这些题很难，有些甚至比PMP考试还要难。记住，要做好准备有一个很好的方法：如果你觉得哪些方面还有困难，可以自己出一些类似“问题诊所”的题目。

所以如果你确实都做对了，真应该为自己骄傲！

过程磁贴答案

你能把所有这些过程放在正确的知识领域中吗？试试看，另外在放入相应知识领域中时，看看你能不能按项目中通常的执行顺序排列这些过程。

整合

1. 制订项目章程
2. 制订项目管理计划
3. 指导与管理项目工作
4. 管理项目知识
5. 监控项目工作
6. 实施整体变更控制
7. 结束项目或阶段

范围

1. 规划范围管理
2. 收集需求
3. 定义范围
4. 创建WBS
5. 确认范围
6. 控制范围

进度

1. 规划进度管理
2. 定义活动
3. 排列活动顺序
4. 估算活动持续时间
5. 制订进度计划
6. 控制进度

成本

1. 规划成本管理
2. 估算成本
3. 制订预算
4. 控制成本

质量

1. 规划质量管理
2. 管理质量
3. 控制质量

资源

1 规划资源管理

2 估算活动资源

3 获取资源

4 建设团队

5 管理团队

6 控制资源

沟通

1 规划沟通管理

2 管理沟通

3 监督沟通

风险

1 规划风险管理

2 识别风险

3 实施定性风险分析

4 实施定量风险分析

5 规划风险应对

6 实施风险应对

7 监督风险

采购

1 规划采购管理

2 实施采购

3 控制采购

相关方

1 识别相关方

2 规划相关方参与

3 管理相关方参与

4 监督相关方参与

过程填字游戏答案

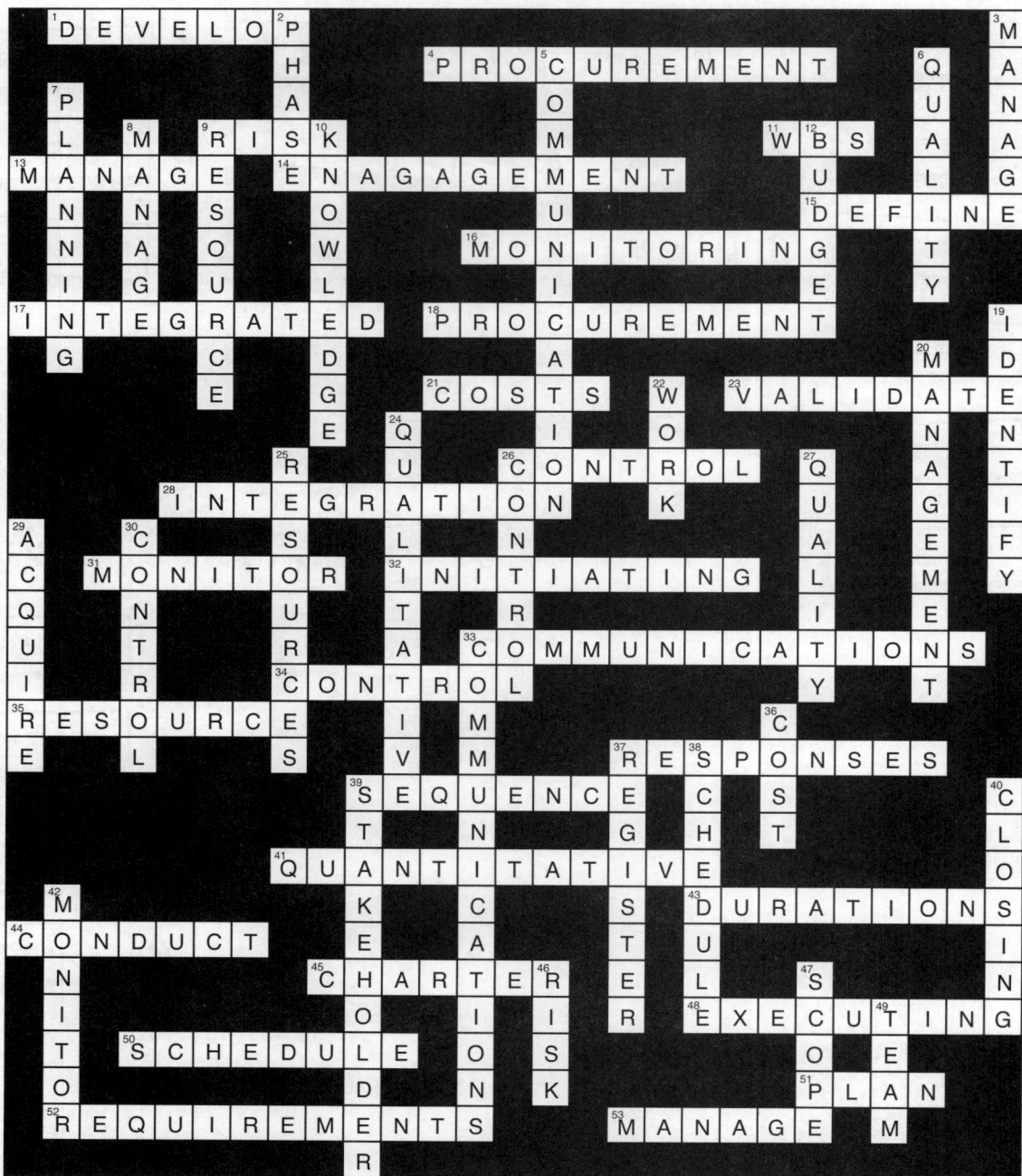

Across

1 DEVELOP
4 PROCUREMENT
9 RISK
11 WBS
13 MANAGE
14 ENAGAGEMENT
15 DEFINE
16 MONITORING
17 INTEGRATED
18 PROCUREMENT
21 COSTS
23 VALIDATE
26 CONTROL
28 INTEGRATION
31 MONITOR
32 INITIATING
33 COMMUNICATIONS
34 CONTROL
35 RESOURCE
37 RESPONSES
39 SEQUENCE
41 QUANTITATIVE
43 DURATIONS
44 CONDUCT
45 CHARTER
48 EXECUTING
50 SCHEDULE
51 PLAN
52 REQUIREMENTS
53 MANAGE

Down

2 PHASE
3 MANAGE
5 COMMUNICATION
6 QUALITY
7 PLANNING
8 MANAGE
9 RESOURCE
10 KNOWLEDGE
12 BUDGET
19 IDENTIFY
20 MANAGEMENT
22 WORK
24 QUALITATIVE
25 RESOURCES
26 CONTROL
27 QUALITY
29 ACQUIRE
30 CONTROL
33 COMMUNICATIONS
36 COST
37 REGISTER
38 SCHEDULE
39 STAKEHOLDER
40 CLOSING
42 MONITOR
46 RISK
47 SCOPE
49 TEAM

Exercise
Solution

这些问题都是考试中很可能看到的考点。它们是从很多不同的知识领域中抽取出来的。花些时间试着回答所有这些问题。要记住，这些问题会比真正的考试题目稍难一点，因为它们不是选择题！

1. 制订项目章程时，你用什么来了解你的组织承接这个项目是有意义的？

商业论证文件

2. 总价合同中卖方承担其余成本的那个点叫作什么？

总体假设点

3. 哪种冲突解决技术最有效？

问题解决或合作

4. 粗略量级估算的范围是什么？

-25% ~ +75%

5. 不知道工作范围时哪种合同类型最合适？

工料

6. 向关键路径增加资源来缩短进度，这是在做什么？

赶工

7. 哪种管理理论认为员工不能信任，需要不断监督？

麦格雷戈的X理论

8. 项目中冲突的三大原因是什么？

资源、优先级和进度

9. 客户满意度属于哪个知识领域？

质量管理

10. 在一个矩阵型组织中，项目经理通常没有哪种权力？

合法权力

11. 完成采购过程时哪种形式的沟通总是必要的？

正式书面沟通

12. 把检查、测试计划、测试、返工（来补救发现的缺陷）及重新测试的成本加在一起，这叫作什么？

质量成本

13. 项目区别于过程的三大特征是什么？

临时性，特定性和渐进明细

14. 在哪里可以找到一个特定工作包的详细信息，如初始估算或收款账户的有关信息？

WBS字典

15. 如果你和你的团队无法得出一个已识别风险的有效应对措施，你会怎么做？

接受

16. 建立进度计划之前要把工作包分解成什么？

活动

17. 关键路径上所有活动的浮动时间是多少？

0

18. 研究显示，项目经理花在沟通上的时间大致占多少？

90%

19. 如何处理导致变更的因素？

尽量影响这些因素

20. 哪两种估算需要历史信息？

类比和参数估算

Sharpen your pencil Solution

考试中肯定会遇到大量计算题。好在你已经都掌握了！利用这个机会再做一点练习。

1. 一个有9个人的项目（包括项目经理）有多少条沟通线路？

   沟通线路数的公式是：沟通线路数 = n x (n - 1) ÷ 2

   所以沟通线路数 = 9 x (9 - 1) ÷ 2 = 9 x 8 ÷ 2 = 36条沟通线路

2. 你的项目的完工预算是$250,000。你已经完成了一半工作，不过进度计划指出本应该完成60%的工作。请计算PV和EV。

   计算公式为： PV = BAC x 计划完成百分比 EV = BAC x 实际完成百分比

   所以答案： PV = $250000 x 60% = $150000 EV = $250000 x 50% = $125000

3. 你的项目的BAC为$7,500。计划完成百分比是35%，不过实际完成百分比是30%。请计算SPI。从这个SPI可以得到项目的什么信息？

   计算公式为：SPI = EV ÷ PV。所以首先计划EV和PV: EV = $7500 x 30% = $2250
   PV = $7500 x 35% = $2625

   现在计算SPI：SPI = $2250 ÷ $2625 = 08 6 由于SPI小于1，所以你的项目进度滞后了。

4. 你在管理有一个有8人团队的项目，另外还要加上你（作为项目经理），如果再增加4个团队成员，会增加多少条沟通线路？

   我们已经在第1题中计算出了9人团队的结果，会有36条沟通线路。新团队又增加了4个团队成员，总共是13个人，所以沟通线路数 = 13 x (13 - 1) ÷ 2 = 13 x 12 ÷ 2 = 78条沟通线路，因此增加的线路数是78 - 36 = 42条沟通线路。

5. 你的项目预算是$500000。项目已经完成了75%，而且目前为止已经支出$400000。计算EAC和ETC。由此可以得到项目的什么信息？

   计算公式为：EV = BAC x 实际完成百分比 CPI = EV ÷ AC EAC = BAC ÷ CPI 和 ETC = EAC - AC
   首先计算 EV = $500000 x 75% = $375000 然后计算CPI = $375000 ÷ $400000 = 09 4
   现在可以计算 EAC = $500000 ÷ 09 4 = $531915和ETC = $531915 - $400000 = $131915。
   这说明项目结束前支出约为$131915。

6. 你识别出项目的两个风险和一个机会。风险A的概率是35%，成本是$500。风险B概率是60%，成本是$750。机会C概率是10%，价值是$1000。风险A、风险B和机会C的总EMV是多少？

   要计算EMV，需要将各个概率乘以成本（负值）或价值（正值）的结果累加起来。

   EMV = (03 5 x -$500) + (06 0 x -$750) + (0.1 0 x $1000) = -$525

7. 你的项目CPI为1.2，EV为$150000。计算项目目前为止的实际成本。

   计算公式为：CPI = EV ÷ AC。首先填入我们知道的值：12 = $150000 ÷ AC

   现在把它倒过来：AC = $150000 ÷ 12 = $125000

整合和总体PMBOK®~~问题~~答案

1. B

由于这个问题在问公司的经营环境，实际上是让你找出哪一个答案不是事业环境因素。市场条件、政府标准和政治环境都是事业环境因素，但预测不是，这是成本管理的一个输出。

2. D

只要项目的范围改变，说明你需要让项目经过变更控制。这不一定表示要让你的团队改变他们的工作方式，或者直接拒绝变更。评估变更的第一步是了解这个变更对项目的影响。

3. B

发起人的主要角色就是为项目提供资金。正是因为这个原因，发起人是一个重要的相关方。不过，除了付款以外，发起人不一定在项目中承担具体的角色。

这并不表示发起人不能参与其他事情。为项目付款的发起人肯定希望项目能成功，通常在项目中还有其他角色。

4. C

整理项目管理计划时，首先要做的一件事就是选择一种项目方法论（或生命周期），明确各个过程如何实现。你的沟通管理计划肯定要包含如何与相关方沟通的具体信息，因为这是管理项目的一个相当重要的部分。不过项目管理计划通常不包括公司的政策。例如，公司聘用和留用人员的原则往往由人力资源部门制订，这些一般不会随项目变化。

人员配备和留用原则是公司政策的一个例子，而政策是事业环境因素。

答案

范围~~问题~~

5. A

这个相关方希望从范围中排除某个东西，而项目排除（识别出哪些不在项目范围内）都应当记入项目范围说明书 [你还可以把它看作是一个制约因素（从理论上讲，二者都是），不过制约因素也要记入项目范围说明书]。

这也是一个项目需求，所以最后还会放在需求文件中。不过这个问题没有这个选项！

6. B

与项目相关方会谈并记录他们的需要时，就是在收集需求。“观察”是收集需求过程中使用的技术。这是有道理的，你通常需要观察人们如何工作，来确定他们将如何使用项目的可交付成果。

7. D

项目经理在分析可交付成果并进一步划分为更小的组成部分时，他或她在使用分解技术，这是创建WBS过程中唯一的工具或技术。

8. D

项目团队领导人（在这里作为项目经理）组织可交付成果的正式验收时，她在完成确认范围过程。这个过程的工具或技术包括是检查，而巡检是检查可交付成果的一种很常用的方法。

进度~~问题~~答案

9. A

当一个活动（如订购硬件）必须在另一个活动（安装操作系统）之前一段时间发生，这称为提前量。

10. C

资源日历包含特定时刻哪些资源（包括设备和材料以及人员）可用的有关信息。通常会用它来估算资源利用率，为这个项目建立进度计划时就需要这样做。

你是不是认为资源日历只适用于人力资源？任何稀缺设备也是资源，可以使用资源日历来确保团队需要这个资源时它确实可用。

11. C

完成-开始(FS)关系是项目进度中最常见的一种紧前关系。一个活动（安装操作系统）一旦完成，另一个活动（镜像机器）就开始，这就称为完成-开始(FS)关系。

12. C

这个问题让你使用三点估算。乐观估算为5周，最可能估算是9周，悲观估算是13周，所以三点估算为 (5 + 4 x 9 + 13) ÷ 6 = 9周。

成本问题

13. B

资金限制平衡是指根据公司对资金投入的限制来检查项目的开支（你已经花了多少钱）。公司通常不允许项目经理无节制地为项目投钱，这可以确保项目遵循公司的指导原则……这样一来，在你的开支超出所允许的花费之前就能发现成本超支！通过这种方式，也就是将它与公司设定的硬性限制进行比较，你可以知道没有超出预算。

14. A

让你确定保证项目不超出预算的CPI下限时，就是在让你计算完工尚需绩效指数（TCPI）。如果你已经得到一个BAC、一个AC和一个实际完成百分比，就有足够的信息来计算EAC，所以应当使用公式TCPI = (EAC – EV) ÷ (EAC – AC)。

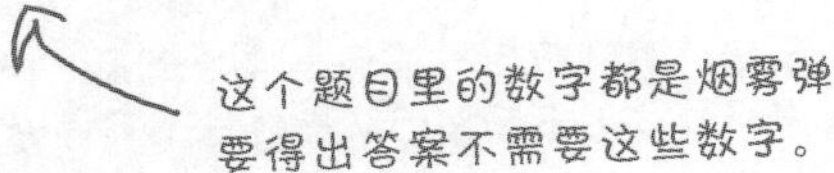
这个题目里的数字都是烟雾弹。
要得出答案不需要这些数字。

15. D

要得出结论，第一步是计算实际完成百分比，可以得出已经安装了总共7500个电灯开关中的3570个，也就是3570 ÷ 7500 = 47.6%。然后可以使用以下公式来计算，可以看到CPI为0.7597，这说明项目已经超出了预算：

实际完成百分比 = 47.6%

AC = $153500 （不过由于题目中没有谈到进度，所以答案A不正确）

EV = BAC x 实际完成百分比 = $245000 x 47.6% = $116620

CV = EV – AC = $116620 - $153500 = -$36880 （因为CV是负值，说明在预算以内，所以答案C是不对的，在这种情况下CV是负值）

CPI = EV ÷ AC = $116620 ÷ $153,500 = 0.7597

EAC = BAC ÷ CPI = $245000 ÷ 0.7597 = $322495

ETC = EAC – AC = $322495 - $153500 = $168995（这并没有指出是否在预算内，所以答案B是不正确的）。

16. A

完成参数估算的一种常用方法就是向一个电子表格输入数字，根据从以往项目收集的历史数据完成计算。

质量~~问题~~答案

17. D

组织项目可交付成果的正式验收是范围确认的一部分，这不是一个质量活动，所以不属于质量成本。所有其他答案都涉及查找缺陷或发现缺陷后进行处理的相应成本，这些都是质量成本的一部分。

18. B

实施质量保证时，这说明你在查看人们工作的方式。通常，这意味着你要退一步从全局考察：是否很多缺陷都有同样的根本原因，是否记录了所有过程，另外是否适当地执行了过程。不过，如果查看单个可交付成果，就是在做检查，这是质量控制的一部分，而不是质量保证。

很多情况下，实施质量保证时你要查看当前的过程而不只是项目。

19. A

统计抽样方法可以帮助你在有大量产品的情况下做出决策，而不必查看每一个产品。

20. B

要建立过程改进计划作为规划质量过程的一部分，可以帮助你改进公司的工作方式。要用它帮助你的团队从项目“以外”考虑，查看公司完成项目的整体过程或方法论。

~~资源问题~~ 答案

21. A

集中办公是指让大多数或全部团队成员在同一个地点工作。这是管理一个团队的重要工具，但是这个问题问的是获取团队。虚拟团队、预分派和谈判都是获取项目团队的工具和技术。

22. C

很多团队会经历5个发展阶段：形成、震荡、规范、成熟和解散。震荡阶段在团队建设的早期出现，此时团队成员还没有相互适应或者还不适应工作。在这个阶段中，他们通常在协作方面有问题，不一定接受彼此的想法。

23. C

项目经理最重要的人际关系与团队技能之一就是影响，作表率是一种非常有效的影响方法。不过如果项目经理带了一个不好的头，这肯定会在团队的行为或态度上有所体现。

即使团队处在团队建设的震荡阶段，他们仍然应当有专业的表现，这包括按时出席会议。

24. D

参照权力是指，你有权力或能力吸引其他人并建立忠诚度。通常人们行使参照权力的一种有效方法是利用团队对公司某个高层领导已有的忠诚度，在这里就是CTO。

答案

沟通问题

25. C

由于Sue处于高权力、低利益象限，必须让她满意。这说明，必须让她感觉她的需要确实得到了满足，不过由于她不是每天都跟进项目，你能做的就是交付一个满足这些需要的最终产品。Bob是低权力、高利益的相关方，所以他需要及时了解情况。这说明要让他感觉到自己总能及时了解重要决策，即使他并不积极地参与其中。

26. D

这是一个基本的“沟通线路”问题—你要明确有多少人沟通。在这里，有6个团队成员、4个相关方和两个分包商……不要忘记还有项目经理！这就是6 + 4 + 2 + 1 = 13人。公式是n(n -1) ÷ 2 = 13(12) ÷ 2 = 78。

27. B

相关方的定义包括“任何直接受到项目影响的人”。这说明这个人是一个相关方！由于你从未与这个人交流过，说明你没有把他识别为一个相关方，所以未能满足他的需要。

类似相关方管理策略或相关方登记册等工具和技术确实很棒，不过如果你没有识别出项目的所有相关方，这些工具也无法很好地发挥作用。

28. B

为项目相关方提供相关的信息时，你在完成管理沟通过程。权力/利益方格是一个很有用的工具，但它不属于管理沟通过程。

答案

风险~~问题~~

29. C

这个问题在问“定量技术”，这说明它在问实施定量风险分析过程中的工具和技术。尽管概率/影响矩阵会为风险指定数值，但它并不是这个过程中的工具和技术。实际上，它根本不是一个定量技术！这只是一个定性技术，因为它用于优先级排序和分类。

30. C

这是一个风险减轻的例子，因为你采取了一些步骤以备问题发生时能够处理。

“接受”这个词是不是把你骗住了？一定要读完整个问题，不要脱离上下文只看某一个词！

31. C

管理储备是为未计划的风险预留的预算部分。如果风险已经在风险登记册中，就说明对这个风险已经有计划，会使用应急储备来处理。在这里，由于使用的是管理储备，说明根本没有对这个风险做出计划。

32. A

另一个团队创建了那个工具，这表示一个机会。让团队与你分享这个这个工具是利用机会的一种方法。这称为开拓机会。

尽管这个问题中出现了“分享”一词，由于只有一方（你的团队）从中受益，所以这是开拓机会，而不是分享。由于你使用这个工具根本不会对另一个团队带来任何好处，这对他们来说并不是一个机会。

~~采购问题~~ 答案

33. B

固定总价合同对于卖方来说是风险最大的一类合同。项目的成本超出合同价格时，卖方必须承担超支的部分。

通常这对于买方也不好！只有让买方和卖方双赢才是最好的合同。

34 A

如果对合同的变更有质疑，卖方和买方对于这个变更不能达成一致意见，此时你所做的就是索赔管理。只要看到卖方和卖方之间存在争执或争议，而且没有明确的解决方案，就要用到索赔管理。

35. D

买方和卖方有一种合作协议时，卖方相当于买方的合作伙伴。这并不是很多卖方和买方之间那种典型的“这是合同条款，你照着做”关系。相反，买方要得到卖方的输入，并让卖方积极参与项目的管理。

卖方完成一个有合作协议的项目时，买方和卖方双方团队的成员相互之间通常很尊重。所以这是完成采购的一种很有效的方法。

36. C

定义承包商工作的文件是采购工作说明书（SOW）。这是一个明确、清楚、没有歧义的、完备的文件，描述了必须完成的工作，可能包含可交付成果的规范。不过它不包括合同条款，那些条款是合同本身的一部分。

相关方~~问题~~答案

37. C

Tom是一个低权力、高利益的相关方。这个项目的项目经理要努力让他始终知情。

38. D

项目经理在完成控制相关方参与过程。监督相关方参与过程的输出是工作绩效信息、变更请求、项目管理计划更新、项目文件更新和组织过程资产更新。这个问题提到了其中大部分输出。

39. B

Joanne是一个抵制型相关方，不希望项目或你做出的决策发生。尽管Joanne是项目的发起人，但她努力取消这个项目，这说明她并不真正希望项目发生。

16 实践出真知

PMP模拟考试

我知道应该学习，不过还是忍不住胡思乱想。

你肯定想不到自己这么棒！真是漫长的旅程，不过终于走到这里了，现在来复习你学到的知识，为考试做好准备。你已经在大脑里灌入了一大堆关于项目管理的新信息，现在该看看到底记住了多少。正因如此，我们为你准备了这个包含200道题的PMP模拟考试，已经针对最近的考试做了全面更新。这就像你参加真正的PMP考试时一样。现在就开动脑筋。深呼吸，做好准备，开始吧！

模拟题

1. 工会合同条款在你的项目计划中被认为是 ________________。

    A. 假设条件。

    B. 制约因素。

    C. 需求。

    D. 集体劳资协议。

2. 一个项目经理在向相关方报告一个已结束合同的最后状态。以下哪种沟通方式最合适？

    A. 非正式书面沟通。

    B. 非正式口头沟通。

    C. 正式书面沟通。

    D. 正式口头沟通。

3. 以下哪一项不是控制质量过程的工具或技术？

    A. 检查。

    B. 质量审查。

    C. 帕累托图。

    D. 统计抽样。

4. 你刚向客户交付了一个产品来验收，然后接到客户的一个电话，称产品缺少他们期望的一些特性。你首先应当做什么？

    A. 召集你的团队，批评他们构建的产品不满足用户的期望。

    B. 告诉客户这个产品已经通过了全部内部质量检查和范围确认过程，所以应该没有问题。

    C. 告诉团队立即着手在产品中加入这些遗漏的特性。

    D. 与客户开会，准确地了解产品中哪些无法验收，并尽量找出哪里出了问题。

5. 以下哪一个不是估算成本的工具或技术？

    A. 自下而上估算。

    B. 参数估算。

    C. 成本累积。

    D. 类比估算。

模拟题

6. 以下哪一项不是特定项目制约因素和假设条件的信息来源?

   A. 范围管理计划。

   B. 需求文件。

   C. 项目范围说明书。

   D. 范围基准。

7. 一个项目经理利用一个引导者匿名地收集专家的观点。这是在使用哪个风险识别工具或技术?

   A. 头脑风暴。

   B. 德尔菲技术。

   C. 访谈。

   D. SWOT分析。

8. Joe是一个非常棒的程序员。他被提拔到一个项目经理的职位，因为他比公司里所有其他人都更懂技术。遗憾的是，他做项目管理工作时有问题，他的项目失败了。这是什么的例子?

   A. 镀金。

   B. 光环效应。

   C. 预分派。

   D. 基本规则。

9. 什么时候最有可能在产品中引入成本最昂贵的缺陷?

   A. 组装产品时。

   B. 设计产品时。

   C. 编写质量管理计划时。

   D. 顾客审查产品时。

模拟题

10. 你是一个修建铁路项目的项目经理。你的发起人让你预测项目的完工成本。这个项目总预算为$80000，CPI为0.95。目前项目已经支出了预算的$25000。你计划这个项目还要花多少钱？

A. $59210。

B. $8000。

C. $84210。

D. $109210。

11. 以下哪种说法对分解给出了最恰当的描述？

A. 等待一个任务到期，从而可以分解为更小的任务。

B. 将一个可交付成果分解为更小的工作包，以便组织和规划。

C. 对工作包分类。

D. 将工作包分解为可以做规划的可交付成果。

12. 以下哪一项最恰当地给出了质量的定义？

A. 产品由非常昂贵的材料制成。

B. 产品由团队精心打造完成。

C. 产品要满足为它付款的人的需求。

D. 产品能通过所有测试。

13. 以下哪一项不是项目制约因素？

A. 成本。

B. 资源。

C. 采购。

D. 范围。

14. 什么是风险负责人？

A. 监督包含风险的观察清单的人。

B. 与相关方会面解释风险的人。

C. 导致风险发生的人。

D. 负责对风险做出应对计划的人。

15. 你在完成实施采购过程，正在考虑合格卖方名单上两家公司的投标。你的项目预算很紧张，而且管理层要求：要优先考虑成本而不是其他指标。你在前一个项目中用了那个报价较低的公司，但对

模拟题

他们的工作并不满意。那家报价较高的公司有善待客户的好声誉，项目经理可以坐头等舱，还能住五星级酒店。处理这种情况的最佳做法是什么?

A. 选择报价最低的公司。

B. 把这个信息告诉那家报价较高的公司的经理，让他降低报价，来更好地满足你的需要。

C. 重写RFP，把报价最低的公司排除在外。

D. 选择报价较高的公司。

16. 以下哪一个工具可以显示项目中的角色和职责?

A. 横道图。

B. 资源直方图。

C. RACI矩阵。

D. 资源管理计划。

17. 一个项目经理在某个国家工作，这里有一个习俗，要向警察付私人保护服务费，这个成本会增加AC。这影响了他的挣值计算。项目经理与公司的管理层审查预算时，他的上司告诉他，在另一个国家这种行为被认为是贿赂，并质疑是否应当把这个成本增加到预算里。项目经理下一步最好做什么?

A. 不向警察付私人保护服务费，因为这是贿赂。

B. 向警察付私人保护服务费，因为这是他们所在的这个国家的惯例。

C. 查阅成本管理计划中有关支付的内容。

D. 启动成本控制来更新成本基准。

18. 基于赫茨伯格的激励-保健理论，以下哪一个是"保健因素"?

A. 对出色工作的认可。

B. 自我实现。

C. 与同事和经理的良好关系。

D. 干净的着装。

19. 显示整个项目中所需资源的数量和类型的横道图称为 ________________。

A. 组织图。

B. 资源进度计划。

C. 资源直方图。

D. 人员配备时间表。

模拟题

20. Brandi是一个软件项目的项目经理。项目开发到一半时，她的团队发现没能对需要做的一些技术工作估算出足够的时间。她请求将这个新工作增加到范围说明书中，并把完成这个工作的时间增加到进度计划。变更控制委员会批准了她的变更。下一步她要做什么？

A. 更新范围和进度基准来反映这个批准的变更。

B. 开始完成工作。

C. 收集目前为止团队工作的绩效指标。

D. 管理质量。

21. 你在管理一个软件项目。项目正进行到一半，你的团队刚刚交付了部分软件的初级版本。你在召开一个每周状态会议，一个团队成员指出一个重要的相关方在使用当前软件的某个特性时遇到了问题。这个团队成员认为存在一个风险：这个相关方很有可能要求对这个特性做一个变更，不过这个变更超出了当前版本的范围—如果相关方确实请求了这个变更，变更控制委员很有可能批准这个变更。下一步最好采取什么措施？

A. 让一个团队成员熟悉可能改变的软件特性，从而减轻这个风险。

B. 安排与这个相关方的一次会议来讨论这个风险。

C. 把这个风险增加到风险登记册，并收集其概率和影响的有关信息。

D. 将这个风险增加到问题日志，有更多信息时再做调整。

22. Tom是一个会计项目的项目经理。他刚完成项目范围的定义，正在创建WBS。他查看组织过程资产库，找到以前一个项目的WBS作为起点。以下哪一项描述了Tom使用的资产？

A. 分解。

B. 德尔菲技术。

C. 头脑风暴。

D. 模板。

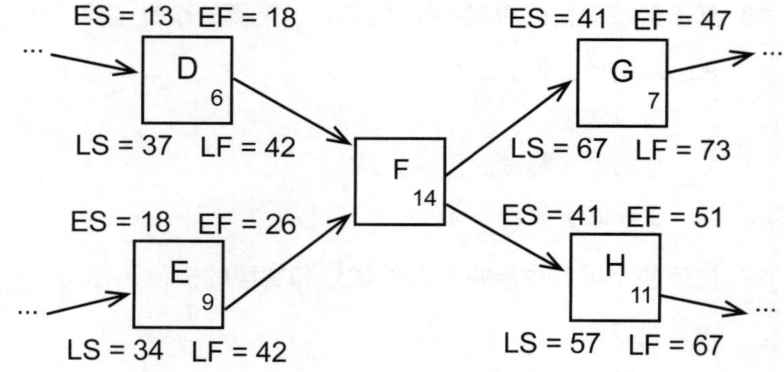

ES = 13 EF = 18
D
6
LS = 37 LF = 42
ES = 18 EF = 26
E
9
LS = 34 LF = 42
F
14
ES = 41 EF = 47
G
7
LS = 67 LF = 73
ES = 41 EF = 51
H
11
LS = 57 LF = 67

23. 根据右边给出的部分网络图，活动F的LS是多少？

A. 27。

B. 40。

C. 43。

D. 56。

模拟题

24. 你是一个软件开发项目的项目经理。你需要从QA部门的经理那里调人，他向你的团队推荐了几个绩效有问题的测试工程师。对于这种情况，最好的应对是什么？

A. 不再和QA经理说话。

B. 与QA经理开会，尽量搞清楚为什么他会推荐这两个人，明确你和QA经理如何合作来找到具备合适技能而且对你的团队有益的团队成员。

C. 告诉QA经理人员配备问题不是什么大问题，你相信你们俩最后肯定能一同找到合适的解决办法。

D. 告诉经理你知道希望让哪些团队成员加入你的团队，他要为你提供这些人。

25. 你在管理一个使用固定总价（FFP）合同的建筑项目。根据合同，你的公司将得到一笔$85000的费用来完成工作，其中你的公司必须承担$15000的间接成本。现在项目已经进行了3个月，你的成本已经超过$70000。项目现在已经花光了全部经费，你的公司必须承担从这一点开始项目的所有成本。以下哪种说法最恰当地描述了这种情况？

A. 这个项目经理花超了预算。

B. 这个项目已经透支。

C. 这个项目已经达到总体假设点。

D. 这个项目已经不是公司的利润中心。

26. 以下哪一个不是结束项目或阶段过程的输入？

A. 项目管理计划。

B. 项目管理方法论。

C. 验收的可交付成果。

D. 组织过程资产。

27. 你在管理一个软件工程项目。调查一个低SPI的原因时，你发现你的团队在完成对象设计任务时遇到麻烦，这个活动位于关键路径上。一个团队成员告诉你，她有一个朋友在另一家公司工作，这位朋友给她发了一个他们公司的软件包，可以帮助团队满足最后期限。如果没有这个软件包，你的项目可能就要延迟。不过预算里没有足够的钱来买这个软件。处理这种情况的最佳做法是什么？

A. 告诉这个团队成员不要使用这个软件，并接受项目会延迟的结果。

B. 使用这个软件，这样项目就能按时完成。

C. 购买这个软件，从而有一个正版软件。

D. 想办法为这个对象设计活动增加资源，或者将它移出关键路径。

模拟题

28.你在管理一个总预算为$450000的项目。根据进度计划，你的团队现在应该完成工作的45%。不过在最近一次状态会议上，团队报告称实际上只完成了40%的工作。团队目前在这个项目上已经花费了$165000。对于这个项目，以下哪一个描述最准确？

A. 这个项目进度提前而且在预算之内。

B. 这个项目进度滞后但在预算之内。

C. 这个项目进度提前但超出预算。

D. 这个项目进度滞后而且超出预算。

29. 以下哪一个是范围管理的监控过程的正确顺序？

A. 首先确认范围，然后控制范围。

B. 首先控制范围，然后确认范围。

C. 二者同时发生。

D. 没有足够的信息，无法做出决定。

30. 以下哪一个不属于典型的变更控制系统？

A. 批准。

B. 变更控制委员会。

C. 项目管理信息系统。

D. 相关方分析。

31. 结束项目或阶段过程与控制采购的一个区别是：

A. 采购结束需要核实所有工作和可交付成果可以验收，而结束项目或阶段不涉及这个工作。

B. 结束项目或阶段只是控制采购的一个子集。

C. 控制采购过程是指核实这个项目已经完成或终止，结束项目或阶段过程要整理每一个管理过程组的所有活动。

D. 控制采购过程由卖方完成；结束项目或阶段过程由买方完成。

32. 以下哪一个合同对买方风险最大？

A. 成本加固定费用（CPFF）。

B. 工料（T&M）。

C. 成本加奖励费用（CPAF）。

D. 总价（FP）。

模拟题

33. 你在管理一个软件项目。在一个新实现功能的巡检中，你的团队向你展示了他们增加的一个新特性，这可以简化产品的工作流，更方便客户。客户并没有要求这个特性，但是看起来它会让产品更易于使用。团队用他们自己的时间开发了这个特性，因为他们想让客户满意。你知道这个变更绝对不会通过变更控制。这是什么的例子？

A. 镀金。

B. 范围蔓延。

C. 备选方案分析。

D. 进度偏差。

34. 一个建筑项目的项目经理发现，当地市政委员会将对一个重新规划投票，要开发一个新的商业街区。她联系这一地区可能因这个变化受益的其他建筑公司，请他们参加委员会会议，说服市政委员会通过这个变更。如果投票通过，这将让所有公司都受益。这是哪种风险应对策略的例子？

A. 减轻。

B. 分享。

C. 开拓。

D. 提高。

35. 你在管理一个建筑项目。在你的风险识别访谈中，你了解到在这个项目所在地区过去几个月曾发生过一连串建筑工地失窃事件。团队都认为不太可能有人能从你的工地偷东西。即使小偷能躲过你的保安，即便是确实发生失窃事件，丢失大量建筑材料的可能性也极小。你决定经常监督这个风险，确保风险的概率和影响很低。你会把这个风险记录到哪里来保证继续跟踪？

A. 触发条件中。

B. 观察清单中。

C. 概率和影响矩阵中。

D. 蒙特卡洛分析报告中。

模拟题

36. 以下哪一个不是项目管理计划的特征？

A. 子计划的集合。

B. 正式书面沟通。

C. 显示任务顺序及其资源分配的横道图。

D. 必须由项目发起人批准。

37. 一个团队成员来找你，指出做一个变更可以使进度缩减1个月。你首先要做什么？

A. 编写一个变更请求，看看能不能得到批准。

B. 完成这个变更，它会节省时间，没有人希望项目不必要地延长时间。

C. 在写这个变更请求之前，确定这个变更对工作范围和成本的影响。

D. 告诉这个团队成员，你已经告诉大家这个项目的最后期限，所以现在不能做任何变更。

38.一个项目经理正面对两个观点冲突的团队成员。一个团队成员从她的角度对冲突做了解释。另一个团队成员回应说，“我知道你不会听我的意见，那就听她的，回去工作吧”。这是哪一种冲突解决技术的例子？

A. 回避。

B. 妥协。

C. 缓和。

D. 强迫。

39. 你在管理一个建筑项目，要在一个新的办公大楼安装几百个空调面板。每一层的面板数相同。顾客是一家建筑承包公司，已经提供了安装面板的规范。团队使用一个过程来安装和检验各个面板。团队每安装完一个面板，团队的质量控制检查员就会进行测量，把这个数据点增加到一个控制图中。你检查这个控制图，发现过程失控，需要立即详细检查。以下哪一项可以最好地描述你在控制图中的发现？

A. 至少连续7次测量都在均线以上或以下，但在控制界限以内。

B. 至少一个点在控制界限以内。

C. 至少连续7次测量在控制界限以内。

D. 至少一个点在均线以上或以下。

40. 一个高级经理要向客户董事会展示你们的项目。作为管理沟通的一部分，你必须通过隔夜信件将状态更新和其他项目材料快递发送给他。如果这些材料第二天未能到达，公司就会错过一个重要的合同最后期限，你可能会失去这个重要的客户。最后期限没有商讨的余地。团队一直努力工作到最后一分钟来为你提供这些文件。由于交通阻塞， 你有些晚了，而隔夜快递公司再过5分钟就要关门了。你只能超速行驶才能赶在它关门前到达。以下哪一项是正确的？

模拟题

A. 必须超速行驶，这样才能保住这个客户。

B. 必须保证不超速，即使你会失去这个客户。

C. 更新组织过程资产来反映这个变更。

D. 可以使用挣值指标显示SPI大于1，表明项目没有延迟。

41. 你在规划一个项目，这个项目与公司目前正在完成的一个项目使用的是同一个团队。你应该从哪里得到有关信息，来了解这些人什么时候可以用于你的项目？

A. 你的项目的项目进度计划。

B. 这个团队正在做的那个项目的项目经理。

C. 这个团队正在做的那个项目的人员配备管理计划。

D. 你的项目的沟通管理计划。

42. 召开项目启动会议的最佳时间是什么时候？

A. 项目开始时。

B. 创建各个可交付成果时。

C. 各个阶段开始时。

D. 批准了沟通管理计划时。

43. 以下哪一个不是识别风险的工具？

A. 头脑风暴。

B. 风险紧迫性评估。

C. 德尔菲技术。

D. SWOT分析。

44. 你是一个软件项目的项目经理。你的团队为网页购买了一个组件，不过使用时发现了缺陷。这些缺陷使你的进度大幅减慢。修正组件中的漏洞会让你的开发时间加倍，而构建你自己的组件需要的时间更长。你与团队一起估算所有备选方案的成本和影响，建议从构建这个组件的公司聘请开发人员来帮助你们解决组件中存在的问题。这样成本会更高，但是可以让延迟时间减少一个月。下一步你会做什么？

A. 修正组件。

B. 写出变更需求，并交给变更控制委员会。

C. 开始规划采购过程，以便为开发商准备好合同。

D. 改变范围基准来包括这个建议。

模拟题

45. 你在为一个新项目制订项目范围说明书。以下哪一项不属于创建项目范围说明书？

A. 确认范围。

B. 使用项目章程。

C. 备选方案识别。

D. 批准计划。

46. 你的项目出现一个变更。你已经记录这个变更，填写了变更请求，并把这个请求提交到变更控制委员会（CCB）。项目下一步需要做什么？

A. 一个高级经理决定是否完成这个变更，并通知项目管理团队这个决策。

B. 项目经理通知CCB是否批准这个变更。

C. CCB的相关方使用专家判断来评估所请求的变更，来决定是否批准。

D. 项目经理与团队会谈，分析这个变更对项目时间、范围和成本的影响。

47. 你在管理一个设计项目。你发现把所有团队成员召集到一个房间工作可以促进他们的沟通，而且有助于建立一种团体意识。这称为一个：

A. 作战室。

B. 虚拟团队。

C. 社交积极团队。

D. 公共区。

48. 你是一个建筑项目的项目经理，已经准备了一个RFP要分发给电力承包商。你接到你叔叔打来的一个电话，他有一家电力承包公司，想向你的项目投标。你知道之前他干得很不错，可能正好适合你的公司。你会怎么做？

A. 你向公司公开这个利益冲突，并取消你叔叔公司的资格。

B. 你向公司公开这个利益冲突，并根据客观的标准来做出选择。

C. 你向公司公开这个利益冲突，并向你叔叔提供其他投标人没有得到的信息，这样他就更有机会赢得这个合同。

D. 不公开这个利益冲突，让你叔叔中标。

49. 你在管理一个软件项目。项目进行到一半，你的团队刚交付了部分软件的初级版本。你的团队向项目发起人和重要相关方提供了一个演示。后来，发起人通知你，有一个重要的客户将会使用你的团队正在构建的这个软件，但他的需求没有得到满足。因此，你现在必须做一个很大而且成本很高的变更来满足这个客户。对此最好的解释是什么？

模拟题

A. 这个发起人不可理喻。

B. 未能充分地完成相关方分析。

C. 团队犯了一个严重的错误，你需要使用惩罚权力来纠正。

D. 你没有足够的预算来完成这个项目。

50. 一个团队成员总是迟到早退，这影响到项目。项目经理决定必须批评这个团队成员。以下哪一项是处理这种情况的最佳做法？

A. 与这个团队成员1对1单独会谈。

B. 下一次团队会议上批评这个团队成员。

C. 在与这个团队成员和他的职能经理的私下会谈中指出。

D. 通过email指出。

51. 范围基准包括：

A. 范围管理计划、项目范围说明书和WBS。

B. 范围管理计划、需求文件和WBS。

C. 范围管理计划、WBS和WBS词典。

D. 项目范围说明书、WBS和WBS词典。

52. 你在管理一个现在刚启动的建筑项目。你与发起人会面，开始着手识别相关方。你已经记录了一些重要相关方，并识别出他们的需要。在完成项目的启动之前，公司的指导原则要求你做出时间和成本的粗略量级估算，以便发起人分配最后预算。

粗略量级估算（ROM）的范围是什么？

A. -10% ～+10%。

B. -25%～+75%。

C. -50%～+100%。

D. -100%～+200%。

53. 以下哪一个过程属于启动过程组？

A. 制订项目章程。

B. 制订项目管理计划。

C. 定义范围。

D. 定义活动。

模拟题

54. Mary是一个咨询公司的项目经理。公司定期建立团队为客户创建产品。交付产品时，团队即解散并分派到其他项目。她任职的公司是什么类型的组织？

A. 弱矩阵型。

B. 项目型。

C. 职能型。

D. 强矩阵型。

55. 完成相关方分析的一个重要部分是记录可量化的期望。以下哪一个期望是可量化的？

A. 项目必须提高客户满意度。

B. 项目应当有更高质量。

C. 项目必须使零件成本减少15%。

D. 所有相关方的需要都必须满足。

56. 项目结束时，你测量了客户满意度，发现一些客户的需要未能完全满足。你的上司询问你在项目中采用了哪些步骤来提高顾客满意度。可以查阅哪个子计划来确定这个信息？

A. 质量管理计划。

B. 沟通管理计划。

C. 人员配备管理计划。

D. 风险管理计划。

57. 以下哪一项描述了人员配备管理计划的内容？

A. 组织图，培训需求，估算的人力成本和解散标准。

B. 发起人，组织图，确认范围计划和进度计划。

C. RACI矩阵，组织图，绩效改进计划和预算。

D. 资源直方图，培训需求，认可和奖励以及解散日历。

模拟题

58. Dave是一个建筑团队的项目经理，团队要建造一个露台。项目启动时，他与相关方会谈来定义范围。发起人提到这个露台是他们女儿婚礼仪式中很重要的一部分，这个婚礼计划在7个月后举行。实际上，他们说如果露台无法在7个月内完工，就没有必要启动这个项目。Dave写下了7个月作为最后期限，并写入项目范围说明书。这个最后期限会出现在这个文件的哪一部分？

   A. 项目可交付成果。

   B. 项目目标。

   C. 项目制约因素。

   D. 项目假设条件。

59. 哪种冲突解决技术最有效？

   A. 回避。

   B. 妥协。

   C. 缓和。

   D. 合作。

60. 以下哪一项不是控制质量过程的输入？

   A. 可交付成果。

   B. 工作绩效数据。

   C. 组织过程资产。

   D. 测试和评估文件。

61. 你识别出一个可能增加项目价值的机会。以下哪一个是提高机会的例子？

   A. 通过与另一家公司建立合作关系，可以为两家公司增加项目的价值。

   B. 通过采取额外措施，增加潜在奖励而不降低得到奖励的概率。

   C. 通过取出保险，可以减少项目的潜在成本。

   D. 把这个机会记入登记册，可以跟踪并确保开拓这个机会。

62. 以下哪一项对计划-实施-检查-行动循环给出了最恰当的描述？

   A. 由Joseph Juran提出，这种方法可以跟踪多久能找出过程中的缺陷。

   B. 由Walter Shewhart提出，并由W. E. Deming推广，这种方法在对过程做大范围变更之前先会做小的变更，并测量影响。

   C. 由Phillip Crosby在20世纪80年代普及，这种方法可以根据产品的需求来测量产品。

   D. 这表示规划项目，然后执行，再进行测试，最后发布。

模拟题

63. 你在为一个新项目制订项目章程。以下哪一个不是事业环境因素的一部分？

A. 从以往项目得到的经验教训。

B. 公司里通常哪些部门完成项目的有关知识。

C. 工作授权系统。

D. 影响项目的政府和行业标准。

64. 你在管理一个建筑项目，要在一个办公大楼里安装新的门框。你计划这个项目花费$12,500，不过你的成本比预期要高，现在你担心项目花费太多。哪个数字可以指出到目前为止项目计划支出与实际支出之差？

A. AC。

B. SV。

C. CV。

D. VAC。

65. Tom是一个建筑项目的项目经理。项目进行到一半时，他意识到一些房间里使用的木材存在一个问题，他们必须拆除已经完成的一些工作然后重建。他的一个团队成员建议，这个缺陷并不太严重，不至于要全面返工。Tom说他以前曾经做过一个犯了同样错误的项目，最后检查人员查看房屋时他们不得不返工。他劝这个团队成员说，现在修正比以后补救更好。他在使用哪种权力做决策？

A. 合法权力。

B. 专家权力。

C. 参照权力。

D. 奖励权力。

66. 以下哪一个不是项目冲突最常见的原因之一？

A. 进度。

B. 优先级。

C. 资源。

D. 成本。

模拟题

67. 你的公司的质量保证部门对你的项目完成了一个质量审计。他们发现，你的团队在某些方面实现效率很低，而且这会导致缺陷。项目下一步要做什么？

A. 你与质量部门合作，对团队的工作方式实现一个变更。

B. 你记录建议的纠正措施，并提交到变更控制委员会。

C. 你把审计的结果增加到经验教训中。

D. 你与质量保证部门的经理会面，找出问题的根本原因。

68. 你的公司的一位初级项目经理不知道如何完成挣值分析。你用一个周末的时间来教他。这是什么样的一个例子：

A. 指导。

B. 结交，是一种不应鼓励的行为。

C. 无偿加班。

D. 提供私有信息，应当报告PMI。

69. 你的客户在项目完成之前终止了项目。以下哪种说法是正确的？

A. 你必须停止所有工作，并立即解散团队。

B. 必须与团队合作来记录经验教训。

C. 必须让团队继续完成项目工作，让高级管理层有时间与这个客户商谈。

D. 必须更新项目管理计划来反映这个变更。

70. 为测量一个项目生产的产品中的缺陷，你建立了控制图，查看控制图时，你发现图中有7个值出现在均线以下。你该怎么做？

A. 检查所测量的过程，其中可能存在问题。

B. 忽略这种异常，这是7点法则，所以从统计角度讲这些数据不重要。

C. 这说明均值过高。

D. 应当调整控制下限，这些值说明控制界限设置有问题。

71. 什么时候完成相关方分析？

A. 启动过程组中。

B. 制订项目章程时。

C. 创建项目管理计划时。

D. 将变更交至变更控制时。

模拟题

72. 你刚被授权管理公司的一个新项目。你首先要做什么，以下哪一个描述最准确？

A. 创建工作分解结构。

B. 制订项目管理计划。

C. 开始制订项目章程。

D. 确定谁与项目相关。

73. 你是一个软件项目的项目经理，正在规划完成技术工作的不同方法。你打算购买的一个正版组件可能很难集成，而且由于返工和延迟可能有$3000的成本，这种情况的概率是20%。不过，与完全从头开始构建这个组件相比，它在时间和精力方面可能会节省$10000的成本，这种情况的概率是40%。这两种可能性的EMV是多少？

A. $13000。

B. $7000。

C. $3400。

D. -$600。

74. 你在管理一个软件工程项目，有两个团队成员因为冲突来找你。首席开发人员识别出一个重要的项目风险：一个分包商可能无法按时交付。另一个开发人员不相信这个风险会发生。不过，你查阅了以前项目的经验教训，发现这个分包商在他们的前两个项目中都未能正常交付。你认定这个风险很大；所以终止了与这个分包商的合同，另外聘请了额外的开发人员来构建这个组件。两个团队成员都同意这个风险已经消除。以下哪一项最恰当地描述了这种情况？

A. 转移。

B. 减轻。

C. 规避。

D. 接受。

75. 以下哪一项最适当地描述了WBS词典条目的内容？

A. 工作包的定义，包括其净现值。

B. 工作包ID和名字、工作说明书、必要资源和蒙特卡洛分析。

C. 工作包ID和名字、工作说明书、风险登记册、挣值计算、计划完成日期和成本。

D. 工作包ID和名字、工作说明书、负责组织、进度里程碑、质量需求、账户编码标识、必要资源和成本估算。

模拟题

76. 你的两个项目团队成员因为一个冲突来找你，他们对完成工作的技术方法各有想法。其中一个人非常激进，想让你很快做出决策。另一个团队成员则很安静，看起来不太想谈这个问题。这个冲突已经开始导致延迟，你需要快速做出决策。解决这个冲突的最佳方法是什么？

A. 告诉这两个团队成员要尽快解决问题，否则项目将面临延迟。

B. 由于这是一个技术问题，告诉这两个团队成员应该去找职能经理。

C. 与团队合作解决问题，尽管其中一个团队成员很犹豫。

D. 把这个问题上报给你的经理。

77. Tom是一个工业设计项目的项目经理。他总是监督他的团队成员什么时候进办公室，什么时候休息，什么时候离开。他定期在办公室巡视，确保每个人坐在办公桌前都确实在工作，而且他事无巨细，坚持每个项目决策都由自己来做。他是哪一种类型的经理？

A. X理论。

B. Y理论。

C. 削减成本型。

D. 有效型。

78. 你是一个建筑项目的项目经理。规划团队要做的工作时，你把所有工作划分为工作包，并创建了一个WBS来表明它们如何分类。对于每个工作包，你写出相应的详细信息，如初始估算和收款账户的有关信息。所有这些信息存储在哪里？

A. 范围管理计划。

B. WBS。

C. WBS词典。

D. 项目范围说明书。

79. 你在管理一个项目，EV为$15000，PV为$12000，AC为$11000。对这个项目的最佳描述是什么？

A. 项目进度提前，而且在预算内。

B. 项目进度滞后，但在预算内。

C. 项目进度提前，但超出预算。

D. 项目进度滞后，而且超出预算

模拟题

80. 你在使用帕累托图分析检查产品期间发现的缺陷。你在完成哪个过程？

A. 管理质量。

B. 规划质量管理。

C. 控制质量。

D. 确认范围。

81. 你启动的一个项目有一个虚拟团队。半数团队成员都在另一个国家，他们为一家分包商工作。这个分包商的团队成员讲的语言与你的团队不同。要向他们传递信息时，首先需要翻译。这是什么样的例子：

A. 编码。

B. 传递。

C. 解码。

D. 确认。

82. 完成下面这个句子：“越晚发现缺陷，__________”。

A. 越容易发现。

B. 补救的成本越高。

C. 对产品就越不重要。

D. 补救就越快。

83. 你的首席团队成员工作表现非常好，你想奖励她。她知道预算里没有足够的钱给她发奖金，所以她来找你，想放一天假，尽管她的假期已经用完了。她问能不能请一天病假，虽然公司不允许这种做法。以下哪种做法是正确的？

A. 应该给她准假，因为麦克莱兰的成就理论指出，人们需要成就、权力和认同感来得到激励。

B. 应该给她准假，因为期望理论指出，你要让人们对奖励有所期望来达到激励的目的。

C. 应该给她准假，因为Y理论型经理信任团队。

D. 不应该给她准假。

84. 以下哪一个不是实施定性风险分析的工具或技术？

A. 风险紧迫性评估。

B. 预期货币价值分析。

C. 概率和影响矩阵。

D. 风险分类。

模拟题

85. 创建一个项目章程时，你发现市场上推出了一个新的项目管理软件工具。你利用周末参加了一个在线教程的学习。这是什么样的例子：

A. 已授权的项目经理使用权力和职责。

B. 不向有版权的软件付费。

C. 为项目管理知识体系做贡献。

D. 提升个人专业能力。

86. Joe是一个工业设计项目的项目经理。他发现过去几年他的所有项目中出现的缺陷有一个规律，他认为可能是公司使用的过程中存在问题，因而导致了这些缺陷。他使用石川图得出各项目中这种趋势的根本原因，从而对过程变更给出建议，以避免将来再出现这个问题。他正在执行哪个过程?

A. 规划质量管理。

B. 管理质量。

C. 控制质量。

D. 实施定性风险分析。

87. 你在管理一个软件工程项目，两个团队成员因为一个冲突来找你。首席开发人员识别出一个重要的项目风险：你的一个分包商可能无法按时交付。团队估算这个分包商不能按期交付的概率是40%。如果发生这种情况，需要额外付$15250给你的工程师来返工，另外延迟会导致公司失去这笔生意而损失$20000。另一个团队成员指出有一个机会，可以在另一个领域省钱来抵消这个风险：如果可以调整现有的一个组件，能够为项目节省$4500的工程成本。团队利用这个机会的概率为65%。这两个方面的预期货币价值（EMV）是多少?

A. -$14100。

B. $6100。

C. -$11175。

D. $39750。

88. 你的项目团队已经完成了项目工作。以下哪一项不是项目结束前必须完成的工作?

A. 确保进度基准已经更新。

B. 可交付成果得到顾客的正式验收。

C. 确保已经完成项目范围。

D. 核实已经满足项目的验收标准。

89. 采购结束期间，采购审计不包括以下哪一个工作?

A. 审查合同条款，确保都已满足。

B. 识别得到认可的成功和失败。

C. 记录经验教训。

D. 按照合同条款，使用支付系统处理报酬。

模拟题

90. 你在审查绩效目标，来确定要付给团队成员多少奖金。可以查阅哪个文件能找到团队的奖金计划？

A. 奖励和认同计划。

B. 人员配备管理计划。

C. 资源管理计划。

D. 项目预算。

91. 你在管理一个建筑项目，要在一个新的办公大楼安装几百个空调面板。总共计划安装900个面板，已经完成了350个，不过根据你的进度计划，本应该已经完成400个。公司的合同指出，每安装一个面板会付一个固定价格$75。目前这个项目已经支出了$45000。对于这种情况，以下哪一个描述最恰当？

A. CPI是0.813，这说明你的项目目前超出预算。

B. CV是-$4350，这说明你的项目目前超出预算。

C. TCPI是1.833，这是保证不超出预算所需达到的最低CPI。

D. SPI是0.84，这说明你的项目进度滞后。

92. 你的团队发现高速公路建设项目中使用的化学原料存在一个风险。根据以往项目的教训，这些化学原料很难适当地混合，你发现由于混合问题会损失约14%的化学原料储备，而且这种情况可能性很高。你决定提前先多买15%的化学原料，为这些损失做好准备，使项目不会因此而延迟。你使用的是哪种应对策略？

A. 规避。

B. 接受。

C. 减轻。

D. 转移。

93. 一个项目经理正在规划整个项目中需要的人员配备。她确定了不同时间各个角色所需要的人数，并把这个信息用一个图显示，作为人员配备管理计划的一部分。这个图叫作什么？

A. 甘特图。

B. RACI矩阵。

C. 组织图。

D. 资源直方图。

模拟题

94. 你在管理一个建筑项目。你、你的团队以及高级经理都认为工作已经完成了。不过，一个重要的客户并不同意，他认为有一个可交付成果不能验收。处理这种冲突的最佳方法是什么？

A. 查阅合同，遵循合同的索赔管理程序。

B. 重新进行合同谈判。

C. 提起诉讼，强制相关方接受这个可交付成果。

D. 终止合同，遵循合同中的终止程序。

95. 向分包商发出的有关合同的通知是哪种沟通的例子？

A. 非正式口头沟通。

B. 正式书面沟通。

C. 正式口头沟通。

D. 非正式书面沟通。

96. 你需要确定何时解散项目的资源。人员配备管理计划的哪一部分对此最有用？

A. 资源直方图。

B. 安全规程。

C. 认可和奖励。

D. 培训需求。

97. 以下哪一个不是沟通类型？

A. 正式书面沟通。

B. 辅助语言。

C. 非口头。

D. 噪音。

98. 一个公司要开展一个大型建筑项目的工作，为一家银行建造一些新的大楼，这家银行希望多开几家新分行。发起人在写项目章程。她记得公司上一次为另一家银行完成的项目超出了预算，因为团队低估了在拱顶安装加固墙所需的工作。上一个项目的项目经理已经把那个项目的经验教训有关细节记录下来。发起人应该在哪里查找这些经验教训？

A. 项目记录管理系统。

B. 公司的组织过程资产。

C. 项目的工作绩效信息。

D. 项目的绩效报告。

模拟题

99. 顾客审查了项目的可交付成果，认为它们是可以验收的，现在必须把这个验收结果告诉项目经理。哪种沟通合适？

A. 非正式书面沟通。

B. 非正式口头沟通。

C. 正式书面沟通。

D. 正式口头沟通。

100. 以下哪一项不出现在项目章程中？

A. 概要预算。

B. 高层需求。

C. 管理合同变更的程序。

D. 得到授权来管理项目的人的职责和名字。

101. 有些过程用来保证人们在整个项目中都能了解项目情况，这些过程在哪个计划中定义？

A. 人员配备管理计划。

B. 项目管理计划。

C. 进度管理计划。

D. 沟通管理计划。

102. 哪个事业环境因素定义了如何向人们分派工作？

A. RACI矩阵。

B. 项目管理信息系统（PMIS）。

C. 资源直方图。

D. 工作授权系统。

103. 你在管理一个软件工程项目，两个团队成员因为一个冲突来找你。首席开发人员识别出一个重要的项目风险：你的一个分包商可能无法按时交付。另一个开发人员不相信这个风险会发生；不过，你查阅了以前项目的经验教训，发现这个分包商在他们的前两个项目中都未能正常交付。首席开发人员建议你让两个团队成员花3周时间研究这个分包商正在构建的组件，完成一些初始工作，一旦分包商无法按时交付，可以利用这些前期准备工作。你决定采纳首席开发人员的建议，而不考虑另一个团队成员的反对意见。以下哪一项是这种情况最恰当的描述？

A. 转移。

B. 减轻。

C. 规避。

D. 接受。

模拟题

104. 你在管理一个项目，AC = $25100，ETC = $45600，VAC = -$2600，BAC = $90000，EAC = $92100。你的发起人要求你预测项目余下部分会花多少钱。这个预测的最佳估算是多少？

A. $45600。

B. $87400。

C. $90000。

D. $92100。

105. 项目范围最准确的描述是什么？

A. 项目将交付的所有特性和可交付成果。

B. 项目将生产的所有产品。

C. 项目中涉及的所有人。

D. 构建产品要做的所有工作。

106. 以下哪一项最准确地描述了项目章程的主要目的？

A. 授权项目经理管理项目。

B. 识别发起人，并描述他或她在项目中的角色。

C. 包含要完成的所有活动的一个清单。

D. 描述初始的工作范围。

107. 你受聘于一个承包商，他希望你为他的一个客户管理一个建筑项目。项目团队已经工作了6周。你要确定团队进度是超前还是滞后。在以下工具、技术、活动或其他项目工件中，哪一个最合适？

A. 工作绩效数据。

B. 项目管理软件。

C. 进度变更控制系统。

D. 自下而上估算。

108. 你在管理一个会计项目，此时公司聘用了一个新的CFO。他会受公司所有会计项目的影响。你最好做什么？

A. 向他展示项目章程，以便他了解你在负责这个项目。

B. 与他合作来了解当前需求，并确定他对这个项目是否要增加新的需求。

C. 继续开展项目工作，在他审查已完成的产品时得到他的反馈。

D. 把他增加到沟通计划中。

模拟题

109. 你在管理一个工业设计项目。你的项目目前处在启动阶段。项目章程已经创建，你正在识别相关方。以下哪一个不是你要做的事情？

A. 审查以前项目的经验教训。

B. 完成相关方分析。

C. 审查采购文件。

D. 创建变更控制系统。

110. Alberto是一个软件推行项目的项目经理。他的公司做出一个全公司范围的决策，要转而采用一个新的会计和人力资源软件包。他了解到，有些项目也推行了相同的软件包，不过在尝试将人员数据导入新系统时导致数据丢失。所以他备份了数据，从而保证万一发生这种问题可以恢复，另外还购买了保险，以覆盖这个软件包不能正常工作时手工输入数据带来的成本。Alberto使用了哪些应对策略？

A. 减轻和接受。

B. 减轻和规避。

C. 减轻和转移。

D. 减轻和分享。

111. Rekha是一个大型建筑项目的项目经理。在项目后期，她的客户要求做一个重大变更。她评估了这个变更的影响，告诉客户这会花多少时间和资金。不过客户认为他没有这些时间或预算来完成这个变更。要处理这种情况，Rekha最好怎么做？

A. 让她的高级经理和客户会面解释这种情况。

B. 与这个客户开会，明确他为什么要求做这个变更。

C. 什么都不做；她是项目经理，所以规则由她定。

D. 让客户为预算多筹集些钱。

112. 你在进行一个状态会议，并监督风险登记册，发现即使实现了所有应对策略后还存在一个风险。这是哪种风险，应该如何处理？

A. 这是一个次生风险，不用担心它。

B. 这是一个残余风险，需要为它规划一个应对策略。

C. 这是一个残余风险，不需要为它规划应对策略，因为你已经实现了规划的所有风险应对策略。

D. 这是一个应急储备，只有在风险发生时才使用。

模拟题

113. Rekha是一个大型建筑项目的项目经理。在项目后期，她的客户要求做一个重大变更。她评估了这个变更的影响，并告诉客户这会花多少时间和资金。不过客户不允许对进度计划做任何变更，也不打算为变更多付钱。Rekha解释说客户提出的这个变更超出了原先规定的工作范围。客户告诉Rekha，他不管原来的范围是什么，总之她要实现这个变更，而且不能影响进度和预算。这个客户使用的冲突解决是什么？

A. 合作。

B. 回避。

C. 缓和。

D. 强迫。

114. 以下哪一个不是定义范围过程的工具？

A. 专家判断。

B. 分解。

C. 多标准决策分析。

D. 引导。

115. 以下哪一项最好地描述了记录管理系统？

A. 存储合同和项目记录的一个系统，以便将来的项目经理参考。

B. 一个存储以往项目经验教训的信息库。

C. 一个存储已付款发货单的档案系统。

D. 一个存储人力资源记录、工资信息和工作绩效历史的系统。

116. 一个项目经理正在与一个承包商谈判。他们都不清楚项目需要多长时间或者材料的成本是多少。对于这个项目，哪种合同最适合？

A. 成本加固定费用（CPFF）。

B. 工料（T&M）。

C. 成本加奖励费用（CPAF）。

D. 固定总价（FFP）。

117. 以下哪一个不是质量成本的例子？

A. 检查产品来确保满足需求所带来的成本。

B. 审查用来生产产品的文件以确保它们没有缺陷，由此带来的成本。

C. 对团队进行技术培训从而帮助他们避免缺陷，由此带来的成本。

D. 将工作外包给另一个公司来构建产品一部分，由此带来的成本。

模拟题

118. 以下哪一个不是相关方？

A. 项目团队成员。

B. 公司竞争对手的代理律师。

C. 项目团队工会的代表。

D. 项目发起人。

119. 定义范围过程的主要输出是什么？

A. 需求文件。

B. 范围定义。

C. 范围词典。

D. 项目范围说明书。

120. Paul是一个工业设计项目的项目经理。这个项目有60%的概率会让公司下一年挣到$230000，也有40%的概率使公司损失$150000。这个项目的EMV是多少？

A. $138000。

B. $60000。

C. $78000。

D. $230000。

121. 为一个新建筑项目识别风险时，你发现建筑中使用的一种化学材料在雨天条件下不能使用。你还了解到你的项目准备在某个时期使用这种化学材料，而在这个国家的这一地区，雨天恰好大多都出现在这个时期。由于这个项目不能延迟到雨季结束以后，而且你要确保建筑外面必须罩这层化学材料，所以你决定团队必须在进度计划中留出足够的时间，以应对在这些雨天中无法工作。

这是哪一种策略的例子？

A. 减轻。

B. 开拓。

C. 接受。

D. 转移。

122. 你在获取一个项目团队，在这个过程中你必须为公司面试新的项目经理。一个应聘者声称自己是PMP认证的项目经理，但你发现她从未参加过PMP考试。处理这种情况的最佳做法是什么？

A. 查阅人力资源管理计划，查看PMP证书是否作为一个资源需求。

B. 向你的经理报告这个人。

C. 向PMI报告这个人。

D. 打电话叫警察。

模拟题

123. 以下哪一类权力在领导团队时最有效？

A. 专家权力。

B. 参照权力。

C. 奖励权力。

D. 惩罚权力。

124. 你受聘为一个承包商管理一个高速公路建设项目，这个承包商为Smith County工作。发起人是在Smith County自治政府工作的一个项目官。你有3个团队分3班工作，每个团队都有单独的团队领导。各团队的成员来自两个不同的工会，每个工会又有自己的代表。批准项目章程的最佳人选是谁？

A. 项目经理。

B. Smith County项目官。

C. 团队领导。

D. 两个工会代表。

125. 以下哪一个不是控制采购过程的输入？

A. 工作绩效数据。

B. 采购管理计划。

C. 协议。

D. 采购文件。

126. 为一个很大的项目建立WBS时（这个项目有多个团队参与），你与共事的另外一个项目经理讨论他的那部分工作。他私底下告诉你，他谎称自己有PMP证书，实际上从来没有参加过考试。处理这种情况的最佳做法是什么？

A. 向PMI报告这个人。

B. 向他的经理报告这个人。

C. 让他向经理说实话。

D. 什么也不做，因为这是他私底下告诉你的。

127. 你的团队建议对确认范围过程做一个变更。你首先应当做什么？

A. 实现这个变更。

B. 根据项目管理计划分析这个变更，查看它会有什么影响。

C. 写一个变更请求。

D. 告诉团队这个过程已经决定，他们必须严格遵循这个过程。

模拟题

128. 你的项目刚完成，一个分包商给你送来下一场超级曲棍球比赛前排的票，感谢你和他做这一笔生意。最好的应对方法是什么？

A. 感谢承包商，不过下一次RFP中不对他有任何优待。

B. 感谢承包商，不过礼貌地拒绝这个礼物。

C. 为整个团队要票，这样对每个人都公平。

D. 向PMI报告这个分包商。

129. 一个项目经理发现了一个项目问题。这个问题在风险规划活动中从来没有讨论过，也没有增加到风险登记册中，现在它会耗费项目的资金。最好的应对方法是什么？

A. 不采取任何措施，只是接受存在这样一个团队未做规划的问题。

B. 停止所有项目活动，找管理层寻求建议。

C. 将这个风险增加到风险登记册，收集有关其概率和影响的信息。

D. 使用管理储备来覆盖这个问题的成本。

130. 你在管理一个大型建筑项目，这个项目已经分解为子项目（或阶段）。每个子项目都计划在3个月到6个月完成。每个子项目结束时，你计划执行收尾过程，并记录经验教训。以下哪一项最恰当地描述了每个子项目或阶段开始时必须做的工作？

A. 确保没有涉及团队，以避免引入太多项目管理间接成本。

B. 识别相关方。

C. 使用挣值技术来决定是否完成这个项目。

D. 解散项目的所有资源，与卖方联系重新对所有合同进行谈判。

131. 以下哪一个不是监督相关方参与过程的输出？

A. 变更请求。

B. 可交付成果。

C. 项目管理计划更新。

D. 项目文件更新。

132. 一个项目中共有17个人，有多少条沟通线路？

A. 136。

B. 105。

C. 112。

D. 68。

模拟题

133. 以下哪一个项目选择方法不是比较型方法（或效益测量模型）？

A. 线性规划。
B. 谋杀委员会。
C. 效益成本比率。
D. 同行审查。

134. 你在管理一个项目经理团队，作为发展团队的一部分，你成立了一个PMP研究小组，这样你和你的同事可以一同努力，为考试做准备。其中一个人最近参加了考试，而且顺利通过，他说他会告诉你所有他能记住的题目。对此你会如何应对？

A. 接受这些题目，不过为了对研究小组的每一个人都公平，要让所有人都拿到题目。
B. 你拒绝接受，不过鼓励研究小组的其他成员自行决定是否接受。
C. 拒绝接受，并向你的经理报告这个人。
D. 拒绝接受，并向PMI报告这个人。

135. 项目章程通常由项目发起人批准，不过有些章程可以由重要的相关方批准。对于项目发起人在项目中的角色，以下哪一个描述最准确？

A. 发起人管理项目。
B. 发起人为项目提供资金。
C. 发起人核实所有工作是否完成。
D. 发起人完成所有合同的谈判。

136. 你的两个项目团队成员因为一个冲突来找你，他们对完成工作的技术途径各有想法。其中一个人很激进，希望你快速做出决策。另一个团队成员很安静，看上去不想讨论这个问题。这个冲突已经开始导致延迟，你需要尽快做出决策。你利用周末研究了冲突解决技术，这是哪种情况的例子：

A. 对项目管理知识体系做贡献。
B. 马斯洛的需求层次理论。
C. 提高个人职业能力。
D. 合作。

137. 你在管理一个软件项目。相关方发现最初的项目范围说明书中遗漏了一些需求。你将变更请求提交到变更控制过程，这些变更得到了批准，所以你需要更新范围说明书来包括这些新工作。可以在哪里找到最新版本的范围说明书？

A. 配置管理系统中。
B. 文件库中。
C. 项目管理计划中。
D. 沟通管理计划中。

模拟题

138. 一次状态会议后，一个团队成员John把你拉到一边，告诉你另一个团队成员的评论让他感觉受到了侮辱。他认为这个评论有种族歧视。你与做这个评论的团队成员Suzanne会面，但她说那个团队成员（John）的绩效非常差。她之前从来没有在公司做过这样的评论。你查看了记录，发现她说的是对的，一直以来，John交付的工作都比所有其他团队成员的质量差。处理这种情况的最佳做法是什么？

A. 下一次团队会议中，批评John的绩效差，另外批评Suzanne发表有种族歧视的评论。

B. 为John提供额外帮助来改善他的绩效。

C. 私下里批评Suzanne有种族歧视的评论，按照公司的政策在员工中通告这种种族歧视行为。

D. Suzanne此前从未有过这个问题，所以应该再给她一次机会。

139. 你在管理一个目前正在执行的项目。你要估算要完成的工作，为此要不断测量项目绩效，在必要时建议变更、补救和纠正措施。你在完成什么过程？

A. 实施整体变更控制。

B. 监控项目工作。

C. 控制范围。

D. 沟通管理。

140. 以下哪一项可以帮助你确定一个过程是否稳定或者是否有可预测的绩效？

A. 散点图。

B. 控制图。

C. 因果图。

D. 帕累托图。

141. 完成项目的各个可交付成果时，你与相关方和发起人一起检查它是否正确。你在完成哪个过程？

A. 定义范围。

B. 定义活动。

C. 确认范围。

D. 控制范围。

142. 你是一个大型军方合同的项目经理，涉及7个分包商和总共1253个团队成员、752个相关方和发起人，另外有14个项目经理（包括你）。你需要了掌握沟通渠道，否则你的项目会陷入混乱。这个项目有多少潜在的沟通渠道？

模拟题

A. 2019。
B. 91。
C. 2037171。
D. 无法确定。

143. 对于批准项目计划，以下哪种说法不正确？

A. 在计划得到批准之前，不需要将变更经过变更控制处理。
B. 变更控制确保只有批准了的变更才能放在批准的计划中。
C. 只需要一个人批准项目管理计划，这就是项目经理。
D. 整个团队要对项目管理计划达成一致，这很重要，这样才能保证项目成功。

144. 应当在项目的最后测量顾客满意度来维持长期关系。顾客满意度不一定包含以下哪个方面？

A. 产品满足明文规定和未明文规定的需求。
B. 产品可以获利。
C. 产品是高质量的。
D. 满足顾客的需要。

145. 你的项目有一个7人团队，一个团队成员提出了一个有争议的想法。另外两个人同意采纳这个想法。还有两个成员反对，其余两人提出了另外一种不同的方法。你决定采用这种有争议的想法。这是什么情况的例子？

A. 一致同意。
B. 大多数同意。
C. 相对多数同意。
D. 总裁型决策。

146. 你受雇于一个承包商，他希望你为他的一位客户管理一个建筑项目。这个项目团队已经工作了2个月，完成了35%的工作。有两个团队成员来找你，他们对如何处理一个正在维修的设备存在冲突。你知道他们完全可以先不考虑这个问题，而且你担心在下个星期的相关方会议之前如果你的项目进度滞后，这会导致将来出现其他问题。你告诉这两个团队成员，这个问题并没有他们想象中那么糟糕，如果他们考虑几天冷静一下，你会帮他们给出一个解决方案。这个解决冲突的方法称为：

A. 回避。
B. 妥协。
C. 缓和。
D. 强迫。

模拟题

147. 以下哪一个工具用于记录管理合同时学到的经验教训?

A. 质量审计。

B. 买方执行的绩效审查。

C. 合同审查。

D. 采购审计。

148. 你在管理一个项目，在暑假期间为一个当地学校大楼建造一个侧楼。一天晚上，学校和你的建筑工地受到龙卷风的破坏。尽管遭遇了这个灾难，你的客户要求你继续工作，不过你查阅了合同，发现一个条款指出，你不必负责更多工作。这个条款称为：

A. 不可抗力条款。

B. 天灾条款。

C. 减轻。

D. 片面沟通。

149. 一个项目经理的团队遇到一些问题。人们不断在看上去很小的问题上遇到麻烦：谁在会议上做记录，办公室如何着装才合适，人们要请一天假时需要通知哪些人。这些问题开始时很小，但是随着越来越多的人遇到问题，情况迅速恶化。这种情况最有可能是因为缺乏什么造成的?

A. 敏感性培训。

B. 公共礼节。

C. 奖励系统。

D. 基本规则。

150. 你是一个软件项目的项目经理。 定义要完成的工作范围时，你与项目的所有相关方坐下来，把从他们得到的所有需求记录下来。以下哪一个不是由相关方分析得到的有效需求?

A. 团队的工作必须比他们在上一个项目中做得更好。

B. 项目的进度偏差不能超过5%。

C. 产品的质量必须满足组织的软件质量标准。

D. 预算必须在计划成本的10%以内。

151. 你的公司已经有多次停工。现在你的项目团队担心他们的工作缺乏保障，你注意到由于这个原因他们的绩效显著下降。这体现了哪个激励理论?

A. 麦格雷戈的X和Y理论。

B. 马斯洛的需求层次理论。

C. 麦克莱兰的成就理论。

D. 赫茨伯格的激励-保健理论。

模拟题

152. 以下哪一个不包含在质量计算成本中?

A. 团队成员查找和补救缺陷所花费的时间。

B. 质量经理编写质量标准所花费的时间。

C. 项目经理创建项目管理计划所花费的时间。

D. 团队成员审查规范、计划和其他文件所花费的时间。

153. 以下哪一种合同对卖方风险最大?

A. 成本加固定费用(CPFF)。

B. 工料(T&M)。

C. 成本加成本百分比(CPPC)。

D. 固定总价(FFP)。

154. 你在为一个重要客户管理一个工业设计项目。两个团队成员对项目的优先级意见不一致。其中一个人希望先做某些活动,而另一个人认为这些活动应当留到项目的最后再做。你与这两个团队成员一起达成一个妥协,这些活动既不最先完成也不最后完成,而是放在项目中间完成。所有人对这个解决方案都不是特别满意。妥协的另一种说法是:

A. 双赢解决方案。

B. 输赢解决方案。

C. 双输解决方案。

D. 无输赢解决方案。

155. 一个建筑项目的项目经理在预算中增加了一项来购买设备和工地的保险。这是什么的一个例子?

A. 转移。

B. 减轻。

C. 规避。

D. 接受。

156. 你在与专家讨论,收集他们对你的合同的独立估算。以下哪一项最准确地描述了你做的工作?

A. 规划采购管理。

B. 实施采购。

C. 控制采购。

D. 结束采购。

模拟题

157. 一个项目经理正在为相关方创建一个已结束的项目的最后状态报告。最后项目报告中不会用以下哪一项说明项目的状态？

A. 偏差信息。

B. 经验教训。

C. 范围基准。

D. 可交付成果状态。

158. 你是一个铁路建设项目的项目经理。你的发起人让你预测项目完工成本。以下哪一个是用来预测的最好的指标？

A. EV和AC。

B. SV和CV。

C. ETC和VAC。

D. SPI和CPI。

159. 项目的相关信息必须分发给所有相关方。以下哪一个过程输出用来报告项目活动的状态和成本？

A. 工作绩效数据。

B. 问题日志。

C. 状态报告。

D. 项目记录。

160. 一个公司使用了一种管理技术，其中采用质量保证技术来持续改善所有过程。这称为：

A. 准时制管理。

B. 持续改进（Kaizen）。

C. 石川图。

D. 检查。

161. 你启动的项目有一个虚拟团队。其中半数团队成员都在另一个国家，他们都为一个分包商工作。这个分包商的团队成员与你的团队说话口音不同。一次电话会议后，你的两个团队成员关于分包商团队成员讲话的方式开玩笑。处理这种情况的最佳做法是什么？

A. 单独纠正团队成员，为你的团队开一个培训课程来帮助消除沟通障碍。

B. 当着团队其余人的面立即纠正这两个人的行为。

C. 向管理层报告这两个团队成员的不当行为，并建议对他们惩罚。

D. 联系分包商并请求团队调整他们讲话的方式，消除影响沟通的“噪音”。

模拟题

162. Mike是一个IT技术推行项目的项目经理。他在使用石川图来确定哪些方面可能导致项目中潜在的风险。他在完成什么过程?

A. 识别风险。
B. 实施定性风险分析。
C. 控制质量。
D. 规划风险应对。

163. Amit是一个软件项目的项目经理。他的客户在项目开始时已经协商好一个项目范围说明书，不过每次客户检验可交付成果时，都会提出希望为产品增加一些新特性。Amit与这个客户合作，找出项目规划阶段中遗漏了哪些需求，并明确将来如何更好地规划。对于这个项目当前的状况，最准确的描述是什么?

A. 镀金。
B. 范围蔓延。
C. 备选方案分析。
D. 进度偏差。

164. 你在执行一个项目，作为建设项目团队的一部分，你为一个PMP培训研讨会准备材料。然后决定把这些材料提供给公司里的其他项目经理，让他们有足够的时间做准备从而通过PMP考试。这是一个什么样的例子?

A. 组织过程资产。
B. 对项目管理知识体系做贡献。
C. 做弊，这应当报告给PMI。
D. 经验教训。

165. 你在管理一个建筑项目，要在一个办公大楼里布线。核实工作范围是否完成时，你发现一个团队成员从工地拿走一箱电缆使他能连接他的阁楼。对于这种情况，最好的应对方法是什么?

A. 什么也不做。
B. 向你的经理报告这个团队成员。
C. 向PMI报告这个团队成员。
D. 打电话叫警察。

166. 你与潜在发起人合作，要确定你的公司要选择哪个项目。根据效益成本比率(BCR)，以下4个项目中你会推荐哪一个?

A. 项目A的BCR为5:2。
B. 项目B的BCR为5:4。
C. 项目C的BCR为3:1。
D. 项目D的BCR为2:1。

模拟题

167. 以下哪些是不同权力的例子？

A. 合法权力、专家权力、奖励权力、政治权力以及议价权力。

B. 合法权力、专家权力、奖励权力、政治权力以及惩罚权力。

C. 合法权力、专家权力、奖励权力、经济权力以及议价权力。

D. 合法权力、专家权力、奖励权力、参照权力以及惩罚权力。

168. 你在管理一个软件项目。你的团队发现一个问题，因此你请求了一个变更。这个变更会让项目额外增加3周时间，不过如果没有这个变更，很多相关方使用最终产品时会遇到问题。下一步你要做什么？

A. 指导团队完成这个变更。

B. 与各个相关方开会，确定是否完成这个变更。

C. 记录这个变更及其影响，交给变更控制系统处理。

D. 不做变更，因为这会让项目延迟。

169. 以下哪一个不是结束项目或阶段过程的一部分？

A. 确保满足了所有退出标准。

B. 所有可交付成果都得到所有相关方的正式验收。

C. 将项目的可交付成果移至下一阶段，或移至生产阶段。

D. 写下经验教训。

170. 以下哪些方法可以有效地分解WBS中的工作？

A. 按风险或质量测量指标。

B. 按产品特性或工作单元。

C. 按项目阶段或项目可交付成果。

D. 按收费条款或初始估算。

171. 以下哪一个是指导与管理项目工作过程的输出？

A. 工作绩效数据。

B. 工作说明书。

C. 问题日志。

D. 协议。

172. 你在管理一个建筑项目。你、你的团队和你的高级经理都认为工作已经完成了。你的相关方表

模拟题

示他们已经最终验收了这个项目。你现在与团队开会更新组织过程资产，加入在这个项目中得到的知识，从而帮助将来的项目经理完成他们的项目。对此最恰当的描述为：

A. 经验教训。

B. 项目记录。

C. 项目管理信息系统（PMIS）。

D. 工作绩效信息。

173. 关于项目章程以下哪种说法不正确？

A. 它正式指派项目经理。

B. 总由项目经理创建。

C. 包含外部制约因素和假设条件。

D. 包括高层里程碑进度。

174. 你在管理一个建筑项目，在一个新的办公大楼安装几百个空调面板。每一层的面板数相同。顾客是一家建筑承包公司，已经提供了安装面板的规范。团队使用一个过程来安装和检验各个面板。团队每完成一个面板，团队质量控制检查员就会进行测量并识别缺陷。已经识别出各个缺陷的根本原因。他跟踪了这个过程中的每个步骤，每完成一步就做出标识。对此最适合的工具是什么？

A. 控制图。

B. 鱼骨图。

C. 核查表。

D. 帕累托图。

175. 可以使用哪个风险分析工具在计算机上对风险建模来显示随机概率？

A. 计算机化风险审计。

B. 蒙特卡洛分析。

C. EMV分析。

D. 德尔菲技术。

176. 以下哪一项最准确地描述了什么时候完成监控项目工作过程？

A. 整个项目中持续进行。

B. 每个可交付成果完成时。

C. 计划的里程碑或项目间隙。

D. 每个项目阶段结束时。

模拟题

177. 以下哪一个不是监控项目工作过程的输出？

A. 项目管理计划更新。

B. 变更请求状态更新。

C. 变更请求。

D. 项目文件更新。

178. 你是一个软件项目的项目经理。两个开发人员Bill和Alfredo关于如何实现一个特性有争执。Bill认为项目尽快完成更重要，所以他建议重用上一个项目已经完成的一些工作作为起点。Alfredo认为那个工作并不适用于这个项目，只会浪费时间。Bill在这些方面几乎总是对的，而且他对团队很有影响力，所以让他满意很重要。你会怎么做？

A. 由于你确实希望让项目尽快完成，所以你站在Bill一边。

B. 站在Alfredo一边，最后项目可能需要更长时间完成。

C. 开会了解两方面的情况，根据客观依据选择倾向于哪一个解决方案。

D. 私底下与Bill开会，更多地了解他的想法。

179. 以下哪一个不是可交付成果的例子？

A. 项目管理计划。

B. 项目进度计划。

C. 工作分解结构。

D. 参数估算。

180. 以下哪一个不是创建WBS过程的输入？

A. 项目范围说明书。

B. 组织过程资产。

C. 需求文件。

D. WBS词典。

181. 在终结项目所有活动过程中，不会生成以下哪一个工件？

A. 经验教训登记册的更新。

B. 最终产品、结果或服务。

C. 商业文件的更新。

D. 最终报告。

模拟题

182. 项目开始时，你与项目的所有相关方召开了一个会议，来确定随着工作的开展，与所有人如何沟通。以下哪一项最准确地描述了这个会议？

A. 定性分析。

B. 状态会议。

C. 沟通计划会议。

D. 启动会议。

183. 你在管理一个项目，共有23个团队成员和6个重要相关方。两个团队成员识别出当前方法中存在一个问题。解决这个问题需要变更项目计划及其子计划。一个相关方之前指出，任何延迟都是不可接受的，你的团队成员告诉你，这个变更可能导致团队至少延误一个关键的最后期限。处理这种情况的最佳做法是什么？

A. 分析这个变更对所要做的工作、进度以及预算的影响。

B. 拒绝变更，因为任何延迟都是不可接受的。

C. 先在团队中达成一致，使大家都认为应当做这个变更，然后再找相关方，这样相关方就会看到团队支持这个变更。

D. 对项目计划和子计划做这个变更，并要求团队实现这个变更。

184. 要求你从3个项目中做出选择。项目A的净现值为$54750，需要6个月完成。项目B净现值为$85100，需要2年完成。项目C净现值为$15000，效益成本比率为5:2。你会选择哪个项目？

A. 项目A。

B. 项目B。

C. 项目C。

D. 没有足够的信息，无法做出决定。

185. 以下哪一个是缺陷？

A. 一个团队成员在工作中犯的一个错误。

B. 团队需要对工作方式做出的一个变更。

C. 不满足需求的一个项目管理计划。

D. 变更控制委员会拒绝的一个变更请求。

模拟题

186. 一个项目经理正面对两个观点有冲突的团队成员。一个团队成员从她的角度对冲突做了解释，并提供一个可能的解决方案。不过在另一个团队成员对他的观点做出解释之前，项目经理说，“够了，我决定就采用刚听到的这种解决方案”。这是一个什么样的例子？

A. 回避。

B. 妥协。

C. 缓和。

D. 强迫。

187. 确定项目的验收标准、制约因素和假设条件时，会把它们记录在哪个文件中？

A. 项目管理计划。

B. 项目范围说明书。

C. 项目章程。

D. 沟通管理计划。

188. 你受雇于一个大型咨询公司，为他们评估一个软件项目。你已经得到项目的CPI和EV，但是没有得到AC。CPI是0.92，EV是$172500。这个项目实际已经花了多少钱？

A. $158700。

B. $172500。

C. $187500。

D. 没有足够的信息，无法计算实际成本。

189. 批准的变更在哪个过程中实现？

A. 指导与管理项目工作。

B. 监控项目工作。

C. 实施整体变更控制。

D. 制订项目管理计划。

190. 你受雇于一个大型咨询公司来领导一个会计项目。你确定了项目的需要，并把工作划分为工作包，以便展示如何对它们分类。你在创建什么？

A. 一个WBS。

B. 一个进度计划。

C. 一个项目范围说明书。

D. 一个合同。

模拟题

191. 项目中超过一半的冲突都是由于什么导致的？

A. 坏习惯、缺陷和技术。
B. 资源、优先级和进度。
C. 预算、粗心和个性。
D. 技术、资金和个性。

192. 以下哪一个不是监督风险的工具或技术？

A. 引入一个外方审查你的风险应对策略。
B. 重新检查风险登记册来审查和重新评估风险。
C. 使用挣值分析来查找偏差，这些偏差可以指出潜在的项目问题。
D. 收集工作绩效信息。

193. 你为一家咨询公司工作，你的团队实现了一个已批准的项目范围变更。你需要通知客户已经做了这个变更。为此最好的沟通方式是什么？

A. 正式口头沟通。
B. 正式书面沟通。
C. 非正式书面沟通。
D. 非正式口头沟通。

194. 以下哪一个通常不出现在项目章程中？

A. 项目需求。
B. 授权一个项目经理管理项目。
C. 工作包分解为活动。
D. 初始的一组进度里程碑。

195. 处理正面风险的策略是什么？

A. 规避，减轻，转移，接受，开拓。
B. 转移，减轻，规避，开拓，规避。
C. 开拓，分享，提高，接受，上报。
D. 减轻，提高，开拓，接受，上报。

196. 在哪个过程中创建风险分解结构？

A. 识别风险。
B. 规划风险应对。
C. 实施定性风险分析。
D. 规划风险管理。

模拟题

197. 你在执行项目时在不断检查风险登记册，以确定已经对所有风险规划了应对措施。在一次团队状态会议上，你发现一个低优先级风险很有可能发生。关于低优先级风险的信息保存在哪里？

A. 触发条件。

B. 观察清单。

C. 风险管理计划。

D. 定性分析文件。

198. 以下哪一个不是项目文件的例子？

A. 范围基准，项目投资需求，相关方需求。

B. 活动清单，相关方登记册，风险登记册。

C. 预测，风险登记册，质量测量指标。

D. 估算依据，资源需求，工作说明书。

199. 你在管理一个项目，其进度绩效指数（SPI）为1.07，而且成本绩效指数（CPI）为0.94。如何最准确地描述这个项目？

A. 项目进度提前，而且在预算内。

B. 项目进度滞后，但在预算内。

C. 项目进度提前，但超出预算。

D. 项目进度滞后，而且超出预算。

200. 以下哪一个是奖励制度最好的例子？

A. 工作最努力的团队成员会得到$1000。

B. 如果项目满足质量目标，所有人会得到奖金$500，如果满足预算目标，可以得到$500的奖金，如果按时完成，会得到$600的奖金。

C. 工作时间最长的5个团队成员可以去迪斯尼。

D. 项目要按进度满足所有质量测量指标，而且预算只能使用50%，只有达到这些目标，团队才能得到奖金。尽管团队领导知道这个目标是不现实的，但他们认为这样能激励团队更努力地工作。

看答案之前……

你肯定想知道你的这个模拟考试做得怎么样，但在看答案之前，下面先给出几点说明，这会帮助你把这些内容牢牢记在大脑中。要记住，检查完答案之后，可以利用这几个提示来复习你遗漏的东西。

这对于冲突解决的有关问题尤其有用，这种问题中，会告诉你两人哪里意见不一致，问你该如何处理。

❶ 不要被问题卡住。

如果你发现自己对某个问题有些困惑，首先应当尽量明确这个问题到底在问什么。我们很容易陷入问题的细节，特别是文字很多的题目。有时你需要把题目多读几遍。第一次读时，问问自己，“这个问题到底在问什么？”

❷ 在你的工作中实践这些知识。

为PMP考试学习的所有知识都非常实用。如果你积极参加项目，就有很好的机会将你学到的一些想法应用到实际工作当中。多花点时间来考虑如何利用这些知识，使你的项目更顺利地完成。

❸ 写出你自己的问题。

是不是有一个概念你还没有掌握？要把它牢记在大脑中，最好的办法之一就是对这个概念写出你自己的问题！我们在《Head First PMP》中加入了“问题诊所”练习，帮助你了解如何编写与考试题类似的题目。如果访问http://www.headfirstlabs.com/PMP，你会看到一个表格，可以帮助你生成自己的问题，而且可以看到其他人写的题目。这些都会帮助你更好地理解相关内容。

写你自己的问题时，可以做到：

- 巩固有关概念，将它牢记在大脑中。
- 考虑如何构造问题。
- 通过考虑一个使用相关概念的实际场景，将这个概念置于具体的上下文中，并了解如何实际应用。

所有这些会帮助你更好地记住！

❹ 寻求帮助！

你加入你们当地的PMI分会了吗？这是最有价值的资源之一，可以帮助你做好考试准备，甚至比这本书还要有价值！大多数PMI分会都有一个PMP研究小组，你可以加入这个小组。在这里你会找到同样在为考试做准备的其他伙伴。

另外这本书的作者也时常会发布一些考试提示、技巧和职业建议。可以关注他们的Twitter：@AndrewStellman @JennyGreene

答案

~~模拟题~~

1. 答案：B

与工会合作时，工会合同可能会对你的项目有影响。这说明，需要把工会本身考虑为一个相关方，规划时，要确保考虑所有工会规则和协议并作为制约因素。

2. 答案：C

所有项目报告都必须作为正式书面文件沟通。不仅如此，与合同有关的任何内容都肯定需要正式书面沟通。

3. 答案：B

质量审计是指你的公司审查你的项目，确保你正确地遵循了公司中的所有过程。这是管理质量过程的一个工具。

4. 答案：D

在了解问题之前什么也不能做。你要与客户会面，更好地了解哪里出了问题，以及为什么产品未能满足他们的需要。

5. 答案：C

成本累积可以用来建立预算，但是这不是一个成本估算的工具。自下而上估算、参数估算和类比估算技术既用于成本估算又用于时间估算。

6. 答案：A

范围基准包含WBS和项目范围说明书，所以也可以在那里找到制约因素和假设条件！

项目范围管理计划确实是项目中一个相当重要的工具。它会明确地告诉你如何创建项目范围、定义WBS、核实工作已经完成，并完成对范围的变更。但是它不会指出你和团队做出的特定假设条件，或者项目的制约因素。要找到这些信息，应当查找需求文件和项目范围说明书。

答案

~~模拟题~~

7. 答案：B

德尔菲技术是得到专家的观点和想法的一种方法。采用这种技术时会有一个引导者，他使用问卷向专家询问重要的项目风险的有关内容。引导者得到并传递这些答案，每个专家都保持匿名，以便得到诚实的反馈。

8. 答案：B

光环效应是指，只是因为某个人擅长某一个工作，就把他安排在另一个他并不胜任的位置上。Joe是一个出色的程序员，但这并不表示他也是一个优秀的项目经理。

9. 答案：B

成本最高的缺陷是设计产品时引入的缺陷。这一点初看可能不太直观，不过如果你想想项目是如何运行的，就会发现这很有道理。如果你的团队在组装产品时向产品引入了一个缺陷，他们必须返工进行修正。不过，如果在设计中存在缺陷，就必须停止生产，返回来找出这个缺陷影响的所有方面。你可能必须订购新的零件、重新组装部件，可能甚至还要从头开始重新设计产品。

正因如此，质量管理过程非常强调审查每一个可交付成果，不只是最后产品，还包括所有组件、设计和规范。

10. 答案：A

这个问题让你使用完工估算（ETC）创建一个预测，这要使用CPI来预测项目余下部分可能会花多少钱。第一步要把数字代入公式EAC = BAC / CPI，这会得到EAC = $80000 / 0.95 = $84210。这就是项目可能要花的钱。现在可以计算ETC = EAC - AC = $84210 - $25000 = $59210。

~~模拟题~~ 答案

11. 答案：B

分解是创建WBS的主要工具。这表示根据你的公司如何完成工作，把工作分解为越来越小的部分，直到小到足够按层次分类和组织。

12. 答案：C

质量管理就是要确保你建立的产品符合顾客的需求。如果你很好地收集并理解了这些需求，项目中进行的所有测量应该会帮助你查看所建立的产品最后是否让客户满意。

13. 答案：C

考试中你会看到的最重要的项目制约因素是范围、质量、进度、预算、资源和风险。对其中一个制约因素的变更会影响到其他制约因素。在整个项目中平衡所有这些制约因素很重要。

14. 答案：D

对应每个风险，风险登记册中都应当有一个风险负责人。这个人要负责保证应对计划是最新的，并确保如果风险确实发生要采取适当的措施。

15. 答案：A

这个题目中有一些非常重要的道德问题。管理层已经明确了规则：接受报价最低的投标人。这就是你应该做的。不过，除此以外，不能根据你得到的好处来选择卖方，这叫作贿赂。一定要拒绝贿赂。

16. 答案：C

RACI矩阵显示了项目中的角色和职责。RACI代表执行（Responsible）、负责（Accountable）、咨询（Consulted）和知情（Informed）。项目中有些人要执行活动，另外一些人可能要对活动负责。RACI矩阵表格显示了有关的人们以及他们与所完成工作的关系。

答案

模拟题

17. 答案：B

考试中有些题目可能会问你在另一个国家这个问题要如何处理。在这里，这个题目实际上在问某个东西是否是贿赂。很显然，如果这是一个贿赂，你就不能付钱。不过这是贿赂吗？如果向一个政府官员（或其他人）交钱是惯例，这就不是贿赂。你应该向警察付钱，只要在那个国家这是可以接受而且是合法的。

（有时贿赂不是钱。甚至有时某个东西是否是贿赂也不是百分之百明确。不过，如果你看到考试题目中指出因为正常的工作而得到奖励，就一定要把这个奖励作为贿赂，并坚决拒绝！）

18. 答案：C

赫茨伯格的激励-保健理论指出，人们需要好的工作条件、满意的个人生活，以及与老板和同事的良好关系等等，这些称为“保健因素”。在人们得到这些因素之前，通常并不关心“激励因素”，如成就、认同、个人成长或职业发展。

19. 答案：C

资源直方图是一个横道图，显示你的人员需求随时间的变化。例如，如果项目的最后阶段比构建产品阶段需要更多的测试人员，可以从一开始预测需要多少人，以及他们要达到怎样的技能水平。这样就能确保在需要这些人时他们确实可用。

20. 答案：A

如果一个变更得到批准，就需要更新基准，然后实现这个变更。这样一来，你就能确保根据新的范围和进度期望来跟踪你的绩效，而不是基于原来的基准。

21. 答案：C

风险登记册是最重要的项目管理工具之一。正因如此，要在每次会议上审查风险登记册，检查你的风险。只要遇到一个新的风险，首先要做的就是把它记录在风险登记册中。很容易遗漏风险，特别是在运行一个大型项目时。通过把每一个风险增加到登记册中，就能确保不会忘记任何风险。一旦识别出风险，那么下一步是什么？要分析这个风险的影响和概率！这正是实施定性风险分析过程要做的。在分析风险之前不能采取任何其他措施。原因在于，有可能最后看来这个风险可能性极小，而另外还有一个风险概率更高而且影响更大，那个风险才更值得你关注。

答案

~~模拟题~~

尽管模板肯定是一个组织过程资产，但这并不是创建WBS过程的工具或技术。这是一个输入！

22. 答案：D

Tom在使用模板。公司完成项目时，这个过程中创建的文件会存储在组织过程资产库中。可以充分利用从以往项目得到的WBS，确保你从一开始已经考虑到了需要做的全部工作。你的项目不会与原来的WBS完全一致，不过原来的WBS中可能会列出原先你自己没有考虑到而且在你的项目中确实很有必要的一些工作包。

23. 答案：C

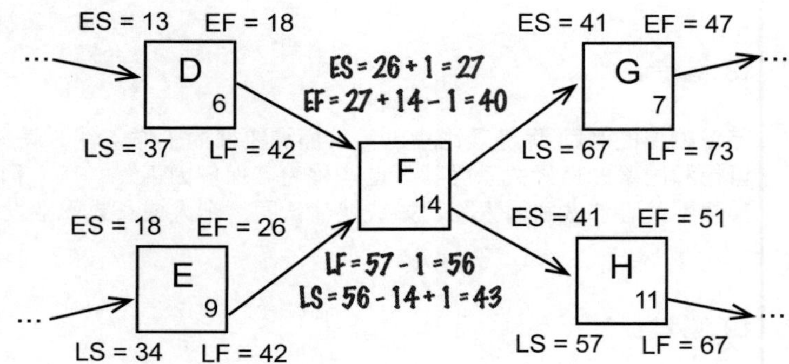
ES = 13
EF = 18
D
6
LS = 37
LF = 42
ES = 26 + 1 = 27
EF = 27 + 14 - 1 = 40
ES = 41
EF = 47
G
7
LS = 67
LF = 73
F
14
ES = 18
EF = 26
E
9
LS = 34
LF = 42
LF = 57 - 1 = 56
LS = 56 - 14 + 1 = 43
ES = 41
EF = 51
H
11
LS = 57
LF = 67

要计划活动F的LS，我们首先需要找出它的LF，为此要得到G或H的LS中较小的一个，再减1，所以F的LF是57 – 1 = 56。现在就可以计算LS了，将LF减去持续时间再加1：LS = 56 – 14 + 1 = 43。

24. 答案：B

如果想找到一个问题的持久解决方案，就需要明确这个问题的根本原因。最好的选择是与经理会面，了解为什么他会把这些团队成员分配给你，另外要明确你们如何合作来为你的团队找到合适的人选。有可能这个经理会提供这些人员的一些信息，而你发现他们其实很适合你的团队。

25. 答案：C

总体假设点就是卖方假设的成本点。在一个固定总价合同中，达到这个点时，成本变得过大，卖方实际上已经用完了合同中的资金，而必须自行支付成本。

26. 答案：B

项目管理方法论描述了管理项目使用的过程（或生命周期）。它与结束一个项目或阶段没有任何关系。不过，另外3个答案确实有关系！你需要项目管理计划提供结束项目阶段的程序，需要验收的可交付成果来核实是否已经完成，另外需要组织过程资产来得到经验教训和项目收尾的指导原则。

答案

模拟~~题~~

27. 答案：A

作为一个通过认证的项目管理专业人员，你有责任尊重版权。购买的软件是有版权的，你不能在无授权的情况下使用。绝对不行。如果你的预算不允许购买这个软件，就不能使用这个软件。

如果一个问题指出你的预算没有足够的资金，不能做某个事情来避免项目延迟。那么这个项目将会延迟。正因如此，必须处理时间和成本这两大制约因素。

28. 答案：B

如果你想根据进度和预算估算项目的执行情况，需要计算CPI和SPI。第一步是写出你目前有的所有信息：BAC = \$450000，计划完成百分比 = 45%, 实际完成百分比 = 40%，AC = \$165000。现在可以计算PV = BAC x计划完成百分比 = \$450000 x 45% = \$202500。并且可以计算EV = BAC x 实际完成百分比 = \$450000 x 40% = \$180000。现在就有了计算CPI和SPI所需的信息。CPI = EV / AC = \$180000 / \$165000 = 1.09，这大于1.0，所以你的项目没有超出预算。而且可以计算出SPI = EV / PV = \$180000 / \$202500 = 0.89。这小于1.0，所以项目进度滞后了。

29. 答案：D

有时确认范围在控制范围之前发生，而有时则在它之后发生，另外有些情况下可能在控制范围之前和之后都会发生。如果查看这两个过程的工作，以及它们相互如何交互，就会发现这很有道理。在项目结束时总会完成一些确认范围活动，因为你需要核实最后生产的可交付成果包含了范围说明书中明确的所有工作。大多数项目在此之前几乎都会经过控制范围过程。所以可能看起来控制范围总在确认范围之前发生。不过并不只是在最后完成确认范围过程，实际上创建每个可交付成果之后都会完成这个过程，从而确保每个可交付成果的所有工作都已经完成。不仅如此，有时因为团队没有完成所需的全部工作，确认范围会失败。正因如此，变更请求是确认范围的一个输出。如果这些变更包括范围变更，那么你的项目就会再次进入控制范围过程。如果这是你做出的第一个范围变更，那么可能是这个项目中第一次进入控制范围过程。所以控制范围可能在确认范围之前发生，也可能在它后面发生。由于这个原因，这两个过程没有预定的顺序：它们可以按任意顺序发生。

相关方分析很重要，但这不是变更控制的一部分。

30. 答案：D

变更控制是指如何处理对项目管理计划的变更。变更控制系统是一组程序，允许你以一种有组织的方式做出变更。典型的变更控制系统包括一个变更控制委员会，利用一个项目管理信息系统，最后可能批准或者拒绝。

模拟题 答案

31. 答案：C

完成控制采购过程时，要结束卖方为合同完成的工作。为此要完成几个步骤：核实所有工作和可交付成果是可验收的，终结所有未决索赔，如果提前终止，还要遵循合同中的终止条款。另一方面，完成结束项目或阶段过程时，则要终结所有过程组中执行的所有不同活动，还要核实工作和可交付成果已经完成。

32. 答案：B

这个题目列出的所有合同类型中，工料（T&M）合同对买方来说是风险最大的一种合同，因为如果材料的成本相当高，这些成本就会转移到买方，而且卖方不会得到任何激励来促进他们的工作 [成本加奖励费用（CPAF）合同可能要为卖方付额外的费用，这一点不假，不过这个费用完全基于买方对卖方绩效的主观评价，这会降低买方的风险]。

如果团队完成了计划外的工作，这就是镀金，尽管它可能会让客户高兴。但是如果客户从未要求过，这就不是范围蔓延，因为项目规划的范围并没有变更。

33. 答案：A

镀金是指你或你的团队向项目增加了发起人或客户没有请求的额外工作。对项目镀金通常不是个好主意，因为有时并不能立即知道这样做的影响。有时，对你的团队来说某个特性看上去可能很有用，但实际上对客户反而有害。镀金特性还可能引入漏洞，导致以后的开发速度减慢。

34. 答案：B

项目经理让另一个公司帮助她促成这个机会发生，而且他们可以分享其好处。

35. 答案：B

如果一些风险没有足够高的概率或影响，不需要放在风险登记册中，但是仍需要监督，这些风险就要放在观察清单中。通过把这个风险记录到一个观察清单中，会提醒你做必要的检查，确保随着项目的进行，情况不会改变。如果情况随时间确实有变化，这样就能给你留出足够的时间来提出风险应对策略。

答案

模拟题

36. 答案：C

项目管理计划不是横道图（或甘特图）。这是在5个过程组中创建的所有知识领域中计划文件的一个集合。它描述了你的项目如何处理与项目工作有关联的所有活动。

37. 答案：C

尽管这个变更有助于加快项目的进度，不过这并不表示它对项目整体都有好处。一定要检查项目对其他两个制约因素的影响，并作为变更请求的一部分，这很重要。一旦了解有关这个变更的所有情况，变更控制委员会就可以对是否完成这个变更做出有根据的决策。

38. 答案：A

如果有人放弃，避开这个问题，这就是回避，这通常是因为他们很恼火或者很厌恶。如果你看到一个团队成员这样做，这是一个警告，说明某个方面有问题。

39. 答案：A

控制图确实是一个很有价值的工具，可以采用可视化方式描述过程随时间的执行情况。通过连续测量，将相应的点绘制为一个折线图，可以得到有关过程的很多有用的信息。每个控制图都有3条重要的线：均线（或所有数据点的均值）以及一个控制上限和一个控制下限。有一个重要的法则称为7点法则，可以帮助你解释控制图。这个法则指出，如果发现7个连续的测量点都在均线的同一侧，就说明哪里出了问题。这是因为出现7次这样的测量可能性极小，很有可能你的过程有问题。如果可以找出一种改进方法来修正，会大大减少缺陷，而避免事后补救！

40. 答案：B

PMP专业行为准则指出，必须遵守所有法律，不论多么微不足道，也不论后果多么严重。只要看到一个题目在问有关违反法律的问题，答案肯定是不能违反法律。不管违法行为多轻微，也不管后果多么严重。

答案

~~模拟题~~

41. 答案：C

人员配备管理计划指出了从项目解散资源时需要知道的所有信息。由于你的项目需要的团队目前在完成另一个项目，那个项目的人员配备管理计划会告诉你什么时间会解散这些人员，从而能够加入你的项目。

42. 答案：C

如果你的项目分解为阶段，应当在每个阶段开始时都有一个启动会议。你要使用这个会议来讨论以往项目的经验教训，并确定开展项目工作时人们如何沟通。

43. 答案：B

头脑风暴和德尔菲技术都属于信息收集技术，这是识别风险的工具和技术之一。

风险紧迫性评估是实施定性风险分析的一个工具。识别风险就是要查找风险。实施定性风险分析是指根据团队所认为的风险对项目的影响和概率来确定风险的优先级排序。

44. 答案：B

一旦确定变更对进度、预算和范围的影响，下一步就是将这个变更请求交给变更控制委员会。如果他们批准了你的建议，补救缺陷的请求就得到了批准，你可以更新基准并实现这个变更。

（如果你奇怪为什么是建议补救缺陷而不是直接确定，这是因为它们可能还需要经过变更控制！毕竟，有些缺陷根本不值得补救，不过只有变更控制委员会的相关方才能确定哪些值得补救而哪些不值得。）

45. 答案：A

确认范围是范围管理知识领域中的监控过程。它与规划项目的范围没有任何关系，你要在完成每个项目阶段结束时确认范围，确保团队完成了所有项目工作。

46. 答案：C

变更控制委员会（或CCB）是一组批准或拒绝变更的人。通常包括发起人，这是有道理的，因为发起人是为项目提供资金的人。告诉CCB是否批准一个变更并不是项目经理的工作—他们会使用他们的专家判断来确定这个变更是否有价值。项目经理的任务是确保已经评估了变更对三重制约因素（时间、范围和成本）的影响，但是这个影响分析应当在将变更请求发送给CCB之前完成。

模拟~~题~~答案

47. 答案：A

集中办公是指让团队所有的人都在一个房间里工作。采用这种方法时，可以增进沟通，并帮助他们建立一种群体意识。有时集中办公团队所在的房间称为作战室。

投标人竞争一个合同时，必须确保所有人得到同样的信息，不会有任何投标人得到不公平的好处。正是因为这个原因，投标人会议是一个很好的工具，它让所有投标人都能得到同样的信息。

48. 答案：B

只要有利益冲突，一定要向公司公开，这是你的责任。在此之后，要根据公司的政策行事。如果没有相关的具体政策，则要确保这个冲突不会影响你的决策。

49. 答案：B

相关方分析是指与相关方交流，明确他们的需要，这是定义项目范围时要做的事情。如果有一个重要客户，你的项目应当满足他的需要，这个客户就是一个相关方。如果你的项目未能满足这个客户的需要，就说明你在完成相关方分析时做得还不够！

50. 答案：A

惩罚权力顾名思义，你要纠正一个团队成员的不良行为。一定要记住，这要单独地、私下里进行！当着同事或上司的面惩罚某个人会让人非常难堪，可能会有反作用。

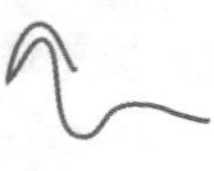

惩罚并不是处理情况的最佳做法，不过如果别无选择，就要确保正确地行使惩罚权力。

51. 答案：D

范围基准由项目范围说明书、WBS和WBS词典组成。WBS词典被认为是WBS的一个支持文件，所以如果WBS要变更，那么WBS词典也要变更。

答案

模拟题

52. 答案：B

粗略量级估算（ROM）是非常粗略的估算。根据《PMBOK®指南》，ROM估算可能在实际结果的-25%～+75%之间。这说明，如果你对一个项目的ROM估算是6个月，那么实际项目时间可能是3～9个月。

53. 答案：A

启动过程组中的过程很容易记住，因为这里只有两个过程！不过更重要的是，知道启动一个项目时需要做什么会很有用。首先需要创建项目章程（通过完成制订项目章程过程），这会授权项目经理开展工作。然后需要识别相关方（通过完成识别相关方过程），这会帮助你了解谁希望你的项目完成，以及这个项目对他们有什么利益。

54. 答案：B

Mary在为一个项目型组织工作。在这些公司里，项目经理对团队以及项目有充分的权力。

55. 答案：C

除非能够对成功进行测量，否则很难确定项目是否成功。正因如此，提出目标时应当有关联的数字，这正是可量化的含义。在这4个答案中，只有答案C有一个可以具体测量的目标。

56. 答案：A

顾客满意度是现代质量管理中的一个重要部分。要记住，顾客满意度就是确保为最终产品付钱的人对他们得到的产品感到满意。不过，保证顾客满意的方法是满足他们的需要。为此需要确保团队构建的产品满足顾客的需求。这就是质量管理所要做的，这也是完成质量管理的一个重要原因。

答案

模拟题

57. 答案：D

人员配备管理计划总包括资源直方图，所以这应当是选择正确答案的第一个线索。资源直方图显示了项目中每一周需要哪种资源，另外需要多少人员。规划人员配备需求时，要考虑到人员的培训，使他们能够跟上进度，另外还要考虑到要提供什么激励促使他们很好地完成工作。资源日历也很重要，可以指出什么时候你想要的人员可用。你要考虑解散人员投入其他项目之前每个成员需要完成哪些工作。

58. 答案：C

由于项目必须在7个月内完成才值得做，所以这个最后期限是一个制约因素。必须满足这个制约因素，才能认为项目是成功的。

59. 答案：D

合作是指与团队一起确定问题的原因并加以修正。这是确保做出正确决策的最佳方法。

60. 答案：D

控制质量过程最重要的部分是你的团队必须检查每一个可交付成果，核实它满足相应的需求。那么你要怎么做呢？嗯，显然你需要可交付成果！质量核对单也非常有用，因为它们会帮助你检查各个可交付成果。你还需要工作绩效数据，因为这会告诉你团队完成工作的表现。不过测试和评估文件不是输入，它们是输出！

61. 答案：B

对任何机会可以做4种处理。可以开拓机会，确保尽量做所有能做的工作来充分利用这个机会。可以与另一个公司采用一种双赢的方式分享一个机会。可以提高机会，找出一种方法来提高它的价值。或者，如果没有办法充分利用，可以直接接受并继续后面的工作。在这里，采用额外的措施将增加可能的奖励，所以这是提高机会。

答案

模拟题

62. 答案：B

计划－实施－检查－行动循环是指做小的改进，在做出变更之前，先测试它们对过程整体的影响。这种方法源于W. Edwards Deming在过程改进方面的工作，这个循环在20世纪30年代由Walter Shewhart最先发明，并由Deming进一步推广。

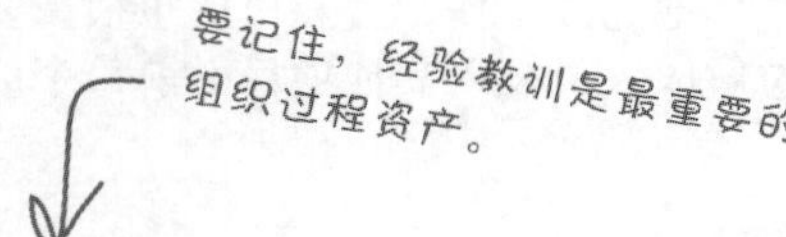
要记住，经验教训是最重要的
组织过程资产。

63. 答案：A

经验教训是组织过程资产的一部分，而不是事业环境因素。你的公司的事业环境因素会告诉你通常公司会如何运营，比如公司中各部门如何建构，以及公司的规章制度和所在的行业环境。规划一个项目时会遇到一个重要的事业环境因素，这就是工作授权系统。这是你的公司使用的一个系统，用来确定谁将做什么工作，以及这个工作应该何时完成。

64. 答案：C

成本偏差（CV）是计划花费金额与至今为止已经花费的总金额之差。这是有道理的，如果CV为负值，这说明你已经用光了所有预算。

65. 答案：B

Tom在使用专家权力。由于他以前遇到过这个问题，他的团队更有可能接受他的权力。做项目决策时，专家权力是最适用的一种权力。团队会尊重根据经验和专业知识做出的决策。

66. 答案：D

要知道50%的项目问题和冲突都是由于资源、进度和优先级导致的，这很重要。当然这对于PMP考试也很重要。不过更重要的是，如果你想查看冲突的根本原因来解决一个问题，通常会发现这3个方面都有原因！

答案

模拟~~题~~

67. 答案：B

质量审计是指你的公司审查项目，查看你是否遵循公司的过程。关键是还会查找项目中哪些工作效率低下或者会导致缺陷，从而确定是否有办法帮助你更有效地完成工作。找出这些问题领域时，可以建议纠正措施来加以修正。

只要创建建议的纠正措施，就要经过变更控制。

68. 答案：A

指导是所有项目经理要具备的一个重要的人际关系能力。只要在做指导、辅导、培训或者其他帮助别人学习项目管理的事情，你不仅在帮助你的团队成员，也是在对项目管理知识体系做贡献。

69. 答案：B

即使项目在工作完成之前终止，也需要记录经验教训，并把它们增加到组织过程资产中。实际上，如果一个项目提前终止了，这是记录经验教训的最佳时机！如果项目出了严重的问题，总会有一些可以学习的重要教训，即使这不是你的过错！

70. 答案：A

如果控制图中有7个值出现在均线的同一侧，这说明所测量的过程存在问题。

71. 答案：A

相关方分析是识别相关方过程的工具和技术之一。这并不奇怪。毕竟，相关方分析的目标就是写出相关方的需要。识别相关方是沟通管理知识领域中唯一属于启动过程组的过程。

72. 答案：D

来看这个问题的答案。你看到了什么？这里有一组过程：“创建WBS”“制订项目管理计划”“制订项目章程”和“识别相关方”。你的任务是确定下一步是其中哪一个过程。那么从哪个线索可以得出你目前处在项目生命周期的哪个阶段呢？嗯，你已经被授权管理一个新的项目。由于项目章程会授权一个项目经理开展项目工作，这说明已经完成了制订项目章程过程。那么接下来是哪个过程呢？这就是另一个启动过程：识别相关方。

答案

模拟题

73. 答案：C

集成组件有关问题的预期货币价值（或EMV）是概率（20%）乘以成本（$3000），但是不要忘记由于这是一个风险，所以数值应该是负值。因此它的EMV是20% x $3000 = -$600。如果不从头构建这个组件，相应的成本节省是一个机会，EMV为40% x $10000 = $4000。将二者相加，可以得到-$600 + $4000 = $3400。

有时规避一个风险可能会导致另一个风险。开始时选择这个分包商可能是有原因的，现在倘若取消这个分包商，就会让项目面对另一个风险!正因如此，风险管理非常重要。

74. 答案：C

对于风险，最好的做法就是规避风险，如果可以防止它发生，肯定不会对项目有任何危害。要规避一个风险，最容易的方法是从项目中完全消除。在这里，排除这个分包商就可以规避风险。

75. 答案：D

WBS词典总是按名字和工作包ID对应WBS中的一个条目。这是二者交叉引用的最容易的方法。工作说明书描述了将要完成的工作。负责组织就是将要完成这个工作的团队或部门。进度里程碑是会影响工作的所有既定日期。质量需求描述了如何知道工作是否正确地完成。资源和成本估算就是一个列表，列出需要多少人完成工作，以及成本是多少。答案A肯定不正确，因为净现值与各个工作包没有任何关系。其他选项提到了挣值和蒙特卡洛分析，这与范围管理也没有关系。

76. 答案：C

解决任何问题的最佳方法就是与团队合作，找出问题的根源，然后解决冲突的根本原因。只要有机会从不同角度解决问题，就要那么做。要记住，一个项目经理所做的最重要的事情之一就是确保解决团队的冲突。

77. 答案：A

Tom是一个X理论型经理。他认为员工就是要一直监视，所有团队成员都是自私的而且缺乏主动性。

答案

模拟题

78. 答案：C

WBS词典是WBS的配套文件。它提供了关于WBS中各个工作包你知道的全部细节，包括估算和付款信息。

79. 答案：A

这是一个计算题，让你使用SPI和CPI来估算你的项目。好在这很容易！首先计算SPI = EV / PV = $15000 / $12000 = 1.25，所以项目进度提前。然后计算CPI = EV / AC = $15000 / $11000 = 1.36，所以这个项目未超出预算。

80. 答案：C

只要使用帕累托图分析检查产品的结果，就是处于控制质量过程中。如果在检查公司构建多个项目所使用的过程，就是在管理质量过程。

81. 答案：A

翻译成另一种语言来进行沟通，向其他人传递信息，这是编码的一个例子。

82. 答案：B

提前完成质量规划的原因是，如果到项目后期才发现问题，处理这些问题的成本是最昂贵的。最好情况是根本不引入缺陷；这样就不会带来任何处理缺陷的成本。预防总是胜于检查。

83. 答案：D

必须遵守公司的政策，这是你作为一个项目经理的责任。你应当找其他方法来奖励她，而不能违反公司的规则。

答案

~~模拟题~~

84. 答案：B

实施定性风险分析就是明确每个风险的优先级顺序，并确定其概率和影响。这是风险规划的一个重要部分。不过，这里不会得出任何具体的数字！那是实施定量风险分析过程的工作，EMV分析属于定量（而非定性）分析，因为它要为风险指定数值。

要记住，定量表示数字，而定性表示判断！

85. 答案：D

PMP专业行为准则指出，所有项目经理职业中的一个重要部分就是提高个人专业能力。这表示要增加知识并加以应用，从而能提高管理项目的能力。

86. 答案：B

Joe在对过程问题完成根本原因分析，这是管理质量过程。要记住，控制质量过程是通过检查来找出工作产品中的问题。管理质量过程则是查看你的过程如何影响所做工作的质量。

87. 答案：C

要计算一组风险和机会的预期货币价值 (EMV)，需要将各个概率乘以它的总成本，再将所有结果相加。在这个问题中，风险的成本是-$15250 + -$20000 = -$35250，所以它的EMV是40% x -$35250 = -$14100。机会的价值是$4500，它的概率是65%，所以EMV是65% x $4500 = $2925。因此这两者的总EMV是-$14100 + $2925 = -$11175。

不要忘记风险的成本是负值，机会的成本是正值。

88. 答案：A

结束项目之前，需要做一些事情。还记得范围说明书中的验收标准吗？对，需要满足这些标准，而且要得到顾客的正式书面验收。另外，WBS中的每个工作项都要完成。

只要顾客没有验收最终产品，项目就没有完成！

正是因为这个原因，支付系统是控制采购过程的工具和技术之一，而不属于结束采购。只有付费后才能结束合同。

89. 答案：D

一旦结束采购，要进行采购审计，这很重要。在这里要检查项目中发生的所有情况，从而得出经验教训，并查找实现顺利或者出问题的方面。不过，报酬或支付并不属于审计（除非处理或支付报酬有问题）。

答案

模拟题

90. 答案：B

人员配备管理计划包括一个“奖励和认同”部分，描述了如何对团队的优秀绩效进行奖励。其中也包含培训需求和解散标准。

《PMBOK®指南》中根本没有一个“奖励和认同计划”。

91. 答案：C

只要简单看一下这些数字就能明显看出这个项目遇到了麻烦。完工总预算是900个面板 x $75/面板 = $67500，实际成本已经达到$45000。但是如果查看所有答案，每一个都有可能是正确的：你知道现在还远远没有超出预算，所以CPI会小于1，CV是负值。由于你已经完成了400个面板，进度已经滞后，所以可以知道SPI也小于1。那么哪个答案正确呢？只有一种办法可以知道：这就是具体计算。实际完成百分比是350 ÷ 900 = 38.9%，所以EV = $67500 x 0.389 = $26258。计划完成百分比是400 ÷ 900 = 44.4%，所以PV = $67500 x 0.444 = $29970。CPI = $26258 ÷ $45000 = 0.584，而CV = $26258 - $45000 = -$18742，因此这些数与答案A和B都不同。再看答案D，SPI = $26258 ÷ $29970 = 0.876，这也不一致。不过来看答案C，TCPI = ($67500 - $26258) ÷ ($67500 - $45000) = 1.833，这与答案一致。所以答案C正确。

92. 答案：C

通过购买额外的化学原料作为储备，你是在减轻风险。

93. 答案：D

资源直方图就是一种用可视化的方式显示项目需要的每个角色的人数随时间变化情况。一旦确定进度和活动顺序，要确定随着项目的开展需要多少人完成工作，并画图表示。这样你就能清楚地知道项目的人员配备需要。

答案D是错误的，你不能终止合同，因为这是有法律效力的。不过如果一个合同确实要在索赔管理期间提前终止，就要遵循合同中的终止程序。

94. 答案：A

买方和卖方之间存在争议时，这称为索赔。大多数合同都会明文解释应当如何处理索赔，而且由于这是在合同中指定的，所以有法律效力，买方和卖方都需要遵守。通常重新进行合同谈判是不可行的，特别是在工作已经完成后的项目的结束阶段，往往不能再重新谈判。另外只有在实在没有其他办法而且绝对必要的情况下才应提起诉讼。

模拟~~题~~答案

95. 答案：B

只要是与合同有关的沟通，肯定是正式书面沟通。

96. 答案：A

人员配备管理计划最重要的因素之一是时间表，它会告诉你谁做什么工作，以及什么时间将他们从项目解散。要显示这个时间表，最常用的方法之一是资源直方图（或人员配备直方图）。通过这个时间表，你可以准确地知道打算什么时候解散项目资源。

97. 答案：D

噪音会干扰沟通。这不是一个沟通类型。

这个问题的所有答案看上去好像都是对的，是不是？但要记住，经验教训是最重要的组织过程资产！

98. 答案：B

以往项目的经验教训总是公司组织过程资产的一部分，通常存储在一个过程资产库中。其他3个答案都是重要的项目工具，但经验教训不会放在这些工具中。

99. 答案：C

一旦项目团队完成工作，就要根据范围说明书、WBS和范围管理计划检查可交付成果。如果你的可交付成果具备了这些文件中要求的所有内容，对相关方就是可验收的。如果范围中的所有可交付成果都已经完成并让相关方满意，项目就可以完成了！接下来是什么？要正式验收，这说明要得到相关方书面的确认，证明可交付成果满足需求和项目管理计划。由于这个沟通是一个项目文件，所以是正式书面沟通。

100. 答案：C

管理合同变更的过程在合同管理计划中。其他3个答案通常都会在项目章程中看到。

答案

模拟~~题~~

101. 答案：D

沟通管理计划定义了项目中沟通所使用的所有过程。

102.答案：D

工作授权系统是公司事业环境因素的一部分，这通常属于变更控制系统。它定义了如何为人们分派工作。如果工作需要得到特定经理的批准，工作授权系统会确保当某个人员的工作分派有变化时会通知相应的人。

103. 答案：B

风险减轻是指，采取某种措施，使得风险真正发生时，对项目的危害尽可能小。让团队成员花时间为这个风险做一些准备工作，这是风险减轻的一个很好的例子。

104. 答案：A

有时遇到类似这样的题目时不需要做任何计算。这个问题问你使用哪个数字来预测项目余下部分可能会花多少钱。嗯，这不就是ETC的定义吗？由于给出了ETC的值，所以可以直接使用那个数！

105. 答案：D

产品范围是指构建的产品或服务的特性和功能。项目范围是指构建产品所需的工作。

106. 答案：A

项目章程包含一些重要的内容：它要明确项目需求，描述一个初始的概要里程碑进度、记录商业论证，还要识别初始的风险、假设条件和制约因素。不过最重要的是，项目章程要确定项目经理，并为他或她提供必要的授权来开展工作。

答案

模拟题

107. 答案：A

工作绩效数据是指查看团队完成的工作，来确定项目进度超前还是滞后。建立工作绩效数据的一个好方法是使用进度偏差（SV）和进度绩效指数（SPI）计算。

108. 答案：B

由于这个CFO会受项目的影响，这说明他是一个相关方。在这种情况下，最好的做法就是提前在项目中采纳这个新相关方的观点。所有项目相关方都要了解这个项目所要满足的需求和目标，这一点很重要。最坏情况是到项目最后才纳入这个相关方的观点，这可能意味着大量的返工，甚至得到一个完全不能接受的产品。

109. 答案：D

识别相关方的一个重要部分是审查以前项目的经验教训（因为这会帮助你尽早地识别相关方问题）、完成相关方分析（通常涉及一个权力/利益表格），以及审查采购文件（因为合同通常会带来额外的相关方）。不过，启动阶段不会创建变更控制系统，这是项目规划活动的一部分。

110. 答案：C

这个项目经理通过备份数据以防数据丢失，这是在减轻风险。另外通过为公司买保险来覆盖重新输入信息的成本，这是在把风险转移到保险公司。

111. 答案：B

这个项目情况不妙。客户的需求未能满足，不过可能没有足够的时间或资金来满足这些需求。项目经理打算怎么做？嗯，如果有问题，首先要做的就是确定是什么导致了这个问题。所有其他答案都涉及采取某种措施，而在得出问题的根本原因之前绝对不能采取任何措施。

答案

模拟题

112. 答案：C

残余风险是已经规划并实现所有风险应对策略之后仍然存在的风险。这些风险不需要进一步分析。因为你已经尽你所能规划了最完备的应对策略来处理之前的风险。

113. 答案：D

客户想命令Rekha按他说的做，即使她有充分的理由不那么做。他并没有解决问题，而只是强迫采用他的做法。

114. 答案：B

分解与定义范围没有任何关系，这是指你在创建WBS过程中如何分解任务。其他答案都是定义范围过程的工具。注意引导属于人际关系和团队技能，多标准决策属于决策。

115. 答案：A

记录管理系统是结束采购过程中使用的工具之一。你要使用这个工具来存储合同和所有相关文件，使得以后的项目经理可以在将来的项目中参考这些记录。

116. 答案：B

工料（T&M）合同用在劳务合同中。在一个T&M合同中，会为卖方团队中工作的每一个人付一笔费用，另外还要加上材料成本。这里的“时间”部分是指买方会付一个固定劳务费用，通常是每小时一定金额。“材料”部分是指买方还要为材料、设备、办公场所、管理间接成本以及所有其他要付费的方面支付费用。

117. 答案：D

任何有助于查找、预防或修正产品中缺陷的活动都包括在质量成本中。构建产品的活动不在此列。

~~模拟题~~ 答案

118. 答案：B

相关方是任何受项目成本、时间或范围影响的人。这也包括工会—如果有团队成员在工会里，一定要把工会当作一个相关方，确保满足他们的需要。不过，不必考虑公司竞争对手的需要。

119. 答案：D

项目范围说明书定义了项目工作的范围。在这里，所有人会对项目中需要完成的工作达成共识。

计算EMV时，节省项目资金的事情都计为正值，花钱的事情都计为负值。将各个值乘以概率，再将各个结果相加。

120. 答案：C

\$230000 x 0.70 =\$138000（节省），\$150000 x 0.40 = -\$60000（开支）。将二者加在一起就得到了\$78000。

121. 答案：C

这是接受风险的一个例子。团队对天气无计可施，所以项目经理只能接受这个事实，他们最后会因为天气而延迟。

122. 答案：C

如果你发现有人声称有PMP证书，但是实际上并没有通过认证，必须立即联系PMI以便采取措施。

123. 答案：A

对于一个项目经理来说，最有效的权力是专家权力。如果团队知道你水平很高，对自己所说的很有把握，因而尊重你，这就是专家权力。

答案 模拟题

124. 答案：B

由于Smith County项目官是发起人，他是签署章程的最佳人选。项目章程通常由发起人批准和签署。有些项目中，项目章程由重要的相关方批准，不过绝对不会由项目经理批准（因为项目经理只有在项目章程签署后才能得到授权），也不会由团队成员批准。

125. 答案：B

控制采购是采购管理知识领域中的监控过程。必须对特定合同做出变更时就需要控制采购过程。要使用工作绩效数据来确定合同的执行情况，另外使用合同和采购文件查看每个人的进展。不过不会把采购管理计划作为控制采购的输入。

126. 答案：A

如果你发现有人声称有PMP证书，但是实际上并未通过认证，必须立即联系PMI以便采取措施。

127. 答案：B

考试时可以会问你遇到一个变更时怎么做。处理变更时首先都要查阅项目管理计划。

128. 答案：B

PMP专业行为准则指出，不允许接受任何形式的礼物，甚至是在项目完成之后。这与接受贿赂是一样的。

129. 答案：D

对于任何项目经理来说这种情况都很难办。你发现一个问题，没有对它做过规划。现在这个问题会耗费你的资金。你该怎么做？嗯，不能直接接受，继续做其他工作。只有在别无选择的情况下才能接受风险。对于项目期间发生的问题你还有其他选择。另外不能求助于老板，因为你是项目经理，决定该怎么做是你的工作。做风险规划是没有用的，因为你已经知道了概率（100%）和影响（修正问题的成本）。那么你该怎么做呢？

这里就要用到你的储备。有两种储备：应急储备和管理储备。应急储备用来处理“已知的未知数”，你要用它来应付已经做过规划的风险。不过这里并不是这种情况。所以要使用管理储备。这是预算中预留的一笔钱，用于处理“未知的未知数”，也就是你并没有规划但确实发生的问题。

模拟题 答案

130. 答案：B

项目分解为子项目或阶段时，一定要在项目开始时完成启动过程，这很重要。答案B最好地描述了启动过程组中做的一个工作—完成识别相关方过程。

131. 答案：B

这个问题看起来很难，但是如果记住控制相关方参与只是一个普通的监控过程，这就相当容易了，这是沟通管理知识领域的一个监控过程。一旦知道这一点，就很容易地排除不正确的输出！在一个监控过程中处理变更时，要更新项目计划和组织过程资产，还要请求变更。但是不会创建可交付成果。

132. 答案：A

沟通线路数的计算公式是n x (n-1) / 2。所以这个问题的答案是(17 x 16) / 2 = 136。

133. 答案：A

有两种项目选择方法。效益测量模型（或比较型方法）以及数学模型。效益测量模型用于比较项目的效益和特性。数学模型使用复杂的公式来确定哪个项目对公司的价值最大。你要熟悉选择项目的几种较常用的比较型方法，包括质疑委员会、效益成本比率和同行审查。

134. 答案：D

如果发现有人在PMP考试中做弊，发布考试题目，必须立即向PMI报告这个人。如果这个人是一个PMP认证的项目经理，他或她会被取消资格。

135. 答案：B

项目发起人是为项目付款的人。有时这说明发起人直接投资；还有一些情况下，这说明发起人是签署组织批准书来分配资源的人。不论哪一种情况，都可以通过查找谁可以批准或拒绝预算来找出发起人。

答案

模拟题

136. 答案：C

所有项目经理职业中的一个重要部分就是提高个人专业能力。这是指增加知识并加以应用，从而能提高管理项目的能力。

"文件库"听起来不错，不过在《PMBOK®指南》中根本找不到这样一个词。考试时要注意这种虚构的词！

137. 答案：A

配置管理系统的作用是确保团队中的每一个人都能得到所有项目文件的最新版本。一旦一个项目文件变更，就要签入配置管理系统，使每个人都知道从哪里可以找到正确的文件。

138. 答案：C

对于有种族歧视的言论或者对其他文化缺乏敏感的举动，项目经理都必须有一种"零容忍"政策。如果存在涉及种族歧视、性别歧视或任何其他歧视的事件，首先要做的工作就是纠正这个问题。每个公司都有一个政策来指导如何处理这种情况，所以涉及种族歧视的问题总是涉及公司的政策或人力资源部门。

139. 答案：B

要确保项目顺利进行，一个重要部分就是要时刻关注项目工作，这正是监控项目工作过程所做的。要在这里不断评估所完成的工作，只要发现问题就要建议变更、缺陷补救以及预防和纠正措施。

7点法则指出，如果7个连续的点都落在控制界限之外，就说明这个过程可能有问题。不过，并不是关于控制图的所有题目都会问你7点法则。

140. 答案：B

控制图工具可以帮助你分析一个过程，来确定这个过程是否稳定，或者过程的结果是否可预测。这通常包括过程测量或输出的一个图表，包括统计计算得出的控制上限和下限，从而可以识别出某些测量结果能表明过程是不稳定的。

模拟题答案

141. 答案：C

你需要确保你交付的产品与范围说明书中所写的一致。这样一来，团队就不会向顾客交付不正确的产品。完成每个可交付成果时，要与相关方和发起人合作来确保你做的工作是正确的。

142. 答案：C

尽管数字很大，但这是沟通渠道公式的一个简单应用：线路数 = n x (n - 1) ÷ 2。共有1253 + 752 + 14 = 2019个人。所以沟通渠道数是 2019 x 2018 ÷ 2 = 2037171。这是一个很吓人的数，不过实际上大型项目往往就是如此。正因如此，沟通管理是项目经理的“工具箱”中很重要的一部分。

143. 答案：C

只是项目经理批准项目管理计划还不够；管理计划还需要得到项目中所有相关方的批准。团队中的每一个人都应当认可完成工作所使用的过程。

144. 答案：B

即使项目不盈利，顾客也可能会满意，顾客满意度并不总是与钱有关。实际上，顾客满意度是指确保为最终产品付钱的人对他们得到的产品感到满意。团队收集需求来建立规范时，他们要尽量写出顾客希望产品中有的所有特性，从而能知道如何让他们满意。还有一些需求不会明确指出。这些是顾客隐含的需求。到最后，如果你能满足所有需求，顾客应该就会满意。

145. 答案：C

相对多数同意是群体决策技术的一个例子，这是指决策由群体中人数最多的一组做出，尽管并没有达到半数以上同意。

答案

模拟题

146. 答案：C

缓和是让问题最小化，这有助于让人们冷静下来，而与此同时你可以想办法解决这个问题。不过，这只是一个临时修正措施，并没有真正解决冲突的根本原因。

147. 答案：D

一旦结束一个合同，就要进行采购审计，这很重要。在这个过程中，要检查项目中发生的所有情况，得出经验教训，并查找进行顺利或出问题的方面。

148. 答案：A

“不可抗力”条款在合同中经常出现。它指出，如果发生战争、暴乱或自然灾害等事件，你可以对合同条款免责。

149. 答案：D

基本规则可以帮助你避免团队成员之间的问题，并建立团队中每个人都能接受的工作条件。你要为项目建立基本规则，帮助指导人们相互交互。一定要在启动会议中与团队讨论基本规则！

150. 答案：A

假设一个工作肯定“更好”，这是有主观性的。相关方分析中收集的需求应当是可量化的。这样团队才能有一个能努力达到的目标，而且你总能了解与这个目标相差多少。

答案

模拟~~题~~

151. 答案：B

马斯洛的需求层次理论指出人们都有需要，而且在较低的需要（如团队的认同、工作安全或工作保障）满足之前，他们根本不会考虑更高层次的需要（充分发挥潜能以及做出贡献）。

质量成本不包括项目经理整理项目管理计划所花费的时间，但在质量部分花费的时间属于质量成本！

152. 答案：C

质量成本是指将项目中要进行的所有预防和检查活动的成本累加起来。这不包括测试，但包括编写标准、审查文件、开会分析缺陷根本原因，以及一旦团队发现缺陷返工来修正这些缺陷所花费的时间，这实际上包括项目中为确保质量而要做的所有事情。

153. 答案：D

固定总价(FP)合同表示买方会支付一个固定的金额而不论卖方完成工作的成本是多少。总价合同只在范围非常明确的情况下才适用。如果完成的工作量有任何变化，卖方不会因为增加的工作而得到更多报酬。

所以如果成本相当高，那么必须由卖方承担。

154. 答案：C

很多人认为妥协是一种处理冲突的好办法。不过，只要有妥协，这意味着每个人都需要有所放弃。正是因为这个原因，妥协通常称为一种双输的解决方案。更好的做法是解决问题并修正冲突的根本原因。只有在别无选择的情况下才要求人们妥协。

保险就是一个合同，你向一个公司付钱，让这个公司来承担你的一些风险。

155. 答案：A

处理风险的一种有效方法是付钱给另外某个人来为你接受这个风险。这称为转移。最常见的方式就是买保险。

156. 答案：B

处理采购时，独立估算是实施采购过程的工具和技术之一。听上去非常类似于规

答案

模拟题

划采购时所做的工作。不要忘记，实施采购过程需要寻找卖方以及完成履行合同的工作。正是因为这个原因，在实施采购过程中要使用投标人会议和合格卖方名单等技术。

157. 答案：C

一旦项目完成，范围基准就没有太大用处了。基准要用来测量对项目的变更，只要出现一个变更，就要与基准比较。不过，一旦项目完成，就不再使用基准了。

158. 答案：C

预测是一个成本监督工具，可以帮助你预测项目需要花多少钱。那么要使用哪些成本指标来做这个预测呢？有两个很有用的数可以用来进行预测。其中一个是完工估算（ETC），这会告诉你项目可能会花多少钱。另一个称为完工偏差（VAC），会预测项目完成时会有多大偏差。

你是不是以为答案是"状态报告"？考试中这通常不是一个正确的答案。《PMBOK®指南》对此很明确地指出：项目经理的任务是规划工作并控制项目，而不是收集和报告状态。

159. 答案：A

团队完成项目工作时你会创建整个项目最重要的输出之一。工作绩效数据指出项目中各个可交付成果的状态、团队完成了哪些工作，以及为确定项目执行情况而需要了解的所有信息。不过并不只是你需要这些信息，你的团队成员和相关方也需要知道进展情况，从而可以调整他们的工作，并尽早纠正问题。要谨记一点：工作绩效数据是指从原始观察收集的数据。可以收集和分析绩效数据来创建工作绩效信息，再用这个信息来创建状态报告。要了解工作绩效数据、工作绩效信息以及工作绩效报告之间的关系，考试时这对你肯定有帮助。

石川图或鱼骨图是Kaizen方法中使用的重要工具。

160. 答案：B

Kaizen是一个日语词汇，表示"改进"，这也是一个管理技术，可以帮助你的公司使用问题解决方法来不断发现新的改进方式。Kaizen强调做小的改进，并测量其影响。这是指导管理的一种哲学，而不只是管理质量的特定方法。

答案

模拟题

161. 答案：A

PMP专业行为准则要求对其他人的文化有敏感性。如果由于别人讲话的方式、着装或者文化背景中的其他方面而贬低别人，这是不可接受的。如果你看到一个团队成员这样做，你就有责任采取必要的措施来纠正这种行为，避免将来再发生。

不要每次看到鱼骨图都认为在问控制质量过程的内容。

162. 答案：A

图示技术（包括石川图和流程图）都是识别风险过程的工具。可以使用这些工具在质量管理过程中查找缺陷的根本原因，另外它们也有助于在风险管理中查找可能导致麻烦的风险。

163. 答案：B

每次让客户确认产品时，项目的范围都会改变，这是一种范围蔓延。要避免范围蔓延，最好的办法就是确保项目规划阶段所写的项目范围说明书得到项目中每一个人的理解和认可。范围变更不应到项目后期才出现，此时的变更成本最高，而且会影响团队交付产品。

164. 答案：B

只要是举办研讨会、发表讲话、写文章或帮助其他人学习项目管理，你就是在对项目管理知识体系做贡献。

这是每一个PMP认证项目经理职业生涯中很重要的一部分！

165. 答案：D

如果发现有人违反了法律，你有责任找政府部门报告这个人。你需要这样做，即使违法行为看起来并不严重。

166. 答案：C

让你使用效益成本比率（BCR）选择项目时，一定要挑选BCR最高的项目，因为这个项目能够在最低成本条件下提供最大效益。为此，一种简单的方法就是用除法：项目A的BCR为5:2，5 / 2即2.5。对所有这4个项目做同样的计算，可以发现项目C的BCR最高。

答案

模拟题

167. 答案：D

合法权力是指，对于向你报告的人，你让他们完成某项工作时所使用的权力。专家权力表示你的观点本身很有影响力，因为人们知道你很精通有关工作。奖励权力是指你承诺如果按你说的去做会有奖励。参照权力是指人们之所以照你说的做，主要是因为你与另外某个人的关系。惩罚权力是指，人们按你说的做是因为他们害怕否则会有不好的后果。

168. 答案：C

每个变更请求都需要进行评估，来确定是否应当做出这个变更。这就是实施整体变更控制过程中所做的工作，分析每一个变更来确定其影响。然后记录为一个变更请求，提供到变更控制系统。在这里CCB的相关方会确定是否要完成这个变更。

169. 答案：B

结束项目或阶段过程发生之前，应当已经得到了可交付成果的正式书面验收。那是确认范围过程的工作，在结束项目或阶段过程中要核实产品的正式验收。

170. 答案：C

WBS工作包可以按项目阶段或按项目可交付成果来显示。这取决于你的公司要如何查看所组织的工作。如果对所有项目都使用相同的分阶段生命周期，在各个阶段中显示所有工作的分解会更容易。如果对应团队生成的可交付成果会有不同的团队，那么更适合按项目可交付成果分解工作。

171. 答案：A

指导与管理项目工作过程的两个主要输出是可交付成果和工作绩效数据。工作绩效数据是由团队完成的工作得来的所有实际数据。

模拟题答案

172. 答案：A

经验教训是最重要的组织过程资产。在每个项目的最后，你要与项目团队坐下来，写出关于这个项目学到的所有经验教训。这包括正面和负面的所有经验教训。这样一来，你或公司的另一个项目经理规划下一个项目时，就可以利用你在这个项目中学到的经验教训。

与团队合作写经验教训很重要，因为他们非常了解项目中哪些方面进展顺利而哪些方面有问题。

173. 答案：B

项目章程的创建通常不需要项目经理的参与。有时会由发起人或高级经理交给项目经理。

174. 答案：C

核查表是一种很好的方法，可以在项目控制质量或管理质量时跟踪所有需要重复的质量相关活动。

175. 答案：B

通过蒙特卡洛分析，可以查看如果概率和影响值随机变化，项目会发生什么情况。

176. 答案：A

作为一个项目经理，你要做的最重要的事情之一就是持续监督项目的变更，并在做出变更时采取适当的措施。不过进度不发生变更，否则项目管理可就容易多了！这说明你要持续监督项目，确定计划和范围是否需要变更。

可以认为变更请求是有人发现一个问题并且需要做出变更时你得到的东西。一旦（在实施整体变更控制过程中）确定是否做这个变更，就要为这个人提供变更请求状态的更新。

177. 答案：B

这个问题实际上在问变更请求与变更请求状态更新之间的差别。变更请求状态更新是实施整体变更控制过程的输出，而不是监控项目工作过程的输出。

答案

模拟题

178. 答案：C

你和你的团队可能不知道技术问题的答案。所以，了解问题的两方面很重要，你的任务是确保解决问题，并做出公平的评估。

179. 答案：D

参数估算是创建估算的一个工具。这不是一个可交付成果。

180. 答案：D

WBS词典是创建WBS过程的输出。它随WBS创建，提供WBS中各个工作包的所有细节。

要注意有些题目会描述过程而没有直接给出过程的名字。考试中你会看到很多这样的题目。

181. 答案：C

这个问题问的是终结项目所有活动的过程生成的工件。这是对结束项目过程的输出的另一种问法。商业文件是结束项目过程的输入，而不是输出。

182. 答案：D

启动会议召集所有相关方，解释将如何沟通。这样每个人都知道如果出错或者遇到任何问题时要与谁交流。

183. 答案：A

不是所有变更都有必要做。在做任何变更之前，一定要评估它对三重制约因素（时间、成本和范围）的影响，并了解这些变更会对可交付成果的质量有什么影响。分析这些影响之前，将无法知道是否有必要做这个变更。

答案

~~模拟题~~

184. 答案：B

净现值(或NPV)的基本思想是，通过确定各个项目现在对于公司的价值，来比较各个潜在项目。要得出一个项目的NPV，首先要得到这个项目价值多少，然后减去它的成本。如果让你在多个项目中做出选择，并给出了各个项目的NPV，一定要选择NPV最大的那一个。这意味着你要选择有最大价值的项目！

185. 答案：C

很容易把变更、缺陷和纠正措施混为一谈，这些词听上去很类似！不过要记住：缺陷是可交付成果未能满足需求。缺陷不一定是由错误导致的，很多原因都可能带来缺陷，团队成员的错误只会造成某些缺陷。例如，大量缺陷都是因为设备问题造成的。

不要忘记项目管理计划本身也是一个可交付成果！这说明，它也可能有缺陷。很多公司都有要求每个项目计划必须满足的特定标准和需求。如果工作开始之后在计划中发现一个缺陷，需要经过变更控制来进行补救！

186. 答案：D

强迫是指态度坚决地做决策。一人赢，一人输，这就是强迫的最后结果。

187. 答案：B

可以在项目范围说明书中明确相关方需要什么，并把这些需要转变为团队要做的工作，为相关方提供优秀的产品。为确定工作所需的所有制约因素或假设条件也都要写在范围说明书中。

188. 答案：C

即使只给定了部分项目指标，也可以得出项目已经支出的实际成本。在这里，如果只有CPI和EV，你可以如下计算AC，写出公式CPI = EV / AC，填入相应的3项。现在把公式倒过来：AC = EV / CPI = \$172500 / 0.92 = \$187500。

答案

模拟题

189. 答案：A

变更在监控项目工作过程中发现，要在实施整体变更控制过程中批准，并在指导与管理项目工作过程中实现。监控项目工作时，要查找可能对计划做出的变更并评估其影响。然后将这些变更提交给变更控制委员会来得到批准。如果确实得到了批准，则要在指导与管理项目工作过程中实现，具体工作都在这里完成。

190. 答案：A

工作分解结构是以可视化方式显示项目中要完成的所有工作的最佳方法。它把所有工作划分为工作包，并显示如何将工作包划归到更高层类别。通过查看WBS，可以与其他人沟通你的项目包括多少工作。

191. 答案：B

项目中一半以上的冲突都是由于资源、优先级和进度导致的。可能很难为项目分配资源，特别如果有些人水平很高，就可能很抢手。有时多个项目（甚至是项目中的多个角色）都希望自己更优先。最后一点，不难记住项目中有关进度的冲突，很多项目启动时最后期限过于紧张，这从一开始就导致了冲突。

192. 答案：D

什么时候收集工作绩效信息？要在报告团队绩效时收集，所以这是控制沟通过程的一个工具和技术。不过控制风险过程中不会做这个工作，工作绩效信息只是这个过程的一个输入，这说明需要在控制风险之前收集这个信息。

PMP考试中一些问题会描述工具或技术而不是直接给出工具的名字。题目中可能说“引入一个外方来审查你的风险应对策略”而不是直接说“风险审计”。考试时会考你学过的概念，而不只是看你是否记住一大堆名词。

答案

模拟题

193. 答案：B

与客户沟通项目中有关变更的问题时，总要使用正式书面沟通。

194. 答案：C

项目章程早在开始识别工作包和活动很久以前就已经创建了。哪些工作要作为项目规划的一部分，它们发生在项目章程完成之后。

195. 答案：C

正面风险是项目中可能发生的机会。处理这些机会的策略就是要确保项目能够充分利用它们，或者在可能的情况下至少要与其他项目分享。

196. 答案：D

RBS是风险管理计划的一部分，它的结构非常类似于WBS。RBS可以帮助你查看风险如何划分为不同类别，从而可以组织风险分析和应对规划。

197. 答案：B

有时你会发现一些风险的概率和影响显然很低，所以你不想把它们放在风险登记册中。实际上，可以把这些风险增加到观察清单中，这就是一个风险清单，你不想忘记这些风险，但是也不需要密切地跟踪。你会经常检查观察清单来保持关注。

198. 答案：A

除了范围基准之外，其他各个答案中列出的都是项目文件。基准和子计划都属于项目管理计划，所以它们不属于“项目文件”。

答案

模拟~~题~~

199. 答案：C

查看CPI和SPI时，要记住：较小 = 失败。如果CPI小于1.0，说明项目超出预算。如果SPI小于1.0，说明项目进度滞后。在这里，项目进度提前，因为它的SPI大于1.0，不过超出了预算，因为CPI小于1.0。

200. 答案：B

作为一个好的奖励制度，关键是奖励必须可以达到，能够激励团队中的每一个人向这个目标努力。如果只奖励团队中的一个成员或者少数几个人，团队的其他成员不会受到激励。另外，目标如果过高实际上会让人们失去动力。

你做得怎么样？

PMI使用了一种称为“修正Agnoff技术”的评分系统（PMP手册中对此做了解释，可以从相应网站下载），所以要准确地预测你的成绩可能稍有些难度。不过，如果你在这个模拟考试中得分能够在80%到90%之间，就说明你做得相当好。

全书完

索引

符号

A

B

C

D

E

F

H

I

J

JAD (Joint Application Design) sessions, JAD（联合应用设计）会议, 194

job-hunting, 找工作

checklist, 清单, 42, 64

interview comments to determine type of organizations, 面试评价来确定组织类型, 49, 50

Joint Application Design (JAD) sessions, 联合应用设计（JAD）会议, 194

Juran, Joseph 427

Just-In-Time methodology, 准时制方法, 458

"just the facts" questions, on exam, "事实信息"问题, 考试中, 173

K

Kaizen management technique, Kaizen管理技术, 458, 847

kickoff meetings, 启动会议, 550, 562

knowledge areas, 知识领域

communications management.沟通管理, 参见 Communications Management knowledge area, 沟通管理知识领域

cost management, 成本管理, 参见 Cost Management knowledge area, 成本管理知识领域

elements of, 元素, 85–89

integration management, 整合管理, 参见 Integration Management knowledge area, 整合管理知识领域

process groups vs., 过程组与, 85, 98

procurement management.采购管理, 参见 Procurement Management knowledge area, 采购管理知识领域

quality management.质量管理, 参见 Quality Management knowledge area, 质量管理知识领域

resource management.资源管理, 参见 Resource Management knowledge area, 资源管理知识领域

risk management.风险管理, 参见 Risk Management knowledge area, 风险管理知识领域

schedule management.进度管理, 参见 Schedule Management knowledge area, 进度管理知识领域

scope management.范围管理, 参见 Scope Management knowledge area, 范围管理知识领域

stakeholder management.相关方管理, 参见 Stakeholder Management knowledge area, 相关方管理知识领域

subsidiary plans in, 子计划, 129–131

test practice question answers on, 模拟题答案, 758, 759

test practice questions on, 模拟题, 740, 741

time management.时间管理, 参见 Schedule Management knowledge area, 进度管理知识领域

knowledge as PM characteristic, 知识作为PM特征, 6–8

knowledge management vs. information management, 知识管理与信息管理, 140, 141

knowledge repositories, 知识库, 59

L

lag time, 滞后时间, 281, 317, 326

laissez-faire leaders, 放任型领导, 92

late start (LS) and late finish (LF), 最晚开始（LS）和最晚完成（LF）, 306–311, 313

laws, breaking, 法律, 破坏, 729

leadership and leadership skills, 领导力和领导力技能

about, 关于, 498

as PM role, 作为PM角色, 90, 92

in Develop Team process, 建设团队过程中, 498, 500, 501

in successful projects, 成功的项目中, 25

management vs., 管理与, 92

leading role, stakeholders in, 领导角色, 相关方, 702–704

lead time, 提前时间, 281, 317, 326

Lean thinking, 精益思维, 442

legitimate power, 合法权力, 500

lessons learned, 经验教训

about, 关于, 125, 141

as organizational process assets, 作为组织过程资产, 830, 836

documenting, 记录, 850, 851

in Collect Requirements process, 收集需求过程中, 191

in Control Costs process, 控制成本过程中, 373, 374

in Control Quality process, 控制质量过程中, 440, 452

in Control Resources process, 控制资源过程中, 515

in Control Schedule process, 控制进度过程中, 323–324

in Define Activities process, 定义活动过程中, 268

in Develop Schedule process, 制订进度计划过程中, 292

in Estimate Activity Durations process, 估算活动持续时间过程中, 284

in Estimate Activity Resources process, 估算活动资源过程中, 491

in Estimate Costs process, 估算成本过程中, 356

in Identify Risks process, 识别风险过程中, 588

M

N

O

P

Q

R

S

T

V